고스트 플레임
한국전쟁의 은폐된 삶과 죽음

Ghost Flames:
Life and Death in a Hidden War, Korea 1950~1953

Copyright © 2020 Charles J. Hanley
Korean Translation Copyright © 2025 by Marco Polo
Korean edition is published by arrangement with Bernstein Agency through Duran Kim Agency.

이 책의 한국어판 저작권은 듀란킴 에이전시를 통한 Bernstein Agency와의 독점계약으로 마르코폴로에 있습니다.
저작권법에 의하여 한국 내에서 보호를 받는 저작물이므로 무단전재와 무단복제를 금합니다.

Ghost Flames: Life and Death in a Hidden War, Korea 1950-1953

고스트 플레임

한국전쟁의 은폐된 삶과 죽음

찰스 J. 핸리 지음 | 이창윤 옮김

마르코폴로

"죽은 요한 형님이 자꾸만 나타납니다. 형이 죽인 사람들두 나타나서 제게 말을 걸어요."
"나두 기래……"
"삼촌두 헛것을 보신다구요?"
"전에는 그냥 보이기만 하더니. 내가 저녁녘에 들에서 홈자 소를 몰구 돌아오누라문 건너편 논두렁으루 죽은 사람덜이 줄지어 지나가기두 하구, 궂은 날이문 소 메 위에 혼불이 보이기두 하드라… 긴데 요사이 나타나선 나하구 말두 하구 기래… 그 일얼 겪은 사람덜으 때가 무르익었단 소리디. 이제 준비가 되었단 말이다. 기래서… 구원할라구 뵈는 게다."

— 황석영, 〈손님〉 (2001)

차례

독자님들에게	008
한국어판 서문	012
한국전쟁 연대표	016
등장인물	019

제1부 — 1950년

6월	028
7월	074
8월	128
9월	162
10월	198
11월	232
12월	254

제2부 — 1951년

1월	316
2월	338
3월	352
4월	370
5월	386
6월	414
7월	420

제3부 ──────── 1952년

8월 ·················· 444
9월 ·················· 452
10월 ················· 462
11월 ················· 468
12월 ················· 482

제4부 ──────── 1953년

겨울 ················· 494
봄 ··················· 524
여름 ················· 554
가을 ················· 566
겨울 ················· 584
봄 ··················· 592
여름 ················· 610

전쟁 후 ··············· 640
에필로그 ·············· 646
감사의 말 ············· 650
자료 출처 ············· 653
인물 사진 출처 ········ 657
미주 ················· 658

독자님들에게

2002년 8월 31일, 지난 40년 동안 한국에 상륙한 태풍들 가운데 가장 강력한 '루사'가 남해안을 강타한 후 무서운 기세로 한반도를 북상하였습니다. 그로 인해 수십억 달러의 피해가 발생했고, 광활한 농경지가 침수되었으며, 수많은 사람들이 목숨을 잃었습니다. 또한 태풍 루사로 인해 묻혀 있던 과거의 일이 알려지게 되었습니다.

집중 호우와 거센 바람으로 인해 남부 지방의 마을 여양 근처 작은 고추 농장의 땅이 일부 쓸려 나가면서, 역사로부터 잔혹 행위의 증거를 숨기고 있던 집단 매장지가 드러나게 되었습니다. 여기에서 발굴된 140명의 유골은 성인 남녀뿐만 아니라 아이들의 것도 있었습니다. 폭풍의 분노가 열어젖힌 창문을 통해 어두운 과거의 일부를 들여다볼 수 있게 된 것입니다. 한국 전쟁 초기에 남한 정부는 잠재적 북한 협력자인 수만 명의 정치범을 즉결 처형했습니다.

20세기 중반 3년 동안 한반도를 유린한 한국전쟁은 현대사의 분수령이며, 냉전 시대 최초의 주요 무력 충돌이자 강대국들 간의 최후의 무력 충돌로 남아 있습니다. 미국이 전쟁 선포를 하지 않고 치른 최초의 전쟁이기도 했습니다. 한국전쟁으로 인해 미국은 영구적으로 무장한 국가가 되었고 중국은 글로벌 플레이어가 되었죠. 또한 오늘날 세계가 직면하고 있는 핵 위기의 씨앗이 심어지게 되었습니다. 그리고 한국전쟁은 엄밀하게 말하자면 끝나지 않은 전쟁이며, 평화 조약이 아니라 휴전 협정에 의해 보류 중인 전쟁입니다.

한국전쟁은 최근 역사에서 중추적인 역할을 했음에도 불구하고 "잊혀진 전쟁"으로 알려지게 되었고, 어느 먼 곳에서 발생한 승자도 패자도 없는 분쟁으로서, 5년 전에 끝난 "좋은 전쟁"[1]의 승리에 가려지게 되었습니다. 그러나 실상은 잊혀진 것 이상으로 심각합니다. 당시 한국에서 일어난 일의 대부분은 결코 알려진 적이 없습니다. 단지 생존자들의 묻혀진 기억과 트라우마에 시달리는 마을 사람들의 속삭이는 대화, 그리고 기밀 문서 보관소에 숨겨져 있는 누렇게 변색된 문서들만 남아 있을 뿐입니다.

태풍 루사로 우연히 발굴된 여양 유골들은 초기 단서를 제공했습니다. 2000년대에 들어 더 많은 사실이 밝혀졌습니다. 생존자들, 역사 연구가들, 언론인들 등의 끈질긴 노력으로 더 많은 집단 매장지가 발견되고 목격자들의 증언도 나오게 되면서, 충격적인 민간인 대량 학살 사건들이 알려지게 되었습니다. 2005년부터 2010년까지 대한민국 정부의 진실화해위원회가 조사한 바에 따르면, 1950년에서 1951년 사이에 다수의 정치범 집단 처형 사건이 있었으며, 국군 및 미군 그리고 북한의 침략자들과 남한의 좌파들에 의해 난민들과 기타 남한의 민간인들이 대량 학살되었습니다. 비무장 민간인에 대한 무차별적인 공습과 지상 공격을 기록한 미군 기록물의 기밀 해제로 전쟁의 잔학 행위가 추가로 입증되었습니다. "모든 마을을 폭격하라"는 미국의 명령과 너무나도 충격적인 규모로 자행된 정치적 처형, 그리고 난민들을 기관총으로 사살하기로 한 미군의 결정뿐만 아니라, 최근

---

1 제2차 세계 대전(1939.9.1~1945.9.2)

에 발견된 이와 유사한 내용들은 1950년에서 1953년 사이에 일어난 일들을 이해하는 데 필수적입니다. 한국전쟁에 대한 기존의 역사는 한국전쟁이 한국의 일반 국민들에게 끼친 가장 큰 영향은 무시하고, 주요 인물들과 거창한 전략, 병력 이동 및 주요 전투에 초점을 맞추어 왔습니다. 그런 기존의 역사 기술과 달리, 이 책은 전쟁을 직접 겪은 군인, 민간인, 남성, 여성, 젊은이, 노인 등 스무 명의 사람들이 들려주는 당시의 경험을 통해 한국전쟁을 인간적인 관점에서 이야기하고 있으며, 전쟁의 잔혹함과 영웅적인 행위들 둘 다 기술하고 있습니다.

전쟁 경험담을 들려준 이 책의 등장인물들 중에는 남북한 및 미국과 중국의 군인들, 한국인 난민 소녀, 미국인 수녀, 한국 및 영국의 언론인들, 실향민이 된 한국인 어머니, 서울의 사교계 인사, 휴전 회담 때의 중국인 통역사가 있습니다. 미군 항공기에 의해 파괴된 도시에서, 수감자들이 학살당하는 것을 목격하고 '인민재판' 즉결 처형을 바라만 보고 있었던 이 분들의 경험은 오랫동안 묻혀 있던 한국전쟁의 진실을 보다 상세하게 알 수 있는 전후 사정을 제공합니다. 독자님들은 그들의 눈을 통해 전쟁의 실상을 보게 될 것입니다. 전쟁의 진행에 관한 좀더 광범위한 이야기는 등장 인물들의 에피소드가 서로 엮여 가면서 월별로 전개될 것입니다.

등장인물들의 이야기는 회고록, 전기, 일기, 편지, 한국과 미국에서 진행된 개인 인터뷰, 기밀 해제된 기록 문서 및 기타 자료 등 다양한 출처에서 발췌했습니다. 진실화해위원회의 보고서를 통해 중대한 정보가 추가되었습니다. 다양한 배경을 가진 인물들을 등장시키는 것이 중요했습니다. 그래야만 오늘날에도 논란이 되고 있는 전쟁의 원인과 행위에 대해 광범위한 관점을 독자님들에게 제공할 수 있기 때문입니다. 하지만 이 인물들이 선택된 이유는 또 있습니다. 세월이 흘렀음에도 전쟁의 광기에 대해 여전히 격렬히 분노하거나 후회하고 있는 군인들이 들려주는 성찰들, 나이 든 여성들이 눈물을 흘리며 떠올리는 평생의 악몽들, 그리고 상상할 수 없는 사건에 대한 기자들의 꾸밈없는 이야기들처럼, 이들의 이야기가 힘과 설득력을 지니고 있기 때문이기도 합니다. 한 젊은 군인은 이렇게 자신의 이야기를 끝맺습니다. "수백만 명이 죽었습니다. 그러나 인간의 삶과 그들의 꿈이 파괴된 것 말고는 변한 게 아무것도 없습니다."

"주요 출처" 참고 문헌에는 각 등장인물이 들려준 이야기의 근거가 기록되어 있습니다. 인간의 기억은 오류를 범할 수 있기에, 특히 수년 또는 수십 년 후에 회고록을 쓰거나 인터뷰를 할 때 더욱 그럴 수 있기 때문에, 이 책에서 기술된 내용들은 알려진 사실 및 사건 기록문서들과 최대한의 대조 절차를 거쳤습니다. 한국전쟁으로 인한 사상자 수는 확정된 적이 없지만 최소 300만 명이 목숨을 잃은 것으로 추정되며, 대부분이 한국의 민간인들입니다. 사망자 중 상당수는 이름도 남기지 못한 채 집단 매장지에 버려졌습니다. 많은 시신들이 산이 많은 한반도의 산비탈과 계곡에 방치되어 부패하였습니다. 얼마 지나지 않아, 시골 사람들이 킬링필드^{killing field, 대량 학살의 현장}에서 "유령의 불꽃" 또는 "영혼의 불"이라는 의미의 혼불^{ghost flames}이 밤에 깜박이는 것을 봤다고 했습니다. 이 혼불이라는 것은 죽은 사람의 뼈에서 바람과 비에 의해 인이 빠져나와서 달빛에 반짝이는 것일 수도 있습니다. 하지만 한국의 설화에는 사람이 죽으면 공 모양의 빛, 즉 혼불이 몸을 떠난다는 뿌리 깊은 관념이 있기도 합니다. 많은 사람들이 한국의 혼불을 한국전쟁에서 죽은 사람이 편히 잠들지 못하고 있는 것으로 생각하게 되었습니다.

이 책이 은폐된 전쟁에서 죽어 편히 잠들지 못하고 있는 이들을 기억하고 그들의 불안한 영혼을 어쩌면 조금이나마 진정시키는 데 도움이 되기를 바랍니다.

찰스 J. 핸리, 2019년 5월

한국어판 서문

한국전쟁 정전 협정이 체결된 지 70주년이 되는 올해, 수십 년 동안 전쟁을 공식적으로 종식시키지 못한 상황에서, 전쟁에 대한 이야기는 가능한 한 진실되게 전해져야 마땅하며, 한국의 국민들에게는 특히나 그렇게 되어야 할 필요가 있습니다. 어쨌든, 진실이 밝혀지지 않은 한반도에서 어떻게 화해가 이루어질 수 있겠습니까? 전쟁 기간 중에 무슨 일이 벌어졌는지에 대한 합의가 이루어지지 않았는데, 어떻게 평화에 대한 합의가 이루어질 수 있겠습니까?

고스트 플레임은 전쟁 기간 중에 벌어졌던 일들, 즉 전쟁의 실상을 독자들에게 독특하고 친밀한 방식으로 전달하여 생생하게 느낄 수 있도록 하기 위한 노력의 결과물입니다. 2020년에 미국에서 출간되었을 때, 이 책은 "전쟁의 복잡하고 파괴적인 모습을 각별하게 묘사했다."는 찬사를 받는 등 비평가들로부터 열렬한 반응을 이끌어냈습니다. 그로부터 3년이 지난 지금, 저는 이 번역본을 통해 고스트 플레임이 6.25 전쟁으로 깊은 상처를 입은 한국 국민들에게 전해질 수 있게 되어 기쁩니다.

이 책을 통해 1950년~1953년의 기간에 벌어진 전쟁의 이야기를 들려주는 스무 명의 사람들은 직접 전쟁을 경험했으며, 그들 중 절반은 남과 북 양측의 한국인들입니다. 그들이 들려주는 이야기들을 통해 고통과 파괴, 죽음과 실향의 세월이 생생하게 되살아납니다. 또한 그들의 이야기들은 묻혀 있던 과거사, 오랫동안 은폐되어 있던 전쟁의 참상의 많은 부분을 조명하는 매개체이기도 합니다.

1990년대 후반에 이르러서야 비로소 1950년 6월 25일 비 내리는 바로 그 일요일 아침부터 시작된 전쟁 중에 실제로 저질러진 만행들에 대한 중요한 증거가 드러났습니다. 1999년 저와 AP통신 동료들이 1950년에 노근리에서 발생했던 피난민 대학살 사건을 세상에 알렸을 때, 미국인과 한국인 모두 충격을 받았습니다. 이는 역사의 기록, 특히 대부분의 미국 역사의 기록과 합치되지 않은 것이기 때문이었습니다. 하지만 한국전쟁에 관한 한, 역사의 기록은 사실만큼이나 허구일 때도 종종 있었습니다. 그후 한국의 언론인들과 역사학자들 및 기타 연구자들, 특히 대한민국 진실화해위원회의 헌신적인 직원들은 전쟁의 암울한 실상에 대한 증거들을 확보해 왔으며, 그들의 노력은 이 책의 한국전쟁에 대한 솔직하고 확고한 기록에 귀중한 도움이 되었습니다.

찰스 J. 핸리, 2023년 7월, 뉴욕

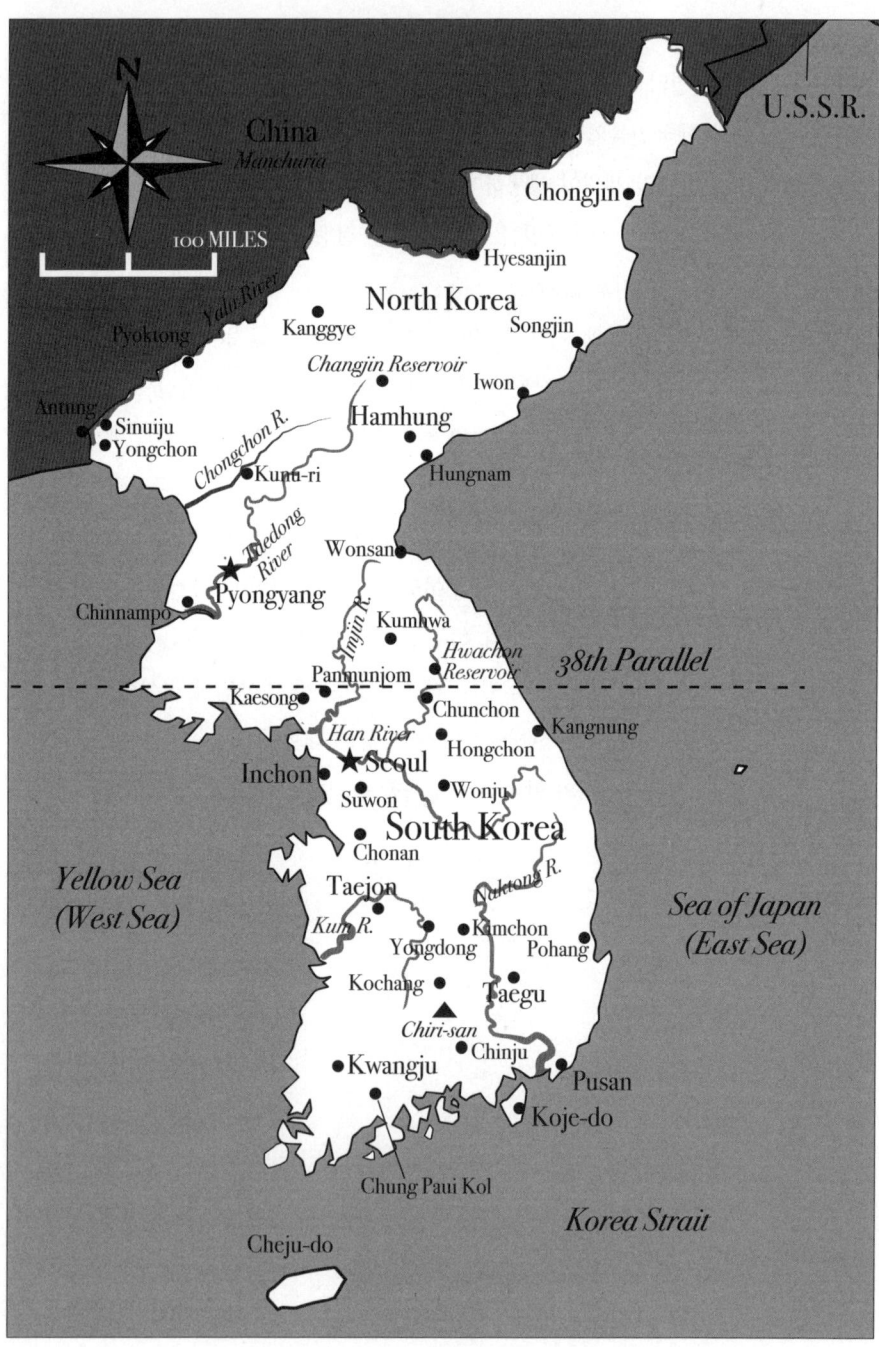

한국 지도

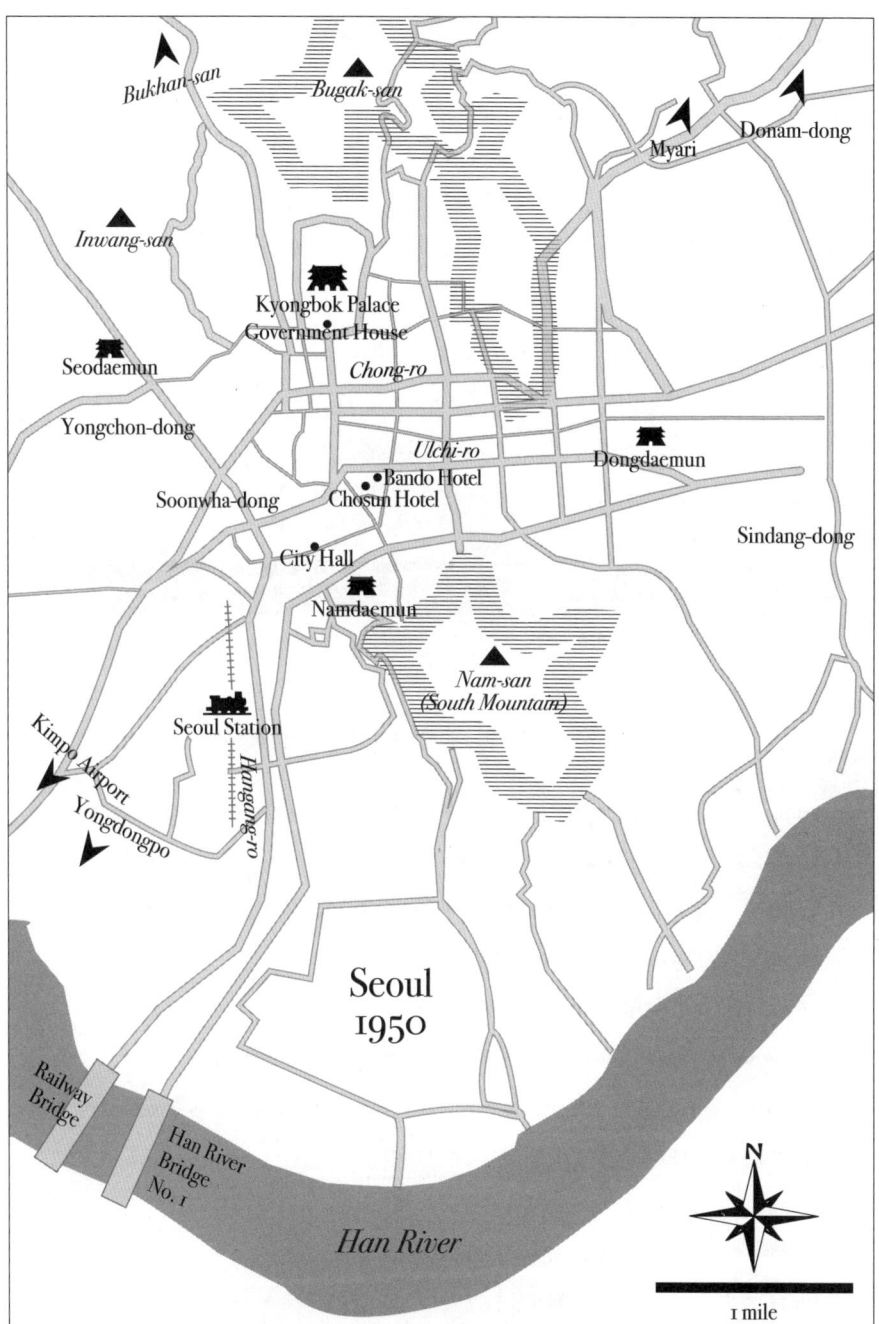

서울 지도

한국전쟁 연대표

1950	
6월 25일	북한군이 남한을 침략.
6월 28일	서울이 북한군에 의해 함락.
7월 초	남한 정부는 정치범 집단 처형 시작. 북한 점령자들은 "인민 재판"에 의한 즉결 처형 실시.
7월 20일	후퇴하는 남한군을 돕기 위해 파견된 미군 병력이 전략적 중심 도시인 대전에서 출발.
7월 26~29일	미군이 노근리에서 피난민들을 대량 학살.
8월 4일	한미 연합군이 한반도 남동쪽에 부산 방어선 구축. 적의 반복적인 공격을 막아냄.
9월 15일	미국의 인천상륙작전으로 전세 역전.
9월 16~22일	한미 연합군이 부산 방어선에서 북쪽으로 진격. 북한군은 후퇴하며 즉결 처형 자행.
9월 26~28일	미군이 주도하는 UN군이 서울을 수복하고 계속해서 38선을 넘어 북진.
10월~12월	남한 정부는 북한 협력자로 추정되는 사람들을 대대적으로 처형.
10월 19일	미군이 평양을 점령. 중공군이 북한으로 진입.
11월 1일	북한의 운산에서 미군과 중공군이 처음으로 충돌.
11월 10~26일	UN군이 중국과의 국경인 압록강으로 진군.
11월 25~27일	중공군이 UN군에 반격.

12월 8~24일	UN군이 38선 이남으로 후퇴.
12월 31일	중공군이 서울을 재탈환하기 위해 공세 실시.

1951

1월 4일	공산군들이 서울을 재탈환. UN군은 37도선까지 후퇴.
1월 25일	UN군이 중공군에게 처음으로 반격 시작.
3월 14일	UN군이 서울을 재탈환.
4월 10일	트루먼 대통령이 맥아더 장군을 해임. 리지웨이 장군이 후임 극동군 사령관으로 임명.
4월 22일	중공군이 대규모 공세를 펼침. 이 다섯 번째 공격으로 인해 UN군은 30킬로미터 이상 후방으로 밀려남.
5월 16~22일	미군이 마침내 중공군을 저지하고 반격 시작.
7월 10일	휴전 회담이 개성에서 개최.
10월 25일	휴전 회담 장소가 판문점으로 이전.
11월 12일	리지웨이가 "능동적 방어(active defense)"를 위해 UN군의 공격 활동을 종료시킴.

1952

1월 2일	미국 측 협상단은 전쟁 포로들의 자발적 송환을 제의.
2월 18일	북한군 전쟁 포로들은 그들 중 남한에 잔류하는 자가 없도록 거제도 포로 수용소에서 미군과 전투를 벌임. 78명의 포로들이 사망한 경우를 포함, 포로들의 유혈 폭동이 수차례 발생.
4월 19일	미국 측 협상단이 공산 진영 협상단에게 132,000명의 전쟁 포로들 중 70,000명만 북한이나 중국으로 송환되기를 원한다고 알림.
5월 2일	공산 측 협상단이 자발적 송환 제의를 거부.
5월 7일	북한군 포로들이 미군인 거제도 수용소의 소장을 납치했다가 풀어줌. 이후 몇 주 동안 미군이 저항자들을 진압, 수십 명의 사망자가 발생.
6월~10월	고지 탈환을 위한 전투들은 격렬하지만 전선은 여전히 교착 상태.
7월 10일	휴전 회담 1주년을 맞아 포로 교환을 제외한 모든 문제가 잠정적으로 해결됨.
7월~8월	미국의 대규모 공습으로 평양이 사실상 초토화됨.

10월 6~24일	중공군이 1년 만에 최대 규모의 지상 공격을 받고 격퇴당함.
12월 2~5일	미 대통령 당선자 아이젠하워가 한국을 방문.

1953

3월 5일	휴전에 장애가 되었던 스탈린 사망.
3월 23일~ 7월 7일	포크찹 고지(Pork Chop Hill) 전투.
4월 20일~ 5월 3일	리틀 스위치 작전(Operation Little Switch)을 통해 병들고 부상당한 포로들이 교환됨.
6월 4일	공산 측 협상단이 자발적 송환에 대해 타협하기로 하면서 실질적으로 유엔의 모든 휴전 제안에 동의.
6월 18~19일	이승만 대통령이 남한에 남기를 희망하는 북한군 포로 27,000명을 일방적으로 석방, 휴전을 위태롭게 함.
7월 12일	미국의 압력을 받은 이승만 대통령이 휴전 협정을 방해하지 않기로 동의.
7월 13일	공산군들이 2년 만에 최대 규모로 남한에 대해 공세를 시작. 7월 18일 경에 전선이 안정화됨.
7월 19일	양쪽 대표단이 판문점에서 최종 합의에 도달.
7월 27일	한국 휴전 협정 체결.
8월~12월	빅 스위치 작전(Operation Big Switch)을 통해 송환을 희망하는 모든 포로들이 교환됨.

등장인물

* 등장 순이며, 직업과 나이는 1950년 6월 25일 기준임.

장상 – 북한에서 온 난민 소녀, 10세
(사진 속 오른쪽 인물)

리인모 – 북한 공산당 당원, 32세
(신부 김순임과 함께 찍은 사진)

박선용 – 남한의 한 어머니이자 법대생의 아내, 23세
(사진은 17세 때 모습)

유성철 – 북한 조선인민군 장군, 33세
(사진은 이후의 모습)

▍ 매튜 B. 리지웨이 – 미 육군 참모차장, 55세

▍ 노금석 – 북한 해군군관학교 생도, 18세

▍ 클래런스 C. 애덤스 – 미 육군 보병, 21세

▍ 매리 머시 수녀 – 미국의 메리놀회 수녀이자 의사, 47세

▎ 정동규 - 북한의 의대생, 18세

▎ 레너드 버디 웬젤 - 미 육군 보병, 19세 (사진은 이후의 모습)

▎ 빌 신 - 남한의 저널리스트, 30세

▎ 앨런 위닝턴 - 베이징에 주재 중인 영국의 저널리스트, 40세
(장차 아내가 될 에스더 저오잉과 함께 찍은 사진)

허원무 – 서울의 고등학교 3학년생, 17세

안경희 – 서울의 대학생이자 신문 편집자의 딸, 20세
(이후에 남편 한묵과 함께 찍은 사진)

지자오주 – 하버드 대학교의 중국인 학생, 20세
(사진은 이후의 모습)

폴 N. 피트 맥클로스키 – 미 해병 예비역 소위,
22세 (사진 속 오른쪽 인물)

∥ 길 아이섬 - 미 육군 보병, 18세

∥ 펑더화이 - 중국인민해방군 장군, 51세

∥ 천싱치우 - 중공군 의무병, 16세

∥ 신형규 - 남한 거창의 고등학생, 16세 (사진 없음)

제1부
1950

미국과 소련이 그들의 이전 점령 지역에서 군사력을 계속적으로
강화시켜 간다면, 결과적으로 한국에 전쟁이 발발하게 될 것이며,
그것은 최후의 세계 분쟁을 야기시킬 지도 모른다.

- 코넬리어스 오스굿 〈The Koreans and Their Culture〉, 1949년 집필

난 침착한 척 담배에 불을 붙인다.
난 이런 일이 일어날 줄 알고 있었다.
그리고 기어코 그날이 오고야 말았다.

- 조지훈, 절망의 일기(1950년 6월 25일)에서 발췌

한국 속담에 이런 말이 있다. "고래 싸움에 새우등 터진다."

　1945년 한국인들은 35년간의 일제 식민 통치로부터의 해방을 축하하며 대한민국이 다시 주권 국가로서 독립할 수 있기를 기대했다. 그러나 자본주의 국가인 남한과 공산주의 국가인 북한을 점령하고 후원하는 두 강대국 미국과 소련의 냉전 경쟁 속에서 이러한 희망은 무너지고 말았다. 미국과 소련은 한반도를 재통일하겠다는 약속을 지키지 못했다. 1950년 여름, 두 한국군 사이의 국경 충돌로 한반도는 전쟁 발발 직전의 상황에 이르렀다.

　6월 25일 이른 새벽, 부슬비가 내리는 가운데 소련군 고문단이 작성한 계획에 따라 북한군 7개 사단이 남한을 침공한다. 천 년 만에 처음으로 남북한 군대가 서로 싸우게 된다. 남한의 수도 서울은 빠르게 함락되고 미국은 후퇴하는 남한군을 지원하기 위해 군대를 급파한다. 공산주의의 확산을 막기 위해 군사력을 사용하기로 해리 S. 트루먼 대통령은 의회의 승인 없이 신속하게 결정했으며, 이는 전례가 없는 일이다. 미군 역시 전차를 앞세운 북한군에게 밀려나서 결국 한반도 남동쪽 끝에 사분면 형태의 방어선을 구축하게 된다.

전쟁 첫날부터 이념적 내전의 살인 충동이 촉발된다. 남한 당국은 수만 명의 남한 좌파 용의자들을 집단 처형한다. 북한은 점령지에서 '인민재판'을 거쳐 많은 남한 우파를 즉결 처형한다. 동시에 필사적으로 후퇴하던 미군과 전투기들이 전쟁을 피해 달아나는 남한 민간인 행렬에 사격을 개시한다. 피난민들 사이에 위장한 북한 침입자들이 숨어 있다는 소문이 퍼져 있었기 때문이다.

늦은 여름, 미군 총사령관 더글러스 A. 맥아더 장군이 대규모 상륙군을 서울 서쪽, 북한군 전선 후방에 상륙시키며 반격에 나선다. 그 후 미군과 한국군이 남동쪽 방어선에서 북쪽으로 진격한다. 혼란에 빠진 북한군이 후퇴하면서 의심스러운 남한 주민들을 상대로 또 잔학 행위를 저지른다. 남한 진영이 서울을 수복하자, 이번에는 서울을 점령하고 있던 북한군에 협력한 것으로 의심되는 사람들이 처형된다.

맥아더의 반격으로 기세가 등등해진 그의 군대는 북한 깊숙이, 중국 국경까지 진격하게 된다. 이로 인해 더 큰 전쟁, 즉 냉전 시대 최초로 자본주의와 공산주의 강대국 간의 무력 충돌이 발생하게 된다.

6월

1950년 6월 25일, 일요일

"상이야, 일어나." 다급한 속삭임이 장상을 잠에서 깨운다. "상이야, 무슨 일이 일어나고 있어." 장상이 눈을 비비며 떠보니 외할아버지의 흰 수염과 햇볕에 그을린 잘생긴 얼굴이 보인다. 성경에 하나님이 자신의 형상대로 사람을 만들었다고 되어 있는데, 소녀는 바로 할아버지가 하나님의 모습이라고 생각한다. 오늘 아침 할아버지는 걱정스러운 표정이다. 농사를 지으며 살던 고향을 어쩔 수 없이 떠나와 번잡한 도시에 적응하지 못하고 있는 할아버지는 바깥이 무엇 때문에 소란스러운지 이 영리한 손녀가 알아낼 수 있을 거라고 믿고 있다. 열 살의 장상은 여섯 명의 사촌들 가운데 가장 나이도 많고 똑똑하다. 북에서 내려온 이 난민 아이들은 옛 서울의 한 비좁은 집에 모여 살고 있다.

순종적이고 호기심 많은 장상은 재빨리 하얀 면 상의와 치마를 입는다. 장상은 아직 날이 밝지 않은 어두운 아침에 서둘러 나간다. 어린 사촌 두 명이 뒤를 따르고, 방을 가득 채우고 있는 다른 아이들은 여전히 잠들어 있다. 이제 막 동이 트고 낮은 구름 너머로 여름 태양이 창백하게 떠오른다.

비가 올 것 같다. 일요일 이른 시간인데도 거리는 이상하게도 분주하다. 사람들이 여기저기서 바삐 움직이거나, 둘 또는 몇 명씩 모여 서서 이야기를 나누고 있다. 나이에 비해 키가 크고 대담한 소녀는 이리저리 뛰어다니며 소식을 듣는다. 어른들이 교회에서 돌아오고 있을 무렵 장상이 서둘러 집으로 돌아와 큰 소리로 외친다. "북한이 남한을 공격하고 있어요. 북한 군인들이 미아리를 통해서 서울로 오고 있어요." 아이의 말에, 북한 출신인 데다가 기독교인들인 김씨 집안 사람들은 소름이 돋는다. 대가족인 그들은 최근 몇 년간 남한으로 쏟아 들어온 많은 사람들과 마찬가지로, 가난하고 후진적인 한반도의 이북 지역에서 공산주의가 부상함에 따라 그 사회적 격변을 피해 이남으로 온 것이다. 누군가 삼촌의 라디오를 켠다. 모든 것이 정상적으로 들리다가 오전 7시, 한국 방송이 북한의 공격을 보도한다. "걱정할 이유가 없습니다." 방송은 청취자들을 안심시킨다. "십만 명의 강력한 대한민국 국군은 건재합니다."[1]

그러나 진흙벽과 기와지붕으로 된 집들, 비좁은 사무실 건물들과 고풍스러운 사찰들이 즐비한 서울 외곽 너머, 수백 년 된 수도를 둘러싸고 있는 610미터 높이의 산 북쪽 어딘가에서, 보슬비와 안개 속에서 서울로 향하는 계곡을 따라 밀고 내려오는 대포와 중전차의 천둥번개 같은 공격에 국군이 처참하게 무너지고 있다. 거의 3분의 1이 탈북민인 서울의 150만 시민들이 깨어나서 북한의 급습 소식을 듣고 놀란다. 하지만 전혀 예상 밖의 일은 아니다.[2] 제2차 세계대전이 끝나고 미국과 소련이 일본 식민지였던 한반도를 각각의 점령 지역으로 분할했다. 갈라진 남북한은 5년 동안 미국과 러시아의 지도 아래 자본주의와 공산주의라는 서로 다른 길을 걸어왔으며, 각자 길이가 800킬로미터가 넘는 한반도에 대한 주권을 주장하며 정부를 구성했다. 그리고 새로 조직된 남한과 북한의 군대는 경계선인 북위 38도선에서 반복적으로 충돌해왔다. 특히 1년 전, 소련군이 북한 주둔 기지에서 철수한 지 몇 달 뒤에 미 점령군도 한국을 떠난 이후 양측 군대의 충돌이 빈

번해졌다. 일요일인 오늘, 북쪽으로 불과 80킬로미터 떨어진 38선에서의 전투에 대한 소식과 루머가 계속 나오는 가운데, 서울 시민들은 이번 전투 역시 곧 끝날 또 한 차례의 국경 분쟁이기를 바라고 있다.

<<<

"인모야, 인모야!" 어머니의 목소리에 지친 리인모는 놀라서 깼다. "뉴스 들어봐라. 전쟁이 났단다!" 리인모는 오늘 아침 동이 트기 직전에 잠에 빠져들었다. 이 젊은이는 이제 누운 자리에서 고개를 들어 올려다본다. 어머니 옆에 그의 젊은 아내가 잠든 두 살짜리 딸을 꼭 안고 서 있다. 모두가 입을 다문 채 귀를 기울이는데 라디오 아나운서가 뉴스를 반복한다. "미 제국주의자들의 꼭두각시인 남조선의 이승만과 그 패거리들이 38선을 넘어 북한을 공격했습니다." 인모는 앉아서, 깊은 잠을 떨쳐내며 생각을 가다듬는다. 북한 동해안의 항구 도시인 흥남의 공산주의 조선노동당 선전부장인 리인모는 전날 현지의 당 본부에서 열린 회의에 참석했다. 그는 지역 주민들에게 홍보하는 방법을 개발하기 위해 수도 평양에서 공표된 경제 3개년 계획을 연구중이다.

인모가 자정이 지나서 인근 호남동 자택으로 돌아오니 어머니 계순과 아내 순임이 기다리고 있었다. 세 사람의 대화는 새벽까지 이어졌고, 인모는 위대한 지도자인 김일성 장군의 선지적인 계획이 자신들과 같은 가난한 한국인들에게 더 나은 미래를 보여주고 있음을 인내심을 가지고 설명했다. 인모의 아내는 딸 현옥이 그 3개년 계획이 끝날 때쯤이면 다섯 살이 되겠다고 말했다.

"그럼 우리가 현옥이에게 세발 자전거를 사줘야겠네." 현옥의 할머니가 말했다. 어머니가 가볍게 한 말에, 인모는 어머니가 다른 아이들은 갖고 있는 장난감을 자기 아이에게 사주지 못해서 늘 후회하셨던 것이 생각났다. 1917년, 인모가 태어나기 7개월 전, 아버지가 의문의 병으로 사망하면서 그들의 가난은 더욱 깊어졌다. 그렇게 인모의 어머니 계순은 열여덟 살에 미망인이자 한 아이의 어머니가 되었다. 먼 북쪽 산골, 고향인 풍산에서 그녀는 돌투성이 땅에서 농사를 짓고 밤에는 삼베 옷을 짜며 겨우 생계를 이어갔다. 결국 계순은 어쩔 수 없이 인모를 오빠 부부에게 맡겼다. 학교 선생님인 오빠는 자식이 없기에 인모를 친자식처럼 키워줄 것이었다. 열세 살 때 심부름을 하던 인모는 조선 민족주의 게릴라들이 당시 증오의 대상이었던 현지 일본 경찰서장을 암살하는 장면을 목격했다. 총을 들고 있던 한 사람이 인모를 손짓해서 부르더니, 일본 경찰서장 같은 식민지 압제자들을 제거해야만 조선인들이 자유와 번영을 누릴 수 있다고 말했다. 인모는 봄에 저장된 식량이 떨어져서 소나무 껍질을 먹을 수밖에 없었던 어머니와 수많은 사람들의 고난과 역경을 생각했다. 인모와 학교 친구들은 현지에서 유명한 정치 선동가를 찾아가기 시작했다. 그 사람이 "자본주의, 사회주의, 마르크스, 엥겔스, 레닌, 스탈린"에 대해 얘기해줬다고 인모는 회상한다. 인모는 소년 혁명가가 되어 경찰서 창문을 깨고, 가난한 사람들을 위해 땔감을 모았으며, 비밀스러운 "붉은 독서회"에서 자기보다 어린 아이들에게 좌익 반일 책자를 읽어 주었다. 16살이 되자 인모는 수감되었다. 출소 후 인모는 표면적으로는 학생이자 노동자 신분으로, 실질적으로는 일본의 식민지 체제를 전복시키기 위한 지하 활동가로 세월을 보냈다. 1945년 8월, 인모가 산속에 숨어 지내고 있을 때 환희에 찬 친구들이 찾아와 일본이 항복하고 한국이 해방되었다고 말해주었다.

    리인모와 동지들은 풍산의 첫 공산당 세포를 결성했고, 공산당은 곧 조선로동당으로 이름을 바꾸었다. 식민 지배에서 벗어난 후 당의 초점이 지주들과 친일 협력자 숙청으로 옮겨 가면서 그의 계급은 상승했다. 키가 크고 잘 생긴 인모 동무는 10년 후배이자 젊고 열렬한 당원인 순임의 관심도 끌었다. 순임은 인모를 쫓아다녔고 둘은 사랑에 빠졌다. 그들이 교제하는 동안 인모가 순임에게 준 선물 중에는 소련공산당 통사서가 포함되어 있었다. 미국과 소련 사이에 냉전의 적대감이 고조되면서 1947년에는 두 강대국의 막연한 한국 재통일 계획은 실패할 것임이 분명해졌다. 1948년 남과 북 양쪽 다 그들 자신을 독립 국가로 선언했다. 서울에서는 대한민국ROK, Republic of Korea이, 평양에서는 조선민주주의인민공화국DPRK, Democratic People's Republic of Korea이 선포되었다.[3]

바로 그해에, 지시를 받은 리인모는 어머니, 예비 신부와 함께 뚜껑도 없는 트럭 뒤에 타고 130킬로미터를 달려 흥남 당 위원회에 합류했다. 리인모는 지금까지 흥남 당과 함께 2년 동안 열심히 일했다. 한편, 교착 상태에 빠져 있는 남북한은 서로 상대방을 무력 점령하겠다고 위협하여, 언제 폭발할지도 모를 긴장감은 높아가고 있다. 오늘 아침, 리인모는 자기 자신에게 묻는다. "이제 때가 온 것일까?"

<<<

박선용이 일요일인 오늘 아침 두 아이를 교회에 데려가기 위해 옷을 입히고 있다. 선용은 남한의 중부 지방에 있는 시댁에서 지내고 있다가 아이들의 아버지를 만나기 위해 네 살의 구필과 두 살의 구희를 데리고 기차로 서울에 왔다. 선용의 남편은 이곳에서 법학을 공부하고 있으며, 서울 중심부 건너 한강 남쪽 강둑 근처에 있는 작은 학생 방을 세내어 살고 있다. 그의 작은 가족이 들어오자 그 방이 꽉 찬다. 선용이 아이들 때문에 수선을 떨고 있을 때, 그녀와 남편 정은용은 밖에서 사람들이 고함 치는 것을 듣게 된다. 사이렌 소리가 들린다. 무슨 일이지? 은용은 이웃들이 라디오 주변에 모여 있는 것을 발견한다. 긴장한 아나운서가 북한의 공격 소식을 전하며, "모든 국민 여러분들께서는 평소와 같이 침착하게 생업에 종사해 주시기 바랍니다."라고 안심시키는 말을 덧붙인다. 이 젊은 부부는 서울의 거의

모든 사람들과 마찬가지로 자신들이 지금 듣고 있는 말이 얼마나 심각한 것인지 깨닫지 못한 채 어리둥절해하고 있다. 이때까지 두 사람은 많은 일들을 봐왔다. 조용하고 얌전한 스물세 살의 선용과 남편인 스물여섯 살의 은용은 대부분의 동포들처럼, 1945년 해방 이후 제도와 식민지 농업 경제의 붕괴, 수백만 시골 사람들의 빈곤 심화, 정치적 폭력의 증가, 공산주의 북한에 의한 지방에서의 게릴라전 등 새로운 한국에서 혼란의 세월을 살아왔다.

1년 전 선용의 고향 마을 심천에서, 게릴라들이 백주 대낮에 곡괭이와 낫으로 이웃에 사는 지주를 공격해서 죽이고 곡식을 훔친 후 집을 불태워버린 일이 발생했다. 은용은 더 직접적인 경험을 했다. 그는 일제 통치 마지막 해에 경찰에 입대했고, 4년 뒤인 1948년에 제주도로 파견되어 좌익들의 반란을 유혈 진압에 참여하게 되었다. 한국의 자치권을 잃을까 경계하고 한국이 두 개의 국가로 분리되는 것에 반대하는 제주도민들은 이승만 대통령의 정책을 비난하는 시위를 벌였고, 서울에서 보낸 새 우익 도지사와 민병대가 이를 진압했다. 도민들은 경찰에 대한 악랄한 공격으로 맞섰다. 그 후 이어진 정부의 작전으로 제주도의 마을들은 잿더미가 된 폐허로 변했고, 제주 인구의 10분의 1 이상, 최소 3만 명이 사망했다. 이 유혈 사태는 외부에 거의 알려지지 않았다.[4]

자신이 해야만 했고 볼 수밖에 없었던 일 때문에 사기가 꺾인 채, 경찰의 부패에 혐오감을 느낀 은용은 1949년 경찰을 사직하고 서울의 중앙대학교에 입학했다. 남편이 중부 도시 대전에 있는 그들의 집을 멀리 떠나 제주에서 지내고 있던 중에, 걱정하던 선용은 한 지역 목사의 설득으로 장로교회에 나가기 시작했다. 기독교인은 여전히 소수에 불과했지만, 어려운 시기로 인해 더 많은 한국인들이 종교를 찾게 되었다. 기독교로 개종한 선용은 곧 매주 일요일마다 교회에 출석하며 남편이 무사하기를 기도했다.

일요일인 오늘도 선용은 어린 구희를 안고 구필의 손을 잡고 교회로 걸어간다. 확성기를 단 군부대 트럭들이 휴가 중인 병사들에게 복귀할 것을 명령하며 거리를 질주한다. 서울과 그 너머로 통하는 인근 제1한강교 쪽으로 병력을 실은 차량들이 굉음을 내며 내달린다. 무슨 일이 일어나려는 걸까? 자식들 곁에 있는 자리에 앉으며 박선용은 곧 친숙한 성경 말씀으로 위안을 받는다. 그리고 날이 점점 더워질수록 시원하고 평화로운 이 교회에서 목사는 그들의 하나님께 국군 장병들을 보호해달라는 기도를 함께 하자고 성도들에게 요청한다.

<<<

유성철은 이번 일요일 아침 남한이 먼저 공격했다는 주장이 엄청난 거짓말이라는 것을 알고 있다. 그리고 앞서 했던 주장, 즉 지난 2주 동안 38선을 따라 북한군 병력이 이동한 것이 남침 준비가 아니라 실제로는 훈련이었다는 것은 훨씬 더 정교한 거짓말이었다. 북한군 지휘관들은 남한이 그들의 통신을 감시할 것이라는 것을 알고 있었기 때문에, 병력 이동 계획들을 설명하거나 일부 부대는 칭찬하고 다른 부대는 질책하는 내용의 메세지들을 비암호화해서 전달함으로써, 그 계략을 더욱 그럴싸하게 만들었다. 오래전 중국의 손자는 아시아의 전사들에게 이렇게 조언했다. 속임수가 첫번째 무기다. 이제 막 소장으로 진급한 서른세 살의 작전국장 유성철은 몇 시간 동안 잠도 자지 않은 채 신경이 곤두서 있다. 그는 평양 외곽의 서포라는 곳에 있는 동굴에서 조선인민군 Korean People's Army, KPA 의 다른 젊은 장군들 및 소련군 고문들과 합류해서 남조선 해방 작전을 위한 임시 작전 사령부 CP 를 설치했다.

하급 장교들이 전투 상황을 보고하고 있으며, 늦은 아침에는 그중 한 명이 조선의 옛 수도이자 서울로 가는 첫 번째 도시인 개성이 인민군에게 함락되었다는 사실을 확인한다. 환호성이 동굴 안에 울려 퍼진다. 총참모장 강건을 비롯한 장교들은 서로를 껴안고 등을 두드리며 축하한다. 유성철은 남조선 군대가 예상보다 훨씬 더 쉽게 무너지고 있다고 판단 내린다. 치밀한 계획이 성과를 거두고 있는 것이다. 이 작전은 전쟁 경험으로 다져진 2차 세계대전 베테랑들로 구성된 소련 고문들의 작품이었지만, 유성철이 중심적인 역할을 맡았다. 러시아 태평양 극동 지역 한인 이민자의 손자인 소련계 한국인으로서, 그는 다른 사람들과 함께 전략가들의 작전 명령을 러시아어에서 한국어로 번역하고 필요에 따라 수정하는 일을 했다.

6월 초, 이 복잡한 작전 방침은 김일성에게 전달되었다. 북한의 지도자는 문서에 간단히 "동의"라고 갈겨썼다. 수백만 한국인의 운명이 결정된 순간이었다. 앞으로 많은 시간이 지나야, 한때 게릴라 동지였던 김일성이 전쟁을 일으키기로 결정한 배경을 유성철이 알게 될 것이다. 김일성의 결정을 전부 찬성한 것은 아니었다. 만주에서 일본군과 싸웠던 또 다른 김일성 동지 최용건 방위사령관이 침공을 이끌었어야 했다. 그러나 유성철은 최용건이 경질되었다는 사실을 알게 되었다. 김일성이 가능성이 낮다고 여겼던 미국의 개입을 그가 우려해 전면전에 반대한다고 "위대한 지도자"에게 말했기 때문이었다. 대신 지휘권은 키가 크고 당당한 강건에게 넘어갔다. 그는 32살로 유성철보다도 어렸지만 공격성과 전술적 노하우로 동료들의 존경을 받고 있었다.

유성철과 강건은 긴밀히 협력하여 공격 계획을 세웠다. 타이밍이 매우 중요했다. 6월 하순의 일요일은 많은 남조선 병사들이 고향에 가서 논의 제초 작업을 돕기 위해 주말을 보내거나 장기 휴가를 떠나는 시기였다.[5] 대한민국 육군의 많은 일선 지휘관들이 지난 저녁 새로운 장교 클럽의 개장 행사를 위해 서울로 이동했기 때문에 예상보다 타이밍은 더 좋았다. 실제로 강건의 남조선 상대인 채병덕(채풍보) 소장은 오늘 새벽 2시경이 되어서야 자려고 그 유명한 퉁퉁한 몸을 눕혔다.[6]

불과 2시간 후인 4시경, 북한 인민군의 대규모 포병이 38도선을 따라 포격을 시작했다. 그 후 한 시간 동안 주요 지점 다섯 곳에서 7만 명이 넘는 북한 보병 7개 사단이 칙칙한 겨자색 대열을 이루며 어둠과 비를 뚫고 진군하거나 소련제 트럭을 타고 거친 도로를 질주하며 국경을 넘어 남하했다. 이른 새벽 일제히 시작된 북한군의 포격은 서쪽 옹진 반도에서부터 태백산맥을 넘어 290킬로미터 떨어진 외딴 동해안에 이르기까지 잠들어 있던 한국군을 깨웠다. 한국군은 겨우 4개 연대, 약 1만 명에 불과한 병력이 38선에 방어 진지를 구축했다.[7]

강건이 이끄는 침공 병력이 전부 현대화된 것은 아니다. 소달구지로 일부 보급품을 수송하고 있다.[8] 그러나 병력의 약 3분의 1은 불과 몇 달 전 중국에서 끝난 내전에서 승리한 마오쩌둥毛澤東의 공산군과 함께 싸웠던 강인한 참전 용사들이다.[9] 그리고 소련으로부터 2차 세계대전에서 명성을 얻은 T-34 전차 150대를 받았다. 무게 32톤의 T-34 전차는 강력한 85밀리 포를 장착하고 있으며 빠른 기동력을 가지고 있다.[10] 이 거대한 전차 40대 이상이 43번 국도를 따라 의정부 교차로를 향해 남하하는 인민군 보병 부대를 이끌고 있다.[11]

한국군에겐 이들을 막을 수 있는 전차도, 전차의 장갑을 뚫을 만큼 강력한 대전차포도 없다.[12] 사람이 직접 조준해서 발사해야 하는 105밀리 곡사포로 이들을 공격하고 있지만 막을 수 없다. 몇 시간 만에 수적으로도, 화력으로도 열세인 남한의 한국군은 너무 겁에 질려 전차가 이끄는 북한 인민군에 맞서지 못하고 후퇴하거나, 죽거나, 언덕으로 흩어지고 있다.

<<<

호남동에서 리인모는 재빨리 옷을 입고 몇 시간 전에 떠났던 조선노동당 본부가 있는 흥남으로 서둘러 되돌아간다. 확성기 주변은 많은 사람들로 붐비고 있고, 동지들은 도착하는 동지들에게 아무 말 없이 고개를 끄덕이

며 인사하고 있다. 평양 라디오는 남한의 적대 행위를 비난하는 내용을 발표한다. "1950년 6월 25일 이른 아침, 남조선 꼭두각시 정부의 소위 '국방군' 군대가 38도선 전역을 따라 북한 영토에 대한 기습 공격을 시작했습니다… 지금 이 순간에도 공화국의 방위군이 적에 완강하게 저항하고 있습니다." 라디오는 남한 측에 "심각한 결과"를 불러올 것이라 경고한다.[13] 작은 스피커로 반복해서 발표되는 이 내용을 들으며 한때 소년 혁명가였던 리인모는 지금이야말로 조선 전역에 사회주의 혁명을 가져올 수 있는 대망의 기회라며 중얼거린다. "드디어 전쟁이다."

<<<

초여름 기온이 32도를 향해 치솟는 가운데 소나기로 축축해진 서울 거리에서 지프와 군용 트럭이 속도를 높여 급하게 북쪽으로 향한다.[14] 군대의 비상 방송을 전하는 라디오 소리가 열린 창문을 통해 요란하게 들린다. 낯선 비행기가 굉음을 내며 도시 상공을 비행한다. 붐비는 집 안에서 김씨 부부는 점점 더 당황해하고 있다. 그들은 어떡해야 할까? 인류 역사상 최대 규모의 전쟁인 2차 세계대전이 끝난 지 5년이 지난 지금, 한국을 제외한 전 세계는 평화를 맛보고 있다. 한국의 정치적 경쟁과 국경 분쟁은 아시아의 먼 구석에서 벌어지고 있는 잊어도 괜찮은 일들이다. 하지만 열 살의 소녀 장상과 그녀의 가족 같은 사람들에게는 삶을 뒤흔들고 미래를 결정짓는 사건이다. 장상은 3년 전, 어머니와 함께 북한군의 사격을 받으며 38선을 넘었던 끔찍한 악몽에 시달리고 있다. 그녀는 그 전에 평안북도에 있는 외할아버지의 농장으로 농민들이 낫과 괭이를 휘두르며 내려와서 할아버지의 땅을 몰수하겠다고 외치는 걸 본 것도 기억하고 있다. 그들은 할아버지와 할머니를 변변찮은 소지품 몇 가지만 겨우 챙기게 한 후 쫓아냈다. 거의 같은 시기에, 1945년 일본으로부터 해방된 후 몇 달이 지나지 않아 대담해

진 북한의 소작농들은 훨씬 더 큰 것을 탈취했다. 돌아가신 장상의 친할아버지의 대토지를 압수한 것이었다. 수십 년 전, 장상의 친할아버지는 독립된 조선을 마지막으로 통치했던 이씨 왕조가 멸망해가는 시기에 궁정의 관리로 있었다. 1910년 일본이 한반도를 식민지로 무력 합병한 후 그는 평안북도에서 가장 높은 지위에 오른 조선인이 되었다. 그런데 또다시 성난 군중이 장씨 집 앞에 몰려와 "인민"이라는 이름으로 조상 대대로 장씨의 소유지였던 곳에서 미망인인 장상의 친할머니를 쫓아냈다.

장상의 친할머니는 고향인 용천 마을의 첫 번째 기독교인으로 알려져 있었다. 선교사들이 가져온 기독교, 특히 한반도 북쪽에서 기독교는 일본 식민주의에 대한 서구의 평형추처럼 여겨졌으며, 교육 및 독립운동과 연관되기 시작했다. 그러나 1945년 이후 세속적이며 공산화된 북한에서 그녀의 후손들은 장상의 외가인 김씨 가문과 마찬가지로 배척당했다. 조숙했던 장상은 가족 외부의 세력에 의해 자신의 삶이 마을 밖을 너머 예상치 못한 방향으로 날아갈 수 있다는 것을 알게 되었다. 그래서 강제로 쫓겨난 조부모들을 포함한 김씨 및 장씨 집안 사람들이 한 명씩 두 명씩 남으로 넘어왔다. 처음에는 38선이 개방된 곳을 통해 비교적 쉽게 넘어왔지만, 나중에는 북한 공산주의자들이 그런 지점들을 폐쇄하면서 더욱 위험해졌다.

장상보다 열 살이 많은 언니 장란은 학업을 위해 일찍 남으로 내려와 서울에서 교사로 일했다. 어머니의 남동생 김갑현도 재산을 몰수당한 부모와 함께 배를 타고 일찍 월남했다. 그는 도쿄의 명문 와세다 대학에서 공부한 덕분에 경성전기주식회사에 좋은 직책을 맡았다. 그는 일본어뿐만 아니라 업무에 필요한 영어도 할 줄 알아서 회사에서는 그를 미국으로 출장을 보낸 적도 있다. 최근 몇 달 동안 갑현 삼촌의 서울 집을 임시 거처로 삼아, 장상과 그녀가 아기였을 때 미망인이 된 마흔여섯 살의 어머니 김봉현 그리고 다른 김씨 집안 사람들이 몰려왔다. 이제 새로운 삶에 대한 이들의 희망이 갑자기 위협받고 있다.

〈〈〈

이게 무슨 의미일까? 러시아 놈들이 뭘 하고 있는 거지? 유럽에 무슨 일이 벌어지고 있는 건가? 매트 리지웨이를 비롯한 미국 최고위급 장군들이 국방부Pentagon에서 텔레타이프들을 지켜보고 있다.[15] 이들은 2차 세계대전 당시 카세린 협곡과 오마하 해변 같은 곳에서 최악의 전쟁을 경험하며 주요 뉴스에 이름이 언급된 인물들이다. 포토맥 강을 따라 유난히 더워지고 있는 6월의 한 일요일 아침, 그들은 그들 중 아는 사람이 거의 없는 곳에서 새로운 비상 사태에 대처하기 위해 소집되었다.

6년 전 D-day에 82공수사단 병력과 함께 낙하산을 타고 노르망디에 침투했던 육군 참모차장 매튜 B. 리지웨이Matthew B. Ridgway 중장은 2차 세계대전 종전 후, 얼마되지 않아 발발한 또 다른 전쟁에 대해 미국이 준비가 안 되어 있다는 점을 걱정하고 있다. 군대의 실무적인 "최고 경영자"인 리지웨이는 미군에 인력, 훈련, 장비가 부족하고 특히 극동 지역이 그렇다는 사실을 잘 알고 있다.

그는 육군, 해군, 공군의 작전 및 정보 장교들이 도쿄에 있는 더글러스 A. 맥아더Douglas A. MacArthur 장군의 극동 사령부와 텔레타이프로 주고받는 대화 내용을 읽는 동안 합동참모회의 의장 오마 브래들리Omar Bradley 장군과 나란히 서 있다. 미국인들을 서울에서 철수시키기 위해서 맥아더에게 미국의 공군력과 해군력을 사용할 권한이 승인되었다는 말을 듣고, 리지웨이는 오마 브래들리에게 이번 한국의 비상사태에 미 지상군은 투입되지 않을 것이라는 뜻인지 묻는다. 합참의장이 그렇다고 대답한다. 리지웨이는 안도한다. 어쨌든, 주한 미군 최고 고문은 이전에 남한군이 북한의 어떠한 지상 공격에도 대응할 수 있다고 워싱턴에 보고한 적이 있다.[16]

서울에서는 1,700명의 미국인들이 여성과 어린이를 대피시키라는 명령을 들으며 혼란스럽고 두려운 하루를 마감한다. 아침 6시경, 미 점령군이 1

년 전 철수할 때 남겨진 500명의 훈련병으로 구성된 한국군 자문단의 고위 장교들은 이번 전투가 북한의 전면적인 공세를 의미한다는 것을 알게 되었다.[17]

그럼에도 불구하고, 초기의 메시지에는 심각한 내용이 없었다. 미 대사관 군무관은 맥아더 사령부에 "한국군이 패닉 상태에 빠졌다는 증거는 없다"고 전보를 보냈다. 정오 무렵, 서울에 있는 주한 미국 대사 존 J. 무초 John J. Muccio는 현지 미군 라디오를 통해 "불안해할 이유가 없다"고 청취자들을 안심시켰다.[18] 그러나 같은 시각, 북한의 야크 전투기 4대가 서울 상공에 나타나 기차역과 무기고, 기타 목표물을 공습해 민간인이 여럿 사망했다.[19] 야크 전투기는 서울 김포 공항에도 날아와서 미 공군 C-54 수송기 1대와 한국 훈련기 7대를 파괴했다.[20]

늦은 오후, 미 대사관 직원들이 숙소인 서울의 7층짜리 반도호텔 옥상으로 올라가자 북쪽에서 포성이 울리는 소리가 들렸다.[21] 긴장감이 고조됐다. 대사관 통신원들은 수레에 문서들을 가득 싣고 나와서 불을 질렀고, 그 불은 서울 도심의 밤하늘을 밝혔다.[22] 북한의 전차가 서울에서 불과 32킬로미터 떨어진 의정부에 있다는 사실을 알게 된 존 무초는 인천항 근처에 정박 중인 화물선 두 척에 타고 있던 미국인 여성들과 어린이들을 내일 아침 대피시키라고 명령했다.[23]

서울 시간보다 반나절 늦은 워싱턴에서는 토요일 늦게 북한 공격에 대한 첫 소식이 전해졌다. 메릴랜드 농장의 시골집에서 잠에서 깬 딘 애치슨Dean Acheson 국무장관은 주말을 맞아 미주리주 인디펜던스의 자택을 방문 중이던 해리 S. 트루먼Harry S. Truman 대통령에게 즉시 전화를 걸었다.[24] 그 후 미국 관료 조직의 심야 당직자들은 위기 목록에 있는 "꼭 연락해야 할 사람들"을 찾기 시작했고, 그 명단 위쪽에 매트 리지웨이가 포함돼 있었다. 크고 우락부락한 얼굴에 머리가 벗겨지기 시작한 쉰다섯 살의 리지웨이 장군은 서른두 살의 매력적인 세 번째 부인 페니와 함께 펜실베이니아주의 시골에 있는 육군 주방위군 부대를 점검하러 "이름뿐인 휴가"를 떠난 중이었다. 새벽에 펜타곤에서 걸려온 전화에 잠이 깬 리지웨이는 전화를 내려놓은 후 페니에게 "조용하고 행복한 우리 주말은 물 건너갔다"고 말했다. 그들은 워싱턴으로 돌아가는 두 시간의 드라이브를 시작했다.

냉전이 시작되면서 확고한 반공주의자로 성장한 37년차 육군 베테랑인 리지웨이는 새로운 세계대전이 발발할지도 모른다는 걱정을 하지 않을 수 없었다. 이제 러시아도 미국과 맞먹는 원자폭탄을 자체 개발했다. 두 강대국이 충돌하는 것을 보고 싶어 하는 사람은 아무도 없을 것이다. "아마게돈"이 될 거라고 그는 생각했다. 이것이 시작일지도 모른다.

리지웨이가 떠오르는 태양 아래 15번 국도를 질주하는 동안 서울의 밤하늘은 구름이 걷히며 반달이 떠오르고 있었다. 미국인들은 라디오에 바짝 붙어 주한 미군 방송국에 귀를 기울이며 뉴스를 들었다.[25] 어느 순간, 레코드를 트는 방송 진행자가 가이 롬바르도와 그의 로열 캐네디언스의 새 히트곡을 틀었다. "즐겨요", 롬바르도의 목소리는 노래했다, "당신이 생각하는 것보다 늦었어."[26]

<<<

그는 되뇌인다. 내 학교 친구 말이 맞았어. 해군군관학교에 지원하지 말았어야 했어. 전쟁은 피할 수 없는 것이었어. 내가 한 일은 자살행위였어. 열여덟 살의 북한 해군군관학교 생도 노금석은 흥남에서 특권층 자녀의 성장기를 보냈다. 외동아들이었던 그는 자신만의 방과 책상, 작은 서재 그리고 한국 및 일본의 음반 수십 장과 축음기를 가지고 있었다. 일제 치하에서 그의 아버지는 북조선의 철도 간부였고, 부엌 아궁이에 불을 때서 따뜻하게 했던 가난한 사람들의 전통적인 온돌 구조가 아니라 그의 신분에 맞게 전기 난방을 하는 가정집에서 안락한 생활을 했다.

소년 금석은 상호 대립적인 영향들을 받아 이런 성향을 지니기도 했다가 저런 성향을 지니기도 하면서 성장했다. 미국을 동경한 그의 아버지는 아마추어 야구를 했고, 아침 식사 때마다 아들에게 "굿모닝!" 하며 영어로 인사를 했다. 어린 십 대 시절 금석은 예쁜 금발의 미국 여성 사진을 벽에 걸어두기도 했다. 하지만 일제 식민지 학교에서의 세뇌 교육도 그의 성장에 영향을 끼쳤다. 2차 세계대전이 끝나갈 무렵 어느 날, 집에서 열세 살의 금석은 일본 공군 생도로 입대해 카미카제 파일럿이 되어, 목숨을 바쳐 미군 함대를 파괴하는데 일조하고 싶다고 자신의 생각을 밝혔다. 그의 아버지는 노발대발했다.

2차 세계대전이 끝날 무렵 소련 점령군이 북한으로 진격하자 온 국민은 분노했다. 기강도 없고 종종 술에 취한 러시아 군인들은 한국인들을 강탈하고 폭행하고 강간했으나 처벌을 받는 경우는 거의 없었다. 이러한 잔인무도한 행위들로 인해 사업가였던 아버지의 공산주의에 대한 반감은 더욱 커졌고, 그런 공산주의에 대한 경멸은 아들 금석에게도 대물림되었다. 십 대의 금석은 비현실적이긴 하지만 남한이나 미국으로 가야겠다는 생각을 끊임없이 했었다. 그러나 그는 해방된 새로운 조선에서도 원하는 바를 이룰 수 있을지도 모른다고 생각했다.

1948년, 흥남의 한 동굴 같이 생긴 공장 건물에서 열린 노동자 및 학생 대집회에 평양에서 방문한 김일성이 직접 모습을 드러냈다. 한국인치고는 큰 키에 건장한 체격의 김일성의 연설과 위엄 있는 존재감은 젊은 노금석에게 깊은 인상을 남겼다. 서른다섯 살의 공산당 수장은 스스로 자신을 수령, 즉 위대한 지도자라고 부르기 시작했고, 온 사방에는 그의 초상화가 걸리고 있었다.[27] 금석은 예전의 게릴라 사령관이 노동자 천국에 대해 이야기함으로써 평범한 조선인들의 희망을 어떻게 자극할 수 있는지 알 수 있었다.

열일곱 살 금석의 희망은 1년 후 아버지가 위암으로 사망하면서 박살났다. 슬픔에 잠긴 아들과 어머니는 갑자기 수입이 없어졌다. 되는 대로 식료품을 사서 되파는 일에서 생기는 수입뿐이었다. 게다가 38선은 넘을 수 없을 정도로 위험해져 있었다. 아버지가 생전에 아들에게 걸었던 큰 기대에 부응하려면 금석이 대학 교육을 받아야 했지만, 이제는 재정적으로 감당할 수 없는 일이 되어버렸다. 그러다가 1949년 중반, 그는 새로운 북한 해군군관학교 지원자 모집 공고를 보게 되었다. 그곳에서는 3년 과정의 대학 교육을 무료로 받을 수 있는 것이었다. 그의 지원서는 받아들여졌고, 1949년 7월 하순에 노금석은 해군군관학교에 입학, 곧 북동쪽 청진항 외곽에 있는 학교 부지로 이사했다. 그는 곧 그곳을 싫어하게 되었다. 생도들은 쉬는 날도, 휴가도, 면회도 없었다. 그들은 가혹한 훈련과 고된 업무, 보초 근무를 견뎌야 했다. 수면은 부족했고 배급량은 모자랐으며, 물은 차갑기만 했고 막사는 난방이 제대로 되지 않았다. 금석의 마음속에서 그런 환경은 교육이라기보단 "교도소" 같은 것이 되었다. 하지만 그는 조심스러웠다. 그는 공산주의 역사 과정에서 최고 점수를 받았고, 정치 교관들과 유리한 관계를 유지했다.

일요일인 오늘, 25명으로 구성된 노금석의 부대는 하루 종일 무거운 소총과 배낭을 메고 산비탈을 등 포복으로 기어 올라가며 혹독한 보병식 훈련을 받았다. 이제 그들은 저녁 식사를 위해 흙먼지를 뒤집어쓰고 땀으로 흠뻑 젖은 채 행군하여 기지로 돌아왔다. 그러나 먼저 심각한 표정의 정치장교가 식당 밖 그들 앞에 서서 전쟁이 시작되었으며, 남조선 반역자들이 오늘 아침 침공하여 1킬로미터 이상 북진했고 인민군이 반격하여 남쪽으로 32킬로미터까지 타격을 가했다고 발표했다. 전쟁이다. 밥과 국으로 된 빈약한 끼니로 허기진 배를 채우며 생도들은 기분이 가라앉은 채 생각에 잠겼다. 노금석은 1년 전 해군군관학교에 지원하려는 한 학교 친구가 다른 친구에게 경고하는 말을 우연히 들었던 것을 기억했다. "너 미쳤어? 전쟁은 언제 시작될지 모른다. 넌 장기의 졸이 되어 죽게 될 거야." 이제 전쟁은 시

작되었고, 노금석은 자신의 인생을 통제할 수 없게 되어버린 듯한 느낌이
든다.

<<<

유성철의 도움을 받아 작성된 인민군의 전투 계획은 서울을 두 겹으로
포위하는 것을 필요로 한다. 즉, 서쪽의 주력 부대는 의정부를 점령하여 수
도로 향하는 넓은 골짜기를 장악하고, 보조 부대는 더 동쪽에 있는 춘천을
함락시킨 후 서쪽으로 방향을 틀어 서울로 향하는 것이다.[28]

포위된 국군 부대는 탄약이 바닥나고 있다. 통신도 두절되고 있다.[29] 증
원군이 조직되고 북쪽으로 이동하여 전투에 투입되려면 아직 시간이 더 필
요하다.[30] 운명의 일요일인 오늘, 날이 점점 어두워지는 동안 인민군은 의
정부 방어선을 삼면에서 압박하고 있다. 인민군의 포탄이 시내를 불바다로
만들었다.[31] 전투 계획은 나흘 안에 서울을 점령하는 것이다. 포연과 불길
에 휩싸인 의정부에서 145킬로미터 떨어진 어두운 서포 동굴에서 유성철
은 상황 보고서를 훑어 보면서 그들이 전투 계획의 일정을 맞출 수 있으리
라, 그리고는 이 번개 같은 전쟁이 끝날 것이라고 되뇐다.

<<<

한국과 일본에서 점령군 임무를 수행하며 육군에 근무한 3년 동안, 클래
런스 애덤스Clarence C. Adams는 자신이 타고난 복서임을 보여줬다. 그는 몸무
게 63.5킬로그램, 키 167센티미터의 작은 체구에 불과하지만 그가 날리는
분노의 펀치는 더 무거운 상대도 제압할 수 있다. 군 권투 시합에서 무패
행진을 이어가던 그는 샌프란시스코의 한 프로모터로부터 제대 후 프로 데
뷔 트라이아웃을 약속받았다. 일요일인 오늘, 그는 일본에서 돌아와 워싱

턴주 포트 루이스Fort Lewis에서 지낼 날이 얼마나 남았는지 세면서 제대 서류를 작성하고 있다. 그의 군 복무가 거의 끝나가고 있다.

테네시주 멤피스에서 미혼모의 아들로 자란 흑인 십 대 소년에게 군대는 말 그대로 탈출구였다. 1947년 9월 11일 아침, 열여덟 살의 클래런스 세실 애덤스는 멤피스 경찰관 두 명이 곤봉을 들고 그를 찾으며 집 앞에 서 있는 동안 뒷문을 박차고 뛰쳐나왔다. 그는 곧장 프론트 스트리트의 육군 모병소로 달려가 입대했고, 그날 오후 미시시피주 빌록시에 있는 육군 수송 캠프로 향하는 기차에 올랐다. 흑인 동네 불량배를 싸우다가 칼로 찌른 것 때문인지, 아니면 그의 길거리 갱단과 함께 백인 부랑자를 구타한 것 때문인지, 그는 어떤 범죄로 경찰이 자신의 집 앞까지 찾아왔는지 알지 못했다.

백인 경찰을 피해 도망치는 것은 멤피스 흑인 소년들의 어린 시절 스포츠였다. 클래런스는 "백인들의" 메인 스트리트에서 1달러를 받고 구두를 닦기 위해 상자를 꺼내면 쫓겨났다. 그가 "백인들의" 공원에 발을 들여놓으면 쫓겨났다. 1940년대 미국 남부에서는 인종 분리가 완전히 이루어졌다. 흑인 교사는 흑인 학생만 가르쳤다. 흑인 의사는 흑인 환자만 진료했다. 흑인 우체부들은 흑인 거주 지역으로만 우편물을 배달했다. 남부의 흑인들은 가장 빈곤한 미국인에 속했다. 클래런스는 낡은 중고 옷을 입고 버려진 닭발도 먹고 버려진 목뼈로 만든 수프도 먹으며 자랐다. 그는 석탄 덩어리를 찾으려고 조차장操車場을 뒤지고 다녔다. 백인 아이들이 가게에서 산 새 자전거를 탈 때 그는 폐차장을 샅샅이 뒤져 부품을 구해 자전거를 직접 만들어야 했다.

백인들의 세계에서 일하는 것은 위험하고 굴욕적인 일이었다. 열여섯 살의 클래런스는 여름에 백인 술집 겸 식당에서 설거지하는 일자리를 얻었다. 그는 주방 안에서 숨어 일했지만, 백인 여성 종업원에게 말을 걸었다가 해고당했다. "이봐 깜둥아, 넌 저 백인 여자아이한테 말 걸면 안 돼." 그는 주인이 했던 말을 기억한다. 많은 흑인 미국인처럼 그는 더욱 불만이 쌓여

갔다. 클래런스는 군대에서의 인종 분리도 나은 게 거의 없다는 걸 알게 되었다. 흑인과 백인은 따로 훈련을 받고 각각 흑인 또는 백인 부대에서 복무했다. 그가 입대한 지 10개월 후, 트루먼 대통령이 군대 내 인종 통합을 의무화하는 행정명령 9981호를 발표했지만, 이를 꺼리는 군대, 특히 맥아더 장군의 극동 사령부에서는 실행이 더뎠다.[32] 클래런스 애덤스는 첫 번째 임무를 받고 한국으로 가서, 2차 세계대전 이후에 분단된 한반도에서 주둔 중인 미 점령군의 일부인 흑인 헌병대에 배치되었다. 1948년 10월에 그는 일본에 주둔 중인, 전원이 흑인으로 구성된 제24보병연대로 전출되었다.

  6월의 일요일인 오늘, 아무 직업적인 기술도 없이 고등학교를 중퇴했던 클래런스 애덤스는 해외에서 2년 반만에 미국으로 돌아와 프로 웰터급 선수로서의 커리어를 눈앞에 두고 있다. 새로운 곳으로 향하는 다른 흑인 청년들로 가득 찬 임시 막사에서, 갑자기 구내방송시스템이 작동하며 전 부대는 경계 태세에 돌입할 것을, 한국에서 전쟁이 발발했음을 알린다. 이것은 그들에게 무엇을 뜻하는 걸까? 앞으로 몇 시간 그리고 며칠 동안 포트 루이스의 길거리와 식당들을 통해 소문이 퍼진다. 마침내 육군은 모든 병사들의 복무 시기를 1년 연장한다고 발표한다. 이후 그들은 이를 '트루먼의 해'라고 불렀다. 권투 경기장과 클래런스 애덤스의 새로운 삶은 미루어져야 할 것 같다.

<<<

  일요일 뉴욕, 날씨가 후텁지근해진다. 수천 명의 사람들이 코니 아일랜드의 바닷바람을 맞으러 간다. 에어컨이 가동되는 영화관에서 '애니 겟 유어 건'이나 '아스팔트 정글'을 보며 쉬는 사람들도 있을 것이다. 허드슨강을 따라 39킬로미터 올라가면 강이 내려다보이는 언덕 꼭대기의 메리놀 수녀원Maryknoll Sisters convent에서 매리 머시 수녀Sister Mary Mercy는 온종일 라디오 곁

을 떠나지 않는다. 한국에서 들려오는 소식은 시간이 갈수록 더욱 심각해진다.

오늘 아침 보도는 미군 고문들의 말을 인용하며, 북한의 침략자들이 개성, 인구, 포천을 점령했으며, 의정부를 압박하고 있다는 뉴스를 전한다. 이후 월요일 새벽, 북한에서 야크 전투기들이 다시 서울로 날아 들어왔고, 그 중 1대는 서울에 폭탄 3발을 투하했다.[33] 이 소식을 들은 매리 머시 수녀는 가슴이 찢어지는 듯하다. 한 달 전, 볼리비아에서 의료봉사 선교를 하던 중 그녀는 상급자들이 마침내 그녀를 한국으로 돌려보내 병원을 열게 할 예정이라는 통보를 받았다. 그녀는 한국을 일시적으로 떠난 것이었지만 2차 세계대전 발발로 10년간 돌아갈 수 없었다. "난 한국에 갈 거야." 그녀는 남동생인 존과 올케인 로즈마리에게 편지를 썼다. "볼리비아를 떠나는 것이 쉽지는 않겠지만, 한국으로 돌아갈 수 있어 정말로 감사하단다. 한국은 나의 첫사랑이야. 그리고 앞으로 영혼들에게 내 자신을 온전히 바칠 수 있을 것 같아… 멋진 일이야."

매리 머시 수녀는 먼 동쪽 한국을 위한 준비를 위해 뉴욕 오시닝 외곽의 메리놀 수녀회의 모원母院으로 돌아왔다. 이제 그녀의 기분은 "고통받는 모든 한국인들"을 생각하면 기쁨보다 낙담에 더 가깝다. 그녀는 오빠 허버트와 시누이 머틀에게 편지를 쓴다. "우리와 마찬가지로 한국에 대해 많은 이야기를 하고 있을 것 같아요. 여기서는 전례 이외의 기도도 많이 하고 있어요." 하고 그녀는 낙관적으로 이야기하려 한다. "당분간 메리놀에서 바쁘게 지낼 거예요!" 하지만 의학박사 엘리자베스 허쉬벡으로도 알려진 이 독실하고 근면한 마흔일곱 살의 수녀는 한국 사람들과 함께 지내게 될 때까지는 아무리 바쁘게 살아도 시간을 거의 헛되게 쓴 것이나 마찬가지라고 느낀다.

1950년 6월 26일, 월요일

서울에 있는 사람들은 병사들과 탄약을 싣고 정전이 된 도시를 가로질러 북쪽으로 향하는 군용 호송대의 엔진 굉음과 삐걱거리는 기어 소리를 들으며 불안한 밤을 보냈다. 전쟁이 시작된 지 이틀째 되는 날인 오늘, 새벽의 어둠 속에서 잠 못 이루는 사람들은 머릿속으로 질문을 던진다. 어떻게 해야 할까? 우리는 위험에 처한 건가? 맑고 따뜻한 날, 해가 떠오르자 그들은 비행기가 접근하는 소리, 그리고는 폭탄이 터지는 소리를 또 듣는다. 아마도 저놈들이 서울역을 또 폭격했나 보다.[34]

서울역에서 3킬로미터 떨어진 262미터 높이의 남산 너머, 길이 좁고 골목길이 많은 신당동에 있는 무거운 나무 대문의 단층집에서 김씨 가족이 결정을 내리고 있다. 열 살의 장상이 보기에, 서둘러 하는 대화, 가방을 싸는 것, 어머니의 불안한 표정 등 모든 것이 그들의 삶에 또 한 번 변화가 있을 것임을 예고하고 있다.

3년 전 성경 한 권과 찬송가 책 한 권, 그리고 입던 옷 한 벌만 가지고 남한으로 온 후 줄곧, 장상과 그녀의 어머니는 힘겹게 살아야 했다. 처음에 모녀는 서울역 근처 남산 서쪽의 공터에 형성되고 있는 "해방촌"이라는 탈북민을 위한 빈민촌에 정착했다. 그들은 깡통을 납작하게 펴서 만든 움막에서 살았다. 어머니는 허드렛일을 했고, 매일 미국인 선교사가 만들어주는 음식으로 한 끼 식사를 했다. 영리한 어린 소녀 장상도 어머니를 도왔다. 불을 피울 나무 조각을 모으고, 제기차기에서 빈민가 소년들을 이기고 불쏘시개로 제격인 종이로 만든 제기를 따왔다. 처음에는 장상이 다닐 학교가 없었지만, 독학으로 한글과 한자를 터득한 어머니가 딸이 미국 미션 스쿨에 입학하기 전까지 셈하기와 한글 및 한자 읽기를 가르쳤다.

1949년경에 두 사람은 서울 북쪽의 한 마을로 이사했고, 그곳에서 장상의 언니는 새로 교편을 잡았다. 하지만 누나가 병에 걸려 치료가 필요해지자 세 식구는 다시 혼잡하고 시끄러운 서울에 있는 삼촌 집으로 돌아왔다. 이제, 1940년대의 피난민이었던 김씨와 장씨 가족은 1950년에 다시 피난민이 되는 것을 고민해야 했다. 정부의 라디오 방송은 사람들을 혼란스럽게 한다. 오늘 아침, 군대 음악에 이어 신성모 국방부장관이 방송에 나와서 북한군이 국군의 반격 앞에서 후퇴하고 있다고 주장했다. "곧 우리 국군이 압록강까지 진격할 것입니다(압록강은 북한의 북쪽 국경이다). 그리고 우리 민족의 꿈인 조국통일을 실현할 것입니다."[35]

신성모 국방부장관과 채병덕 참모총장은 국방부와 국회의원들과의 면담에서 이 주장을 반복한다.[36] 회의적인 장군들은 그것보다는 서울에서 한강을 건너서, 즉 한강 이남에 방어 가능한 진지를 구축할 것을 촉구한다. 신성모와 채병덕은 절대 수도를 포기하지 않겠다고 단언한다. 하지만 새벽을 기해 의정부에서 시작하려던 반격 계획은 사실상 실패했다. 국군은 수도 너무 적고, 너무 흩어져 있으며, 너무 체계도 없기 때문이다. 이른 오후가 되자 의정부가 인민군에게 함락된다.[37]

공포에 질린 민간인들이 북쪽 마을들로부터 서울로 줄줄이 밀려 들어오고 있으며, 그중에는 물건을 가득 실은 소달구지를 끌며 오는 이들도 있다. 서울 주민들은 머리에 이부자리 뭉치를 이고, 나무 지게에 소지품을 묶어 맨 채로 서울을 탈출하기 시작하여 서울역이나 제1 한강교로 모이고 있다.[38] 그러나 동시에, 한국의 국기인 태극기를 흔들고 애국가를 부르고 있는 황갈색 전투복을 입은 젊은이들, 즉 군대 증원 병력을 실은 트럭이나 징발된 버스는 북쪽으로 향하고 있다. 행인들은 그들을 보고 "만세!"를 외치며 환호해준다.[39]

오후 4시경, 미군 고문단장 대행 윌리엄 라이트 William H. S. Wright 대령은 맥아더의 도쿄 본부에 무전을 보내 북한 침략자들이 현재 의정부 남쪽 9.5킬로미터 지점에 있으며, 서울과의 거리는 겨우 19킬로미터라고 알렸다. 그는 한국군의 방어력이 "급속히 쇠퇴하고 있다"고 말했다.[40]

신당동 김씨 집에 있는 사람들은 북한에서 서구화된 조선인들, 지주들, 기독교 성직자들이 붙잡혀가던 모습을 기억하고 있다. 만약 침략자들이 서울에 도착하면, 자신들처럼 북에서 탈출한 "반동분자들"을 가장 가혹하게 대할 것이다. 김갑현과 장상의 다른 삼촌 두 명, 이들 미혼 남성들은 서울을 떠나야겠다고 결심한다. 젊은 남자들이 특히 위험에 처할 것이 분명하고, 북쪽 사람들이 여자나 어린이, 노인들은 해치지 않을 거라 굳게 믿고 있기 때문이다. 하지만 떠나기 전, 눈물을 흘리며 남아 있을 가족들을 안심시키는 말을 하면서도 삼촌들은 한 가지 예방조치를 취한다. 갑현이 가지고 있던 영어로 된 책들과 잡지들은 가족의 "자본주의적" 연관성을 드러낼 수 있기에 모두 모아서 없애버리진 않고 뒷마당에 묻는다. 많은 사람들이 이 모든 것이 곧 끝날지도 모른다고 믿고 있다.

<<<

한반도의 북동쪽, 작은 산들이 많은 항구 도시 청진에서 정동규와 200명의 청진의학대학 학생들은 "우리의 영웅" 김일성 수령 동지의 말씀을 들으러 축구장으로 모이라는 지시를 받았다. 기숙사에는 라디오가 없었기 때문에 열여덟 살의 정동규와 다른 학생들은 남쪽으로 400킬로미터 떨어진, 38선 이남에서 무슨 일이 벌어지고 있는지 전혀 알지 못한 채 휴식도 취하고 공부도 하면서 일요일을 보냈다. 조국이 전쟁에 돌입한 지 24시간 이상이 경과한, 오전 9시 30분을 조금 지난 지금, 의대생들은 정숙 신호가 울릴 때까지 몇 분간 애국가를 따라 부른다. 갑자기 확성기가 지직거리며 다급한 목소리가 들린다. "친애하는 형제자매 동지들!" 평양에서 방송 중인 북조선 지도자의 목소리다. 김일성은 "리승만 패거리"가 시작한 전쟁과 남조선 해방의 필요성에 대해 이야기한다. "우리가 벌일 수밖에 없는 이 전쟁은 조국의 통일과 독립, 자유와 민주주의를 위한 정당한 전쟁이오!" 처음에는 혼란스러워하던 의대생들이 곧 흥분하기 시작한다. 확성기가 조용해지자, 그들은 분노하여 소리 지르고 허공으로 주먹을 휘두른다. 더욱 애국적인 노래들이 이어진다.

정동규는 만감이 교차한다. 전쟁 소식에 대한 충격과 갑자기 부풀어 오르는 조국에 대한 자부심, 하지만 일종의 슬픔과 불길한 예감도 느낀다. 전쟁으로 인해 앞으로 그의 삶은 어떻게 될까?

1945년 세계대전이 끝나고 정동규의 가족은 힘든 5년을 보냈다. 그와 어머니 그리고 세 자매는 오랫동안 살던 만주 하얼빈의 조선족 공동체를 떠나, 그들의 조상들이 살던 지역 즉 청진에서 남쪽으로 32킬로미터 떨어진 해안가 근처의 마을로 돌아와야 했다. 정동규의 아버지는 가족들과 있는 경우도 거의 없었고 신뢰도 할 수 없는 사람으로서, 중국 만주에서 일본 점령군을 위해 일했었다. 그런 협력자들과 그 가족들에게는 보복이 기다리고 있었다. 아버지는 서울에서 일자리를 찾겠다며 하얼빈을 먼저 떠났다.

소년 정동규가 찾고자 했던 것은 의사가 되기 위해 필요한 교육이었다. 일본인 외과의사가 파열된 맹장을 제거해 열세 살 소년의 목숨을 구해준 이후로, 정동규는 의사가 되겠다는 꿈을 꾸었다. 순수한 야망과 타고난 총명함으로 그는 1946년 청진에 신설된 직업고등학교에 합격, 보건진료를 전공했다. 2년 후, 그는 근처에 새로 개교한 전문 의과대학으로 진급했다. 당시 그는 겨우 열여섯 살이었고 163센티미터의 작은 키 때문에 나이보다도 어려 보였다.

읽고 쓰는 법을 배우지 못한 채 헌옷을 팔아 근근이 생계를 꾸려가는 마흔일곱 살의 어머니는 외아들에 대한 자부심이 대단하다. 아들이 주말에 1시간 동안 기차를 타고 집으로 돌아오면 어머니는 아들에게 "큰 사람"이 될 거라고 말한다. 아들은 어머니가 자신의 "닻"이자 "나침반"이라고 생각한다. 하지만 지금, 이 맑고 더운 월요일 아침, 정동규와 그의 학우들이 갑자기 전쟁에 직면한다. 그는 이런 일이 일어날 줄 알았어야 했다. 첫째, 지난 9월, 북조선 당국은 장차 의사가 될 이 학생들에게 매일 무의미한 군사 훈련을 강요했다. 그리고 올해 이른 봄, 그는 만주에서 청진을 통과하여 남쪽으로 향하는 북조선 군인들을 보기 시작했다. 그들은 중국인민해방군 소속의 전쟁 경험이 많은 조선인 병사들이었다. 머지않아 정동규는 그들이 기습 부대로 참전하는 이번 전쟁의 피비린내 나는 현실과 정면으로 마주하게 된다.

<<<

북한 침공 초기 몇 시간 동안, 도쿄 본부의 맥아더 장군은 동해 건너편에서 벌어지고 있는 상황의 심각성을 제대로 파악하지 못한 것 같다. 북한은 미국이 훈련시킨 강력한 남한군에게 심각한 위협이 되지 않았다는 것이 미국의 공식 입장이었다.[41]

오늘 방문자, 일흔 살의 맥아더, 1차 세계대전의 영웅이자 2차 세계대전의 전략가인 70세의 맥아더는 오늘 방문한 사람과 만나 침략자들에 대한 경멸감을 표현했다. 극동군 사령관 맥아더는 트루먼 특사 존 포스터 덜레스John Foster Dulles에게, 자신의 소중한 제1기병사단을 보내서 침략자들을 공격한다면, "세상에, 이놈들은 만주 국경까지 재빨리 도망쳐서 더 이상 한 놈도 눈에 띄지 않게 될 것"이라고 말한다.[42]

하지만 시내 반대편, 도쿄항 옆 제1기병사단의 벽돌로 지어진 안락한 병영에 머물고 있는 버디 웬젤과 그의 동료 병사들은 전쟁에 대비할 준비가 전혀 되어 있지 않다. 그가 속한 제7기병연대는 중대 단위의 제한된 기동훈련만 받았을 뿐, 대대나 연대급 훈련은 전혀 받지 않았다. 2차 세계대전 이후 병력 감축으로 육군 연대는 3개 대대에서 2개 대대로 축소되었고, 일부 포병과 기갑 지원도 끊겼다. 극동 지역을 관할하는 제8군은 현재 비상 계획의 우선순위에 따라 제1기병사단에서 700명의 병장급 사병들을 제24보병사단으로 이동시킬 계획이다.[43]

레너드 B. 웬젤Leonard B. Wenzel 이병이 처음으로 일요일의 침공에 대해 알게 된 것은 군대 신문 스타즈 앤 스트라이프스Stars & Stripes의 "추가"판을 통해서였다. "한국에 전쟁 발발"이라는 커다란 헤드라인이 눈에 띄었다. 웬젤과 친구들은 한국에 대해 거의 들어본 적이 없었다. 하지만 제7기병연대 지프 순찰대가 도쿄의 뒷골목을 돌며 작은 가정집인 '후치' 밖으로—일본인 여자친구와 함께 살고 있던 이들이 많았다—미군 병사들을 불러 모으기 시작하자, 그들은 뭔가 중요한 일이 일어나고 있음을 감지했다. 일본 주둔 미군 점령군은 전투 태세를 갖춘 군대라기보다는 경찰과 열병식 부대의 역할을 더 많이 수행했다. 일본이 패망한 지 5년이 지난 지금, 군인들의 생활은 값싼 물건과 술, 유흥, 그리고 필요하고 기꺼이 일하는 젊은 일본 여성들 덕분에 편안하고 즐겁다.

곱슬머리에 들창코인 열아홉 살의 버디 웬젤은 도쿄 긴자 주변에서 벌어지는 파티에 가끔 참여하지만, 사소한 징계 문제로 진급을 하지 못하고 있다. 그는 "후퇴Retreat" 신호의 침울한 음들을 익히지 못해 나팔수 보직에서 해임되었다. 하지만 신병 웬젤은 침상에 앉아 펜팔—주로 병영 동료들의 여동생—에게 편지를 쓰는 것을 가장 좋아하는 것처럼 보인다. 버디 웬젤은 제대 날짜를 세고 있다. 오늘 아침 기준으로 413일 남았다. 그는 뉴저지주 사우스 리버의 파탄난 가정으로부터 "벗어나기 위해" 열일곱 살에 입대했다. 그는 어머니가 집을 나간 후 여동생 둘을 돌보기 위해 고등학교를 중퇴했다. 아버지가 돌아가시고 어머니가 남자 친구와 함께 집으로 돌아왔을 때, 십 대의 소년은 반항하며 친구들과 함께 입대 서류를 작성했고, 어머니는 미성년자 입대자에게 필요한 부모 서명을 기꺼이 해주었다.

어린 웬젤이 전쟁에 지원한 것은 아니었다. 하지만 그들이 한국행이라는 소문이 퍼지면서 일부 2대대 친구들은 거들먹거리기도 하고, 긴 칼을 사고, 위협적인 "모호크" 헤어스타일로 이발을 하며 허세로 두려움을 감추기 위해 열심이다.

웬젤의 가장 친한 친구 중 한 명인 플로리다 출신의 농장 소년 제임스 하지스James Hodges는 공포심을 감추지 않는다. 그는 집에 편지를 보내 "나는 여기에서 위험한 처지에 있다"고 알리며 군인 보험을 10,000달러로 늘렸다. "만약 내가 죽더라도 우리 가족은 괜찮을 겁니다."

1950년 6월 27일, 화요일

전쟁 사흘째 되던 날, 흥남의 조선노동당 사무실에서 지역담당 선전원인 리인모는 평양의 당 중앙위원회에서 새로 도착한 메시지를 확인한다. 고무적인 내용이다. "반동 세력에 맞선 민족의 독립과 자주권을 위한 이 전쟁은 위대한 소련을 위시한 전세계 반제국주의 민주 진영의 열렬한 지지를 받게 될 것이다." 이런 내용의 편지가 북조선 전역의 모든 당원들에게 전달되었으며, 당 조직을 "전시 체제로" 전환할 것을 촉구한다.[44]

서른두 살의 리인모는 해방 이후 공산당 조직원이 폭발적으로 증가하는 것을 목격했다. 1945년 말 북조선 전역의 당원 수는 5,000명 미만이었지만, 1948년 초에는 인구 900만 명의 북조선에서 당원 수가 100만 명에 육박했다.

결정적인 순간은 1946년 3월 평양 지도부가 소련 점령군정의 지침에 따라 토지가 없는 농민에게 토지 재분배를 명령한 때였다.[45] 한국의 농업은 거의 봉건적인 성격이 강했다. 1930년대에는 일본인과 조선인을 합해서 농가의 3%가 경작지의 3분의 2를 소유하고 있었다. 수백만 명의 농민들이 소작농으로 힘들게 일하며 생산량의 대부분을 소작료로 바쳤다. 일본으로의 강제 수출과 주기적인 흉작으로 농촌 주민들이 기아에 가까운 상황을 겪게 되는 경우가 잦았다.[46]

1946년 단 25일 만에, "토지는 경작자에게" 프로그램을 통해 9,700제곱킬로미터 이상의 농지가 71만 농가에게 재분배되었다. 큰 인기를 끌었던 이 프로그램으로 일부 지역에선 농업 생산량이 50%까지 증가되었다. 이 프로그램과 더불어 하루 8시간 근무제, 여성 평등권, 일본 소유의 산업 국유화 등 다른 인기 있는 조치들로 인해 조선노동당 당원 수도 증가했다.[47]

조선노동당의 하위 간부였던 리인모는 시간이 지날수록 당에 더욱 헌신하고 열심히 일했다. 이제 한반도 전역의 통일이 머지 않았다. 열성적인 리인모가 상사인 흥남 당 위원장에게 전방으로 지원하고 싶다고 말한다. 하지만 위원장은 이를 거절하며, 당 중앙위원회의 메시지대로 후방에서 그를 필요로 한다고 말한다. 하지만 위원장이 결정적인 발언은 하지 않는다.

«««

일요일 이후 서울은 국군이 남쪽으로 후퇴하기도 하고 북쪽으로 배치되기도 하는, 저항과 패배주의라는 상반된 주장이 뒤섞인 혼란스러운 모습이다. 빌 신이 이 모든 상황의 실마리를 풀기 위해 노력 중이다. 미국에 본사를 둔 통신사 AP Associated Press의 한국 특파원으로서 빌 신은 수석 특파원인 O. H. P. 오키 킹을 도와 이 갑작스러운 전쟁 소식을 전 세계에 전하고 있다.

화요일 아침, 북한 인민군 선발대가 서울 외곽을 수색하고 있으며,[48] 일흔다섯 살의 이승만 대통령과 오스트리아 태생의 부인 프란체스카, 내각 각료들이 서울을 버리고 남쪽으로 32킬로미터 떨어진 수원으로 향하고 있다는 뉴스가 전해진다.[49]

피난 소식을 들은 사람들이 더욱 심각한 공황 상태에 빠진다. 제1 한강교와 반대편인 영등포로, 그리고는 남쪽으로 향하는 길로 짐을 잔뜩 진 사람들이 몰려들면서 거리를 가득 메운다. 남쪽에서 기차, 트럭, 버스를 타고 국군 증원군이 계속 들어오고 있는 가운데, 제1 한강교와 서울역 주변 도로는 인파로 뒤엉켜 굉장히 혼란스럽다.[50]

한편 인민군 비행기들은 항복을 요구하는 전단을 투하하고 있다.[51] 이것이 오키 킹이 서울에서 보낸 마지막 뉴스 보고서다. 도쿄 주재 미국인 기자는 이틀 이상 잠을 자지 못해 거의 쓰러질 지경이다. 동시에 서울과의 국제 통신도 끊기고 있다. 오키 킹은 남쪽으로 대피하는 미 대사관 직원들의 차를 얻어 타려고 한다. 우선 버려진 대사관 지프차를 몰고 이동한 특파원 킹은 AP의 은행이 열려 있는 것을 발견하고 미국 달러와 한국 원화로 예금을 인출하여 사무실 계좌를 비운다. 길거리에서 자신의 보조원 빌 신을 발견한 킹은 차를 세우고 한국 돈 다발을 건넨다.

"빌, 이제 자네 혼자야."라고 말한 후 킹은 차를 몰고 떠난다. 하지만 대사관 호송대가 이미 떠난 것을 보고 미국인들을 일본으로 안전하게 수송하는 미 공군기들이 대기하고 있는 김포 공항으로 향한다.[52] 더 이상 도쿄에 뉴스 보고를 할 수 없는 빌 신은 그의 가족, 임신 중인 아내 샐리 킴과 세 살의 아들 자니를 생각해야 한다. 그리고 그에게는 탈출 수단인 1929년형 모델 A 포드가 있다. 이 파란색 세단은 1945년 이후 이북의 고향집을 떠나 서울로, 그리고는 미국으로 가서 수학하고 미국산 자동차를 배의 화물칸에 싣고 다시 남한으로 돌아와 남들이 부러워하는 직장에 이르기까지, 이 젊은 기자가 재주가 많음을 보여주는 움직이는 증거물이다.

빌 신과 샐리는 남쪽으로 가야 한다. 그는 먼저 AP 사무실에 들러 파일과 노트북을 챙긴 후 서울 북부에 있는 집으로 향한다. 한편 늦은 아침, 또다시 열린 미 국방부와의 실시간 텔레타이프 회의에서 도쿄의 맥아더 장군이 보고한다. 서울 주재 미 수석 고문관 라이트 대령 생각에 북한군이 24시간 이내에 서울을 점령할 수 있을 것 같다는 것이다. "우리 판단으로는 완전히 붕괴될 가능성도 있다."라고 맥아더가 말한다.[53]

국방부 참모들은 극동 사령관에게 트루먼 대통령이 미 공군이 38선 이남에서 북한군을 공격하도록 승인했다고 알린다. 맥아더는 재빨리 이 소식을 자문단에게 전달하며 "기운 내십시오. 중대한 일들이 곧 있을 겁니다."[54] 맥아더의 그럴싸한 말은 거의 재앙에 가까운 결과를 낳는다. 서울에 남아 있던 미군 고문단은 이날 오전 한국군 참모진을 따라 한강을 건너 남쪽으로 철수했지만, 안도감을 주는 맥아더의 말을 들은 라이트 대령은 이제 그들 중 30여 명에게 그와 함께 수도에 있는 자신들의 자리로 돌아갈

1950년 6월 말, 북한군이 서울에 입성하는 모습이 평양 조선중앙통신의 사진에 담겨 있다. 북한의 젊은 혁명가 리인모는 "드디어, 전쟁이다."라고 생각한다. (AP통신을 통해 조선중앙통신 제공)

것을 명령한다. 그들이 제1 한강교를 다시 건너면서 볏짚 돗자리 아래에 폭발물이 쌓여 있는 것을 발견하고, 이를 터뜨려 철근과 콘크리트로 된 다리를 무너뜨린다.[55]

수도 서울에 폭우가 쏟아진다. 북쪽의 전투 소리가 더욱 거세진다. 정체불명의 사람들이 도심 건물들 위로 예광탄을 발사하고 있다.[56] 맥아더가 도쿄에서 파견하는 미국 전투기들과 새로운 전투 사령부에서 지원이 오고 있다는 소식이 무전을 통해 전해진다.[57] 일본에서 날아온 미 전투기들이 서울 상공에서 북한 항공기 6대를 격추하지만, 그 위로 도착한 B-26 폭격기는 구름이 너무 짙어 목표물인 북한군 전차 대열을 조준할 수 없다는 사실을 알게 된다.[58] 서울 북쪽 가장자리에서는 대포와 전차의 천둥 같은 포격 소리에 창문과 바닥이 흔들린다. 저녁 8시경, 빌 신이 사흘 만에 처음으로 집에서 식사를 하고 있다. 식사를 막 마칠 무렵, 서울의 북동쪽 관문인 미아리 고개 근처에서 발생한 것으로 보이는 거대한 폭발음이 그릇을 뒤흔들었다. 훗날 그는 이렇게 적는다. "우리는 즉시 도망쳐야 했습니다. 우리는 서둘러 꼭 필요한 것들만 챙겨서 낡은 포드를 타고 도망쳤습니다."

그의 남동생과 여동생도 합류한다. 전조등을 끄고 경적을 울리며, 뒤로는 전쟁 소리가 점점 멀어지는 것을 들으면서 그들은 도심을 가로질러 한강을 건너는 유일한 보행자 및 차량 교량인 제1 한강교를 향해 질주한다. 절박한 서울의 모든 사람들이 제1 한강교로 향하는 한강로 진입로로 집중되고 있다. 걸어서 도망치는 가족들, 수레를 끄는 사람들, 짐을 실은 손수레를 밀고 있는 사람들, 자전거를 타고 있는 사람들, 소달구지를 타고 있는 사람들, 엔진 회전 속도를 높이며 자동차나 트럭을 타고 혼잡한 사람들 사이를 헤집고 지나가는 운 좋은 소수의 사람들. 그 넓은 도로가 전통적인 한국의 흰옷을 입은 무수한 사람들로 끝에서 끝까지 뒤덮여 있다.

빌 신은 다리를 향해 천천히 차를 몰고 가다가 검문소에 도착하지만, 잔뜩 몰려든 인파를 통제하려는 헌병이 총구를 겨누며 그를 돌려보낸다. 그는 마지못해 차를 동쪽으로 돌려 강을 거슬러 5킬로미터가량 떨어진 광나루 도하장으로 향한다. 그곳에서 빌 신 일행은 그곳에 모여 있는 민간인들과 부상당한 군인들의 무리를 뚫고 들어갈 수 없다는 것을 알게 된다. 다시 차를 돌려 제1 한강교에 다다랐을 때 비가 쏟아지는 가운데 그들은 멈추지 않으면 발포하겠다고 위협하는 헌병과 마주친다. 샐리가 아들 자니와 함께 자리 구석에 웅크리고 있을 때, 빌 신은 자신이 기자라고 외친다. "쏠 테면 쏴요!" 그는 차 속도를 높이며 말한다. 몇 분 후, 그들은 800미터 길이의 다리를 무사히 건너와 있다.

지금 시각은 화요일 오후 11시 45분. 남쪽으로 얼마간 달려 신원리라는 작은 마을에 있는 친구의 집에 도착한다. 그리고 그들은 깊은 잠에 빠진다. 자정이 되자 정부의 라디오 방송에서 "내 나라, 내 동포, 내 땅!"이라며 쉰

목소리로 한탄하는 방송종료 멘트가 흘러나오지만 그들에겐 들리지 않는다.[59] 얼마 지나지 않아 빌 신은 거대한 폭발음에 잠이 깬다. 도망치는 민간인들과 후퇴하는 군인들이 빼곡하던 제1 한강교가 폭파된 것이다.

1950년 6월 28일, 수요일

서울의 수많은 사람들과 마찬가지로 박선용 씨의 어린 두 아이도 잠을 자지 못한다. 귀를 멀게 할 정도의 굉음이 셋방 바닥을 뒤흔들자 구필이와 구희는 잠에서 완전히 깨버린다. 푸르스름한 불빛이 어둠 속에서 겁에 질린 아이들의 작은 얼굴을 비춘다. 새벽 두 시가 조금 지난 시간이다. 여전히 빗줄기가 억수같이 쏟아져 내리고, 한강의 남쪽 강변에는 대담하게 밖으로 나다니는 사람이 거의 없다. 박선용과 남편 정은용은 강 건너편 서울 도심에서 무슨 일이 벌어지고 있는지 모르고 있다.

어제 정오에 미군 고문단은 서울에서 철수했다가 맥아더 장군의 말을 듣고 안도감을 느끼며 저녁에 돌아왔지만, 서울 북쪽 외곽에서 들려오는 전투 소리로 침략군이 가까이 와 있음을 알게 되었다. 자정을 넘어 미군 고문단은 국군 참모총장 채병덕 장군이 새벽 2시에 제1 한강교와 한강철교를 폭파하라는 명령을 내렸다는 소식을 접했다. 분노한 미군 장교들은 육군 본부로 달려가 후퇴하고 있는 한국군이 한강 이남으로 철수할 수 있도록 폭파를 지연시켜 줄 것을 요구했다. 강을 등지고 부대가 고립될 위기에 처한 일선 지휘관들도 긴급히 호소했고, 작전 장교들이 마침내 지연 명령을 내리기 위해 대령 한 명을 급파했다.

그가 타고 있는 군용 지프는 교통 체증에 걸려 폭파 팀에 제때 도착할 수 없었다. 2시가 되고 얼마 지나지 않아, 걸어서 또는 차량을 탄 수많은 피난민과 군인들이 천천히 다리 위를 지나갈 때 폭발물이 터지면서 대재앙적인 폭발이 일어났고, 제1 한강교의 거대한 교각이 강으로 떨어지면서 수백 명의 사람들이 23미터 아래 빠르게 흐르는 강물 속으로 추락했다. 겁에 질린 사람들이 뒤에서 밀어붙이면서 수많은 사람들이 새로 생긴 틈새로 빠져 죽었다.

아침에 북한군이 서울 중심부로 접근하는 동안 수천 명의 민간인들과 국군 병사들, 그리고 미군 고문단이 나룻배와 작은 배, 심지어 임시 뗏목을 타고 간신히 한강을 건넌다.[60] 비가 그치고 햇살이 내비치는 집 밖으로 나온 정은용의 눈에는 흰옷을 입은 사람들이 한강 이남의 도로를 가득 메우고 있는 모습이 마치 하얀 강처럼 보인다.

이웃집 라디오에서 흘러나오는 호소의 메시지가 들린다. "시민 여러분! 제발 일터에 계십시오. 서울을 지켜냅시다." 하지만 그는 자신과 아내 선용, 그리고 아이들이 남쪽으로 160킬로미터 떨어진 고향 주곡리로 가야 할 때라는 것을 알고 있다. 그들은 들고 갈 수 있는 것은 무엇이든 챙겨서 하얀 옷을 입은 군중과 합류하기 위해 내려간다. 온 주위에 두려움에 떨고 있는 사람들의 비참한 모습들뿐이다. 짚신이나 고무신 혹은 맨발을 끌며 느릿느릿 가는 사람들, 꾸역꾸역 짐을 실은 지게를 지고 가는 남자들, 연약한 노모를 지게에 태우고 가는 남자도 있다. 사방에서 두려움에 떨고 있는 사람들의 모습을 볼 수 있습니다. 불편한 긴 한복 치마를 입은 여성들은 아이들을 줄지어 따라오게 하거나 품에 안고 가려고 애쓴다. 일부 병사들은 붕대를 감은 상처에 피가 마른 채 뒤쳐져 걸어간다. 무기를 들고 있는 병사는 없는 듯하다.

덥지만 다행히 건조한 날씨에 하루 종일 걷다가 지친 정은용의 가족은 수원에 도착해 한 학교에서 피신한다. 그들은 교실 책상 위에서 잠을 잔다. 지금 이 순간에도 수백만 명의 다른 한국인들과 마찬가지로 박선용과 정은용은 며칠 또는 몇 주 안에 비상사태가 끝나고 일상으로 돌아갈 수 있으리라 믿고 있다.

<<<

베이징의 어느 무더운 여름날 저녁, 한 영국인 기자가 자전거, 마차, 인력거로 가득한 중국 수도의 거리를 서둘러 지나 런던에 뉴스를 전하기 위해 중앙 전신국으로 향한다.

"한국의 수도 서울이 한국 시각으로 오늘 오전 11시 30분에 완전히 해방되었습니다."라고 앨런 위닝턴이 보도한다. 그는 또 오늘 수요일 오후 3시에 나온 북한 성명을 인용한다. "인민군 공격의 속도와 위력 때문에 서울에 있던 꼭두각시 부대 대부분이 몰살당했습니다. 도망가는 잔당들은 추격당했습니다."

그가 기사를 송고하는 영국 공산당 기관지인 데일리 워커Daily Worker는 이 소식을 다른 언론보다 먼저 전한다. "서울이 점령되다"가 1면 헤드라인이다. 또 한번, 1948년에 위닝턴을 중국으로 파견하기로 한 당의 결정은 아주 잘한 일인 듯하다. 그의 보도는 마오쩌둥의 공산주의 혁명이 승리하는 과정을 서방에서 접할 수 있는 흔치 않은 기회를 제공해왔다.

17개월 전, 이 세련되고 잘생긴 영국인은 중국인민해방군People's Liberation Army, PLA이 패배한 장제스의 국민당 군대로부터 전투 없이 수도를 탈환할 때 인민해방군과 함께 베이징으로 들어갔다.¹ 그는 앞서 인민해방군 제42집단군의 특공대와 함께 전략적 요충지 펑타이를 습격했다. 그는 전장에서 병사들과 마른 음식으로 아침을 먹고 마오쩌둥과 함께 고급 음식으로 점심을 먹었다.

어느 정도 교육도 잘 받은 데다가, 그 이상으로 책도 폭넓게 읽은 위닝턴은—그는 "대공황이 나의 대학이었다"고 말한다—1930년대 중반에 영국 공산주의에 매료되었다. 1934년, 숨겨둔 시위 현수막들을 런던의 한 유명 호텔 외벽에 펼치며 사람들의 이목을 끌기 위한 대담한 묘기를 성공시킴으로써, 고급스러운 억양을 지닌 스물네 살의 청년은 프롤레타리아 당의 영웅이 되었다. 앨런 위닝턴이 영국 공산당의 대표자 및 데일리 워커의 특파

---

1 국공내전(國共內戰, 1927년 4월~1950년 5월)

원으로 활동하는 중국에서, 중국 인민해방군 총사령관 주더朱德 원수는 이 건장한 영국인의 이름을 장난스럽게 응용해 그를 "작은 난초"로 번역될 수 있는 "아란"이라 부른다. 불과 일주일 전, 황궁이었던 거대한 자금성 옆에 있는 정부 청사 중난하이中南海에서 위닝턴은 주더 총사령관 및 마오쩌둥과 총리인 저우언라이周恩來와 함께 식사를 했다.

새로운 중국에서는 모든 일이 잘 진행되고 있었기 때문에 "즐거운" 저녁이었다고 그는 회상한다. 인플레이션이 낮아지고 있고, 내전 후 남은 거대한 공산주의 군대의 대부분을 동원 해제하는 한편, 지난해 12월 국민당 잔당이 퇴각한 대만 섬을 재탈환하기에 충분한 규모의 효율적인 군대를 유지하기 위한 계획이 진행 중이다. 인민정치협상회의는 지난 토요일 군대 축소를 승인했다.[61] 그리고 일요일, 마오쩌둥은 한국에서 전쟁이 일어났다는 소식에 깜짝 놀랐다.[62] 북한의 김일성은 5월 13일 베이징을 방문하여 마오쩌둥에게 언젠가는 남한을 공격할 것이라고 말했었다. 하지만 날짜는 밝히지 않았다. 갑작스럽게 발발한 이 전쟁이 마오쩌둥에게는 시기상조로 느껴진다.[63]

마오쩌둥은 트루먼 대통령이 한국을 방어하기 위해 미 공군과 해군을 투입하기로 결정했고 미 제7함대가 대만 해협을 봉쇄하도록 함으로써 1940년대 말과 마찬가지로 사실상 국민당 편에 서서 중국의 내전에 재참전하기로 했다는 소식에 더욱 놀랐다.[64] 트루먼 대통령은 어제 성명에서 "공산주의는 독립된 국가들을 정복하기 위해 체제 전복이라는 수단을 이용하는 것을 넘어 이제 무력 침략과 전쟁을 사용하려고 합니다… 따라서 나는 제7함대에 포모사대만에 대한 어떠한 공격도 막을 것을 명령했습니다."[65] 마오쩌둥은 오늘 베이징에서 열린 중앙인민정부위원회 연설에서 미국이 중국 내정 불간섭에 대한 합의를 "갈기갈기 찢어버렸다"고 비난한다. 중화인민공화국의 새 지도자들은 최근 수십 년 동안 중국을 정복하려는 일본의 시도가 세기 초 조선 식민지배에서 시작되었다는 사실을 잊을 수 없다. 미국의

반공주의적 신념 때문에 중국도 비슷한 길을 갈 수 있다.[66]

　유엔 안전보장이사회도 어제 세계 각국에 "무력 공격을 격퇴하기 위해" 한국을 지원할 것을 촉구함으로써 공산주의자들을 격분시켰다.[67] 워싱턴의 데일리 워커는 모스크바의 견해를 반영하여 유엔 안보리가 이러한 결의안을 채택한 것은 '불법적' 행위라고 설명한다. 안보리가 중국의 의석을 승리한 공산주의자들에게 주지 않은 것에 대해 소련 대표단이 항의하기 위해 회의를 보이콧하고 있는 동안에 결의안 채택이 이루어져서 거부권을 행사할 수 없었다는 이유에서이다. 연일 계속되는 놀라움은 베이징 지도부의 "유쾌한" 분위기를 바꾸고 있다. 수일 내에, 그들은 대만 침공 계획을 연기한다.[68] 워싱턴의 중앙정보국Central Intelligence Agency, CIA 주간 보고서에는 중국이 "한국 침공에서 주요한 역할을 할 것으로 예상되지 않는다"고 판단되

▌1950년 7월 초, 북한군의 기습 남침으로 전열이 흐트러진 한국군이 서울 남쪽 수원에서 후퇴한다. 북한군 장군 유성철에게 전쟁은 곧 끝날 것으로 보인다. (미 해외공보처 제공)

고 있다.[69] 하지만 적어도 베이징에 있는 한 사람은 역할을 하기를 바라고 있다. 영국 독자들에게 전쟁 소식을 전하느라 바쁜 앨런 위닝턴이 직접 전쟁터로 가기로 결심한다.

1950년 6월 29일, 목요일

소련제 지프를 타고 미아리 고개 위를 달리면서, 자신을 한국보다는 러시아의 아들이라 생각하는 유성철 소장이 처음 본 서울의 모습에 감탄한다. 능선 너머로, 궁궐들과 웅장한 성문들로 이루어진 수백 년의 유서 깊은 도시가 한강을 향해 펼쳐진 모습이 보인다. 수도 중심부를 향해 내려오면서 그는 서울이 상상했던 것보다 훨씬 더 번영한 도시라는 것을 알게 된다. 그리고 이 조선인민군 작전참모장은 서울이 나흘간의 전쟁으로 인한 피해가 거의 없었다는 것을 알게 된다.

조선인민군 제3사단과 제4사단, 제105전차여단이 이끄는 보병들이 어제 의정부에서 같은 경로로 서울로 들어왔으며, 국군 부대들은 중장갑차의 공격 앞에 무너졌다.[70] 화력에서 열세인 국군 병사들 중 일부는 그야말로 영웅적으로 저항하며 인민군의 진격 속도를 늦췄다. 중대 규모의 한 부대는 서울 중심부에 우뚝 솟아 있는 남산에서 몇 시간 동안 버티다가 모두 전사했다. 혼란에 빠진 국군 생존자들은 대포와 차량, 기타 중장비를 남겨둔 채 최선을 다해 한강을 건너 도망쳤다. 그러나 오도 가도 못한 수천 명이 죽거나 포로로 잡혔다. 한편 침략군은 38선부터 서울까지 80킬로미터를 이동하면서 대가를 치렀다. 1만 명으로 구성된 4사단에서만 1,000명 이상의 병사가 죽거나 부상 또는 실종되었다.[71]

오늘 서울 거리는 수천 명의 북한군들로 가득하다. 교차로 곳곳에 거대한 T-34 전차가 의기양양하게 서 있다. 여기저기 붉은 깃발이 펄럭인다. 어제 정복자들은 붉은 완장을 차고 숨어 있다가 나타난 남조선의 좌파 젊은이들과 축하를 위해 이웃을 불러 모으려 했던 지지자들의 환영을 받았다. 오늘은 지지자들이 김일성과 소련 지도자 요제프 스탈린의 포스터를 벽에 붙이느라 분주하다. 그러나 대부분의 시민들은 불확실하고 두려움에 휩싸여 닫힌 문 뒤에 머무르고 있다. 150만의 서울 인구 중 10만 명만이 제1 한강교가 폭파되기 전에 남쪽으로 피난할 수 있었고, 나머지 사람들은 강북쪽에 갇혀 있다.[72]

어제 서울 함락 소식에 평양 외곽 작전 사령부에 있던 유성철과 참모들은 열광했다. "전쟁이 끝났다"고 젊은 작전국장 유성철은 속으로 생각했다. 적의 수도를 점령하는 것은 언제나 궁극적인 승리를 의미해 왔다. 그러나 오늘 이 순간, 실제 상황은 탐탁지 않게 느껴지기 시작한다. 리승만 정부는 항복하지 않고 있고, 약속했던 남조선 좌익의 봉기도 일어나지 않고 있다.

평양에서 부수상 겸 외무상을 맡고 있던 남한 공산주의 지도자 박헌영은 남침과 동시에 남조선에 있는 자신의 추종자 20만 명, 즉 남조선노동당 지하당원들이 강력한 게릴라전을 벌여 순식간에 남조선 전역을 공산화시킬 것이라고 장담했다. 그러나 박헌영은 1940년대 후반 이승만의 유혈 진압으로 좌익 운동이 심하게 약화되었다는 사실을 과소평가했던 것 같다.

"우리의 전쟁 시나리오는 기본 구상 단계에서부터 결함이 있었다."고 유성철은 깨닫게 된다. 인민군의 침공 계획이 서울 점령에 초점이 맞춰져 있었기 때문에 첫 4일 이후의 전략은 이제 즉흥적으로 수립되어야만 한다. 유성철과 인민군 공병대장이 한강으로 급히 내려가 도하 장소들을 조사하면서 즉흥 작전이 곧바로 시작된다. 철교 두 개는 후퇴하는 적군의 폭발물에 의해 일부만 손상되어서 여전히 사용 가능한 상태다. 인민군 공병대원들은 곧 전차와 다른 차량들이 건널 수 있도록 레일 위에 바닥재를 깔기 시작한다. 한편 병력이 도하할 수 있도록 나룻배와 기타 선박들이 수집되고 있다. 정찰대가 곧 강 중류에 있는 섬에 도착한다.[73]

유성철과 그의 지휘관들에게 가장 큰 장애물이 최악의 공포로 닥쳐온다. 미군의 참전 가능성이 바로 그것이다. 유성철이 국회의사당 건물인 정부청사 지하의 작전 사령부에 적응하고 있을 때, 미군 B-29 폭격기가 서울의 기차역과 김포공항을 강타하고 남아 있는 철도 교량 중 하나를 파괴한다.[74] 그 후, 27대의 대형 폭격기가 300발의 폭탄을 투하하며 처음으로 북한의 수도 평양을 공습하여 중대한 피해를 입히고 주민들을 공포에 떨게 만든다.[75] 자신만만하던 인민군 지도부에게 전쟁의 두려운 새 국면이 전개되고 있다. 평양 라디오는 그런 두려움을 토로한다. "미 제국주의 침략자들은… 우리 조국에서 그 피 묻은 손을 당장 떼라!"[76]

1950년 6월 30일, 금요일

지친 가족이 드디어 집에 왔다. 박선용과 남편 정은용 그리고 어린 두 자녀가 주곡리에 도착했다. 집 대문으로 들어서는 네 식구를 본 정은용의 부모님이 반가워한다. 서울에서 시작된 여정은 고단했다. 수원의 한 학교에서 하룻밤을 보낸 후 그들은 다시 길을 떠났다. 몇 시간 후, 오산에 도착한 은용과 선용은 그들이 탈 수 있기를 바라던 기차가 막 출발하려는 걸 보았다. 열차의 안과 지붕 위에는 절박한 사람들로 가득했다.

전직 경찰 경위였던, 체구는 작지만 자신감 넘치고 젊은 정은용이 열차의 지붕 위에 가족을 위한 공간을 겨우 마련했다. 그들이 탄 기차가 철로를 따라 남쪽으로 달리고 있을 때, 장마철 하늘이 어두워지면서 비를 내리기 시작하더니 이내 폭우가 비참한 피난민들을 적셨다. 선용과 남편은 아이들을 꼭 끌어안고 거칠게 불어닥치는 차가운 비바람을 피해 몸을 낮게 웅크렸다. 마침내 대전에 도착한 그들은 잠시 머물기 위해 정은용의 형이 살고 있는 집으로 향했다. 오늘 아침, 그들은 피난민으로 가득 찬 또 다른 열차를 타고 영동역에서 내려, 마지막으로 6킬로미터 남짓 걸어서 은용이의 조상 대대로 살았던 마을에 도착했다.

주곡리는 단순히 전쟁을 피하기 위한 피난처가 아니다. 한반도 산골짜기에 펼쳐진 2,900개의 마을에 깃든 한국적인 삶의 방식, 전통의 품으로 돌아온 것이다. 오백 명의 주민이 사는 주곡리의 흙길은 같은 집안들 후손들이 여러 세대를 거쳐 지나다니면서 다져져 왔다. 흙벽과 황회색 초가 지붕의 집들은 때때로 재건되고 개축되어 수백 년 동안 그 자리에 서 있다. 그리고 한해 동안의 마을 생활 패턴은 줄곧 벼농사에 맞춰져 왔다. 봄의 연두색에서 여름의 짙은 녹색으로 성숙해가는 어린 벼가 자라는 동안 마을 주민들은 논에 나가 잡초를 제거한다.

박선용이 처음으로 주곡리에 온 것은 열여덟 살이던 1944년 12월, 당시 스물한 살이던 정은용과 결혼한 다음 날이었다. 관습대로 신부는 영동 반대편에 위치한 고향 심촌에 부모님과 여동생 둘, 남동생 하나를 남겨두고 남편의 가족들과 함께 살기 위해 주곡리로 왔다. 결혼은 관습에 따라 두 집안의 신분이 비슷하고 양가 자녀가 서로 잘 어울릴 것을 알아본 중매쟁이들이 주선했다.

친족 관계의 사람들이 한 마을을 구성하는 집성촌이 한국의 전형적인 촌락의 모습인 것처럼, 주곡리에서는 같은 성씨를 가진 형제, 삼촌, 사촌들이 모여 있는 대가족의 정씨 가문이 주류를 이루고 있다. 이런 혈연 관계는 이 작은 농촌 공동체들이 주변 세상으로부터 거의 독립적으로 지속될 수 있는 사회적 지지 체계다.

정은용이 경찰을 그만두자 그들은 대전에 있는 집을 떠났다. 작년 여름 늦게 선용은 한 살배기 구희와 세 살배기 구필을 데리고 시댁으로 들어왔고, 은용은 서울에서 법학 공부를 시작했다. 마을 개울가에서 뛰어노는 아이들, 산비탈에 있는 조상님의 무덤들, 인근 철도에서 들리는 귀에 익은 증기기관차의 기적 소리 등 친숙한 환경에서 이제 네 식구 모두 다시 모였다. 서씨와 양씨 집안의 피난민들과 함께 다른 정씨의 사촌들이 북쪽에서 내려와 주곡리의 다른 가정집들로 몰려들고 있다. 이들은 오랫동안 논을 헤집으며 잡초를 뽑아 진흙 속에 묻는 아주 힘든 작업에 더 많은 일손을 보태고 있다. 한적한 주곡리에서, 갑작스럽게 벌어진 이 전쟁은 먼 나라 이야기처

럼 느껴질 수 있다. 하지만 이 초여름 저녁, 북한군 부대가 처음으로 한강을 건너고 있다.[77]

서울을 점령하는 데 번개처럼 성공했지만 중부 전선의 진전은 더디다. 남쪽으로 공격한 후 서쪽으로 이동하여 수도에서 후퇴하는 남한군을 가두는 임무를 맡은 인민군 사단들이 완강한 국군 6사단에 의해 저지당하고 있는 상태다. 6사단의 사단장은 일요일 침공에 앞서 며칠 동안 있었던 인민군의 움직임이 단지 "군사 훈련"이라는 북한의 계략에 넘어가지 않았다. 그는 병력 이동을 공격에 대한 준비로 정확하게 해석했다. 그는 휴가를 취소하고 포병과 보병을 기동시켜 강력한 방어 진지를 구축하여 남쪽인 춘천으로 이어지는, 그리고 홍천 이남으로까지 연결될 수 있는 좁은 계곡들을 사수하도록 했다. 며칠 동안 6사단 포병대와 보병의 매복 공격으로 38도선을 넘어 공격해 온 인민군은 막대한 사상자가 발생했고 T-34 전차가 다수 파괴되었다. 국군 6사단은 천천히 철수했고, 마침내 수요일에 춘천을 포기했다.[78]

유성철이 이제 서울에서 64킬로미터 정도 떨어진 홍천 전선을 점검하기 위해 급히 왔다. 조선인민군 작전국장 유성철은 피투성이가 된 7사단 병력이 산기슭에 아무렇게나 쓰러져 잠들어 있는 것을 발견한다. 선두 사단인 7사단은 병력도 고갈되고 탈진한 상태다. 그는 12사단에게 후방으로부터 공격을 시작하라고 명령한다.

12사단장 최춘국 대좌는 1940년대 초 만주에서 김일성과 함께 항일 게릴라전을 벌였던 빨치산 부대, 즉 소련의 훈련을 받은 제88독립보병여단 88th Separate Rifle Brigade. 88여단 시절의 오랜 친구이자 동지다. 유성철보다 5년 선배였던 김일성은 대대장까지 올랐고, 유성철을 러시아어 통역관으로 신뢰하게 되었다. 실제로 김일성 일행이 원산항의 국수 가게 위에서 살면서 소련이 자신들을 위해 어떤 계획을 가지고 있는지 소식을 기다리다가 2차 세계대전이 끝나자 북한으로 돌아올 때 유성철은 김일성과 동행했다.

점령군 사령관 테렌티 시티코프$^{Terenti Shtykov}$ 장군이 야심은 넘치지만 자격이 부족한 서른세 살의 김일성을 신흥 공산주의 국가인 북한을 이끌 지도자로 선택했을 때 놀랐던 사람이 유성철뿐만은 아니었다. 1948년 김일성이 조선민주주의인민공화국을 선포했을 때, 유성철과 다른 사람들은 새로 창설된 조선인민군에서 주도적인 역할을 맡고 있었다. 그리고 지금 유성철과 최춘국, 그리고 그들의 동료들은 일생의 도전에 직면해 있다.

최춘국이 유성철의 지프차에 같이 타고 전선을 따라가며 사단 교대를 감독하던 중, 갑자기 남조선의 포격을 받는다. 언덕 위 남조선의 전방 관측병이 그들을 발견하고 박격포 사격을 요청한 것이었다. 운전병은 지프를 도로에서 이탈시키고 최춘국과 유성철은 엄폐물을 찾아 뛰어내린다. 하지만 최춘국이 서 있을 때 포탄 한 발이 차량에 바로 떨어져 그는 양쪽 다리가 갈가리 찢어지는 치명상을 입는다. 주위의 장교들이 뜻밖에 응급구조대가 되어, 다른 차량을 징발하여 죽어가는 최춘국을 싣고 의무醫務 지원을 받기 위해 북쪽으로 내달린다. 유성철은 친구가 마지막 순간에 아내의 이름을 중얼거리는 소리를 듣습니다. 차에 같이 타고 있던 유성철은 극도로 동요된 채, 왜 포탄이 자신이 아닌 춘국한테 떨어졌는지 의문을 품을 수밖에 없었다. 그는 생각한다. "전쟁에서 과연 개인 한 명이 무슨 의미를 지니고 있는 것일까?" 그는 지금 한반도 전역에서 얼마나 많은 개인들의 목숨이 끊어지고 있는지 궁금하다.

인민군 지상군 병력이 서울 한강을 건너고, 이어서 치명적인 T-34 전차들이 수리된 철교 위로 굴러가기 시작할 때, 새로 투입된 12사단은 홍천을 뚫고 남쪽으로 40킬로미터 떨어진 원주 외곽에 도착한다.[79] 북한의 거대한 전차들이 다시 남하하고 있다. 그러나 미군에 대한 걱정은 깊어져 간다. 평양 주재 소련 대사가 모스크바의 스탈린에게 보내기 위해 암호화된 전보를 준비하고 있는데, 그 내용은 북한이 "미군과의 전쟁 수행이라는 난관" 때문에 소련의 참전 가능성에 대해 그를 간접적으로 떠보고 있다는 것이다.[80] 이 평양 주재 소련 대사가 5년 전 공격적인 젊은 김일성에게 북한을 넘겨준 바로 그 시티코프 장군이며, 유성철이 알고 있듯이 5년 전의 김일성이 미국의 전쟁 개입 위험을 일축한 바로 그 김일성이다.

<<<

워싱턴의 금요일 새벽, 미 육군 참모차장 매트 리지웨이는 페니와 잠든 14개월 된 매티 주니어를 포트 마이어 숙소에 남겨두고는 어둠을 뚫고 근거리에 있는 국방부까지 차를 몰고 간다. 그는 어제 한국과 한강 전선을 전격 방문하고 도쿄로 돌아온 맥아더 장군이 보낸 장문의 메시지를 검토하기 위해 상사인 육군 참모총장 J. 로튼 조 콜린스 J. Lawton Joe Collins 장군 및 다른 장교들과 함께한다.

맥아더의 어조는 긴박하다. "현재 전선을 지키고 잃어버린 땅을 이후에 되찾을 수 있는 유일한 보장은 미국의 지상 전투 부대를 한국 전투 지역에 투입하는 것뿐"이라고 극동군 사령관 맥아더가 워싱턴의 상부에 말한다. 그는 한국군이 "혼란에 빠져 있고", 통솔도 제대로 안 되며, 전쟁 전 98,000명이던 유효 병력이 현재는 25,000명을 넘지 않는다고 말한다(앞으로 며칠 동안 흩어져 있던 부대들이 다시 나타나면서, 소집된 남한 병력은 54,000명이 된다). 맥아더는 이어지는 메세지를 통해 북한이 서울 이남으로 전진하는 것을 저지하기 위해 육군의 연대급 전투팀—5,000명 정도—을 배치하고, 이어서 미군 2개 사단, 20,000~30,000명의 병력을 투입해 반격을 가한다는 대략적인 계획을 말한다. 어두운 회의실에서 미 국방부 장군들이 맥아더와 참모들을 텔레타이프로 호출한다. 대화는 모두가 읽을 수 있도록 프로젝션 스크린에 비춰진다.

참모총장 콜린스는 맥아더에게 그의 요청은 대통령의 승인이 필요하며, 승인까지는 "몇 시간"이 걸릴 것이라고 상기시켜 준다. 맥아더는 "지체 없이 명확한 결정을 내려야 한다"고 대답한다. 콜린스보다 16년 선배이자 육군에서 단 세 명뿐인 5성 장군 중 한 명이며 2차 세계대전에서 많은 공을 세워 국민적 영웅이 된 맥아더는 최고위층 사이에서 싫어하는 사람이 많을지라도 존경하는 사람도 많다. 브래들리 장군이 의장을 맡고 있던 합동참모본부는 한국에서의 지상군 개입에 회의적인 태도를 보였지만, 다른 참모들이 부재한 상황에서 콜린스는 맥아더의 의견을 재빨리 수용한다. 그는 육군 장관 프랭크 페이스Frank Pace에게 전화를 걸고, 페이스는 이미 새벽 5시에 일어난 트루먼에게 전화를 건다. 이번 주 한국 상황에 대해 매파인 애치슨 국무장관의 영향을 많이 받은 트루먼 대통령은 즉시 연대급 전투팀을 전쟁터에 파견하는 데 동의한다. 페이스는 콜린스에게 승인을 전달하고, 콜린스는 맥아더에게 여전히 열려 있는 원격회의를 통해 대통령 승인을 알려준다.[81] 극동군 사령관 맥아더는 두 시간 안에 일본의 점령군 임무를 수행 중인 4개 사단 규모의 제8군을 지휘하고 있는 월튼 J. 워커Walton J. Walker 중장에게 제24보병사단을 한국의 남쪽 끝에 위치한 부산항으로 보낼 것을 명령한다. 맥아더는 먼저 선봉 "저지 부대"를 항공편으로 보내야 한다고 말한다.[82]

아침 시간이 지나자 워싱턴의 군과 민간 지도자들이 의회 승인이라는 헌법적 요건 없이 전면전으로 돌입한 속도가 빨랐다는 사실에 놀라고 있다.[83] 그러나 매트 리지웨이는 이런 단호한 조치로의 전환이 이틀 전 또 한 명의 "5성" 장군인 드와이트 D. 아이젠하워Dwight D. Eisenhower의 방문으로 시작되었을 것이라는 사실을 알고 있다.

2차 세계대전 당시 유럽 최고 사령관이자 현재 설립된 지 일 년 된 북대서양조약기구North Atlantic Treaty Organization, NATO를 이끌고 있는 아이젠하워는 정기 신체 검사를 위해 워싱턴을 방문했고, 국방부에서 콜린스와 리지웨이 등 여러 사람을 만났다. 3년 전 육군참모총장으로서 아이젠하워는 한국을 "전략적 가치가 거의 없다"고 묵살한 합참의 메모에 서명했다. 그러나 이

제 그가 "가장 격렬한 표현으로" 망설이고 있는 예전 전시체제 때의 부하들을 질책했다고 리지웨이는 일기에 기록했다. 아이젠하워는 그들에게 미군을 동원하고 한국과 관련하여 맥아더에 대한 통제 해제를 촉구했다. 아이젠하워의 일장연설이 끝난 후, 콜린스는 맥아더의 전장 보고를 기다리기만 하는 듯했다. 오늘 오후, 트루먼의 백악관은 일련의 회의 끝에 "맥아더 장군이 특정 지상 지원 부대를 사용할 수 있도록 승인했다"는 사무적이고 간결한 성명을 발표한다. 절제된 표현에도 불구하고 이 뉴스의 중요성은 간과되지 않는다. 워싱턴 이브닝 스타는 오후에 "미국, 한국에 지상군 투입"이라는 헤드라인 뉴스를 보도한다.[84]

매트 리지웨이는 지난 일요일 북한의 남침 소식을 접한 이후 자본주의 초강대국인 미국과 공산주 초강대국인 소련이 서로 원자폭탄을 사용하며 충돌하는 "아마겟돈"이 발생할까 걱정해왔다. CIA는 한국에 대한 기밀 일일 요약보고에서 소련의 개입 가능성을 일축한다.[85] 그러나 CIA가 평양 주재 슈티코프 대사가 모스크바에 바로 그 가능성을 제기하는 "극도로 긴급한" 전보를 작성하고 있다는 사실을 모를 리 없다. 아마겟돈의 그림자는 여전히 남아 있다. 리지웨이는 수요일 일기에 아이젠하워가 자신의 예전 부하들에게 한국에서 "원자폭탄 한두 개를 사용하는 것도 고려하라"고 말했다고 적었다.[86]

워싱턴에서 일련의 결정들이 신속하게 내려지는 동안, 한국 수원에 있던 200여 명의 미국인들이 쏟아지는 비를 뚫고 진흙탕 밤길을 따라 남쪽으로 112킬로미터 이상 더 내려가 대전으로 대피할 준비를 하고 있다. 그들 중에는 미군 고문단 및 미 대사관 직원들과 더불어, 존 H. 처치(John H. Church) 준장의 지휘 아래 화요일 늦게 도쿄에서 파견된 임시 전방지휘소(Advanced Command. ADCOM)의 장교 12명이 포함되어 있다.[87]

한국군 지휘관들은 미군 고문들 몇 명과 함께 수원에 남아 있다. 이제 수원은 한국 경찰이 저지른 대학살의 현장이 되는데, 이것은 현재 한국전쟁 초기에 발생한 대규모 진학 행위 중 하나에 해당한다. 화요일에 일본으로 대피했다가 급히 한국으로 돌아온 AP 특파원 오키 킹은 한 경찰서장으로부터 '좌익'으로 의심되는 한국인 수감자 60명이 즉결 총살당해 수원의 집단 매장지에 버려졌다는 말을 들었다고 보도한다.[88] 그러나 그의 보도는 대학살의 일부를 짧게 다룬 것에 불과하다. 수원에 남아 있던 미군 고문관이자 공군 정보장교인 도널드 니콜스Donald Nichols 소령이 마침내 "수원에서 약 1,800명의 잊을 수 없는 대학살을 목격했다"고 폭로한다.[89] 한국은 순식간에 피를 부르는 이념적 열정과 복수심, 그리고 해방된 정치범들이 진격하는 적을 도울 것이라는 전시적 공포에 사로잡혀 자국민을 학살하기 시작했다.[90]

7월

1950년 7월 1일, 토요일

그들은 어디로 갔을까?

아침 비 사이로 버려진 것처럼 보이는 신원리의 초가집들이 보인다. 빌 신이 어제 샐리와 다른 이들을 두고 떠났던 친구의 집 앞에 그의 낡은 포드가 세워져 있는 것을 발견한다. 하지만 집은 텅 비어 있었고, 그들의 흔적도, 메모도 없다. 그때 멀리서 뭔가 움직이는 것이 눈에 들어온다. 마을 너머 언덕 위에 남자 세 명이 있다. 그들은 보초를 서고 있는 것 같다. 제복을 입고 있다. 북한군들일까? 그리고 논 건너 저 멀리, 서울에서 큰 도로를 따라 서서히 남쪽으로 내려오는 다른 군인들이 보인다. 빌 신이 얼어붙는다. 그는 적과 마주친 것이다.

그는 어쩜 그렇게 어리석었을 수 있을까? 왜 그가 오키 킹과 다시 접촉하기 위해 수원에서 하루를 보내도 신원리에 있는 그의 가족은 안전할 거라고 생각했을까? 어쨌든 포드 모델 A를 타고 가면 너무 많은 주의를 끌게 될까 우려한 그가 어제 긴 피난민 행렬과 함께 남쪽으로 24킬로미터 떨어진 수원까지 걸어 가려고 출발할 때만 해도 그의 가족은 안전할 거라 생각했다. 수원의 임시 본부에서 그는 AP의 상사인 오키 킹을 만나 서울에서의 마지막 몇 시간을 상세히 브리핑했고, 킹은 서울 함락에 관한 극적인 기사를 쓸 수 있을 만큼 충분한 정보를 얻었다. 그러나 전선에서 들려오는 끔찍한 소식들을 들으며 빌 신은 시간이 지날수록 점점 더 긴장했다. 걱정이 깊어진 그는 해가 진 후 옷가지와 생필품을 담은 작은 가방을 등에 메고 가족을 구출하기 위해 다시 북쪽으로 걸어갔다. 피로가 누적된 그는 결국 길에서 벗어나 헛간에서 한밤중 동안 자야만 했다. 그리고 이제 신원리에 다시 도착했지만, 이미 너무 늦었다. 이제 포드를 운전하는 것이 더욱 눈에 띌 것 같다. 빌 신은 차도 포기하고 AP 신분증 등 그를 곤란하게 만들 만한 물건들로 가득 찬 지갑도 던져버린 후 남은 운전면허증만 들고 큰길 쪽으로 걸어간다. 그는 사방에 북한 군인들이 있음을, 그리고 그들의 호송하에 서울로 돌아가는 피난민 행렬을 발견한다. 그는 어쩔 수 없이 그 행렬에 합류한다.

오후가 저물어갈 무렵 빌 신을 포함한 피난민 행렬이 한강 남안의 나루터에 도착한다. 다시는 서울에 갇히지 않기 위해 안간힘을 쓰며 빌 신은 계속해서 대기 중인 인파의 뒤쪽으로 빠진다. 마침내 그는 이야기를 지어내서, 보초병에게 지친 임신한 아내가 근처 집들 어딘가에서 쉬고 있으니 아내를 찾으러 가야 한다고 말한다. 보초병이 그에게 20분 안에 돌아오라고 엄중히 명령한다. 그는 땅거미가 내려올 때 조심스럽게 마을로 들어간다. 사람들의 눈에 띄지 않게, 이면도로의 한 허름한 집을 발견한 빌 신이 나무로 된 대문을 두드린다. 백발의 할머니가 문을 연다. "저는 피난민입니다. 제발 하룻밤만 묵게 해주십시오." 그가 애원한다. 할머니는 곰곰이 생각하더니, "좋아요, 하룻밤만이오."하고 말한다. 그녀는 나머지 가족은 어제 전투 중에 도망쳤지만 "공산주의자들도 나 같은 늙은 여자는 용납할 것"이라고 설명한다. 할머니는 쌀과 보리 그리고 김치로 식사를 차려준다. 빌 신은 곧 잠이 든다.

일요일 아침 눈을 뜬 빌 신이 뭘 어떡해야 할지 모르고 있다. 그는 샐리를 비롯한 친구 집에 있던 사람들이 다른 탈북자들과 함께 어떻게든 금요일엔 남한의 영토에 도착했기를 바라고 있다. 하지만 그는 어떻게 북한군의 눈을 피할 수 있을까? 그가 할 수 있는 일은 몸을 웅크리고 해질녘까지 기다렸다가 차가 다닐 수 없는 길로 걸어가는 것뿐이다.

오후 3, 4시경에 마을 주변에서 본격적인 전투 소리가 터져 나오기 시작했다. 어제 한강을 건너온 조선인민군 제3사단 병력이 국군 제2사단의 후위대와 충돌하고 있다.[1] 미군 전투기들이 상공을 가로지르며 인민군 전차와 보급 차량을 사냥하고 있다.

빌 신은 이제 혼자다. 낮에 할머니가 집을 나간 후 돌아오지 않고 있다. 기관총 소리와 폭발 굉음에 그는 구석에 웅크리고 앉았다. 그때 작은 앞마당에서 군인들의 소리가 들린다. 느닷없이 그들이 집 안으로 들어왔다. "손들어!" 한 인민군 장교가 그에게 기관단총을 겨누며 소리친다. 그 인민군 중위가 서둘러 빌 신을 심문한다. 그의 운전면허증에 있는 사진을 살피고, 그가 더듬으며 서울로 돌아가려 했다고 말하자 화를 내며 일축한다. "어디 출신이야?" 북에서 온 "반동분자"임을 암시하는 그의 억양을 인민군 중위가 감지하고 묻는다. 그는 이북에서 태어났지만 어릴 때 서울로 왔다고 거짓말을 한다. "거짓말하지 마!" 인민군 장교가 고함친다. 바로 그때 다급한 외침이 인민군들을 다시 밖으로 불러낸다. 적이 가까이 다가오고 있다. 빌 신은 안도하며 쓰러진다. 하지만 이제 바로 밖에서 총격전이 벌어진다. 총알이 흙벽을 뚫고 지나간다. 그는 엎드려서 귀에 손을 대고 몸을 바닥에 밀착시킨다. 그는 바로 이 집에서 죽게 될 거라고 체념한다.

총격이 몇 분 동안이나 지속되더니, 마침내 "서둘러! 서둘러!" 하는 소리가 들린다. 그가 용기를 내어 종이창문에 난 구멍을 통해 밖을 내다보니, 부상자를 등에 업고 강쪽으로 도망가는 인민군이 보인다. 누군가 또 외친다. "이 집에 누구라도 있으면 나와! 아니면 죽을 각오해!" 빌 신이 내다본다. 국군들이다. 그가 가방을 등에 메고 운전면허증을 들고 나온다. 군인들은 긴장하며 경계한다. "태극기 내놔봐!" 한 명이 태극기를 요구한다. "태극기는 없습니다."라고 대답한 그는 미국 통신사의 한국 기자로 일하고 있는 자신의 이야기를 속사포처럼 쏟아내기 시작한다. "태극기가 없으면 쏴버려!" 다른 병사가 소리친다. 빌 신은 미국에 뉴스를 전해주고 미국으로부터 군사 지원을 받아오는 자신의 중요성에 대해 더 큰 소리로 외친다. "나를 포로로 잡아서 수원에 있는 너희 지휘관에게 데려가!"라고 그가 말한다. 그는 충동적으로 군용 트럭에 올라타서는, 이것이 남쪽으로 가는 가장 안전한 방법이라고 판단한다. 그는 이미 트럭 뒷칸에 타고 있는 인민군 포로 두 명을 발견한다. 그는 재빨리 가방에서 수첩과 연필을 꺼내 떨고 있는 두 사람을 인터뷰하기 시작한다. 분위기가 순식간에 바뀐다. 트럭에 타고 있는 감시병들은 이 뻔뻔한 녀석이 기자가 틀림없다고 인정하는 듯하다.

그들은 밤새 달려 수원까지 간다. 거기서 빌 신은 언변을 발휘해 지프차를 얻어 타고 위협당하고 있는 수원으로부터 더 남쪽으로 내려가 자정 무렵 대전에 도착한다. 월요일 아침, 그는 킹을 비롯한 다른 기자들과 재회한다. 그는 이야깃거리가 또 있지만, 그의 가족한테 무슨 일이 있었는지에 대해서는 아무 말도 하지 않는다.

1950년 7월 초 어느 날

15세기에 지어진 서울의 성곽 같은 남대문 그늘에 삼십여 명의 사람들이 모여 있다. 이 지역 공산주의자로 보이는 한 남자가 겁에 질린 듯한 경찰을 가리키며 부패하고 빈민을 잔인하게 착취한 자라고 비난한다. 한 북한군 장교가 그 말에 찬성하는 듯 계속 지켜본다. 지나가던 열일곱 살의 허원무가 발걸음을 멈춘다. "저게 뭐지?" 그는 궁금해한다. 사람들 중에 누군가가 "죄인을 죽여라!"라고 외친다. 허원무는 무슨 일이 벌어지고 있는지 감이 온다. 북한군 장교가 사람들 쪽으로 돌아선다. "동무들의 생각은 어떻소?" 그가 묻는다. 사람들은 깜짝 놀라 침묵하더니 몇몇이 큰 소리로 말한다. "유죄." "유죄!" 다른 사람들은 흩어지기 시작한다. 원무가 몸을 돌려 서둘러 길을 따라간다. 총성이 울린다. 그 경찰관이 즉결 처형되었다. 원무는 뛰기 시작한다. 두 블록 떨어진, 서울 중심가에 가족과 같이 살고 있는 자그마한 집으로 향한다.

방 세 칸짜리 집에서 여동생 두 명, 남동생 한 명과 같이 살고 있는 열아홉 살 누나와 젊은 미망인인 어머니 그리고 허원무는 지난주 북한군이 서울을 점령한 이후 어떻게 해야 할지 모르고 있다. 그들은 최근에 도시 거리에서 이러한 "인민 재판"이 벌어지고 있다고 들었다. "반동분자들을 가차 없이 고발하고 척결하라."는 김일성의 지시가 적힌 벽보가 서울 전역의 담벼락에 붙고 있다. 대상은 국군 장교들, 판사들, 검사들이며 "무조건 사형에 처해야 한다." 읍, 면, 동의 장들은 "인민 재판을 받아야 한다."[2] 허씨 가문은 절대 정치적이지도 않았고, 정부와도 결코 관련이 없었으며, 대지주도 아니었다. 그러나 그들은 비교적 부유한 사업가 집안이었다. 결국에는 그들도 표적이 될까? 북한군이 서울 곳곳에 징병소를 설치한다는 소식이 들리고 있기 때문에, 하다못해 원무가 북한군에 끌려갈까봐 그들은 두려워하고 있다. 허씨 집안과 허원무의 어머니 집안인 음씨 집안은 모두 서울 남쪽 농촌에서 오랫동안 정미소를 성공적으로 운영했다. 그러나 1930년대 세계 대공황으로 허씨 가문은 큰 재산 손실을 입었고, 특히 할아버지의 투기성 투자로 인해 큰 타격을 입었다. 그들은 서울로 이사했다. 도쿄 대학에서 2년 간 공부한 허원무의 아버지가 일본산 농기구 판매점을 열었고, 생업에서 은퇴한 할아버지는 이제 귀여운 첫 손자를 교육하는 것을 여가 활동으로 삼았다.

허원무는 매우 영리한 아이였다. 다섯 살 즈음에 그는 한국인의 삶에서 여전히 중요한 천자문을 읽을 수 있게 되었다. 그렇게 어린 나이를 감안하면 놀랄 만한 일이었다. 할아버지는 그에게 한자 서예도 가르쳤다. 그는 학교에 들어가서는 일본어를 배우기 시작했다. 그는 곧바로 일본어를 좋아하게 되었고 일본 소설와 일본어로 된 서양 서적, 즉 마크 트웨인과 대니얼 디포의 소설, 더 나아가 톨스토이와 괴테의 작품들까지 섭렵하기 시작했다. 성적이 제일 좋았던 허원무는 항상 "반장"이 되었다. 반장은 교실로 선생님들이 들어오면 반 친구들에게 일어나서 인사하도록 구령했다. 2차 세계대전 중, 5학년이었던 그는 한 신사神社에서 개최된 서예 대회에서 우승했다. 그는 정해진 구호를 화선지에 크게 썼다. "미국과 영국을 섬멸하라!"

이 말을 들은 할아버지는 눈살을 찌푸리며 고개를 흔들었다. 대부분의 한국인들처럼 허씨 집안 사람들도 일본의 지배에 분개했고 1945년 8월 조국이 해방될 것이라는 소식에 환호했다. 하지만 어린 허원무에게 해방 이후는 설령 궁극적으로는 성공의 시기라고 할 수도 있을지라도, 비극과 환멸의 시기였다.

2차 세계대전이 끝나고 얼마 지나지 않아 아버지는 폐결핵으로 돌아가셨고, 그 후 삼촌이 어머니와 함께 가게를 운영했다. 어른들처럼 열세 살의 허원무도 미국과 소련에 의한 조국 분단이 모든 한국인의 희망에 타격을 입혔다는 것을 알 수 있었다. 하지만 동시에 그는 아들에 대한 아버지의 꿈을 이루며 한국 최고의 명문인 서울 경기고등학교에 입학했다. "저는 선택받은 소수 중 하나였습니다!"

6월 26일, 그와 반 친구들은 언덕 꼭대기에 있는 학교에서 폭발음을 들었고 북한 야크기의 폭격으로 인근 정부 건물에서 검은 연기가 피어오르는 것을 목격했다. 수업은 모두 중단되었고 학생들은 서둘러 집으로 돌아갔다.

이제 북한군이 장악한 서울 라디오 Seoul Radio 는 경기고등학교가 다시 문을 연다고 발표했다. 6년제 과정의 마지막 학년을 시작하게 되는 허원무는 근면한 학생이며 서울대 법대 진학을 꿈꾸고 있다. 그는 교실로 돌아가고 싶어 한다. 하지만 그는 회의적이다. 그는 함정이 있을까 두려워 집에 머물다가 이후에 수업에 출석한 학생들이 곧바로 군사 훈련을 위해 북으로 보내졌다는 사실을 알게 된다. 그는 남한과 북한 어느 쪽에도 정치적 충성심을 느끼지 않는다. 그러나 열일곱 살 허원무의 내면에는 자신의 인생 계획을 뒤엎은 북한 침략자들에 대한 깊은 분노가 쌓여간다.

1950년 7월 4일, 화요일

제24보병사단the 24th Infantry Division이 일본에서 먼저 파견한 400명의 병사들, 즉 맥아더 장군의 "저지 부대stopping force"가 토요일에 한국에 상륙했다. 지휘관인 찰스 B. 스미스Charles B. Smith 중령의 이름을 따서 '스미스 특수임무부대Task Force Smith'라고 명명된 이 대대 규모의 선봉대는 오늘 북한군을 기다리기 위해 수원 남쪽의 차단 지점으로 향하고 있다.[3]

"북한군은 곧 패배할 것입니다." 한국인 기자 빌 신이 미군이 남한에 상륙하자마자 미국 독자들에게 확신에 찬 말을 전한다. "저지 부대"로 조직된 스미스 특임대가 침략자들과의 재앙과도 같은 조우를 위해 대전에 상륙하는 장면이 포착된다. (미 육군 제공)

새로 설치된 미군 사령부의 본부가 있는 대전으로 돌아온 빌 신이 AP 뉴스 서비스를 위해 남한 사람으로서 목격한 사건들에 대하여 개인 보고서를 작성하고 있다. 그가 북한 침략자들과 직접 마주치게 된 지는 겨우 며칠 밖에 지나지 않았다.[4]

한국인 기자 빌 신은 동포들이 "이제 미군이 전장에 투입되었으니" "북한군은 곧 패배할 것"이라고 믿고 있다고 쓴다. 그러나 그가 자신의 상실, 즉 임신한 아내와 어린 아들이 북한군 전선 뒤에 갇히게 되어 그와 헤어지게 된 사실을 이야기하면서, 이 강력한 동맹국이 한국을 더 잘 보호하지 못한 것에 대한 실망감을 드러낸다. 그는 한국인들 사이의 "진정한 친구들"이 "미국인들에 의해 더 잘 보호되기를 바랐다"고 쓴다. 그는 이승만 군대에 중화기를 공급하는 데 있어 "미국이 조금 느리게 움직였다"는 한국인들의 공통된 불만을 제기한다. 그는 1940년대 후반 미국이 호전적이고 위협적인 이승만에게 분단된 한국의 통일을 위해 전쟁을 일으킬 수 있는 수단을 제공하지 않기로 결정한 것을 언급하고 있다.

조국의 생존이 미국의 손에 달려 있는 순간에도, 빌 신과 같은 한국의 지식인들은 최근의 한국 역사에서 미국이 하고 있는 역할에 대해 여전히 상반된 감정을 둘 다 가지고 있다. 그들은 빌 신이 1905년 시어도어 루스벨트 Theodore Roosevelt 대통령의 승인 하에, 러일전쟁 말기 일본의 한국 점령을 지원했던 미국의 "이중성"을 어떻게 생각하는지 기억하고 있다.

빌 신은 그 가혹한 일본의 식민 통치 아래에서 자랐다. 태어났을 때의 이름이 신화봉이었던 그는 야망을 품은 가난한 시골 소년이었다. 한반도 북동쪽 산악지대에 위치한 장진호 근처 마을에서 신화봉의 아버지는 아들의 고등학교 진학을 허락하지 않았지만, 단단히 결심한 십 대 소년은 아버지의 서명을 위조해 북부 도시 함흥에 있는 한 장로교 선교 고등학교에 장학금을 받고 입학했다. 우등생이었던 그는 도쿄의 주오대학中央大学에서 4년간 공부했다. 한국으로 돌아와서 2차 세계대전에서 일본이 항복한 지 며칠 만에 북한을 떠나 서울로 향했다. 그곳에서 그는 곧 유창한 영어 실력으로 미군 점령군 지휘관들의 눈에 띄어 그들의 숙소인 서울 그랜드 조선호텔의 부매니저로 발탁되었다. 바로 이곳의 부매니저로 일하는 동안, 침착하고 잘생겼으며 미소를 띤 이 침착한 한국인 젊은이는 한국의 떠오르는 정치인들과도 친분을 쌓았다.

미국 장교들의 재정적 도움과 장로교 인맥을 통해 스물여덟 살의 빌 신은 1947년 네브래스카에 있는 교회 부설 헤이스팅스 대학에서 대학원 과정을 공부할 수 있게 되었다. 서울로 돌아온 그는 미국 통신사 AP에 취직했다. 빌 신은 1945년 이북에서 공산주의가 득세하는 것을 잠시 본 것뿐인데도 혐오감을 느꼈다. 그러나 모든 한국인들과 마찬가지로 그는 미국과 소련이 한국 국민과 상의조차 하지 않고 한반도를 분단시킨 후 1950년까지 한국을 통일하겠다는 약속을 이행하지 않은 것을 더욱 분하게 여겼다. 대신에, 그는 소련이 통일된 한국에서 이승만과 우파가 역할을 맡을 것을 거부하고, 미국은 남한 내 좌파를 금지하는 등 해가 갈수록 두 국가가 초강대국 다툼에 빠져드는 모습을 지켜보았다. 오늘, 이 미국 독립기념일 기사에서, 괴로운 심정의 한국인 기자가 낙관적인 전망을 내놓으려 노력한다. 하지만 결국 "형제가 형제를 죽여야 한다는 것은 정말 말할 수 없는 재앙입니다. 그러나 지금 우리 한국인들이 그렇게 하고 있다."고 비통하게 논평한다.

1950년 7월 5일, 수요일

뉴욕시 북쪽 메리놀 수녀원, 밖에는 비가 내리고 있고 매리 머시 수녀는 앉아서 한국에서 들려오는 최신 소식을 들으며 그녀가 한국으로 돌아가도 좋다는 상급자들의 허락을 기대하고 있다. "모든 것이 유보된 상태"라고 머시 수녀가 오빠 허브에게 편지를 쓴다. 그녀는 기다리는 동안 계획하고 있는 병원에 필요한 의약품을 정리하고 한동안 쓰지 않았던 한국어도 다시 시작할 것이라고 말한다. 어쨌든, 그녀가 한반도 최북단 압록강변에 위치한 신의주의 가난한 주민들 사이에서 의사로 일한 지 10년이 지났다. 이 중년의 수녀는 다른 미국인들에게는 잘 알려지지 않은 한국이라는 나라에 강한 애착을 갖고 있다. 시간이 갈수록 점점 더 안 좋은 뉴스가 들려오자, 그녀는 "가여운 한국이 저런 시련 속에서 짓밟히고 있다."고 쓴다.

오늘밤 뉴욕 타임스New York Times는 맥아더 장군이 일본으로부터 한국에 파견한 "저지 부대"인 스미스 특수임무부대가 북한의 침략자들에 의해 "고립"되어 있다고 보도한다.[5] 실제로는, 540명으로 구성된 스미스부대가 수원에서 남쪽으로 밀고 내려오는 북한 인민군에게 패하고 퇴각했다. 미군의 2.36인치 바주카포는 T-34 전차에 아무런 타격도 입히지 못하고 튕겨 나갔다. 북한 인민군의 공격으로 스미스 장군이 철수 명령을 내리기 전까지 스미스부대에 180여 명의 막대한 사상자가 발생했다. 방어하던 스미스부대는 혼란에 빠진 채 퇴각했고, 많은 이들이 무기를 버렸다.[1]

금요일 뉴욕, 한국으로부터 암울한 보고를 받은 유엔 안전보장이사회가 "대한민국의 방어를 지원하기 위해" 미국의 지휘를 받는 UN 연합군 구성을 승인한다. 트루먼 대통령이 맥아더 장군을 사령관으로 임명한다.[6]

1950년 7월 10일, 월요일

무더운 여름, 한반도 남쪽 끝자락의 산악지대를 이틀간 걸어온 신형규가 마침내 거창 집에 도착했다. 그의 어머니가 그를 필요로 한다. 경찰이 지역 주민들을 남녀 가리지 않고 임시 감옥에 가두었고, 신형규의 아버지도 그렇게 수감된 사람들 중 한 명이다. 수감된 사람들은 접근해오는 북한군에 협력할 수 있는 좌익 동조자로 처형될 것이라고 사람들이 이야기하고 있다. 아버지는 잡혀가고 대학생인 형은 서울에서 알 수 없는 운명에 직면한 상황에서, 열여섯 살의 신형규 갑자기 다섯 명의 동생들을 거느린 집안의 가장이 되었다. 전쟁의 충격과 혼란이 전선에서 멀리 떨어진 이 가족에게도

---

1 오산 죽미령 전투

전해진 것이다.

불과 한 달 전, 신형규는 남쪽으로 56킬로미터 떨어진 진주의 한 고등학교에 입학하며 꿈을 이루었다. 그는 입학시험에서 경상남도 전체 2등을 했다. 중학교 시절, 조숙했던 십 대 소년은 고등학교 과학책과 수학책을 구할 수 있는 대로 다 구해서 섭렵했다. 세무서 직원이었던 아버지는 대대로 물려받은 쌀과 보리 농장을 팔아 이 둘째 아들의 외지 교육비와 기숙사비를 마련했다. 신형규는 과학자로서의 미래를 꿈꿨다. 그러던 6월 26일 월요일, 새롭게 한 주를 시작하기 위해 진주에 있는 하숙집을 나서던 그는 길모퉁이에 붙어있는 신문지 주위에 학생들이 모여 있는 것을 봤다. 그의 조국에 전쟁이 일어났다. 얼마 후 어머니가 아들에게 아버지가 구금되었다는 소식을 전해주었다. 가족이 끔찍한 위기에 처한 상황에서, 그가 지금 집으로 돌아왔다.

미군 점령군이 남한에 상륙한 지 불과 몇 달 후인 1945년 12월, 정치 모임에 참석해서 좌파 정치에 잠시 관심을 갖게 되었던 아버지는 언젠가 아들에게 이 사실을 말했다. 광복 후에 전국 각지에 "인민위원회"라는 것이 불쑥 생겨나서 군과 마을에 통치기능을 발휘했는데, 때로는 토지 재분배를 원하는 좌파가 위원회를 장악했지만 때로는 지주나 일제 식민지 정권의 조선인 관리들도 위원회에 포함됐다. 한편 공장관리위원회들은 일부 공장을 장악했기도 했다. 남한의 아홉 개 도 가운데 경상남도에서 이런 위원회들이 가장 강력했다.[7] 1946년 초에는 농민들이 미군정이 정기적으로 세금으로 거둬들이는 쌀을 실어 나르는 트럭을 막기도 했다.[8] 그 무렵에 신형규의 아버지는 이미 정치 활동을 그만 둔 상태였고, 1946년 말까지 미 점령 당국이 "공산주의" 위원회들을 해산시켰다.

2차 세계대전의 여파로 농촌 경제가 붕괴되면서 산발적으로 일어난 농민 봉기는 경찰의 총격으로 진압되었으며, 때로는 미 점령군의 도움을 받기도 했다.[9] 1948년 4월, 제주도에서 시위가 시작되었고 남한 당국의 강경 진압이 이어졌다.[2] 육지에서는 경상남도와 인접한 전라남도에서 신생 남한군의 2개 연대가 제주 사건을 진압하러 가지 않고 반란을 일으켰다.[3] 경찰과 지역 관리들을 살해한 이들의 반란은 미군 고문단의 지휘를 받은 충성파 부대에 의해 진압되었다. 살아남은 게릴라들은 이후 남부 지방에서 기습적으로 치고 빠지는 유격전을 계속했다.

거창에서 한 차례 게릴라 공격이 있은 후, 소년 신형규는 밖에서 우익 청년들이 가난한 농민들을 소위 좌익 동조자라는 것으로 지목해 경찰에 신고하고, 그렇게 지목된 사람들은 남녀 할 것 없이 소총 개머리판과 곤봉으로 무참히 구타당하고는 끌려가는 장면을 목격했다. 그리고 그렇게 끌려간 사람들은 다신 보이지 않았다. 이 모든 혼란스러운 과정을 통해, 미 군정의 뒤를 이은 이승만 정부는 수만 명의 정치범을 감옥에 가두었다. 그리고 그보다 더 많은 수의 동조 혐의자들이 새로 조직된 국민보도연맹國民保導聯盟에 강제적으로 가입되었다. "재교육" 조직일 것이라 생각되었던 이 단체는 1950년까지 30만 명이 넘는 회원 명단을 확보하였으며, 이제 이 회원 명단은 전시 체제의 이승만 정부가 신형규의 아버지처럼 신뢰할 수 없다고 판단되는 사람들을 잡아들이기 위한 검거 대상 명단이 되어 버렸다. 이 명단에는 쌀 배급 약속에 속아 가입한 교육받지 못한 농민과 회원 할당량을 채워야 하는 경찰서장들이 가입시킨 사람들이 포함되어 있다.[10]

어린 학생 신형규와 너무나 심란한 어머니 그리고 삼촌이 소나무가 무성한 산들로 둘러싸인 강변 마을 거창의 정부 청사 구내에 천막들을 모아 놓고 경찰이 삼엄하게 지키고 있는 "감옥소"로 향한다. 유치장 주변 거리가 난데없이 잡혀간 남자들을 한 번이라도 보거나 말 한마디라도 나누려는 가족들로 가득하다. 한낮의 더위 속에서 신형규는 마침내 천막 밖을 내다보는 아버지를 발견한다. 두 사람은 서로를 향해 소리치지만 무슨 말인지 알

---

2 제주 4.3 사건

3 여수순천 사건

아들을 수 없다. 어머니는 눈물을 흘린다. 아들은 의지가 강한 어머니가 이 토록 눈물을 흘리는 모습을 본 적이 없다.

잠시 후, 구금되어 있던 사람들이 트럭 두 대에 실려 떠난다. 누군가 소리친다. "경찰이 저 사람들을 처형하려고 데리고 간다!" 가족들은 통곡하며 질주하는 트럭을 쫓아 달려가고, 한 할머니는 비탄에 빠져 길바닥에 쓰러진다. 불과 2주 전까지만 해도 미적분 수업이 가장 큰 도전 과제로 여기고 있었던 신형규는 아버지를 구하기 위해 자기가 할 수 있는 일이 없을 것 같은 느낌이 든다. 가난하지만 존경받는 지방 공무원인 서른여덟 살의 아버지가 지은 유일한 "죄"는 오래 전 어떤 회의에 몇 번 참석한 것이었다. 소년 신형규와 어머니는 아버지를 만날 수 있기를 바라며 하루하루를 기다리는 것 외에는 할 수 있는 일이 없다.

그 동안에 전쟁은 점점 가까워지고 있다. 좌익 게릴라들이 새롭게 활동하기 시작했고, 북쪽으로 불과 120킬로미터 떨어진 위치에서 남쪽으로 밀고 내려오고 있는 북한군 4사단은 대전에 새로 도착한 미 제24보병사단과 운명적인 충돌을 앞두고 있다. 그리고 나서 북한군은 거창-진주 지역을 목표로 삼게 된다.[11]

1950년 7월 16일, 일요일

쿵쿵. 멀리서 들려오는 굉음이 서울 전역에 들린다. 오키나와의 공군 기지에서 1,280킬로미터 넘게 날아온 미 공군 B-29 폭격기 47대가 3,000미터 상공에서 500파운드 급 폭탄을 서울의 주요 조차장에 소나기처럼 쏟아붓고 있다. 철도 차량과 그 안에 실린 군수품은 파괴되고 기차 선로는 찢어지며 차량 수리공장은 불타고 있다.[12] 서울에서 남쪽으로 145킬로미터 떨어진 대전의 제24보병사단에 가해지고 있는 압박을 완화시켜주기 위해 필사적이었던 미군 사령부는 진격하는 북한군 사단에 공급되는 탄약과 기타 물자의 흐름을 차단하려고 노력하고 있다.

열 살의 장상과 어머니 김봉현, 그리고 다른 김씨 대가족이 있는 서울 신당동의 집에서도 폭발음이 들린다. 그들은 18일 전 북한군이 남한의 수도로 진격해 들어올 때부터 그랬던 것처럼, 커튼을 치고 그 뒤에 몸을 움츠리고 모여 있다.

미군의 폭격 때문에 민간인들이 목숨을 잃는 일이 점점 더 많아지고 있으니, 그것 때문이라도 집밖으로 나가서는 안 된다. 그러나 장상과 사촌 동생들은 김씨 일가가 그토록 두려워하는 북한군을 물리치려면 미국의 도움이 있어야만 한다는 말을 듣는다. 숨겨진 뒷마당에서 아이들은 머리 위로 폭격기 소리가 들리면 환호성을 지른다.

신당동의 좁은 골목길로 나갈 때 정말로 조심해야 하는 또 다른 이유는 북한군 때문이다. 어머니는 음식을 사러 가거나 다른 급한 이유로 꼭 밖에 나가야 할 때는 절대로 말을 해서는 안 된다고 장상에게 단단히 주의를 주었다. 그들의 숨길 수 없는 북쪽 억양이 신분을 노출시킬 수 있기 때문이다. 공산당이 대의명분으로 내세운 "새로운 조선"을 떠나 탈북한 기독교인 난민들이기에, 그들은 언제 위험이 닥칠 줄 모르는 신분이라 늘 긴장하고 있다.

7월 15일인 어제까지 부르주아 배경을 가진 사람들은 가까운 경찰서에 신고하여 "자수"해야 했다.[13] 공영 서울중앙방송은 "반역자"들이 만약 자수하면 나중에 발각되었을 때보다 덜 가혹한 대우를 받게 될 것이라고 암시한다. 이 방송국은 정복한 영토에서 권력을 장악하기 위해 치밀하게 짜여진 계획 하에 조선인민군을 따라 남하한 수천 명의 공산당원들 중 일부가 현재 근무하고 있는 기관 중 한 곳이다. 이제는 집 밖에서 벌어지고 있는 "인민 재판"에 대해 모르는 사람이 없다. 구경 중인 공산주의 동조자 무리, 심지어 어린이들 중 누군가의 단순한 외침만으로 사형 판결이 정해지는 즉결 재판을 통해 경찰, 정부 관리, 기타 '반동분자'들이 처형되고 있다. 김씨네 집에서 멀지 않은 동문 경찰서 근처에서 가마니에 덮여 있는 군인과

경찰의 시신들을 목격한 사람들도 있다.[14]

점령군들은 길모퉁이마다 김일성과 요제프 스탈린의 포스터를 붙이고, 모든 트럭에 붉은 별이 달린 북한 국기를 게양하도록 명령했으며, 모든 일터에서 새로운 설교들이 끊임없이 이어지도록, 심지어 "김일성 장군님의 노래" 같은 새로운 조선에 대한 노래들도 배우도록 한 것으로 보인다.[15]

북한 공산주의자들은 사법상 리승엽을 위원장으로 하는 서울 인민위원회를 신속하게 구성하고 동 단위까지 분과위원회를 설치했다. 이들은 조선이 하루 노동 시간 8시간의 나라, 대지주로부터 몰수한 농지를 농민에게 분배한 나라, 여성 평등의 나라가 될 것이라고 약속한다.[16] 두 개의 점령 신문은[4] 김일성과 다른 공산주의 지도자들의 연설과 메시지로 1면을 가득 채운다. 서울중앙방송에서는 정치적인 이야기가 끊이지 않는다. 평범한 농민과 노동자들을 인터뷰하고 그들이 예측하는 장밋빛 미래를 찬양한다.[17]

서울에 남아 있는 많은 주민들이 이승만 정부와 군으로부터 버림받은 것에 분개하여 삶이 나아질 것이라는 희망을 품고 새 정권에 협조하고 있다.[18] 실제로 1940년대 후반의 설문조사에 따르면, 남한 지역 거주민들은 사회주의에 압도적으로 우호적인 것으로 나타났었다. 수 세대에 걸쳐 일제 식민주의자들과 한국인 대지주 계층에 종속되어 있었던 결과였다.[19] 서울의 다른 지역과 마찬가지로, 크고 허름한 동대문 시장에서도 전쟁의 격변으로 인해 식량은 점점 더 부족해지고 있다. 쌀값이 몇 배로 뛰고 있다. 새 정권을 위해 일하는 사람들은 배급을 받는다. 하지만 그렇지 않은 사람들은 알아서 해결해야 하기에, 쌀이나 최소한 얼마간의 보리라도 사려고 시계, 옷가지, 세간살이 등 팔 수 있는 것은 뭐든 팔려고 애를 쓴다.[20] 김씨 가족에게 아직은 돈이 어느 정도 남아 있어서 당분간은 그럭저럭 살아갈 수 있겠지만, 앞으로 얼마나 버틸 수 있을까?

7월 중순 일요일인 오늘, 미 공군이 폭탄을 투하하자 북한 지도부는 인

---

4 조선인민보, 해방일보

근 지방에 그곳의 비축 식량으로 서울 시민들을 어떻게 도울 수 있을지 평가하라는 법령을 준비하고 있다. 이 법령에는 또 다른, 보다 불길한 조항이 포함되어 있다. 서울 점령 당국에게 "도시에서 50만 명을 시골 지역과 북한의 산업체로 대피"시킬 준비를 지시하는 내용으로, 이것은 사실상 서울의 인구 과잉 현상을 완화하고 북한의 전시 산업 인력을 충원하기 위한 강제 이주 계획이다.[21] 북한 공산주의자들은 이미 의사, 간호사, 기술자 및 기타 숙련된 한국인들에게 전쟁을 돕기 위해 북으로 가라고 압력을 가하고 있다. 결국 경성전기주식회사의 전 직원은 평양으로 걸어가야 한다. 회사 간부이자 장상의 삼촌인 김갑현은 북한의 6. 25 침공 몇 시간만에 서울을 탈출하여 이를 피할 수 있었다.[22]

북한의 침공으로 보다 남쪽으로 피난을 떠나는 남한 주민들이 줄을 잇는다. 서울의 언론사 편집인을 아버지로 둔 특권층 출신인 안경희가 어머니, 동생들과 함께 한반도 남서쪽의 피난처에 도착한다. 그러나 북한군이 곧 그 지역을 점령하고, 그녀는 그녀의 가족이 "반동분자들"로 찍히게 될까 봐 두려워한다. (AP통신 제공)

미군 폭격기가 점점 더 많은 동네를 폭격하고, 식량이 매일매일 걱정거리가 되고, 북한군들이 "반역자들"를 잡으러 다니는 가운데, 김봉현이 정전이 된 서울의 어둠 속에서 비좁은 방의 다다미 바닥에 앉아 곰곰이 생각하고 있다. 그녀는 딸 상이와 함께 더 안전한 곳을 찾아서 이 전쟁이 끝나기를 기다려야겠다는 생각이 들기 시작한다.

1950년 7월 하순, 어느 날

안경희는 한 번도 본 적 없는 나이 많은 남자를 알아보진 못한다. 하지만 그녀와 어머니, 그리고 남동생과 여동생은 그를 보고 너무나 기뻐한다. 그는 외삼촌 되는 사람이며, 안경희와 그녀의 가족은 마지막 날까지 험한 길을 힘들게 걸어 한반도의 남서쪽 끝 숲이 우거진 두메산골에 있는 그의 집에 도착했다. 스무 살인 안경희와 그녀의 가족은 거의 한 달 동안 피난길을 걸어왔다. 그들은 쓰러지기 직전이다. 전라남도 시골의 중바위골이라는 마을에 살고 있는 외삼촌의 가족이 그들을 집안으로 맞아들인다. 일단 그들이 배부르게 식사를 하게 한 다음, 쉴 수 있는 공간과 시간을 제공한다. 삼촌은 또한 그들의 침체된 기운을 북돋우기 위해 노력한다.

"힘내거라." 삼촌이 말한다. "아무리 나쁘게 보여도 실제로는 그보다 나은 법이다." 삼촌은 운이 좋았다 나빴다를 반복하는 어느 마을 사람에 관한 한국의 우화를 들려주며 그들의 상황과 연관 지어 이야기한다. "너희 아버지는 대한민국에서 명성을 누렸지. 그런 이유로 북한놈들 눈에 띄게 된 거다. 너희들의 행운은 불운의 시작일 뿐이었어. 이제 너희들의 불운은 또 다른 행운의 시작이 될 거야." 안경희는 그렇게 되기를 바랄 수밖에 없다. 삼촌은 안씨 집안이 서울에서 부유하게 잘 살았었다는 것을 알고 있다. 경희의 아버지는 유명한 신문사의 편집인이었고, 그 가족은 좋은 집을 소유하고 있었으며, 경희는 한국에서 가장 명문으로 손꼽히는 이화여대에서 우수한 학생이었다.

6.25 남침은 그런 삶을 하루아침에 바꿔놓았다. 너무나도 행복한 삶을 살고 있었던 젊고 매력적인 경희는 하루아침에 모든 것을 빼앗길 수 있다는 사실이 처음엔 믿기지 않았다. 하지만 아버지를 포함한 신문사 직원 전체가 부산으로 피난을 가야 한다는 결정이 내려졌고, 가족을 데리고 갈 곳도 없었다. 그래서 국군 중위였던 오빠를 제외한 네 식구는 서울에서 320킬로미터 이상 떨어진 전라남도에 있는 어머니의 친척집에 머물기 위해 길을 떠났다. 음식과 임시 거처, 그리고 가끔 필요한 교통비로 쓸 수 있는 돈이 충분히 있었기 때문에 안경희와 그녀의 가족은 남쪽으로 피난가는 다른 사람들보다 운이 좋았지만, 몇 주간의 여정은 그래도 고달팠다. 그들은 전라남도에 있는 한 친척 집에 먼저 들렀지만, 그곳은 견딜 수 없을 정도로 붐볐다. 게다가 먼 길을 다녀온 사람들로부터 북한군이 점점 가까워지고 있다는 말을 듣자 그들은 겁을 먹고 더 남쪽 아래로 피난을 떠났다.

전라도로 진격 중인 북한군은 6사단이다. 이 부대는 7월 11일 한반도의 중부 회랑回廊을 따라 남진하는 북한의 주공主攻에서 떨어져 나와 서해안 도로망을 타고 밀고 내려오고 있다. 가벼운 무장을 한 남한 경찰을 제외하고는 거의 아무런 저항을 받지 않았다. 북한군은 전라북도 군산항을 점령한 데 이어 이제는 전북의 도청소재지인 전주를 노리고 있다. 벼농사를 짓는 전라도의 농민들은 전쟁 전부터 좌파를 지지하며 결집했고, 이제는 친북 게릴라들이 나타나 경찰을 더욱 괴롭히기 시작했다. 폭력 사태로 인해 더욱 많은 난민들이 몰려든다. 나중에 포착된, 한 게릴라의 일기장에는 요즘 호남지역에서 어떤 테러가 벌어지고 있는지 자세히 기록되어 있다. "국회의원, 경찰 경사, 마을 지도자 등 12명이 체포됐다. 그중 4명은 현장에서 사살당하고 나머지 8명은 인민재판 후 총살됐다."[23] 안경희가 보기에, 피난처인 중바위골은 남쪽 해안에서 48킬로미터 남짓 떨어져 있으며 울창한 숲이 우거진 산고개 사이에 위치한 너무나도 외딴 곳이니, 가족들은 분명 안전할 것이다. 그녀는 전쟁이 그들을 지나칠 것이라고 확신한다.

1950년 7월 22일, 토요일

저녁이 되자, 버디 웬젤 이병을 비롯한 미 제7기병연대 제2대대 대원들은 암록색 전투복을 입고 무릎 사이에 M-1 소총을 꽂은 채 나란히 빽빽하게 앉아 2.5톤 트럭을 타고 포항항 외곽의 야영지로 향한다. 처음에는 한국 남동부의 숨 막힐 듯한 무더위가 그들을 덮쳤고, 그다음에는 달려드는 벌레들이 그들을 미치게 만들었다. 그리고 이제 시골에서 논에 거름으로 주기 위해 재와 섞어 놓은 인간 배설물의 악취가 그들을 맞이한다. 한 하급 장교가 공식 연대 일지에 "많은 이들이 소위 한국이란 곳에 비해 일본이 깨끗하다는 것을 깨달았다."고 단정한 언어로 표기한다.

일본에서 태풍을 뚫고 5일간 구역질 나는 고생을 하며 바다를 건너온 젊은 병사들이 적어도 단단한 땅을 밟았다는 사실만으로 행복해한다. 한국에 제1기병사단the 1st Cavalry Division 병력이 필요한 상황이 너무 급박해서 도쿄 사령부의 기획관들은 바다가 순조로워지기를 기다릴 수 없었다. 재난은 매일 발생하고 있다. 이틀 전, 북한군은 대전에서 미 제24보병사단을 퇴각시켰다.

지난 주 일본에서 제25보병사단이 취약해지고 있는 한미 연합전선을 보강하기 위해 파견되었다. '개리오원즈Garryowens'로 알려진 제7기병연대가 이제 제1기병사단의 3개 연대 중 마지막으로 도착했다. 이날 오후 포항 앞바다에 정박한 후, 이들은 병력 수송선에서 소형 상륙정Higgins boat을 타고 신속하게 상륙했다. 미국의 각각 다른 주에 사는 여성 펜팔 친구들을 최대한 모으고 있는 열아홉 살의 버디 웬젤은 완전히 새로운 나라, 한국을 보고 싶어 한다. 게다가 그는 이런 혼잣말을 하고 있다. 간부들이 말하잖아, 우리는 이곳에 딱 두 주 정도 머물면서 혼란을 수습하고, 그런 다음엔 다시 수월한 도쿄 점령 임무로 돌아갈 거라고.

서쪽 고개 너머에는 "혼란을 수습"하기 위해 제7기병대보다 먼저 일본에서 파병된 미군들이 목숨을 건 사투를 벌이고 있다. 공격해오는 북한군에게 거의 포위된 제25보병사단the 25th Infantry Division 예하 1개 중대가 불어난 개울을 등지고 있으며, 공포에 질려 제정신이 아닌 젊은 미군 병사들은 개울을 건너려다 물속에서 허우적거리고 있다.[24] 그곳의 남서쪽에서는, 개리 오원즈와 마찬가지로 제1기병사단에 소속된 제8기병연대의 진지를 갓 구축한 병력을 북한군 전차가 공격하고 있다. 이것이 제1기병사단이 한국에서 처음으로 받은 포격 세례로, 도로가 동서남북으로 교차하는 오랜 마을 영동읍 외곽에서 있었던 일이다.[25]

텐트 안에서 모기와 싸우며 하룻밤을 보낸 버디 웬젤과 H중대원들이 무기를 재점검하고 청소하며 탄띠에 넣을 8발짜리 탄약 클립들과 수통에 넣을 물 그리고 전투식량을 비축하는 등 전방으로 이동할 준비를 하느라 아침을 보낸다. 그러나 전투식량 일부는 지난 전쟁에서 남은 낡은 것들이고, 그 외 많은 것들이 너무 오래되어서 쓸모가 없거나 아예 없다. 제7기병연대는 바주카포, 박격포탄, 심지어 쌍안경과 한국 지도조차 부족하다. 제1기병사단이 준비되지 않았다는 또 다른 징후는 지문 세트, 개인 소지품 가방, 매트리스 커버 같은 영현등록부대graves registration unit의 장비도 없이 한국에 상륙했다는 점이다. 사단은 소속 병사들의 시신을 처리할 장비도 갖추지 못한 상태인 것이다.

늦은 오후, 제2대대 예하 5개 중대는 기차에 몸을 싣고 전선으로 천천히 이동한다. 기차는 햇볕에 김이 모락모락 나는 논과 초가지붕을 얹은 낮은 흙집, 그리고 조용하고 침울한 사람들이 밭일을 하거나 소지품을 잔뜩 가지고 선로를 따라 남쪽으로 힘들게 가고 있는 시골 지역을 통과한다. 연대 일지에는 "제7기병연대원들은 그들 앞에 놓인 것이 무엇인지 호기심과 의구심을 가지고 있다"고 기록되어 있다.

웬젤의 친구 제임스 하지스는 일본에서 집으로 보내는 마지막 편지에서 누이에게 "나 자신은 그곳에 가기 싫다"며 "제시간에 집에 도착할 수 없을 것 같다"고 덧붙였다. 그의 편지 내용은 많은 병사들의 당시 심정을 대변하고 있다. 기차 안에서 버디 웬젤의 중대장이자 크루커트 머리를 한 멜 챈들러 대위가 부하들에게 브리핑하면서, 한국인 피난민들 사이에 위장한 적군들이 숨어 있을 수 있다고 말한다.

<<<

7월 초 미 공군은 북한에 대한 공습을 위해 폭격기 부대를 강화했다. 전략공군사령부Strategicc Air Command 소속 대형 B-29 폭격기 수십 대가 미국에서 태평양을 건너 일본으로 출격했다. B-29 폭격기들이 7월 13일에 조차장과 정유소를 목표로 북한의 동부 항구 도시인 원산을 폭격했다. 공군 참모총장 호이트 밴던버그Hoyt Vandenberg 장군은 이 신속한 출격이 "높은 수준의 군인정신과 기동성, 기술적 능숙도"를 보여줬다고 자랑했다.[26]

앨런 위닝턴이 이제 원산에 도착했다. 원산의 북쪽 끝자락에 들어선 영국 기자와 운전기사, 그리고 중국어를 구사하는 조선인 호위병은 그들의 눈앞에 보이는 광경에 깜짝 놀란다. 한반도를 가로질러 190킬로미터를 넘게 달려온 그들은 소련제 대형 세단을 타고 평양에서 불에 타고 무너져 내린 집들이 즐비한 거리를 따라간다. 창 밖으로 폐허에서 무엇이든 주워 담으려는 절박한 주민들이 보인다. 한국에서 런던의 공산당 기관지 데일리 워커로 처음으로 보낸 기사 원고에서 앨런 위닝턴은 그가 듣기로는, 원산에서 1,000채가 넘는 가옥과 건물이 파괴되었으며, 1,249명이 사망했고 이들 중 대부분이 여성과 어린이라고 보고한다. "노동 계급 지역의 중심인 가장 큰 여학교와 해변에 있는 소학교가 타격을 받았다." 그러다가 아내와 자녀를 잃은 완이라는 남자와 이야기를 나눈다. 그는 위닝턴에게 인생이 더 이상 살 가치가 없다며, 단지 "복수를 위해서 그리고 조국으로부터 저 개 같은 살인마 새끼들을 몰아내기 위해서라면 마지막 피 한 방울도 아낌없이 바치겠다."[27]라고 말한다.

베이징에서 주재 중이던 데일리 워커 기자는 일주일 전 평양에 도착했다. 중국 국경에서 그는 낮 시간대에 운행하는 마지막 열차로 기억하고 있던 기차를 타고 출발했으며 평양 도착까지 3일이 걸렸다. 그는 북한 정부가 유엔에 보낸 항의 서한에서 "비인도적"인 공격이라고 비난했던, 6월 29일부터 시작된 미국의 공습에도 불구하고, 북한의 수도는 여전히 기능을 하고 있는 것을 알게 되었다.[28]

폭격을 받은 한 호텔은 여전히 영업 중이었는데, 위닝턴은 그 호텔이 지내기에 적당하지 않다는 걸 알게 되었다. 근처에서 폭탄이 터져 창문의 암막 담요가 떨어져 나가서 불을 꺼야 했기 때문에 그는 어둠 속에서 타이핑을 할 수 없게 되었다. 빈대와 더위 때문에 깡마른 영국인은 바닥에 침대 시트를 한 장 깔고 주위에 빙 둘러 살충제를 놔두고는 벌거벗은 채로 땀을 흘리며 잠을 자야 했다.

원산에서 평양으로 돌아온 위닝턴은 진격하는 조선인민군을 따라잡고 전선 최전방 소식을 전하기 위해 곧바로 남쪽으로 출발한다. 평양에서 얼마 떨어지지 않은 곳에서 그는 전쟁을 정면으로 마주한다. 그와 동료들은 찬밥으로 점심을 먹기 위해 길가 나무 밑에 차를 숨겨 놓는다. 갑자기 미군 P-51 머스탱 전투폭격기가 급강하하여 옴짝달싹 못하고 있는 농민들로 붐비는 도로를 따라 기총사격을 개시한다. 위닝턴은 저공비행하는 비행기 소음에 귀가 먹먹한 채 땅바닥에 몸을 던진다. 전투기는 "비명, 신음, 아기 울음소리, 도와달라는 외침, 죽음, 눈물, 피, 사별과 삶의 훼손"을 남기고 갑작스럽게 사라졌다고 위닝턴이 보고한다. 다음 날 일종의 복수가 이루어진다. 동이 튼 직후라 도로에는 위닝턴 일행이 타고 있는 세단밖에 없다. 38선에 가까워질 무렵, 차 바로 앞으로 머스탱 한 대가 빠른 속도로 달려든다. 그들이 차를 멈추고 허둥지둥 내려서 논으로 굴러 떨어지자 엄청난 폭발음이 들린다. 머스탱 조종사가 통제력을 잃고 전투기는 산비탈에 부딪힌다. 비행기에 장착되어 있던 폭탄들이 폭발을 멈출 때까지 기다린 후, 현장으로 다가간 그들은 조종석에서 튕겨져 나온 미국인의 시신을 발견한다. 그의 주머니에서 나온 서류가 여기저기 흩어져 있다. 위닝턴은 한 여성과 두 명의 어린 자녀가 함께 찍은 사진과 조종사의 아내가 조종사에게 위험을 감수하지 말 것을, 아이들을 생각할 것을 간절히 부탁하며 보낸 편지를 발견한다.

《《《

리인모가 동쪽 해안에 위치한 흥남에서 트럭을 타고 밤새 평양에 도착했다. 그는 방향을 잡지 못한다. 반복되는 미국의 폭격으로 랜드마크가 너무 많이 사라졌다. 갑자기 사이렌이 울린다. 리인모는 다른 사람들을 따라 지하 대피소로 달려간다. 몇 분 후, 미국의 공격이 새로 시작되면서, 지하 대피소에 있는 사람들에게 폭발음이 들리고 떨림도 느껴진다. 몇몇 폭발은 무서울 정도로 가까운 거리에서 일어난 것 같다. 공습경보 해제 사이렌이 울리고 대피소에 있던 사람들이 다시 환한 지상 밖으로 올라온다. 리인모는 연기와 먼지 사이로 인근 거리의 건물들이 폭격으로 인해 완전히 무너져 있는 광경을 보게 된다. 소방대와 구조대가 여기저기로 달려가지만 사람들은 하던 일을 그저 다시 시작한다. 리인모는 당 중앙위원회로부터 평양으로 와서 인민군 문화부에 출두하라는 지시를 받은 상태다. 위원회가 전시 임무를 염두에 두고 있는 것 같다.

지난 한 달 동안 그는 조선노동당 흥남 지부 선전부장으로 일을 계속했었다. 화학 및 기타 산업으로 중요한 항구 도시 흥남은 어려운 시기에 처해 있었다. 흥남은 미 공군 폭격기들뿐만 아니라 미국 항공모함 밸리 포지$^{Valley\ Forge}$ 호와 영국 항공모함 트라이엄프^{Triumph} 호에서 출격해 연안을 순항하는 공격기들의 공습을 반복적으로 받았다.[29] 집이 파괴되면서 사망한 흥남의 민간인들의 소식을 듣고 리인모의 어머니는 눈물을 흘렸다. 그녀는 아들에게 미국인들에 대해 말하면서 "그들은 인간도 아니다"라고 했다. 어제 리인모가 평양으로 떠날 시간이 되었을 때, 그의 어머니는 태연한 모습으로 현관에 서서 아들이 떠나는 모습을 바라보며 눈물을 꾹 참았다.

아내는 시어머니처럼 자제하지 못했다. 남편이 떠날 때 울지 않겠다고 전날 밤 약속했지만 그가 현관에 앉아 신발을 신는 순간 아내는 울음을 참지 못했다. 그녀는 두 살배기 딸을 품에 안고 흐느끼며 서 있었다. 대문 앞에서 리인모는 아내를 향해 돌아섰다. "내가 돌아오지 않더라도 당신은 평생 과부로 살아서는 안돼." 그가 아내에게 말했다. "꼭 마음씨 좋은 남자와 결혼해야 돼." 그는 열여덟 살에 아버지를 잃고 같은 해에 자신을 낳은 어머니의 고단한 삶을 생각하고 있었다. 리인모가 이제 군대에서 당 선전을 담당하는 인민군 문화부 사무실에 도착했다. 그는 오랜 당원 동지 한 명이 남조선의 서해안으로 진격하는 6사단에 배치된 조선중앙통신사^{Korean Central News Agency, KCNA}의 최전방 특파원 임무 수행자로 그를 추천했다는 사실을 알게 된다.

1950년 7월 23일, 일요일

중부지방의 산 위에는 하얀 뭉게구름이 우뚝 솟아 오늘 늦게라도 폭풍우가 내릴 듯한 모습이다. 하지만 이미 주곡리 마을 주민들에겐 저멀리 영동읍 너머 북서쪽으로부터 우르릉거리는 소리가 들리고 있다. 목요일 대전에서 미군을 몰아낸 북한군 제3사단이 영동을 방어하는 미 제1기병사단 병력에 대해 대포 및 전차 공격을 시작한 것이다.[30]

한낮에 지프 한 대가 서울-부산 간 주요 도로에서 180미터가량 떨어진 주곡리까지 올라간다. 미군 장교 한 명이 뛰어내려 통역을 통해 머지않아 전투가 벌어질 것 같으니 마을 주민들에게 대피하라고 말한다. 마을 사람들이 거의 공황 상태에 빠진다. 부모들은 아이들을 찾아 부르짖고, 마을 사람들은 꽤액 꽤액 소리를 지르는 돼지와 닭을 모아 소달구지에 묶고, 가족들은 보리 자루, 쌀 자루, 옷가지, 이불, 취사도구 등 필요한 것들을 챙긴다. 박선용의 남편 정은용이 유품을 가죽 상자에 담아 정씨 집의 헛간 밑에 묻는다. 거기엔 3년 전 돌잔치 때 전통적인 색동옷을 입고 찍은 첫째 아들 구필의 소중한 사진도 포함되어 있다.

500여 명의 주민들은 가장 가까운 피난처인 임계리로 험한 길을 떠난다. 옆쪽 골짜기로 1.5킬로미터 정도만 더 들어가면 되는 곳이다. 도착하자마자 사람들은 어디든 피난할 곳을 찾는다. 정씨 가족은 작은 맷돌이 있는 헛간에 자리를 잡는다. 비가 내린다. 잠을 자려고 할 때 선용이 남편에게 자신들은 더 남쪽으로 가야 한다고 말한다. 그들은 난민들로부터 북한군의 잔혹 행위에 대해 무서운 이야기들을 들었었는데, 그중에는 은용의 예전 직업이었던 경찰들을 잔인하게 다룬 이야기도 있었다. 아침에 정은용이 아버지에게 이런 가능성을 제기하지만, 아버지는 7월의 더위에 아이들이 그렇게 고된 길을 가면 안 된다고 반대한다. 아버지는 은용 혼자 가는 게 옳겠다며, 북한군이 여자나 어린이, 노약자는 해치지 않을 거라 말한다. 스물여섯 살 법대생인 은용은 갈등하지만, 선용이 시아버지 의견에 동의한다고 하자 그는 가야겠다고 결심한다. 어머니는 음식과 옷가지가 담긴 작은 배낭을 재빨리 준비하고, 은용은 곧 큰길을 향해 발걸음을 옮긴다.

피난 온 주곡리 사람들과 그들의 이웃인 임계리 사람들이 전쟁이 다가오는 소리를 들으며 잠도 자지 못하고 또 하루를 보낸다. 선용은 북서쪽 하늘에 붉은 줄무늬들이 교차되는 것을 보고 걱정한다. 고향 심천이 그 방향에 있기 때문이다.

화요일 해질 무렵, 미군 트럭 한 대가 험한 길을 달려 임계리로 오더니 군인 열댓 명이 뛰어내린다. 그들은 "더 안전한 지역으로" 이동해야 하니 모두 모이라고 소리친다. 박선용이 안도한다. 그녀에게는 미군이 구세주로 보인다. 그녀와 시댁 식구들은 가방과 요리 도구를 챙긴다. 네 살배기 구필은 엄마 손을 잡고 걸어서 갈 것이고, 두 살배기 구희는 외할머니 등에 업혀서 갈 것이다.

임계리 주민들 중 일부는 목적지가 어딘지도 모르고 떠나는 것을 꺼려한다. 미군들은 점점 화를 내며 사람들을 집에서 끌어내 모여 있는 사람들 쪽으로 밀쳐낸다. 수백 명의 피난민 행렬이 골짜기를 따라 다시 큰길로 내려온다. 주곡리에 가까워지면서 사람들은 먼저 연기 냄새를 맡게 된다. 그리고는 불길을 보게 된다. 군인들이 초가집에 라이터로 불을 붙이고 있다. 전선 최전방 곳곳에서 미군은 후퇴할 때 적의 은신처나 물자 지원을 차단하기 위해 "초토화 scorched earth" 전술을 써오고 있다.

자신들의 집이 화염에 휩싸인 광경을 목격한 주민들은 충격을 받아 발걸음을 멈추거나 비틀거린다. 일부는 절망에 빠져 통곡하기 시작한다. 대부분은 아연실색하여 아무 말도 하지 못한다. 그래, 이게 전쟁이라는 건가? 병사들은 더욱 거칠게 명령하며, 그들을 계속 밀어붙인다. 주요 도로를 따라 남쪽으로 향하던 그들은 길을 따라 이제 동쪽으로 간다. 길이 동쪽으로 꺾이는 바로 그 지점에서부터 달빛 아래 1.5킬로미터 남짓 걷고 있던 그들을 미군이 멈춰 세우고 명령을 내리며 길 밖으로 밀어내기 시작한다. 그들은 자갈투성이인 마른 강바닥에서 밤을 보내라는 지시를 받는다. 가족들은 자정이 넘어서야 잠을 청하기 위해 이불을 펴기 시작하지만, 잠을 자는 것은 불가능하다. 밤은 폭발음과 총성으로 가득하고, 트럭들이 흙먼지를 일으키며 비포장도로를 질주한다. 구희와 구필을 꼭 안고 있는 선용은 겁에 질려 있다. 피난 중인 그들로부터 서쪽으로 8킬로미터 떨어진 영동을 북한군이 점령했고, 미 제1기병사단 병력은 후퇴 중이다.[31]

한편 미군 지휘관들이 최전방에 있는 민간인 처리 문제와 관련하여 위험하고 혼란스러운 상황을 야기시키고 있다. 민간인들을 남쪽으로 대피시키라는 명령이 내려진 상태지만, 미군을 피해 북쪽으로 가라는 전단지도 뿌려지고 있다. 현재 있는 곳에 그대로 머물러야 한다는 지시들도 있다. 새로 도착한 지휘관들은 북한군이 난민으로 위장한 채 미군 전선에 침투하고 있다는 소문을 듣고 경계하고 있다. 미군 총사령부인 제8군은 모든 난민 이동을 중지시키라는 명령을 준비하고 있다.[32] 그러나 불과 이틀 전, 제24보병사단 병력은 전선을 넘어오는 거의 모든 난민을 수색했지만 어떠한 북한군 침투의 징후도 발견하지 못했다고 보고했다.[33]

<<<

겁에 질린 마을 주민들과 불과 1킬로미터도 떨어지지 않은 어둠 속에서 버디 웬젤과 나머지 제2대대원들은 엉망인 상태로 후방을 향해 더듬더듬 발걸음을 옮기고 있었다.

포항에서 기차를 타고 도착한 제7기병연대 the 7th Cavalry Regiment 병력은 영동의 동쪽으로 지나가는 주요도로가 내려다보이는 산비탈에 진지를 구축하고 영동에서 후퇴하는 제8기병연대와 제5기병연대를 지원했다. 이제 철수하고 방어선을 재조정하라는 명령이 경험이 부족한 장교들에 의해 북한군이 오른쪽 측면을 돌파했다는 신호로 잘못 해석되었다. 그런 말이 퍼지자, 두려움에 질린 병사들이 그들의 상관인 병장과 장교들이 어디 있는지 확인할 겨를도 없이 칠흑 같이 어두운 산비탈을 비틀거리며 줄줄이 내려오고 있다. 무기를 잃어버리는 병사도 있고, 간혹 무기를 버리는 병사도 있다. 사실 북한군은 그들을 공격하지 않고 있다. 대신 북한군은 영동 동쪽 가장자리에 진지를 구축하고서 미군의 반격을 기다리고 있다.[34] 그들에게 가끔씩 들리는 총격전의 소리는 "오인사격"에 의한 것이다.

도로 위에서 H중대장 챈들러 대위가 부하들을 조직하여 도로와 평행을 이루고 있는 철로 위로 보내기 시작한다. 챈들러 대위는 300여 명의 병사들을 이끌고 주요 도로와 철로 양쪽에 인접한 능선 위에 새 진지를 구축하기 위해 뒷쪽으로 이동한다. 그곳에서 노근리라는 작은 마을과 가까운 콘크리트로 된 쌍굴다리 철교가 내려다보인다.

한편, 멀리 후방에 있는 남부 지방의 도시 대구에서는 제8군 참모들이 미 대사관 및 한국 관리들과 만나, 군의 이동을 방해하는 피난민 행렬 문제와 흰옷을 입은 민간인들 사이에 침투해 있는 적에 대한 위협이 감지되고 있는 문제에 대해 논의했다. 제8군은 "어떤 경우에도 난민들이 전선을 넘어오는 것이 허용되어서는 안 될 것"이라는 명령을 전 부대에 내린다. 이 명령에는 허용된 민간인들을 엄격한 통제 하에 대피시키는 절차에 대한 설명도 포함되어 있다. 하지만 그것은 궁극적으로는 실행 불가능한 절차다.

주한 미국 대사 존 무치오가 워싱턴의 국무부에 비밀리에 보고한 바에 따르면, 제8군은 경고 사격에도 불구하고 미군 전선에 접근하는 피난민들에게 발포하기로 결정도 해놓은 상태다. 그는 "이러한 결정의 효력 발생으로 인한 미국에 미칠 수 있는 예기치 못한 영향의 가능성을 고려하여"[35] 국무부에 제8군의 결정에 대해 경고하고 있다.

1950년 7월 26일, 수요일

안절부절못하고 밤을 지샌 주곡리와 임계리의 피난민들이 꼼짝 못하고 있다가, 아침 6시 30분에 해가 떠오르자 천천히 몸을 일으키기 시작한다. 주위를 둘러보니 미군 경비병들은 사라지고 없다. 도로는 트럭 한 대 없이 조용하다. 무시무시했던 전투 소리도 잦아들었다. 그리고 폭력적이고 혼란스러웠던 전날 밤의 희생자들이 하나둘씩 발견된다. 일곱 명은 용변을 보기 위해 어둠 속에서 헤매다 미군의 총에 맞아 죽은 것으로 보인다. 두 명은 어린이다.[36] 가족들은 믿을 수 없어 비명을 지르며 쓰러진다. 이런 공포스러운 상황에 직면하자, 고향에서 쫓겨난 수백 명의 마을 주민들이 웅성거리기 시작한다. 일부는 집으로 돌아갈 거라고 자신들의 입장을 밝힌다. 하지만 대부분은 보다 남쪽에 있는 것이 더 안전할 것이라 판단한다. 한 가족씩 다시 도로로 올라와 걷기 시작한다. 이른 아침의 더위가 32도를 오르내리는 혹독한 하루를 예고한다.

정은용의 가족은 열두 명이고 그중 절반이 어린이다. 박선용의 시어머니는 여전히 두 살배기 구희를 업고 있다. 선용은 네 살배기 구필이의 손을 잡는다. 피난민들이 동쪽으로, 길이 다시 남쪽으로 꺾이는 쪽으로 계속 나아간다. 길을 따라 3킬로미터쯤 더 갔을 때, 미군 병사들이 피난민 행렬을 멈추게 하고는 도로에서 나와 제방으로 올라가서 도로와 나란히 나 있는 철로로 이동하라고 말한다.

군인들이 철로 위에 있는 난민들 사이로 걸어 들어와 모든 가방을 비우라고 명령한다. 그들은 부엌칼과 낫 등 날카로운 도구는 모두 압수한다. 부엌칼이나 낫 같은 생필품은 남겨달라는 마을 사람들의 간청은 무시된다.

철로 위의 난민들이 녹색 군복을 입은 많은 군인들이 주변 언덕의 구멍을 들락날락하는 것을 목격합니다. 난민들이 가족들끼리 점심을 먹기 위해 선로 위에 자리를 잡고 앉자, 경비행기 한 대가 머리 위를 선회하는 것이 보인다. 멀지 않은 곳에서 한 군인이 무전기에 대고 뭔가 말하고 있는 모습도 보인다. 얼마 지나지 않아 군인들의 날카로운 호루라기 소리에 깜짝 놀란다. 이게 무슨 의미일까?

남쪽 지평선 너머로부터 들려오던 휘잉 하는 소리가 갑자기 엄청난 굉음으로 커진다. 피난민들은 위쪽을 본다. 미군 비행기들이 그들을 향해 하강하고 있다. 순식간에 그들의 세상이 산산조각 난다. 귀청이 터질 듯한 폭발음과 함께 땅이 뒤흔들린다. 흙과 바위, 먼지와 자갈들이 떨어지고 연기는 자욱하며, 나무 파편들과 가방들, 흰옷들, 그리고 사람들과 사람들 몸의 일부로 뒤덮이며 그들은 어둠에 휩싸인다. 비명을 지르며 철로 제방을 따라 모여 있는 사람들 속으로 폭탄이 떨어지고 또 떨어지며 로켓이 발사되고 또 발사된다. 피난민 가족들 전체가 산산조각이 난다. 비행기들이 공중에서 빙빙 돌며 계속해서 폭격을 가하는 동안, 혼비백산한 그들은 어디로 가야 할지도 모른 채 뛰고 긴다. 아이들은 엄마를 찾으며 비명을 지른다. 땅에 빠짝 엎드려 있던 한 청년은 등 위로 무거운 물체가 떨어지는 것을 느낀다. 아기의 머리다. 자욱한 연기 사이로 생존자들은 철로 위에 죽어가는 사람들과 이미 죽은 사람들이 널려 있는 지옥 같은 장면을 보게 된다. 그리고 이제 산비탈로부터 총알이 쏟아져 내린다. 참호 속에 있는 미 제7기병연대 소속 병사들이 사격을 개시한 것이다.

천둥 같은 폭발음과 공포 속에서, 두려움과 절망으로 이성을 잃은 박선용이 다른 식구들을 찾아 주위를 둘러본다. 시댁에서부터 데려온 소가 보인다. 머리는 날아가고 없고, 목에서는 피가 솟구치고 있다. 하지만 연기와 눈물 사이로 식구들은 보이지 않는다.

사람들이 다시 도로를 향해 달려 내려가는 것이 보인다. 비틀거리는 사람들도 있다. 몇몇 사람들은 총알에 맞아 쓰러진다. 선용은 사람들을 따라간다. 망연자실한 마을 사람들이 콘크리트 철교 아래에 있는 동굴 같은 쌍둥이 지하도 중 한곳으로 향하고 있다. 난리를 잠시나마 피할 수 있을 만한 곳으로 보이기 때문이다. 다른 지하도에는 작은 개울이 천천히 흐른다. 그들이 향하고 있는 첫 번째 지하도의 거의 마른 개울바닥은 큰길과 270미터 정도 떨어진 노근리 마을을 잇는 통로 역할을 한다.

선용은 이곳이 몸을 피할 만한 장소가 아니라는 것을 금방 알아차린다. 입구에는 산비탈로부터 빗발치듯 날아온 총알에 맞아 죽은 사람들의 시신이 널려 있다. 그녀는 발이 시신에 걸려 넘어져가며 다리 밑의 아수라장으로 들어간다. 공포에 떨던 젊은 엄마는 잠시나마 안도한다. 두 아이는 시댁 식구들과 함께 무사히 안에 있다.

12미터 높이의 아치형 통로 아래의 광경과 소리는 지옥을 방불케 한다. 아기들은 의식이 없거나 죽은 엄마에게 매달려 있다. 정신이 나간 듯한 부모들은 잃어버린 아이들의 이름을 외친다. 도로에서 멀리 떨어진 가장 안전한 위치로 가기 위해, 모래 바닥 위에서 이 가족은 저 가족을 밀어내고 저 가족은 이 가족을 밀쳐내며 실랑이를 벌인다.

"이성을 되찾을 수가 없었어요. 고개도 들 수 없었습니다." 선용은 이후에 이렇게 회상한다. 미군들이 우릴 왜 죽이는 거지? 겁에 질린 마을 주민들은 이유가 뭔지 생각한다. "우리가 무슨 짓을 했길래? 우리는 공산주의자가 아니야." 혼란스러웠던 선용은 처음엔 비행기가 철로를 파괴하기 위해 폭탄을 투하하는 줄 알았다. 하지만 바로 어제 대구에 있는 미 공군 사령부의 한 대령이 사령관에게 다음과 같이 보고했다. 북한군의 침투를 우려하고 있는 미 육군의 요청에 따라 미군 전투기가 미군 전선에 접근하는 피난민들을 공격하고 있다. "기밀"로 분류된 이 메모에서 터너 로저스Turner Rogers 대령은 "미 공군과 미국 정부가 처하게 될 수 있는 난처한 상황"을 피하기 위해 이러한 공격 행위를 중단할 것을 건의했다. 그러나 피난민들에 대한 무차별 공격은 계속되고 있다.[37]

선용의 한복 저고리 오른쪽이 피로 붉게 젖어 있다. 철로 제방에서 폭탄 파편 조각 하나가 그녀의 팔에 박혔던 때문이다. 포격이 소강 상태에 접어든 지금, 꼼짝 못하고 있던 피난민들은 미군 의무병 두 명이 다가와 선용을 비롯한 일부 부상자들에게 붕대를 감기 시작하는 것을 보고 깜짝 놀란다. 터널 바로 밖에 다른 군인들이 나타나자, 영어를 조금 할 줄 아는 대학생인 정은용의 사촌이 그들과 대화를 나눈 후 돌아와서, 군인들이 사격 명령을 받았다며 들은 것을 전한다.

"이제 우리 모두 죽었어요"라고 정은용의 사촌이 말한다. 이 말을 들은 사람들이 두려움에 온몸이 얼어붙는다. 오후 내내 주기적으로 총성이 울려퍼진다. 기관총에서 발사된 예광탄들이 터널 안을 붉게 물들이며 벽을 스치고 튕겨 나간다. 박격포탄으로 여겨지는 것들이 터지면서 다리가 흔들린다. 지하도 양쪽 끝에서 총성이 들리기 시작하자, 공포에 질린 주민들이 시신들 위를 기어 다니며 이쪽에서 저쪽으로 다급히 움직인다. 그럴 때마다 움직이는 사람들의 수는 점점 줄어든다.

몇 시간이 지났다. 안은 숨이 막힐 정도로 더워지고 갈증은 너무나 견디기 힘들다. 어린 구희는 배고픔과 갈증에 울음을 멈추지 못하고 얼굴도 빨개진다. 할머니가 갑자기 두 살배기 구희를 안고 이유도 말하지 않고 밖으로 걸어 나가는데 순간 총성이 크게 울리고 할머니가 피범벅이 된 채 비틀거리며 다시 안으로 들어온다. 어깨와 엉덩이에 부상을 입은 할머니는 터널 바닥에 쓰러진다. 할머니가 말한다. 총알이 구희의 목을 관통했고 아이를 죽은 채로 밖에 놔둘 수밖에 없었다고. 선용은 미친 듯이 흐느끼며 비탄에 잠긴다.

<<<

 황량한 산비탈의 참호 속에서 제7기병대 제2대대 병사들은 자신들이 하고 있는 일에 대해 믿지 못하고 있다. 일본에서의 야전 훈련, 헐리우드 전쟁영화, 모병계 부사관들은 그들을 이런 상황에 전혀 대비시켜 주지 못했다.
 "명령이 내려왔습니다. 그들에게 발포하라고요." 버디 웬젤이 나중에 이렇게 회상한다. "그 사람들이 우리를 향해 달려오고 있었고 우리는 사격을 개시했습니다." 한편 G중대의 소총수 조 잭맨Joe Jackman은 참호선 뒤에서 중대장이 "모두 죽여버려!"라고 외치는 소리를 듣는다. 조 잭맨이 사격을 개시한다. 저기 아래 콘크리트 쌍굴다리에 있는 한국인들의 비명 소리도 들린다.
 "맙소사, 도대체 우리가 무슨 일을 하고 있는 거지?" 그는 자신들의 행위에 대해 의구심을 품는다. 모든 병사가 다 민간인들에게 총격을 가하는 것은 아니다. F중대의 델로스 플린트Delos Flint는 너무 앞으로 나갔다가 초기 공습에 발이 묶였다. 그는 안전한 곳을 찾고 있는 피난민 가족들과 함께 철로 아래에 있는 높이도 낮고 폭도 좁은 배수로로 피신했다. 소강상태에 그곳에서 탈출해 자신의 위치로 돌아온 그는 상사로부터 한국인들을 향해 사격하라는 명령을 받는다. 그는 거부한다. 그는 훗날 그들이 "그저 숨을 곳을 찾는 민간인들이었다."고 기억한다. 장교들이 "모든 한국인의 집단 이동을 즉시 중지시킨다"는 제8군의 오늘 자 명령을 받았다. 그리고 무치오 대사는 이 명령이 군대가 전선에 접근하는 피난민들에게 충격을 가하겠다는 의미라고 국무부에 알린다.

전시국제법과 관습에 따라 비전투원을 표적으로 삼는 것은 전쟁 범죄지만, 심한 압박에 시달리는 미군 지휘부 내부에서는 한국인 일반인들에 대한 이러한 적대적인 태도가 지난 며칠간 형성되어 왔다. 월요일, 제1기병사단 본부는 연락장교를 통해 제8기병연대에 지시했다. "전선을 넘어오는 피난민이 없도록 하라. 전선을 넘으려는 자는 모두 사살하라."[38] 그날 늦게, 제7기병연대 동쪽에 배치된 제25보병사단 병사들은 사단 사령부로부터 전쟁 지역에 있는 민간인은 "비우호적인 것으로 간주하여 총살하라"는 지시를 받는다.[39] 피난민들 사이에서 숨어 있는 침투자에 대한 소문이 빠르게 퍼지면서 걷잡을 수 없게 되자, 인종 차별도 그와 비슷한 양상을 띠게 되었다.

미군 부대 소속 기자들은 "아시아인들gooks"에 대한 부대원들의 혐오감이 커지고 있다고 전한다.[40] 제1기병사단 사령관 호바트 게이Hobart R. Gay 소장은 참모들에게 보낸 한 지시서에서 남한 피난민들을 "도로를 어지럽히는 쓰레기"라고 언급한다.[41] 그는 한국 경찰을 무시하듯 자신의 작전 지역에서 철수하도록 명령했다.[42] 오늘, 후방으로 24킬로미터 떨어진 김천 본부에서, 그는 기자들에게 도로에 있는 흰옷을 입은 사람들 대부분이 북한 게릴라라고 믿는다고 말한다.[43]

뉴저지의 집에서 두 여동생을 돌봐야 했던 고등학교 중퇴자 버디 웬젤은 자신이 살인자라고 생각한 적이 없었다. 하지만 그가 M-1 조준경으로 철로를 뛰어가는 어린 소녀를 발견했을 때, "내가 그 아이를 쏜 것 같아요."

1950년 7월 27일, 목요일

지프 세 대가 무리를 이루어 한강을 건너서 서울을 벗어나 남쪽으로 향하고 있다. 전쟁 중인 것을 감안하면 평화로운 아침이다. 마을 아낙네들이

포로로 잡힌 미군 병사들이 북쪽으로 행군하여 서울을 거쳐 북한의 전쟁포로수용소로 향한다. 1950년 8월, 도쿄에서 맥아더 장군은 북한이 그가 지금까지 마주한 어느 군대 못지않게 강인한 군대를 전쟁에 내보냈다고 매트 리지웨이에게 말한다. (AP통신을 통해 조선중앙통신 제공)

일찍 개울가에 일찍 나와 매끈한 바위에 빨래를 치대고 있다. 길가의 농부들은 손을 흔들다가 지나가는 차에 키가 큰 영국인이 타고 있는 것을 보고 깜짝 놀라 입을 벌린다.

앨런 위닝턴은 한국에서 대낮에 운전하는 것이 현명하지 않다는 것을 이미 충분히 경험했고, 특히 세 대의 차량이 나란히 붙어 흙먼지를 일으키며 달리는 것은 더욱 그렇다는 것을 잘 알고 있다. 하지만 첫날부터 남한 땅에서 돌아다니는 것을 대수롭지 않게 여기는 한국인 호위대원들과 말씨름을 할 수는 없었다.

이틀 전, 서울에 있는 북한군 본부에서 장교들은 새로 도착한 영국 기자를 상대하기 위해 영어를 구사하는 최태룡이라는 남자를 강제로 끌고 왔다. 그들은 위닝턴이 최전방으로 가서 조선인민군이 승전에 승전을 거듭하는 실상을 서방 세계에 알릴 수 있는 중요한 인물이라는 것을 알고 있었다.

남조선노동당의 당원이었으며 장기 정치사상범이었던 최태령은 남한 점령 후 남한의 산업을 책임지게 될 것이라는 말을 들었었다. 그러나 한 장교가 "현재로서는 최 동무가 관리할 산업이 없다"는 점을 짚었다. 최태룡은 위닝턴의 통역을 맡게 되었다. 이후 최태룡은 옛 감방 동료인 박몽빈을 영입해서 소규모 조직을 구성하게 했다. 그들에게 차량 세 대와 식량, 그리고 인민군 대위 한 명과 사병 여덟 명이 호위병으로 제공되었다. 이제 위닝턴 일행이 수도에서 남쪽으로 수 킬로미터 떨어진 지점에 도착했다. 누군가 한국 민요인 "아리랑"을 부르고 있다. "청천 하늘엔 잔별도 많고… 우리네 가슴 속엔 희망도 많다."

갑자기 앞쪽에 있던 여성들이 보따리를 내던지고 뛰기 시작한다. 지프에 타고 있던 그들은 위를 쳐다본다. 어디선가 미군 P-51 머스탱 전투기가 모습을 드러냈다. 그들은 급브레이크를 밟고 차에서 재빨리 내려 엄폐물을 찾아 기어간다. 머스탱이 기총사격을 가한다. 굉음을 내며 지나간다. 그리고는 사라졌다. 다시 도로로 올라와 피해 상황을 살펴보니, 지프 한 대가 50구경 대형 총탄에 맞아 부서져 있고, 병사 한 명이 다리가 부러진 채 겁에 질려 있다. 그는 동지의 호위를 받으며 서울로 돌아가야 한다. 이제 차량 두 대와 인민군 일곱 명만 남았고, 그들은 해가 진 이후에만 이동하기로 합의했다.

1950년 7월 28일, 금요일

수요일 정오에 노근리 철교 아래에서 학살이 시작된 이후 오랜 시간 동안 끔찍한 고통의 장면들이 시시각각 펼쳐졌다. 기관총 탄환들이 콘크리트 벽을 맞고 튕겨 나가고, 갇힌 피난민들 사이에서 소음이 들리거나 움직임이 포착되면 M-1 소총의 무차별 사격이 가해지며, 전투기들이 다시 돌아와서 기총소사를 가하는 등 이로 인해 죽거나 죽어가고 있는 한국인들이 점점 많아지고 있다. 그리고 그 대부분이 여성들과 어린이들, 노인들이다.

점점 줄어들고 있는 생존자들 중 일부는 이성을 잃고 횡설수설하며 사랑하는 사람의 이름을 끝없이 반복해서 중얼거리고 있다. 여러 곳에 상처를 입은 한 임산부는 너무 괴로운 나머지, 아홉 살 된 딸에게 천으로 된 허리띠로 목을 졸라달라고 애원했지만, 결국에는 그냥 숨을 거두고 말았다.

힘이 남아 있는 사람들은 충격을 막는 방패로 삼기 위해 터널 입구에 시신들을 쌓았다. 아이들은 총알을 피하기 위해 시신 밑으로 파고 들어간다. 더위와 배고픔, 목마름은 견딜 수 없을 정도다. 지하도로를 흐르는 실개천은 피가 섞여 끈적끈적해져 있다. 목이 바싹 마른 이들은 어쨌거나 그 물을 마시기도 한다.

박선용은 어느샌가 다리 밑에서 빠져나왔다. 자정이 넘은 시간, 철교에서 수백 미터 떨어진 컴컴함 덤불 속에서, 스물세 살의 엄마는 지금 살아 있는 아이의 목숨만이라고 구하려고 탈출을 시도하고 있다.

어젯밤 지하도에서 그녀는 하나님께 인도해 달라고 기도했다. 그녀는 줄곧 성경을 붙들고 있다. "내가 사망의 음침한 골짜기로 다닐지라도 해를 두려워하지 않을 것은 주께서 나와 함께 하심이라."는 시편의 말씀이 그녀의 마음속에 울려 퍼졌다. 가여운 구희는 죽었지만 구필은 살려야겠다고 그녀는 결심했다. 부상당한 채 다리를 절고 있는 시어머니가 "가, 가!"하고 말했다.

선용은 정씨 집안의 열다섯 살된 하인 홍기를 깨워 네 살짜리 구필을 업고 함께 가자고 했다. 두 사람은 노근리 쪽으로 지하도를 빠져나와, 가장 수풀이 우거진 곳을 찾으며 서치라이트가 비치면 얼어붙은 듯 가만히 있기도 하면서, 천천히 힘겹게 다리로부터 멀어졌다. 세 사람이 남쪽으로 가는 길에 위치하고 있는 다음 마을인 황간 방향으로 겨우 몇백 미터 이동하는 데 몇 시간이 걸렸다.

이제 그들은 위험할 수도 있지만 걸어서 갈 수 있는 수풀이 우거진 곳에 도달했다. 그들은 어둠 속에서 조심스럽게 앞으로 나아간다. 이제 걸리적거리는 한복 치마를 입은 선용이 앞장서서 비탈길을 오른다. 갑자기 기관총이 발사되고 근처 언덕에서 총신이 번쩍인다. 그들 주위로, 그들 머리 위로 총알이 스치는 소리가 들린다. 그들이 바닥에 쓰러진다. "엄마! 엄마!" 구필이 소리친다.

선용의 눈에 언덕을 뛰어내려오고 있는 홍기가 들어온다. 그리고는 그녀는 내팽겨쳐진 구필을 좀더 가까이 가서 바라본다. 구필은 총알에 맞아 오른쪽 다리가 찢어져 있었다. 아이는 아파서 울고 있다. 완전히 정신이 나간 그녀는 구필을 품에 안고 그를 안정시켜려 한다. 그리고는 이빨로 치맛자락 천을 길게 찢어 아이 상처 부위에 묶어준다. 이제 더 이상 할 수 있는 일도, 해낼 힘도 없다고 느끼며 선용은 하늘을 바라본다. "저희가 무슨 짓을 했길래 이런 일을 당한 겁니까?" 그녀가 조용히 묻는다.

그들이 산비탈에 눕자 하늘이 밝아지기 시작한다. 아이는 배가 고프다고 울부짖는다. "아빠", 은용을 부르며 운다. 선용이는 구필에게 아빠를 만나러 가고 있는 중이었다며, 아이를 등에 업고 다시 언덕을 오르기 시작한다. 바로 그때, 희미한 새벽녘, 선용이 안개 사이로 소나무 아래 서 있는 미군 병사의 모습을 발견한다. 그 미군이 그들 방향으로 소총을 들어 올린다. 그녀는 겁에 질려 말문이 막힌다. 그녀는 마침내 비명을 지른다. "제발! 쏘지 마! 제발!"

M-1 소총 소리가 들리자마자, 그녀는 쇠망치로 맞은 것 같은 느낌이 든다. 그녀는 땅바닥에 쓰러져 있다. 옆구리에 참을 수 없는 타는 듯한 통증이 느껴진다. 의식도 거의 없다. 그녀는 주위를 둘러본다. 구필은 누워 있다. 움직이지 않는다. 가슴에서는 피가 흐르고 있다. 아이를 안고 가던 그

녀의 옆구리를 관통한 총알이 그의 심장에 박힌 것이다.

"구필아, 우리 아들! 제발, 일어나!" 그녀가 애원한다. "우리 아가!"

선용이 몸을 뒤로 젖혀 풀밭 위 아들 옆에 눕는다. 같이 죽으려는 것이다. 그녀는 눈을 감고 주기도문을 암송하기 시작한다. 그녀의 상처 입은 몸통에서는 피가 쏟아지고 있다. 그때 누군가 다가오는 소리가 들린다. 선용이 눈을 뜬다. 군인 두 명이 그녀 위에 서 있다. 한 명은 몸을 숙여 아이의 눈과 맥박을 확인한다. 아이는 죽었어. 하지만 그들은 그녀가 아직 숨을 쉬고 있다는 걸 알게 된다. 다른 한 명이 구급상자를 꺼내 그녀의 오른쪽 팔과 옆구리 상처에 소독약을 바르고 붕대를 감는다. 다른 군인들이 도착하는 소리가 들리더니 곧 삽질하는 소리가 들린다. 그들은 구필의 몸을 흰 천으로 감쌌다. 그들은 구필을 얕은 무덤에 넣고 다시 삽으로 흙을 덮었다.

군인들이 들것을 들고 도착한다. 그들은 선용을 들것에 옮겨 근처 도로로 옮긴 다음 지프에 싣는다. 지프가 출발한다. 이제 두 아이를 모두 잃은 엄마는 어딘지도 모르는 곳으로 실려 가면서 하나님께 기도한다. 그녀도 같이 데려가 달라고.

강수량이 많고 극도로 더운 한국의 여름, 북한 침공군은 태세가 흐트러져 있다. 조율과 소통이 제대로 이루어지지 않은 채, 각 사단에 최선을 다해 남진하라는 단순한 명령만 있을 뿐이다. 이러한 불리한 조건 속에서도 조선인

기밀 해제된 한 미 육군 장교의 사진들은 1950년 7월 대전 외곽에서 한국 군경에 의해 자행되었던 일련의 정치범 집단 학살 사건 중 하나를 보여준다. 앨런 위닝턴이 집단 매장지를 발견하고 학살을 보도한 데일리 워커 기사에 대해, 런던 주재 미국 대사관은 "잔학 행위 조작"이라며 맹렬히 비난한다. 수십 년 후 조사 결과, 최소 10만 명이 처형된 것으로 결론이 난다. (미 국립문서기록관리청 제공)

민군 제3사단과 제4사단은 미군으로부터 대전을 탈환했다. 작전국장인 유성철 소장은 조선인민군 사령부와 함께 전략적으로 중요한 위치에 있는 도시인 대전 근처 한 한적한 사찰로 이동했다. 결과적으로 봤을 때 일주일 간의 전투가 북한군에겐 비교적 수월한 것이었다.[44] 제대로 준비가 되어 있지 않았던 미 제24보병사단은 한국에서 2주간 처참하게 전쟁을 치른 후 피투성이가 되었고, 체력도 고갈되었으며 사기도 저하되어 있었다. 11,000명의 병력 중 겨우 4,000명만이 대전 방어를 위해 소집될 수 있었다.

조선인민군은 미군 전선의 빈틈을 이용해, 해자垓字 같은 장벽 역할을 하는 금강을 넘어 남서쪽에서 도시와 방어 병력을 측면공격했다. 7월 20일 절망적인 상황으로부터 남쪽으로 후퇴하던 미군은 종종 후방에서 도로를 봉쇄하고 있던 북한군과 마주쳤고, 그 과정에서 더 많은 병력이 사망하거나 포로로 잡히거나 흩어졌다.

새로 한국에 파병된 미군 2개 사단 중 제25보병사단은 해안과 동부 계곡을 따라 남하하는 북한군을 저지하기 위해 분투하는 한국군을 지원하기 위해 동부 전선에 배치되었으며, 제1기병사단은 부산에서 서울로 가는 주요 도로와 철도를 따라 중부 전선에 배치되었다. 휴식과 재보급을 마친 인민군 제3사단은 화요일에 대전에서 남동쪽으로 40킬로미터 떨어진 영동에서 미 제1기병사단 제8기병연대를 격퇴시켰다.

다른 북한 부대가 저항도 받지 않고 한반도 서부 회랑을 휩쓸며 내려가고 있을 때, 미국 정보 보고서들은 상황을 우려하고 있는 내용을 담고 있다. "침략자들은 미국의 증원군이 도착하기도 전에 유엔군을 바다로 몰아넣기 위해 전력을 다하고자, 가용한 모든 인력과 장비를 전선에 총동원하고 있다"고 CIA 일간 보고서가 경고한다.[45] 세력이 확대된 북한군은 이제 9개 사단이 한국군 4개 사단과 미군 3개 사단에 공세를 취하고 있다.[46]

이날 밤, 유성철은 총모총장 강건이 이끄는 일행과 함께 조선인민군 강화 작전 중 하나를 점검하고 있다. 32살의 강건은 다른 장교들보다 키가 크고,

때때로 거만함으로 자기보다 연배가 높은 동지들의 신경을 거슬리게 하는 젊은 장군이지만, 그럼에도 불구하고 전문적이고 실무적인 작전 지휘 방식으로 존중받고 있다.

미군 전투기들을 피해 어둠 속에서 이동하며, 유성철과 강건은 금강을 건너 보다 남쪽에서 교전할 부대와 그 전술을 점검했다. 호송용 지프 한 대가 강변을 따라 다른 부대로 향하고 있다. 불과 며칠 전까지만 해도 사람들이 싸우고 죽어가던 곳에서, 유성철은 평화로운 금강의 물결을 바라보며 이런저런 생각을 한다.

갑자기 폭발음이 고요함을 깨뜨리고, 유성철은 바로 앞에 있던 강건의 지프가 위로 치솟다가 길가로 튕겨져 나가는 것을 본다. 대전에서 후퇴하기 전에 적군이 매설한 지뢰를 건드린 것이다. 유성철 일행은 지프에서 뛰어내려 총참모장을 구하려 하지만 이미 그가 즉사한 뒤였다.

유성철이 침통한 표정을 하며 시신과 함께 본부로 돌아온다. 그는 충격을 빨리 가라앉히고 어떻게 해야 할지 고민해야 한다. 총사령관의 사망 소식은 말단 병사들까지 군의 사기를 떨어뜨릴 수 있다. 그리고 적의 사기는 올라갈 것이다. 그는 목격자들에게 침묵을 명령한 후, 평양에만 비밀리에 보고하기로 결심한다.

강건의 죽음은 몇 주 동안 발표되지 않는다. 한편 김일성은 유성철을 조용히 중장으로 승진시키고 그를 총참모장 대행으로 임명한다. 승리한 인민군은 남부 지방의 주요 도시인 대구와 부산을 해방시켜 적들을 "바다 속으로" 몰아넣기 위해 목표를 겨냥한다. 33살의 유성철은 앞으로 수많은 전투기, 대포, 군함, 산업력을 갖춘 세계 최강의 군대와 싸워야 한다는 사실에 불안감을 느낀다.

대전이 함락되던 날, 미국의 대통령은 다가오는 전투에 대해 미국 국민들의 지지를 결집시키기 위해 미국 라디오와 텔레비전에 출연했다. "이 도전은 우리를 정면으로 겨누고 있습니다. 우리는 여기에 정면으로 맞서야 합니다."라고 해리 트루먼이 선언했다.[47] 그러나 현재 미군은 북한의 맹공격 앞에서 물러나고 있으며, 퇴각하는 군대는 미군 및 한국군과 함께 남쪽으로 이동하고 있는 약 38만 명으로 추정되는 남한의 피난민들을 포함한 모든 한국인들 한 명 한 명에게 좌절과 두려움 그리고 혐오감을 치명적인 방식으로 표출하고 있다.[48]

일부 언론인들은 잔혹 행위가 어느 정도일지 암시한다. "병사들은 누가 아군이고 누가 적군인지 모르며, 모든 사람을 적으로 간주하는 병사들이 점점 늘고 있습니다. 필연적으로 무고한 사람들이 죽임을 당하는 일이 발생하고 있습니다."라고 런던의 더 타임즈 The Times 지가 보도한다. "전선 뒤의 모든 도로가 이 인간 비극의 증거입니다."[49]

북한의 라디오 방송은 더 노골적이다. "인간 학살자들이 애국적인 사람들을 잔혹하게 살인하는 만행을 저지르고 있다. 그들을 찢어 죽이고, 무고한 소녀들의 가슴을 도려내며, 애국자들을 끌고 가서 죽이고 있다." 방송은 미국의 행동을 히틀러의 범죄에 비유한다. 그리고 그런 잔혹한 살인 행위들이 인종주의에 기인하고 있다며, 백인 우월주의 단체인 "쿠 클럭스 클랜 Ku Klux Klan. KKK의 전철을 밟고 있다."[50]고 주장한다.

1950년 7월 29일, 토요일

산발적인 북한군의 포격이 이른 아침의 정적을 깬다. 하지만 시신 더미에 둘러싸인 노근리 다리는 아무 이상 없이 고요하다. 3시 30분에 제7기병연대는 철수하라는 명령이 떨어진다. 미군이 다시 후퇴하고 있다.

일부 2대대 병사들이 철로 제방을 타고 올라간다. 그리고는 어둠 속에서 선로 위에 흩어져 있고 지하도 입구에도 쌓여 있는 흰옷 입은 희생자들을 처음으로 자세히 살펴본다. 몇몇 병사들은 멈춰서서 지하도 안쪽으로 M-1 소총의 마지막 남은 탄환 8발을 발사한다. 그런 다음 그들은 계속 이동하다가 진짜 적과 마주치게 된다. 제7기병연대 기록이 불가사의하게도 군 기록

보관소에서 사라지면서, 학살에 대해 장교들이 기록했던 모든 것은 모두 역사 속으로 사라지게 된다.[51]

그날 늦게, 북한군이 영동에서 오는 길목에 위치한 노근리에 처음 접근한다. 다리에서 벌어진 충격적인 대학살로 인한 두 마을 주민들의 유해들 속에서 그들이 소수의 생존자를 발견한다. 대부분이 시신 더미 속에 숨어 있던 아이들이다. 조선인민군 제3사단과 함께 취재에 나선 북한 기자는 "형언할 수 없을 정도로 끔찍한 장면"을 목격한다.

"이 주변의 관목들과 풀들, 지하도를 가로지르는 개울은 피로 흠뻑 젖어 있었고, 주변에는 시신들이 두세 겹으로 쌓여 있었습니다. 노인과 젊은이, 어린이 시신 400여 구가 현장을 뒤덮고 있어서 시체를 밟지 않고는 걸어 다니기 힘들 정도였습니다."라고 조선인민보 기자 전욱이 보도한다.[52]

제7기병연대 예하 2개 대대가 최근 내린 비로 물이 불어난 계단식 논으로 이루어진 좁은 계곡을 지나 동쪽으로 철수한다. 적색, 백색, 녹색 조명탄이 새벽을 밝힌다. 버디 웬젤은 북한군이 자신들을 추적 중이라고 확신하고 있다. 일출 후, 제7기병연대는 황간 동쪽에 참호를 파고 새로운 방어선을 구축한다. 박격포를 포함한 적의 포격이 점점 더 정확해지면서 사상자가 발생하기 시작한다.

일요일 새벽 4시경, 북한군 전차들이 나타나 공격한다. 제1기병사단 최전선 전체가 공격을 받으며 몇 시간 동안 북한군과 대치 중이다. 날씨가 맑아지자 미군 제트기들이 진격하는 북한군 대열을 발견하고 공습을 개시한다. T-34 전차들이 파괴되고 공격하던 북한군이 철수함으로써 대치 상황은 끝이 난다.[53] 제7기병연대원들은 주변의 유혈 참사를 받아들이기 시작했지만, 버디 웬젤은 부상당한 병사들을 돕기 위해 달려가던 중 총탄에 맞아 머리가 날아간 위생병을 보고 온몸이 굳었으며 지금도 그 충격에서 벗어나지 못하고 있다. 도쿄에서 열병식 담당 병사로 안락한 생활을 하던 때가 불과 2주도 채 되지 않았는데, 이 크루컷 머리를 한 십 대 소년들은 병영 동료들이 피투성이가 되어 들것에 실려 나가는 모습을 보고 있다. 웬젤의 차례가 오고 있다. 자정이 조금 지나자 제7기병연대는 동쪽으로 4.8킬로미터 더 떨어진, 도로가 다시 남쪽으로 꺾이는 곳으로 또 철수한다. 그리고 동이 트기도 전에 갑자기 박격포 포탄들이 제2대대가 급히 파놓은 진지로 쏟아진다. 포탄 한 발이 웬젤로부터 얼마되지 않는 거리에서 폭발하고, 그는 바닥에 내동댕이쳐진다. 어지럽고 정신이 혼미한 그는 천천히 의식을 되찾으면서 오른손에 극심한 통증을 느낀다. 그는 본다. 오른손이 "축구공만한 크기로" 부어 있다. 포탄의 파편이 손 안에 박혔다. 또 다른 파편은 그의 헬멧을 가로질러 깊은 자국을 냈다. 무게가 900그램인 강철 "안전모"가 없었다면 그는 죽었을 것이다.

웬젤이 위생병을 찾는다. 위생병이 그의 손을 치료하고 붕대를 감은 후 사단 야전 병원으로 후송하기 위해 태그를 붙인다. 그리고 그가 지프를 타고 넘게 될 추풍령 고개로 머지 않아 연대 전체가 후퇴하게 된다.

일요일, 제8군 사령관 워커 장군은 전방을 방문하여 "철수할 생각을 하지 말고 모두가 죽을 때까지 싸워야 한다"고 단언했다.[54] 그러나 곧 미군이 낙동강을 건너 한반도 남동쪽 사분면에 최종 방어선인 "부산 경계선 Pusan Perimeter"을 구축하기 위해 철수하면서, 그의 대담한 "사수 아니면 죽음 stand or die" 선언은 곧 현실로 바뀌게 된다. 그들이 절실히 필요했던 미 증원군, 즉 제2보병사단 the 2nd Infantry Division, 제1해병사단 the 1st Marine Division, 제5연대전투단 the 5th Regimental Combat Team 의 소속 병력들이 이미 한국에 상륙하고 있다.[55]

<<<

제7기병연대 병력이 노근리에서 떠날 때, 박선용은 남동쪽으로 29킬로미터 떨어진 소도시 김천에 있는 제1기병사단 후방본부의 야전병원에 누워

있었다. 그녀는 여전히 입원 중이며, 의식이 오락가락하는 상태다. 어느 순간 미군 군의관이 옆에 서서 붕대가 아주 두텁게 감겨 있는 자신의 상처를 살피고 있는 것이 보인다. 미군의 총알이 살을 많이 찢어냈지만 주요 장기는 손상되지 않았다. 군의관이 봉합한 오른쪽 팔과 옆구리의 상처는 생명에는 지장이 없지만 여전히 고통스럽다.

혼란스러운 그녀는 어찌할 바를 모르고 있다. 그녀는 쌍굴 다리 주위에서 벌어졌던 대량 학살에 대한 끔찍한 꿈을 꾼다. 아이들은 정말 죽었을까? 왜? 남편은 어디 있을까?

그녀의 남편이자 학업에 열심인 법대생 정은용은 그녀가 상상하는 것보단 가까운 곳에 있었다. 금요일 병원에 실려 왔을 때, 은용은 남쪽으로 가던 길을 잠시 멈추고 친척집에 머물며 쏟아져 들어오는 피난민들 사이에서 가족을 발견할 수 있기를 바라며 사흘 동안 김천에 머물고 있던 터였다. 그는 밤낮으로 주요 도로와 기차역에서 사람들 얼굴을 훑어보면서 몇 시간씩 보냈지만, 모두 헛수고였다.

이틀 전 길에서 사람들 틈에 있던 한 소년이 "삼촌!"하고 외친 소리를 듣고, 은용의 절망감은 두려움으로 바뀌었다. 조카였다. 지저분하고 겁에 질린 조카는 가족이 아닌 다른 소년들과 함께 이동 중이었다. 조카는 미군들이 "마을 사람들"을 대량 학살할 때 도망쳤다는 혼란스러운 이야기를 들려주었다. 은용은 깜짝 놀랐다. "우리를 구하러 왔다고 했는데, 우리를 죽이고 있다고?" 그는 믿기지 않는 듯 그 이유에 대해 생각한다. "왜?" 그러고는 은용은 말을 더듬는 소년에게 선용과 자기 아이들에 대해 다그치며 물었다. "숙모랑 아이들은 괜찮아?", "네… 무사해요" 울먹이며 조카가 대답했다.

그날 밤 은용이는 잠을 잘 수가 없었다. 그리고 금요일 새벽부터 저녁까지, 그는 미친듯이 지나가는 피난민들을 일일이 확인했다. 그러나 아무 소용없었다. 피난민들은 점점 줄어들고 있었다. 기차역에서 마지막 열차가 떠난다는 안내 방송이 나왔다. 그는 지금은 대구에 있는 형을 찾으러 가는 것 말고는 선택의 여지가 없다는 걸 알고 있었다. 그렇지 않으면 북한군의 포로가 되거나 사형집행인의 희생자가 되어 가족을 보살필 수 없게 되기 때문이었다.

정은용은 떠났지만, 그가 탄 기차가 마지막 기차는 아니었다. 미군은 앞으로 나흘 동안은 김천에서 철수하지 않고 머물 것이다. 철수하기 전, 미군은 병원 환자들을 다른 열차에 싣는다. 선용은 대구를 지나 부산으로 이송된다. 그리고 미 제1기병사단 병력은 철수하면서 김천을 불태운다. 그들이 후퇴하면서 주곡리를 비롯한 남한의 다른 마을들을 불태웠던 것처럼.[56]

1950년 7월 말 어느 날 아침

동이 막 튼 시간, 노금석 생도가 북한 해군군관학교 2학년 생도들이 현재 지내고 있는 동굴 위 산꼭대기에서 경계근무를 서고 있다. 미군의 공습으로 항구 도시 청진의 사관학교 건물이 파괴된 후 생도들은 도시 외곽 북쪽에 있는 산의 동굴로 이동했던 것이다.

6시 30분경, 노금석이 은빛 광채를 내는 물체들이 해안 위로 낮게 날아가는 모습을 발견한다. 미 공군 B-29 수퍼포트리스 SuperFortress 폭격기들이 횡대를 이루며 연이어 비행 중인 것이다. B-29 폭격기들은 청진의 맨 남쪽에서부터 500파운드급 폭탄을 조직적으로 일렬로 투하하는 "융단 폭격 carpet bombing"으로 아래에 있는 모든 것을 파괴하기 시작한다. 그리고는 다음 번 폭격기 횡대가 날아 들어와서 좀더 북쪽에 일렬로 폭탄을 투하한다.

고도가 높은 곳에 있는 노금석은 공기를 가르며 떨어지는 폭탄의 바람 소리를 듣고 번쩍이는 섬광과 솟아오르는 연기를 보며 공포에 휩싸인다. 끝없이 터지는 폭발음이 들린다. 발 아래 땅이 흔들린다. 열여덟 살의 해군생도도 겁에 질려 걷잡을 수 없이 떨고 있다.

폭격기들이 가까이 다가오자, 그는 소총을 떨어뜨리고 참호 속으로 굴러 떨어진다. 마지막 순간에, 폭격기들은 아무것도 없어 보이는 산으로부터 급선회한다. 이제 폭격기들이 목표물들을 순차적으로 폭격하면서 점점 더 멀어진다. 곧 폭격이 끝이 난다.

어릴 적 아버지에게 일본 가미카제 조종사가 되고 싶다고 말했던 십 대 소년 노금석은 이때까지 미 공군의 포악성을 목격한 적이 한 번도 없었다. 도시의 광범위한 지역이 비처럼 쏟아져 내리는 미군의 폭탄들로 초토화되는 것을 지켜본 그는 지난 2차 세계대전에서 도쿄와 베를린 사람들이 어떤 공포를 견뎌야 했는지 깨닫게 된다. 그리고 저 아래 불쌍한 사람들은 어떻게 되었을지, 그는 연기를 내뿜으며 타고 있는 청진의 잔해를 바라보며 생각한다.

<<<

정동규가 연기와 화염이 자욱한 청진 중심부로 향하고 있다. 정동규를 비롯한 청진 의과대학 학생들은 목표 지역을 폐허로 만드는 파괴적인 폭격으로 인한 재난상황에 대응하기 위해 급하게 구급대로 조직되어, 덮개가 없는 호송 트럭들을 타고 도심 주요 도로를 달린다.

그들은 차를 몰고 갈 수 있는 데까지 최대한 시내 안쪽으로 들어간다. 잔해들이 도로를 막고 있다. 붕대, 소독제, 주사용 모르핀 등이 담긴 구급상자를 받은 학생들은 남녀 구분없이 4~5명씩 팀으로 나뉘어 적십자 완장을 차고 사방으로 보내진다. 당국이 검증되지 않은 의대생들을 불러들이고 있는 것은 의무 지원의 필요성이 매우 크기 때문이라고 정동규가 생각한다. 그는 그 필요성이 너무나도 절실하다는 것을 금방 알아차린다.

그는 먼저 콘크리트 판 사이에 끼어 있는 젊은 여성을 발견한다. 그녀의 왼쪽 팔은 완전히 잘려 나갔으며, 입은 딱 벌어져 있고, 그녀의 죽은 눈은 충격과 놀란 표정으로 위쪽을 바라보며 크게 떠 있다. 아직은 어린 의대생 정동규가 첫 전쟁 희생자를 보고 얼어붙는다. 그리고 절망한다. "그녀가 즉사했기를."하고 그는 혼잣말을 한다.

구호 활동을 위해 흩어지면서 의대생들은 먼지와 연기 사이로 수백 명의 민간인이 죽거나 심각한 부상을 입은 채 폐허 속에 누워 있는 광경을 보게 된다. 많은 사람들이 다리를 잃거나 팔을 잃었다. 복부 밖으로 쏟아져 나온 창자나 갈가리 찢긴 살점 덩어리가 시신들 옆에 널브러져 있다. 먼지로 뒤덮인 머리나 팔다리가 벽돌과 석고와 나무 더미 사이로 튀어나와 있다.

정동규와 다른 의대생들이 멍한 상태로 비명이나 흐느끼는 소리가 들리는 곳으로 달려간다. 충격에 휩싸여 그냥 아무 말 없이 앉아 있는 희생자들도 발견된다. 그들은 상처를 닦고 소독하고 붕대를 감아주는 등 일부 피해자들을 돕는다. 그러나 많은 경우, 그들이 할 수 있는 일은 잔해로 인해 움직일 수 없는 사람들에게 모르핀 주사를 놓는 것뿐이며, 그런 깔리거나 갇혀 있는 피해자들을 즉흥적으로 구성된 현지 구조대들이 구출하려고 노력한다. 몇 시간 동안, 의대생들은 교실과 진료소에서 배운 기초적인 지식과 기술을 이용하여 최선을 다해 응급 처치를 시행한다. 해질녘에 시 당국은 밤 동안 구조 작업을 중단시킨다.

학생들이 학교로 돌아오는 동안, 정동규는 인구가 10만 명인 이 도시가 파괴된 정도를 보면 수많은 부상자가 잔해에서 인양되기 전에 사망할 것이 분명하다는 것을 알게 되었다. 그는 전쟁의 충격적인 잔인함을 직접 마주하게 된 것이다. 그는 마음속에서 전쟁을 일으킨 자들에 대한 증오심이 점점 커지고 있는 것을 느낀다.

지구 반대편, 미국 합동참모본부는 도쿄에 있는 맥아더 장군에게 2개의 중형폭격기전대, 즉 거의 200대의 비행기를 더 보내겠다고 통보한다. 미 국방부 참모들은 "북한에 대한 대규모 공중 작전을 수행하는 것이 매우 바람직하다"고 말한다. 이것이 앞으로 몇 달, 몇 년 동안 한반도 북반부 전역의 도시와 마을을 초토화시키는 미 공군 작전의 시작이다.[57]

주요 항구이자 철강의 중심지인 청진의 산업 시설들은 이날 폭격기들에게 뚜렷하게 식별되는 목표물들이었다. 그러나 미군이 목표로 정한 최북단 도시인 이곳에 대한 융단 폭격으로 주거 지역, 학교, 시장 및 기타 비군사 시설들이 거의 흔적도 없이 제거되었다. 또다른 공습이 계속 이어진다. 미 공군은 최종적으로 청진의 3분의 2가 파괴된 것으로 추정한다.[58]

합동참모본부는 맥아더에게 또 메시지를 보낸다. 보다 불길한 내용의 이 메세지는 극동 사령관 맥아더에게 공군이 원자폭탄의 비핵 부품을 태평양 섬 괌으로 수송하여 보관할 것이라고 알려준다. "핵 부품 수송에 필요한 72시간과 사용을 승인하는 대통령의 결정이 있어야만 원자폭탄 사용이 가능하다."고 덧붙인다.[59] 맥아더는 국방부 참모들에게 북한에 대한 핵무기 투하를 제안했었다.[60]

<<<

중바위골 마을 사람들은 드문드문 지나가는 피난민들로부터 북한 사람들이 오고 있다는 소식을 들었다. 이제 조선인민군이 그들이 있는 한반도 남쪽 끝자락에 도착한 것이다. 그리고 남한의 저명한 인물의 딸이라는 특권을 가진 안경희는 걱정이 된다.

몇 사람씩 무리를 지어 지나가고 있는 겨자색 군복을 입은 병사들은 북한군 6사단 소속이다. 서해안을 따라 한반도를 밀고 내려온 북한군 6사단은 거의 저항도 받지 않고 미군 첩보에도 탐지되지 않은 채 하루에 32킬로미터 정도 전진하고 있다. 북한군 6사단은 후퇴하는 미군과 한국군 중에 최남단에 위치한 병력을 목표로 삼아 곧 동쪽으로 공격을 개시할 것이며, 이후에는 그 너머 부산항을 공격할 것이다. 이것이 "적의 숨통을 끊는 최후의 전투를 의미한다"고 6사단 사령관이 병사들에게 말한다. 그러나 북한군 6사단은 다른 조선인민군 사단들과 마찬가지로 결정적인 전투에 대한 대비가 부족한 상태다. 탄약과 식량, 기타 필수품이 부족하다. 북한으로부터 길게 이어져 내려오는 보급로도 미군의 공습에 노출되어 있다. 배급량이 절반으로 줄었다.[61] 중바위골을 지나가는 병사들이 지역 주민들에게서 식량을 "징발"하고 있다. 이 지역을 점령하고 지키기 위해 남겨진 일부 인민군들은 마을 주민들에게 설교하기 시작한다. 그들은 다가오는 사회주의 국가의 혜택에 대해 암기한 내용을 들려주고, "자본주의의 멍에로부터 동지들을 해방시킬 것"이라고 약속하며, 며칠 안에 남한 전체가 해방될 것이라고 예측한다.

서울의 부유한 집안의 딸이자 스무 살의 대학생이기도 한 피난민 안경희는 내심 북한군들의 주장을 무시한다. 하지만 어머니와 남동생, 여동생이 있는 상황에서, 그녀는 저 북한군들을 피하고 자기들을 보호하고 있는 삼촌의 가족들 속에 티나지 않게 섞이는 것이 그녀가 할 수 있는 최선임을 알고 있다. 마을 아낙네들이 입는 긴 한복 치마와 짧은 저고리를 입고 논과 콩밭에서 일을 하는 것도 한 가지 방법이다.

어느 더운 오후, 경희가 어머니와 이웃집 아주머니와 함께 근처 콩밭을 돌보기 위해 집을 나선다. 덤불 사이를 지나던 그녀는 갑자기 키작은 덤불 속에서 자신을 올려다보는 몹시 야윈 얼굴을 보고 깜짝 놀라 숨을 헐떡인다. 미국 사람이다. 그리고는 미군 병사 세 명이 누더기가 된 군복을 입고 덤불 사이에 누워서 숨어 있다는 사실을 알게 된다. 그들은 굶주려서인지 뼈만 남은 듯한 모습이다. 그들은 어쩌다가 부대에서 이탈하여 길을 잃은 상태며, 밤에만 이동해야 한다. 그들에게는 그 중 한 명이 들고 있는 큰 막대기를 제외하고는 무기가 없다.

그들은 처음에는 발각되어 겁에 질린 듯하다. 하지만 한 명이 재빨리 수통을 내민다. 그는 약한 목소리로 "물"이라고 중얼거린다. 경희는 거의 아무 생각 없이 서둘러 집으로 돌아간다. 그녀는 물 한 그릇과 삶은 고구마 한 접시를 들고 돌아왔다.

굶주린 병사들은 고구마를 게걸스레 먹어치우고 물을 수통에 붓는다. "고맙습니다, 고맙습니다." 그들은 반복해서 감사 인사를 한다. 그리고는 한 병사가 동쪽을 가리키며 묻는다. "대구? 대구?" 그들이 놀랍게도, 농민 복장을 한 이 젊은 여성—사실은 잘 교육받은 도시 여성—이 영어로 대답하며 동쪽으로 가는 가장 좋은 길을 알려주고 그 지역에 북한군이 있다고 경고한다. 젊은 미군들은 재빨리 떠난다. 한 명은 믿기지 않는다는 듯 뒤돌아 그녀를 보고 손을 흔들며 작별인사를 한다.

그들이 멀리 가기도 전에 비명 소리가 정적을 깨뜨린다. 그곳에 도착한 어머니와 이웃집 아주머니가 북한군 두 명이 그 미군들을 향해 달려가는 것을 발견한다. 그들은 순식간에 미군들에게 다가가서 소총으로 손을 들라는 신호를 보낸다. 북한군들이 얼마나 화가 나고 긴장한 표정을 짓고 있는지를 본 경희는 그들이 곧 포로들을 쏠 거라고 확신한다. 하지만 북한군 한 명이 수풀 속에서 나는 작은 소리를 살펴보러 —경희는 작은 짐승이라고 생각한다— 살금살금 걸으며 수풀 속으로 멀어져갈 때, 미군 한 명이 순식간에 자신이 들고 있는 무거운 몽둥이를 휘두르며 거기에 남아 있던 북한군의 머리를 내려친다. 그는 쓰러지고, 미군 병사들은 쏜살같이 달려 우거진 수풀 속으로 사라진다.

다시 길로 나온 북한군은 지원을 요청한다. 하지만 뒤늦은 미군 수색은 소용이 없었다. 땅에 쓰러진 북한군은 내내 움직이지 않는다. 죽은 것이다. 그는 들것에 실려 나간다. 지금 현장에는 마을 사람들이 모여 있고, 경희는 삼촌의 집으로 피했다. 사람들은 서울에서 온 젊은 피난민 여성이 어떻게든 연루되었다고 수군거리기 시작한다.

1950년 7월 말 어느 날

앨런 위닝턴이 비현실적이고 악몽 같은 광경의 한가운데로 걸어 들어왔다. 그는 헐거운 흙으로 된 긴 구덩이들 사이로 난 가늘고 단단한 길을 천천히 따라간다. 밀랍 같이 창백하고 썩어가고 있는 손과 다리, 두개골이 지면 위로 튀어나와 있다. 죽음의 악취가 그의 목구멍 깊숙이 파고든다.

미 공군의 총탄을 피해 서울에서 남하하는 험난한 여정 끝에, 영국인 기자와 그의 한국인 호위병들은 연기가 자욱한 폐허가 된 도시 대전에 도착했다. 대전은 북한군 보급로의 교차로로서 여전히 미군의 폭격을 매일 받고 있다.

그는 도시 외곽에서 발생한 "매우 큰 학살"에 대한 보고를 들었다. 그는 이제 대전에서 남동쪽으로 8킬로미터 떨어진 산내 골짜기 및 낭월리에 도착했다.[5] 거기 주민들은 북한군이 대전을 점령하기 전인 7월 초순에, 그리고 7월 중순에 또 한 차례, 한국 경찰이 그들에게 구덩이를 파게 했다고 말한다. 경찰은 트럭에 수감자들을 가득 싣고 현장으로 데려와 구덩이 가장자리를 따라 눕히고는 머리에 총을 쏜 다음 시체를 구덩이, 즉 집단 매장지 속으로 떨어뜨렸다. 그런 다음 경찰은 죽었거나 죽어가고 있는 그 사람들을 흙으로 얇게 덮으라고 마을 주민들에게 명령했다. 그때의 주민들은 남한의 좌익 사범, 북한에 동조한 것으로 추정되는 사람, 불운한 경범죄자 등 7,000명의 남성과 여성이 살해된 것으로 추산하고 있다.[6]

사형 집행자들은 미군이 제공한 M-1 소총과 카빈총, 미군 탄약을 사용했다. 마을 주민들은 지프차를 탄 미군 장교들이 대학살이 벌어지는 동안 옆에 서 있었다고 말한다. 그들은 트럭이 미군의 것이었으며 때로는 미군이 운전했다고 말한다. 골짜기를 따라 좁은 길을 걸으며, 위닝턴이 비에 씻겨 내려간 땅의 갈라진 틈을 들여다본다. 분간할 수 없는 썩어가는 살덩어리들, 총알에 맞아 구멍이 난 사람의 머리들, 철사로 묶인 사람의 손목들이 보인다. 그는 여섯 개의 구덩이를 걸음짐작으로 재어본다. 길이가 25미터에서 180미터 정도다. 그는 사진을 찍는다. 그는 미국산 탄창들을 수집한다.

---

5 대전 산내 골령골

6 대전형무소 학살 사건

7월

그는 미군들이 서 있었다고 들은 곳에서 럭키 스트라이크 담배 빈 갑들을 줍는다.

마침내 위닝턴 일행이 철수한다. 충격에 아무 말도 하지 않는다. 위닝턴은 자신의 호위병 박봉민이 한 현지 여성과 함께 앉아 있는 것을 본다. 골짜기 어딘가에 그녀의 아들의 유해가 묻혀 있다 한다. 둘 다 울고 있다. 그 때, 최태룡이 위닝턴에게 박봉민의 아내가 대전형무소에 수감된 정치범 중 한 명이었다고 말하자 위닝턴이 집단 매장지를 향해 고개를 끄덕인다.

위닝턴이 서울, 평양, 베이징을 거쳐 런던의 공산당 기관지 데일리 워커에 보고서를 제출한다. 8월 9일자 데일리 워커는 "한국의 미국판 벨젠"이라는 1면 헤드라인 밑에 이런 글이 실렸다. "미군들이 여성들을 죽음의 구덩이로 몰아넣었다." 그는 수천 명의 정치범들이 "미군 장교들의 감독 하에" 한국의 경찰에 의해 "끔찍하게 도살"되었다고 쓰며, 자기가 본 그 장면을 5년 전 종전된 2차세계대전 때 나치가 설치한 벨젠 강제 수용소와 부헨발트 강제 수용소에 비유하고 있다.[62]

런던 주재 미국 대사관이 위닝턴이 발표한 보고서를 "잔혹한 조작"이라고 즉각 비난한다.[63] 워싱턴의 애치슨 국무장관은 주한 미국 대사 무치오에게 "가능한 한 전면 부인"을 요청하고, 무치오는 이승만 정부로부터 이를 이끌어낸다.[64] 그러나 미군 장교들은 위닝턴의 보고서가 사실임을 알고 있다.

대량 학살 현장에 있던 한 미군 소령이 학살 과정을 담은 섬뜩한 사진 18장을 찍었는데, 주한 미국 대사관의 육군무관 밥 에드워즈Bob Edwards 중령이 그 18장의 사진을 제8군과 도쿄 사령부, 미 국방부 육군 정보국에 보낸다. 그곳에서 그 사진들은 "기밀"로 분류, 은폐되어 있다.

에드워즈는 첨부된 메모에 "서울 함락 후 몇 주 안에 수천 명의 정치범들이 처형되었으며, 이것은 진격하는 적군에 의해 그들이 석방될 가능성이 있기에 이를 막기 위한 것으로 보인다"고 보고한다. 그는 "최전방 지역의 마을들에만 국한된 것이 아니기 때문에, 처형 명령은 의심할 여지 없이 최고위층에서 내려진 것"이라고 결론짓고 있다.

7월 초, 워싱턴의 CIA와 미 육군 정보국은 대전과 수원에서 대규모 정치범 처형에 대한 보고를 간결하게 언급하는 기밀 메모를 배포했지만, 미군의 존재나 미군의 감독에 대해서는 한 마디도 언급하지 않았다. 8월 중순에 미군 사령부 내에서 번역되어 배포된 북한군 문서에 따르면, 12개 도시에서 남한 사람들에 의해 사살된 수감자는 11,000명 이상이다.[65]

저것은 희생자 수를 실제보다 매우 적게 계산한 것이다. 위닝턴은 데일리 워커에 기고한 글에서 20만 명에서 40만 명이 처형됐다고 자신 있게 말하고 있다. 마침내, 공식 조사관들의 추정치가 발표된다. 그 발표에 따르면, 전쟁 초기 몇 주 동안 이승만 정부에 의해 처형된 희생자 수는 10만 내지 30만 명이다.[66]

전쟁이 시작되자마자 "당시 이승만 정부의 감옥에 있던 모든 정치범들을 조직적이고 신체적으로 몰살시키라는 명령이 내려졌다"고 위닝턴이 기록하고 있다. 전쟁 전의 수감자 수는 전쟁 발발 후 늘어났다. 남한 내 좌파 동조자로 추정되는 사람들을 지속적으로 파악하기 위한 "재교육" 조직인 국민보도연맹의 연맹원들을 검거했기 때문이다. 집단 처형에 대한 미군의 역할과 책임의 범위는 여전히 불분명하다.

중부 지방의 습하고 무더운 어느 날, 위닝턴과 그의 호위병들은 낭월에서의 미군의 존재에 대한 메모와 사진, 증거를 수집한 후, 폭격으로 폐허가 된 대전에서 3.2킬로미터가량 떨어진 곳에 있는 버려진 큰 집으로 돌아간다. 부유한 집주인은 남쪽으로 피신하고 없다. 두 대의 지프차를 위장하고 숨겨둔 뒤, 그들은 이 시골의 은신처가 사냥감을 찾으러 다니는 항공기들로부터 자신들을 안전하게 지켜주기를 바란다. 부재중인 주인의 과수원으로부터 복숭아와 천도복숭아의 달콤한 향기가 풍겨 온다. 하지만 앨런 위닝턴은 며칠 동안 입안에서 죽음의 악취를 느낀다.

8월

1950년 8월 1일, 화요일

미군 비행기 굉음이 들릴 때마다, 열여섯 살의 신형규와 그의 삼촌은 겁에 질려 그들이 입고 있는 흰옷을 가릴 수 있기를 간절히 바라며 가장 가까운 수풀 속으로 몸을 던진다. 지금까지 그들은 살아남았다. 많은 이들은 살아남지 못했다.

나흘 전, 거창 외곽에서 어머니와 눈물을 흘리며 헤어질 때, 구금되어 있는 아버지가 쇠약해진 모습은 본 신형규는 어머니와 동생들이 반드시 전통적인 흰옷을 입어야 한다고 어머니에게 말했다. 그래야 그들이 북한군이 아니라 민간인임을 미군 비행기 조종사들이 알 수 있게 될 것이기 때문이었다. 형규는 그때 참 순진했었다는 생각이 든다. 비행기들은 모든 사람들을 다 공격한다. 북한 침략군에게 따라 잡히지 않도록 애쓰며, 삼촌과 함께 한반도의 최남단 지역을 이동하면서 형규는 미군 공습의 희생자들을 목격했다.

로저스 대령이 7월 25일자 메모에서 보고했듯이, 미 육군은 미군 비행기 조종사들에게 남쪽으로 향하는 피난민 행렬을 공격해줄 것을 요청했다.[1]

일부 조종사들은 임무 후 기밀 보고서에서 공중 관제사가 "흰옷을 입은 사람들"을 공격하라는 지시를 하고 있다고 말한다.[2] 오늘만 해도, 전투를 피해 강둑에 피신해 있던 수백 명의 마을 주민들을 미군이 공습하여 60명이 목숨을 잃었다. 고등학생 형규가 지난 달 거창에 있는 집으로 돌아가기 위해 먼 길을 걸어야 하는 힘든 여정을 시작했던 진주에서 가까운 조장리에서 발생한 일이다.[3]

형규는 적어도 어머니와 다섯 명의 동생들이 길 위에 나와 있는 것보다는 거창 남쪽에 있는 임시 거처에 있는 것이 더 안전하다고 생각한다. 형규의 어머니에게 거창을 떠나야 한다는, 수감되어 죽음을 앞둔 남편을 떠나야 한다는 것은 너무나 고통스러운 결정이었다. 전형적인 한국인 부부로서 자식들 앞에서는 애정을 드러내지 않았지만, 20년 가까운 힘든 결혼 생활 동안 아홉 명의 자녀를 키우며 고생한 어머니와 아버지가 서로에게 헌신적이라는 것을 형규는 알고 있었다. 부유한 집안 출신인 어머니는 지금 형규의 아버지인 가난한 청년과 결혼했다. 그가 훌륭한 가문의 자제라는 중매쟁이의 말을 그녀의 부모님이 그가 부유한 집안의 아들이라고 오해를 했기 때문이다. 그가 할 수 있는 최선은 지금도 맡고 있는 저임금의 지방 공무원 자리였다. 돈이 부족하거나 그들이 소유하고 있는 작은 농지의 쌀과 보리 수확량이 부족할 때면, 그녀는 가꾸고 있던 텃밭과 기발한 재주를 이용하여 상 위에 음식을 올려 놓았다.

아이들은 자라면서 다른 사람들을 잘 웃게 만들고 이야기 들려주는 것도 잘 하는 어머니를 사랑했다. 특히 형규는 언제나 조그마한 체구의 어머니가 수확일 하는 사람들이 먹을 음식을 머리에 이고, 등에는 아기를 업고 수 킬로미터나 떨어진 농지로 걸어가는 모습을 생각하며 애착을 갖게 되었다.

4일 전, 전쟁 때문에 가족이 갈라지게 되는 날이 왔다. 십 대 소년인 아들과 함께 어머니는 경찰에 의해 감금된 남편을 포함한 거창의 "좌파"로 추정되는 사람들이 피할 수 없는 처형을 기다리고 있는 임시 수용소 밖에서 매일 밤을 새며 서 있었다. 그들은 적어도 남편과 대화를 나눌 수 있기를 바랐지만 소용없었다. 이제 전쟁은 거창 바로 앞까지 와 있다.

마을 밖에서 기관총 소리가 들렸다. 대전에서 미 제24보병사단을 퇴각시킨 북한군 제4사단은 아무 저항도 받지 않고 빠르게 경상남도로 내려왔고, 그곳에 미 제24사단의 제34보병연대는 심한 공격을 받은 상태로 서둘러 허술한 방어선을 구축했다.[4]

상심에 빠진 형규의 어머니는 이제 그만하기로 마음먹었다. 뱃속에 있는 아기를 포함한 아이들의 안전을 위해서였다. 그녀는 임신 7개월이었다. 그들은 도망쳐야만 한다. 그들은 식량을 포함해서 들고 갈 수 있는 모든 것을 싸서 남쪽으로 향하는 피난민 행렬에 합류했다. 큰 아이들은 어린 동생을 등에 업었습니다. 형규의 삼촌도 동행했다.

어머니는 알고 있던 폐광이 안전한 피신처로 생각되어 아이들을 그곳으로 데려갔다. 하지만 삼촌은 북한군이 십 대 청소년들을 군대에 강제입대시키기 때문에 형규는 더 먼 곳으로 떠나야 한다고 말했다. 삼촌은 자기가 형규를 남쪽으로 32킬로미터 더 내려간 곳에 있는 삼촌 집으로 데려가겠다고 했다. 한참을 불안해하며 고민한 끝에 어머니는 마음을 돌렸다. 한국에서는 장남의 생존이 그 가족의 미래를 보장하는데, 장남이자 서울의 대학생인 형규의 운명이 앞으로 어떻게 될지 알 수가 없었다.

그날 오후 2시경, 삼촌과 조카는 눈물의 작별인사를 나눈 후 출발했다. 형규는 마지막으로 어머니를 최대한 오래 보기 위해 발을 헛디디며 뒷걸음으로 걸어갔고, 어머니는 길가에 서서 두 손을 흔들며 아들이 휘어지는 길을 돌아 사라지는 모습을 바라보았다. 나흘이 지난 오늘, 형규와 삼촌은 상상했던 것보다 더 위험한 상황에 직면한다. 피난길에 오른 지 이틀째 되던 날, 그 둘은 다른 사람들을 통해 거창이 북괴군에게 함락되었다는 소식을 듣게 되었다. 삼촌의 고향인 산청으로 이어진 길에서 형규와 삼촌은 남한 헌병에 의해 되돌려보내졌다. 북한군이 산청도 점령했다고 한다.

형규와 삼촌은 동쪽으로 방향을 틀어 129킬로미터 떨어진 부산으로 향할 수밖에 없었다. 한반도 남쪽 끝에 위치한 항구 도시인 부산은 전쟁으로 인해 수많은 피난민들이 모여드는 곳이 되어 있었다. 때때로 진격하는 북한 침략군들이 두 사람보다 앞서가기도 하고, 북한군 전차들이 도로를 따라 밀고 내려오면, 두 사람과 다른 피난민들은 산비탈에 숨은 뒤 논둑이나 좁은 숲속길 같은 험한 곳을 걸어서 이동하며, 풀이 우거진 안전한 곳을 찾아 밤을 보냈다.

미군 전투기들이 주기적으로 출격해 기총사격을 가한다. 형규는 도로변에서 시신들과 갓 만들어진 무덤들을 목격한다. 기총사격의 희생자들뿐만 아니라, 32도를 오르내리는 무더위와 식량이 부족해지는 경우도 자주 발생하는 가혹한 피난길을 견디지 못한 노약자들의 것이다.

죽음이 공중에서만 오는 것은 아니다. 형규와 삼촌의 위치에서 먼 북쪽에 천연의 방어선인 낙동강이 있으며, 그 후방에 미군이 부산 방어선Pusan Perimeter defenses을 구축하고 있다. 그러나 미군 공병들은 고향에서 쫓겨난 수많은 피난민들이 건너고 있는 낙동강의 큰 다리 두 개를 폭파한다. 수백 명이 사망한다. 그중 대부분이 여성과 어린이들이며, 이들의 죽음은 미군 보고서에 기록되지도 않는다.[5] 수심이 얕은 곳을 통해 건너려는 피난민들도 있다. 하지만 한 육군 대령이 "강을 건너오는 피난민들을 모두 사살하라"[6]고 명령한다. 참호 속의 기관총 사수들이 이 명령에 따른다. 수많은 시신이 강물에 떠내려온다.

부산에 도착하려면 북한군을 피해 한반도를 가로지르며 힘들게 2주를 더 가야 한다. 전쟁으로 인해 혼잡해지고 무질서해졌으며 사람들의 신경도 예민해진 부산 어딘가에 형규와 삼촌의 친척들이 있을 것이다.

1950년 8월 2일, 수요일

푸젯 사운드의 상쾌한 어느 날, 타코마 항에서 수백 명의 전차 승무원

낙동강 뒤에 형성된 최후의 방어선 남쪽 끝자락에서 미군 병력이 이동하는 모습이 목격된다. 소위 부산 경계선이라는 이 낙동강 방어선을 따라, 1950년 여름 내내 소대원들이 죽거나 불구가 되는 모습을 버디 웬젤이 목격한다. "도대체 우리가 왜 여기 있는 거지?"라고 그는 생각한다. (AP통신 제공)

과 헌병, 통신병, 제2보병사단에서 차출된 지원 병력 등을 태운 군용 수송선 USS 제너럴 미첼General Mitchell 호가 출항하여 한국으로 향한다.[7] 침상이 가득한 "유색인종" 병사들을 위한 숙소에서 클래런스 애덤스는 전쟁터로 가기 위해 태평양을 횡단하는 항해 기간 동안 지낼 준비를 하고 있다.

포트 루이스에서 멤피스의 집으로 마지막으로 전화를 건 스무 살의 일등병은 어머니를 안심시켰다. "엄마, 저는 북한군과 싸우러 한국으로 갑니다. 하지만 제 걱정은 하지 마세요." 그는 만약 살아남는 사람이 있다면 "그건 바로 저일 거예요"라고 어머니에게 말했다. 제대까지 얼마 남지 않았던 그는 한국의 비상사태에 발목 잡혀 복무 기간이 1년 연장되었다. 그의 현재

1950년 9월, 미 제2보병사단 병력이 낙동강 방어선을 따라 진지를 구축한다. 9월 말의 방어선 "돌파"로 인해 북한군 사단은 당황하게 된다. 젊은 북한군 총참모장 대행 유성철은 북쪽으로 후퇴 명령을 내리면서 부하들로부터 눈물을 감춰야만 한다. (미 육군 제공)

지위는 제2보병사단 내 보직을 기다리는 미배치 대체병이다. 거의 3년 동안 인종이 분리된 미 육군 흑인 부대에서 복무했음에도, 그는 여전히 군복을 입고 백인 장교들의 지휘를 받게 될 것이다. 그는 여전히 백인 병사 식당에 출입 금지일 것이고 이등병 취급을 받게 될 것이다. 그리고 프로 복서로서의 꿈도 미뤄두어야 한다. 어쨌든 그는 지금 전쟁터로 향하고 있다.

제너럴 미첼 호에 타고 있는 애덤스를 비롯한 병사들은 제일 마지막으로 부산항에 입항하게 될 사단 병력에 속한다. 7월 중순에 도착하기 시작한 선발 보병 대대들은 적들의 강한 압박으로 부산 방어선 뒤로 후퇴하고 있는 제24보병사단, 제25보병사단, 제1기병사단을 지원하기 위해 최전방으

8월

로 향하고 있다.

저 미군 사단들은 대체적으로 낙동강을 따라, 남북으로 137킬로미터에 이르는 부산 방어선의 서쪽 전선을, 한국군 사단들은 동해까지 동쪽으로 97킬로미터에 이르는 북부 전선을 사수하고 있다.

방어선을 사수하고 있는 미군과 한국군은 지원이 절실하다. 전쟁이 시작된 이래 미군은 6,000명의 사상자를 냈고 그 중 2,000명이 사망했으며, 한국군은 자그마치 70,000명이 사망 혹은 부상당하거나 실종되었다. 그러나 북한도 비슷한 손실을 입은 것으로 추정되며, 침공의 선봉이었던 150대의 T-34 탱크 중 40여 대를 제외하고는 모두 잃었다.[8] 앞으로의 전투가 결정적일 것이다.

1950년 8월 5일, 토요일

대전에서 승리한 조선인민군 제4사단은 낙동강 서안에 진지를 구축하며 미군을 바다로 몰아넣기 위한 최후의 전투를 준비하고 있다. "이 거인은 속이 비어 있소." 자신에 찬 한 지휘관이 영국에서 온 동지에게 말한다. 앨런 위닝턴은 통역관 최태룡 및 인민군 호위병들과 함께 최전방에 도착했다. 그들은 한낮의 미군 공습을 피해, 사람을 무기력하게 만드는 한국의 한여름 무더위를 뚫고 밤에만 차를 몰았다. 런던에 보낸 기사 원고에서 위닝턴이 데일리 워커 독자들에게 미군과 한국군이 "지고 있는" 이유를 설명한다. 그는 우선 "한국 국민 전체"가 그들을 반대하고 있다는 점을 지적한다. 그리고 그들이 "중대한 군사적 실수"를 저질렀다고도 말하면서 미군이 "기계에 의존할 수밖에 없는 무력함과 국민에 대한 두려움으로 인해 고속도로 위 또는 그 근처에 계속 머물러 있다"는 한 북한군 고위 장교의 말을 인용한다. 그렇기 때문에 공격하는 인민군이 그들을 반복적으로 포위할 수 있으니, "그들은 손을 들고 항복하는 것 외에는 아무것도 할 수 없다."[9]

위닝턴이 달빛 아래 산비탈에서 밤을 지새우며 몇 시간 동안 조선인민군의 공급망이 작동하는 모습을 관찰한다. 그는 박격포탄을 실은 소달구지를 민간인 남성 4명이 인도하며 좁은 길을 따라 땅이 울퉁불퉁한 곳을 통과하는 모습도 보고, 흰옷을 입은 사람들이 식량을 들고 줄지어 남쪽으로 이동하는 모습도 본다. 그들은 북쪽 사람들이기도 하고 남쪽 사람들이기도 하다. 그는 조선인민군이 전진하면 토지 개혁에 따른 농민들의 진보도 보호된다는 누군가의 말을 인용한다. 그는 "땅거미가 내리는 순간부터 태양이 길에서 그림자를 몰아낼 때까지 농촌 지역 전체가 남북으로 움직이기 시작한다."고 보도한다.[10]

그러나 이 모든 낙관적인 보도에도 불구하고, 위닝턴은 북한군이 무리하고 있다는 것을 감지한다. 그는 수행원들과 함께 후방에 있는 안락한 폐가에서 묵으면서 대구 전선으로부터 들려오는 포격 소리를 듣고 있다. 최태룡은 대구가 곧 함락되기를 기대하고 있다. 얇고 긴 취약한 보급선과 지원군으로는 이 공세를 오랫동안 버틸 수는 없다는 걱정을 위닝턴은 당분간 다른 사람들에게는 말하지 않기로 한다.

미국 정보당국은 북한이 칭송하던 인민군 제4사단의 병력이 11,000명에서 7,000명으로 감소했고, 30문의 대포도 6문으로 줄었다고 판단한다.[11] 한편 더 많은 미군이 상륙해 방어선을 구축하고 있다.

«‹‹

미군 병사 실종 사건으로 인해 중바위골 마을은 의심의 대상이 되었다. 전진하던 북한군은 외딴 마을 중바위골을 찾아가 식량과 기타 물품을 압수한 채, 정치적인 설교를 하고 점령 당국에 협조하지 않을 경우에 대해 경고한다. 배우지는 못했지만 자만심은 가득 찬 돌이라는 마을 청년이 안경희를 특별한 목표로 삼았다. 그는 북쪽 사람들의 "대의"에 동조하여 민청, 즉 조선민주청년동맹에 가입하고, 여러 마을 사람들의 배경에 대해 알려준다. 그리고 그는 안씨 가족이 피난하고 있는 안경희 어머니의 친척집 주변에서 빈둥거리며 많은 시간을 보낸다.

돌이가 이 예쁘고 젊은 여성에게 호감을 얻고 싶어 하는 것은 분명하다. 하지만 어느 날 그는 대문 앞에서 큰 소리로 "여자 동무"를 부르며 좀더 거칠게 접근하려 한다. 경희가 나타나자 그는 경희를 깜짝 놀라게 한다. "얼마 전 어떤 미군 병사들에게 음식과 물을 줬다고 들었소." 그가 말한다. "그게 사실이오?" 경희는 침착함을 유지하려고 노력한다. "네, 맞아요." 그녀가 말한다. "굶주린 사람들에게 먹을 것을 주는 게 무슨 잘못입니까?"

돌이는 언성을 높이며 "인민재판"을 받아야 마땅한 범죄를 저질렀다고 비난한다. 그는 이제 그녀의 운명이 자신의 손에 달려 있다고 말한다. 그러고는 한 번 기회를 주겠다, 도와주겠다, 해가 가지 않도록 보고하겠다며 부드럽게 말을 바꾼다. 그는 웃으며 떠난다.

돌이가 계속 찾아온다. 집을 "점검"하기도 하고 때로는 안씨 가족이 남쪽으로 내려올 때 가져온 작은 물건을 들고 갈 때도 있다. 돌이는 남기태라는 강경해 보이는 북한군 장교와 한묵이라는 젊은 남자, 민간인이지만 경희가 북한의 보위부 소속으로 추정하는 인물 중 한 명과 동행하기도 한다. 찾아온 남자들은 경희와 어머니에게 그녀들의 출신 배경에 대해 질문한다. 그들은 경희의 아버지가 현재 부산으로 피난 온 남한의 대표적인 신문 편집자라는 사실과 경희가 대학생이라는 사실, 그리고 그 가족이 서울에서 사회적으로 잘 알려져 있었다는 사실을 숨기는 모호한 답변만 들을 뿐이다. 하지만 남자들은 전쟁 중에 매력적이고 신비로운 젊은 여성과 함께 그냥 시간을 보내는 것에도 흥미를 느끼는 것 같다.

특히 한묵은 안씨 가족이 있는 곳에 혼자서 찾아오기 시작한다. 사교적인 목적으로 보이는 방문을 통해 대화를 나누며, 쉽게 느낄 수 있는 그의 매력과 점령군 치하 생활에 도움이 될 만한 이야기들로 경희 어머니의 마음을 사로잡기 시작한다. 딸은 어머니에게 너무 믿지 말라고 경고한다. 어쨌든 그는 공산주의자라고 딸이 말한다.

1950년 8월 7일, 월요일

남쪽으로 힘들게 야간 이동한 끝에 리인모는 마침내 진주 전선에 있는 자신이 배치된 조선인민군 6사단에 도착했다. 부산에서 서쪽으로 80킬로미터 떨어진 곳이다. 새로 임명된 종군기자 리인모는 후방에서 형성되고 있는 "새로운 사회"를 취재하는 것을 최우선 과제로 삼고 있다. 불에 탄 마을, 썩어가는 동물 사체, 폭격으로 인한 구덩이 속에서도 한반도 최남단의 농민들은 여전히 뜨거운 여름 햇볕 아래 젖은 논에서 잡초를 뽑고 비료를 주며 일하고 있다.

리인모는 조선중앙통신사로 보낸 보고서에서 오랫동안 소작농으로 일했던 농부들이 점령군의 토지 개혁 하에 지주들로부터 압수한 농지를 자신의 소유로 받은 것에 대해 감사하고 있다고 말한다. 그는 "해방된 지역에서 수행된 가장 중요한 사업"이라고 보고한다. 그러나 북한 점령군은 한반도의 농업 중심지인 이곳에서 신중한 초기 접근 방식을 취하고 있다. 한 가지 예를 들자면, 북한의 1946년 토지 개혁에 따른 5정보 상한제와 달리 20정보(0.202제곱킬로미터)를 초과하는 토지를 보유하지 않는 한 지주들은 토지를 몰수당하지 않고 있다.[12]

그의 낙관적인 보고는 노동당 충성파에게서 예상할 수 있는 것이다. 그러나 다른 사람들은 더 솔직한 평가를 내린다. 평양 주재 소련 대사 테렌티 쉬티코프는 모스크바로 보낸 전보에서 점령 지역에서 식량 부족이 "가장 심각한 문제"가 되었다고 보고한다. 그는 "남쪽에는 비축된 식량이 없는 것으로 밝혀졌다."고 언급한다. 한편, 쉬티코프는 북한의 도시들에 대한 미국의 공습이 "북한 사람들의 사기에 심각한 영향을 미치고 있다"며, 많은 북한 사람들이 "소련과 중국의 무력 지원 없이는 미국을 상대로 버틸 수 없을 것"[13]이라고 우려하고 있다고 보고한다.

남한에서, 북한 사람들은 미군 비행기 조종사들을 '머저리'라고 부른다. 그들이 민간인을 공격하고 잘 위장된 조선인민군 부대를 놓치는 경우가 많기 때문이다.[14] 그러나 바로 이날 시작된 미국의 첫 대규모 반격인 지상 작전에서, 미국의 공군력이 차이를 만들어낸다.

아침 안개 속에서 제25보병사단과 새로 도착한 제5연대전투단 및 제5해병연대로 구성된 미 육군-해병대 합동 태스크 포스가 부산 방어선을 돌파하기 위해 독자적으로 공세를 개시한 조선인민군 제6사단에 대응하고자 방어선 밖으로 이동한다. 제6사단은 리인모가 소속된 곳이다. 두 부대는 남해안 인근의 내륙 지역인 진주의 동쪽에 위치한 높이 300미터 고지들 사이에서 충돌하여 며칠 동안 계속될 전투를 시작한다. 고지를 잃었다가 되찾았다가 또다시 잃는다. 섭씨 38도 이상의 무더위 속에서 적의 공격으로 쓰러진 만큼이나 열사병으로 쓰러진 전투원들이 많다.

북한군은 고지를 사수하고 있는 미군을 몰아내려고 하지만 미 해병의 콜세어Corsair 전폭기가 조선인민군 병력을 로켓 발사를 포함한 기총소사로 거듭 저지한다. 전투는 교착 상태로 끝났지만, 미군은 부산을 향한 북한군의 위협적인 돌격을 둔화시켰다.[15]

한편 리인모는 어느 날 6사단 사령부를 떠나면서 적의 공군과 직접 마주친다. 그가 남강을 가로지르는 다리를 향해 걸어가고 있을 때, 그 다리를 겨냥한 비행기 편대가 몰려온다. 그는 들판으로 뛰어 들어간다. 키가 크고 마른 북한의 종군기자는 그곳에서 자신의 방패로 쓸 수 있을 만큼 충분히 큰 철제 가마솥이 버려진 것을 발견한다. 땅을 뒤흔드는 폭발로 다리가 파괴되고, 비행기들은 날아간다. 리인모는 철제 방패를 뒤로 젖힌다. 그리고는 폭발로 인해 가마솥 내부에 발생한 반향으로 떨어져 나온 솥의 그을음을 머리부터 발끝까지 시커멓게 다 뒤집어썼음을 알게 된다. 강가에 앉아 몸과 옷을 씻으며 공습으로 인해 불타버린 인근의 집들을 바라보던 리인모는 갑자기 양키들, 그 머저리들에 대한 깊은 증오심에 사로잡힌다.

1950년 8월 8일, 화요일

오랜만에 옛 상관을 만난 매트 리지웨이는 감회가 새롭다. 30년 전, 젊은 리지웨이 대위는 제1차 세계대전의 영웅 더글러스 맥아더 준장이 당시 교장으로 있던 웨스트포인트 육군사관학교의 교수진으로 발령받았다. 그 곳 허드슨 강 상류에서 이 하급 장교는 맥아더의 지성과 군사적 통찰력을 높이 평가하고 그의 거대한 자아와 거만함을 견디는 법을 배웠었다.[16]

이제 본부의 합참의장은 리지웨이를 동료인 공군의 로리스 A. 노스타드 중장과 함께 도쿄로 보내 한국 상황과 극동 사령관의 요구 사항, 그리고 승전을 위한 그의 대담한 계획을 평가하도록 했다. 맥아더의 대담한 계획이란, 5년 전 태평양에서 그의 군대가 승리를 거두는 과정에서 여러 번 그랬던 것처럼 상륙작전으로 적의 후방을 공격하여 전쟁을 승리로 이끌겠다는 것이다.[17]

리지웨이와 노스타드가 지금 넓지만 갖춰진 건 많지 않은 맥아더의 집무실에 자리를 잡고 앉아 있다. 목재 패널로 된 그의 사무실은 원래 다이이치 보험사의 본사가 있던 건물에 설치된 극동 사령부의 6층에 있으며, 납작한 형태의 그 현대식 건물은 히로히토 천황의 황궁의 웅장한 해자와 외벽을 마주보고 있다.

맥아더는 녹색 덮개를 씌운 회전 의자에 앉아 2시간 반 넘게 전략적 상황과 요구 사항, 그리고 그의 야심찬 계획에 대해 설명했다.[18] 방문한 두 사람에게 맥아더는 북한이 그가 지금까지 마주한 어느 군대 못지 않게 강인한 군대를 전쟁에 내보냈지만 곧 그들의 병력, 장비, 보급은 한계에 도달할 것이라고 말한다. 그는 한국의 혹독한 겨울이 시작되기 전에, 그리고 중국이나 소련이 북한 편에 서서 전쟁에 개입하기 전에 결정적인 타격을 입혀야 한다고 말한다. 그는 서울의 서쪽에 있는 인천에 상륙하기 위한 정교한 작전 계획을 설명한다. 미 상륙군과 남쪽의 낙동강 방어선을 돌파하고 나오는 제8군의 협공으로 북한군을 고립시키기 위한 작전인 것이다.

리지웨이는 맥아더의 계획이 "훌륭한 박람회"라는 것을 알게 된다. 하지만 리지웨이가 신속한 조치를 취해야 하는 또 다른 이유가 있다. 그는 월요일에 한국에서 제8군 작전을 시찰하면서 근심이 더 커졌다. 지난주 미 서부 해안의 제2보병사단과 해병대, 하와이의 제5연대전투단이 도착했음에도 불구하고, 병력이 평소보다 3~4배나 더 확장된 전선을 사수하게 됨으로써 한미 방어선은 견고하게 유지되지 못하고 있다. 방어선의 대부분은 낙동강을 따라 흩어져 있는 고지들 위의 초소들이 이루고 있으며, 후방에는 유사시에 출동할 수 있는 예비 부대가 배치되어 있다.[19]

리지웨이와 노스타드 그리고 그의 참모들이 대구에 내리기 불과 몇 시간 전, 제8군 사령부가 있는 바로 그 도시에서 남서쪽으로 불과 48킬로미터 떨어진 곳에서, 북한군은 첫 낙동강 도하를 강행하여, 3.2킬로미터 간격으로 떨어져 있는 제24보병사단 예하중대들 사이로 침투했다. 이로써 앞으로 몇 주 동안 방어선을 오르내리며 치열하게 펼쳐지는 피비린내 나는 전투가 촉발되었다.

오늘, 도쿄에 있는 맥아더의 조용한 사무실에 앉아 있는 리지웨이는 이 노병의 설득력 있는 주장에 깊은 인상을 받았다. 국방부의 다른 많은 사람들과 마찬가지로 리지웨이도 극동 사령관의 추가 증원 요구로 인해 고민에 빠져 있다. 현재 미군은 2차 세계대전 당시보다 대폭 규모가 축소된 상태이며, 소련과의 팽팽한 냉전 대결 속에서 국내와 유럽에서의 임무 수행을 위해 전력을 다하고 있기 때문이다. 게다가 국방부의 장군들과 제독들은 맥아더의 인천상륙작전 계획이 지나치게 위험할지도 모른다고 생각하고 있다. 특히 해군은 인천 주변의 역동적인 조차潮差는 아주 위험하기 때문에 우려하고 있다. 썰물 때가 되면 순식간에 상륙함들이 광활한 갯벌에 좌초될 수 있기 때문이다. 그러나 맥아더는 인천 계획의 긴급한 필요성과 실현 가능성에 대한 강력한 근거를 제시해 참석자들을 설득하는 데 성공했다. 리지웨이는 훗날 "내가 가지고 있던 의구심은 대부분 해소되었다."고 회고한다. 집으로 돌아오는 비행기에서 리지웨이와 노스타드는 맥아더를 대신해 그가 요청한 지원병력과 인천 작전을 옹호하기로 합의했다.[20]

리지웨이 대표단이 워싱턴으로 떠난 지 이틀 후, 한국 헌병대는 여성 다수와 12~13세 소녀 한 명을 포함한 200~300명의 수감자들을 트럭에 태워 대구 북쪽 산협곡으로 데려가, 가장자리에 일렬로 세워놓고 머리에 총을 쏴 시신을 계곡에 떨어뜨렸다. 좌익으로 의심되는 사람들을 연행, 구금하는 이른바 예비 검속豫備檢束에 의한 대량 학살이 남한 전역에서 계속되고 있다.

마침 지나가던 미 헌병들이 현장을 목격하고 지휘계통을 통해 상부에 상세한 보고서를 제출한다. 보고서에는 다음과 같은 내용이 진술되어 있다. 한국군은 수감자들을 죽이기 전에 그들에게 "극도로 잔인한" 태도를 보였다. 조준이 제대로 되지 않아 일부는 즉시 죽지 않았다. "사형 집행이 완료된 지 약 세 시간이 지났을 때에도 사형집행을 당한 사람들 중 일부는 여전히 살아서 신음하고 있었다. 협곡에 쌓인 시신 더미 어딘가에서 울부짖는 소리가 들렸다."

이 보고서는 대구의 워커 제8군 사령관에게 전달되었고, 그는 맥아더에게 이 사실을 알렸다. 7월 초부터 맥아더는 한국군을 공식적으로 지휘하고 있다. 하지만 그는 이 문제를 직접 다루지 않고, 이 사안을 주한 미국 외교관들에게 전달하라고 워커에게 지시한다. 학살은 계속된다.[21]

1950년 8월 중순 어느 날 저녁

새로 도착한 북한 사람들과 남한의 지역 좌파들이 섞여 있는 남한 점령 당국은 점령 지역을 북한의 이미지로 재구성하기 위해 빠르게 움직이고 있다. 소작농에게 토지를 재분배하는 것 외에도 십만 명 이상의 남한 주민을 군, 읍, 면 단위의 인민위원회 위원으로 선출하는 선거도 진행 중이다.[22] 그러나 남한을 점령한 새 정권은 잔인한 면도 지니고 있다.

한국의 남서쪽 끝에 위치한 푸르고 구릉성 지형의 섬 진도에서는 북한 점령군과 남한 좌파 동조자들이 예전 지방 정부 관리들을 포함한 수많은 "반동분자들"을 처형하기 시작했다.[23] 이쪽이 저쪽을 죽이고 또 저쪽이 이쪽을 죽이는 피비린내 나는 악순환이 반복되고 있다. 지난달에는 진도군에서 좌익으로 추정되는 500여 명이 남한 경찰의 손에 살해당하는 일이 발생했다. 전국적으로 자행되고 있는 국민보도연맹원 학살 사건 중 하나다.[24]

진도에서 80킬로미터 떨어진 중바위골이라는 작은 마을에 새로운 정치적 학살에 대한 확실하지 않은 이야기가 전해졌다. 안경희의 근심은 점점 깊어진다. 중바위골의 친척 집에 피신해 있는 자신과 어머니, 그리고 동생들이 서울의 유명한 집안 사람들이라는, 즉 반동분자들로 지목될지도 모르기 때문이다. 경희는 임시 거처 곳곳에 흩어져 있는 단서들, 특히 서울에서 탈출할 때 가져온 두꺼운 가족 사진첩 때문에 그들의 신분이 노출될까 봐 두렵다.

오늘 저녁, 경희가 큰 상자 맨 밑에 넣고 다른 물건들로 덮어서 숨겨 놓았던 사진첩을 꺼낸다. 서울에 있는 집이 너무 부유해 보이는 사진이나, 유명한 편집인이었던 아버지가 북한 침략군들보다 한 발 앞서 부산으로 피난하기 전에 시민 행사나 웅장한 신문사 사무실에서 찍은 사진 같은, 그들을 반동분자로 보이게 할 가능성이 높은 사진들은 없애야겠다고 그녀는 결심한다.

작은 방 바닥에 사진들을 펼쳐놓고 촛불을 비춰가며 사진을 세세히 들여다보며, 경희는 도시에서의 즐거웠던 그들의 삶, 그녀의 어린 시절, 그녀가 이화여대에서 예쁘고 인기 많은 학생으로 행복했던 시절 등을 떠올리며 추억에 잠긴다. 향수병과 우울함이 경희를 덮쳐온다. 그녀는 이런 기억들을 없앨 수 없다. 대신 사진들을 숨기기에 더 좋은 장소를 찾아야 한다. 젊은 경희의 마음이 과거의 추억에서 떠나지 못하고 있을 때, 문이 열린다. 희미한 불빛 속에서 최근 며칠 동안 그녀의 배경과 충성심에 대한 계속된 질문으로 그녀를 괴롭혔던 남기태가 문 앞에 서 있는 것이 보인다. 그가 방으로 들어온다. 사진을 발견하고는 재빨리 몇 장을 집어 든다. 그가 들어왔던 소문이나 품고 있었던 의혹이 그 사진들을 통해 사실로 확인된다.

"이 사람이 당신 아버지군." 남기태가 사진 한 장을 위협적으로 흔들며 말한다. "리승만 정권 하의 상당히 저명한 인사로 알고 있소."

경희는 겁에 질렸다. 그에게 위협을 느낀 나머지 식구들은 집 안쪽 구석으로 물러났다. 그는 경희에게 가까이 다가가 손가락으로 그녀의 턱을 들어 올리며 묻는다. "왜 그렇게 나를 냉담하게 대하시오?" 그는 자기가 "아마도 당신을 지켜줄 수 있는 유일한 남자일 것"이라고 말한다.

경희는 남기태를 쳐다보기만 할 뿐 아무것도 할 수 없다. 갑자기 그가 경희의 허리를 잡고 키스하려고 한다. 깜짝 놀란 경희가 벗어나려고 몸부림치다가, 둘 다 바닥에 쓰러지게 된다. 그는 경희의 한복 저고리를 벗기고 가슴을 움켜쥔다. 다른 한 손은 치마 속으로 그녀의 다리를 더듬으며 올라간다. 그녀가 비명을 지른다. 바로 그때, 문 앞쪽에서 손전등이 비친다. 깜짝 놀란 남기태가 위를 올려다보며 "누구야?"하고 소리친다. "남기태 동무, 나오시겠습니까?" 한 남자가 대답한다. 경희는 그 목소리를 알아차린다. 두 모녀와 친분이 있는 북한의 비밀경찰인 한묵이다.

남기태는 밖으로 나가고 경희는 일어나 옷매무새를 다시한다. 거친 속삭임이 들린다. 반쯤 열린 문을 통해 한묵이 남기태가 한 짓 때문에 그를 비난하고 있는 듯한 모습이 보인다. 남기태가 화난 듯이 걸으며 그곳을 떠난다. 경희는 충동적으로 한묵에게 달려가 그의 가슴에 기대어 흐느낀다. 한묵이 그녀를 위로하려 한다. 경희는 그녀와 가족에게 해를 끼칠 수 있는 사진들을 남기태가 가지고 갔다고 엉겁결에 털어놓는다. 밖으로 나온 어머니는 일어난 일에 대해 속상해하다가 사진에 대해 알게 되자 더욱 괴로워한다. 한묵의 기본적인 품위를 믿고 싶었던 어머니는 그에게 도와달라고 부탁한다. "알겠습니다." 한묵이 답한다.

〈〈〈

갑작스런 큰 소리가 그들을 깜짝 놀라게 한다. 심장이 멈춘 것 같다. 옆집에서 누군가 총을 쏜 것이다. 허원무는 거실로 달려가 마룻장을 들어 올린다. 그가 은신처로 들어가기 전, 누군가 " 당신 아들 어딨어?"하고 외치는 소리가 들린다.

북한 군인들이 징병을 위해 옆집을 급습하여 거기에 사는 청년을 찾고 있다. 열일곱 살의 허원무가 방금 전 그랬던 것처럼 그 청년도 이미 어딘가로 숨어버렸다. 원무는 자기 집, 즉 서울 순화동의 작은 도시 주택의 한가운데에 숨어 있다. 지하에 있어서 원무가 알아듣기는 어렵지만 더 많은 고함소리가 들린다. 이제 그들이 원무를 잡으러 올지도 모른다. 원무가 집에서 만든 칼을 들고 어둠 속에 웅크리고 있는 동안, 어머니와 세 누나, 남동생은 기다리는 수밖에 없다. 급박한 생각이 머릿속을 스쳐지나간다. 저항할까? 항복할까? 자살할까? 한 시간이 지난다. 아무 일도 일어나지 않는다. 허원무는 다시 올라와서 가족들과 만난다. 조선인민군이 서울에 입성하고 허원무가 고등학교 반친구들이 당한 집단 징집을 피한 후 몇 주 동안, 긴장감이 감도는 도시 전역의 젊은이들이 징집을 피해 친척집이나 시골집의 다락이나 다른 좁은 공간으로 숨어버렸다. 그럼에도 불구하고 북한군은 남한 전역에서 수만 명을 징집해 훈련도 거의 혹은 전혀 시키지 않고 피 흘리는 그들 병력을 채웠다.

원무와 한 친구는 우선 친구의 친척이 있는 어느 외딴 마을에 숨어보기로 했다. 그들은 밀짚모자를 쓴 시골 소년으로 변장하고 서울에서 출발했는데, 이것은 당시 공산군이 점령한 서울에서 갑자기 유행한 복장이었다. 또한 남성들은 양복 재킷을 숨겼고 젊은 여성들은 화장을 하지 않고 다녔다.[25]

원무와 친구는 걸으면서 군인과 민간인, 심지어 어린이의 시신들까지 매장되지 않은 채로 강변과 다리 밑에 쌓여 있는 끔찍한 광경을 보게 되었다.

1950년 9월 29일, 한 여성이 남산 전주의 집단 매장지에서 발견된 시신들 사이에서 남편의 시신을 발견한다. 후퇴하는 북한군과 지역 좌익 세력은 점령기 막바지에 수천 명의 남한 '반동분자'들을 살해했다. 소녀 장상은 서울에서 그들이 다니는 교회 근처에 가지 말라는 말을 듣는다. 교회는 시신들로 가득 차 있다. (미군 제공)

전쟁 때문에 사람이 어떻게 목숨을 헛되이 잃게 되는지 목격하게 된 것이었다. 악취가 그들을 토하게 만들었다. 이윽고 두 소년이 마을에 들어오니, 친척들은 징병 기피자들을 피신시키는 것에 대해 불안해했고, 둘은 위험을 무릅쓰고 서울로 돌아와야 했다.

서울에서 가게를 운영하는 원무의 어머니는 큰아들이 남쪽으로 도망쳤다는 이야기를 동네에 퍼뜨렸다. 그 동안에 원무는 바닥 밑에 은신처를 파기 시작했고, 결국 체구가 작은 원무가 들어가기에 충분한 183x152센티미터의 크기에 깊이 122센티미터의 공간이 만들어졌다. 매일 새벽마다, 원무의 어머니와 누이들은 파낸 흙을 작은 봉지에 담아 밖으로 운반했다. 이제 누군가 문을 두드리기만 해도 원무는 아지트로 달려가고, 시간을 벌기 위해 어머니와 열아홉 살의 누나는 천천히 대답한다.

학구적인 고등학교 3학년생인 원무는 문을 잠그고 직접 만든 크리스털 라디오로 남한 방송을 들으며 시간을 보낸다. 그는 일본어로 된 소설을 읽는다. 매 학년마다 "반장"으로 임명되는 그는 열한 살 때 서울 근교에 있는 허씨 집안 본가의 다락방에서 발견된, 화선지에 한문으로 인쇄되어 있으며 총 25권이나 되는 허씨 가문 족보를 샅샅이 훑어보았다. 그는 자신이 오래전 왕의 후손임을 알게 되면서 자신이 자랑스러워졌다. 그는 자신의 미래를 지키기로 결심한다. 어떤 농민 병사도 허원무를 전쟁에서 죽이지 못할 것이다.

그의 은신처는 미군 폭격기가 서울 상공에 출몰할 때 가족들의 피난처로도 사용된다. 공습은 끊임없이 계속되고, 마침내 조선인민군의 대남 보급망의 핵심 연결 고리인 한강 철교 서쪽 다리를 무너뜨리는 중요한 성공을 거두었다. 그러나 미군은 이후 북한군이 폭격기를 피해 낮에는 해체해서 은폐해두는 부교를 강에 설치해 놓은 것을 발견한다.[26]

1950년 8월 20일, 일요일

제7기병연대 군목이 낙동강 전선의 G중대 병사들을 위한 주일 예배를 마친 후, 제임스 하지스는 붉은 낙동강 진흙이 살짝 묻은 종이를 꺼내 플로리다에 있는 누나 화니타에게 편지를 쓴다. "오늘 이곳엔 모든 것이 조용해." 그는 오늘 밤 전초기지 근무를 할 예정이라며 "잠을 잘 수 없다는 뜻"이라고 말한다. 버디 웬젤의 도쿄 병영 동료인 열아홉 살의 "BAR 맨Browning automatic rifle. 브라우닝 자동소총" 하지스는 터키 크리크 침례교회의 목사에게 "조지George" 중대 병사들을 위한 기도를 부탁해 준 누나에게 고맙다는 말을 하며 편지를 마무리한다. "목사님께 기도에 감사드리며 이곳에서 하나님의 도움을 정말로 받을 수 있도록 계속 기도해 달라고 전해줘."

8월 12일, 북한 제10사단 병력 1천 명이 얕은 강을 건너 새벽녘에 제7기병연대 예하 중대 병력들을 후방에서 공격해, 3일간의 치열한 백병전을 촉발시켰다. 전투가 시작될 때, 무언가가 그들을 도왔다. 미 포병과 공군의 압도적인 화력으로 인해, 대구를 위협하며 공세를 펼치던 북한군은 마침내 후방으로 16킬로미터 밀려났다. 그 후 독수리들과 거대한 검은 파리 떼가 시체가 널려 있는 낙동강 저지대를 뒤덮었다. 부상으로 움직일 수 없는 북한군들을 찾아 사살하라는 장교들의 명령을 받은 제7기병연대 소속 분대원들도 그곳으로 내려갔다.

　미군의 사상자 수는 훨씬 적었지만, 발생한 모든 손실은 이미 과도하게 확장된 방어선을 더욱 약화시킨다. 조지 중대에서만 3일 동안 7명이 전사하고 27명이 부상당했다.[27] 전투병이 부족한 제8군단은 부상병들이 최소한의 전투력을 회복하는 즉시 전선에 재배치하고 있다. 웬젤도 그 중 한 명으로, 이제 그는 제7기병연대가 한국에 상륙했을 때 병력이 필요한 H중대로 파견되기 전 원래 소속되어 있던, 하지스가 있는 G중대로 돌아왔다.

　손 부상을 치료하기 위해 3주간 일본에 있는 육군 병원에서 지내고 있었던 버디 웬젤이 최전방의 상황이 비현실적이며 무시무시하다는 것을 알게 된다. 그는 무슨 소리만 나도 펄쩍 뛰었다. 그는 매일 밤 갈대가 우거진 강변의 외진 청음초聽音哨에 배치되어 두려움에 떤다. 죽거나 중상을 입은 동료들의 소식을 접하면서 그는 낙담하게 된다. 그리고는 의문을 품는다. "빌어먹을, 도대체 우리가 여기 왜 온 거야? 치안 활동이라고?" 그는 트루먼 대통령이 미국의 한국 개입을 설명하기 위해 사용한 용어를 반복하며 한국 파병의 이유에 대해 생각한다.

　전방에서의 생활은 비참해졌다. 기온은 38도를 오르내리고, 두꺼운 흙먼지에 무기의 구멍은 막히고 온몸이 뒤덮히며, 비 때문에 병사들은 흠뻑 젖는다. 식량이 제대로 보급되지 않는 일이 주기적으로 발생하여, 병사들은 때때로 기한이 지난 전투식량에 의존해야 한다. 병사들은 더 굶주리고 더 야위어간다. 정찰을 돌고 고지를 오르는 동안 병사들은 복장을 가볍게 하는 법을 터득했다. 전투복 셔츠와 바지, 강철 헬멧, 전투화, 그리고 수통, 구급대救急袋, 총검, 야전삽, 탄약 클립이 달린 웹 벨트만 착용하는 것이다.

조용한 날에는 병사들이 프라이드 치킨, 깨끗한 침대 시트, 여자에 대한 몽상을 한다. 어떤 이들은 군대 신문인 스타즈 앤 스트라이프스에 "미스 모랠Miss Morale"로 선정된 마릴린 먼로라는 장래가 촉망되는 무명 신인배우의 사진을 찢어 보관하기도 한다. 또 어떤 이들은 사망한 채 발견된 26명의 미군 병사들을 찍은 사진을 자신들의 헬멧 속에 넣어두었다. 그들은 303 고지에서 북한군들에게 잡혀서 두 손이 묶인 채 등 뒤에 총을 맞아 사망했던 것이다.[28]

"아시아인들"의 목숨에 위협이 될 만큼 혐오감이 날로 심각해지고 있다. 심지어 북한의 보복, 미국의 폭격, 굶주림 등을 피해 강을 건너 남한 편으로 오려는 절박한 남한의 민간인에게까지 증오가 확산되고 있다. 웬젤과 그의 동료들이 노근리에서 피난민을 사살한 지 한 달이 지난 지금, 제1기병사단장 게이 장군은 "모든 피난민을 사살하라"는 명령을 내린다.[29]

1950년 8월 하순 어느 날 오후

새벽 기습공격, 야간 매복, 부상자와 전사자의 비명소리 등, 낙동강 방어선의 전쟁은 서쪽으로 멀리 떨어진 전라남도의 한적한 숲속의 빈터에서 세 사람이 폭포 옆에서 도시락과 시원한 음료를 즐기는 모습과는 전혀 딴 세상처럼 느껴진다.

나들이를 나온 세 사람은 안경희와 그녀의 보호자 한묵 그리고, 그럴 리 없을 것 같지만, 남기태다. 이 인민군 점령군 장교는 그가 불과 며칠 전 성폭행한 젊은 여인과 함께 즐거운 시간을 보내고 있다. 나들이는 한묵이 준비했다. 그는 남기태가 압수한 가족 사진들을 되찾고 싶어하는 경희의 절박함을 알고 있었다. 그 사진들로 인해 경희 자신과 그녀의 사랑하는 가족이 인민의 부유한 적으로 몰려 박해를 받을 수도 있기 때문이었다. 한묵은 경희에게 자신을 믿고 "화해"를 위한 나들이에 동참해 달라고 부탁했다. 한묵은 경희를 괴롭혔던 남기태가 그녀에게 사진만 되돌려준다면 그녀가 기꺼이 그가 하자는 대로 할 것이라고 믿게 만들었고, 경희는 이런 사실을 모르고 있다.

중바위골 마을에서 계단식 기슭을 지나 숲을 통과하며 그들의 한적한 목적지까지 세 사람은 두 시간 동안 하이킹을 했다. 경희가 사과 주스를 조금씩 마시는 동안, 두 남자는 맥주를 마시고는 한국의 독한 쌀술인 소주를 마신다. 한묵은 계속해서 잔을 채운다. 두 사람이 농담을 주고받는 동안 경희는 한묵이 남기태 몰래 자기 술을 쏟아 버리고 있는 것을 알아차린다.

얼마 지나지 않아, 술에 잔뜩 취한 북한군이 경희에게 다가와 팔을 감싸 안는다. 경희가 몸을 움츠리는데, 한묵이 그녀에게 손짓을 하며 윙크를 하고는 "자, 즐깁시다!"하고 말한다. 자신과 어머니가 그를 북한의 비밀경찰로 생각하고 있음에도 불구하고, 이 젊은 민간인을 신뢰하고 있는 경희는 뭔가 의도가 있음을 감지한다.

경희는 남기태가 그녀를 안는 것을 허락하지만 키스를 하려는 그의 시도는 부드럽게 외면한다. 몇 분 후, 그는 몸이 점점 늘어지며, 거의 의식도 잃어간다. 그는 그녀를 놓아주고 기어가다가 나무 그늘에 누워 기절한다. 결국 한묵이 의식을 잃은 남기태에게 다가가 격렬하게 흔든다. 그는 깨어나지 않는다. "약이 효과가 있는 것 같다"고 한묵이 혼란스러워하는 경희에게 조용히 말한다. 그는 남기태의 술에 수면제를 넣었다고 설명한다.

그다음 한묵이 경희에게 한 말은 그녀를 충격에 빠뜨린다. 정신을 잃은 남기태를 근처 낭떠러지로 던져서 폭포 맨 아래 바위로 떨어뜨려야 한다는 것이다. 경희는 놀라서 말문이 막힌다. 공산당의 비밀경찰인 이 남자가 왜 북한 동지를 죽이려는 걸까? 그녀에 대한, 살인을 할 만큼 어떤 심한 질투 같은 것이 있는 걸까?

"음, 우리가 좋든 싫든 꼭 해야 할 일들이 있습니다."하고 한묵이 말한다. 그는 경희에게 남기태가 그녀의 사진을 가지고 있다는 사실을 상기시킨다. 남기태의 주머니에서 사진을 꺼낸 그는 이 인민군 장교가 사진을 댓가로 그녀와 성행위를 하려고 했다고 말한다. 이제 다른 선택의 여지가 없다고 그가 말한다. 한묵은 "우리가 하고 있는 싸움의 대의"에 대해 말하며 경희를 더욱 혼란스럽게 만든다. 그는 남기태가 힘없는 마을 주민들을 무자비하게 다뤄왔다는 사실을 상기시킨다. 끝으로 한묵이 경희에게 말한다. "네, 지금쯤이면 짐작하셨을 겁니다. 난 공산주의자가 아닙니다."

경희는 이 한묵이라는 사람의 진짜 정체를 알 수 없어 더욱 혼란스러워 한다. 수면제에 취한 사람을 죽음으로 내몬다는 상상할 수 없는 생각에 그녀는 반감이 생긴다. 하지만 그녀는 한묵이 내린 결론은 피할 수 없는 것이라고 판단하게 된다. 남기태가 살아 있는 한 자신과 가족이 다음 희생자가 될 거라는 걸 알기 때문이다.

경희가 마음을 돌린다. 한묵은 경희에게 엎드려 있는 남자의 두 손을 잡으라고 말한다. 그는 두 발을 잡는다. 두 사람은 그를 하반신만 든 채 끌고 낭떠러지의 가장자리로 가서 들어올린 다음 마치 그네처럼 흔든 후, 움직임이 없는 몸둥이가 폭포의 시원한 물보라를 뚫으며 저 아래 바위로 떨어지게 한다. 기절할 것 같은 경희가 낭떠러지 위에서 휘청거린다. 한묵이 그녀를 뒤로 끌어당긴다. 그녀는 그들이 한 짓을 마음속에서 떨쳐버리고 싶어 두 손으로 얼굴을 가린다. "가요!" 그녀가 외친다. "다 잊어버려요!"

오늘도, 동쪽으로 수 킬로미터 떨어진 낙동강 방어선의 지옥 같은 열기 속에, 더 많은 북한 장교들과 사병들이 두 달째 계속되는 전쟁의 도살장에서 죽어가고 있다. 병력과 물자가 심하게 고갈된 조선인민군의 침투 부대 지휘관들은 한때 바로 눈앞에 다가왔었던 승리를 쟁취하기 위해, 그들이 이제 할 수 있는 것은 동원 가능한 모든 전력을 총집결시킨 최후의 공격 단 한 번 뿐이라는 것을 알고 있다.

1950년 8월 25일, 금요일

8월의 더위 속에 부산은 사람으로 북적거린다.

북쪽에서 밀려 들어온 노숙자들로 한반도 남동쪽 끝에 위치한 오랜 항구 도시가 넘쳐나고 있으며, 275,000명으로 추산되는 피난민들이 어디든 지낼 곳을 찾고 있다.

피난민들의 무단 거주지인 하꼬방, 즉 포장 상자, 납작하게 편 깡통, 금속 골판 등으로 만든 '상자 집'이 부산의 산기슭을 뒤덮고 있다. 소유물이나 용역을 팔기 위해 절박한 피난민들이 국제시장으로 몰려든다. 잃어버린 부모와 헤어진 자녀를 찾으려는 사람들이 휘갈겨 쓴 메모가 전봇대에 빼곡히 붙어 있다. 자전거, 인력거, 소달구지, 그리고 부산 부두에서 48킬로미터 떨어진 전쟁터로 병력과 물자를 바삐 실어 나르는 미군 트럭의 경적소리 속에서 남루한 옷을 걸친 지저분한 아이들이 거리를 돌아다니며 구걸도 하고 과일도 팔고 있다.[30]

거창에서 출발하여 2주 동안 도주한 끝에 도착한 구원의 도시 부산이 이제 열여섯 살 신형규에게 시련으로 다가온다. 그는 삼촌과 함께 부산의 친척 집을 찾아 냈지만, 이미 그곳은 200여 명의 피난민으로 가득 차 있었다. 그들 중 거창에서 온 사람들도 많았다. 음식은 극심하게 부족했고, 식수도 문제거리였으며, 유일한 잠자리는 맨땅뿐이었다.

비참한 소년은 북한 점령지에 갇힌 어머니와 아버지, 형제자매들을 끊임없이 떠올린다. 그는 자신의 어려운 처지에 대해서도 불안해지기 시작했다. 그는 부산에서 오래 버티지 못할 것 같다. 군대에 입대해야 할까?

형규는 어제 삼촌에게 그렇게 하고 싶다고 말했다. 군대 입대 최소 연령이 열여덟 살인데 나이가 아직 어리니까 그는 거짓말을 할 것이다. 삼촌은 강력히 반대했지만, 고등학생이고 교육을 받은 청년이니 후방에 있는 부대를 안전하게 찾을 수 있다고 형규가 안심시키자 삼촌은 결국 마음을 돌렸다. 그는 부산의 헌병학교에서 모집 중이라는 소식을 듣게 된다. 헌병은 전방 근무를 하지 않는다.

우선 형규는 고등학교 출석증명서를 발급받기 위해 서둘러 지방 교육청으로 향한다. 그런 다음 차츰 식어가는 오후의 더위 속에 언덕이 많은 도시를 가로질러 군대가 헌병대 훈련을 위해 점거하고 있는 초등학교로 왔던 길을 따라 다시 돌아간다. 그곳에서 형규는 중요해 보이는 사람들이 관용차에 젊은이들을 태워오고 있는 것을 목격한다. 그는 자기가 찾던 곳이 바로 이곳이라고 확신한다.

형규는 "입대 시험"이 그냥 신체 검사뿐이라는 걸 알게 된다. 지시를 받은 형규는 오래된 셔츠와 너덜너덜해진 삼베 바지와 팬티를 벗고, 긴 책상에 앉아 있는 군의관들 앞에 벌거벗은 채로 섰다. 키가 160센티미터인 그는 깡마르고 잘 먹지도 못한 상태다.

"뭐야?" 앞에 있던 의사가 놀라서 소리친다. 형규는 거짓말을 하지 않기로, 다음 달이면 열일곱 살이 된다고 말하기로 결심한다. "열여섯 살이군… 애야, 집에 가거라." 의사가 말한다. 형규는 뭔가 해야 한다. "그럴 수 없습니다, 선생님!" 그가 외친다. "조국을 지키기 위해 제 의무를 다하겠습니다… 저는 갈 곳이 없습니다. 저는 진주고등학교를 다니던 피난민입니다, 선생님."

"진주 출신이야?" 다른 의사가 묻는다. "나도 진주 출신이다." 군의관들이 상의한다. 그리고는 첫 번째 의사가 갑자기 "그래, 너 합격이다." 하고 말하면서 지원서에 도장을 찍는다. 형규는 보급실로 이동해 전투복을 지급받는다. 전투복이 너무 커서 형규의 마른 체격에 맞지 않고 너무 헐렁하다. 형규가 옷을 갈아입고 나오자 다른 신병들이 웃음을 터뜨린다. 그중 한 명이 "야, 허수아비!" 하고 말한다. 하지만 과학자가 될 사람에서 군인이 될 사람으로 바뀐 신형규는 신경 쓰지 않는다. "내가 입대했어!" 그는 첫 군대 식사를 기대하며 혼잣말한다.

오늘 부산에서 북서쪽으로 80킬로미터 떨어진 낙동강 건너편에서는, 또 다른 북한 병력 즉 제9사단이 작전 위치로 기동하고 있다. 작전 방침에 따라 98,000명의 병력으로 부산 방어선에 대한 전면 공격에 합류하기 위해서다. 미 제2보병사단은 지친 제24보병사단을 대신해 낙동강 전선으로 이동한 상태다.

저 멀리, 홍콩에서는 백파이프 연주자들이 '올드 랭 사인'을 연주하는 동안, 영국군 2개 대대가 7월 초 안전보장이사회가 창설한 유엔군 사령부 아래 미국 동맹국과 함께 한국을 최후까지 방어하기 위해 부산으로 바쁘게 출항한다.[31]

<<<

부산시 경계선에서 경찰이 피난민들의 유입을 막고 그들을 돌려보내고 있다. 도시가 사람들을 더 이상 수용할 수 없다. 하지만 챙이 넓은 밀짚모자를 쓴 한 젊은이는 반드시 통과해야 한다. 남편이자 아버지인 정은용은 아내와 아이들을 반드시 찾아야 한다.

정은용은 실종된 아내 박선용이 끔찍한 노근리 사건 당시 입은 상처로 부산에 입원해 있다는 사실을 일주일 전에야 알게 되었다. 그녀는 간신히 대구형무소에서 형무관으로 근무하고 있는 은용의 형과 전화 연결이 되었다. 은용의 형 관용은 그때 그곳에 머물고 있던 동생에게 선용을 찾을 수 있는 방법을 말해주었다. 그러나 제수弟嫂씨와의 통화에서 알게 된, 어린 두 자녀가 죽었다는 사실은 알려주지 않았다.

은용이 대구에 도착한 직후 그의 사촌인 김복종, 김복희 형제도 도착해서 그들도 역시 대구형무소에서 잠을 잤다. 노근리 다리에서 잠시 갇혀 있었던 복희는 그곳에서 은용의 가족을 마지막으로 봤을 때 그들은 살아 있었다고 은용에게 말했다. 은용은 곧바로 사촌들과 함께 대구에서 출발했다.

대구에서 113킬로미터나 되는 거리를 폭염 속에서 일주일 동안 이동한다는 것은 가혹한 일이었다. 그들은 좀더 선선한 이른 아침과 저녁에만 길을 나섰다. 먹을 게 떨어지자 그들은 도중에 마을에서 구걸을 했다. 그들은 점점 쇠약해졌고, 지팡이에 의지해야 했다. 부산에서 24킬로미터 떨어진 한 마을에서 간이 신병 모집소를 발견한 복종은 식량 배급을 약속받은 다른 청년들처럼 입대하기 위해 그들과 헤어졌다.

열여섯 살 복희와 함께 마침내 부산 진입 지점 앞에 도착한 은용은 경찰 검문소에서 되돌아가지 않을 것이다. 법대생이자 전직 경찰이었던 은용은 한 선배 경찰관을 발견하고, 가족과 이별한 것과 부산에 있는 부상당한 아내에 대해 이야기한다. 선배 경찰관은 동정하는 마음에 그들을 통과시킨다.

그들은 선용이 회복하고 있다는, 어느 부산 중심부의 학교를 개조한 군 병원으로 곧장 향한다. 하지만 그곳에서 그들은 선용이 5일 전에 부산의 영도라는 섬에 있는 피난민 수용소로 옮겨졌다는 말을 듣게 된다.

은용과 복희는 서둘러 항구 다리를 건너 영도로 간 다음, 건물 밖 표지판에 제19002호 피난민 수용소라고 되어 있는 해동 학교를 찾아간다. 흙먼지 날리는 운동장에는 놀고 있는 아이들이 떼지어 있고, 은용의 두 눈은 그 사이에서 아들과 딸을 찾지만 소용이 없다.

그는 아내를 찾아야 한다고 생각한다. 그는 우물가에서 빨래를 하는 여인들을 발견합니다. 한 여인이 오른팔에 붕대를 감고 팔걸이를 하고 있다. 선용이다. 그는 아내를 부른다. 그녀는 몸을 돌리더니 벌떡 일어서서 남편에게 달려온다. 흐느낀다. 남편은 아내를 팔로 감싸 안는다. 아내는 남편의 가슴에 얼굴을 묻고 등을 들썩이며 운다. 그녀의 어깨가 떨린다. 그녀는 아무 말도 하지 않는다.

"애들은 어딨어?" 은용이 묻는다. 선용은 흐느낄 뿐이다. "애들 어딨어?" 그가 다시 묻는다. 그는 바로 알아차린다. 아이들은 죽었다. 그는 충격에 휩싸인다. "내 인생에 다시는 행복한 날이 없을 거야." 그는 중얼거린다.

은용은 선용과 함께 비참한 수용소 생활을 한다. 그곳에서 사람들은 교회에서 기증한 음식을 야외에서 모닥불을 피워 요리를 하고, 학교 건물의 비좁은 공간에서 코를 고는 사람들과 지저분한 짐들과 함께 잠을 자며, 전쟁에 어떤 변화가 있어서 집으로 돌아갈 수 있게 되기를 기다리고 있다.

아이들을 잃은 젊은 부부 눈에는 수용소 주변을 뛰어다니는 소년 소녀들이 자기 아이들처럼 보인다. 그들은 잠결에 잃어버린 아이들을 찾아 손을 뻗는다. 선용은 죄책감에 휩싸인다.

"아이들이 죽게 만든 건 저예요." 그녀가 은용에게 말한다. "저라고요."

자비롭다고 생각한 미국인들에게 가족의 운명을 맡겼던 가장으로서, 은용은 죄책감이 더 무겁게 짓누른다. 그는 자식들이 어디에 묻혀 있는지조차 모른다. 그는 진실을 찾겠다고, 이 무고한 양민 학살의 책임자를 찾아내겠다고 맹세한다. 한편, 은용은 가진 돈 전부를 한 개인병원 의사에게 지불하고 아내의 구부러진 팔을 고친다. 그는 부산 부두에서 미국 화물을 하역하는 막노동 일을 구하게 된다. 수용소에서 함께 지내던 복희는 어느 날 일을 구하러 나갔다가 돌아오지 않는다. 이 십 대 소년은 부산의 길거리에서 고갈된 국군의 병력을 보충하기 위해 징집되었다.

<<<

멤피스의 길거리 싸움꾼이자 육군 복서였던 클래런스 애덤스는 허세로 가득 찬 채 한국에 도착했다. 어쨌든 그들은 장비도 제대로 갖추지 못한 미개한 북한군과 싸우게 될 거라는 말을 들었다. "그 못된 악당놈들 내 앞에 데려와."라고 그는 중얼거렸다. 그러나 다른 제2보병사단 병력과 함께 부산에 상륙해 전방으로 향하는 순간부터, 예측할 수 없이 날아 들어오는 적의 포탄들, 후방의 저격수와 침투병에 대한 공포, 끊임없는 전면 공격의 위협 등 한국의 현실은 그가 생각을 고쳐먹게 만들었다.

군용 수송선인 USS 제너럴 미첼 호에서 상륙한 지 이틀째 되던 날, 애덤스는 마침내 제2보병사단 예하 흑인 부대인 제503야전포병대대에 배치되었다. 애덤스는 이제 155밀리 곡사포 6문을 운용하는 120명 규모의 대대인 A포대에서 탄약수가 되었다. 일본 점령군 시절 기관총 사수였던 애덤스는 포병 훈련을 받은 적이 없다. 하지만 그는 그것이 "군대 방식"이라는 것을 알고 있다.

제503야전포병대대원들은 트럭 화물칸에 실려 지나가는 동료 흑인 병사들의 시신을 볼 때 한국의 현실을 가장 강렬하게 느낀다. 그 사상자들은 낙동강 방어선 남쪽 끝 "전투산^{Battle Mountain}"[1]에서 북한군 6사단과 치열한 전투를 벌이던 제25보병사단 예하 흑인 연대인 제24보병연대 소속이다. 전사자들 중 애덤스가 알고 있던 병사들이 있을지도 모른다. 한국전쟁에 처음 투입된 미군 병력 중 하나인 제24사단은 그가 일본에서 복무했던 부대였다.

낙동강을 따라 2사단 지역에 배치된 포병들은 벌레들이 윙윙거리는 숨막히는 낮과, 모기들과 싸우며 은밀히 접근하는 적을 경계하느라 신경이 곤두선 채 보초를 서야 하는 밤을 매일 겪으며, 여름철 한국에서 벌어지고 있는 전쟁의 비참한 현실에 적응해야 한다.

1950년 늦여름 어느 날

김봉현과 열 살의 딸 장상이 서울에서 연천으로 이사했다. 서울에서 북쪽으로 얼마 떨어지지 않은 곳에 위치한 연천은 그들이 잘 아는 마을이며, 주위에는 푸른 논들과 나무가 우거진 야트막한 산들이 있다. 두 모녀는 작년에 장상의 언니와 함께 연천에서 시간을 보냈다. 장상의 언니는 그 후 결혼해서 서울에 머물며 교사로 재직 중이다. 대학생인 그녀의 남편은 조선인민군에 입대시킬 젊은이들을 붙잡아가는 좌익 패거리들을 피해 숨어 지내고 있다.

---

1 함안 661고지

봉현은 이제 미군의 폭격으로부터, 그리고 그들처럼 북쪽에서 온 피난민들의 출신을 물지도 모르는 북한 군인들로부터 멀어져서 더 안전하다고 느낀다. 하지만 어렵게 마련한 단순한 초가집에서 엄마와 아이는 빠듯한 생활을 해야 한다. 서울에서 복잡하게 모여 살고 있는 김씨 집안 사람들을 떠나올 때, 봉현은 딸에게 30일은 버텨야 한다며 쌀 한 자루를 가지고 왔다. 영리한 소녀 장상은 먼저 곡식을 30일치로 나누어 놓았다. 지금은 매일 들에서 버려진 곡식, 야생 과일, 채소 등을 뒤져 끼니를 보충하고 있다.

오늘 장상과 어머니는 연천에서 판매할 포도를 따기 위해 마을 너머 버려진 포도밭으로 걸어가고 있다. 아침 햇살에 기온이 32도까지 치솟는 시골길을 따라 다른 사람들이 오간다.

갑자기 거의 들리지 않던 웅 하는 소리가 점점 커진다. 누군가 소리를 지른다. 사람들이 자갈흙 바닥에 쓰러진다. 장상이 다른 누군가 소리치는 걸 듣는다. "고개 들지 마!" 그때 귀를 먹먹하게 만드는 폭발음과 함께 땅이 뒤흔들리고 연기와 먼지로 하늘이 어두워진다.

미군들이 폭격을 가한 것이다. 이유가 뭘까? 사람들은 몸을 일으켜 세우고, 어린 장상은 피투성이 시신 두 구를 보게 된다. 전쟁에서 처음으로 보게된 죽은 사람들의 모습에 아이는 공포에 떤다. 죽은 두 사람은 현장에 있던 다른 사람들은 모르는 농부들이었다. 사람들은 근처 개울에서 퍼낸 모래로 두 시신을 빠르게 "묻었다". 모두들 가던 길을 계속 간다. 겁에 질린 봉현은 딸아이를 데리고 재빨리 마을로 돌아간다.

이런 민간인 사망자가 남한 전역에 걸쳐 수백 명씩 발생하고 있다. 북한군이 점령하고 있는 지역뿐만 아니라 심지어 한미 연합전선 후방의 마을과 피난민 수용시설에서도 민간인 사망자가 나오고 있다. 미군 사령부가 적의 침투를 막기 위해 "흰옷 입은 사람들"을 표적으로 삼고, 침략자들이 남한 지역사회에서 은신처와 필요한 자원을 구하지 못하도록 점령 지역을 "초토화"하는 정책을 밀고 나가고 있기 때문이다. 이 전술은 남한 사람들을 분노케 하고 일부 미국인들도 역시 곤란하게 만들고 있다. 전쟁 초기에 백악관 고문 클라크 클리퍼드Clark M. Clifford는 트루먼 대통령에게 "남한의 마을과 도시를 폭격하면서 우호적인 사람들과 우호적인 지역을 폭격하고 있다."[32]고 우려를 표명했다.

8월 3일, 미군 전투기가 피난민을 태운 채 남해안 여수에 정박 중이던 선박을 폭격해 수백 명이 사망했다.[33] 8월 11일, 미군 전투기와 지상군이 전선 최남단 근처 곡안리의 한 사당에 피신해 있던 주민 82명을 사살했다.[34] 사흘 후, 미군 조종사들은 미군 전선 후방 지역인 경주 인근의 한 피난민 수용소에서 흰옷을 입은 민간인들이 태극기를 흔들고 있을 때, 그들에게 기총소사를 가하여 70명의 피난민을 사망케 했다.[35] 8월 말까지 형곡동[2], 금전동[3], 북송[4], 함안 등 남한의 마을과 피난민 수용소에 대한 미군의 공습으로 수백 명의 "흰옷 입은 사람들"이 추가로 사망했다.[36]

해군 구축함 USS 드 헤이븐De Haven 호는 육군의 지시에 따라 한미 휴전선 후방 지역인 포항 인근 해안가의 피난민 수용소에 포격을 가했다. 5인치 함포 사격으로 가족들 전체가 몰살되었고, 공포에 질린 피난민들은 흩어졌으며 일부는 동해 바다 파도 속에서 포탄 파편에 맞았다. 최대 200명의 남성과 여성, 그리고 어린이가 사망했다. "그 사람들이 우리에게 대피하라고 했습니다. 그래서 우리가 대피를 했는데 전부 한꺼번에 다 죽었습니다. 개처럼요."하고 한 여성 생존자가 말한다. "팔… 목… 다리도 날아가 버렸고, 내장도 쏟아져 나왔습니다. 바다는 온통 붉은 색이었습니다."[37]

미군 기밀 문서에 따르면 그 의도는 분명하다. 8월 중순, 도쿄 공군사령부는 낙동강 방어선으로부터 낙동강 건너편에 있는 북한 점령 지역 70제곱킬로미터에 대한 "융단 폭격"을 명령했는데, 이 지역에는 마을과 피난민 집

2　경상북도 구미시 형곡동

3　경상북도 구미시 금전동

4　경상북도 포항시 북구 흥해읍 북송리

결지가 산재해 있었다. 거의 100대의 미 공군 B-29 수퍼포트리스 폭격기가 산비탈과 계곡을 불바다로 만들었고, 피부에 달라붙어 피부 깊숙이 화상을 입히는 젤 상태의 휘발류인 네이팜을 가득 채운 폭탄을 투하했다.[38]

1950년 8월에 미 공군이 UN군 방어선에서 낙동강 건너편에 있는 북한군 점령지 70제곱킬로미터를 "융단 폭격"하는 장면이 담긴 사진. 이런 무차별적인 공격으로 남한의 수많은 민간인들이 사망했다. 열 살의 장상과 어머니가 걸어가고 있던 길에도 미군의 공습이 이루어졌으며, 장상은 농부 두 명이 사망한 것을 목격한다. (미 공군 제공)

8월 15일, 미 국방부는 도쿄 사령부에 전폭기가 마을을 파괴했다는 발표를 중단하고, 마을 대신 "군사적 목표물"[39]이라는 표현을 사용하라는 메시지를 보냈다. 노근리에서 자신의 부대가 피난민을 사살한 지 한 달 후인 8월 29일, 호바트 게이 소장은 자신의 포병 부대에게 피난민은 "정당한 공격 대상fair game"[40]이라고 말했다. 연천 외곽에서 장상 모녀와 함께 갑작스러운 공격에 휘말렸던 사람들처럼 평범한 한국인들은 그런 비극의 배후에 있는 미국 정책의 포괄적인 본질을 모르고 있다. 그러나 그들은 제트기와 대형 폭격기를 가진 미국이 이 끔찍한 전쟁을 끝낼 수 있다는 것은 알고 있다. 자기가 살고 있는 마을과 서울 사이에 있는 836미터 높이의 북한산 너머로 B-29가 날아가는 것이 보이면, 어린 장상은 여전히 마음속으로 환호성을 지른다. 어쨌든 연천의 유일한 라디오에서 흘러나오는 보도와 소문을 통해 마을 사람들은 미군이 곧 서울로 올 것이라고 확신하게 된다. 독실한 기독교 신자인 모녀가 아침과 저녁, 그리고 그 중간중간에 고개를 숙여 기도할 때, 장상은 어머니가 말한 대로 한다. "우린 맥아더 장군을 위해 기도해야 한다."

9월

1950년 9월 1일, 금요일

하버드 대학교의 잔디 깔린 안뜰에서 새 학기를 맞이하는 학생들의 걱정거리들 중에는 징집에 대한 두려움도 있다. 일부 봄 학기 졸업생들은 한국의 비상사태 기간 중에 맡게 될 임무 수행을 위해 보스턴 지역 신병입대처리소에 입소하라는 명령을 받았다. 학생들과 교수들이 그 먼 나라에 미국이 개입하는 것이 현명한 지 토론하고 있다. 교수진의 아시아 전문가들은 대부분 미국의 전쟁을 지지한다. 그러나 오늘 자 하버드 크림슨Harvard Crimson 신문은 중국 학자 존 K. 페어뱅크John K. Fairbank의 말을 인용해, 중국이 북한을 지원하기 위해 군사적으로 개입할 수 있다고 경고한다. "중공과의 전쟁은 '우리가 그들을 이길 수도, 그들이 우리를 이길 수도 없는' 유혈 충돌이 될 것이라고 그는 말했다."[1]

대학들도 조제프 매카시Joseph McCarthy가 부추기고 있는 새로운 국내 반공 캠페인에 휘말리고 있다. 불 같은 성격의 위스콘신 출신 공화당 상원의원인 매카시는 심지어 2차 세계대전의 영웅 조지 C. 마셜George C. Marshall 장군이 공산주의에 유화적이며, 그가 중국 특사와 국무장관으로 재직하는 동

안 "중국을 잃었다"고 비난하고 있다.[2] 대학 캠퍼스에서 "충성 맹세" 요구가 증가하고 있다.[3]

하버드 52년 졸업반인 지자오주와 그의 중국인 동급생들은 그들이 미국 정부의 감시를 받고 있다는 소문을 듣게 된다. 놀라운 일은 아니다. 중국에서 태어난 이 학생들은 눈에 띄지는 않지만 그렇다고 비밀스러운 모임은 아닌 공산주의 독서 클럽에서 정기적으로 만나서 마오쩌둥, 마르크스, 레닌 등의 저서에 대해 토론하고 있다. 작년 10월 중국에서 공산당이 승리한 이후, 그들은 새로운 중국 건설을 돕기 위해 고향으로 돌아갈 각자 나름대로의 계획에 대해서 더욱 진지하게 이야기하고 있다.

스물한 살의 지자오주는 자신이 누구 못지않게 혁명적 대의에 열성적이라고 생각한다. 집안 내력이다. 하지만 그는 아버지와 약속한 대로 미국 유학을 마치고 최종적으로 화학 박사 학위를 취득해야 한다는 가족적 의무감도 느끼고 있다. 지자오주의 집안은 그럴 것 같지 않지만 공산주의자들이다. 그의 할아버지는 북부 샨시성西省袭의 부유한 지주였고, 그의 아버지는 일본에서 교육을 받은 변호사이자 교수며, 전 샨시 교육위원이었다. 하지만 승리의 혁명가들과 연결고리가 된 것은 그보다 훨씬 나이가 많은 이복형인 자오팅이었다.

1920년대에 젊은 청년이자 중국 공산당의 신입 당원이었던 지자오팅과 저우언라이는 좋은 친구가 되었다. 급부상하던 저우언라이와 다른 당 지도자들은 훗날 뛰어난 인재인 지자오팅의 미국 유학을 후원하게 되는데, 그곳에서 자오팅은 컬럼비아 대학에서 경제학 박사 학위를 받고 비밀리에 공산당 활동을 하게 된다. 중국으로 돌아온 그는 결국 공산당의 "첩자"가 되었고, 장제스 국민당 정부에서 고위급 재무직에서 일하는 동시에 장제스와 내전 중인 적의 대의를 위해 조용히 일했다.

1939년 중국을 침략한 일본군들을 피해 도망치던 지씨 가족을 저우언라이가 미국으로 이주할 수 있도록 주선했다. 그의 도움으로 지씨 집안의 두 어린 자녀는 부모와 함께 미국에서 살면서 일류 교육을 받을 수 있게 되었다. 빨치산 공산주의자는 아니었지만 좌파 동조자였던 자오주의 아버지 지쿵지안은 뉴욕에서 중국어 신문인 차이나 데일리 뉴스China Daily News를 창간했다. 한편, 또래에 비해 작은 아홉 살 자오주는 저학년 때부터 시작해서 영어에 더 잘 적응할 수 있도록 학교에 일곱 살로 등록했다. 자오주는 뉴욕의 엘리트 사립학교를 거쳐 하버드에 이르기까지 모두 장학금으로 진학하며 훌륭하게 성장했다. 11년이 지난 지금, 중국인치고는 키가 큰 젊은 장학생 자오주는 자신이 거의 미국인인 것처럼 느껴진다. 하지만 그의 애국심은 사라지지 않았다.

그의 기숙사 방 벽에는 중국 지도가 걸려 있고, 거기에는 홍군의 전시 진격을 표시하는 압정이 가득하다. 지난해 10월 독서 클럽에서 마오쩌둥의 중화인민공화국 선포문을 듣고 자오주는 울음을 터뜨렸다. 그리고 6월에 한국에서 전쟁이 발발했을 때, 그는 거기에 필연적으로 자신의 조국이 연루될 수 있다는 것을 느끼며 우려하기 시작했다. 지자오주는 가족도 자기를 부르고 있다는 느낌을 받는다. 형 자오팅은 현재 베이징에서 공산당 재정부의 고위 관리로 일하고 있다. 아버지는 1949년 초 중국으로 돌아가 베이징대학교 법대 학장이 되었다. 사실, 아버지와 형은 지난해 내전의 절정이었던 국민당의 베이징 주둔군의 무혈 항복 협상을 도왔다.

미국 최고의 대학에서 곧 2학년이 될, 장래가 촉망되는 장학생이자 미래의 과학자인 자오주는 고향으로 돌아가고 싶은, 중국으로 돌아가서 군대에 입대하고 싶은 충동을 느낀다. 그에게 필요한 것은 밀어붙이는 것뿐이다. 9월의 어느 날, 달이 밝은 초저녁에 친구들과 하버드 야드Harvard Yard를 걷던 자오주가 어느 열린 창문으로부터 베토벤이 작곡한 황제 협주곡이 울려 퍼지는 것을 듣게 된다. 그 역동적인 음은 그의 마음속에 다급한 무언가를 자극한다. "뛰어야 해!" 그는 갑자기 같이 있던 친구들에게 외친다. 그는 방으로 달려가 가방을 챙겨 사우스 스테이션South Station으로 가서 뉴욕행 야간 열차를 탄다. 거기서 자오주는 어머니에게 집으로 돌아간다는 소식을 전한다. "미국과 중국 사이에 문제가 생길 겁니다."하고 어머니에게 말한다. "그런 일이 생길 때 난 중국에 있고 싶어요"

<<<

문제는 이미 시작되었다. 미군 전투기가 북한 신의주에서 압록강 건너 만주 안둥[1]에 있는 중국 공군 기지를 공격했다. 앨런 위닝턴이 그곳에 있다. 그는 "미군 전투기 두 대가 갑자기 비행장 상공에 나타나서 지상 180미터 정도로 급강하여 기총사격을 가했다."고 데일리 워커에 보고했다. 그는 비행장 직원 3명이 사망하고 19명이 부상을 입었다고 말한다.

같은 날, 압록강 상류에 있는 중국 도시 린장臨江의 주요 기차역 두 곳에서 기관차와 열차 차량이 공습을 받아 파손되었다고 위닝턴이 보도한다. 그리고 이틀 후, 두 차례의 공습으로 어선에 타고 있던 어부 3명을 포함해 압록강변에서 중국인 5명이 추가로 사망했다. 외교부장 저우언라이는 이런 사건들이 "세계 평화를 침해하려는 미국 정부의 의도를 명백히 드러내고 증명하고 있다"며 유엔 안전보장이사회에 항의했다.[4]

미 극동사령부는 안둥 사건만 인정하며 "실수"라고 설명했다. 미국은 한국에 대한 중국의 개입 가능성을 분명히 우려하고 있다. 그들의 정보 보고서는 만주의 중국 지상군 수와 안둥 및 다른 기지로 보내진 항공기 수가 증가한 사실에 주목한다.[5]

위닝턴이 한국전쟁 취재를 위한 5주간의 파란만장한 일정을 마치고 베이징의 본거지로 돌아가고 있다. 그 기간 동안 이 건장한 체격의 영국인은 삶은 기장, 김치 그리고 가끔은 고구마로, 구해지는 대로 끼니를 때우며 살이 9킬로그램 빠졌다. 베이징에 도착한 중국 공산당의 "외국 친구"는 중앙 페

---

1   현재의 단둥

이하이 공원 근처에 제공된, 요리사, 하인, 운전기사가 있는 편안한 집으로 돌아온다.[6]

위닝턴의 첫 한국 체류는 기간이 짧았지만 런던에 있는 영국 내각의 관심을 끌었고, 그들은 이 마흔 살의 공산주의 언론인를 반역죄로 기소할 것을 고려하고 있다.

비밀 내각회의에서는 위닝턴의 대전 집단 처형과 미국의 무차별 공습에 대한 보도가 "심각한 의혹을 제기하고… 한국에서의 유엔 활동을 지지한 영국 정부를 공격"함으로써 "국왕의 적들을 도와주고 위로해주었다"는 점에서 반역 행위였다는 말이 나오고 있다. 결국 영국 내각은 아무런 조치도 취하지 않았다. 어떤 식으로든 재판이 열리게 되면 앨런 위닝턴이 진실을 보도하고 있었다는 것이 알려지게 될 것이라는 걸 감지했기 때문이다.[7]

<<<

해가 저물고 있다. 중바위골에 있는 안경희와 어머니의 집을 잠시 방문한 한묵이 떠날 시간이 되었다. 아직 남아 있는 여름의 더위와 다가오는 가을, 그리고 언제나 그렇듯이 전쟁에 대한 최신 소문에 대해 이야기가 오고 갔다. 하지만 두 모녀는 북한 보위부 요원의 가장 큰 관심사가 경희라는 것을 알고 있다.

그때 정문 쪽에서 소란이 일어나고 "움직이지 마!"하고 누가 소리친다. 조선인민군 병사 세 명이 마당으로 달려들어와 한묵에게 소총을 겨눈다. 그는 깜짝 놀라서 그들의 총검만 바라볼 뿐이다. 하지만 그는 곧 정신을 차리고 침착하게 묻는다. "동무들, 뭘 도와드리면 되겠소?"

"움직이지 마!" 한 명이 소리칩니다. "조용히 해. 손 들어!" 경희는 겁에 질린다. 그들이 남기태 실종 사건의 진실을 알아낸 걸까? 그녀와 한묵이 그를 폭포에 던져 죽였다는 사실을 알고 있을까?

한 병사가 짧은 밧줄을 꺼내 한묵의 손을 묶는다. 손이 묶이는 동안 내내 한묵은 무슨 일인지 알고 싶다며 큰 소리로 설명을 요구한다. 그러자 그 북한군은 화를 내며 "우린 동무가 무슨 짓을 했는지 알고 있소. 동무가 로켓을 쏜 것도 다 알고 있소. 목격자가 있소."

"내가 로켓을 쐈다고?" 그가 묻는다. 목소리는 이제 차츰 작아진다. 마을에 사는 사람들은 모두 가끔 인근에서 밤하늘로 발사되는 정체를 알 수 없는 로켓에 대해 알고 있다. 첩자가 미군 조종사들에게 인민군의 위치와 움직임을 알려주고 있다는 소문이다.

북한군 병사들이 한묵을 데리고 가자, 경희는 충격에 휩싸여 눈물을 흘리며 집안으로 다시 들어온다. 그녀는 여러 감정으로 혼란스럽다. 그녀는 자신이 의지하며 가까워진 이 흥미로운 남자를 다시는 볼 수 없다는 것을 알고 있다. 그는 총살당할까? 다음에는 저 북한군 병사들이 그녀와 그녀의 가족을 잡으러 올까? 그들이 한묵을 고문하고 그 과정에서 남기태의 끔찍한 운명에 대해 알게 될까?

1950년 9월 10일, 일요일

주기적으로 발사되는 대포 소리가 최전방에서 남쪽으로 11킬로미터 떨어진 대구에서도 들린다. 한국 정부와 미 제8군 사령부는 보다 남쪽인 부산으로 옮겨갔다. 미처 남쪽으로 피난하지 못한 도시 주민들과 피난민들은 낙동강 방어선이 무너질까봐 몹시 두려워하며 살고 있다. 북한군 사단들은 그 어느 때보다 한미 연합 방어선을 뚫기 직전까지 밀어부쳤다.[8]

그러나 낙동강 서쪽의 폐허가 된 김천에 있는 조선인민군 최전선 사령부의 유성철 총참모장 대행은 자신의 병력이 한계에 도달했음을 알고 있다. 한반도 최남단의 열대 더위 속에서, 241킬로미터에 달하는 낙동강 방어선을 따라 일진일퇴의 전투가 한 달 넘게 지속되는 가운데, 인민군이 방어선 돌파 직전에 역습당하는 일이 반복되었다. 유성철의 병력은 지쳤고, 탄약과 식량도 부족하며, 이제 수적으로도 열세에 놓여있다.

　병사들이 전사하거나 부상당하거나 포로로 잡히거나 실종되어, 그의 병력 손실은 점점 더 커졌다. 군의 의무 체계가 붕괴되어가면서 부상병 3명 중 1명이 사망했다. 훈련도 부족하고 동기 부여도 안 되어 있는 남한의 징집병들로 병력이 충원되고 있는 상황이다.[9]

　유성철 중장이 나중에 회상한 것처럼, 조선인민군은 "전쟁 발발 이후 최악의 조건에서 싸우고 있다." 미 공군력이 남한을 침공한 인민군의 보급선을 파괴했을 뿐만 아니라 병사들에게 "항공기 공포증"을 안겨주는 것을 그는 봐왔다.[10]

　유성철과 그의 참모들은 미군과 시간 싸움을 벌이고 있었다. UN군이 그들이 이길 수 없을 정도의 전력을 갖추기 전에 결정적인 승리를 거두기 위해, 즉 대구를 해방시키고 그 다음으로 부산을 해방시키기 위해, 그들은 힘겨운 노력을 계속하고 있었다.

　8월 말경에 유성철은 그 시간 싸움에서 패했다. 추가로 투입된 미 육군 및 해병대와 영국군이 도착하여 낙동강 방어선의 빈틈을 메우고, 원래 있던 미군 3개 사단과 한국군 6개 사단으로 구성된 UN군 사령부를 보강했기 때문이다. 진이 빠진 유성철의 사단에 비하면 이들은 새로 편성된 온전한 전력을 갖춘 부대였다. 두 달 반 동안 계속된 전쟁에서 처음으로, UN군이 179,300명인데 반해 조선인민군은 대략 98,000명으로 수적으로 크게 열세인 상태가 되었다. 화력도 열세다. 적군은 이제 북한군보다 5배나 많은 전차와 훨씬 더 많은 포를 실전 배치해놓고 있다.[11]

　유성철과 그의 작전참모들이 시도할 수 있는 것은 최후의 일격인 "낙동강 대공세"뿐이었다. 낙동강 대공세는 8월 31일 밤, 얼마 남지 않은 조선인민군 포병대의 일제 포격으로 시작되었으며, 낙동강 방어선을 따라 여러 지점에서 동시다발적으로 이루어졌다. 인민군의 각 사단들은 동해안에서 내륙 방향으로 북쪽에서 남쪽으로 이어지는 골짜기를 따라서, 낙동강 너머 방어선 서쪽을, 그리고 마산 앞쪽의 방어선 최남단을 공격했다. 밀고 밀리는 격렬한 공방전이 며칠 동안 이어졌다. 방어선 북동쪽의 포항 윗쪽에서부터 남해안의 골짜기까지 산기슭과 논밭은 전투의 소음과 연기로 뒤덮였다. 방어선 최남단에서 유성철의 2개 사단은 부산을 목표로 해안로를 따라 진출했고 한때 미 제25보병사단 1개 대대를 포위하는 데 성공했지만 결국 막대한 손실을 입고 밀려났다.

낙동강이 반원 형태로 굽이쳐 흐르며 동쪽으로 돌출부를 형성하고 있는 방어선 서쪽의 중간 지점에는 미군 전선이 약하게 유지되고 있었다. 또 다른 북한군 2개 사단이 강을 건너 그곳을 공격하여 미 제2보병사단을 둘로 분리시켰다. 북한군은 적군이 없는 지역을 확보하고 부산으로 진격할 수 있었을지도 모른다. 그러나 미군 사령부가 이 전투에 제5해병연대를 투입했고, 그들은 또다시 수천 명의 병력을 잃고 9월 5일까지 낙동강을 건너 퇴각하는 등 엄청난 타격을 입었다. 북한군의 공격은 대구 북쪽과 동해안 쪽으로 갈수록 성과가 있었지만, 미군 사령부는 이번에도 그들을 목표에 훨씬 못 미치는 지점에서 막아낼 예비 병력을 보유하고 있었다. 오늘 현재, 끊임없는 공습과 포격 아래, 완전히 지쳐버린 유성철의 병력이 전력이 바닥난 채 방어 진지를 고수하고 있다.[12]

"상황이 나날이 악화되면서 우리가 한 것이라곤 수만 명의 병력을 잃는 것 뿐이었습니다."라고 나중에 인민군 장군이 회고한다. 유성철과 참모들은 또 하나의 사실을 예리하게 인식하고 있었다. 낙동강 전선에서 서울과 그 너머에 이르는 그들의 후방 지역이 적의 측면 공격에 크게 노출되어 있다는 점이다.

1950년 9월 13일, 수요일

늦여름인 오늘 날씨는 선선하다. 상쾌한 태평양 바람이 샌프란시스코에 불어온다. 번화한 도시 거리에서 벗어나 오래된 우체국에 있는 동굴 같이 생긴 방으로 들어선 피트 맥클로스키는 눈앞에 펼쳐진 광경에 순간적으로 깜짝 놀란다. 300여 명의 젊은 남자들이 알몸으로 옷을 벗고 있다. 맥클로스키도 그들처럼 옷을 벗는다.

스물두 살의 맥클로스키는 6월 25일 일요일, 북한의 침공 소식을 들었을 때부터 이날을 고대하고 있었다. 2주 전, 그는 해병대 사령관으로부터 미 해병 예비군 소위로 임명된 것을 축하하는 편지를 받았다. 그는 새로 갑자기 발발한 그 전쟁에 자신이 관련될지도 모른다는 것을 감지했다. 하지만 그는 크게 개의치 않았다. 남부 캘리포니아에서 소년 시절을 보내면서 줄곧 피트라고 알려진 폴 N. 맥클로스키 주니어는 전투에 참여한 사람들의 이야기에 매료되어 있었다. 열한 살 때 그는 1918년 벨로 우드 전투에서 활약한 제5해병연대의 영웅담을 다룬 '착검Fix Bayonets'을 아버지의 서재에서 발견한 후 그 책을 탐독했다. 이후 그는 계속해서 웰링턴 공작의 전기와 다른 전설적인 군사 이야기들을 읽으며, 미국 남북전쟁에 대한 전문 지식을 십대 소년이 할 수 있는 만큼 쌓았다.

피트 맥클로스키가 열일곱 살이 되던 해에 2차 세계대전이 막바지에 접어들자, 그는 부모의 허락을 받아 해군에 입대했다. 1946년 12월 제대한 그는 참전용사원호법GI Bill에 의해 등록금을 지원받아 스탠퍼드 대학에 등록했다. 어린 피트는 아버지와 마찬가지로 스탠퍼드 대학 야구팀에 가입했고, 스탠퍼드 로스쿨에서 하계 수업을 들으며 법조인의 길을 계획했다.

마지막 전쟁에 뒤늦게 참전했던 스탠퍼드 대학생 맥클로스키는 참전용사원호법의 관대한 지원으로 인해 조국에 대한 빚을 느끼며, 버지니아주 콴티코의 해병대 기지에서 6주간의 여름 훈련을 통해 이미 제대한 군인들을 예비역 초급장교로 양성하는 해병대 소대장 교육 프로그램에 참여했다. 6월에 학사 학위를 취득한 맥클로스키는 하계 법학 과정을 더 이수하기 시작했다. 그러던 중 신체검사를 위해 오늘 바로 출두하라는 해병대 소집 통지서가 도착했다.

옷을 옆에 쌓아둔 채, 그는 의료진이 여러 다양한 젊은 남자들이 벌거벗고 서 있는 줄을 따라 내려오기를 기다린다. 키가 180센티미터, 몸무게 75킬로그램의 건장한 체구인 그는 해병대원처럼 보이기는 하지만 엉뚱한 줄에서 차례를 기다리고 있다.

"당신은 장교입니다! 팬티 입으십시오!" 깜짝 놀란 해군 위생병이 말하며, 신입 소위를 장교 승인 구역으로 보낸다. 그곳에서 전쟁 매니아 피트 맥클로스키는 소원대로 전시 소대장으로 발령받아 해병 보병대에 자원한다. 그리고 추가 훈련을 위해 9월 28일 콴티코로 입소하라는 지시를 받는다.

한편 그의 가정에 아무 문제가 없는 것은 아니다. 맥클로스키의 대학 시절 연인이자 결혼한 지 1년 된 캐롤라인이 임신 4개월째다. 그녀는 이런 이유로 남편이 해외 근무를 면제받을 수 있었다는 것을 알고 있지만, 남편은 이를 거절했다. 그는 모험에 대한 이끌림과 애국적 의무에 대한 압박이 젊은 아내의 바람보다 더 크게 느껴진다.

샌프란시스코 시내에서 멀리 떨어진 태평양 건너편에서도 상황이 좋지 않게 흘러갔다. 낙동강 방어선에서 10킬로미터도 채 안 되는 거리에 있는 대구에 대한 북한 공산군의 위협은 최근 그들의 공세가 실패했음에도 불구하고 여전히 위험한 상태다.[13]

워커 제8군 사령관은 지난주 "우리의 전선은 지켜질 것"이라고 선언했다.[14] 그리고 전선은 지켜졌다. 8월 초 캘리포니아 캠프 펜들턴을 떠나 임시 해병 여단의 남은 병력과 함께 한국에 상륙했던 유명한 제5해병연대의 도움이 컸다.[15] 그러나 바로 어제, 그 해병대는 알 필요가 있는 사람들만 아는 목적지로 향하는 군용 수송선을 타고 부산에서 사라졌다.[16]

<<<

"인민군 의용군에 오신 것을 환영합니다!"

학교 건물이었던 훈련소 꼭대기에 걸린 이 현수막을 본 안경희는 소름이 돋는다. 그녀는 앞에 펼쳐진 광경에 순간적으로 몸을 떨며 움찔한다. 며칠 전 중바위골의 집에 점령 당국이 보낸 안내문이 도착했다. 북한군 부속 남한 부대에 "자원"할 것을 조언하는 내용이었다. 그것은 명령에 가까웠다. 젊은 남성뿐만 아니라 여성까지 합친 조선인민군의 남조선 지원군이 결국에는 총 40만 명이 될 것이며, 그중 절반은 스스로 자원한 사람들과 동조자들, 절반은 강제로 징집된 사람들일 것이다. 전라남도에서는 당시 전라남도 도청소재지의 이름을 딴 '광주여단'이라는 부대가 편성되었다.[17] 경희는 "대의"를 받아들인 마을 청년 돌이가 침략군에 합류하기 위해 당당히 걸어가는 모습을 이미 본 적이 있었다.

그녀는 북한군의 징집을 피하면 반동분자로 낙인찍혀 가족을 위험에 빠뜨릴 수 있다는 것을 알고 있었다. 하지만 징집에 응하면 곧 다가올 "최후의 전투"를 위해 그녀가 최전선에 빠르게 투입될 수 있었다. 조선인민군 사령부가 최정예 병력을 아끼기 위해 훈련이 제대로 되지 않은 남한의 주민들을 희생시키고 있다는 것은 공공연한 사실이었다. 어머니는 이런 딜레마로 인해 몹시 동요되었다. 어머니와 경희는 그들에게 호의적인 한묵과 상의해서 어떻게든 그들을 보호해주길 바랐다. 하지만 그는 체포된 상태였다.

경희가 시간을 끌고 있을 때, 그 지역 공산주의자들로부터 그녀 대신 열여섯 살짜리 남동생을 징집해갈 수도 있다는 말이 들려왔다. 그 말을 들은 경희는 결심했다. 인민군 부대에 들어가면 적어도 살해된 남기태의 실종에 대한 수사가 시작되어도 거기서 벗어날 수 있을 것이다. 그녀가 지금 북한군이 징집병들에게 실시하는 열흘간의 보잘것없는 훈련을 받기 위해 훈련 장소로 나와 있다. 그녀는 군복과 군번이 새겨진 패치를 받았다. 스무 살 대학생이자 서울 사교계 인사였던 안경희가 이제 광주여단 218번 병사가 되었다.

1951년 겨울 얼어붙은 한강을 아들이 아버지를 업고 피난을 가고 있다. (미 육군 제공)

1950년 9월 15일, 미 해병대가 인근의 서울에서 북한군을 몰아내기 위해 인천 상륙작전을 감행한다. 맥아더 장군의 대담한 상륙작전이 진행 중이라는 사실을 다른 기자들보다 몇 시간 앞서 확인한 빌 신은 전쟁의 이 역사적 전환점을 전 세계에 가장 먼저 알린다. (미 해병대 제공)

1950년 9월 15일, 금요일

아담한 체구의 젊은 한국인이 잠긴 문 위의 채광창을 비집고 들어가서 사무실 바닥으로 몸을 낮춘다. 그가 찾고 있던 것을 발견한다. 바로 미군 전화기다. 부산 지역 군 교환대에 전화를 건 빌 신은 도쿄에 있는 AP통신 지부의 번호로 연결된다. 전화를 받은 편집자의 귀에 지직거리는 소리와 함께 한국인의 목소리가 들린다. "빌! 아직도 살아 있어?" 그가 농담을 건넨다. "긴급 기사가 있어요!" 긴장한 빌 신이 다급하게 말한다. 그리고는 북한 침공 이후 그가 알게 된 가장 큰 사건, 자신만이 알고 있는 이야기를 풀어 놓기 시작한다. 약 일곱 시간 전인 오전 6시 30분, 미 제5해병연대 1개 대대가 서울 서쪽의 항구도시 인천을 마주보고 있는 월미도에 상륙했다. 현재 월미도는 북한군이 점령하고 있다. 해병대는 신속하게 섬을 점령하여, 방어하던 북한군 400여 명을 사살하거나 생포했다. 이제 다시 만조가 되자, 상륙정을 탄 다른 대대병력들이 인천에 상륙하고 있으며, 상륙한 병력들은 방파제를 오르고 있다. 적의 저항은 미약하다. 이 결정적인 공격이 맥아더 장군이 전쟁 초기부터 계획했던 상륙작전으로, 낙동강 방어선에 형성된 적의 전선에서 후방으로 거리가 많이 떨어진 훨씬 북쪽을 공격함으로써 적의 남쪽으로의 보급로를 차단하고 서울을 재탈환하여 침략군을 북한 땅으로 몰아내기 위한 것이다.

이 대담한 작전을 계획할 때 우려되는 점들이 많았다. 특히나 인천 앞바다의 조석 간만의 차가 거의 10미터나 되기 때문에 위험하다. 하지만 해군과 지상군 간의 세심한 준비와 공조는 작전 개시일인 오늘 성과를 거두고 있다. 작전은 며칠 전 한국군이 연안에서 멀리 떨어진 전략적으로 위치한 섬들을 점령하면서 시작되었다. 지난 일요일, 미군 전투기 43대가 월미도 상공에 출격해 네이팜탄을 투하하고 광범위한 지역을 기총소사해 민간인 수십 명이 사망했다.[18] 그 후 며칠 동안 월미도의 모든 건물이 파괴되었다.[19] 현재 인천 앞바다로 몰려 들어온 261척의 함대에 속한 수많은 해군

군함들이 인천에 함포사격을 가하며 북한군은 물론 수많은 민간인 사상자를 발생시키고 있다.

비가 내리는 늦은 오후와 초저녁, 제1해병연대와 남아 있던 제5해병연대 병력이 인천에 공격을 개시한다. 내륙으로 밀고 들어온 이 둘은 토요일 낮까지 서로 연합해서 도시를 포위할 예정이다. 미 해병 제7사단과 미 육군 제7보병사단이 며칠 내로 상륙하여, 새로 창설되어 서울로 진격 중인 제10군단 X Corps을 한미 연합군 50,000명 이상의 규모로 증강시킬 예정이다.[20]

오늘 전투에서 해병대는 21명이 사망 또는 실종되고 174명이 부상당하는 데 그친 반면, 2,000명 규모의 북한 방어군은 공중 및 해상 포격과 지상 사격으로 거의 전멸했다.[21] 전투에 휘말린 민간인 사망자 수는 파악되지 않고 있다. 이 강력한 상륙 공격이 임박했다는 소식은 한국과 일본 언론계에서 공공연한 비밀이었다. 그러나 장소와 시간 등 세부 사항은 확인되지 않았고, 섣부른 보도는 중대한 안보 위반으로 처벌받을 수 있었다. 뉴스 초보자였지만 활기차고 사교적인 빌 신은 한국군 내부에 취재원들을 빠르게 확보했다. 그는 반드시 상륙작전에 대해 취재하기로 결심했다.

오늘 아침 그는 부산에 있는 취재원들을 만나러 돌아다니며 월미도 상륙작전 소식을 접했다. 하지만 그는 이 보도에 고위급 간부의 이름이 필요했다. 그는 보좌관을 통해 부산 육군본부의 신임 참모총장 정일권에게 접근해 작전이 진행 중이므로 더 이상 비밀이 아니라고 설명했다. 그리고 장군의 한국인으로서의 자부심에 호소하며 국민들에게 이 대단한 소식을 즉시 알려야 한다고 말했다. 정일권 장군은 이를 승인했고, 빌 신의 보도는 이제 장군이 밝힌 내용에 기초한 것이 될 수 있었다. 다음으로 신은 이 소식을 알릴 방법이 필요했다. 가장 신뢰할 수 있는 통신수단은 한국 해군참모총장 사무실에 있는 미군 전화였다. 그곳으로 달려간 그는 사무실이 잠겨 있다는 걸 알게 되었다. 바로 그때 그는 안으로 들어갈 수 있는 길을 발견했다. 채광창을 통해서다.

이 초보 기자는 상륙작전에 대한 미국의 공식 발표를 9시간이나 앞당겼고, 인천 앞바다에 함대와 함께 떠 있는 베테랑 종군기자들의 보도를 가려 버렸다.[22] 불쾌해진 미군 사령부는 빌 신이 미군 전화 사용하는 것을 잠시 금지시킨다. 하지만 그는 거의 동요하지 않고, 동료 기자들이 그들의 "현지인" 기자에게 "특종"이라는 새로운 별명을 붙여준 것에 대해 기뻐한다. 그리고 그는 좀더 개인적인 이유로 신이 나 있기도 하다. 이제 더글러스 맥아더의 대담한 결단 덕분에, 죄책감에 시달리고 있는 그가 어리석게도 전쟁 초기에 헤어졌던 아내 샐리와 아들 자니를 찾아 재회할 날이 좀더 가까워졌다고 생각하기 때문이다.

1950년 9월 18일, 월요일

남한에 남아 있던 인민군 잔당은 소모된 병력이고, 이제 제8군은 맥아더 장군의 협공 작전 후반부를 마무리짓기 위해 공세에 나섰다. 이날 미 제7보병사단이 합류한 해병대가 인천에서 서울로 진격하는 동안, 남쪽으로 322킬로미터 떨어진 제1기병사단을 비롯한 미국, 한국, 영국 부대는 방어선을 돌파해 낙동강을 건너 서쪽과 북쪽에서 북한군과 충돌, 그들의 발을 묶거나 사살 또는 생포하여 그들의 서울 방어군을 증원하지 못하도록 하고 있다.[23]

제7기병연대 제2대대의 첫 번째 목표는 낙동강 동쪽 4.8킬로미터 지점에 있는 297미터 높이의 300고지다. 이곳을 방어하고 있는 북한군은 대구에서 왜관과 낙동강으로 가는 도로를 감시할 수 있어, 제1기병사단이 낙동강과 그 너머로 진격을 하여 최종적으로 인천 상륙 부대와 합류하는 것을 막고 있다. 어제 버디 웬젤이 소속된 G중대의 소총병과 기관총병들은 공격을 개시했다. 적의 사격을 받으며 논과 개활지를 가로질러 300고지 경사면을 천천히 올라갔지만 결국 후퇴해야 했다. 중대장 프레드 드팔마Fred DePalma 대위를 비롯, 미군 측에 많은 전사자가 발생했다.[24]

오늘 아침, 3개 중대가 공격을 재개할 준비를 하는 동안 한국군 수색대가 300고지 아래쪽을 정찰한다. 그들은 웬젤의 위치로 돌아와 미수습자 시신 한 구를 발견했다고 보고한다. 웬젤과 의무병이 경사면을 따라 올라간다. 박격포탄에 맞아 쪼개진 나무와 도랑에 쓰러져 있는 병사의 시체를 발견한다. 거대한 파편들이 뚫고 나온 그의 등은 피투성이가 되어 있다. 웬젤은 금발 머리를 보고 단번에 알아챈다. 제임스 하지스다. 또 한 명의 친구를, 그것도 절친했던 친구를 잃었다.

위생병은 하지스의 인식표를 다시 한 번 확인하고 그의 지갑과 손목시계, 하모니카를 챙기며 시신을 사단의 영현등록부대에 인계하는 절차를 시작한다. 충격을 받은 웬젤이 할 수 있는 건 참호로 돌아가는 것 뿐이다. 거기서 제7기병대는 곧 공격을 재개할 것이다. 한 차례 미군의 공습과 더불어 이틀 동안 정지와 전진을 반복하며 비탈길을 오른다. 살아남은 북한 방어군이 도망치고 300고지가 탈환된다. 드디어 제1기병사단의 "돌파"가 진행된다.

8월, 제임스 하지스는 집으로 보낸 마지막 편지에서 "나는 살아있다"고 누나인 화니타에게 말했다. 그는 서명을 마친 후 추신을 덧붙였다. "우린 피비린내 나는 지역으로 이동해야 하니 목사님께 모든 조지 중대원들을 위해 기도해 달라고 부탁해줘." 화니타는 답장에서 동생에게 편지를 써달라고 간청했다. "너의 소식을 들은 지 3주 정도 지났어."하고 그녀는 말했다. "너무 걱정돼서 어떻게 해야 할지 모르겠어." 그녀는 전쟁이 곧 끝날지도 모른다고 썼다. "그렇게 되길 바라고 네가 집으로 돌아와서 우리 모두를 볼 수 있기를 바라. 그때가 우리 모두에게 얼마나 행복한 시간이 될지 넌 모를 거야."

이 편지는 플로리다로 다시 반송되었다. 봉투에는 "발신인에게 반송" 외에 부관 참모실의 직인이 또 찍혀 있다. "작전 중 실종으로 확인"

버디 웬젤은 오랜 펜팔 친구인 하지스의 여동생 도로시에게 편지를 쓰기

전에, 군이 경로를 통해 가족에게 그의 사망을 알릴 시간을 주기 위해 기다리기로 했다. 그는 어떻게 서류상, 공식적으로는 제임스 하지스가 한국의 "유혈낭자한 영토"에서 사망하지 않았다는 건지 도무지 알 수 없다. 오늘, 공산주의 중국의 영문 뉴스 제공 서비스에 실린 한국발 보도는 예전에 영동 근처에서 있었던 미군의 "야만적인" 행위에 대해 언급하며, "철로 지하도 한 곳에서 200구 이상의 노인, 여성, 어린이 시신이 발견되었다"고 전한다.[25]

진격하는 개리오웬즈는 노근리에서 참호를 파고 사흘간 있었던 7월의 퇴각선보다 더 동쪽으로 북상하는 경로를 계획해 놓았다. 그러나 제7기병대 전우들이 하나둘 쓰러져가는 가운데, 계속해서 싸우는 대원들은 영동 동쪽의 지하도에서 그들이 했던 일을 기억에서 지울 수 없다.

《《《

전세가 역전되었다. 재앙이 다가온다. 유성철이 포위된 13개 보병사단에 낙동강 북쪽으로 철수할 것을 명령한다.[26] 김천의 조선인민군 사령부에서 참담한 보고를 받고 후퇴 명령을 외치며, 이 젊은 총참모장 대행은 감정이 격해진다. 그는 눈물을 감춰야 한다.

서울로 돌아가는 후방 지역이 넓게 열려 있어 위험할 정도로 취약하다는 것은 누구나 알고 있었다. 하지만 미군의 인천상륙작전 소식은 여전히 충격으로 다가왔다. 유성철은 압도당하고 있는 서울의 부대원들로부터 지원 요청을 즉각적으로 받았지만 아무런 도움도 줄 수 없었다.

7월에 승기를 잡았던 인민군은 지난 한 달 동안 가공할 만한 공습과 포격, 그리고 과도하게 늘어진 그들의 보급로 차단으로 급속하게 붕괴되었다. 한 대대의 보유 목록을 보면, 장교 6명을 포함해 병력은 4분의 1 수준인 151명이고, 소총과 권총은 82정, 수류탄은 92발에 불과하며, 남아 있는 6

대의 경기관총에 실탄은 300발도 채 남지 않았다.[27] 다른 대대들도 상황은 비슷하다.

유성철은 지도를 보며 두 달 전 그들이 대전을 점령하기 위해 진격할 때 성공적으로 도하했던 금강을 따라 새로운 방어선을 구축해야 한다고 결심한다. 하지만 그렇게 방어선을 조정하는 것이 불가능하다. 사단급 이하에서는 통신이 두절되고 있다.

앞으로 며칠 안에 연대, 대대, 심지어 각각의 분대도 개별적으로 판단하고 생존해야 한다는 것을 알게 된다. 약 100,000명의 병력이 북쪽으로 이동하거나, 낙오자나 게릴라가 되어 시골로 숨어들어야 하고, 그중 강제로 징집당한 수많은 남한 사람들은 그냥 고향으로 돌아갈 것이다.[28] 한편, 서울로 근접 중인 미 해병대가 북쪽으로 322킬로미터 떨어진 한강 남쪽 기슭에 도착한다.[29]

1950년 9월 23일, 토요일

어둠이 깔리자 조선인민군 제6사단의 후위대는 좁은 진주 고개에서 저지 진지를 포기하고 남강을 건너 8킬로미터 후퇴한다. 격파되어 사기가 저하된 인민군 사단의 본대는 이미 북쪽으로 퇴각 중이며, 미국이 주도한 부산 방어선 돌파 작전이 북한군을 강하게 압박하고 있다.[30] 전쟁이 발발했을 때만 해도, 제6사단은 1940년대 후반 중국 공산주의 혁명군에 소속되어 있던 베테랑 조선인들 위주로 구성된, 조선인민군의 가장 막강한 사단이었다. 그러나 몇 주 동안 지속된 전투와 그로 인한 사상자 발생, 식량과 물, 탄약이 점점 감소하면서 그 위세가 크게 위축되었다. 11,000명에 달하던 병력은 3,000~4,000명으로 줄어들었고, 8월에 조선인민지원군이 전투력이 거의 없는 남한인들을 강제로 징집하기 시작하면서 사단의 병력 수는 늘어났지만 전력은 거의 회복되지 않았다.[31]

선선한 가을 공기가 느껴지는 오늘밤, 리인모가 사단 본부 부대와 함께 북쪽으로 터벅터벅 걷는다. 그는 주위의 모든 것이 무너지고 있음을 감지한다. 두 달 동안 중앙통신사에 경쾌한 글을 써보냈던 이 노동당 충성파이자 선전가는 자신이 어려운 선택에 직면해 있음을 깨닫는다.

많은 수의 헌신적인 군인들, 특히 조선인민군에 자원했던 남한 좌파들이 남한 게릴라에 합류하기 위해 흩어져 지리산 자락으로 들어가고 있다. 이곳은 남해안 중간 지점에서 내륙으로 56킬로미터 떨어진 곳에 위치하고 있으며, 해발 1,915미터 높이의 "진귀한 지혜의 산"이라는 뜻을 지닌 지리산과 장대한 주변 지역이 숲으로 뒤덮여 있다. 외딴 마을들과 수백 년 된 불교 사찰들이 있는 지리산 일대는 1948년 이승만 정부에 대항하는 봉기가 있은 후 좌파 게릴라들의 은신처가 되어 왔다. 비정규 세력의 안식처로서의 역할은 16세기 일본 군벌 도요토미 히데요시의 군대에 대항한 저항 세력 20세기 초 지리산이라는 보루 속에서 공격한 "의병들"의 신일본 식민주의자들에 대한 투쟁 등 수백 년 전부터 시작되었다.[32]

리인모가 갈등하고 있다. 그는 고향에 대한 그리움, 그리고 아내와 어머니에 대한 감정 때문에 북쪽으로 이끌린다. 그는 죄책감도 느낀다. 순임의 어머니는 당에 헌신하는 나이 많은 남자와 결혼하지 말라고 경고했었다. 그는 장모의 말이 옳았다는 것을 알고 있다. 또한 집에서는 혁명을 위해 너무 열심히 일하느라, 그리고는 참전에 대한 열망 때문에 가족을 떠남으로써 아내 순임과 두 살배기 딸을 소홀히 했었다는 것도 알고 있다. 하지만 이 외국의 제국주의자인 미국인들이 동포들의 재통합을 가로막는다는 생각이 그를 분노케 한다. 조선의 애국자로서 그는 선택의 여지가 없다고 느낀다. 그는 "이제 나는 펜 대신 소총을 들어야 한다"고 혼잣말을 한다.

그와 함께 후퇴하던 6사단 부대가 진주에서 북서쪽으로 48킬로미터 떨어진 함양에 도착하자, 그는 부대에서 떨어져 나온다. 그는 인근 마을로 가서 노동당 지역위원회의 게릴라 모집책에게 안내된다. 한 조사관은 서른셋의 키가 크고 마른 리인모와 그가 쓰고 있는 두꺼운 테의 안경을 회의적으로 바라본다. 그는 게릴라 전투는 "건강하지 않은 사람에게는 불가능한 일"
이라고 말한다.

리인모의 결연한 마음은 흔들리지 않는다. 그는 1948년 게릴라 소탕 작
전에서 정부군에 의해 소실된 지리산 자락의 고대 불교 사찰 대원사 유적
지 근처에서도 용사들이 모집되고 있다는 사실을 알게 된다. 1948년의 좌
익 반란군 중 살아남은 이들은 북한군 점령 당시 잠시 산에서 내려왔다가
이제 다시 산으로 돌아가 있다.

리인모가 19킬로미터가 넘는 험한 길을 고독하게 걸어야 하는 여정을 시
작한다. 단풍나무와 우뚝 솟은 금강송 숲을 지나고 300여 미터 높이의 산
길을 넘으며, 버려진 농가에서 하룻밤을 지낸다. 마침내 그가 조직원인 지
역 노동당원들을 만났을 때, 그들 역시 창백하고 무기도 없는, 그들보다 나
이도 많은 이 남자에 대해 확신이 서지 않는다. 그들은 리인모에게 그들이
착복해 놓은 소들을 돌보는 일을 맡겼지만, 그는 그런 하찮은 일을 맡기는
것이 모욕적이라고 생각한다. 그러나 며칠 만에 지방 당 대표가 그의 뒤를
조사하고는 그를 거부한 "실수"에 대해 사과한다. 그들은 리가 북한에서 선
전원으로 활동한 과거에 대해 알게 된다. 그들은 지리산 게릴라 부대에서
리인모에게 맡길 일이 있다.

현재까지 소속 부대에서 이탈한 약 15,000명의 북한군 병사들이 지리산
에서 북동쪽으로 240킬로미터 떨어진 오대산까지 이어지는 고지대에 본거
지를 둔 남부 반란군의 핵심 부대에 합류한 것으로 추정된다. 그들은 적의
보급 호송대를 습격하고, 식량 창고를 약탈하며, 통신선을 끊고, 경찰 초소
를 공격하고 있다.[33] 어떤 한 게릴라 무리가 지리산 북쪽 가장자리를 가로
지르며 한국의 남서쪽과 남동쪽을 연결하는 중요한 동서 도로를 반복적으
로 공격하고 있다. 바로 거기에 리인모가 속해 있다.

1950년 9월 25일, 월요일

해병대가 인천에 상륙한 지 열흘이 지났다. 항구와 인근 서해 바다에는 미 해군 함정의 회색 선체와 나직이 잠겨 하역을 위해 정박해 있는 화물선들로 가득하다. 해변에는 탄약, 식량, 장비가 담긴 상자가 줄지어 있고, 새로 도착한 트럭과 지프차, 그리고 서울을 향한 마지막 진격 명령을 기다리는 증원 병력들이 있다.

길 아이셤 이병은 주변 광경에는 신경쓰지 않고, 당장 수행해야 할 단 한 가지 임무, 즉 군함 갑판에 매달린 화물망을 타고 조심스럽게 상륙정으로 내려가는 것에만 집중하고 있다. 준비가 미흡했던 7월의 미군과 달리, 길 아이셤이 소속된 제17보병연대 예하 이지 중대Easy Company를 포함한 제7보병사단은 상륙작전을 위해 까다로운 그물을 내려가는 적절한 방법 등 일본에서 병사들을 좀더 제대로 훈련시킬 시간을 가졌다. 하지만 2차 세계대전 참전 용사들이 대다수인 제7보병사단의 장교들과 하사들이 밀워키 고등학교를 중퇴한 열여덟 살의 아이셤('아이셤'으로 발음한다고 그는 사람들에게 말한다)이 한국에서 마주하게 될 상황에 완벽하게 대비할 수 없었다. 여전히 해군의 대형 함포가 멀리 떨어진 육지의 목표물을 향해 발사되고, 아이셤이 함정 옆으로 내려와 상륙정에 탈 때 그 소리가 선체를 통해 울려 퍼진다. 아이셤은 보트가 잔잔한 파도를 헤치고 해안으로 향하는 동안 주어진 위치를 사수한다. 보트가 9월 15일 해병 상륙 지점 중 하나로 지정된 블루 비치Blue Beach에 상륙한다. 제2소대원들이 하선하여, 5미터 높이의 방파제에 임시 사다리를 설치하고, 한 명씩 한 명씩 전쟁터로 올라간다.

해병대는 인천에서 북동쪽으로 40킬로미터 떨어진 서울로 꾸준히, 그러나 조심스럽게 진격하고 있다. 어제서야 해병대 1개 대대가 DUKW라 불리는 개방형 상륙양용차를 타고 마침내 한강을 건너, 남서쪽에서 서울이 내려다보이는 북한군이 점령한 능선을 공격해 점령했다. 전투는 엄청난 대가를 치렀다. 고지 한 곳을 점령하는 과정에서 한 해병 중대는 206명 중 178

명의 사상자가 발생했다.[34]

이제 남한의 수도에서 수천 명의 북한군이 거리에 설치된 바리케이드 뒤, 건물 옥상 위 안뜰에 숨어 미군을 기다리고 있다. 아이셤이 소속된 제7보병사단The 7th Infantry Division의 임무는 동쪽으로 더 멀리 치고 나가서 한강 이남에 진출한 다음 남동쪽에서 수도를 공격하는 것이다. 사단의 3개 보병연대 중 2개 연대가 제17보병연대에 앞서 작전에 투입되었다.[35] 이지 중대가 2개 대열로 정렬하여 동쪽으로 향하는 도로를 따라 들쑥날쑥하게 행군을 시작한다. 마르고 강인한 체구에 키가 168센티미터인 길 아이셤은 M-1 소총, 어깨에 멘 탄대 2개, 수류탄 6개, 구급대, 탄띠, 수통, 총검, 삽 등 전쟁에 필요한 장비를 모두 갖추고 있다.

화창한 9월의 오늘, 불에 탄 나무와 썩어가는 시체의 냄새, 불타버린 북한군 전차들과 그 근처에 있는 승무원들의 시체, 멀리서 들리는 포성 등 전쟁의 모습과 소리와 냄새가 사방에 가득하다. 새로 도착한 모든 미군들과 마찬가지로, 아이셤과 그의 동료들 역시 논에 거름으로 사용된 인분의 지독한 냄새에 충격을 받는다. 일부 한국인들은 전쟁에 대해 무관심한 듯 푸른 계단식 밭에서 일하고 있다. 그러나 무너진 초가집들과 죽은 동물들, 버려진 밭들 등 마을은 전투의 참화慘禍를 그대로 보여주고 있다.

바로 이날 아이셤이 소속된 제17보병연대가 전개하자, 자매부대인 제7보병사단 예하 제32연대가 한국군 1개 연대와 함께 한강을 건너 남동쪽에서 서울의 중심부를 공격, 감제고지瞰制高地인 남산을 점령한다.[36] 한편 아이셤이 속한 이지 중대는 한강 이남에서 동쪽으로 꾸준히 진격하며 흩어져 있던 인민군 부대와 충돌한다. 제7보병사단이 마침내 서울 남쪽의 전략적 요충지인 고지 두 곳에 도착, 참호 진지를 구축하고 있던 인민군 부대와 반나절 동안 치열한 전투를 벌인다.[37] 전차, 포, 전폭기 등 압도적인 미군의 화력으로 인해 적군의 시체가 이 지역에 산재해 있다.

아이셤은 불도저 블레이더를 장착한 해병대 전차가 북한군 병사들의 시체들을 한꺼번에 밀어낸 다음, 그 생명이 없는 젊은이들의 시체 더미 위에 흙을 잔뜩 덮어 "매장"하는 모습을 보며 경악을 금치 못한다. 전쟁의 소름 끼치는 현실이 확실하게 느껴지기 시작한다. 고지전이 끝나고 얼마 지나지 않아 아이섬의 분대가 북한군 한명을 체포한다. 이지 중대 소총수들은 그 지역을 떠나야 하기 때문에 다리에 가벼운 부상을 입은 그 포로를 해병 소위에게 인계한다.

아이섬 일행과 자신의 부하들이 보는 앞에서 해병 소위는 즉시 45구경 권총을 꺼내 북한군 포로의 머리를 조준하고 방아쇠를 당긴다. "모든 게 처리되었다. 포로는 확보됐다." 소위가 외친다.

전투 첫날, 젊은 길 아이섬은 역겨움을 느낀다. 하지만 이런 일은 다른 곳에서도 벌어지고 있다. 사단 문서에는 그가 속한 바로 그 이지 중대 관련 사건이 기록되어 있다. 이지 중대원 한 명이 한국 해병대와 함께 서울 남쪽 고지 꼭대기에서 전쟁포로 5명을 사살한 사건이다. 다른 이지 중대원들 앞으로 곧 처형당할 북한군 포로들이 끌려서 지나갈 때 그들은 소리쳤다. "모두 쏴버려! 모두 쏴버려!"[38]

<<<

자정이 지났다. 218번 병사가 매트에 누워 조용히 눈물을 흘리고 있다. 고향에 대한 그리움, 두려움, 그리고 방 안 가득 있는 남한의 젊은 여성들을 북한군의 전쟁에 참전시키기 위한 집중 훈련의 고단함 때문이다.

안경희와 다른 여성 징집병들이 임시 훈련소에 온 지 며칠이 지났다. 일부는 재빨리 탈출해 전라남도의 익숙한 길을 따라서 집을 찾아갔다. 조선인민군 교관들이 경계를 강화했다. 그런데 남아 있던 훈련병 중 몇몇은 열악한 시설의 비위생적인 환경에서 이질에 걸려 일일 훈련에서 빠지기 시작했다. 부족한 배급량으로 인해 모두 허기지고 쇠약해진 데다, 경희는 만성

빈혈까지 겹쳐 건강이 더욱 악화되어 갔다. 자신이 잃어버린 것들과 앞으로 닥칠 일들에 대한 생각과 장면들이 경희의 머릿속을 스쳐 지나가는데, 창문 너머로 불빛이 보인다. 그리고는 무언가 타는 듯한 소리가 들린다. 조선인민군 교관들이 문서를 파기하고 있다. 그녀는 이 사실을 이후에나 알게 된다.

경희는 마침내 깊은 잠에 빠진다. 그러다 갑자기 폭발음이 들려 놀라 그녀가 깨어난다. 그리고는 어둠 속 어딘가로부터 1분가량 총성이 들린다. 훈련병들은 너무 지친 나머지 그중 한 명만 일어나 무슨 일인지 알아보려다가 다시 매트에 쓰러진다. 경희가 밖에서 들려오는 차량 소음과 고함 소리에 두 번째로 잠에서 깬다. 그녀는 힘겹게 일어나 창문 쪽으로 간다. 학교 운동장에서 군인들이 움직이고 있다. 햇빛에 부신 눈을 가늘게 뜨고 바라보니, 그 군인들은 황갈색 전투복을 입고 있다. 그녀는 위를 올려다본다. 국기 게양대에 한국의 국기인 태극기가 게양되어 있다. 북한군들은 도망쳤다. 훈련병들의 웅성거림이 흥분으로 가득 찬 큰 소리로 바뀐다.

훈련병들이 밖으로 나온다. 갑자기 국군들이 총을 겨눈다. 군인들은 여성들에게 손을 들라고 소리친다. 경희는 북한 군복을 입고 있으니 그들의 행동이 당연하다고 생각한다. 몇 분도 지나지 않아, 훈련병들은 전쟁포로수용소로 끌려갈 거라고 군인들이 이야기하고 있다는 말이 퍼진다. 믿기지 않는 말에 충격을 받은 몇몇 젊은 여성들은 눈물을 흘린다. 여성들은 자신들은 인민군에 강제로 징집되어 온 남한 사람들이라고, 자원자가 아니라는 사실을 이해해 달라고 군인들에게 호소한다. 그러나 강제 징집된 여성들의 말은 무시당한다. 그러자 경희가 한 젊은 장교에게 다가가 그들의 상황을 설명한다. 장교는 "위에서 내려온 명령에 따르는" 것이라고 말한다. 그녀는 포기하지 않고 눈물을 흘리며 재고해달라고 부탁한다. 장교는 그녀의 어깨에 부드럽게 손을 얹고, 자신의 동생도 "자원자"로 끌려가 지금 전쟁포로수용소에 있는 상황이라 이해한다고 말한다. 그녀는 장교가 그렇게 말해

봤자 소용없다는 것을 알고 있다. "며칠만 지나면 풀려날 거예요"라며 그는 경희를 안심시킨다. "군대는 그저 공산주의자가 있는지 확인하는 것뿐입니다." 트럭이 일렬로 다가온다. 얼마 없는 소지품을 든 여인들은 트럭에 탑승하라는 명령을 받는다. 그들은 부산 지역으로 향한다는 말을 듣는다.

호송 행렬이 흙먼지를 일으키며 출발하여 한반도 남쪽의 험한 도로를 따라 이동한다. 비좁은 공간에 기댄 채, 경희는 6. 25 남침 이후 그녀가 겪은 일들에 대해 생각도 하고, 어머니의 얼굴을 떠올리기도 한다. 그리고 아버지는 부산에서 어떻게 지내고 있는지도 궁금해하고, 국군 중위인 오빠가

1950년 7월, 흑인으로만 구성된 미 육군 부대들이 한국에 도착한 뒤 전선으로 이동한다. 클래런스 애덤스는 미군 전차에 깔린 민간인들을 비롯하여 그가 목격한 광경에 충격을 받는다. "도대체 어떤 전쟁이길래 이런 일들이 벌어지는 걸까?" 그는 의문이 든다. (미 육군 제공)

무사하기를 기도한다. 얼마 후 그녀는 잠이 든다. 경희가 잠에서 깨어났을 때, 날은 어두워졌고 트럭들은 천천히 움직이고 있다. 그녀는 목적지가 가까워지고 있음을 느낀다. 헤드라이트에 비친 삼중의 가시철사로 만들어진 울타리와 그 너머로 수용소 막사가 보입니다. 그녀는 마음이 무거워진다. 그녀는 북한군이 퇴각할 때 붙잡힌 수많은 포로 중 한 명일 뿐이다. 8월에 1,000명 미만이었던 포로 수가 130,000명 이상으로 급증하면서 미군 사령부는 이들을 수용하고 통제하는 데 갑작스러운 어려움을 겪고 있다.[39]

<<<

미 제2보병사단은 낙동강 방어선을 돌파하며 한반도 남단을 가로질러 신속하게 서쪽으로 진격했다. 지체 없이, 제38연대가 10시간 동안 117킬로미터 이상을 거침없이 밀고 내려가면서 초계, 거창을 거쳐 전라북도의 도청 소재지인 전주를 차례로 점령했다.[40] 제503야전포병대대의 포병들은 뒤처지지 않기 위해 커다란 구멍투성이의 진흙탕 도로 위를 트랙터로 곡사포를 견인하며 최선을 다해 달려야 한다. 탄약 운반병 클래런스 애덤스에게 참전 후 첫 몇 주는 두려운 시간이었다. 사단은 낙동강을 가로지르는 북한의 결연한 공격에 휘청거리다가 다시 반격했으며, 자신은 무거운 155밀리 포탄을 힘들게 운반해서 포에 장전하며 적의 공격에 쓰러지는 동료 포대원들을 지켜보았다. 어느 날 갑자기 비처럼 쏟아진 박격포탄에 한 명이 애덤스의 눈앞에서 산산조각이 났고, 또 다른 한 명은 애덤스가 그에게 말을 하던 중 저격수가 쏜 총탄에 머리를 맞고 사망했다.

지금까지 많은 미군 병사들이 그랬던 것처럼, 제503야전포병대 대원들도 왜 지구를 반 바퀴나 돌아 다른 이의 전쟁에 참전하게 되었는지 의문을 품는다. 하지만 이 흑인 미국인들은 이러한 의구심에 한층 더 의문을 품는다. 미국 백인들은 국내에서 우리를 그렇게 부당하게 대우하면서, 어떻게 우리보고 해외에서 열심히 싸우라고 할 수 있는 거지?

처음엔, 적어도 우리는 한국 사람들을 돕고 있는 거라며 애덤스는 확신했었다. 그러나 지금 미군이 북쪽으로 밀고 올라가면서, 그들은 미군의 화력에 의해 완전히 파괴된 도시와 마을, 길가에 죽어 있는 민간인들을 점점 더 많이 보게 된다. 여자들과 아이들의 시신도 보이며, 심지어는 미군 전차 밑에 깔려 죽은 사람들도 목격하게 된다. "도대체 어떤 전쟁이길래 이런 일들이 벌어지는 걸까?" 그는 의문이 든다. "무고한 민간인을 죽이면서까지 우리가 여기에 있어야 할까?"

▌1950년 9월 26일, 서울에서 미 해병대원들이 포로들을 줄지어 끌고 가고 있다. 전날 인천에 상륙한 육군 제7보병사단 소속의 길 아이섬은 처음으로 전투를 경험하고, 한 해병 장교가 부상당한 북한군 포로를 즉결 처형하는 장면을 목격하고는 역겨움을 느낀다. (미 해병대 제공)

1950년 9월 27일, 수요일

허원무는 침실 창문으로 미군이 조선인민군을 서울에서 몰아내기 위해 싸우는 모습을 지켜본다. 어머니와 누나, 동생들은 거실 바닥 밑에 있는 허원무의 비좁은 은신처에 숨어 들었다. 하지만 어머니의 간청에도 불구하고 넋이 나간 원무는 눈앞에서 격렬하게 벌어지는 전투에서 눈을 뗄 수 없다.

북쪽으로, 기관총에서 발사된 예광탄들이 서울의 서쪽 끝자락에 곶 형태로 솟아있는 338미터 높이의 인왕산—미군들에겐 338고지—위에 있는 북한군의 진지로 날아가고 있는 것이 보인다. 머리 위로 제트기들이 나타나 로켓을 발사한다. 쿵 하는 포격 소리가 그 뒤로 울려 퍼진다. 원무 가족이 살고 있는 순화동에 폭탄 한 발이 떨어지고 폭탄 파편들이 집 뒷마당으로 쏟아져 내린다.

막 열여덟 살이 된 청년은 두 달 동안 강제징병을 위해 남한 주민들을 일제히 검거하러 다니는 인민군들을 피해 숨어 지낸 끝에 곧 자유로운 몸이 될 것을 이제 안다. 9월 15일 상륙작전 직후, 원무는 크리스털 라디오를 통해 맥아더 장군의 인천 작전 소식을 들었다. 하지만 그는 서울 탈환이 얼마나 임박한 것인지 알 수가 없었다. 그러다 폭발음과 총성이 점점 가깝게 들리기 시작했다.

월요일 아침 자욱한 안개 속에서, 서울의 랜드마크이자 그 능선이 북서쪽으로 서울 중심부를 향하고 있는 남산을 점령하기 위한 미군의 작전이 진행되었으며, 작전은 미 제32보병연대 병력이 수륙양용차를 타고 한강을 건너 산비탈을 타고 진격해 올라가면서 시작되었다. 이들은 수적으로 열세인 북한군을 262미터 높이의 정상에서 손쉽게 몰아냈다. 어제 동이 트기 전, 북한군은 반격에 나섰지만 몇 시간 동안 격렬한 전투 끝에 격퇴당했다. 산비탈에는 북한군의 시체가 널려 있었다.

한편 인천에 상륙한 미 해병대는 10일 만에 결사적으로 저항하는 북한군을 격파하며 해안에서 32킬로미터 이상을 진격하여 마침내 정확하게 서쪽에서 서울로 진입했다. 동쪽으로는 한강을 건너온 한국군 제17연대가 서울에서 동쪽으로 향하는 주요 고속도로가 내려다보이는 거점들을 장악했다.

서울역을 점령한 해병대가 북쪽으로 서울 중심부 더 깊숙이 진격하기 시작하면서, 격렬한 "바리케이드 전투"는 오늘 아침에도 여전했다. 해병대원들은 교차로마다 흙으로 채워진 쌀자루로 가슴 높이 쌓은 바리케이드 뒤에서 기관총과 대전차포를 쏘는 조선인민군 후위대와 마주쳤다. 이러한 블록

1950년 9월 말, 서울 시가전에서 미 해병대원들이 쓰러진 적군을 확인한다. 미군이 남한의 수도로 밀고 들어갈 때, 십 대 소년 허원무는 꼼짝도 하지 않고 창문 너머로 지켜본다. (미 해군 제공)

단위의 전투는 매일매일 반복되었으며, 필연적으로, 방어하는 북한군에게는 치명적인 것이 되었다. 해병대 혹은 해군 항공기가 출격하여 바리케이드에 기총소사를 가했다. 전차들이 출동하여 주포를 발사하여 바리케이드를 파괴하고, 때로는 화염방사기를 발사하여 바리케이드와 인민군 병사들을 소각시켜 버렸다.

한낮에 허원무가 몇 시간 동안 계속되는 338고지 탈환전을 멀리서 지켜보고 있을 때, 해병대원들은 예전에 반도호텔이었던 미 대사관 위에 성조기를 게양하고 있다. 다른 대원들은 주요 목표인 정부청사를 점령한다. 7시까지 해병대가 338고지 점령을 완료한다. 밤하늘은 서울 도심을 뒤덮은 불길로 인해 환하다. 목요일, 조선인민군의 마지막 병력이 북쪽으로, 3개월 전 그들이 서울을 기습할 때 핵심 교차로였던 의정부를 향해, 그리고 그 너머 북한을 향해 뿔뿔이 흩어져 간다.[41]

유엔군 사령부가 서울을 탈환하기 위한 2주간의 전투에서 최종적으로 14,000명의 북한군이 전사한 것으로 추산한다. 미군과 한국군 사망자 및 실종자는 500여 명 이상, 부상자는 3천여 명으로 추산된다.[42]

모두가 다 치열하게 싸우다가 전사한 것은 아니다. 일례로, 옷이 벗겨진 한 무리의 북한군 포로들이 죽은 채 발견되었다. 서울의 한 호텔 지하에 있는 비어 있는 대규모 일본식 목욕탕에 버려진 이들은 서울로 진격 중이던 해병대의 총에 맞아 죽은 것이었다.[43]

굳이 거리로 나온 허원무와 다른 주민들이 불타는 폐허가 된 서울의 모습을 보게 된다. 북한군뿐만 아니라 교전에 휘말린 불운한 민간인들의 피투성이가 된 시신들이 비틀어진 채 여기저기 널브러져 있다. 미군들이 노획하고 있는 모습도 보인다. 그들은 가치 있어 보이는 물건들과 식량, 간단한 생필품들도 눈에 띄는 대로 가져가고 있다. 포로로 잡혀온 인민군 병사들이 속옷만 걸친 채 줄을 지어 터벅터벅 걸어가는 모습도 보인다.[44] 허원무는 인민군에게 발각되어 그들 군대로 끌려가지 않았다는 사실에 큰 안도감을 느낀다. 그가 숨어 지내던 시절은 이제 끝이다. 하지만 이제 그는 국군 징집과 조국인 남한 조국 수호에 대한 어려운 결정을 내려야 한다.

<<<

방금 전까지 마당이 텅 비어 있었는데, 어느새 그 다져진 흙바닥 위에 그들이 서 있는 걸 장상이 보게 된다. 너덜너덜해진 더러운 군복을 입은 두 명의 젊은 군인. 얼굴은 초췌하고 눈빛은 애원하는 듯하다. 먹을 것만 좀 주면 안 될까? 열 살의 장상과 어머니 김봉현이 서울 북쪽의 연천에 피난처를 마련한 이후 북한군은 마을을 여러 번 지나갔다. 하지만 단 한 번도 이들의 집에 들른 적은 없었다. 지금은 상황이 다르다. 마을에 하나뿐인 라디오가 미군, 즉 "UN군"이 서울에 도착했다는 소식을 전했다. 주민들은 북한산 너머에서 공습과 포격 소리가 점차 빨라지는 것을 들어왔다. 북한군은 혼란 속에 서울은 물론, 보다 더 남쪽으로부터도 후퇴하고 있다. 며칠 전부터 식량과 탄약 보급이 끊겼다. 통신도 끊겼다. 남한 전역에서 차가 다닐 수 없는 산길이나 사람들이 잘 다니지 않는 시골 길을 통해 북쪽으로 향하는 낙오자 무리들이 농부와 마을 주민들에게 구걸을 하거나 식량을 그냥 강탈하고 있다.

갑자기 그런 낙오자 두 명을 마주친 장상의 어머니는 망설인다. 그러다 그들의 억양을 듣게 된다. 그렇다. 그들이 두 모녀가 떠난 지 3년도 넘은 북쪽 끝 평안북도 출신이라는 것을 그들의 억양이 말해주고 있다. 그녀는 더 이상 망설이지 않는다. 그녀는 그들에게 그녀의 소중한 쌀을 나눠주기 위해 집 안으로 들어오게 한다. 그들을 보던 장상이 깜짝 놀란다. 이 군인들은 총만 들었을 뿐, 그냥 깡마르고 순진해 보이는 소년들일 뿐이다. 지금은 붕괴되고 있는, 한반도 전 지역을 정복하려는 계획을 수행하기 위해 가능한 많은 남자들을 징집해야 하는 북한의 필요에 의해 잡혀갔던 것이다.

극도로 지쳐 있던 젊은 군인들이 감사한 마음으로 밥을 급하게 먹고는 조용히 휴식을 취한다. 날이 어두워지자 그들은 떠난다. 장상은 그들이 고향의 아이들이라는 사실을 알고도 "기독교적인" 행동을 하는 어머니의 모습에 깜짝 놀랐다. 여섯 살 때, 평안북도의 젊은 과부 봉현의 집 앞에 일본 여자들이 찾아와 먹을 것을 구걸하고, 어머니가 그들을 도와주었던 일을 딸은 기억하고 있다. 1945년은 식민지인 한국에 거주하고 있던 일본인 가족들에겐 끔찍한 시기였다. 35년간의 가혹한 한국인 통치 끝에, 전세가 역전되어 패전한 일본인들은 한국에서 쫓겨나고 있었다. 그 와중에 가족들과 헤어지거나 때로는 한국인들로부터 폭력적인 보복을 당하는 등 혼란스러운 상황이 발생했다.

떠나지도 머물지도 못하며 돈도 없는 일본인 아내들과 어머니들은 저명한 장씨 가문의 며느리인 김봉현이 도움을 줄 것이라는 것을 알고 있는 것처럼 보였다. 이제 이곳 연천 사람들도 어린 딸을 데리고 있는 과부가 착하고 너그럽다는 것을 알고 있다. 장상은 누군가가 어머니가 한 일을 신고할까 봐, 어머니를 공산주의 동조자라고 비난할까 봐 두렵다. 하지만 전쟁의 잔인함, 증오, 피비린내 나는 비난, 즉결 처형은 끝내 연천에 닿지 않는다. 김봉현과 아이는 아무런 해를 입지 않는다.

1950년 9월 29일, 금요일

평양 주재 소련 대사가 모스크바와 요제프 스탈린에게 보낸 암호화된 전보를 통해 "불안해하는" 김일성과의 만남에 대해 직설적으로 보고한다. 슈티코프 대사는 "현재의 어려운 상황에서는 누구나 혼란과 절망을 느낄 수 있습니다."라고 썼다. 장군이었던 그는 "극적으로 악화되고 있는" 인민군의 상황에 대해 이야기한다.

김일성은 스탈린에게 보낸 별도의 전보에서 적의 절대적인 공군력이 어떻게 현재의 "극도로 심각한 상황"을 초래했는지 상세하게 말한다. 그는

"서울을 완전히 점령한 후 적군은 조선에 대한 추가 공세를 개시할 가능성이 높습니다."라고 크렘린 서기장에게 썼다.[45]

김일성에게는 공군이 필요하다. 여름 내내 미국의 공습으로 북한의 공군력은 전투기가 132대에서 18대 이하로 줄었다.[46] "하지만 우리는 잘 훈련된 조종사를 보유하고 있지 않다… 따라서 친애하는 이오시프 비사리오노비치, 우리는 당신에게 특별한 지원을 요청하지 않을 수 없습니다."[47]

긴장감이 감도는 수도에서 483킬로미터 떨어진, 한반도 북동쪽 끝에 있는 폐기된 철도 터널에서 해군 군관학교 생도 노금석은 이상한 훈련을 목격한다. 동료 생도들이 한 명씩 회전 의자에 앉으면, 의자를 20바퀴 빙빙 돌린다. 그리고는 생도들은 손가락을 땅에 대고 그 축을 중심으로 20바퀴 돌라는 지시를 받는다. 그런 다음 그들이 일직선으로 걸어보려고 하면 많은 이들이 어지러워서 쓰러진다. 저런 테스트를 하는 이유를 듣지는 못했지만 노금석은 그 이유를 알고 있다고 확신한다. 비행 훈련에 적합한 젊은이들을 찾아내기 위한 것 말고 무슨 다른 이유가 있을까?

생도들이 지내고 있던 산 중턱 동굴이 있는 청진이 7월 말 미국의 폭격으로 초토화된 후, 그들은 북쪽으로 97킬로미터를 행군해 해군군관학교의 새 숙소인 이 터널로 이동했다.

밤에는 야외에서 훈련하고 낮에는 주로 정치 연설 들으며 눅눅한 새 숙소에 정착한 지 얼마 지나지 않아, 연안에 위치한 미 해군 함정들이 그들이 있는 산악 지대에 매일 함포 사격을 가했다. 미 해군의 포격은 2주 동안 계속되었고, 미군은 그들의 정확한 위치를 파악하기 위해 노력했지만 실패한 것처럼 보였다.

그들은 현재 보병 훈련 중이다. 북한의 소규모 공군과 마찬가지로, 러시아제 60피트 어뢰정 몇 척을 포함해 약 45척의 소형 선박으로 구성된 북한 해군은 개전 초기에 대부분 파괴되었다.[48] 지금은 해군 훈련병들이 해상보다 지상전에서 훨씬 더 필요한 상황이다.

"빙글빙글" 돌고 있는 생도들을 보면서, 노금석은 이 테스트를 통과하면 조종사 훈련에 참여하게 될 것이고, 그 훈련은 수개월 동안 지속될 것이니까, 그 동안은 지상전에 투입되지 않을 수 있겠다고 재빨리 계산한다. 그들이 가장 최근에 들은 북한의 참담한 패배 소식으로 판단해볼 때, 그때쯤이면 전쟁은 끝날 것이다. 그는 테스트를 받겠다고 요청한다. 173센티미터의 키에 단단한 체격의 생도는 약간의 비틀거림도 없이 통과한다. 그는 다른 신체 검사도 통과한다. 그리고 열여덟 살의 노금석은 곧 중국의 비행학교로 보내질 예정이다. 한편 일요일 평양에서 김일성은 박헌영 부수상에게 또 하나의 매우 중요한 메세지를 맡긴다. 베이징의 마오쩌둥에게 부수상이 직접 전달하라고 지시한, "중국 인민해방군이 직접 참전해 우리를 지원해줄 것을 긴급히 간청하는" 편지가 바로 그것이다.[49]

10월

1950년 10월 2일, 월요일

한국인 지프차 운전사가 주곡리 옆 큰길에 그들을 내려주는데, 때는 이미 저녁이다. 마을에 이르러 7월 말 미군이 주곡리를 "태웠을 때" 불에 탄 집들 중 정씨 집이 있다는 사실에 그들은 낙담한다.

박선용과 남편 정은용, 그리고 형인 정관용에게, 낙동강변의 한 여관에서 하룻밤을 보내며 남쪽에서 고향으로 돌아오는 이틀간의 여정은 살육과 폐허의 풍경 속을 통과하는 것이었다. 어떤 의미에서 그들은 운이 좋았다. 처음에는 미군 트럭 운전사가, 그다음에는 관용의 지인인 한국군 병사가 길을 따라 그들을 태우고 대부분의 이동 거리를 태워주었다. 선용은 미군이 두려워 몸을 움츠리며 뒤로 물러섰지만 은용이 그녀를 설득해 트럭에 태웠다.

세 사람이 가는 길 내내 길가의 시체들, 불길에 검게 그을린 마을들, 파괴된 탱크와 차량의 잔해들이 보였다. 한 번은 마을 주민들이 북한군 병사들의 부패한 시신을 오두막에서 끌어내는 것을 목격하기도 했다. 인민군이 퇴각할 때 부상을 입은 그들을 죽도록 방치한 것으로 보였다. 마지막 남은 수 킬로미터를 이동할 때, 선용 일행은 어둠 속에서 노근리 다리 옆을 지나기도 했다. 그곳에서 학살이 일어난 지 두 달이 지난 지금, 그리고 피난민으로 지낸 지 두 달이 지난 지금, 그들은 두려움을 떨치지 못하고 고향으로 돌아가고 있다. 그들은 주곡리의 한 친척 집이 파괴되지 않아서 살아남은 정씨 일가 사람들이 그곳에 모여 있다는 사실을 알게 된다. 서둘러 그 친척 집으로 가서, 은용과 관용은 그들의 부모님과 재회한다. 어머니가 노근리에서 입은 상처로 흉터가 생겼지만, 부모님은 생존해 있었다. 그리고 이제 비극적인 사망 인원 파악이 시작된다.

이 미군 사진의 설명글에는 낙동강 방어선 근처 영산에서 이 민간인들이 "게릴라 부대의 야간 공격 중 총격에 휘말렸다"고 적혀 있다. 그러나 미군 지휘관들은 북한군 침투를 우려해 민간인에 대한 무차별 사격을 명령하기도 했다. 노근리에서 미군이 여성과 어린이가 대부분인 피난민들을 대량 학살하는 중에 박선용의 어린 자녀 두 명이 총에 맞아 숨졌다. (미군 제공)

관용의 아내 영옥은 노근리 다리 밑에서 살해당했다. 어린 아들과 세 딸 중 한 명은 부상을 당했고 이후에 그 상처 때문에 세상을 떠났다. 선용과 그녀의 아이들처럼 영옥과 네 명의 아이들도 아버지가 떠나면서 그들만 남게 된 상황이었다. 북한군의 처형을 두려워한 대전형무소 형무관 관용이 7월에 보다 남쪽인 대구로 피신했기 때문이다. 미군이 피난민들에게 총격을 가하자 이 다섯 식구는 다리에서 떨어진 아카시아 덤불에 숨었다. 하지만 어느 순간 영옥은 어떤 이유에서인지 아기를 데리고 다리 밑 지하도로 갔다. 그녀는 나중에 그곳에서 총에 맞아 죽은 채로 발견되었으며, 부상당한 아기는 죽은 엄마의 젖을 빨고 있었다. 관용은 비통한 심정으로 눈물을 흘리는 어머니 품에 쓰러진다. 온 가족이 흐느끼기 시작한다. 선용의 아이들을 포함한 네 명의 아이들과 네 아이의 엄마 등 정씨 집안의 많은 사람들이 목숨을 잃었다.

주곡리와 골짜기 위쪽 임계리의 살아남은 다른 집들에서도 학살 이후 몇 주에 걸쳐 비슷한 장면이 벌어졌다. 아홉 명이던 어느 가족은 이제 네 명이다. 열여섯 살의 한 소녀는 고아가 되어 혼자서 가족의 농사를 돌보며 살아가고 있다. 노근리 다리 밑에서 갓 태어난 아기를 잃은 한 젊은 아내는 이제 정신이 이상해지고 있다. 홀아비가 된 한 아버지는 어린 딸을 무릎에 앉힌 채 하루 종일 울고 있다. 어떤 집에서는 살아남은 사람이 아무도 없었다.

남쪽에서 돌아오고 있는 노근리 마을 주민들은 다리에 있는 수습되지 못한 시신들을 흙더미로 덮어 놓고 나중에 한꺼번에 같이 묻어주려고 기다리고 있다. 집에서도 보일 만큼 가까운 곳에서 벌어진 그 일이 뇌리에서 떠나지 않아 괴로워하는 노근리 주민들이 얼마 지나지 않아 다리 밑에서 혼불, 즉 "유령의 불꽃ghost flames"을 봤다고들 이야기한다. 밤에 보이는 이런 빛 혹은 불빛은 자연적인 원인이 있을 수도 있다. 그러나 한국의 전통에서는 이 현상이 억울하게 죽은 사람의 영혼이 한이 풀릴 때까지 한 곳에 머물며 이승을 떠날 수 있기를 바라고 있는 것으로 받아들여지고 있다. 어떤 사람들에게는 한국의 산과 계곡에서 보이는 "불"들이 전쟁에서 죽은 사람들이 편히 잠들지 못하고 있는 것을 의미하기도 한다.

새로 돌아온 정씨 집안 사람들은 주곡리의 재건을 위해서는 수개월의 시간이 필요하다는 것을 알게 된다. 하지만 적어도 황금빛으로 물든 논은 올해 수확이 풍성할 뿐만 아니라, 전쟁과 북한군으로부터 지켜졌음을 보여준다. 북한군은 너무 서둘러 퇴각해서 그들이 계획했던 만큼 많은 양의 벼를 몰수할 수는 없었다.

짧은 점령 기간 동안 마을 주민들은 북한군을 위해 강제노동을 해야 했다. 목표물을 찾으며 비행하는 미군 조종사들의 눈에 띄지 않도록 낮 동안 산에 숨어 있던 사람들도 있었다. 마을 젊은이 아홉 명 북한군에 징집되었고, 그중 여섯 명은 다시 볼 수 없었다.

결과적으로 한여름에는 논이 방치되었다. 하지만 한국의 십이지十二호 중 가장 길조인 백호의 해인 올해, 날씨가 더할 나위 없이 좋아서 풍작이 가능했다. 또한 마을 주민들은 북한군이 전부 다 후퇴하려면 아직 한참 멀었고, 북쪽으로 교대전진交代前進하며 공세를 펼치고 있는 미국이 수천 명의 북한군들을 그냥 건너뛰고 지나갔다는 사실을 알게 된다. 이런 북한군 낙오자들은 종종 무장한 채, 주민들이 닫힌 문 뒤에 모여 있는 밤 시간 동안 지역 마을을 통과하여 북쪽으로 가려고 한다. 때때로 그들은 가던 길을 멈추고 음식을 요구한다. 한 젊은 여군은 이 끔찍한 전쟁에서 자신을 구하기 위해, 주곡리 마을 주민들에게 현지인과의 결혼을 주선해줄 수 있는지 묻는다.

은용이 집 밖으로 더 멀리 나갈수록, 전쟁으로 인해 피해가 더 많이 보인다. 인근 마을 영동은 미군의 폭격으로 폐허가 되어버렸다. 그 상공을 비행하던 한 미국 기자는 이곳을 원자폭탄이 떨어진 일본의 나가사키에 비유했다. 은용은 일년 전까지만 해도 그들의 고향이었던 더 큰 도시 대전으로 가보지만, 건물 몇 채만 남아 있을 뿐이다.

그곳의 친척들이 은용에게 다음과 같은 이야기를 들려준다. 북한군이 후퇴하기 전에 남한의 경찰, 군인, 정부 관리뿐만 아니라 대전의 여러 곳에 감금되어 있던 "우익" 수감자들을 데리고 나와 인근 골짜기로 끌고 가서, 긴 도랑을 파고 그 도랑을 따라 일렬로 늘어서게 한 다음, 한 명씩 머리에 총을 쏴 집단 매장지로 떨어뜨렸다는 것이다.

대전을 탈환한 미군은 40명의 미군 포로를 포함해 북한군에 의해 처형된 수백 명의 시체를 발견했다. 그러나 미군은 대전의 모든 사망자와 집단 매장지를 북한군의 소행으로 여기며, 희생자가 총 6,000명에 달할 것임을 시사했다. 7월 초에 수천 명이 남한 군경에 의해 즉결 처형되었다는 진실은 "기밀"이라는 도장이 찍힌 미군 보고서와 미국에 의해 조작된 기사로 규정된 앨런 위닝턴의 데일리 워커 보도에만 나와 있다.[1]

1950년 10월 3일, 화요일

오늘은 장상의 열한 번째 생일이지만 축하할 일이 별로 없다. 북한군들이 쫓겨난 지금, 장상은 어머니와 함께 서울 외곽의 연천에서 신당동에 있는 김씨 집안의 집까지 걸어 내려왔다. 수개월에 걸친 폭격과 며칠간 이어진 최후의 전투로 폐허가 된 도시에서 그들의 집은 손상되지 않고 그대로다. 어른과 아이 모두 무사했다. 헤어져 있던 가족들이 다시 만났지만 분위기는 암울하다.

북한 공산군이 마침내 김봉현의 사위이자 장상 언니의 남편을 찾아내 붙잡아갔다는 사실을 알게 된다. 언니 장란과 결혼한 지 얼마 안 된 대학생 형부는 조선인민군에 강제입대시키기 위해 북으로 끌려간 것 같다.

김봉현의 사위 강기석은 후퇴하는 북한군에 의해 납치된 수천 명의 사람들, 즉 머지 않아 자신들을 구해줄 것으로 생각했던 미국의 화력에 맞서기 위해 징집된 사람들, 그리고 교수, 엔지니어, 기술자 등 전쟁과 북한의 미래를 위해 인재 풀을 확대시키고자 강제로 북송된 사람들 중 한 명일 뿐이다.

자진해서 북으로 도망친 사람들도 있다. 공산주의의 대의에 동조하거나,

혹은 단순히 점령 기간 동안 북한군에 협조했다는 이유로 이승만 정권이 보복할까 두려웠기 때문이다.[2] 많은 가족들이 눈물과 이별의 날들을 보내는 가운데 서울의 여름은 끝나가고 있었다.

어머니는 장상에게 "우리는 기석이를 위해 기도해야 한다."고 말한다. 어머니는 장상과 사촌들에게 그들이 다니는 교회인 신당동 중앙교회 근처엔 얼씬도 하지 말라는 말도 한다. 교회는 시신들로 가득 차 있다. 목사도 사망자 중 한 명이다.

서울 전역에서 시신들이 무더기로 발견되고 있으며, 이 시신들은 인민군이 3개월 동안 통치한 남한 지역에서 인민군과 좌파 민병대에 의해 살해된 수천 명의 민간인들 중 일부다. 이런 학살은 짧았던 그들의 점령 기간이 막바지에 들어서면서 점차 정도가 심해져 광란의 상태로 악화되어갔다. 희생자는 경찰과 군인, 정부 관리, 예전 일제 협력자, 지주, "반동분자" 등이며, 반동분자의 경우 그 가족과 심지어 자녀들까지 살해당했다. 서울 탈환의 여파로 암울한 보고들이 들어오고 있다. 미 제8군 정보 장교들은 인민군이 서울에서 남동쪽으로 89킬로미터 떨어진 원주에서 후퇴하기 불과 이틀 전, 민간인 1,000명 이상이 살해되었다는 말을 듣게 된다. 그보다 앞서, 서울에서 동쪽으로 58킬로미터 떨어진 양평에서는 포로수용소에 있던 민간인 700여 명이 인민군 장교들과 한 좌파 청년 단체에 의해 총에 맞거나 칼에 찔리거나 불에 타 죽었다고, 미군 측이 미국의 전쟁 특파원들에게 전한다.[3]

어린 장상과 그녀의 사촌들은 현관문 너머로 반쯤 파괴된 도시를 보게 된다. 많은 건물들이 벽돌과 석고 더미로 변해 있다. 눈에 보이는 곳마다 부러진 기둥과 깨진 유리, 부서진 나무, 쓰러진 전신주, 도로를 막고 있는 파손된 차량이 있다. 썩어가는 시신들이 여기저기 널브러져 있고, 재와 연기, 그리고 죽음의 냄새가 거리에 감돌고 있다. 그리고 거리의 김일성과 스탈린의 포스터들이 찢기고 얼룩진 채 여전히 현장을 살펴보고 있다. 서울

시는 전쟁발발 이후 미군의 공습으로 최소 4,250명의 서울 시민이 사망한 것으로 추산하고 있다.[4] 최근 전투에서 수많은 사람들이 더 사망했다. 레지널드 톰슨Reginald Thompson 특파원은 런던의 데일리 텔레그라프Daily Telegraph에 "이렇게 끔찍한 해방을 겪은 사람은 거의 없을 것"이라고 전한다.[5]

나흘 전 도쿄에서 날아온 맥아더 장군이 이승만 대통령과 함께 수도 수복 기념식에 참석했을 때, 포격 흔적이 역력한 정부청사 건물에 묻히지 않은 시체들의 역겨운 냄새가 진동했다.[6] "자비로운 섭리의 은총에 의해, 인류의 가장 위대한 희망이자 영감인 UN의 깃발 아래 싸우는 우리 군대가 한국의 이 유서 깊은 수도를 해방시켰다"고 극동군 사령관이 한국군 및 미국군 장교와 국회 관료들로 이루어진 청중 앞에서 선언했다. 이승만은 연설에서 북한의 항복을 기대한다고 말했다.

멀리 뉴욕에서 유엔 총회는 바로 그런 한국의 미래에 대해 고민하며 이번 주 후반에 결의안을 채택할 것을 논의 중이다. 그리고 그 결의안은 한반도 통일을 목표로 북한으로의 군사적 진격을 사실상 승인하는 것이다.[7]

그러나 더 나은 시대를 기대하며 북적이고 있는 김씨 가족의 집에서부터 맥아더의 도쿄 본부, 그리고 뉴욕의 유엔 회의장까지, 중국에 있는 다른 사람들이, 바로 오늘, 한국의 다른 미래를 구상하고 있다는 사실을 아무도 모르고 있다. 한편 서울에서는 새로운 우려가 제기되고 있다. 북한 점령군에 협조한 사람들에 대한 보복과 관련된 것이다. 그런 우려는 충분한 근거가 있는 것이다. 며칠 전 미 대사관 군무관은 7월에 대전에서 이승만 정권에 의해 정치범들이 집단 처형당하는 장면이 담긴 기밀 사진들을 워싱턴으로 보냈으며, 그 명령은 "의심할 여지 없이 최고위층에서 내려왔다"고 적힌 쪽지도 함께 보냈다.

이승만은 중앙청 국회의사당에서 행한 연설에서 안심할 수 있다는 듯이 말했다. "마녀사냥은 없을 것입니다."라고 한국 대통령은 말했다.[8] 그러나 학살은 이미 시작되었다.

<<<

작은 초가집 안에는 촛불이 깜박이며 희미하게 빛나고 있다. 집에 있는 사람들이 처음에는 그림자 속에서 걸어 나오는 남자를 알아보지 못한다. 하지만 빌 신이 아내의 이름을 크게 부르자 아내는 비명을 지르며 울음을 터뜨린다. 반면 자니는 무슨 일인지 몰라 물끄러미 바라볼 뿐이다. 아빠와 헤어져 지낸 지난 석 달이 세 살배기에게는 너무 긴 시간이다.

빌 신은 부산에서 출발하여 남한이 탈환한 서울에 오늘 아침 일찍 도착했다. 그가 특파원 숙소로 이동하던 중, AP통신 동료 오키 킹이 그를 찾아가서 소식을 전해주었다. 누군가 서울 서대문 근처에서 샐리와 자니로 보이는 여인과 아이를 봤다는 것이었다.

자기 아내와 아이에게 무슨 일이 일어났을지 모른다는 두려움에 그토록 오랜 시간 동안 사로잡혀 있던 빌 신은 너무나도 기뻐했다. 그는 친구 킹을 껴안았다. 이제야 이해가 된다. 샐리는 서대문구 영천동에 있는 부모님 댁에 머물고 있을 것이 분명하다. 그는 제멋대로 미군 지프차에 올라탔다. 통금시간임에도 불구하고 그는 밤을 새워 영천동 집으로 빠르게 달려갔다.

빌 신이 샐리와 자니를 마지막으로 본 것은 6월 30일, 서울에서 남쪽으로 16킬로미터 떨어진 신원리에 자신의 동생들과 함께 아내와 아들을 남겨두고 떠날 때였다. 그는 계속 이동해서 수원에 도착, 킹과 잠시 접촉했다. 이튿날 아침 신원리로 돌아왔을 때 그들은 이미 사라지고 없었다. 그 후 그는 빠르게 이동하는 북한군들로부터 간신히 피해 체포되는 걸 면했다.

이제 빌 신의 가족은 다시 만났고, 샐리는 남편에게 여름 내내 겪은 시련에 대해 이야기한다. 조선인민군이 신원리에 접근했을 때, 샐리와 빌 신의 동생들은 우선 더 외딴 마을로 거처를 옮겼다. 하지만 식량도 부족하고 생활도 너무 힘들어서, 특히 임신 6개월이었던 샐리는 더 힘들어해서, 그들은 다시 서울로 돌아왔다.

친정집의 식량 사정도 나은 상황이 아니었다. 부모님은 소지품을 팔아야 했고, 샐리는 빌이 준 소중한 선물인 손목시계도 결국엔 어쩔 수 없이 팔아야 했다. 몇 주 동안 그들은 간장국에 만두로 연명했다. 하지만 최악의 상황은 북한이 점령한 서울에 대한 미군의 공습 때문이었다. 결국 그들은 영천동 윗쪽 산기슭 안에 지어진 2차 세계대전 시대의 공습 대피소로 옮겨야 했다. 그곳에서는 37제곱미터 남짓한 공간에서 다른 스무 명이 넘는 사람들과 함께 지냈고, 작은 공동 화장실이 외부에 하나 있었다.

"친정집에서 음식을 가져오면서 끔찍한 시체들이 여기저기 널려 있는 것을 봤다."고 그녀는 일기장에 적었다. 너무 느리고 허약해서 목숨을 부지할 수 없는 사람들도 있었다. "폭탄 파편으로 사망한 할머니들이 많았다."

1950년 10월 4일, 수요일

은색의 소련제 일류신Ilyushin기가 중국 뤼량산呂梁山 봉우리 위를 북동쪽으로 빠르게 날라간다. 무슨 일인지 영문을 모르고 있는 펑더화이彭德懷 장군을 태우고 베이징으로 향하는 중이다. 그를 중국 수도로 호송하기 위해 파견된 병사들은 마오쩌둥이 그를 소환한 이유를 설명할 수 없었고, 단지 급한 일이라는 말만 되풀이했다. 장군은 비서 한 명과 경호원 한 명만 대동하고 자신이 통치하고 있는 중국 서북부의 시안西安을 재빨리 떠났다.

한때 마을 길거리에서 구걸을 해야 할 정도로 가난했던 어린 시절을 보냈던 펑더화이는 그 오랜 세월이 지난 지금 쉰한 살의 나이에 인구 6억 명의 조국에서 최고 지도자 반열에 올라 있다. 펑더화이가 비행기 창밖을 내다보니, 남쪽 지평선 너머로 어린 시절 자신의 모습이 떠오른다. 그는 후난성湖南省의 탄광에서 일하기도 하고 십 대의 나이에 지역 군벌의 사병으로 일하다가, 마침내 후난강무당湖南講武堂에서 훈련을 받았다. 봉건 사회의 부당함과 기근, 잔인함 때문에 점점 더 곡물 상인과 지주, 고위 관리들을 적으로 여기게 된 그는 자신만의 소규모 전투 부대를 조직했고, 또 자신과 같은 후난성 샹탄 출신으로 키가 크고 책을 좋아하는 혁명가 마오쩌둥이 이끄는 공산주의자들과 합류했다.

펑더화이가 이끄는 병사들은 공산주의자들이 북쪽의 안전한 곳으로 피난하기 위해 1934년에 시작하여 1935년에 끝마친 장정長征의 선두에 나섰다. 그리고 그 탈출 전투에서 펑과 마오 따거의 동지애가 굳건해졌다.

군대를 이끌고 국공내전을 승리로 이끌면서, 제대로 교육받은 적이 없던 펑은 마르크스주의와 마오주의 서적에 몰두하며 헌신적인 공산주의자로 성장했다. 마침내 일 년 전, 마오쩌둥이 베이징의 천안문 정상에 서서 중화인민공화국 건국을 선포했을 때, 불독 같이 생긴 얼굴의 삭발한 펑더화이도 마오쩌둥과 함께 그 자리에 서있었다.

해가 서산 쪽으로 넘어갈 무렵 베이징에 착륙한 펑은 베이징 중심부에 있는 공산당 청사인 중난하이로 향했다. 펑은 만수당에서 중국의 최고 권력자들인 당 중앙위원회 정치국 상무위원 열두 명이 심도 있는 토론을 하고 있는 모습을 발견한다. 그들이 모두 자리에서 일어나 정치국 상무위원이지만 베이징에서는 거의 볼 수 없는 펑을 맞이한다.

"내 오랜 동지 펑!" 마오쩌둥이 그를 반긴다. "제때 왔군."

마오쩌둥이 토론의 주제는 조선 반도, 그리고 중국이 조선 사람들을 돕기 위해 군대를 보내야 하는지에 대한 것이라고 펑더화이에게 이야기해준다. 공산당 주석은 모든 사람들이 각자의 의견을 표명하고 있는데, 이들은 자네의 의견도 듣고 싶어 할 것이라고 말한다.

펑이 깜짝 놀란다. 당장은 아무 말도 할 수 없었던 그는 정치국 위원들이 차례로 그러한 개입에 대해 걱정하며 의문점을 제기하는 것을 앉아서 들을 수밖에 없었다. 중국인들은 전쟁에 지쳤고, 인민해방군의 장비는 낡고 오래되었으며, 재정은 취약하다.

출병에 찬성하는 위원은 단 한 명뿐, 하지만 그는 가장 중요한 위원인 마오쩌둥이다. 그는 회유적이지만 납득하지 못하는 듯한 어조로 회의를 마무리한다. 그는 군사적인 개입에 회의적인 위원들에게 "동지들이 말한 것이 전부 다 근거가 없는 것은 아니오."라고 말한다. "하지만 다른 사람들이 위기에 처해 있는데 어떻게 우리가 팔짱을 끼고 가만히 있을 수 있겠소? 그런 일이 생긴다면 난 슬픔에 빠질 것이오."

조선 문제가 펑더화이에게는 생소할지 모르지만, 베이징의 지도자들은 한여름부터 이 문제를 깊이 고민해왔다. 그들은 이미 인민해방군 부대를 잇달아 북한 국경 너머 동북부 만주로 재배치하도록 명령하는 등 비상 조치를 취해 놓았다.

베이징 호텔에서 밤을 보내며 펑은 잠을 이루지 못한다. 노병은 푹신한 침대를 탓하며 바닥으로 자리를 옮기지만 전혀 잠이 오지 않는다. 조선의 분쟁과 그것이 중국에 주는 의미에 대한 생각이 머릿속을 스쳐지나간다.

남한군 2개 사단이 38선을 넘어 북한으로 넘어갔고, 미군도 곧 그렇게 할 태세다. 미군이 조선을 모두 점령하면 압록강 바로 건너편에 앉아서 중국 동북부를 위협할 것이다. 펑은 옛 속담을 떠올린다. "호랑이는 사람을 잡아먹고 싶어 하고 배가 고프면 그렇게 할 것이다."

아침이 되자 그는 중난하이에 있는 마오쩌둥의 개인 사무실에서 그를 다시 만난다. 중앙위원회 주석은 펑의 생각을 묻는다. "어젯밤에 거의 한 잠도 못 잤습니다."라고 펑이 운을 뗀다. 그는 다른 사람들이 제기한 어려움들을 인정하지만, 그런 문제점들에만 집중하면 압록강을 향한 미국의 진격이 가져올 수도 있는 재앙적인 결과를 놓칠 위험이 있다고 말한다. 그는 신중하게 고려한 끝에 "조선에 군대를 파병하기로 한 결정에 찬성한다"고 말한다.

"좋아! 좋아!" 마오쩌둥이 만족해한다. 두 사람이 파병 문제를 좀더 논의한 후, 마오쩌둥은 실질적인 문제로 넘어간다. 그렇다면 누가 조선에서 우리 군을 이끌어야 할까?

펑더화이는 국공내전의 마지막 결정적인 승리로 유명한 사령관 린뱌오

林彪를 제안한다. 마오는 이미 린뱌오에게 물었고, 그는 건강이 좋지 않음을 호소하고 있다—실은 개입에 반대하고 있다—고 말한다. 마오는 자신과 최측근들은 펑이 그 임무를 맡아야 한다고 생각하고 있다고 그에게 말한다.

"동지 생각은 어떻소?" 마오가 물었다. 펑은 또 한 번 뭐라 대답해야 할지 몰라 처음엔 침묵했다. 하지만 최고 지도부가 결정을 내렸기 때문에 그는 마침내 "결정에 따르겠습니다."라고 대답한다.

마오쩌둥이 감탄하듯 외친다. "내 오랜 동지 펑, 자네야말로 훌륭한 사람이야!" 이후, 다시 소집된 정치국 회의에서 토론이 계속되지만 결론이 나지 않는다. 그때 펑이 처음으로 반공 성전을 벌이고 있는 미국이 조선 반도 전역을 정복하고 나면 중국을 직접적으로 위협할 것이라고 경고한다. "그들을 나중에 공격하는 것보다 일찍 공격하는 것이 낫다"고 그가 말한다.

이 존경받는 사령관이 "설득력 있는" 말을 하자, 기회를 포착한 마오쩌둥은 자신의 견해를 분명히 한다. "미국인들은 이제 우리에게 참전을 강요하고 있소." 결론이 나고 있다. 회의 분위기가 번복의 여지 없이 개입 쪽으로 바뀐다. 마오쩌둥은 만장일치로 펑을 중국인민지원군 사령관으로 임명한다.

이후, 저녁 식사 자리에서 마오와 펑은 조직과 시기를 논의한다. 까다로운 마오쩌둥은 10월 중순까지 군대가 북한에 진입하기를 희망한다. 그러나 한 가지 매우 중요한 점이 확실하지 않은 상태다. 바로 무기, 차량, 특히 공군력을 소련이 어느 정도까지 지원해줄 것이냐는 점이다. 마오쩌둥은 펑에게, 중국 총리와 외교부장을 겸임하고 있는 저우언라이가 모스크바로 가서 소련 지도자 스탈린을 만나 종합적인 원조 대책을 확보할 것이라고 말한다.

심야 회담이 끝나자, 마오는 펑에게 자신의 장남이자 인민해방군 장교 마오안잉을 그의 참모로 임명하겠다며 개인적인 이야기를 꺼낸다.

펑은 불안해진다. 그의 전시 사령부는 위험한 곳이 될 것이다. 하지만 그는 마오쩌둥의 뜻을 따라야 한다. 호텔로 돌아온 펑은 소파에 앉아 담배를 피우며 깊은 생각에 잠긴다. 할 일이 너무 많다. 그의 시안 참모진에게 임무 수행을 위한 지침을 내려야 하고, 새로운 지휘부를 구성해야 한다. 그리고 그의 아내에게 이번 새 임무에 대해 소식을 전해야 한다. 펑의 최근 임무로 인해, 그들은 결혼한 그해부터 수도 없이 그랬듯이 또 한 번 떨어져 지내야 한다. 펑은 마흔 살이던 1938년에 공산주의자들이 국공내전으로부터 피신해 있던 중국 북서부의 옌안延安에서 아름다운 푸안시우浦安修와 결혼했다. 당시 스물여섯 살의 그녀는 대학 교육을 받은 공산당 관료였다.[9]

당시에는 장정에서 아내를 잃은 지휘관들이나 먼 지방에서 길을 잃고 있다가 당의 대의를 위해 몰려드는 미모의 젊은 여성 지식인들에게 관심을 갖게 된 지휘관들 사이에서 흔한 혼사였다.

펑의 경우, 푸안시우와의 결혼은 오래 전 고향 마을에서 친구의 열두 살 난 여동생과 정략결혼을 했던 농민 시절의 또 한 부분을 버리는 것을 의미했다. 펑이 상상을 초월하는 곳에서 싸우는 동안 그의 첫 번째 아내는 외롭게 성인 여성으로 성장했다. 국민당원들은 이 공산군 사령관의 아내를 찾기 시작했다. 필사적이었던 그녀는 그들의 추적을 따돌리기 위해 재혼을 했다. 하지만 그들은 펑의 두 형제를 찾아내 처형했다.

펑은 두 형제를 기억하며 비서를 불러 그날 밤 마지막 지시 하나를 내린다. 아버지를 잃은 채 시골에서 학교를 다니고 있는 조카들을 불러오라는 것이다. 펑은 마지막 전쟁터로 떠나기 전에 조카들에게 옷가지와 기타 필요한 것들을 꼭 챙겨줄 생각이다.

일요일 평양에서 중국 대사가 마오쩌둥의 전보를 김일성에게 전한다. "현 상황을 고려하여 침략자들과 싸우는 당신을 돕기 위해 조선에 지원자들을 파견하기로 결정했습니다." 북한 지도자는 기뻐하며 박수를 친다. "잘 됐군! 아주 좋아!"하고 외친다.[10]

1950년 10월 중순 어느 날

의대생 정동규는 지난 7월 미군 B-29의 폭격으로 북한의 항구 도시 청진이 건물의 잔해와 훼손된 시체로 뒤덮인 연기 자욱한 폐허로 변한 이후 비극적인 폭격이 반복되는 것을 목격해왔다. 하지만 오늘 그가 목격한 광경은 특히나 큰 충격이었다.

산골 마을의 은신처에서 지켜보던 정동규는 주민들이 "제비 비행기"라고 비방하는 미군 F-80 스타파이터가 예고도 없이 날아와서 소달구지에 탄 농부들을 기총사격하는 장면을 목격한다. "저들은 농민들이 수레로 뭘 나르고 있다고 생각하는 걸까?" 분노한 18세 소년이 스스로에게 묻는다.

도쿄에 있는 맥아더 장군이 곧 공군에 북한의 "모든 통신 수단과 모든 시설물, 공장, 도시, 마을을 파괴하라"는 기밀 명령을 내릴 것이라는 사실을 그와 다른 북한 주민들이 알 리 없다.[11] 폐허가 되는 곳이 점점 늘어갈 뿐이다.

북한 전역의 농민들과 마찬가지로 주을 마을의 농부들도 밭일은 밤에만 할 수 있다는 것을 알게 된다.

어떤 경우에는 그들의 밭이 정동규 학생에 의해 "주어진" 것들도 있다. 1946년의 토지개혁으로 대지주로부터 소작지가 없는 농민들에게 농지가 재분배되었을 때, 공산당 당국은 많은 북한 주민들이 잘 모르는 수학에 능숙한 동규와 다른 중학생들의 도움을 받았다. 동규는 한 중년 농부와 함께 조상 대대로 살던 주을 마을과 그 주변에서 토지를 측정하고 재분배 공식을 적용하는데 오랜 시간을 보냈다.

4년이 지난 지금, 그는 주을로 돌아와 그때와 같은 권력으로부터 숨어 지내고 있다.

그가 지난달 청진의 4년제 의과대학에서 3학년으로 진급한 직후, 학교는 폐쇄되었다. 전쟁으로 인한 필요성이 너무 커진 탓에 교육을 다 마치지 못한 학생들이 지역 내 병원에 파견되어 일손을 도왔다. 다행히도 동규는 청진 남쪽 주을에 있는 작은 병원에 배치되었다.

하지만 병원에 합류한 지 일주일 만에 의과대학으로부터 3학년 전체가 조선인민군에 입대한다는 통보를 받았다. 갑자기 세상이 무너져 내렸다. 의사 자격이 부족하기에, 그는 기껏해야 목숨이 위태로운 최전방에 의무병으로 배치될 줄 알고 있었다.

같은 날, 동규는 김 박사가 집도하는 첫 수술에 참여했다. 그는 의과대학 출신으로 학생들이 존경하는 친절한 사람이었다. 동규는 김 박사에게 징집 통지서와 자신이 느끼고 있는 두려움에 대해 이야기했다. 그는 남한군이 38선을 넘어 북쪽으로 급속히 진격하고 있다고 동규의 귀에 속삭였다. 그는 "자네가 지정된 부대로 가는 길에 죽을 수도 있다"고 경고했다.

그날 저녁 식사 후, 동규는 어머니에게 통지서와 김 박사가 한 말을 전했다. "듣기는 빠르고 말하기는 느린" 어머니에 대한 그의 생각대로 어머니는 거의 아무 말도 하지 않고 물건 몇 가지를 싸고는, 밤이 되면 바로 떠나자고 했다. 6킬로미터 남짓 걸어, 좀더 높고 외진 곳에 있는 외할머니의 집으로 가자는 것이었다.

어머니는 전쟁의 정치적 이념이나 의미에 대해 전혀 신경쓰지 않았다. 그저 한국의 가정에서 가장 소중한 보물인 외아들을 지키고 싶었을 뿐이었다. 동규가 태어나기 전, 어머니가 두 딸을 낳은 뒤에도 매일 아침 근처 산중턱에 올라 아들을 낳게 해달라고 부처님께 기도했을 정도로, 그는 어머니에게 귀중한 존재였다. 동규가 병약한 아기로 태어난 후, 학교 교육을 제대로 받지 못했던 어머니는 무당에게 신묘한 치료법을 구하며 만주에서 그가 소년기를 무사히 보낼 수 있도록 주의 깊게 간호했다. 맹장 파열로 죽을 뻔한 아들이 하얼빈에서 일본인 의사의 도움으로 목숨을 건진 후, 어머니는 "위대한 사람"이 될 아들을 더더욱 보호했다.

할머니 댁에서 동규는 지나가는 사람들의 눈을 피해 헛간에서 숨어 하루하루 지루하게 보낸다. 할머니는 징집 기피자를 잡아갈지도 모르는 군인이나 경찰이 오는지 망을 보며, 때로는 몸집이 아주 작은 십 대 소년을 커다란 항아리 속에 숨게 하기도 한다.

가을이 몇 주째로 접어들면서 북쪽에서 한랭전선이 밀려오고, 근처 600미터 높이의 산에 하얀 막이 얇게 덮인다. 동규는 멀리 남쪽에서 들려오는 포성을 듣게 된다.

1950년 10월 18일, 수요일

펜타곤의 링 복도 안에서 미 육군 작전참모차장은 매일, 심지어 매시간 자신의 책상을 오가는 전투 보고서를 검토하고 있다. 보고서는 훌륭하지만 노련한 야전 사령관인 매트 리지웨이는 불안하다. 전략 지도가 마음에 걸린다.

인천상륙작전의 성공과 서울 탈환 이후, 미군과 한국군은 6월의 침공자들이 점령했던 남한의 전 지역을 되찾고 38선 너머로 진격해 나갔다. 한국군 제3사단은 10월 1일 동쪽에서 38선을 넘었다. 일주일 후, 낙동강 방어선을 돌파하고 올라온 미 제1기병사단이 서울 북쪽 개성에서 북한으로 진격했고, 이어서 제24보병사단과 제27영연방여단이 인천을 거쳐 그들과 합류했다.[12]

거침없는 북진 작전은 유엔 총회와 미국 합동참모본부의 승인을 받은 것이었다. 신중하면서도 때로는 모호한 태도를 보인 그들은 이번 공세로 한반도를 재통일할 수 있을 것으로 예상했다. 그러나 합참은 맥아더가 중국이나 소련을 자극하지 않도록 주의를 기울이기를 원했다. 합참은 9월 27일 맥아더에게 북한 북부 3분의 1, 즉 중국과 소련 접경 지역에는 한국군만 파견하라고 지시했다.[13]

이 중요한 시점에, 트루먼 대통령이 전쟁 발발 후 처음으로 극동군 사령관을 직접 만나기로 결심했다. 대통령과 맥아더 장군은 4일 전 일요일, "중간 지점"인 태평양 중부의 외딴 웨이크 섬에서 측근들과 함께 회동을 가졌다. 너무 짧고 피상적인 만남이었기 때문에 많은 문제들이 풀리지 않은 채 남아 있게 되었다. 트루먼이 던진 한 가지 질문은 중국이나 소련의 개입 가능성이 얼마나 되느냐는 것이었다. 맥아더가 대답했다. "거의 없습니다."[14]

이 모든 과정을 통해 국방부 지도부는 매트 리지웨이가 이후에 "맥아더 장군의 무과실성에 대한 거의 미신적인 존중"이라고 표현한 태도를 취하게 된 것 같다. 그러나 한 국방부 차관보는 자신이 인천 작전을 지지함으로써 그 대담한 작전에 대한 워싱턴의 불안감을 완화하는 데 결정적인 역할을 했음에도, 그가 전략 지도에서 보게 된 맥아더의 다음 계획에 대해서는 심각한 우려를 표명하고 있다.

문제는 극동군 사령관이 구상하고 있는 최후의 일격이 사실상 서로 무관한 두 개의 타격, 즉 제8군이 북한 서쪽 회랑을 따라 북진하는 것과 인천 작전 이후 재배치된 X군단이 동쪽 회랑을 따라 북진하는 것으로 되어 있다는 점이다.

매트 리지웨이는 1944년 독일군이 벨기에에서 연합군의 북쪽 측면을 노리고 대규모 공격을 감행했던 벌지 전투 Battle of the Bulge에서 교훈을 얻을 수 있을 것이다. 마흔여섯 살의 중령으로 시칠리아에서 참전, 노르망디까지 적군과 싸우면서 마흔일곱 살에 소장이 된 리지웨이는 자신이 지휘하는 제8공수여단을 곧바로 독일군과의 전투에 투입시켜 전세를 역전시키는 데 일조할 수 있었다.

험준한 산맥으로 분리되어 서로 다른 지휘관의 명령을 받으며 서로 지원하고 긴밀하게 협조할 수 없는 혹독한 한국의 상황에서는, 겨울이 다가올수록 유엔군의 진격은 매번 점점 더 취약해질 것이다. 리지웨이는 계속 분리되어 진격하지 말고 사방에서 측면 지원을 해줄 수 있도록 동서 두 병력이 서로 연결하여 한반도를 가로지르는 견고한 전선을 먼저 구축해야 하는 것이 다음 단계라고 생각한다.

현재로서는, 맥아더의 군대들이 계속 앞으로 밀고 나간다. 오늘, 한국군은 북한 동쪽의 함흥-흥남 산업 항구 단지를 점령한다. 서쪽에서는 한미연합군이 평양을 목표로 하고 있다. 그리고 미국 지도부는 맥아더의 말대로, 중국이 개입할 가능성은 거의 없다고 자기들끼리 이야기하고 있다. 반복되는 CIA의 평가가 그들을 안심시키고 있다.

하지만 중국의 저우언라이는 그렇지 않을 것이라고 미국 측에 경고했다. 그는 비밀 채널을 통해 미군이 38선을 넘을 경우 중국이 실제로 개입할 것이라는 신호를 보냈다. 그러나 애치슨 국무장관은 이 경고를 "허풍"이라고 일축했다.[15]

1950년 10월 19일, 목요일

압록강은 한국의 북동쪽 눈 덮인 백두산 꼭대기에 있는 호수에서 발원하여 남서쪽으로 800킬로미터 이상을 흐르며, 그 회녹색 물은 중국의 안둥과 북한의 신의주 사이를 야트막하게 지나 서해로 흘러들어간다. 식민지 시절 일본인들이 건설한 길이 1.2킬로미터의 튼튼한 철교 한 쌍이 두 도시를 연결하고 있다.

오늘 저녁이 어둠이 깊어가는 가운데, 펑더화이 장군이 안둥 강변에 서서 희미한 형체들이 긴 줄을 이루며 조용히 다리 중 하나를 건너고 있는 것을 지켜본다. 한국으로 들어오는 중공군 병력이다.

해가 저물어가는 5시 30분, 중국 인민해방군 40군의 전위대가 기차를 타고 철교를 건너며 선두에 섰다. 수천 명의 다른 병력이 차량과 도보로 뒤따랐고, 소달구지, 짐 실은 조랑말, 그리고 탄약과 기타 보급품을 운반하는 임무를 위해 이송된 수천 명의 만주 지역 노동자들이 그 뒤를 이었다.

모든 병사는 모자에서 붉은 별을 떼고 면으로 된 녹색 군복에서 인민해방군 휘장을 떼어냈다. 이들은 이제 "중국인민지원군"으로, 유엔 가입을 원하는 공산주의 중국 정부가 한국에서 유엔과 전쟁을 하지 않는 것처럼 보

이게 하기 위해 중국 지도부가 고안한 위장술이다.[16]

펑이 나중에 농담을 한다. "정말이지, 지원병들이라니! 나는 지원병이 아니야. 상관이 나를 여기로 보냈지!"[17]

시간이 갈수록 날씨가 추워진다. 이제 인민지원군 사령관이 부대에 합류할 시간이 되었다.

펑은 중국어를 할 줄 아는 북한군 연락관과 함께 자동차에 올라탄다. 그의 비서, 경호원, 한국어 통역관도 펑이 타고 있는 자동차와 뒤따르는 무전 트럭에 탑승하여 압록강을 넘어 남쪽으로 전쟁터를 향해 남쪽으로 향한다.

바로 이 장면, 즉 한국 전쟁에 대한 중국의 전면적인 개입은 거의 일어나지 않을 뻔했다. 불과 일주일 전 수요일 밤 8시, 선양潘陽의 만주 지역 사령부에 있던 펑더화이는 베이징의 마오쩌둥으로부터 긴급 암호 전보를 받았고, 마오쩌둥의 비밀 작전 개시 명령은 실행 중지되었다.

크렘린 지도자 요제프 스탈린의 흑해 별장에서 그와 협상 중이던 저우언라이는 스탈린이 약속했다고 그들이 생각하고 있던 것, 즉 한국에서의 중공군 지상 작전을 위해 소련 공군의 엄호를 제공하겠다고 말했던 것을 스탈린이 지키지 않고 있다며 마오쩌둥의 주의를 환기시켰다. 스탈린이 미국과의 전면전을 두려워하고 있었음이 분명했다.

작전 전체가 취소될 수도 있었다. 펑은 서둘러 베이징으로 달려가 공산당 정치국 긴급 회의에 참석했다. 그곳에서 그는 익히 잘 알려진 악명대로 다혈질적인 모습을 보이며 러시아를 격하게 비난했다. 그리고 새로 임명된 사령관 직책에서 사임하겠다고 엄포를 놓았다.

마오쩌둥이 나서서 토론을 진정시켰다. 그는 소련이 전쟁을 위해 상당한 군사 장비를 약속했으며 미 공군의 보복 가능성에 노출된 중국 도시에 공중 우산을 제공할 것이라고 말했다.

조선 반도에 소련의 공중 지원이 있든 없든, 미국을 중국 국경에서 멀리 떨어뜨리지 못하면 우리 혁명에 직접적인 위협이 될 것이라고 마오쩌둥이 말했다. 보통 때와 마찬가지로, 마오쩌둥 주석이 이겼다. 회의는 중국이 행동에 나서야 한다는 합의로 끝났다. 하지만 불확실성은 여기서 끝나지 않았다.

마오쩌둥은 펑을 하루 더 베이징에 머물게 하고 전략을 논의했다. 미국의 추가 진격을 저지하기 위해 압록강과 평양 사이에 방어선을 구축하는 등 펑이 몇 달 동안 방어 태세를 취하는 것으로 결정되었다. 유엔군이 공격하지 않는다면 펑은 공세를 준비할 시간을 갖게 될 것이다.[18]

만주로 돌아온 펑은 안둥에서 장군 회의를 소집했다. 그는 그들이 미군의 빠른 기동력과 화력에 불안해하고 있다는 것을 알고 있었다. 그는 거친 후난성 농민 억양으로 그들이 군인이자 공산당의 충성파라는 것을 재확인시켜주려고 애를 썼다.

그는 미군의 사기가 떨어져 있고 병력을 분산시키고 있어서 취약하다고 말해주었다. 전술적으로는 "우리가 적보다 낫다"며 우리 군대는 총검과 수류탄으로 미군과 근접전을 시도할 것이라고 그는 말했다. "적은 그런 작전을 두려워하지."

그는 전쟁의 배후에 "소수의 미국 대자본가들"이 있다고 말했다. "우리가 팔짱을 끼고 가만히 서서 침략에 맞서 싸우는 이웃 국가를 적극적으로 돕지 않는다면 세계 혁명을 생각할 때 얼마나 한심한 일인가."

그날 밤 월요일, 42군의 1개 연대가 선봉부대로 안둥에서 209킬로미터 상류에 있는 만포진에서 철교를 통해 압록강을 건넜다. 하지만 우려는 가시지 않았다. 다음 날 압록강에서 209킬로미터 북쪽에 있는 선양 본부로 돌아온 펑더화이는 몇몇 최고 지휘관으로부터 내년 봄까지 파병을 연기하라는 전보를 받았다. 공중 지원도 없는데 대공포 수도 너무 적어서 중공군은 미국의 공군력과 포병대 및 기갑부대의 화력에 산산조각날 것이라며, "우리는 완전히 준비되지 않았다."고 그들이 말했다.

소련의 성의 없는 태도를 인정하는 전보를 받아들고 펑은 불안해졌다.

그는 이에 대해 마오쩌둥에게 말했고, 마오쩌둥은 다시 한 번 그를 베이징으로 소환했다. 마오쩌둥은 모스크바에서 돌아온 저우언라이로부터 안심할 만한 소식을 전해 들었던 것이다. 소련은 우리에게 필요한 모든 무기와 탄약, 기타 물자를 공급할 것이고, 중국 영토를 공중에서 방어할 것이며, 심지어 이후에는 소련 공군이 한국전에 직접 참전할 수도 있다는 내용이었다.

마오쩌둥은 완강했다. 그는 최측근들에게 "아무리 어려움이 많더라도" 이 결정은 바꿀 수 없다고 말했다. 그들은 첫 번째 주요 도하 일정을 이날 저녁으로 잡았다.[19] 두 대의 차량으로 구성된 펑의 호송대가 압록강을 건너왔고, 북한의 부수상 겸 외무상인 박헌영이 그를 맞았다. 두 사람은 함께 후퇴하는 북한 정부의 최근 임시 본부의 위치를 파악하기 위해 출발했다. 펑더화이는 김일성을 만날 예정이다.[20]

중국은 미군이 작전을 발견하고 다리를 폭격하기 전에 가능한 한 빨리 그들 병력을 도하 지점 세 곳을 통해 압록강을 건너게 할 계획이다. 선발대들이 한국 도로에 중국어 표지판을 설치하고 야전 취사장과 보급소를 설치한다. 부대는 동이 트기 전 야간 시간을 이용하여 매일 32~48킬로미터를 이동하며, 낮에는 마을이나 숲속에서 위장 천막을 치고 몸을 숨긴다. 밤의 어둠과 함께, 10월 말 북한 지역의 하늘을 가리는 낮은 구름과 안개가 이 거대한 군대가 발각되지 않도록 도와줄 것이다. 11월 초까지 300,000명의 중공군이 한국에 도착할 예정이다.[21]

오늘 아침, 펑이 밤이 되기만을 기다리고 있을 때, 한국군과 미군이 북한군이 포기한 평양을 점령했다. 금요일에는 자신만만한 맥아더 장군이 정복한 북한의 수도로 날아가서 기자들에게 전쟁이 "확실히" 마지막 단계에 있다고 말한다.[22] 맥아더의 말을 들은 펑더화이가 한 보좌관에게 말한다. "맥아더가 오만할수록 우리한테 더 좋다."[23]

1950년 10월 21일, 토요일

제7기병연대는 한 달 전 낙동강 방어선을 돌파한 이후 400킬로미터 이상을 북진해왔다. 38도선을 넘어 북한 영토로 진입하자, 제7기병연대와 나머지 제1기병사단은 이동하면서 포병과 공군을 동원하거나 초가집에 지포 라이터를 던져 마을 전체를 파괴하는 등 적들뿐만 아니라 그들의 길목에 있는 모든 것에 예전보다 훨씬 큰 피해를 입혔다. 제7기병연대 및 제8기

북한의 함흥 외곽에서, 후퇴하는 북한군이 강제로 동굴에 가두고 봉쇄함으로써 질식시켜 죽인 정치범 300명의 시신 속에서 사람들이 사랑하는 가족을 찾는다. 헌병대와 함께 북진하던 17살의 신현규는 양측이 저지른 잔혹 행위의 증거를 보게 된다. "우리가 미쳐버린 걸까?" 그는 의문이 생긴다. (미 육군 제공)

병연대에 동행했던 런던 데일리 텔레그라프 특파원 레지널드 톰슨은 "적이 한 발 쏠 때마다 파괴의 폭우가 쏟아졌다"고 전한다. "민간인들이 그들의 집이 파괴되고 불탈 때 그 속에서 죽어갔다."[24]

버디 웬젤과 그의 7기병대 동료들은 이를 자기방어로 여겼다. 자동소총병 톰 보이드는 "전투에서는 짐승이 되어 살거나, 소심하게 있다가 죽거나"라며 당시를 회상한다. "우리가 진격해갈 때, 나는 개인적으로 내 눈앞에 있는 것은 모조리 죽였습니다."

북한군 후위대는 미군에게 사상자를 발생시키며 여전히 북진을 늦추고 있다. 동시에, 웬젤과 같은 젊은 병사들은 한국인들 사이에 벌어진 전쟁에 휘말린 것에 대해 더욱 분개하고 있다. "우리는 증오심이 많아졌어요"라고 그는 회상한다. 마을의 집들을 수색할 때, "문으로 머리를 들이미는 대신 수류탄을 가지고 다니면서 집 안으로 던졌습니다. 집 안에 혹시 사람이 있는지 없는지는 신경 쓰지 않았어요. 가끔 비명 소리가 들릴 때도 있었어요. 하지만 어떤 위험도 감수하지 않으려 했습니다."[25]

이제 계절에 맞지 않게 겨울처럼 변한 날씨 속에서, 제7기병연대는 38선에서 북쪽으로 120킬로미터 떨어진 평양에 입성했다. 이틀 전, 제1기병사단과 한국군의 다른 선두 부대가 조선인민군과 북한 정부가 급히 포기한 북쪽 수도에 가장 먼저 들어갔다.

제7기병대원들은 낮은 산이 많은 반쯤 버림받은 도시에 폭격 맞은 건물과 넓은 대로, 긴장한 사람들이 있는 것을 보게 된다. 벽에는 "사악하고 잔인한" 미국을 비난하는 대형 선전 포스터와 김일성과 스탈린의 거대한 초상화가 붙어 있다. 앞서 들어온 미군은 관공서와 민가를 노획하느라 바쁘게 움직였다. 한국군이 일부 조선인민군 포로들을 즉결 처형하는 장면이 목격되기도 했다.[26]

평양에 입성한 지 몇 시간 만에, 제7기병연대는 계속 이동하여 남서쪽으로 56킬로미터 떨어진 진남포 항을 점령하라는 명령을 받았다. 일요일 이른 아침 어둠 속에서, 그들은 가벼운 저항을 밀어내고 마을을 점령한 후 며칠 안에 그곳에 익숙해진다. 참전한 지 3개월 만에 처음으로, 웬젤과 그의 동료들은 따뜻한 음식과 뜨거운 목욕은 물론, 지붕 아래에서, 그것도 중간에 깨지 않고 두 시간 이상을 잘 수 있는 편안함을 즐긴다. 일부는 새로 점령한 도시에서 미국 위문 협회United Service Organizations. USO 쇼를 펼치는 코미디언 밥 호프를 보기 위해 평양으로 돌아가기도 한다.[27]

미국에서는 또 다른 연예인인 컨트리 가수 지미 오스본이 새 싱글 "한국에서의 승리에 대해 신께 감사한다Thank God for Victory in Korea"를 발표하며 방송에 출연한다.[28] 한국에 있는 미군 장병들은 크리스마스까지 집에 가야 한다며 서로 이야기한다. 제1기병사단 장교들은 도쿄로 돌아가서 승전 퍼레이드까지 할 계획을 하고 있다. 버디 웬젤은 "트루먼 해Truman year" 연장이 취소되어 "녹색 눈Green Eyes"이라는 애칭의 여자친구 닷Dot과 예상보다 빨리 재회할 수 있기를 바라고 있다.

그런데 편한 점령 임무를 시작한 지 겨우 일주일 만에, 제7기병연대는 북쪽으로 이동해서, 맥아더 장군이 공산주의 적군을 최후로 궤멸할 것으로 믿고 있는 작전에 합류하라는 명령을 받는다.[29]

1950년 10월 29일, 일요일

지자오주를 태운 운전사는 베이징의 자금성의 동쪽 해자와 접해 있는 길을 따라 방향을 튼다. 저기 앞에, 회색 수염을 덥수룩하게 기른 대머리 남성이 긴 전통 의상을 입고 집 앞에 서서 기다리고 있는 아버지가 보인다.

차가 멈춰 선다. 자오주가 차에서 뛰어내린다.

"와, 돌아왔구나!" 아버지가 활짝 웃으며 말한다.

"그래요 아빠, 저 돌아왔습니다." 두 사람은 손을 맞잡고 한참 동안 서로를 바라본다.

아버지가 미국에 있는 가족을 떠나 베이징대학교 법학원 원장을 맡기 위해 중국으로 돌아온 지 4년이 넘었다. 그리고 스물한 살의 자오주가 뉴욕에 있는 어머니에게 하버드 유학을 중도 포기하고 중국으로 돌아가겠다고 선언한 지 한 달이 조금 넘었다. 나흘 전, 자오주는 홍콩 항에 정박한 SS 프레지던트 클리블랜드 호에서 하선했다. 중국 본토에 도착하자 그는 무릎을 꿇고 땅에 입을 맞췄다. 이후 기차를 타고 한참을 달려 수도 베이징에 도착한 그는 아홉 살이던 1939년에 중국을 떠났을 때와는 많은 것이 달라진 것을 볼 수 있었다.

모든 건물과 전신주에 붉은 깃발이 나부끼는 것 같다. 벽을 장식하고 있는 혁명 구호는 인민들에게 훨씬 더 큰 노력을 촉구하고 있다. 차를 타고 천안문天安門을 지나는데 자금성 입구 위에 걸려 있는 마오쩌둥의 거대한 2층짜리 초상화가 보인다. 그의 모습은 거리에도 반영되어 있다. 부드러운 모자를 쓰고 깃을 내린 파란색 튜닉 유니폼을 입은 베이징 사람들의 모습이 마오쩌둥과 그의 공산주의자들을 연상시키고 있기 때문이다.

또 하나 달라진 점은 지자오주가 중국으로 돌아온 지 얼마 안 돼서 알게 된 것으로, 그의 모국어 구사 능력에 대한 것이다. 언어 능력 형성에 영향을 주는 시기에 십 년 이상의 세월을 미국에서 보낸 그는 모국어인 중국어보다 영어 실력이 더 좋다. 다행히 아버지는 두 가지 언어에 유창해서, 아버지와 아들은 편안한 거실에서 녹차를 마시며 저녁까지 대화를 나누고 가족 소식도 접한다.

아들이 떠난다고 했을 때 어머니는 속상해했고, 어머니는 자신도 중국으로 돌아올 지에 대해서는 확신이 서지 않고 있다고 자오주가 말한다. 이 말을 듣고 불안해진 아버지는 머지않아 미국에서 중국으로 오는 것이 어려워질지도 모른다고 말한다. "중국은 전쟁 중이고, 전쟁이 어디에서 끝날지 그 누가 알 수 있겠어."

그러자 자오주는 한국으로 향하는 "인민지원군"에 합류하고 싶다고 말한다. 아버지는 아들이 "그런 안경을 쓴 서툰 군인"이 될 것이라고 비웃는다.

그리고는 "중국어를 못 알아듣는데 누군가 "오리!"라고 소리치면 어떻게 할 거냐?"라고 아들에게 묻는다.

아버지가 아들에게 말한다. "안 돼. 넌 하루빨리 대학에 등록해서 중국어를 다시 배워야 해." 아버지는 자오주의 이복형이자 현재 인민은행People's Bank의 부행장이며 인맥도 좋은 충성파 당원 자오팅이 자오주를 베이징의 명문 칭화대학교에 입학시킬 수 있는 추천서를 남겨 놓았다고 설명한다.

아침에 자오주는 자전거를 타고 베이징 북서쪽의 칭화대 캠퍼스로 출발한다. 그는 자전거 페달을 밟으며 북적이는 도시 거리를 따라 16킬로미터를 간다. 미국과는 너무나 다른 풍경과 냄새를 지나친다. 그러면서 유난히 키가 큰 자신이 양복을 입고 있어서 남의 눈에 잘 띄는 느낌을 받는다. 가능한 한 빨리 "마오" 복장을 구해야 할 것 같다.

대학 교직원 대부분이 영어를 할 줄 안다는 사실에 마음이 놓인 그는 재빨리 등록을 마치고 며칠 안에 비좁은 병영 같은 기숙사에 들어간다. 그는 수수, 기장 등으로 구성된 엄격하고 검소한 학생 식단에 적응하려고 노력하며, 아버지의 뜻대로 화학을 집중적으로 공부하기 시작한다. 그리고 중국어 공부에도 집중한다.

하버드와 비교하면 열악한 새로운 환경에 대해 자오주는 스스로에게 "혁명가로서의 견습생" 생활을 하고 있는 것이라고 말한다. 그는 언젠가 중국이 원자폭탄을 만들어 제국주의자들에 맞서는 데 일조할 수 있기를 꿈꾼다. 그러나 그는 "내가 사랑하는 두 나라"가 지금 전쟁 중이라고 한탄하기도 한다.

베이징 관영 라디오는 북한에 쳐들어온 "침략자들"을 만주에 대한 위협이라고 부르며, 모든 중국인에게 "미 제국주의에 반대하는 조선 인민들과 같은 전선에 설 것"을 호소하고 있다.[30] 또한 혁명의 유산인 거대한 중국인민해방군이 서쪽에서도 진격하며 티베트를 침공하고 그 독립된 땅을 중국으로 흡수하고 있다는 소식도 전해진다.[31]

<<<

제17보병연대 병력이 7척의 전차상륙함Landing Ship Tank. LST를 타고 38선 위로 257킬로미터 지점인 이원을 끼고 있는 해변에 접근하는 동안, 북동쪽 해안의 기온은 이미 영하로 떨어지고 있다.[32] 한국에 온 지 겨우 한 달밖에 되지 않은 길 아이섬 이병에게는 이번 전쟁의 두 번째 상륙작전이다. 제17보병연대를 비롯한 제7보병사단 병력은 이원을 공격할 예정이었지만, 해안을 따라 빠르게 올라온 한국의 수도사단이 며칠 전 이원에서 북한군을 몰아냈다는 소식을 듣게 되었다.

남쪽으로 160킬로미터 이상 떨어진 원산에 제1해병사단이 상륙했을 때에도 같은 일이 벌어졌다. 해군의 원산항 기뢰 제거 작업으로 인해 지체된 해병대는 해안가로 급습하려다, 빠르게 움직인 한국군에 의해 항구 도시가 평온해진 것을 알게 되었다. 미군 본부 부대와 해병 항공대, 밥 호프의 USO 쇼가 이미 원산에 도착해서 그들을 맞이했다.[33]

해병대와 아이섬이 소속된 제7보병사단, 그리고 제10군단을 구성하고 있는 한국 연합군은 맥아더 장군의 북한 동부 회랑 점령 계획의 타격 부대다. 맥아더는 전쟁 확대를 우려한 워싱턴의 지시, 즉 중국과 소련 접경 북부 지방에는 한국군만 진입해야 하며 미군은 절대 안된다는 지시를 무시하는 명령을 내린 것이다.[34]

워싱턴의 지시에 따르는 대신에, 맥아더와 제10군단 사령관 에드워드 M. 알먼드Edward M. Almond 소장은 미군 2개 사단에 만주 국경에 도달할 때까지 북쪽으로 공격하라고 명령했다. 이 사실을 알게 된 워싱턴의 합동참모본부는 맥아더에게 정책 위반으로 보이는 이 명령에 대해 질의했다. 맥아더는 "군사적 필요성의 문제"였다고 일축했다. 맥아더의 명령은 철회되지 않았다.

아이섬과 제17보병연대는 9월 25일 인천에 상륙한 이후 서울 탈환을 위

---

1 함경남도 이원군

해 해병대를 지원하느라 거의 쉴 틈이 없었다. 18세의 신병이었던 아이섬과 그의 동료 보병들은 9월 마지막 날, 후퇴하는 북한군과 접전하며 한강 이남에서 포화의 세례를 받았다. 그 후 제17보병연대는 트럭과 전차를 타고 남쪽으로 354킬로미터 떨어진 부산으로 이동하여 새로운 이번 해상 작전에 착수하라는 명령을 받았다.

이제 상륙함들은 거대한 함수문을 열고, 이원 해변의 부드러운 모래사장에 거친 바다와 뱃멀미로 쇠약해진 제17보병연대 병력을 내려놓았다. 그 어떤 미군 부대도 이만큼 북쪽으로 진격하지 못했다. 그들은 다시 재편성되고 극한의 날씨에 적응도 하면서, 솜털로 채워진 동계용 침낭을 지급받아 여름용 침낭과 교체하고, 스웨이드 가죽 전투화를 버리고 "슈팩shoepac"이라고 불리는, 아랫부분은 고무로, 윗부분은 가죽으로 된 새로운 전투화를 착용한다. 이 신발이 동계 전투에 더 적합하다고 한다. 또한 그들은 북한 전역 정복에 합류하는 그들의 임무 수행을 방해하는 것은 그저 사기가 저하되고 여기저기 흩어져 있는 북한군 부대뿐이라는 말을 듣는다. 제17보병연대의 목표는 혜산진으로[2], 이원에서 북쪽으로 145킬로미터의 험난한 산악도로를 거쳐야 하는 곳이며, 중국 만주와 압록강을 사이에 두고 있는 국경 도시다.

1950년 10월 30일, 월요일

소식이 거리에 퍼져나갔다. 점령된 지 불과 일주일 밖에 안된 평양에 이승만 대통령이 도착했다는 소식이다. 수천 명의 군중이 시청 광장으로 몰려들고, 그곳에서는 백발의 남한 대통령이 발코니에서 일장 연설을 하고 있다. 75년 전 이 근처에서 태어난 이승만 대통령은 "본인이 평양을 마지막으로 방문한 것은 1911년이었습니다."하고 모여드는 군중에게 말한다. "유엔이 공산주의자들을 축출했기 때문에 다시 올 수 있었습니다. 언제든지

---

2 함경남도 혜산시

본인이 필요하시거든 청해주십시오… 그 누구도 다시는 우리를 갈라 놓지 못할 것입니다."[35]

이 늙은 한국의 민족주의자가 1945년에 분단된 한반도의 남반부를 이끌기 위해 미국에서 서울로 온 이후 줄곧 갈망해 온, 조국의 통일도 그리 멀지 않았다고 느껴지는 순간이다. 그럼에도 불구하고, 대한민국 전체를 이끌겠다는 그 꿈을 그가 이룰 수 없을지도 모른다.

빌 신은 이승만의 가까이에 서서, "아름다운 이 조국 향토"에 대해, 한민족의 신화적 시조인 단군에 대해, 그리고 "4천 년 이상 이어 내려온 한 혈족"으로서의 한국인에 대해 그가 청중들의 감정에 호소하며 상세하게 설명하는 것을 듣는다.

수완이 좋은 빌 신 기자는 예고 없이 북한의 수도를 방문한 이승만 대통령을 태운 비행기에 유일한 기자로 탑승하는 데 성공했고, 도착한 이승만 대통령 일행은 도착 후 평양 시민들이 어디에선가 제작해 온 남한의 국기인 태극기들이 펄럭이고 있는 것을 보았다.

빌 신 기자는 이승만이 감성적인 곳으로 잠시 우회하는 데 동행한다. 그들은 지어진 지 1,500년 된, "물 위에 떠 있는 누각"이라는 뜻의 부벽루浮碧樓에 도착한다. 거기서 대동강의 낭만적인 풍경을 감상할 수 있지만, 미국의 폭격으로 파괴된 다리의 잔해가 경관을 훼손시키고 있다.[36]

강변을 따라 걷다가 그들은 충격적인 광경을 목격한다. 그들이 본 것은 미군 병사 두 명의 시신으로, 10월 중순에 평양을 방어하던 북한군들이 흩어지면서 포로였던 그 두 명을 냉혹하게 총살한 것이었다. 대부분의 포로들은 더 북쪽으로 끌려간 것으로 알려져 있지만, 일주일 전 전 세계는 평양에서 북쪽으로 56킬로미터 떨어진 철도 터널 밖에서 후퇴하는 북한군에 의해 미군 68명이 학살당했다는 끔찍한 소식을 접했다.[37]

서울로 돌아온 신은 이승만에게 적의 수도에서 잠시 머물렀던 소감을 물었다. "이보다 더 기뻤던 적은 없었습니다." 그가 말했다. "우리의 승리가 눈

앞에 있습니다. 우리 조국의 영토는 한 치의 땅도 공산군의 손에 넘어가서는 안 됩니다."

그러나 그가 말하는 동안 뉴욕의 유엔 주재 미국 및 다른 나라 대표들은 이승만의 한반도 전역 통치에 대한 희망을 미연에 저지하고, 대신 북한에 유엔이 감독하는 정권 혹은 미군 정권을 두는 것을 구상하고 있다. 심지어 이승만은 워싱턴의 일부 인사들이 그를 남한 대통령 직에서 해임해야 한다는 말까지 들었다.

1945년 10월, 맥아더 장군의 전용기를 타고 도쿄에서 서울로 향하던 이승만은 미국 정보기관 및 군 간부들이 한국을 이끌 지도자로 선택한 인물이었다. 미국에서 교육을 받고 영어를 구사하는 이 기독교인은 신뢰할 만한 반공주의자가 될 만한 인물로 여겨졌다. 미국에서 망명 생활을 하면서 한국의 독립을 강력히 요구하던, 자기중심적이고 골칫거리였던 이승만을 수십 년 동안 상대했던 국무부의 반대는 소용이 없었다.[38]

집권 후 이승만의 무자비함과 종잡을 수 없는 성격, 그리고 일제강점기의 친일파들에 대한 의존 때문에 미국과 한국 사람들을 모두를 멀어지게 했다. 5개월 전, 야당이 국회의원 선거에서 더 큰 영향력을 갖게 되면서 대통령의 권력이 상당 부분 박탈될 위기에 처했다. 그런데 북한이 침공함으로써, 그는 위기를 모면하게 되었다.[39]

한편, 이승만의 계획을 좌절시키려는 또다른 세력이 있다. 바로 압록강 남쪽 64킬로미터 지점에서 한국군과 처음으로 충돌한, 거대하면서도 보이지 않는 중국 "지원군"이었다.

1950년 10월 31일, 화요일

씻을 곳이 절실히 필요했던 십대 헌병이 평양 중심가 건너편 대동강 남쪽 강변을 따라 거리를 헤매다가 어느 집 문을 두드린다.

마침내 문을 연 할머니가 이상한 군복을 입고 총을 들고 있는 군인의 지저분하고 먼지투성이인 모습에 깜짝 놀란다. 신형규는 할머니에게 며칠 묵은 때를 씻어낼 뜨거운 물만 있으면 좋겠다고 말한다. 그녀는 미소를 짓는다. "남조선 군인이야!" 그녀가 집 안으로 소리친다. 곧이어 그녀의 아들인 초췌한 청년 두 명이 지하의 은신처에서 올라온다. 그들은 전쟁이 시작된 이래로 4개월 동안 어둠 속에 묻혀 북한군의 징집을 피해 숨어 지내왔던 것이다.

할머니가 물을 데우고 형규가 씻는 동안, 그는 자신의 불행이 어떻든 간에, 이 끔찍한 시기를 맞고 있는 많은 사람들, 특히나 폭격으로 폐허가 된 북한 수도에 있는 사람들보다는 자신이 더 운이 좋다는 것을 다시 한 번 깨닫는다. 그는 떠나면서, 그들의 환대에 감사하며 전투식량으로 배급받은 비스킷을 일부 건넨다.

신형규가 소속된 한국군 제3헌병대대 예하 B중대는 서울에서 호송 차량을 타고 북쪽으로 며칠 동안 이동한 끝에 오늘 아침 일찍 대동강 남쪽 선교리 구역에 도착했다. 한반도 남단의 거창이 고향인 "소년병"은 부산에서 헌병학교를 졸업한 이후 지난 한 달 동안, 그가 17년 동안 보았던 것보다 더 많은 조국의 모습과 그가 상상할 수도 없을 만큼의 전쟁의 폐해를 목격했다.

선교리와 인근 평양 공항을 순찰하는 형규와 헌병대 동료들이 며칠 안에 미 헌병대원들과 팀을 이룬다. 똑똑하고 근면한 한국 청년은 중학생 수준의 영어를 할 줄 알아서 이 미군들과 좀더 쉽게 어울리게 된다.

한국군 병사들은 조국을 돕기 위해 온 외국인들에게 고마움을 느낀다. 하지만 동시에 매일 보고 듣는 "빌어먹을 아시아놈들!" 같은 인종차별 발언이나 더 심한 일들 때문에 그런 고마움은 사라지기도 한다. 이들 젊은 미군 병사들 중 상당수는 성행위 상대를 찾기 위해 어슬렁거리며 돌아다닌다. 한국군이나 현지 남성을 압박해서 매춘부나 몸을 팔 정도로 곤경에 처한 여성들을 소개받기도 한다. 형규는 또한 이들이 노골적으로 강간한 사례도 알게 되었다.

며칠 동안 비교적 평온한 시간을 보낸 후, 형규가 소속된 B중대는 전쟁 포로들이 남한의 포로 수용소로 보내지기 전에 임시로 수용되는 평양의 주요 교도소 경비를 돕도록 차출된다. 그리고 그 현장은 충격적이다.

옆 사람과 반쯤 겹치게 눕지 않고는 누울 수 없는, 빛도 들어오지 않는 감방 마다 수십 명의 전쟁 포로들이 꽉꽉 들어차 있다. 신형규의 학교 교실 크기만한 공간에 포로 백 명씩 들어가 있는 것이다. 포로들은 상처와 질병으로 고통받고 있다. 뚜껑이 없는 양동이로 된 임시 변소에서 나오는 악취는 그들 자신의 역겨운 냄새보다도 지독하다. 수감된 포로들 중 다수가 남한을 침공한 인민군에 의해 징집된 불운한 "자원병"들이다.

무엇보다도 끔찍한 것은, 그가 교도소에서 근무를 서고 있을 때 두 번의 큰 화재가 발생하여 갇힌 포로들이 불에 타 죽었다는 것이다. 이 두 건의 화재는 임시 감방에 보관된 솜 더미에 의해 발생했는데, 그 임시 감방들은 과거에 민간인 수감자들이 북한군의 동계용 누비옷을 만들던 작업실이었다.

그런 참사를 제외한다면, 과학자가 되기를 희망했던 형규는 교도소에서 생각지도 못한 혜택을 누리게 된다. 그는 한 사무실에서 북한 장교의 것으로 보이는 화학과 물리학 서적을 발견한다. 이 책들은 그의 부대가 북쪽으로 이동하는 동안 그가 버려진 도서관에서 수집하기 시작한 교과서 컬렉션에 추가된다. 그는 남몰래 침낭 속에서 손전등을 켜고 이 현대 과학 입문서들을 탐독한다. 그는 이 전쟁에서 최악의 상황을 맞이할지라도, 학교로 돌아가겠다는 생각은 버리지 않을 것이다.

교도소가 폐쇄되고 B중대는 평양 거리 순찰 임무를 맡게 된 이후, 그런 최악의 상황이 발생한다. 교도소 저수지의 수위가 낮아지면서 바닥에 쌓인 부패한 시체들이 드러났다. 지난 여름 북한군이 평양을 탈출할 때 납치하여 북으로 끌고 갔던 남한의 민간인들이 손이 뒤로 묶인 채 총살당한 것으로 추정되고 있다는 소식이 들린다. 이 소식을 들은 형규는 본능적으로 몸에 탈이 난다. 형규와 그의 동료들은 매일 그 물을 마셨던 것이다.

집단 매장지, 시체 더미, 통곡하는 사망자들의 친척 등 헌병대원들은 남쪽에서 올라오면서 북한군의 잔학 행위가 남긴 상처를 반복해서 목격했다. 사망자는 보통 해당 지역의 남한 관리들, 경찰들, 지주들, 그리고 그들의 가족들이다. 10월 중순에, 후퇴하는 북한군은 사흘에 걸쳐 남한에서 납치한 2,000여 명을 즉결 처형하고 평양 북쪽 기암리라는 곳에 있는 집단 매장지에 묻었다.

또한, 신형규와 그의 동료들은 한국군 부대 등이 저지른 유혈 보복의 흔적 또한 목격하게 되었다. 점령된 북한 영토에서 복수심에 불타는 남한의 경찰과 군인, 그리고 38선 위로 이동한 우익 청년 단체들이 실제 또는 가상의 정적을 사냥하기 위해 광란의 테러를 저질렀던 것이다.

평양에서 남쪽으로 80킬로미터 떨어진 신천, 단 한 지역에서 북한 민간인들이 대량 학살당하고 있다. 그중 상당수가 여성들과 어린이들이며, 고문, 화형, 생매장 등 야만적인 방법에 의해 죽음을 맞이한 사람들도 많다. 결국, 북한군이 퇴각하면서 좌파와 우파 사이에 발생한 폭력 사태의 책임이 현지인들로 구성되거나 다수가 기독교도인 귀순 난민들로 구성된 한국의 과격 우익 단체들에게 있다는 사실이 밝혀진다.[40] 미국이 이러한 사건들에 대해 알고 있다는 점은 분명하다. 11월 16일, 미 제8군 소속의 대령이 "북한에서 한국군에 의한 공산주의자 사냥 활동"을 보고했다.[41] 신천의 사망자 수는 수천 명에 달한다.

점차 확대되어 가는, 심지어 동료 헌병들 사이로도 번지고 있는 잔인함에 신형규는 몸서리친다. "우리가 미쳐버린 걸까?"하고 십 대 소년 형규는 의아해한다. "우리가 갖고 있는 인간적인 연민은 어떻게 되어버린 걸까?"

추운 밤마다 칼날 같은 북쪽 바람이 이제 그들이 "막사"로 쓰고 있는 사무실 건물의 폐허를 가르며 지나는 가운데, 형규는 지난 7월 굽은 길 너머로 사라지는 어머니와 거창의 수용자 천막에서 운명을 기다리는 무기력한 아버지의 모습을 떠올린다. 그는 언제 가족과 다시 만날 수 있을까? 한국군과 미군이 압록강을 향해 계속 진격하고 있다. 전쟁이, 그리고 이 광기가 곧 끝날지도 모르겠다.

11월

1950년 11월 1일, 수요일

펑더화이 장군이 한반도에서 가장 험준한 지역에 병력을 전개하는 가운데, 최북단 지역에는 초겨울이 시작되고 있다. 그는 평양에서 북쪽으로 145킬로미터 떨어진 적유령산맥 깊은 곳에 위치한 대유동의 버려진 금광에 본부를 설치했다. 이곳에서 중국 인민지원군 사령관 펑더화이는 김일성과 후퇴 중인 그의 북한 정부를 처음 발견했으며, 그들로부터 적군이 자신의 생각보다 빠르게 한반도 북쪽으로 진격해 올라오고 있다는 사실을 듣게 되었다. 펑더화이는 신중하게 방어하려던 계획을 포기하고 공격을 하는 쪽으로 작전을 변경할 수밖에 없었다. 수만 명의 인민지원군이 북한의 동쪽 회랑을 따라 진군하는 동안, 펑은 진격 중인 한국군 6사단과 8사단에 대응하기 위해 서쪽에 9개 사단을 집중 배치하고 있다. 중공군의 참전으로 이들 한국군의 병력은 이제 수적으로 불리해진 상태다.

일주일 전, 펑의 부대는 자신의 작전 사령부에서 남동쪽으로 19킬로미터 떨어진 북진 인근에서 북으로 진군 중이던 한국군 1개 대대를 매복해 격파했다. 두 시간 만에 한국군 325명이 전사하고 161명이 생포되었다.[1] 그리고 나서, 인민지원군은 북진에서 남쪽으로 24킬로미터, 압록강과 중국에서 80킬로미터 떨어진 광산촌인 운산에서 거점을 확보하고 있던 한국군을 겨냥했다. 그러나 그들이 운산에서 마주친 것은 한국군이 아니라 미군이었다.

펑이 이끄는 대규모 중국 인민지원군은 밤에만 행진하고 낮에는 능숙하게 위장하며, 그들이 북한으로 이동 중이라는 기밀을 교묘하게 유지했다. 운산 진입로에서 116사단 병력은 산불을 일으켜 공중 감시를 보다 철저히 차단했다.[2]

중공군은 어제 해가 진 후 공격을 개시하여 운산 북쪽의 여러 고지 위로 몰려들었지만 별다른 저항에 부딪히지 않았다. 동이 트기 전, 중공군은 마침내 방어 진지가 잘 구축된 고지 한곳으로부터 포와 기관총의 집중 포화를 받았다. 수많은 중공군 병사들이 사망했으며, 그 방어 병력이 미군이라는 소문이 퍼졌다. 펑의 부대가 처음으로 마주친 미군이었다. 중공군 지원 병력이 도착하자 그들은 운산 쪽으로 철수했다.[3]

제1기병사단 예하 3개 보병연대 중 하나인 제8기병연대는 운산에 있는 한국군의 부담을 덜어주기 위해 평양에서 미리 기동한 상태였다. 연대 3개 대대 중 2개 대대는 운산의 북쪽과 서쪽 변두리에 거점을 확보했으며, 남은 1개 대대는 남서쪽 변두리에 참호 진지를 구축했다.

오늘 저녁 어스름이 깔리자, 수천 명의 중공군이 북쪽과 서쪽에서 운산에 근접한 다음, 남쪽으로 가기 위해 외곽을 돌고 있다. 어둠 속에서 호루라기와 나팔 소리가 울리자, 중공군은 첫번째 대대와 두번째 대대를 공격해 두 대대 사이의 틈을 찾아내고 곧 그들과 백병전을 벌인다. 자정이 되어가면서, 방어하던 두 대대는 탄약이 부족해져 남쪽으로 열린 유일한 도로를 따라 후퇴한다. 많은 차량이 통과한다. 하지만 새벽 2시 30분경, 중공군이 들이닥쳐 도로를 막고 갇혀버린 미군을 학살한다. 생존자들은 도로 밖으로 흩어진다.

세번째 대대가 진지를 구축하고 있는 지역은 굽이진 남면강을 남쪽 경계로 하고 있는데, 아직은 아무 일 없이 조용하다. 그러다 3시경, 한 무리의 병사들이 강이 얕은 곳을 가로지르는 다리를 건넌다. 미군 초병들은 그들을 한국군으로 오인한다. 그들은 탈취한 한국군 군복을 입은 중국 특공대원들이다.

그들은 대대 본부에 접근하자, 한 명이 나팔을 불고 그의 동료들은 가방폭탄과 수류탄을 던지며 다른 116사단 병력에게 남면강을 건너 급습하라는 신호를 보낸다. 참호 속에서 잠을 자던 세번째 대대 병사들이 깨어나 보니, 적군이 자신들을 향해 총검을 겨누고 돌진해 오고 있다. 트럭들은 불타고 있으며, 그 불빛 아래 미군과 중공군의 근접전이 벌어진다. 진지 외부 경계에 있던 병사들은 부상자와 시체가 널려 있는 전장에서 퇴각한다. 생존자들은 모여서 전차 3대와 지휘 벙커 주변에 삼엄한 경계선을 구축하며 날이 밝을 때까지 버틴다.

아침이 되자 미군의 공습으로 중공군의 공격이 저지된다. 한편 같은 사단 소속인 제5기병연대의 구조대가 세번째 대대 지역 남쪽의 도로를 봉쇄하고 있는 중공군을 돌파하려 했으나 실패하여, 많은 사상자가 발생한다. 해질 무렵, 미 상급사령부는 구조대를 철수시키고, 제1기병사단 전체가 방어가 더욱 용이한 위치로 철수할 것을 명령한다. 즉, 깊이가 얕고 폭이 넓으며 평양에 좀더 가까운 청천강 이남으로 철수하라는 명령이다.

구조 지원이 끊긴 제8기병연대의 세번째 대대 병사들은 목요일 밤 여섯 차례에 걸친 적의 공격을 물리치며 계속 싸운다. 180미터 너비의 경계선 주변은 수백 구의 적의 시체로 뒤덮여 있다. 적의 박격포와 기관총, 저격수 사격으로 미군 사상자도 늘어난다. 마침내 토요일, 48시간이 넘게 포위 공격을 당한 끝에 신체가 건강한 200명의 생존자들이 경계선 동쪽으로 빠져나간다. 남겨진 250명의 부상자들은 포로로 잡혀가게 될 것이다. 남쪽으로 향하는 그들 가운데 아군 전선까지 살아남지 못한 병사들이 많다. 제3

기차역에서 남한의 한 어머니가 전방으로 향하는 아들에게 작별 인사를 하고 있다. 허원무가 장교 훈련을 받기 위해 177킬로미터를 걸어 대구로 떠날 때, 어머니는 아들에게 "뒤돌아보지 마. 어서 가거라. 우린 다시 만나게 될 거다. 그게 하늘의 뜻이라면 말이다."라고 말한다. (대한민국 국군 제공)

대대 병력 800명 중 약 600명이 사망하거나 포로가 되었다.[4]

운산에서 북쪽으로 48킬로미터 떨어진 갱도에 설치된 작전 사령부에서 펑더화이는 예상치 못한 미군의 패주 소식을 접하고 기뻐한다. 하지만 그는 철수하는 미군 병력을 추격하라는 명령을 내리지 않는다. 행군하는 그의 보병들이 고도로 기계화된 적을 따라잡을 수 없고, 그 또한 강력한 미군의 주력 부대와 너무 빨리 교전하는 것을 경계하기 때문이다.

중공군 사령관 펑더화이는 베이징의 마오쩌둥에게 암호화된 전보를 통해 현재 자신이 생각하고 있는 바를 상세하게 알린다. 그는 적이 압록강 쪽으로 계속 북진하도록 허용해서 북한 지역 깊숙이 들어오게 한 다음, 적을 공격해서 고립시키자고 제안한다. 마오쩌둥이 이를 승인한다.

펑더화이는 여전히 병력을 보강하고 있다. 몇 주 안에 그의 병력은 30만 명에서 45만 명으로 늘어날 것이다.[5] 그러나 맥아더와 미군은 여전히 자신들이 어떤 상황에 직면하고 있는지 알아차리지 못하고 있다. 지금까지 중공군 포로가 몇 명 잡히고 일선 장교들도 경보를 울렸지만, 도쿄 사령부는 중공군의 존재를 대수롭지 않게 여기고 있다. 워싱턴의 CIA는 한 첩보 메모에서 북한에 "15,000명에서 20,000명 사이의" 중공군이 있다고 결론 내리고 있다.[6]

<<<

그는 이제 자유의 몸이다. 기적이다.

어린 장상의 형부, 그녀의 언니 장란과 결혼한지 얼마 되지 않았던 강기석은 북한군이 서울을 점령했을 당시 그들에게 잡혀갔었다. 그런데 어느 날, 그가 지저분하고 지친 모습으로 김씨 집안 사람들이 살고 있는 집의 문 앞에 다시 나타났다. 그리고는 자신이 탈출한 이야기를 들려주었다.

북한 공산군들이 남한 사람들 가운데 숙련된 기술이 있는 사람들은 북쪽으로 끌고 가고 그렇지 않은 사람들은 군대나 노동자 집단으로 징집하던 늦여름이었다. 강기석을 포함한 강제 징집자들이 공포에 떨며 서울 북동쪽의 산악 지대인 강원도를 지나 38선을 향해 끌려가고 있을 때, 기석과 두 명의 친구는 기회를 포착하고 경비병들의 눈을 피해 탈출했다.

그들은 동굴을 발견하고 얼마간 그곳에서 숨어 지내면서 그들을 동정하는 지역 주민들이 주는 음식으로 연명했다. 그러다가 10월에, 그들은 북한군이 철수했으며 남한군이 강원도를 재탈환하며 자신들이 있는 곳 뒷쪽까지 진격해왔다는 소식을 듣게 되었다. 그리고 나서 세 명의 도망자들은 천천히 서울로 돌아왔다. 지난 몇 주 동안 기석의 안전과 귀환을 위해 기도했던 어머니와 장상의 언니는 몹시 기뻐했다.

1950년 11월 6일, 월요일

빌 신은 미소 지을 이유가 또 하나 더 생겼다. 그의 가족이 다시 재회한 지 한 달 만에, 아내 샐리가 북한군 점령 하에서 시련을 겪었음에도 불구하고 건강한 둘째 아들을 낳았기 때문이다. 하지만 맑고 푸른 하늘이 펼쳐진 청명한 가을날, 젊은 기자의 마음은 오늘 자기가 해야 할 암울한 일에 가 있다. 새로운 생명보다는 죽음과 연관된 일이다.

그는 소규모 호송대와 이동 중이다. 호송대는 서울에서 서쪽으로 6킬로미터 남짓 떨어진 어느 언덕 밑에 멈춰선다. 한국 헌병 여섯 명이 트럭 뒤에 타고 있던 남자 16명, 여자 4명 등 민간인 20명에게 내리라고 명령한다. 양손을 등 뒤로 묶고 고개를 숙인 채 그들에게 언덕 위로 걸어 올라가라는 명령이 떨어진다.

빌 신 기자는 부역자 집단 처형을 목격하기 위해 그곳에 와 있다. 그들은 북한 점령군에 협력하여 한국의 국가보안법을 위반한 혐의로 유죄 판결을 받은 것으로 알려진 서울 시민들이다. 그는 육군 참모총장 정일권 장군이 이 사건을 보도 요청한 유일한 특파원이다.

서울 서대문 형무소를 떠날 때 이 죽음을 앞둔 수감자들이 앞으로 무슨 일이 일어날지 전혀 모르고 있다는 것을 그는 느꼈다. 한 노인은 감방에 담요를 두고 왔다며 경비병들에게 걱정된다고 말했다.

그러나 그들이 트럭에서 내려서 등에 경비병들의 소총이 겨누어진 채 산을 터벅터벅 오르기 시작하자, 그들 사이에서 흐느끼는 소리가 터져 나왔다.

서른 살의 흰옷을 입은 한 여성이 빌 신을 향해 눈물을 흘리며 말한다. "마지막 순간이 왔다는 걸 알아요" 그리고 빌 신에게 간절히 부탁한다. 그녀의 세 아이들, "여덟 살 된 딸, 여섯 살 된 아들, 여섯 달 된 아들"에게 사랑한다고 전해달라고. 나중에, 빌 신은 그 여성이 북한군 속옷을 꿰매도록 여성들을 모집한 혐의로 유죄 판결을 받았다는 사실을 알게 된다.

한 남자는 경비병들과 장교들에게 자신의 결백을 증명하기 위해 "하루만 더" 시간을 달라고 호소한다. 다른 사람들은 소리를 지르고 울부짖지만, 빌 신은 그들이 무슨 말을 하는 지 더 이상 알아들을 수 없다.

그들은 폭 2미터에 깊이가 1미터가 채 안 되는 사각형 구덩이에 도달했다. 그들은 구덩이 속으로 강제로 내려 보내진다. 웅크리고 있는 사람들로 구덩이는 꽉 찬다. 빌은 가장 어린 수감자인 열여덟 살 소녀가 큰 소리로 기도하는 소리를 듣게 된다. "하늘에 계신 우리 아버지, 제발 도와주세요!"

군인들의 카빈소총들이 다닥다닥 모여 있는 사람들에 조준되어 있다. 소총소리가 울려 퍼지고, 또 계속 울려 퍼진다. 세 아이의 엄마는 살려 달라고 애원한다. 빌의 눈에 터져버린 머리, 뿜어져 나오는 피, 피범벅이 된 등이 보인다. 그들 중 일부는 즉사했다. 다른 이들은 고통에 몸부림친다. 군인들이 마지막 사격을 가한다.

"그리고는 그들은 그 얕은 무덤을 메웠다." 빌 신이 서울의 상업 지역인 을지로에 있는 AP통신 사무실로 돌아와서 작성한 보고서를 마무리한다. 그들은 이미 사망했지만, 빌 신 기자는 그들의 생전 신분을 꼼꼼하게 기록한다. "전화 교환원, 가정부, 학생 두 명, 농부, 일용직 노동자 두 명, 상인 네 명, 경리원, 점원, 목수, 은행원, 대장장이, 배우, 인쇄공, 무직자 두 명."

빌 신의 보도에 따르면, 이날 처형으로 10월 초 한국군의 귀환 이후 서울에서 군사법원의 명령에 따라 사형당한 부역자 수는 91명으로 늘어난다. 그는 앞서 남한 전역에서 600명 이상이 사형 선고를 받았으며 6,000명 이상이 전시 범죄 혐의로 재판을 받게 되었다고 보도했었다.[7] 전쟁 초기의 국민보도연맹 학살, 그 재판 없이 이루어진 집단 처형까지 포함한다면 희생자 수는 수만 명에 달할 것이 분명하다.

지난 8월 중순, 한국군의 새로운 미국 측 수석 고문인 프랜시스 W. 패럴 Francis W. Farrell 준장은 한국인의 대량 학살에 대한 조사를 촉구했다.[8] 바로 지난 10월 말에는 프레드 비어리 Fred Bieri 서울 주재 국제적십자사 대표가 한 한국 차관에게 사람들이 단지 공산주의 '동조자'라는 이유로 즉결 처형되고 있다며 항의했다.[9] 딘 러스크 Dean Rusk 미 국무부 차관보는 워싱턴에서 항의하는 영국 외교관에게 미국 지휘관들이 "그러한 잔학 행위를 억제하기 위해 할 수 있는 모든 것"을 다하고 있다고 말했다.[10] 그러나 학살은 계속되고 있다.

빌 신이 쓴 "처형의 언덕 Execution Hill" 기사가 미국에서 대중의 강한 반감을 불러일으킨 후, 한 가지 조치가 취해졌다. 즉, 한국군 사령부가 특파원들의 향후 사형 집행 참관을 금지한 것이다.

1950년 11월 12일, 일요일

"더 이상 지연되지 않으면 좋겠어요. 그 곳에는 해야 할 일이 너무 많거든요."

매리 머시 수녀가 허드슨강변 메리놀회 모원에서 다시 한 번 가족에게 편지를 쓰고 있다. 이번에는 한국에 가서 절실히 필요한 진료소를 열 수 있기를 그녀는 기대하고 있다. 그녀는 한국 비자와 한국 여행 금지가 해제된 새 여권을 가지고 있다. 이제 그녀는 상급자들의 여행 지시와 가장 중요한 맥아더 장군의 허가가 필요하다.

한국에서 들려온 최신 소식에 메리놀회 수녀들이 깜짝 놀란다. 미군과 한국군을 따라 평양에 들어갔던 메리놀회 성직자들이 전한 바에 따르면, 68명으로 추정되는 신부 및 수녀가 북한군에 의해 살해된 것으로 보이며, 그들 대부분이 한국인이다. 생사 여부를 알 수 없는 사람들 중에는 지난 7월 서울에서 북한 침공군에게 붙잡혀 북으로 끌려간 것으로 알려진 62세의 미국인 주교 패트릭 번Patrick Byrne도 포함되어 있다.[11]

패트릭 번은 1923년 한국에 최초의 메리놀 선교회를 설립했다. 이후 10년 뒤, 마퀘트 대학교 의과대학을 졸업하고 메리놀회에 입회한 지 5년이 지난 밀워키 출신의 엘리자베스 허쉬벡이 매리 머시 수녀로 일본의 식민지인 한국에 도착했다.

매리 머시 수녀는 신의주 가톨릭 교회 계단 아래에 방 한 칸짜리 진료소를 열었다. 그곳에서, 그리고 이후 더 큰 규모의 진료소에서, 그녀는 말라리아와 이질부터 홍수와 기근에 이르기까지 온갖 질병과 난관에 대처하고 뿌리 깊은 미신과 효과 없는 민간요법을 극복하며, 수천 명의 가난한 한국인들을 돌보았다. 그 과정에서 그녀는 힘든 것을 겉으로 잘 드러내지 않고 인내심이 강한 한국 사람들에게 점점 더 헌신하게 되었다. 이제는 어떤 암울한 전쟁 소식이 들려오더라도 그녀는 돌아가고 싶은 마음이 간절하다. 그녀는 오빠와 시누이에게 보내는 편지에 "내가 가게 되면 알려줄게요."라고 쓴다.

1950년 11월 중순 어느 날 저녁

해질녘, 지프차의 헤드라이트 불빛에 길가에 앉아 있는 한 어린 소녀가 들어온다. 폐허가 된 북한의 자그마한 산골 마을은 연기가 자욱하다.

"쟤, 저기서 뭐 하는 거야?" 어린 헌병 상병이 소리친다. 운전병이 급하게 브레이크를 밟는다. 신형규는 자신이 도와야 한다는 것을 알고 있다.

그들은 평양 북쪽의 최전방 부대에 명령을 전달하고 서둘러 돌아오는 길이며, 북한의 수도에 있는 기지로 돌아가고 싶은 마음이 간절하다. 형규가 며칠 전까지만 해도 곧 끝날 것으로 기대했던 전쟁이 위험한 새 국면으로 접어들고 있다. 이 산악 지역 어딘가에 대규모 중공군이 집결하고 있다.

십 대 나이의 헌병 형규가 지프차에서 뛰어내린다. 검게 그을린 무너진 집들 사이로 겁에 질린 연약한 이 여자아이 한 명 말고는 아무것도 보이지 않는다. 그는 무슨 일이냐고 물었지만 아이는 충격에 휩싸인 듯 멍하니 쳐다볼 뿐이다. 그는 아이를 안아서 지프차에 태우고, 떨고 있는 아이의 몸을 자신의 재킷으로 감싼다. 그들은 다시 평양으로 향한다.

평양에 도착한 형규는 어린 소녀를 헌병대 식당으로 데려가 뭘 좀 먹게 한다. 따뜻한 음식을 먹은 소녀는 진정되지만 손은 여전히 떨리고 있다. 추위 때문이 아니라, 아마 아이가 겪은 일이 아직 기억나기 때문인 듯하다.

마침내 아이가 입을 연다. 이틀 전 끔찍한 전투가 아이의 집을 휩쓸었으며, 부모님은 죽었다고 말한다. 그리고 아이와 다른 친척들이 빠져나오려고 했을 때 폭탄들이 또 떨어져서 아이는 남동생을 비롯한 그들과 헤어지게 되었다고도 말한다.

"아, 동생은 아마 죽었을지도 몰라요" 아이가 울면서 말한다. 여자아이는 자신의 이름이 이희선이며, 아홉 살이고 3학년이라고 말해준다. 아이는 끊임없이 기침을 한다. 이틀 동안 바깥 날씨에 그대로 노출된 것이 해를 끼친 것이다. 식당의 촛불이 주위를 밝히고 있는 가운데, 아이는 마침내 눈을 감고 고개를 숙인다.

아이가 말을 조금만 했을 뿐인데도, 형규는 아이가 나이에 비해 훨씬 총명하고 침착하다는 것을 알 수 있다. 저녁 늦게, 그는 예전에 알게 된 인근의 한 가정으로 아이를 데려간다. 그들은 아이를 하룻밤 묵게 한다. 아이를 구한 열일곱 살의 신형규가 내일 음식과 옷가지를 가져다주겠다고 말한다.

1950년 11월 21일, 화요일

발원지인 백두산에서 하류로 64킬로미터 흘러내려온 압록강이 두꺼운 얼음층 아래로 좁은 폭을 따라 빠르게 흐르고 있다. 오늘, 맑고 푸른 하늘 아래 길 아이셤과 그의 동료들이 남쪽 강변에 나란히 줄지어 서서 소변을 보고 있다.

제17보병연대는 혜산진에서 만주 국경으로의 진격을 끝냈다. 혜산진은 산으로 둘러싸인 임업 도시인데, 지금은 미군의 폭격으로 거의 완전히 파괴된 상태다.[12]

미군들이 한-중 국경에 도달한 최초의 미국인으로서 흔적을 남기고 싶어한다. 나중에 그들이 "압록강을 노랗게 물들였다"고 자랑하기 위해서다. 밀워키의 집으로부터 상상할 수 있는 가장 먼 곳에 와 있는 열여덟 살의 아이셤에게 이 외설적인 의식은 역사에 동참하는 것을 의미한다.

도쿄에서 맥아더 장군이 사령관들에게 "진심으로 축하한다"는 메시지를 전하며 보다 품위 있게 이 일을 기념한다. 그는 매우 기뻐하며 "7사단이 대박을 터뜨렸다."라고 사령관들에게 말한다.[13]

그들의 상륙 지점인 이원에서 시작된 3주 간의 북진은 고된 여정이었다. 1,800미터 높이의 산악지대 사이로 난 구불구불하고 원시적인 도로—일부 구간은 그들이 "소나 지나다닐 만한 길"이라 부를 정도였다—를 따라갈 수 밖에 없었고, 영하 18도로 떨어지는 추위에 떨면서, 완강한 일부 북한군 무리와 가끔 충격전도 벌여야 했다.[14]

혜산진과 압록강에 접근하는 제17보병연대 대열을 따라잡으며, 제7사단장 데이비드 바[David G. Barr] 소장은 동행한 기자에게 "우리 병사들이 이렇게 활약하는 모습을 보게 되었으니 당신은 미국인인 사실이 자랑스러울 겁니다."[15]라고 말했다.

그의 병사들은 시베리아의 바람을 맞으며 계속 밀어부치고 있기 때문에, 완전히 지치고 더러워졌으며 뼛속까지 추운 상태다. 이 보병들은 얼어붙은 전투 식량을 먹고, 수류탄으로 얼어붙은 땅에 참호를 파거나 나뭇가지로 린투lean-to를 조립해서, 혹은 운이 좋으면 버려진 농민들의 오두막을 찾아 밤을 지낼 임시 거처로 삼고 그 안으로 재빨리 들어간다.[16] 아이셤을 포함한 이지 중대원들은 틈만 나면 새 동계용 침낭을 이용한다. 이동이 멈출 때마다 그걸 꺼내서 솜털의 온기로 몸을 감싸고 발을 구르며 동상을 예방한다. 허리 깊이의 강을 건너라는 명령을 받은 18명의 병사가 극심한 추위에 노출되어 불구가 되자, 연대는 병사들을 위한 "따뜻하게 하는 텐트"를 만들기 위해 250개의 분대용 텐트와 500개의 석유 난로를 긴급 보급받았다.[17]

장교들이 공산군의 저항이 붕괴되고 있는 것으로 보인다고 보고한다. 제1해병사단이 장진호 주변에 배치되어 있는 남서쪽의 다른 7사단 부대들은 소수의 중공군과 충돌이 있었다고 보고한다. 그러나 도쿄 사령부는 여전히 북한에 대규모 중공군이 주둔할 가능성을 일축하고 있다.[18] 맥아더의 정보 참모들은 북한에 들어와 있는 중공군이 소규모 태스크 포스 형태로 34,500명 정도 될 것으로 추정한다.[19] 실제로는 약 40만 명의 중공군이 한국에 침투해 있다.[20]

참전한 지 두 달째, 강가에 서서 얼어붙은 압록강 너머 중국을 바라보며 소변을 보던 길 아이셤 이병은 마침내 자신이 해낼 수 있다는 자신감을 갖게 된다. "혜산진에서 우리는 군인으로서 행동하는 것에 익숙해지기 시작했습니다. 격렬한 전투도 많지 않았고 사상자도 많지 않았지만, 적어도 우리는 그것이 무슨 일인지 알고 있었습니다. 아니면 알고 있다고 생각했어요."

<<<

마비될 정도로 추운 오늘 오후, 동쪽으로 120킬로미터 떨어진 곳에서 징집 회피자 정동규가 은신처인 할머니의 헛간에 웅크리고 있는데, 어머니가

두려워하는 표정으로 달려 들어와 아들에게 밭을 내다보라고 말한다.

그는 그곳에서 북한군 병사들이 대열은 흐트러진 채 얼음이 언 땅 위를 터벅터벅 걷고 있는 것을 보게 된다. 그들은 북쪽으로 가기 위해 산으로 향하는 있다. 일부는 절뚝거리고 일부는 머리나 팔, 다리에 붕대를 감고 있다. 그들은 패배한 젊은이들이며, 남아 있는 힘으로 아무 말 없이 계속 발걸음을 옮기고 있다. 한 시간도 지나지 않아 산발적인 총소리를 뒤로하고 어머니가 다시 달려 들어온다. "저 밖을 봐." 어머니가 아들에게 말한다. "다른 군인들이야." 대한민국의 수도사단이 북한의 북동쪽 끝을 향해 진격하는 가운데, 예하부대인 제18보병연대가 주을 마을에 도착했다.

1950년 11월 23일, 목요일

지금은 대부분 전쟁 폐허로 변한 역사적인 영변의 오래된 성벽 안에서, 버디 웬젤과 제7기병연대 장병들이 추수감사절 저녁 식사를 위해 하얀 천으로 덮인 테이블에 앉는다. 전시 중임에도, 미 육군은 칠면조, 크랜베리 소스, 다진 고기 및 호박 파이 등 미국 명절을 위해 특별히 노력한다.[21]

인근 도로에서는 피난민 행렬이 느리게 남쪽으로 흘러간다. 평양에서 북쪽으로 97킬로미터 떨어진 이 지역에서는 지금까지 적은 눈에 잘 띄지 않고, 전투도 잠깐씩 소규모로 진행되다 멈춘다. 그러나 피난민들은 길을 비켜야만 한다는 느낌이 든다.

<<<

동쪽으로 24킬로미터 떨어진, 청천강 건너편의 구릉지대에서 클래런스 애덤스와 그의 곡사포 포반원들은 이번 추수감사절에 백인 부대를 위해 하얀 식탁보, 심지어 촛불까지 준비되었다는 소문을 들었다.

제503야전포병대 대원들에게는 그런 호사스러움이 준비되어 있지는 않지만, 따뜻한 칠면조 식사와 곧 집으로 돌아갈 수 있다는 기대감만 있다면 상관없다. 또한 여름 전투복을 입고 혹독한 초겨울을 너무 오랫동안 겪어 온 그들이 드디어 동계 전투복을 받게 되었다.

제503야전보병대대를 포함한 제2보병사단은 9월에 낙동강 방어선을 "돌파"한 후 북진하여, 마침내 서울에서 평양에 이르는 후방 지역에서 경비 임무를 맡게 되었다. 그 후 11월 초, 제2보병사단은 북한 전역을 점령하려는 맥아더 장군의 진격 계획에 대비하기 위해 북부 전선으로 재배치되었다.

그 과정에서 155밀리 포의 포반장이 우연히 마주친 적과의 교전에서 전사했고, A포대 지휘관은 애덤스 일병을 탄약수에서 포수로, 그리고 상병으로 진급시켰다. 포대장은 고등학교를 중퇴한 애덤스가 육군 수학 적성 시험에서 좋은 점수를 받았다는 사실을 알고 있었다. 애덤스는 새로운 직무에서 요구되는 빠른 계산을 능숙하게 해내고 있다.

6문으로 구성된 A포대는 제2보병사단 제38보병연대에 배속되어, 평양에서 북동쪽으로 105킬로미터 떨어진 제8군 전선을 따라 위치하고 있다. 압록강 및 중국으로부터도 같은 거리만큼 떨어져 있는 위치다. 11월 초 운산에서 미군이 패배한 이후, 북한에 얼마나 많은 병력이 있었던 간에 북한에 있던 중공군은 모두 철수한 것으로, 어쩌면 중국으로 철수한 것일 수도 있다고 도쿄 사령부는 판단한다.

목요일 저녁 미국식 연회를 마친 후, 맥아더 장군은 춥고 화창한 다음날 아침에 청천강변의 신안주로 날아가서, 제8군의 워커 장군과 함께 새로운 작전의 시작을 목격한다. 최고사령관 맥아더가 언론 성명을 통해 이 작전을 "모든 실질적인 목적을 위해 전쟁을 끝내고자 하는" "결정적인 노력"이라고 일컫는다.[22] 청천강 상류에 있는 제38보병연대 병력이 이 새로운 공세를 시작하며 조심스럽게 이동한다. 적의 저항은 경미하거나 아예 없다. 그러나 아군 전선에 도달한 탈출 포로들은 북쪽으로 불과 몇 킬로미터 떨어진 곳에 대규모 적군이 집결해 있다고 말한다. 항공관측자들도 비슷한 경

고를 한다.[23]

1950년 11월 25일, 토요일

　미군 전투기들이 펑더화이의 작전사령부 주변을 반복적으로 폭격했음에도 불구하고 오늘 아침, 완고한 펑더화이는 중공군 공병대가 대유동 기슭에 파놓은 "작전지휘 동굴"에서 열리는 전략 회의에 그의 부사령관들과 합류하는 것을 거부하고 있다.

　그는 자신의 나무 오두막에서 회의를 하고 싶어 한다. "나는 미군 비행기가 두렵지 않다. 방공호에 숨고 싶지 않아." 그가 중국 인민지원군의 군사보급을 담당하는 후방근무사령부後方勤務司令部 사령관을 겸임하고 있는 부사령관이자 대유동 사령부 관련 업무를 책임지고 있는 홍쉬에쯔洪學智에게 말한다.

　펑더화이와 그의 참모들이 압록강과 중국에서 48킬로미터 떨어진 대유동에 처음 도착했을 때, 그들은 원시적인 환경에서 생활해야 했다. 그 후 그들은 오두막을 지어 숙소와 작전상황실로 사용하기 시작했고, 음식도 개선되었다. 발전기가 웅웅거리며 빛과 전력을 공급하고, 사암을 깎아 구멍을 낸 방공호들이 만들어졌다. 전화 교환원, 사무원, 의사, 간호사, 한국어 통역관이 본부에 추가되었다. 총사령관 펑더화이의 부사령관들은 국공내전 당시의 베테랑 장군들이다. 제1부사령관에는 덩화鄧華, 제2부사령관에는 홍쉬에쯔, 그리고 공산군에서 핵심 직책인 정치부 주임에는 두핑杜平이 임명되었다.

　펑더화이는 장교들로 구성된 개인 참모진도 있으며, 여기에는 마오쩌둥의 스물여덟 살 아들인 마오안잉毛岸英이 포함되어 있다. 마오안잉의 어린 시절 시련은 중국에서 잘 알려진 이야기다. 1930년, 국공내전으로 아버지가 공산주의자들이 피신하고 있는 옌안에 있는 동안, 그의 두 번째 부인이자 안잉의 어머니인 양카이후이楊開慧는 마오쩌둥의 적인 중국 국민당에게 고문을 당하고 처형당했다. 그 여파로, 여덟 살 소년이었던 안잉과 그의 동생들은 상하이 거리에서 구걸을 하게 되었다. 공산주의자들에게 구출된 안잉은 모스크바로 보내져 교육을 받고 2차 세계대전에서 소련군 장교로 복무했다. 그는 현재 대유동에서 펑더화이의 비서이자, 북한의 소련 측 고문들을 상대하는 러시아어 통역관으로 일하고 있다.

어제 미군 전투기 4대가 두 차례에 걸쳐 대유동을 폭격해 변전소를 파괴했다. 그리고 오후 늦게, 미국 P-51 머스탱 1대가 지역 상공을 선회하는 정찰 비행을 했기 때문에, 오늘 아침 홍쉬에쯔는 추가 공격이 있을까 봐 두려워하고 있다.

작전지휘 방공호에 있는 다른 참모들이 총사령관이 그들과 합류하도록 설득하기 위해 홍쉬에쯔를 보냈다. 그는 오두막 안에서 화가 나 있는 총사령관을 발견한다. "홍형, 내 작전지도를 어디에 숨겼지?" 펑더화이가 답을 요구한다. 홍쉬에쯔는 주석이 달린 총사령관의 대형 작전 지도를 방공호로 몰래 옮겨두었다. "지도는 이미 방공호에 가져다 두었습니다." 그가 대답한다. "모두가 사령관 동지께서 회의를 주재하길 기다리고 있습니다."

펑은 화를 내고 홍은 간청하며 얼마간의 시간이 더 지난 후, 펑은 마침내 방공호 동굴로 올라가기로 한다. 그러나 회의가 시작되자마자 항공기 접근 소리와 뒤이어 폭발음이 들린다. 네이팜탄이 터지면서 아래에서 거대한 화염 기둥이 솟아오르는 것이 동굴 입구에서 목격된다. 비행기들이 날아가자, 펑을 비롯한 방공호 안의 모든 사람들이 현장으로 달려간다. 펑의 오두막은 몇 분도 안돼서 불에 타버렸고, 장교 두 명은 그 안에 갇힌 채 불에 타죽었다. 그중 한 명이 마오안잉이다. 그는 선임 장교들과 함께 작전지휘 동굴 안에 있다가 마지막 순간에 그곳으로 돌아갔던 것인데, 그 이유는 알 수가 없다.

펑더화이는 충격에 빠진다. 그는 다시 방공호로 올라가 오랫동안 아무 말 없이 앉아 있다. 총사령관에게 다시 한 번 다가가야 하는 사람은 홍쉬에쯔다. 펑이 그의 손을 잡는다.

"홍형, 자네 꽤 괜찮은 사람이군." 펑이 그에게 말한다. "자네가 오늘 이 늙은이의 목숨을 구해주었어." 펑은 다시 깊은 생각에 빠진다. 그는 안잉의 아버지이자 그의 오랜 동지에게 뭐라 말해야 할까? "안잉이 왜 죽어야 했지?" 그는 마음 속으로 크게 외친다.[24]

마오쩌둥은 베이징 만찬에서 자신의 아들을 펑의 참모로 임명한다고 말한 후, 펑에게 압록강을 건너지 말고 중국 쪽에 작전본부를 설치해서 위치를 고수할 것을 제안했다. 펑은 전쟁터에 더 가까이 있는 것이 필요하다고 주장했다. 그런데 마오쩌둥은 의식적이든 아니든 안잉을 보호하려 했던 것일까?[25]

중공군은 미국이 펑의 본부를 정확히 찾아냈다고 믿을 이유가 없다. 그저 미군은 군사 목표물과 보급 및 수송 시스템뿐만 아니라 북한의 인구 밀집 지역을 포함한 모든 곳을 폭격하고 있기 때문이다.[26]

11월 초 맥아더 장군의 "모든 것을 파괴하라"는 지시가 내려옴에 따라, 조종사들은 "피신처가 될 수 있는 모든 건물"이 정당한 목표물이라는 말을 들었다. 70대의 폭격기가 압록강변의 도시인 신의주를 공격, 500톤 이상의 소이탄을 투하하며 도시의 60%를 파괴했다.[27] 한 국제여성사회주의 연맹의 조사에 따르면, 신의주의 11,000채의 주택 중 6,800채가 파괴되었고 5,000명 이상의 주민이 사망했으며 그 중 4,000명이 여성과 어린이였다.[28] 북한의 북부 전역에서 매일 이와 비슷한 괴멸적인 공격이 가해지고 있다. 맥아더는 지난주 존 J. 무치오 주한 미국 대사에게 비공개로 말했다. "불행히도 이 지역은 사막으로 남게 될 것이오."[29]

중공군은 라디오를 통해 맥아더가 자신의 새로운 공세로 미군은 크리스마스까지 집으로 돌아갈 것이라고 자랑하는 것을 들었다. 이것은 맥아더가 미군이 맞닥뜨릴 중공군의 위력을 아직 깨닫지 못하고 있다는 뜻이다.

미군이 마오쩌둥의 장남을 죽인 날인 바로 오늘 밤, 맥아더의 두 군대가 멀리 분리되어 북쪽으로 진격하며 지독한 북부의 초겨울 속으로 더욱 깊숙

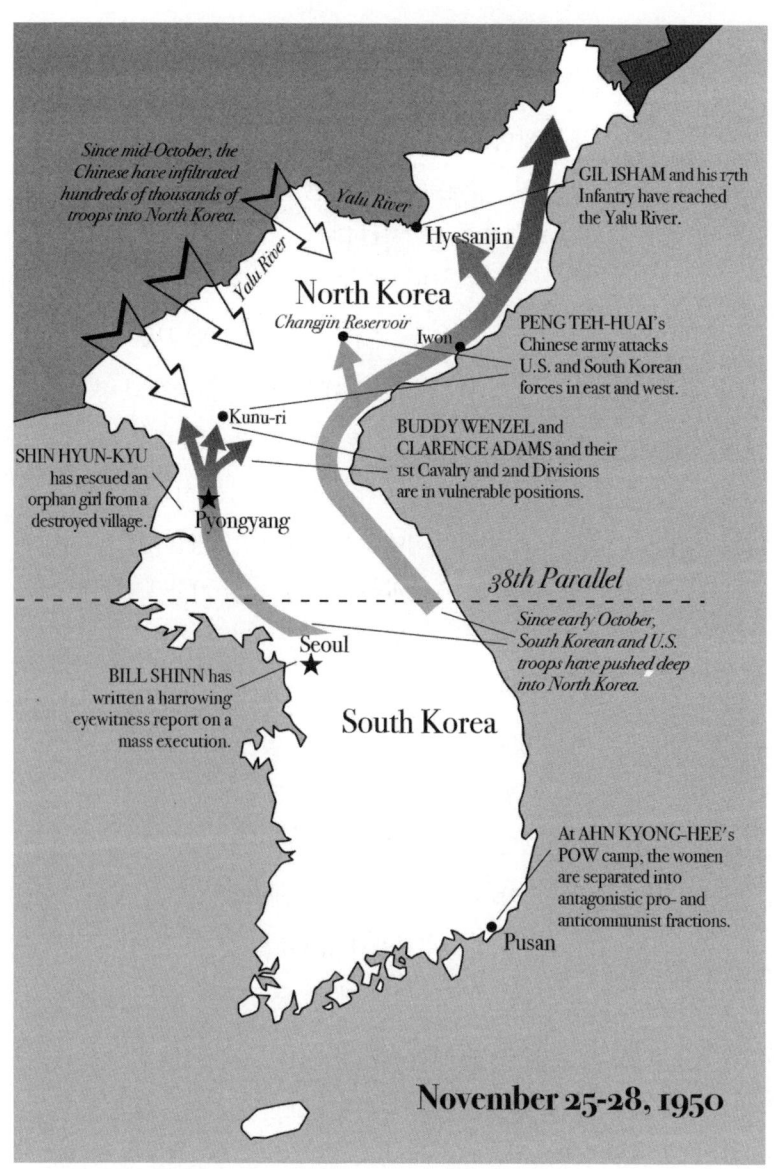

| 지도: 1950년 11월 25일~28일

이 들어가고 있을 때, 펑더화이가 집결시킨 군대는 오랫동안 계획한 덫을 작동시킨다. 12개 사단에 약 12만 명으로 구성된 중공군 4개 군이 서쪽 회랑에서 수상한 낌새를 알아차리지 못한 미군, 한국군, 영국군을 공격한다. 동쪽에서는 이틀 후인 월요일에, 매복해 있던 중공군 사단들이 장진호 주변의 미 해병 및 육군 부대들을 습격한다.[30]

1950년 11월 30일, 목요일

5일 동안, 제503야전포병대대 예하 A포대의 포병들은 혼란과 공포 속에서 한 걸음 한 걸음 뒤로 물러서며 수시로 자취를 감추는 중공군으로부터 조금씩 조금씩 멀어져갔다. 잠도 거의 자지 못하고 먹을 시간도 거의 없이, 그들은 155밀리 곡사포를 미지의 적에게 발사하다가 명령을 받으면 차량에 올라타고 또다른 얼어붙은 논으로 이동해서 얼마간의 저항을 또한번 하기를 반복했다.

이제 클래런스 애덤스와 그의 동료 포수들은 포탄이 바닥났으며, 적의 공격에 시달리는 제2보병사단은 선택의 여지가 없어졌다. 압도적인 숫자의 중공군이 근접해오는 상황에서 2사단이 할 수 있는 일은 군우리에서 길을 따라 순천으로 필사적으로 도망쳐 내려가는 것뿐이다.

맥아더가 계획한 마지막 공세의 첫 단계로, 제2보병사단의 제38보병연대가 A포대의 지원 사격을 받으며 평양과 압록강의 중간 지점인 청천강 근처로 조심스럽게 진격하던 지난 토요일 밤에, 중공군이 공세를 시작했다. 서해에서 중부 산악지대에 이르는 서부 전선 전역에서 펑더화이의 인민해방군 12개 사단이 미군과 한국군 6개 사단에 대해 총공격을 감행했다.[31]

쉴 새 없이 불어대는 나팔과 호루라기, 조잡한 영어로 위협을 외치는 확성기의 소란스러운 소음 속에서 중공군은 제38보병연대를 고립시키고 병력을 쪼개버렸다. 900미터, 그리고는 1,800미터, 38연대는 후퇴와 재편성을 반복하지만, 그저 새로운 방향에서 또다시 공격을 받을 뿐이었다.

150명 이상의 보병 중대는 2, 3일 만에 40~50명으로 줄어들었다. 낙오된 부상자 중 일부는 얼어 죽었다. 전장에는 더 많은 중공군 전사자들이 흩어져 있었다. 한편 38연대의 우측에 있던 한국군 부대는 더욱 빠르게 철수해서 연대의 전선을 통과하여 청천강 바로 남쪽의 군우리 지역까지 후퇴했다.[32]

애덤스의 A포대는 명령에 따라 위치를 변경하고 점점 줄어드는 포탄을 계속 바뀌는 표적 지역에 발사할 수밖에 없다. 이제 마지막 후퇴 명령이 내려졌다. 퇴로는 남쪽으로 향하는 유일한 도로다.

보병 대대, A포대를 제외한 포병대, 헌병대, 본부 중대가 수 킬로미터에 이르는 호송 대열을 이루어 먼저 남쪽으로 이동하고 있다. 그들은 도로 양쪽 산비탈의 참호 속에서 중공군이 기관총과 박격포로 집중 공격을 퍼부어 치명적인 타격을 입는다. 거의 10킬로미터에 걸쳐 트럭들이 박격포탄을 맞고 불에 타고 있다. 폭발음과 총성 속에서 부상당하고 죽어가는 병사들의 비명과 신음 소리가 들린다. 병사들이 필사적으로 고장난 차량들을 도로변으로 밀어낸다. 사망하거나 부상당한 전우들도 밀어낸다.

호송 대열의 북쪽 끝에서 A포대의 흑인 병사들은 자신들이 마지막이 될지도 모른다는 생각에 두려움에 떨며 지켜본다. 어스름이 짙어져 밤이 되어가고 기온은 영하 18도에서 더 떨어질 때, 드디어 그들이 트랙터로 곡사포 6문을 천천히 끌며 후퇴 대열에 합류한다.

그들도 도로 폭이 좁아지는 지점에서 집중 포화를 받는다. 원래 기관총 사수로 훈련받은 상병 애덤스가 두 번째 트랙터 위에 장착된 50구경 기관총으로 주위의 산비탈에 발포하며 남쪽으로 밀고 내려간다.

A포대의 호송 대열이 갑자기 멈춘다. 선두 차량이 고장나고 곧 뒤쪽 트랙터도 작동을 멈춘다. 이제 그들은 갇혔다. 애덤스는 30구경 기관총을 들고 뛰어내려 차량 아래로 기어들어가서 산 쪽으로 다시 총을 쏜다.

바로 코 앞에, 중공군 기관총 사수 한 명이 바리케이드 뒤에서 발포하며

A포대원들을 꼼짝 못하게 하고 있다. 애덤스가 이를 지켜보고 있을 때 동료 상병 한 명이 앞으로 기어가 중공군 기관총에 수류탄을 던진다. 수류탄이 폭발하고 사격이 멈추자 그 상병이 일어선다. 기관총이 갑자기 다시 발사되어, 그를 거의 두 동강 낸다.

애덤스는 빠져나가야 한다. 그는 기관총을 버리고 카빈소총을 집어 든다. 길을 따라 옆으로 논이 있고, 그 너머 언덕에 가느다란 구멍이 보인다. 하지만 불타는 차량들의 불길로 인해 전장은 대낮처럼 밝다. 몇 명씩 무리를 지어 논을 가로질러 도망치려던 병사들이 쏟아지는 기관총 탄환에 쓰러지고 있다.

또다른 무리가 뛰기 시작하자, 애덤스는 10초 동안 기다리다가 다른 각도로 혼자 튀어나간다. 기관총 사격은 먼저 뛰어나온 무리에 집중되고, 그는 논밭을 통과한다.

애덤스는 멈추지 않고 계속 달린다. 멤피스의 경찰들로부터 도망치던 소년 클래런스가 그랬던 것처럼 전속력으로 달린다. 그는 언제 등 뒤에 총알이 박힐지 두렵다. 아무도 오지 않는다. 그는 눈 덮인 야산들 사이로 난 좁은 길을 발견하고는, 그 길을 따라 남쪽으로 갈 수 있기를 바란다. 계속 달리던 그는 길이 굽어진 곳에서 반대편에서 달려오는 누군가와 충돌할 뻔한다. 중공군이다. 적이 기관단총을 들어 발포하지만 빗나간다. 애덤스도 카빈을 들고 쏘지만 역시 빗나간다. 둘은 재빨리 몸을 돌려 서로 반대 방향으로 달려간다.

그는 이른 아침의 어둠을 뚫고 방향도 모른 채 계속 달린다. 마침내 완전히 지쳐버린 그는 눈밭에 쓰러져 기절한다. 날이 밝자 애덤스가 깨어난다. 뼛속까지 언 듯한 느낌이다. 특히 발은 꽁꽁 얼어붙은 듯하다. 그는 발을 절며 걷다가 이윽고 죽은 미군들을 우연히 발견한다. 낮에는 돌아다닐 수 없다는 걸 알고 있는 그는 자포자기한 채 그 시체들과 함께 누워 해질녘까지 죽은 척한다.

그때 애덤스는 미군의 목소리를 듣게 된다. 백인과 흑인 군인 십여 명이 지나가고 있다. 너무나도 기뻐하며 그는 몸을 일으켜 그들과 합류한다. 그러나 한 시간 정도 길을 헤매고 있을 때, 어디론가부터, 그리고 곧이어 다른 방향에서 갑자기 총성이 울린다. 그들 중 절반이 총에 맞고 쓰러진다.

애덤스와 또 한 명의 흑인 병사가 도망친다. 그들은 도랑을 발견하고 뛰어든다. 하지만 눈 깜짝할 사이에, 중공군 한 명이 위에서 그들을 향해 소총을 겨누고 있다. 두 사람은 무기를 여전히 가지고 있다. 하지만 지금 애덤스 옆에 있는, 나이가 애덤스보다 많은 하사관이 자기에겐 아이가 다섯 명 있으니, 모든 걸 운에 맡기고 항복하겠다고 말한다. 그는 소총과 권총을 도랑 밖으로 던진다. 애덤스도 그를 따라 카빈소총을 던진다.

두 사람은 도랑 위로 올라가서 주위를 둘러본다. 대기하고 있는 중공군 네 명이 더 있다. 적군 병사들이 이 두 흑인 미군을 빤히 쳐다본다. 그러자 그들 중 한 명이 애덤스에게 다가와 놀랍게도 두 팔로 애덤스를 감싸 포옹한다. 그는 애덤스 옆에 있는 미군에게도 똑같이 한다.

그는 두 사람에게 앉으라고 손짓한다. 그리고는 모든 중국 군인들이 목에 걸고 다니는 스타킹 같은 곡물 팩에서 곡물 한 줌씩을 그들에게 부어준다. 굶주린 미군들은 의심하면서도 그 곡식을 먹어치운다. 이제 박격포 포병인 그 중공군이 두 미군을 그들을 데리고 가서 박격포의 포시와 무거운 바탕판을 운반하게 한다. 결국에는 저들이 우리를 쏘지 않을지도 모른다고 클래런스 애덤스가 생각한다.

남쪽으로 수 킬로미터 떨어진 순천에서 재편성된 제2보병사단은 손실을 집계하고 있다. 11월 중순 이후, 15,000명 병력 중 약 3분의 1이 사망, 부상 또는 실종된 것으로 확인되었다.[33] A포대의 경우, 120명의 포병 중 약 절반이 사망했거나 실종되었다. 군우리에서의 치명적인 퇴각은 미군 역사상 최악의 참사 가운데 중 하나다. 순천에서 제38보병연대 사령관 조지 B. 페플로 George B. Peploe 대령이 오열하는 모습이 목격된다.[34]

12월

1950년 12월 1일, 금요일

베이징의 인민일보 People's Daily는 "인민지원군"이 이승만의 "꼭두각시 병사" 수천 명을 쓸어버리고 미군을 즉각적으로 후퇴시켰다고 보도하며, 한국에서 "제국주의 호랑이"에 맞선 중국의 성공을 대대적으로 선전한다.

몇 주 동안, 학교와 기타 공공장소 벽에는 중국 젊은이들에게 "미국에 저항"하고, "조선을 지원"하며, "조국을 수호"하기 위해 자원할 것을 촉구하는 모집 포스터가 붙어 있다. 칭화대에서, 일부 학우들이 아무런 설명도 없이 갑자기 짐을 싸서 떠나는 것을 보고, 지자오주는 그들이 군사 훈련을 받으러 가는 것으로 짐작한다.

지자오주 자신은 여전히 조선전쟁에 자원하고 싶은 애국심을 느끼지만, 대학 학장과 아버지는 하버드 중퇴생인 그가 베이징에서 학업을 마치는 것이 새로운 중국에 도움이 될 것이라고 계속 말하고 있다. 한편, 그는 독단적인 공산주의의 중국과 공격적인 미국의 충돌로 보여지는 이 전쟁으로 인해 그가 사랑하는 두 국가 간에 만들어진 선의의 역사가 물거품이 되고 있다고 생각하며 절망한다. 매일 뉴스 헤드라인을 접할 때마다 그의 절망은 더욱 깊어진다.

오늘 밤, 학생 기숙사에서 단파 라디오 주위에 모여 있는 지자오주를 비롯한 학생들은 트루먼 대통령이 조선전쟁에서 원자폭탄을 사용할 수 있다고 경고했다는 소식을 듣고 깜짝 놀란다.

트루먼 대통령은 목요일 워싱턴 기자회견에서 중국의 전쟁 개입을 비난하며, "우리는 우리 자신의 국가 안보와 생존을 위해 한국에서 싸우고 있다"고, 그리고 미국은 "군사적 상황에 맞게 필요한 모든 조치를 취할 것"이라고 말했다.

"그 모든 조치에 원자폭탄도 포함됩니까?"라고 한 기자가 질문했다.

"그 모든 조치엔 우리가 보유하고 있는 모든 무기가 포함된다"고 트루먼은 대답했다.[1] 이 성명은 즉각적으로 전 세계를 긴장하게 만들었다. 영국의 클레멘트 애틀리Clement Attlee 총리는 이번 주말 백악관을 방문하여, 이러한 중대한 결정을 내릴 때에는 UN기 아래 미국과 함께 싸우는 동맹국들이 참여해야 한다며 우려를 표명할 계획이다.[2]

베이징의 기숙사에서 이 소식을 들은 자오주와 다른 학생들이 놀라움을 금치 못한다. 어떻게 미국인들이 우리를 그들에 대한 위협이라고 생각할 수 있어? 학생들은 미국에서 교육을 받은 동급생인 자오주에게 묻는다. 그는 어깨만 으쓱할 뿐이다. 전혀 이해가 안 되기 때문이다.

지자오주에게 있어, 이민족의 지배를 받은 역사를 고려할 때 만주로 접근하는 미군에 위협을 느끼는 쪽은 중국이라는 것이 명백할 것이다. 중국이 시작하지 않은 전쟁에서 침략자는 미국이라고 그는 혼잣말을 한다. 포위된 것은 미국이 아니라 중국이다.

1950년 12월 5일, 화요일

평양의 맑은 밤, 기온은 영하 12도까지 떨어진다. 북쪽에서 포성이 들린다. 중공군이 다가오고 있다.

신형규 상병은 잠을 이룰 수 없었다. 자정이 넘은 시각, 마음이 급한 그는 헌병대 사령부의 침상에서 급하게 내려와 어두운 밖으로 나간다. 그가 불타고 있는 마을에서 구한 고아 희선을 돌봐주고 있는 가족의 집으로 달려간다. 그의 헌병 중대는 다른 후위대들과 함께 아침에 평양에서 철수할 예정이다. 그는 그 가족과 여자 아이가 남쪽으로 탈출할 수 있도록 돕고 싶다.

11월 25~26일, 중공군이 압록강을 향해 진격하는 미군과 국군을 격파한 이후, 최종 승리가 가까워졌다는 환희에서 갑자기 패배를 전망하는 쪽으로 분위기가 바뀌었다. 청천강 전선에서 남쪽으로 64킬로미터나 밀려난 미군과 한국군은, 사기가 저하되고 때로는 전열이 흐트러진 채, 점점 날이 짧아지고 눈보라가 몰아치는 초겨울의 날씨에 북한의 수도를 통해 남하하고 있다.

며칠 전, 신형규가 소속된 헌병 중대의 중대장은 대원들을 불러 모아, 조국을 위해 목숨을 바쳐야 할지도 모를 때가 다가오고 있다고 말했다. 그리고 중대원들에게 각자 마지막으로 남길 신체의 일부로 머리카락 한 움큼과 손톱 조각을 잘라 가족에게 보낼 봉투에 넣으라고 명령했다. 열일곱 살의 신형규 상병은 이 말을 듣고 등골이 오싹해졌다.

어제 형규가 속한 B중대는 평양 야전병원에서 국군 부상자들을 미군이 대동강 위로 설치한 부교를 건너 기차역에 대기 중인 열차로 후송하는 임무를 맡았다. 후퇴하는 미군 차량이 부교를 가로막고, 뒤에서는 미군이 보급물자 임시 창고에 불을 질러 탄약고가 폭발하면서 극심한 혼란이 일어났다.

대동강변에는 상류건 하류건 할 것 없이, 남쪽으로 강을 건너기 위해 필사적인 민간인들이 작은 배나 또는 임시로 만든 뗏목에 위험할 정도로 많이 올라탔다. 대동강철교는 미군의 폭격으로 심하게 파손되었지만, 여성과 어린이를 포함한 수백 명의 정신없는 민간인들이 강 반대편으로 가기 위해 뒤틀린 철교 거더를 기어올라 가로지른 다음 내려 갔다.

신형규의 헌병 중대는 이어서 검문소 설치를 위해 도시 북쪽 변두리로 파견되었다. 국군 낙오자와 탈영병들을 저지하기 위한 것으로, 이 임무는 가끔 위험할 때가 있었다. 북쪽의 대규모 살육 현장에서 막 도망쳐 온 공황 상태의 병사들이 광기 어린 눈빛으로 헌병대에 저항하고 심지어 총격을 가하는 경우가 있었기 때문이다.

그리고 오늘 새벽, 형규에게 마지막 임무가 있다. 바로 자신이 책임감을 느끼고 있는 어린 소녀를 구해야 하는 것이다. 운전사와 함께 지프차를 타고 평양 부부의 집에 도착한 그는 그들에게 이희선을 안고 짐도 몇 가지 챙기라고 말한다. 동트기 전, "소년병"과 여전히 뼈까지 떨릴 정도로 심하게 기침하는 고아 소녀, 그리고 아이의 보호자들을 태운 지프차는 빠르게 달리며 부교를 건넌다. 그리고 출발한 지 한 시간 만에 기차역에 도착한다.

남쪽으로 향하는 마지막 열차가 있는 플랫폼이 피난민들로 넘쳐나고 있다. 신형규는 한 유개화차有蓋貨車에 그들이 타는 것을 돕고 열차가 출발하자 뒤로 물러선다. 전쟁이 발발한 후 6개월 동안, 형규는 이런 비참한 광경은 본 적이 없다. 달리는 열차의 지붕과 측면에 매달려 있는 애처로운 사람들, 아기를 업은 채 안으로 끌어당겨 달라고 울며 소리치는 여인들, 그리고 선로 옆에 남겨진 사람들 틈에서 가족과 헤어진 아이들이 울부짖는다. "엄마! 엄마!"

형규는 소녀 이희선과 평양의 부부에게 남쪽으로 145킬로미터 떨어진 개성 역에서 그들을 찾겠다는 말을 해두었다. 평양 부부는 그가 해낼 수 있을지 의문이 들지도 모르겠다. 하지만 적어도 희선은 이 "큰 오빠"가 자신을 다시 구해줄 거라고 믿고 있다고 그는 확신한다.

<<<

버디 웬젤를 비롯한 제7기병연대원들이 불길에 휩싸인 도시를 뒤로한 채 평양을 통해 남하하는 탱크 위에 다닥다닥 모여 추위에 몸을 웅크리고 있

다. 미군 사령부는 중국의 공세에 직면하여 꼬리에 꼬리를 물고 대대적으로 철수하는 것을 "역행 기동retrograde movement"으로 규정한다. 병사들은 "대규모 줄행랑the Big Bugout"이라는 다른 이름으로 부르기 시작했다.

육군 공병대원들이 북한 수도의 주요 시설에 불을 지르고 있다. 그들은 남쪽으로 수송할 수 없는 미군 장비, 탄약, 기타 보급품을 파괴하고 있으며, 30,000갤런의 휘발유를 불태우고, 심지어 "승리한" 군대의 크리스마스 잔치를 위한 과일 케이크, 위스키, 기타 배급품을 저장해둔 창고에도 불을 질렀다.

이동이 잠시 정지되고, 웬젤 이병과 그의 동료들은 병참부대들이 보급소에서 병사들에게 담배, 술, 식량 등 그들이 들고 갈 수 있는 건 무엇이든 나눠주고 있는 것을 발견한다. 웬젤은 좋아하는 걸 찾아낸다. 커다란 과일 칵테일 캔이 한 상자 있다. 그들이 다시 후퇴를 시작하자, 웬젤은 그 무거운 상자를 꽉 붙잡는다.

일주일 전 연대가 처음으로 중공군에게 큰 타격을 입은 이후, 그들은 사기가 저하되어 있다. 그 혼란스러운 충돌은 미군과 중공군 양측에 거의 아무런 예고도 없이 일어났다. 제8군단의 우측방, 즉 평양에서 북동쪽으로 64킬로미터 떨어진 신창리라는 곳에 있는 제7기병대 소속 2개 대대의 진지로 중공군이 밤길을 따라 진격해 내려오면서 발생한 것이다.

가장 먼저 공격한 중공군은 미군 전선의 중심을 뒤로 밀어내고 마을에 있는 제2대대 지휘소에 도달했으나, 그곳에서 기관총 사격을 받고 마침내 격파되었다. 그 후 새벽녘까지, 참호 진지를 구축하고 있던 제7기병대를 향해 공격하는 적군들은 연이은 파도처럼 밀려들었다. 연대 장교들이 포병대에 탄막彈幕 포격을 계속해서 요청했고, 그렇게 고성능 폭약과 기관총 사격으로 이루어진 최후방어 사격은 중공군을 뒤로 물러나게 했다. 날이 밝자 미군은 아군 방어선 안팎에 적군의 시체 수백 구가 널브러져 있는 것을 목격했다.

기병대원 38명도 전사하고 그보다 더 많은 대원들이 부상당하거나 실종되었다. 마침내 미군 사령부는 강력한 새로운 적과 맞닥뜨렸었다는 점을 파악했다. 미군 사령부는 단계적 철수를 명령했고, 이는 이제 즉각적인 후퇴로 바뀐 상태다. 중공군과의 교전이 벌어지기 전에, 신창리에서 제2대대 E중대는 지난 여름 그리고 피난민들에게 치명적이었던 침투자들에 대한 공포를 떠올리게 하는 끔찍한 사건으로 중대장을 잃었다.

후퇴하는 한국군과 북한의 피난민들이 E중대의 검문소를 통과하고 있을 때, 미군들은 민간인 복장을 한 군중들 사이에 적군들이 있다는 소식을 들었다. 존 E. 시언 John E. Sheehan 중위가 한 무리의 남자들을 검문하기 위해 앞으로 나왔을 때, 그들은 무기를 꺼내 발포하여 그를 사살하고 그의 부하 몇 명에겐 부상을 입혔다. 그 즉시 다른 미군인들이 그 피난민 행렬에 총격을 가했으며, 그로 인해 여인들, 어린이들, 노인들이 쓰러졌다.[3]

평범한 북한 주민들은 두 거대한 군대의 새로운 충돌에서 벗어나기 위해 필사적이다. 그러나 탈출하는 것도 이제 위험해졌다. E중대 사건 이후 제7기병연대장 "빌리" 해리스 "Billy" Harris 중령은 그의 부대에 명령을 내렸다. "우리 전선으로 진입을 시도하는 모든 피난민들을 저지하고 필요시에는 화력을 동원하라. 박격포나 다른 포를 사용해도 된다."[4]

이제 제7기병연대와 더불어 수만 명의 제8군 및 동맹군 병사들이 북한을 탈출하고 있다. 그들은 기가 꺾여 있다. 얼어붙은 수염과 멍한 표정으로 과적 트럭이나 전차에 올라타 있으며, 일부는 발가락이나 손가락 끝, 코나 귀에 동상을 입은 상태다. 그리고 그들은 복수를 시작한다. 제8군은 후퇴하는 동안 다시 한 번 "초토화"시킨다. 가옥을 불태우고, 가축을 죽이고, 식량을 없애고, 기계를 박살내고 있다. 제7기병연대 소총수 랠프 버노터스 Ralph Bernotas는 이런 행위를 2차 세계대전 중 우크라이나에서 독일군이 한 행위에 비유한다. "우리는 모든 것을 불태웠습니다. 음식이든 뭐든간에. 그들도 아무것도 남기지 않았듯이 말입니다."[5]

1950년 12월 6일, 수요일

제17보병연대 공병들이 수 킬로미터에 달하는 철조망을 설치하고 있다. 서기병과 취사병들은 임시 소대를 편성해 전선 사수를 돕고 있다. 연대는 얼어붙은 땅을 파서 방어 진지를 구축하고 함흥과 흥남항 북쪽 경계선을 따라 지뢰를 매설하며, 다가오는 중공군을 기다리고 있다.

길 아이섬 이병이 소속되어 있는 제17보병연대가 중국과 국경을 이루고 있는 압록강에서 철수하기 시작한 지 일주일이 지났다. 북한 전역을 점령하려는 맥아더 장군의 "최후의 공세"는 중국의 개입으로 실패하고 말았다.

제17보병연대는 약 322킬로미터의 구불구불한 빙판 산길을 트럭으로, 도보로, 그리고 마지막에는 철도로 이동하며 남쪽으로 향했다. 제10군단이 제7보병사단과 제1해병사단의 모든 부대에 철수 명령을 내린 후였다. 병력이 도로가 거의 없는 너무 광활한 지형에 분산되어 있었고, 북한의 동부에는 적들이 숨어 있었기 때문이다.

남하하는 동안 제17보병연대는 적과의 접촉은 거의 없었지만, 살을 에는 듯한 추위와 칼바람으로 인해 병사들은 부상을 입었다.[6] 길 아이섬도 동상에 걸린 많은 병사 중 한 명이었다. 새로 보급받은 전투화 "슈팩" 때문이었다. 행군이 멈추면, 고무 재질의 신발을 신고 걸어다니느라 땀에 젖은 발이 얼어붙곤 했다. 아이섬은 동상에 걸린 두 발이 천천히 녹을 동안 제2대대 구호소에서 하룻밤 있어야 했다. "위생병들이 가장 걱정했던 것은 내 발이 검게 변하는 것이었습니다. 그렇게 되었으면 큰일이 날 수도 있었으니까요. 하지만 그렇게 되진 않았어요. 그냥 미칠 듯이 아팠을 뿐입니다." 그는 곧 이지 중대로 복귀했다.

그 모든 참담한 일들을 겪었음에도 불구하고, 이지 중대의 병사들은 운이 좋은 편이다. 남서쪽으로 97킬로미터 떨어진 북한 산악 지대의 황량한 심장부에서, 중공군의 치명적인 덫에 걸린 해병대 2개 연대가 빠져나오려고 필사적이다.

11월 중순의 제17보병연대와 마찬가지로, 해병 제5연대와 제7연대는 압록강으로 북진하기 위해 원산에 상륙한 후, 북쪽으로 밀고 올라가며 좁은 길을 따라 해발 1,200미터 이상의 개마 고원에 오른 다음 거대한 저수지인 장진호 방향으로 이동하는 동안 적의 흔적을 거의 발견하지 못했다.

하지만 적은 그곳에 있었다. 제1해병사단의 2개 연대는 도로가 빈약한 지형으로 인해 길게 늘어진 채 중공군 7개 사단이 매복하고 있는 곳으로 걸어가고 있었다.[7]

추수감사절인 11월 23일, 이 해병대 병력은 길이 18킬로미터의 저수지(일본인들은 초신호라고 불렀다) 남쪽 끝에 있는 외딴 마을 하갈우리의 기지에서 출발하여 저수지 서쪽 기슭을 따라 북쪽으로 진격했다. 그들은 유담리라는 마을에서 비박했다. 주변 산능선 꼭대기에는 경계 초소들을 설치했다. 11월 27일 자정 직전, 녹색 예광탄과 박격포 포격, 그리고 요란한 나팔소리가 폭발하는 가운데 중공군들이 압도적인 병력으로 공격해왔다.

중공군은 수상한 낌새를 알아차리지 못하고 있던 해병대 병력을 능선의 진지에서 몰아내고 지휘소를 점령했다. 많은 해병대원들이 죽고 다쳤으며, 일부는 침낭 속에 있다가 붙잡히기도 했다. 능선 아래 예비 중대들은 동료 해병들을 지원하기 위해 빙판과 바위가 산재한 산비탈을 힘겹게 올라가다가, 그들을 쓸어버리려는 적의 자동화기 사격과 비처럼 쏟아져 내리는 수류탄 세례를 받았다. 비틀거리며 내려오는 부상자들과도 마주쳤다. 마침내 어떻게든 정상에 오른 해병대 지원 병력은 미군 참호에서 발견한 중공군들에게 총을 쏘고 곤봉으로 내리치고 총검을 휘둘렀다. 살아남은 중공군들은 뒷쪽 산비탈 아래로 도망쳤다. 이후 3일 동안, 유담리의 해병대는 방어 진지를 사수하며 중공군의 반복되는 야간 공격에 저항했고, 사상자 수는 점점 늘어만 갔다.

저수지 동쪽 기슭에서는 제17보병연대의 자매 연대, 즉 제7보병사단 예하 다른 부대들이 중공군의 매복 공격에 당했다. 양측에서 수백 명이 사망했다. 유담리의 해병대를 지원하기 위해 출동한 해병대-육군 합동 기동대도 갑자기 나타난 바로 이 적군에 의해 차단당하며 분산되었다.

동부 전선 전역에서 철수하라는 제10군단의 명령이 떨어지자, 유담리의 해병대는 폭설 속에서 북진하던 길을 되돌아 도보로 남하하는 최후의 시련을 시작했다. 부상자와 사망자, 기괴한 자세로 얼어붙은 시체들이 트럭에 실려 있었고, 일부 부상자들은 트럭의 후드, 펜더, 그리고 운전석 지붕에 묶여 있었다. 해병 공병들이 유담리에 불을 지른 후, 해병대원들이 길게 늘어진 종대로 계곡을 통해 남쪽으로 천천히 이동하는 동안, 극심한 타격을 입은 소총 중대는 도로 양쪽의 평행 능선을 확보하기 위해 싸워야 했고, 추격하는 중공군은 도로 봉쇄를 통해 이들을 차단하기 위해 조심스레 움직였다.

주간에는 날씨가 좋으면 미군 전폭기들이 날아와 폭탄과 네이팜탄으로 중공군 대형을 격퇴했다. 하지만 저격수들은 여전히 언덕에서 해병대를 저격했고, 잘 배치된 기관총은 트럭 종대縱隊를 쓸어버렸다. 밤이 되어 바로 그 단 하나뿐인 도로 위에 호송 행렬이 멈추고, 해병대가 주변을 경계하고 있을 때면, 중공군이 그들의 경계를 뚫기 위해 대규모 돌격을 감행했지만 기관총과 박격포 사격에 의해 저지당했다. 새벽마다 적군의 시체 수백 구를 볼 수 있었다.

추위에 의한 사상자가 중공군에 의한 것만큼이나 많았다. 수은주는 밤새 영하 32도까지 떨어졌고 북풍은 시속 64킬로미터에 달했다. 동상으로 인해 손가락은 방아쇠를 당길 수가 없게 되었다. 해병 위생병으로 복무하던 해군 위생병들은 서둘러 부상자들에게 모르핀을 주사했으며, 금속 주사기가 얼어붙지 않도록 입에 물고 움직이는 것이 습관이 되었다.[8]

사상자를 데리고 가파른 고개를 내려가던 해병 제5연대와 제7연대는 이틀 전 마침내 하갈우리에 도착했다. 그곳에서 그들은 해병대와 육군 부상자 4,000명을 수송기로 이송하고 시신들을 집단 매장할 준비가 이루어지고 있는 동안 또다시 시작된 중공군의 공격을 막아내고 있다. 생존자들을 본 한 뉴스 기자는 이렇게 묘사했다. 그들은 눈가가 빨갛고 탈진한 모습이었으며, 얼굴이며 수염이며 매우 지저분했고, 그들의 옷은 꽁꽁 얼어서 뻣뻣했다. 상처 위에 피가 얼어붙어 있는 병사들, 소총을 목발로 사용하며 동상에 걸린 발로 절뚝거리며 걸어다니는 병사들도 있었다.

새로운 트럭 호송대에 올라탄 해병 제5, 7연대원들이 아이섬이 있는 제17보병연대를 비롯한 미군과 한국군이 지키고 있는 함흥-흥남 방어선을 곧 통과한다.

전쟁에 새롭게 끼어든 이 거대한 적과 맞닥뜨린 맥아더와 그의 장군들 및 제독들은 흥남을 비롯한 다른 동해안 항구들을 통해 모든 미군과 한국군을 철수시키기 위한 해상 수송 작전을 신속하게 수립하는 한편, 서부 전선의 제8군은 육로를 이용하여 후퇴한다.[9]

그러는 동안, 함흥 북쪽의 방어선은 반드시 사수되어야 한다. 철수가 시작되면서 평온한 날이 이어진다. 중공군은 장진호 주변 전투에서 심각한 타격을 입은 후 전열을 재정비하고 있는 것으로 추정된다. 이윽고 중공군의 공격이 시작된다. 언제나 그렇듯 야간 공격이다. 이틀에 걸쳐, 중공군은 마치 파도처럼 끊임없이 밀려들며 아이섬의 중대 및 다른 중대들이 위치하고 있는 고지 정상의 진지를 급습하려 한다. 조명탄이 터지고 지뢰가 폭발하는 가운데, 참호 속 미군은 대거 몰려드는 중공군에게 기관총과 소총 사격은 물론 박격포와 곡사포를 퍼부으며 산비탈을 시체로 뒤덮는다.

포병 지원도 부족하고 공군이나 기갑부대의 지원도 없이 공격하는 적군은 결코 돌파하지 못한다. 이지 중대에는 사상자가 거의 없다. 하지만 전투가 소강 상태에 접어들어, 고등학교 시절이나 좋았던 시절에 대해 잡담을 나누던 중, 참호 가장자리에 앉아 있던 병사가 저격수의 총탄에 맞는다. 아이섬은 같이 있던 전우가 뒤로 쓰러진 모습을 목격한다. 머리에 총을 맞고 죽은 것이다.

열여덟 살의 소총수는 전쟁의 잔인한 무작위성에 점점 단련되어 간다. "정말 친한 친구는 만들고 싶지 않았어요. 더 큰 상처를 입을 수 있었으니까요." 그의 고향 밀워키에서, 센티넬Sentinel 신문이 "동북항에서 한국을 떠나는 미군, 흥남에서 양키 함대에 승선"을 제1면 헤드라인에 발표한다. 이 신문은 제17보병연대가 "중공군의 덫을 피해" 해안까지 도달한 부대 중 하나라고 보도한다.[10] 호머와 프랜시스 아이셤 부부는 적어도 군인 아들 길버트가 무사할 거라는 희망을 좀더 크게 가질 수 있게 되었다.

<<<

한반도의 남쪽 아래 지리산 속, 등사판으로 인쇄된 공산 게릴라 "신문"에 흐릿한 보라색 글씨로 미국의 좌절 소식이 나타난다. 편집자는 리인모다.

지역 노동당 지도자들은 북에서 온 당 선전원을 10월 초에 "무장 선전대"의 일원으로 게릴라 부대에 합류시킨 후, 그에게 주간회보 제작을 요청했다.

그건 인구 밀도가 낮은 외딴 지역에서 수행하기에는 어려운 임무였다. 하지만 리인모와 현지 동지들은 일본제 스텐실 2,000개 및 종이와 잉크가 저장되어 있는 곳을 어렵사리 찾아냈다.

그가 매주 소량의 회보를 인쇄하면, 숲이 우거진 계곡과 산비탈을 가로질러 남부 좌파 반군들과 그들과 합류한 인민해방군 낙오자들에게 손에서 손으로 분배되었다. 그는 북한 방송에서 나오는 뉴스와 그들 지리산 전투 부대의 소식을 게릴라 무선 통신사들로부터 접하고 있다.

게릴라 은신처에 대한 적의 압박이 심해지고 있다. 새로 창설된 한국군 제11사단은 3개 도에 걸쳐 게릴라 소탕 작전을 펼치며, 때로는 대규모 반군 조직과 치열한 전투를 벌여 수백 명을 사살하고 그들을 보다 소규모로 활동할 수밖에 없게 만들었다.[11]

후방 지역의 전사들은 철도 교통과 차량 호송에 대한 기습 공격에 특히 효과적이다. 이런 게릴라 조직들은 원활한 소통과 긴밀한 공조를 유지하고 있다. 이들은 농부들에게 필요 없는 음식을 가져다 먹는다. 낡은 소련제 및 중국제 무기와 탈취한 미국제 M-1 소총, 심지어 아주 오래된 일본제 소총으로 무장한 이들 반군은 경찰 초소와 무기 창고를 공격하여 무기고를 보충한다.[12]

게릴라 토벌 작전으로 인해 새로운 잔학 행위가 발생한다. 한국군은 게릴라를 도운 것으로 의심되는 마을을 소개疏開시킨 후 파괴하는 "안전 마을" 전략을 사용하고 있다. 어떤 경우에는 마을 주민들을 감시받는 마을로 이주시키지 않고 그냥 사살하기도 한다. 전라남도 함평군에서 한국군은 단 한 번의 작전으로 민간인 249명을 사살했다.[13]

후퇴하는 인민군들과 좌파 게릴라들도 그들만의 잔학 행위를 저지르고 있다. 전라남도 무안에서는 지역 좌파들이 최소 100명을 살해했다. 거기에는 우익으로 간주되는 집안의 여성과 어린이가 포함되어 있으며, 일부 어린 이들은 깊은 우물 속으로 던져지기도 했다.[14]

한국 정부의 지리산 게릴라 소탕전이 강화되면서, 리인모도 가까스로 죽을 위험에서 벗어난 적이 있다. 그가 소속되어 있던 게릴라 사령부가 지리산 깊숙이 기지를 옮기던 중, 경찰이 이동 중이던 50명의 사령부 대원들을 급습했다. 당 장교 한 명이 소수의 게릴라를 이끌고 반격에 나섰다. 그들은 모두 사살되었지만, 리인모를 포함한 다른 사람들은 탈출할 수 있었다.

이처럼 상존하는 위험과 다가오는 겨울 때문에 산악 지대에서 겪어야 하는 고난에 직면해 있음에도 불구하고, 일선의 전사들은 리인모가 주간회보를 통해 북한의 전장에서 들려오는 승리에 대해 간략하게 전하는 소식을 접하며 용기를 낸다. 베테랑 충성파 당원이자, 1930년대에는 소년 혁명가였던 리인모는 반군들을 공산주의 대의에 집결시키기 위해 최선을 다한다. 그는 게릴라들의 희생을 격찬하고, 심지어 "백전백승하는 조국 통일의 깃발을 더 높이 들어 올리자"고 촉구하는 시를 써서 주간회보에 게재하기도 한다.

리인모가 쓴 이 시에는 보다 개인적인 재결합에 대한 그의 간절한 생각도 담겨 있다. 당의 필요성을 위해 그가 소홀히 했다고 느끼고 있는 아내 순임과의 재회에 대한 갈망이 담겨 있는 것이다. 그는 "우리의 아내들은 우리에게 승리의 귀환을 기원했습니다."라고 써놓았다. "우리는 언제 다시 그들의 웃는 얼굴을 볼 수 있을까요?"

리인모는 마침내 지리산에서 우연히 만난 아내의 친척으로부터, 순임이 흥남 일대의 전투를 피해 북으로 도망쳤다는 소식을 듣게 된다. 그는 아내가 저 멀리 북쪽 고향 풍산에서 어린 딸과 장모와 함께 무사하길 바란다.

<<<

서울에서 그들의 비좁은 방으로 돌아온 정은용은 죽은 네 살배기 구필의 사진 앞에서 흐느끼고 있는 아내를 발견한다.

사진은 구필의 돌잔치 때 찍은 것이다. 7월에 주곡리 마을 주민들에게 미군의 소개령이 떨어졌을 때 은용이 다른 유품들과 함께 가죽 상자에 담아 땅에 묻어 뒀는데, 상자 안의 다른 물건들은 미군의 "초토화scorched earth" 작전의 화력으로 인해 심하게 훼손되었지만, 부모가 그토록 낳고 싶어했던 아이의 몇 안 되는 유품 중 하나인 이 사진은 가장자리만 살짝 그을린 채 어떻게든 살아남았다.

노근리의 악몽은 박선용이 깨어있는 매 순간 떠오르며, 그녀의 잠도 방해하는 것 같다. 통통했던 얼굴은 점점 창백해지고 야위해져 광대뼈가 뚜렷해졌다. 그녀는 밤에 잠에서 깨어나 은용을 흔들어 깨워서 그도 죽은 아들의 목소리가 들리는지 묻는다. 그녀는 어둠 속에서 구필과 죽은 두 살배기 여동생 구희의 얼굴이 가끔씩 보인다고 말한다.

은용은 법학을 공부하던 중앙대학교가 언제 다시 문을 열지 알아보기 위해 서울로 갔었다. 하지만 학교 관련 소식이나 북쪽에서 들려오는 전쟁 소식은 그다지 고무적이지 않았다. 그는 서둘러 기차를 타고 수백 킬로미터를 달려 영동으로 다시 내려와서, 인근 주곡리의 안전한 집으로 돌아왔다.

젊은 남편 은용은 결정의 순간에 직면해 있었다. 한국 정부는 남쪽 산악 지대에서 게릴라를 추적하는 군대나 경찰 부대를 위해 징집병을 모집하고 있었다. 결국 그는 행동에 나서기로 결정하고, 비교적 안전한 대전에 있는 도 경찰본부에 재입대했다. 은용과 아내 선용은 은용의 형 집으로 이사한다. 은용의 형은 대전형무소의 형무관이며, 제7기병연대의 총에 아내와 네 자녀 중 두 명을 잃었다. 그렇게 노근리의 기억이라는 먹구름이 드리워진, 슬픔에 잠긴 가정이 만들어졌다.

1950년 12월 9일, 토요일

오늘 이른 오후, 38선에서 북쪽으로 322킬로미터 떨어진 북한 동해안의 큰 항구이자 전쟁의 여파가 미치지 않은 성진에서, 겨울 바람이 부두 위를 휘몰아치는 가운데 미 해군 함정과 상선으로 구성된 소규모 특수 임무 부대가 피난민들을 가득 싣고 출발하기 시작한다. 이는 현대 군사사軍事史상 가장 위대한 해상 구조 작전 중 하나로 손꼽힌다.

이들 배에는 남한의 수도사단 및 제3보병사단 병사 수천 명과 북한의 민간인 4,300명이 타고 있었는데, 이들 중 상당수는 앞날이 어떻게 될지 모르는 청년이었고 일부는 남한 군대에 징집되기를 기대하고 있었다.

길이가 500미터가 넘는 부두는 여전히 남쪽으로 탈출하기 위해 해안가로 몰려든 민간인들로 가득 차 있다. 남성, 여성, 어린 아이들이 무거운 누비 외투와 담요로 몸을 감싸고, 손가방에 넣거나 등에 짊어질 수 있는 소지품과 옷은 전부 챙겨왔다.[15]

여기에는 남한군에게 잠시 협력한 적이 있거나 배경 때문에 공산주의자들이 보복할까 두려워하는 사람들, 새로운 외국 침략자인 중국으로부터 도망치려는 사람들, 남쪽에 있는 가족과 재회하기를 희망하는 사람들, 그리고 단순히 굶주림과 궁핍에 내몰린 사람들이 포함되어 있다.

마지막 수송선의 승무원이 건널 판자를 들어 올리자 절박함은 비극으로 변한다. 고뇌에 찬 울부짖음과 외침 속에, 남겨진 수많은 사람들이 갑자기 앞으로 밀려든다. 부두 가장자리에 제일 가까이 있던 사람들이 밀려서 얼음이 언 바다로 굴러 떨어지기 시작한다. 배들은 점차 멀어져가며, 배 난간에 있던 피난민들은 눈 앞의 광경을 믿을 수 없어 그냥 보고만 있다. 불운한 이들의 비명 소리가 들린다. 수백 명이 어두운 바다에 빠져 익사하고 있다.

배에 타고 있으리라 예상되지 않았던 한 사람이 배에 타고 있다. 그는 갑판 아래로 내려가 있었기에 그 끔찍한 광경을 보지 않을 수 있었다. 운이 좋든 나쁘든, 열여덟 살 정동규는 갑작스러운 전황의 반전에 마음이 움직인 수백만 명 중 한 명이 되어 남한으로 향하고 있다. 불과 2주 만에, 정동규는 통일된 조국을 희망하던 병원 보조원에서 피난민으로 전락해, 고통과 공포의 시간을 보냈다.

11월 말, 남한군이 그의 고향 주을을 지나 북쪽으로 가는 것을 보고, 정동규는 인민군의 징집을 피해 숨어 지내던 할머니 댁의 헛간을 나와서 지역 병원으로 일하기 위해 돌아갔다. 근무 첫날, 동규와 동료들은 집단 학살 현장이 발견된 어느 산속으로 불려갔다. 현장은 섬뜩했다. 절반쯤 얼어 있는 눈 덮인 도랑에, 나체로 결박된 채 살해된 수십 명의 현지 여성들의 시신이 있었다. 그들은 총이 아닌 뾰족한 막대기로 수차례 찔려 잔인하게 살해된 것이었다. 충격을 받은 동규는 몇몇 여성의 음부에는 아직도 막대기가 꽂혀 있는 것을 보게 되었다.

그들은 후퇴하는 인민군들에 의해 살해되었다. 최근 몇 주 동안 산에서 결성된 반공 게릴라 단체에 그들이 식량을 제공하고 이런저런 지원을 했을 것으로 추정되었기 때문이다. 반공 게릴라 단체는 대부분 그 여인들의 가족 중에 있는 징집 기피자들로 구성되었다. 동규는 사망자들 가운데 고모를 발견했다. 그는 놀라지 않았다. 고모는 11월 중순에 내무서원에 의해 끌려갔었기 때문이다.

그와 함께 현장에 갔던 대부분의 사람들은 아내나 어머니, 누이를 찾고 있었고, 대부분 그들이 찾던 시신을 발견했다. 오후 동안 그들은 암울하게 눈물을 흘리며, 희생자들을 가족들에게 되돌려 보내기 위해 트럭에 실었다.

이 전쟁으로 인한 무자비한 잔학 행위는 이 청년의 마음을 무겁게 짓눌렀다. 그는 주을 지역 여성들이 남한군들에게 강간당하고 있다는 사실을 알게 되었다. 그로 인해, 하얼빈에서의 끔찍한 밤에 대한 어린 시절 기억이 떠올랐다. 만주의 러시아 점령군인 술 취한 병사들이 정씨 집에 침입해 누나를 강간했던 것이다.

전쟁은 미친 짓이다. 그는 반복해서 혼잣말을 했다. 하지만 그나마 이 전쟁은 곧 끝날 거야. 승리한 남한군이 동해안을 따라 위로 올라갔으니까. 그런데 일주일 전, 산악지대에서 의료 임무를 마치고 돌아오던 정동규는 방향을 반대로 바꿔 다시 주을 지나 남하하는 남한군과 차량의 끝없는 대열을 발견했다. 민간인들도 그들과 평행으로 행렬을 이루며 들판을 가로질러 남쪽으로 힘들게 걸어갔다.

눈 내리는 황혼 무렵, 그는 한 헌병에게 후퇴하는 이유를 물었다. 그는 "젊은 친구, 이건 단지 3일간의 전술적 철수일 뿐이야"라고 말했다. 그럼에도 불구하고, 정동규는 그 공백을 인민군이 메울 것이고, 무서운 내무서원들도 함께 올 거라는 것을 알고 있었다. 그리고 이번엔 그들이 징집 기피자인 동규를 추적해서 붙잡아 갈지도 모를 일이었다.

그는 서둘러 집으로 돌아와 어머니에게 무슨 일이 벌어지고 있는지, 자신도 역시 남쪽으로 가야 한다고 말했다. 어머니는 아들의 말이 옳다는 것을 알고 있었다.

어머니는 아들을 위해 쌀과 마른 오징어, 깨끗한 양말을 싸주었다. 어머니는 동규의 목에 청진의학전문학교 신분증을 걸어주었다. 그리고 자신의 보물인 흰 비단 스카프를 그에게 주었다. 그러나 마지막 순간, 외아들과의

12월

갑작스러운 이별에 어머니는 주체할 수 없는 눈물을 흘렸다.

밖에는 젖은 눈이 바람에 날리고 있다. 정동규는 남쪽으로 향하는 군인들과 피난민들의 긴 행렬에 합류했다. 밤새 남쪽으로 걸어갈수록 피난민 대열은 점점 더 불어났다. 그 후 사흘 동안 동규는 틈이 날 때마다 쪽잠을 자며 피난처를 찾아 발걸음을 계속했다. 그와 같이 이동하는 행렬이 길주에 도착했을 때, 그는 마지막 남은 쌀과 오징어를 다 먹은 상태였다.

먹을 것을 찾던 중, 그는 어느 학교 운동장에 대부분 젊은 십여 명의 남자들이 "지역 청년 자원단"이라고 적힌 완장을 차고 앉아 있는 것을 발견했다. 그들이 어떻게든 한국군과 관련이 있을 것으로 생각한 그는 조용히 다가가 그들 뒤에 앉아 있다가 그들이 일어나서 떠날 때 따라갔다.

그들이 도착한 곳은 근처에 있는 지도자의 집이었고, 그곳에서 맛있고 배부른 저녁 식사를 대접받았다. 정동규는 대부분 대학교 재학생 또는 졸업생이었던 다른 대원들에게 자신을 소개했고, 대원들은 그를 대원으로 받아들이고 완장을 수여했다. 청년단의 궁극적인 역할은 모두에게 모호했지만, 청년들은 조직화된 그룹으로서 더욱 안정감을 느꼈다.

목요일, 드디어 날이 조금 풀렸다. 한국군 장교들로부터 성진으로 최대한 빨리 이동하라는 명령이 떨어졌다. 산악지대를 통과하며 남쪽으로 32킬로미터나 걸어가야 하는 험난한 여정이었다. 도중에 다른 "자원 청년들"을 데리고 어젯밤 늦게 성진에 도착한 이들은 빈 창고에서 곯아떨어졌다.

오늘 아침 동이 트기도 전에 잠에서 깨어난 200여 명의 청년들은 피난선으로 안내되었다. 그제서야 동규는 군대에 동원되기 위해 징집된 것으로 보였던 이 젊은이들을 지금은 대피시키는 방향으로 일이 진행되고 있다는 사실을 깨달았다.

이제 그는 남쪽으로 향하는 배의 비좁은 화물칸에서 자신이 어디로 가는지도 모른 채 깊은 우울감에 빠져들며, 그가 남겨두고 온 것에 대해 비탄에 잠긴다. 헌병의 말이 사실이기를 간절히 바라며, 그는 헤어질 때 어머니에게 사흘 후에 돌아오겠다고 말했었다. 그게 7일 전이었고, 어머니와 아들 둘다 그 헌병의 말이 사실이 아님은 이미 감지하고 있었다. 지난 토요일, 열한 살의 여동생이 문으로 향하는 동규를 붙잡고 매달렸다. "제발 가지마!" 동생이 애원했다. "오빤 내게 하나 밖에 없는 오빠야. 가지 마!"

열린 문 앞에서 어머니는 울면서 아들의 소매를 움켜쥐었다. "내 아들! 하나뿐인 내 아들!" 평생 그의 버팀목이 되어주셨던 어머니가 울부짖었다. "가지 마라, 동규야. 넌 내 인생의 전부란 말이다!"

북한의 동해안 곳곳에서 이처럼 고통스러운 이별이 무수히 일어나고 있다. 한편, 성진에서는 미 공군이 상공으로 다시 날아와 남겨진 사람들에게 수많은 폭탄을 투하하면서 부둣가의 비극은 더욱 악화된다.[16]

1950년 12월 중순 어느 날 오후

후퇴하는 미군 병력이 줄어들고 있다. 그 대부분은 제2보병사단 병력으로, 곧 신형규가 다른 한국 헌병 몇 명과 함께 지키고 있는 검문소를 통과하게 된다. 위치는 평양 남쪽의 어느 산 고개이며, 측면의 가파른 비탈은 눈으로 덮혀 있다.

그 불타는 도시에서 철수한 후 후위대의 일부로 배치된 신형규는 수많은 소규모 전장에서 아군도 적군도 짓뭉개진 주검으로, 얼어붙은 주검으로, 소각된 주검으로 변해버린, 전쟁으로 인한 대학살의 현장을 매번 새롭게 봐왔다. 그는 동료들의 죽음을 목격해왔다. 포탄에 맞아 산산조각이 난 병사의 잘려나간 팔의 손목시계가 여전히 똑딱거리는 광경을 그는 평생 잊지 못할 것이다.

다른 한편으로는, 전시戰時의 불합리한 일들이 생각난다. 남쪽으로 철수하던 중 처음 들른 마을에서, 몇 주 동안 목욕을 하지 못해 저저분해진 열일곱 살의 신형규 상병은 한 외딴 집 폐허에서 욕조를 발견하고는 안에 눈을 채운 다음 밑에 장작불을 피워 놓고, 멀리서 들리는 곡사포의 포성과 전차의 엔진 소리에 맞춰 옛 노래를 흥얼거리며 쌀쌀한 밤에 따뜻한 물에 몸을 담그고 있었다. 그는 몸이 깨끗해져 다음 날에 있을 검열에도 문제가 없을 것 같았다. 하지만 굴욕적인 퇴각 중에도 그런 검열을 한다는 자체가 불합리한 일이었다.

젊은 헌병들은 한국 장교단의 터무니없는 규율과 군사적 무능함, 일상적인 부패가 결합된 모습을 경멸하게 되었다. 신형규는 장교들이 군용 트럭을 마음대로 몰고 나가 약탈한 물품과 농산물을 38선 너머의 남쪽 거래처로 운송하는 것을 목격했다.

부분적으로는 장교들을 피하기 위해, 일부 헌병들은 증원 병력 철수를 앞두고 주보급로 main supply route. MSR를 따라 남쪽으로 교대전진交代前進하며 후퇴하는 후위대 바로 앞에 설치되는 임시 초소인 검문소 근무를 자원하기도 한다. 검문소 근무는 위험하다. 산 고개의 초소에서 첫날 밤, 신형규와 그의 분대는 중공군 1개 정찰대와 싸워 물리쳐야 했다. 오늘 오후, 소대원들은 오후 5시 15분 해가 지기 전에 소대장이 그들을 데리러 와서 작전을 종료하기를 바라고 있다.

낮시간이 한창일 때, 제2사단 병력 트럭 4대가 그들의 상황을 파악하기 위해 검문소에 멈춰 선다. 이들은 사단이 군우리에서 완패했을 때, 그리고 나서 추운 날씨 속에서 남쪽으로 후퇴할 때, 도로 양쪽 측면에서의 집중포화로 그들이 빠져나가는 데 기나긴 시간이 걸리게 만들었던 중공군의 매복 공격에서도 살아남은 병사들이다. 이제 그들은 안전 지대에서 불과 몇 킬로미터 떨어진 곳에서 언제 있을지 모를 전투를 위해 전열을 재정비하고 있다.

갑자기 비탈면 윗쪽에서 총성이 울려 퍼진다. 신형규는 그들이 중공군에게 거의 포위된 것을 재빨리 알아차린다. 적은 산 너머로 조용히 침투한 다음 목표물이 모여서 규모가 커지기를 기다리고 있었던 것이 분명하다.

2대의 선두 트럭에서 뛰어내린 미군들이 가까스로 남쪽으로 이어지는 계곡 속으로 도망친다. 그러나 그다음 트럭 2대는 갇혔다. 전투에 지친 병사들은 반응이 느려 트럭 화물칸이나 길가에 쓰러져 죽어가고 있다. 신형규는 중공군이 분당 백발을 발사하는 "버프 건$^{burp\ gun.\ 기관단총}$"을 발사하는 소리를 들을 수 있다. 그 정도 가까운 거리에서는 치명적일 수 있다. 그를 비롯한 헌병들은 가벼운 M-1 카빈소총으로 반격하지만 산의 나무와 바위들 사이에서 목표물을 정확히 찾아내기 어렵다.

총격전의 소음은 부상자들의 비명 소리로 간간히 끊어질 뿐 몇 분 동안이나 계속된다. 신형규는 근처에 있던 한 미군이 다가오는 중공군을 조심하라고 외치는 소리를 들었지만, 그는 말을 다 마치기도 전에 조용해진다. 총알이 빗발치는 가운데, 수적으로 밀리며 속수무책인 미군 병사들이 하나둘씩 눈 속에 쓰러진다.

기관단총과 소총 사격 소리가 점차 사라진다. 반격하는 자가 아무도 없자, 중공군은 시체가 널려 있는 도로로 내려오기 시작했다. 아직 다치지 않고 살아 있는 신형규는 죽은 척하는 것만이 유일한 희망임을 직감한다. 그는 죽은 미군 두 명 사이에 엎드려 몸을 끼운다. 좀 떨어진 곳에서 부상자들이 고통이나 두려움에 울부짖다 총에 맞는 소리가 들린다. 중공군들이 중국어로 서로 중얼거리며 다가오는 소리가 들린다. 그들은 시체를 발로 차서 죽은 체하는 이들을 색출하고 있다.

그들 중 한 명이 신형규를 의심하며 멈춰 선다. 그가 총을 쏜다. 조준이 제대로 되지 않은 총알이 형규의 왼쪽 종아리를 관통했다. 형규는 "마치 전깃줄을 건드린 것 같은 충격"을 느낀다. 그는 어떻게든 전혀 움직이지 않는다. 그 적군이 그의 머리를 걷어찼다. 이번에도 그는 움직이지 않고 엎드려 있다. 하지만 중공군은 여전히 그를 내려다보며 그대로 있다. "내 인생에서 가장 견디기 힘든 순간"이었다고 그가 나중에 회상한다. 마침내 중공군이 떠난다.

산에서 들려오는 외침은 철수하라는 지휘관의 명령인 것 같다. 철수하는 중공군은 트럭에 불을 질렀고, 공기는 살이 타는 역한 냄새로 가득 찬다.

신형규는 몸을 일으켜 한 병사의 몸에서 벨트를 빼서 피가 나는 고통스러운 다리에 두르고 지혈대처럼 조인다. 형규는 자신이 죽은 미군 옆에 누워 있는 동안 그의 부서진 얼굴, 멍하게 응시하고 있는 젊은 얼굴에서 흐르는 피가 자신의 얼굴에 묻었다는 것을 알게 된다. 그래서 중국인들은 형규가 죽었다고 생각했던 것이다. "이 미군이 내 목숨을 구해줬군." 그는 혼잣말했다. "그는 집과 가족으로부터 수천 킬로미터 떨어진 곳에 와서는 이제 북한 땅에서 숨을 거둔 채 눈 속에 누워 있구나." 이 사실을 그의 가족에게 알려줄 사람이 있을지 모르겠다.

한국군 헌병 한 명이 위기에서 벗어나 도움을 요청했고, 마침내 지원군이 도착해 사망자들과 몇 안 되는 생존자들을 데리고 간다. 생존자들 중에는 거창이 고향인 어린 상병이 있다. "소년병"이 이제 전투 경험으로 단련된, 부상당한 베테랑이 된 것이다.

1950년 12월 12일, 화요일

김일성이 평양 시청 발코니에서 연설하며 인구 수가 감소한 수도 시민들로부터 소집된 떨고 있는 군중들에게 최후의 승리가 임박했음을 확신시키고 있다. 불과 몇 주 전, 바로 그 자리에서 한국의 이승만 대통령은 대한민국은 다시는 분단되지 않을 것이라고 선언했었다. 오늘 북한의 위대한 지도자는 "남진하라!"라는 새로운 구호로 그의 연설을 마무리한다.[17]

어제 저녁 김일성이 주빈主賓으로 참석한 승전 축하연에서, 펑더화이는 "남진하라!"는 구호를 들었다. 훈장으로 장식된 소련식 군복을 입고 인상적인 모습을 보인 조선의 지도자와 그의 부관들의 어조는 확신에 차 있었다. 그러나 낡은 주름진 군복을 입고 새로 도착한 펑은 계속 진격한다는 이야기를 듣고 괴로웠다. 중국인 장군은 자신의 군대에 군수물자가 얼마나 부족한지 너무 잘 알고 있다.

현재 진행 중인 그의 "제2차 전역"에서, 식량 보급이 너무 부족해 그는 원래의 서부 전선 공격 계획에서 2개 사단을 빼야 했다. 약 30만 명의 병력이 이동하는데 겨우 3대의 트럭밖에 없기 때문이다. 김일성이 평양에서 축하하는 동안, 방한복도 없이 동부 전선에 투입된 중국 인민지원군 병사들은 수백 명씩 살인적인 추위에 굴복하고 있다. 새로 도착한 증원군은 선 채로 혹은 무릎을 꿇은 채로 얼어붙은 병사나 운반병 시신들이 눈으로 뒤덮혀 있는 "눈사람들"을 보고 불안에 떨고 있다.[18]

펑은 베이징에 있는 마오쩌둥에게 전문을 보내 공격을 재개하기 전에 몇 달간 휴식과 재건 기간을 요청했었다. 이제 마오쩌둥은 공격 지연이 바람직하지 않다는 답을 보냈다. 그의 전보에는 "우리 군은 38선을 넘어야 한다."고 적혀 있다. 마오쩌둥은 김일성에게 남쪽에서 외국 세력을 완전히 몰아내는 것이 목표라고 말했었다.[19] 실제로 맥아더 장군은 한국에서 미군을 완전히 철수시키기 위한 비상 대책을 국방부에 설명했었다.[20]

며칠 동안 펑은 중국 최고 지도자와 메시지를 주고받으면서 흥정을 벌여, 결국 1월 초까지 새로운 주요 공세 작전을 연기하고, 야전 사령관으로서 필요하다고 판단하면 중단할 수 있는 그의 융통성을 인정하는 타협안에 대한 동의를 얻어낸다.[21]

펑이 맞닥뜨리고 있는 적의 힘을 상기시키기라도 하듯, 김일성의 고무적인 연설이 있은 지 이틀 후, 평양 상공에 B-29 폭격기들이 나타나 175톤의 폭탄을 투하했다. 이것은 수백 년의 역사를 지닌 도시에 대한 수개월에 걸친 미 공군의 괴멸적인 공격의 시작이다.[22] 워싱턴에서 해리 트루먼은 의회 및 내각 지도자 20여 명을 긴급 백악관 회의에 소집하고, 회의에 참석한 이들은 한국에서 벌어진 일들이 모스크바가 "세계 지배"를 노리고 있다는 것을 의미한다는 말을 듣게 된다.[23] 그러니 미국의 군비 확장이 매우 빠르게 진행되어야 한다는 것이다. 금요일 밤, 트루먼 대통령은 대국민 라디오 연설을 통해 국가 비상사태를 선포하고, 이로써 군대와 무기 생산을 급속히 늘리는 것이 가능해졌다.[24] 불과 몇 달 만에 군사 예산은 한국전 이전 수준보다 4배로 늘어난다. 미군 병력은 350만 명으로 늘어나게 된다.[25] 하룻밤 사이에 냉전은 전 세계적인 군사 대결로 변해버렸다.

1950년 12월 중순 어느 날 아침

구부정하고 절뚝거리는 형체들이 발을 질질 끌며 압록강 마을인 벽동 거리를 걷고 있다. 누더기를 걸친 남자들이 팔과 다리에 피범벅이 된 붕대를 감고 서로에게 힘겹게 기대며 걷고 있는 것이다. 클래런스 애덤스는 더러운 헝겊으로 감싼 오른발을 끌고 고통스럽게 다리를 절며 뒤쳐지지 않으려고 애를 쓰고 있다.

미 제8군이 참담하게 패하고 청천강과 군우리에서 후퇴한 후 시작된 전쟁 포로들의 죽음의 행군, 열흘간의 악몽이 거의 끝나가고 있다. 이런 암울한 행군이나 이와 유사한 이동에서 부상이나 질병으로 너무 심한 장애를 입은 미군 병사들이 낙오하게 되면 북한 경비병에 의해 사살당했다. 그리고 그렇게 사망한 미군 병사들의 수가 얼마나 되는지는 아직 알려지지 않고 있다.

뒤쳐진 포로들이 모두 살해된 것은 아니다. 오른발에 동상을 입어, 이 160킬로미터 행군 중 계속 뒤처졌던 애덤스 상병은 자신의 피부색 때문에 살아남았다고 믿고 있다. 공산군들이 흑인 미국인들과 연대감을 느끼도록 교육을 받은 것처럼 보이기 때문이다.

애덤스와 또 한 명의 흑인 병사가 체포된 후, 한 중공군 통역관이 그들에게 다가왔다. "너희들은 착취자가 아니야." 그가 말했다. "너희들은 착취당하고 있는 사람들이야!" 두 사람은 처음엔 수백 명의 새로운 포로들이 모이고 있는 곳으로 끌려갔다. 가는 길에 애덤스는 폭격항정爆擊航程 중에 있던 미 F-86 전투기들이 한 북한 민간인의 오두막에 네이팜탄을 투하하는 것을 목격했다. 아기를 업은 한 여인이 불길에 휩싸인 채로 뛰어나와 바닥에 쓰러져 불에 타 죽어가는 모습을 충격에 휩싸인 미군들이 지켜보고 있었다. 애덤스는 그 여인의 등에 시커멓게 타버린 아기의 흔적을 볼 수 있었다.

경악을 금치 못한 애덤스는 만약 저 북한 경비병들이 지금 여기서 자신들에게 총을 쏜다면 자신들은 전쟁 포로인 미군들이니까 죽음을 받아드릴 수 있다고 생각했다. "우리 미군들은 한국에 있어서는 안 된다"고 그는 혼잣말을 했다.

이후 집결지에서 중공군은 포로들을 좀더 작은 무리로 나누어 북한의 보안국 사람들에 인계했고, 그들은 북한 겨울의 혹한 속에서 돌에 걸려 넘어지고 얼음에 미끄러지며, 거친 도로와 산길을 지나는 고난을 겪으며 포로수용소로 향했다.

둘째 날에도 애덤스는 계속 뒤처졌다. 동상으로 장애를 입은 발 때문에 오른쪽 다리를 끌고 다녀야 했고, 감염이 된 듯 왼쪽 다리는 부어 있었기 때문이다. 경비 한 명이 그를 도로가로 끌어냈다. 애덤스는 마지막 순간이 왔다고 생각했다. 그는 상대적으로 약하고 걸음이 느린 포로들이 북한 사람들에 의해 끌려가는 것을 본 적이 있었다. 그리고는 몇 분 후 총소리가 나는 것도 들은 적이 있었다.

그러나 그 경비는 애덤스를 거기 그대로 세워두고는 서둘러 포로들 쪽으로 돌아갔고, 곧 시야에서 사라졌다. 애덤스는 어쩔 수 없이 따라갈 수밖에 없었고, 늦은 밤까지 몇 시간 동안 혼자서 애를 썼다. 마침내 어둠 속에서 한 북한 사람이 걸어 나오더니 길에서 그를 발견해서 다른 포로들이 밤을 보내기 위해 먼저 와 있던 마을로 데려다주었다.

애덤스는 된장이 든 주먹밥 한 개와 뜨거운 물 한 컵을 받아먹었다. 그때 경비 한 명이 다가와서는, 다른 사람들이 새벽에 떠나기 전에 어느 정도 거리를 확보하기 위해 그는 밤에 혼자 다시 출발해야 한다는 점을 그가 분명하게 알아듣도록 했다.

다음날 포로 행렬은 애덤스를 추월했으며, 그는 다시 밤을 새워 홀로 걸어갔고, 결국 일행을 따라잡아 휴게 지점에서 하루 끼니인 주먹밥을 먹었다. 이런 일이 며칠 동안 계속되었다. 발의 통증과 피로가 너무 심해 애덤스는 기어가기도 하고 빙판이나 진흙이 있는 경사진 오르막길에서는 미끄러져 내려오기도 했다. 전투화가 오른발에 쓸려서 견딜 수 없는 정도로 고통스러웠던 그는 발을 헝겊으로 감싸고 전투화를 어깨에 메고 걸었다.

낙오하지 않으려고 애를 쓰는 동안, 애덤스의 배고픔은 심해졌고 정신 상태는 점점 악화되었다. 얼어붙은 강 위의 다리를 건너던 그는 걸음을 멈췄다. 그는 환각을 느끼고 있었다. 아름다운 드레스를 입은 어머니가 얼어붙은 강 위에서 춤을 추는 환상을 본 것이다. 그는 뛰어내려 어머니와 함께 하고 싶은 싶은 충동을 느꼈지만 마지막 순간에 뒤로 물러섰다. 바로 그때, 그는 자신의 살고 싶은 마음이 얼마나 간절한지 깨달았다.

때로는 2년 전 그가 헌병으로 남한에 갔을 때 습득한 기초적인 한국어가 도움이 되기도 했다. "물 주세요." 그는 마을 사람들에게 부탁하기도 했다. "물 주세요." 하지만 시련을 겪으면서 그는 자신을 죽일 사람이 현지 한국인일지도 모른다는 두려움을 느꼈다. 애덤스가 굽은 길을 돌아서자 십여 명의 청소년들이 기다리고 있었다. 그들은 힘 없는 미국인을 붙잡고 앞뒤로 난폭하게 밀치며 그를 가지고 놀았다. 그는 아이들에게 둘러싸인 채 비틀거리고 또 비틀거렸다. 그는 알고 있던 한국 노래를 약하게 부르며 분위기를 누그러뜨리려 했지만, 그들은 더욱 폭력적으로 변할 뿐이었다. 그때 흰 수염을 몇 가닥 기른 노인이 나타나 몽둥이를 흔들며 그 패거리에게 소리를 지르자 그들은 흩어졌다. 노인도 금방 사라졌다.

클래런스 애덤스는 살아남았고, 지금은 앞서간 포로들 500여 명을 따라잡아 그들과 함께 벽동에 있다. 그들은 바로 앞, 벽동의 변두리에 포로 수용소가 있다고 들었다. 벽동은 신의주의 압록강 하구에서 강을 따라 105킬로미터 거슬러 올라간 곳에 있는 마을이다. 그곳에서는 따뜻한 음식과 따뜻한 쉼터, 그리고 건강 진료가 제공될 것이라고, 이 허약하고 절박한 미군 병사들은 믿게 되었다.

1950년 12월 16일, 토요일

상병 신형규는 야전병원에서 이틀간 치료를 받고 헌병 중대로 복귀했지만, 중공군의 매복 공격으로 입은 다리 상처는 아직 완전히 낫지 않았다. 중대장은 그를 격무면제激務免除시키고, 개성의 한 중앙 교차로를 통과하며 후퇴하는 군대를 안내하는 교통경찰 근무를 맡겼다. 개성에서 1번 국도를 타고 남쪽으로 72킬로미터 내려가면 서울이다.

신형규는 마침내 그가 11일 전 평양에서 아홉 살의 이희선을 태웠던 열차의 종착역에 도착했다. 오늘 오후 비번인 그는 고아 소녀와 그 아이를 도운 평양 부부를 찾기로 결심한다. 차가운 바람에 내린 눈은 소용돌이치며 휘날리는 가운데, 수송부의 운전병이 그의 부탁을 들어주어 그를 개성역까지 데려다 준다.

대합실은 피난민들로 가득 차 있으며, 일부는 12월 5일 막차를 타고 온 사람들로 보인다. 형규는 부상으로 절뚝거리며 그 많은 인파들 사이를 헤치고 다니면서 서로 바짝 모여 있는 사람들을 살핀다. 그는 사람들에게 자기 몸집보다 훨씬 큰 군용 재킷을 입고 끊임없이 심한 기침을 하는 어린 소녀를 본 적이 있는지 묻는다. 묻고 또 묻고 계속 묻는다. 본 적 있다는 사람이 없다.

그는 선로로 나가서 수십 대의 유개화차가 방치되어 있는 조차장으로 간다. 여기저기서 얼어붙은 시체들이 보인다. 이제 열일곱 살의 베테랑 군인에게는 흔한 광경이다. 그는 좀더 몸체가 작은 시체들 위로 몸을 기울이며, 희선의 얼굴을 찾을 수 없기를 기도한다. 그는 이 열차에서 저 열차로 이동하며 확인한다. 일렬로 늘어서 있는 열차들 중 마지막 유개화차 안, 그는 눈 덮인 바닥에서 조그마한 시체 한 구를 발견한다.

그는 열차 안으로 올라가 그 시체 쪽으로 걸어간다. 얼굴을 확인하려면, 아이의 얼굴에 묻은 눈과 머리카락을 닦아내야 한다. 겁에 질린 듯 크게 뜨고 있는 두 눈이 보인다. 자신을 바라보고 있는 것 같다. 희선이다.

그는 희선의 손을 만져본다. 차갑게 얼어 있다. 소녀가 죽은 지 시간이 좀 지난 것 같다. 그는 어린 아이의 뻣뻣한 몸을 들어 올려 가까이 끌어안고, 검은 머리카락에 묻은 하얀 눈을 손가락으로 빗어내린다. 그는 아이의 눈을 감겨주려고 한다. 눈은 감기지 않는다.

그는 죽은 아이를 품에 안고, 조차장에서 근처 작은 개울가까지 걸어간다. 포플러 나무 아래 자리를 찾아, 시신을 조심스럽게 내려놓고 총검을 꺼내 땅을 파기 시작한다. 얼어붙은 지표면은 그리 깊지 않다. 그는 깊이가 60센티미터 정도가 될 때까지 땅을 계속 판다. 마침내 죽은 아이를 안에 눕힌다. 아이의 눈은 여전히 감기지 않는다.

그는 주머니에서 종이 한 장을 꺼내 아이의 얼굴에 덮은 다음 흙을 다시 긁어서 시신을 덮는다. 흙을 가볍게 두드린 후, 그 위에 작은 봉분을 만든다. 그리고 포플러 나무에서 가지를 하나 꺾어 반으로 쪼개서, 평평한 표면에 한글로 "이희선. 사망: 1950년 12월 16일"이라고 새겨 넣는다. 아무도 찾지 않을 무덤에 세울 소박한 묘비명이다.

그가 구하려 했던 소녀는 이제 한국이라는 나라를 집어삼킨 광기 속에서 구할 수 없었던 수많은 희생자 중 한 명이 되었을 뿐이다. 기차역을 나서면서, 그는 그 모든 죽음의 무의미함에 잠시 멈칫한다. 그냥 히치하이킹을 해서 남쪽으로, 집으로 가야 할까? 탈영해야 할까? 그는 자기 자신에게 묻는다.

그것은 쉬울 것이다. 여긴 지옥이니까. 하지만 그 순간은 지나간다. 그의 사명감, 더 나아가 후퇴를 멈추고 조국과 자신의 미래를 위해 돌아서서 싸우고 싶다는 열망이 돌아온다. 6월엔 창백했던 소년이 12월엔 헌신적인 군인이 되어 있다. 소용돌이치는 눈 속에서, 신형규는 히치하이킹을 해서 개성의 헌병대 본부로 돌아가기 위해, 지옥으로 돌아가기 위해 절뚝거리며 큰 길로 나선다.

1950년 12월 18일, 월요일

중공군의 남진으로 대규모 난민이 밀려들면서, 한국 정부는 시급한 새로운 문제에 직면해 있다. 심지어 서울의 사형 집행자들조차 압박감을 느끼고 있다.

빌 신과 다른 한국 기자들은 이승만 대통령으로부터 "군사 상황과 수감 시설 부족을 고려하여" 공산주의자들에게 협력한 부역자들에 대한 재판 및 처형 속도가 빨라질 것이라는 말을 듣는다.[26]

집단 처형은 이미 국제적으로 분노를 불러일으키고 있었다. 빌 신의 보도에 따르면, 11월 말 기준, 3개월간의 점령 기간 동안 북한을 도왔다는 이유로 877명이 민사 및 군사법원에서 사형 선고를 받았다. 약 300명이 트럭에 실려 서울 외곽과 다른 외딴 곳에서 총살대에 의해 집단 총살을 당한 것으로 추정된다.[27]

그러나 적법한 절차에 따라 수행된 것으로 추정되는, 이러한 법원의 명령에 따른 처형 외에도, 남한 전역에서 집계되지 않은 수백, 수천 명의 다른 부역자로 추정되는 사람들이 즉결 처형되고 있다. 경찰 혹은 군 지휘관의 단순한 명령에 따라, 또는 민병대를 자처한 무리들이 자행한 폭발적인 유혈 사태로 인한 것이다.

서울에서 북동쪽으로 겨우 26킬로미터 떨어진 남양주에서는 경찰과 지역 민병대가 부역자로 추정되는 460여 명을 학살하기 시작했으며, 여기에는 10세 미만 어린이가 최소 23명 포함되어 있다.[28] 그리고 멀리 남쪽 전라남북도에서는 공산 게릴라를 도와준 것으로 의심되는 마을마다 매주 대량 학살이 자행되고 있다.[29]

9월 인천상륙작전 이후 비밀리에 활동 중인 남조선노동당 당원들은 이러한 학살 행위들을 추적하여 조사하고 있으며, 최종적으로 평양에 제출한 비밀 보고서에서는 서울에서만 29,000명이 처형되었다고 주장하고 있다.[30]

한국인을 위해 목숨을 걸고 싸우고 있는 영국군은 그들의 잔학 행위에 경악을 금치 못하고 있다. 영국군 1개 중대가 서울 외곽의 "처형 언덕Execution Hill"을 장악해, 그곳에서 더 이상의 대량 학살이 발생하지 못하도록 막고 있다.[31] 지난달 이곳에서 수감자 20명이 처형됐다는 빌 신 기자의 보도로, 이곳에서 벌어지고 있었던 일들이 외부 세계에 알려지게 되었다.

이승만 정권의 사형 집행 "가속화"에 대한 AP통신의 보도가 나온 지 몇 시간 만에 워싱턴의 국무부는 주한 미국 대사관에 그러한 움직임이 "국내외에서 극도로 나쁜 반응을 불러일으키고 있다"고 전하며, 대사관이 한국인들에게 "가능한 모든 절제를 촉구"할 것을 권고하고 있다.[32]

미 국무부의 도쿄 주재 맥아더 장군 담당 연락관인 윌리엄 시볼드William J. Sebald의 답변에 따르면, 맥아더 사령부는 수용소 내 비인도적 환경과 고문에 대한 진술을 포함한 잔학 행위 보고를 한국의 "내부 문제"로 간주하여, "어떠한 조치를 취하기를 자제하고 있다."[33]

1950년 12월 20일, 수요일

불과 며칠 만에, 차갑고 어두운 바닷물 위로 장대한 해상 대피가 펼쳐지면서, 흥남항은 세계에서 가장 혼잡한 항구 중 하나가 되었다. 북한 동해안에 위치한 폭 4.8킬로미터의 정박지는 미국 상선U.S. Merchant Marine의 리버티Liberty급 화물선들과 빅토리Victory급 화물선들, 미 해군의 상륙주정들과 대규모 병력 및 화물 수송선들, 일본에서 온 전세 상선들, 해안과 배 사이를 이동하는 거룻배들로 붐비고 있다. 하역 노동자로 고용된 현지인 남성 5,000명이 부두에서 밤낮으로 일하고 있다.

맥아더 장군의 육군이 해군에게 넘겨준 임무는 미군과 한국군 105,000명, 18,000대 이상의 차량, 35만 톤의 화물을 북한으로 쏟아져 들어오는 중공군의 이동 경로에서 빼내야 하는 벅찬 임무였다.

서부 전선에서 후퇴하는 제8군과는 달리, 제10군단의 남쪽 육로는 적에 의해 막혀 있다. 유일한 탈출로는 바다뿐이고, 북쪽의 이른 겨울은 긴급 철수를 두 배로 어렵게 만들고 있다. 화물과 병력을 수송하느라 몇 시간 동안 얼음 같은 물보라과 바람에 노출된 거룻배 사공들 중 일부는 모선에 다시 승선할 때 도움을 받아야 한다.

임무의 규모도 계획보다 훨씬 커졌다. 인근 함흥시로부터, 그리고 저 멀리 떨어진 장진호의 미중 전투로 파괴된 산간 마을들로부터, 수만 명의 북한 피난민들이 배를 타고 떠나고 싶은 절박한 심정으로 항구로 모여들었다.

지난 금요일, 장진호 전투에서 극심한 손상을 입은 해병 연대 병력들이 가장 먼저 승선하여 남한으로 향했다. 그 다음엔 미 제7보병사단과 국군 중 좀더 지쳐 있는 부대들이 빠져나갔다.[34]

이제 길 아이섬 이병을 비롯한 제7사단보병사단의 제17보병연대원들의 차례다. 연대 명부에는 3,260명의 병력이 기록되어 있으며, 사상자 기록표에는 10월 29일 이원에 상륙한 이후, 전사자가 20명, 부상자가 95명으로 되어 있다.[35]

제17보병연대는 다른 부대에 비해 실패로 돌아간 이번 작전에서 전투를 덜 치렀지만, 그럼에도 불구하고 거대한 병력 수송선 USS 브레켄리지$^{Breck-enridge}$ 호를 타고 이동하고 있는 그들은 몹시 지쳐 있는 모습이다.[36] 어두워 보이는 그들의 면도도 하지 않은 얼굴과 때로 뒤덮힌 전투복, 몇몇은 바지 무릎에 구멍이 뚫린 모습은 혹독한 기후 속에서 압록강까지 북진했다가 남쪽으로 322킬로미터 철수한 후 마지막으로 흥남 외곽의 방어선을 구축하기까지 몇 주 동안의 극히 고된 시간을 말해주고 있다.

배가 밤 동안 부산으로 향하는 동안, 길 아이섬은 몇 달 만에 처음으로 샤워를 한다. 따뜻하게 데워진 바닷물 속 소금이 갈라지고 겨울 바람에 상한 그의 얼굴을 따갑게 한다. "우아, 그 배 안에 있으니 기분이 좋았습니다. 그 뜨거운 샤워는 말할 것도 없지요. 우린 너무 추웠었거든요"

흥남 방어선은 12월 초부터 단계적으로 축소되어, 처음에는 항구에서 거리가 19~24킬로미터 떨어진 곡선 형태의 방어선이 마지막에는 항구로부터의 거리가 불과 1.6킬로미터였다. 오늘 아침에, 제10군단에 합류한 마지막 미군 부대인 제3보병사단 병력이 방어선의 제17보병연대와 교대했다. 제3보병사단 병력은 이제 후퇴하며 더 조밀한 방어선을 형성한다. 적군은 전투 없이도 곧 이 지역을 통제할 수 있을 것으로 보고 대대적인 공격에 나서지 않았다.[37]

한편 수많은 민간인 피난민들이 구조를 바라며 이미 혼잡한 항구 지역으로 밀려 들어왔다. 터질 듯이 짐을 가득 싼 보따리를 머리에 이고 있는 여인들, 자신의 외투로 어린 손주들을 감싸고 있는 노인들, 아기를 등에 업은 엄마들 모두 영하의 날씨 속에서 힘든 내색하지 않고 묵묵히 서 있다. 미군이나 국군과 연루된 것에 대한 보복이 두려운 사람들에서부터 단순히 이남에서의 삶이 더 나을 거라고 믿는 사람들까지 피난의 이유는 저마다 다양할 것이다.

미군 사령부는 처음엔 짧은 점령 기간 중에 긴밀히 협력한 북한 주민 4천여 명만 대피시킬 계획이었다. 그러나 제10군단의 최고 고문으로 합류한 이북 출신 의사 봉학현 박사가 자신과 같은 다수의 기독교인들을 포함한 절박한 수만 명의 북한 주민을 대신해 군단장 알먼드 장군에게 간청했다. 알먼드는 이를 받아들여 가능한 한 많은 사람들을 대피시키기로 동의했다.[38]

일부 피난민들은 적 침투원 식별을 위한 보안 검사를 거친 후 국군의 전차상륙함에 실렸다. 전차와 200명의 병력을 수송할 수 있도록 설계된 전차상륙함 한 척이 사람 7,000명을 태우고 남쪽으로 이동한다. 다른 피난민들은 좀더 소규모로 나뉘어서 출발하는 화물선에 타고 대피한다.[39]

마지막으로 떠나는 선박은 미국 상선의 화물선 메러디스 빅토리Meredith Victory호로, 455피트 규모이며 승무원과 승객을 위한 60개의 침상이 구비되어 있다. 금요일, 약 5,000명의 피난민들이 시시각각 승선한다. 그들이 팔레트 위에 올라서면, 부두 쪽 붐으로 그 팔레트를 위로 들어올린 다음,

온기나 빛도, 음식이나 물도 없는 배의 화물칸 속으로 내려 놓는다. 자정 무렵, 배의 선장 레너드 라루Leonard LaRue는 여전히 사람을 더 승선시키라고 명령한다. 토요일 늦은 아침, 14,000명의 피난민들이 화물칸과 갑판 위를 가득 채운 메러디스 빅토리호가 한국을 향해 항해하기 시작한다. 여정 중에 다섯 명의 건강한 아기가 태어난다.[40]

대피 선단은 흥남에서 총 86,000여 명의 피난민을 구조한다. 북쪽의 성진과 남쪽의 원산에서 대피한 수천 명을 포함해서, 한미 작전은 98,000명 이상을 남한으로 수송한다. 그리고 적어도 그만큼의 사람들이 남겨진 채 구조를 기다리고 있다.

일요일, 미군의 전함들이 흥남 외곽 넘어로 탄막 사격을 실시하자, 상륙 거점beachhead를 사수하고 있던 제3보병사단의 마지막 병력인 소대원들이 철수한다. 그런 다음 해군과 육군 폭파 팀이 탈출 보트로 향하면서 남은 탄약 200톤을 포함한 폭발물을 터뜨린다. 이 거대한 폭발로 흥남의 부두를 비롯한 항만 시설이 파괴된다.[41]

크리스마스 이브 무렵, 남한의 영천에서 비박 중인 제17보병연대는 휴식을 취하고 있으며, 보급도 다시 받고, 깨끗한 새 군복도 지급받았다. 제7보병사단의 인사 보고서에는 "관할 부대의 사기는 매우 우수한 것으로 간주된다."고 기록되어 있다.[42]

다른 사람은 몰라도, 3개월 동안 전장에 나가 있었던 길 아이셤은 이에 의문을 제기할지도 모른다. 대구 인근을 지나던 이 열여덟 살의 이등병은 나무로 만들어진 하얀 묘비명들이 깔끔하게 줄지어 있는 새로운 군 묘지를 보게 된다.

"대부분이 첫 번째 여름인 8월과 9월에 낙동강 방어선에서 싸웠던 사람들이었습니다. 그 모든 십자가들을 봤을 때, 그리고 우리가 어디를 향해 가고 있었는지 알게 되었을 때, 우린 지금 어떤 상황에 처해 있는지 생각하게 되었습니다."

≪≪

　흥남을 떠나는 수천 명의 난민들 중에는 목발을 짚은 할머니가 있었다. 그 지역에 살고 있던 미망인으로 배에 타기 위해 친구들의 도움을 받아야 했다. 그녀가 탄 배는 항구를 떠나는 마지막 배들 가운데 하나였다.
　사고로 다리가 부러진 노금석의 어머니는 처음에는 떠나길 원치 않았다. 그녀는 승선에 도움을 준 친구들에게 하나뿐인 자식인 아들이 북한의 해군에 복무하고 있다고, 해군군관학교에 있다고 말했다. 언젠가 아들이 집으로 돌아왔을 때 집에 그녀가 있어야 했기 때문이다. 하지만 친구들은 다시 오고 있는 공산군들이 기독교인이자 일본의 옛 식민지 정권 하에서 철도 간부였던 "일본 협력자"의 미망인인 그녀를 표적으로 삼아 보복할 수 있다고 경고했다. 아들을 다시 만나려면 그녀가 반드시 살아남아야 한다고 그들은 말했다. 금석의 어머니는 마침내 마음을 바꿨다.
　어머니는 동해 바다를 통해 부산으로 남하하고 있지만, 해군군관생도였던 노금석은 현재 바다나 해군과는 훨씬 거리가 먼, 북한 국경 근처 만주의 옌지延吉에 있는 중국 공군 기지에서 비행 훈련을 받고 있다.
　초가을에 시작된 훈련은 강도가 높아서, 일주일 내내 새벽 4시 30분부터 취침 시간까지 비행조종 실습생들을 바쁘게 하고 있다. 불과 몇 주 만에 학생들은 공기역학, 항공기 엔진, 항법, 계기 조작, 무기류 및 기타 과목의 수업을 모두 소화해야 했다. 그들은 마침내 소련제 2인승 프로펠러 비행기인 야크-18 훈련기를 타고 교관들과 함께 실습 비행을 하게 되었다.
　그들의 교관들은 북한 사람도 있고 러시아 사람도 있다. 8월 초에 벌써, 미국의 정보기관은 만주 및 소련의 극동 지역에 소련의 공군 부대가 증가하는 것을 감지했었다. 중국의 비행장에서 아직 알려진 바 없는, 날개가 뒤로 꺾인 형태의 신형 항공기가 목격되었다. 그 후 11월 초에, 이 신형 전투기들이 출격하여 압록강 상공에서 접근하는 미군 폭격기들과 호위기인

F-82 트윈 머스탱Twin Mustang 및 F-84 썬더제트Thunderjet와 맞닥뜨렸다. 공산군은 곧바로 B-29 및 전투기 몇 대를 "사냥"했다고 주장했다.[43]

미군이 수개월 동안 한국 하늘을 장악하고 있던 상황에서, 새로운 무기인 미그-15MiG-15 요격기의 등장은 미 공군사령부를 불안하게 만들었다. "[항공기는] 매우 급격하게 선회할 수 있고 상승 각도가 매우 가파르다. 또한 매우, 매우 빠르다."라고 맥아더의 공군사령관 조지 E. 스트레이트마이어George E. Stratemeyer 중장이 워싱턴에 보고했다.[44]

소련에서 제작한 이 전투기는 미국의 F-80보다 시속 160킬로미터 더 빠르고, 더 높이 올라가며, 더 빠르게 급하강하고 선회한다.[45] 미 공군은 12월 초에 최신 제트 전투기인 F-86 세이버Sabre를 실전 투입할 때까지 소련의 미그-15를 압도하지 못했다.

미국 측은 미그-15 조종사들이 중국인이라고 생각하지만, 대부분은 중공군 군복을 입은 러시아인이며, 그들의 비행기에도 중국 또는 북한의 표식을 달아 놓았다. 이 조종사들은 비행 구역이 북한의 북부 지역으로 제한되어 있으며, 비행 중 무전은 중국어 또는 한국어로만 말하라는 믿기 어려운 지시도 받았다. 요제프 스탈린이 미국을 공개적으로 도발해서 이 전쟁이 세계 대전으로 확대되는 것을 원하지 않았기 때문이다.

워싱턴의 미국 지도부도 경계를 늦추지 않고 있으며, 맥아더 장군과 공군 부사령관들이 미그기들이 중국 내 안전한 기지로 돌아가는 것을 추격해서 그곳에서 파괴할 수 있는 "맹추격hot pursuit" 권한을 달라는 요청을 거부했다.[46] "미국인들이 만주를 폭격하는 일은 결코 없을 것이다." 한 러시아인 교관이 중학교 수준의 러시아어를 할 줄 아는 노금석에게 말한다. "그렇게 해서 3차 세계대전이 발발할까 봐 두려운 것이지."

소련의 지도자 스탈린은 만주에 미그기를 추가적으로 계속 보내면서, 북한 공군 재건을 돕기 위해 교관들을 파견하는 데도 동의했었다.[47]

옌지 비행장에 있는 노금석은 러시아 교관들이 기량은 뛰어나지만 때로는 비행 중 "미친" 짓을 한다는 것을 것을 알게 된다. 한 훈련 임무에서, 그의 러시아 교관은 과시하듯 갑자기 지상 약 9미터 상공으로 급강하해서 중국의 농경지 위를 가로질러 쏜살같이 날으며, 농부들과 닭들을 겁에 질리게 했다.

곧 열아홉 살이 되는 노금석은 처음으로 야크-18기의 단독 비행에 성공한 우수한 학생 중 한 명이다. 성공한 학생들은 다음 단계로 더 무겁고 더 빠른 야크-11 훈련기로 훈련한다. 그리고 미군의 치명적인 공습을 막기 위해 필사적인 북한의 작전 계획가들은 최고의 초보 조종사들을 위해 더 크고 빠른 비행기를 염두에 두고 있다.

1950년 12월 21일, 목요일

한반도에서 가장 추운 곳 중 하나이며, 북한 최북단의 구리-아연 광산들 사이에 위치하고 있는 강계는 유엔군이 빠르게 북진해오자 평양에서 탈출한 김일성 정부가 일시적으로 정착한 작은 도시다. 이제 중국이라는 동맹국이 전쟁에 참여하면서, 강계로 이전한 평양 라디오는 지난 여름의 거침없었던 북한의 공세 때처럼 의기양양한 어조를 띠고 있으며, 사회주의 군대가 38선 아래로 밀고 내려가 서울을 탈환할 것이라고 이야기한다. 최종 승리는 확실하다고 전하고 있다.[48]

오늘, 12월의 몹시 추운 날씨 속에서, 김일성이 조선노동당 중앙위원회 전원회의를 소집한 장소도 강계다. 김 위원장은 새로 자신감을 얻은 모습이지만, 한편으로는 유성철이 직접 목격하고 있는 것처럼 동요한 채 앙심을 품고 있다.

정권이 거의 궤멸되어 중국의 구출이 필요한 상황에 분노한 김일성이 장군들의 실수로 여겨지는 것들을 비난하는 길고 격렬한 연설로 회의를 시작한다. 그는 숙청의 필요성을 단호히 밝힌다. "충성하는 당원들과 충성하지 않은 자들이 전쟁 과정에서 드러났습니다."라고 그가 말한다. "우리는 이런 불충한 당원들을 지위 고하를 막론하고 당에서 엄격히 배제해야 할 필요가 있습니다."

김일성이 그의 첫 번째 희생자로 조선인민군 문화부 사령관인 김일 장군을 소환하면서, 조선인민군 작전부장 유성철 상장을 옆에 앉힌다. 김일성은 그가 전쟁 중에 공중 지원 없이 전투 작전을 수행하기 어렵다고 말한 것이 사실인지 꼭 알아야겠다고 말한다. 장군은 그런 말을 한 적이 있다고 인정한다. 위대한 지도자는 그런 패배주의에 대해 그를 맹비난하고 그 자리에서 그의 직위를 박탈한다. 다른 장군들도 차례로 전원회의 앞으로 불려 나가서 심문을 받고 직위를 박탈당한다.

유성철은 이것이 웃기는 일이라는 것을 알고 있다. 우선, 비난 연설은 전쟁 수행에 대한 지식이 전혀 없는 중앙위원회 부위원장이 장군 참모들과 상의하지 않고 작성한 것이었다. 둘째, 자체적인 공군력 없이 미군과 교전하는 것이 감당하기 어려운 일이라는 것은 모두에게 분명한 사실이었다. 마지막으로, 이 전쟁의 가장 큰 실수는 김 위원장 자신이 미국의 개입 가능성을 무시한 것이었다. 유성철은 이러한 것들을 알고 있지만 아무 말도 할 수 없다. 제2차 세계대전이 끝날 무렵, 소련의 극동지역에서 제88독립보병여단에 함께 있을 때부터, 그는 김일성의 편협하고 무자비한 면모가 반복해서 드러나는 것을 보아왔다.

오늘 김일성이 지도부의 방공호에서 "불충한" 자들을 숙청하는 동안, 미군 B-29 수퍼포트리스 폭격기들이 인근 상공을 비행하며, 강계와 남쪽 전선을 연결하고 있는 주요 철로를 폭격하고 있다.[49] 오늘은 비교적 조용한 그 전선 너머에서, 미군 사령관 워커 장군이 곧 닥칠 중국의 맹공격에 대비해 그의 병력을 준비시키고 있다. 수많은 서울 시민들이 수도 서울을 떠나고 있다. 그들은 자신들의 도시가 다시 적에게, 이번에는 외국인인 중공군에게 함락될 것을 확신하고 있다.

1950년 12월 22일, 금요일

우중충한 날, 포토맥 강 위로 눈발이 날린다. 버지니아주 콴티코에 있는 해병대 기지의 강변 습지와 강의실에서 11주간의 훈련을 마친 피트 맥클로스키를 포함한 360명의 특수 기초반 1기 소위들이 졸업식을 맞이했다.

콴티코의 정문 너머 민간인들의 세계는 크리스마스 쇼핑으로 분주하다. 라디오 방송은 카우보이 가수 진 오트리Gene Autry의 빨간 코 순록에 관한 크리스마스 히트곡이 계속해서 흘러나온다. 하지만 다시 복무하게 된 예비역 장교들과 해병대 전체에겐 크리스마스는 쓸쓸하고 불안한 연휴 기간이다.

한국에서 참전 중인 해병대와 육군 병력이 서울을 재탈환하고 있을 때, 스탠퍼드 대학을 졸업한 맥클로스키와 그의 소대 동료들이 9월 29일에 속성 과정을 시작한 지 첫 몇 주 동안, 훈련 중인 장교들은 자신감 넘치고 여유로운 모습이었다. 대부분 대학생이었던 그들은 소대 및 중대 전술, 무기 배치, 소부대 서류 작업 등에 관한 훈련 교관들의 지시사항들을 진지하게 받아들였다. 그러나 그들은 강 상류로 48킬로미터를 차를 몰고 가서 워싱턴에서 밤을 보내는 등 할 수 있는 한 기분 전환을 하기도 했다.

그러던 분위기가 추수감사절 이후 바뀌었다. 북한의 서부 전선에서는 미 제8군과 연합군이, 그리고 동부 전선에서는 미 제1해병사단과 제7보병사단이 대규모로 투입된 중공군과 맞닥뜨렸다. 장진호에서 해병대가 참패했다는 뉴스 보도는 이 젊은 신참 장교들을 날이 갈수록 더 침울하게 만들었다. 처참하게 무너진 그 해병 연대 병력은 흥남에서 수송선을 타고 철수하여 현재 한반도 남쪽 지방에 있는 마산에서 재편성하고 있으며, 손실 및 요구사항을 평가하고 있다. 10월 북동부 작전을 위해 원산에 상륙할 당시 장교와 사병 230명으로 구성되었던 제5해병연대의 찰리 중대만 해도 장진호에서의 치명적인 교전으로 181명이 사상자가 발생했다. 해병대는 소위가 턱없이 부족한 상황이다. 산악 지형의 매우 좁은 공간에서 소규모 부대가 싸우는 "소대 전쟁war of platoons"에서 소대장을 맡고 있는 소위들이 가장

1950년 12월 말, 북한 흥남에서 철수가 진행중일 때 피난민들이 작은 배를 타고 몰려들고 있다. 미군 및 한국군 병력 뿐만 아니라, 약 86,000명의 민간인이 미 해군 및 기타 선박들에 의해 구조된다. 보다 북쪽에 위치한 성진에서는, 정동규가 해군 수송선을 타고 대피하는 동안, 남겨진 사람들은 공포에 질려 수많은 사람들이 얼음 바다에 빠져 익사한다. (미 해군 제공)

1950년 12월 24일, 후퇴하는 미군과 한국군의 철수가 끝난 후 미군 폭파대들이 북한 흥남에서 항구 시설과 버려진 군수품을 폭파하고 있다. 일제강점기 "부역자"의 미망인으로서 공산당의 보복이 두려운, 북한군 조종사 훈련생인 노금석의 어머니는 마지막으로 대피한 민간인 중 한 명이다.(미 해군 제공)

먼저 희생되는 경우가 많았기 때문이다.

이날 콴티코에서 졸업반 사진을 찍기 위해 포즈를 취하는 맥클로스키를 비롯한 훈련생들은 전장의 이런 많은 공백을 그들이 메워야 한다는 것을 알고 있다. 그 필요성은 매우 크다. 워싱턴 포스트Washington Post는 헤드라인으로 "서울에 대한 위협이 커지고 있다"고 썼다.[50]

맥클로스키와 함께 카메라를 향해 힘없이 웃고 있는 총 45명의 졸업생 중 20명은 즉시 한국으로 파견될 예정이다. 그리고 캘리포니아 출신의 열렬한 독서가이자 소년 시절엔 자신을 벨로 숲Belleau Wood의 해병으로 상상하기도 했었던 맥클로스키는 다음 번 소집 명령을 기다리고 있다.

오늘 밤 자정 무렵, 콴티코에서 그리 멀지 않은 상류에서, 매트 리지웨이 중장이 포트 마이어에 있는 군인 친구의 집에서 저녁 식사 후 하이볼을 즐기고 있다. 전쟁 기간 중 국방부에서 오늘도 긴 하루를 보낸 그에게 휴일의 파티는 잠시 긴장을 풀 수 있는 시간이다.

떠나는 손님들의 농담이 오가는 가운데, 오늘 파티를 주최한 집주인이 리지웨이에게 그를 찾은 전화가 왔다고 말한다. 전화한 사람은 육군 참모총장 조 콜린스$^{Joe\ Collins}$ 장군이다. 그는 리지웨이에게 자니 워커$^{Johnny\ Walker}$, 즉 제8군 사령관 월튼 H. 워커$^{Walton\ H.\ Walker}$가 죽었다고 말한다. 5개월 동안 한국에서 위험과 승리, 그리고 이제 또다시 좌절을 겪은 61세의 강인한 장군이 서울 북쪽에서 지프차 사고로 갑작스럽게 사망한 것이다.

조 콜린스는 그의 오른팔을 위해 이 충격적인 소식에 더 큰 소식을 추가한다. 리지웨이가 워커 후임으로 한국에 가야 한다는 것이다. 리지웨이가 워커의 후임으로 내정된 것은 자기는 몰랐겠지만 이미 오래 전에 더글러스 맥아더가 조 콜린스의 승인을 받아 결정한 일이었다.

전화를 끊은 리지웨이 눈에 방 건너편에 있는 젊은 아내 페니가 보인다. 그녀는 의문을 품은 눈빛으로 남편을 바라보고 있다. 그는 미소를 지으며 어깨를 으쓱하고는 고개를 젓는다. 그는 아침까지는 아내에게 말하지 않을 참이다. 매트 리지웨이가 놀라기는 했지만 준비가 안되어 있던 것은 아니다. 2주 전, 한국에서 암울한 소식들이 전해지는 가운데, 무언가를 예감한 그는 페니 눈에 띄지 않게 다락방으로 올라가 1945년에 다시는 필요하지 않기를 바랐던 전투복과 전투화를 찾아 준비해 두었었다.

지금, 24시간도 채 안 되어, 그는 생후 20개월 된 매트 주니어와 함께 보내기를 그토록 고대하던 크리스마스를 뒤로하고 그의 오랜 군 생활 중 가장 큰 도전이 될 또 다른 전쟁을 향해 서쪽으로 날아가고 있다.

1950년 12월 25일, 월요일

중부전선의 홍천 외곽의 빈 초가집 안에 한국군 "자원병"들이 겨울 추위를 조금이라도 덜 느끼기 위해 다닥다닥 모여서 잠들어 있다. 자정이 넘은 시간이다. 북한에서 온 젊은 피난민들 중 상대적으로 나이가 많은 한 남자가 정동규를 흔들어 깨운다. "들어봐." 그가 말한다. "기독교인들이 밖에서 노래 부르고 있어." 정동규는 몸을 일으켜 고개를 돌린다. 그는 남녀 혼성 성가대가 부르는 느리고 감미로운 선율이 들린다. 그 남자가 "고요한 밤"이라는 노래라고 알려준다. 그리고 지금은 12월 25일 아침이라며, "나사렛의 아기 예수가 1,950년 전 오늘 태어났다."고 이야기한다.

정동규는 기독교에 대해 아는 것이 거의 없다. 하지만 그는 이북에서 기독교인 학생들이 어떻게 차별을 받았었는지, 그리고 그들이 매년 이맘때마다 성탄절 예배 참석을 금지당했던 것을 기억한다. 그는 이것이 남과 북의 또 다른 차이점이라고 생각한다. 그는 다시 잠이 든다.

2주 전 성진에서 피난선에 승선함으로써, 열여덟 살 의대생은 인생의 또 다른 새로운 장을 시작하게 되었다. 소위 지역 청년 자원단의 다른 회원 200명과 함께, 그는 12월 12일 부산에서 해안을 따라 올라가면 있는 작은 항구에 도착했다. 그들은 배고픔과 탈수, 뱃멀미로 허약해진 상태였다.

어느 해변에 하선한 이들은 남측 군인들로부터 배식을 받았다. 그리고는 강인해 보이는 한 병장이 북한에서 그들을 구출해준 대한민국에 감사를 표할 때라고 그들에게 말했다. 그리고 입대원서를 건네주며 서명하라고 했다. 그들 모두 서명했다. 낯선 땅에 고립된 이들에게 다른 대안은 보이지 않았다.

이들은 성진에서부터 이남으로 내려오는 사흘간 그들과 동행했던 대한민국 제3사단의 제23보병연대에 소속된 수색 중대에 편성될 것이라는 말을 들었으며, 그리고 나서 내륙으로 행군한 다음 유개화차에 탑승하여 북쪽 어딘가를 향해 장거리 이동했다. 지난 2주 동안 탈영으로 인해 대원 수는 150여 명으로 줄었다. 이들은 현재 예비 상태이며, 군복과 무기 및 부족하지만 얼마간의 훈련을 기다리고 있다. 제3사단은 예상되는 중국과 북한 군의 재공세에 대비해 주요 저항선을 구축하고 있다. 정동규는 병역을 피하기 위해 고향을 떠났으나 결국 "남쪽 사촌들의 보살핌을 받으며" 상대방 군대에 들어오게 된 아이러니한 상황 때문에 괴로워하고 있다.

그는 이 전쟁에서 누가 이기든 상관없다. 그는 한민족을 분열시키고 서로 대치하게 만든 강대국 미국과 러시아에게 이 전쟁에 대해 책임이 있다고 생각한다. 그는 이렇게 혼잣말한다. 우리는 싸울 거야. 왜냐하면 우리 모두가 열심히 싸운다면, 이 광기를 훨씬 빨리 끝내는 데 도움이 될 수도 있으니까. 그러면 우리는 집으로 돌아갈 수 있을 거야.

《《《

제7기병대연대는 서울에서 동쪽으로 뻗은 울퉁불퉁한 방어선을 따라 진지를 구축해 놓았으며, 다른 모든 부대와 마찬가지로 중공군의 공세에 대비해 경계 태세를 갖추고 있다. 지금쯤이면 승리의 군대가 되어 한국을 떠났을 것으로 기대했던 젊은이들에겐 암울한 크리스마스다. 하지만 적어도 군대 취사병들은 따뜻한 명절 저녁 식사를 준비했고, 후방 어딘가에서 라디오를 가져왔다. 병사들은 미군 방송망에 접속해 크리스마스 선율들을 듣는다. 고향을 향한 그리움은 더욱 커져만 간다.

버디 웬젤 이병은 예기치 않게 G중대 지휘소 텐트로 소환되자, 영문을 몰라 어리둥절하다. 집에 나쁜 소식이 있나? 진급인가? 제임스 하지스에 관한 것이라니, 이상하다. 웬젤은 결국 오랜 펜팔 친구이자 제임스의 여동생인 도로시에게 편지를 보내 그의 죽음에 대해 유감의 뜻을 전했었다. 웬젤의 상관인 대위는 혼란스러워하며 웬젤에게 이성을 잃은 하지스 가족이 군대에 해명을 요청하는 편지를 보냈다고 말한다.

"자넨 하지스가 죽었다는 것을 어떻게 알았나?" 대위가 웬젤에게 묻자, 그

겨울이 시작되고 해가 바뀌어 1951년으로 접어들면서, 폐허가 된 서울에서의 생존은 더욱 어려워졌다. 위쪽 사진에서는, 한 할머니가 꺼내 쓸 수 있는 물건을 찾아 폐허 속을 뒤지고 있으며, 아래쪽 사진에서는, 집을 잃은 어린 남매가 조차장에서 빈 깡통을 뒤지며 조금이라도 먹을 것이 있는지 찾고 있다. UN군이 북쪽으로부터 후퇴하는 가운데 소녀 장상의 가족은 서울을 떠나 피난을 가야할지 고민한다. (미군 제공)

는 친구의 시신을 발견한 지난 9월 18일의 사건에 대해 상세히 이야기한다.

웬젤의 말에 놀란 장교는 하지스가 이유는 모르겠지만 전투 중 실종으로 기록되어 있어서 가족에게도 그렇게 통보가 되었었다고 말한다. 이제 웬젤은 제임스의 사망을 증언하는 진술서에 서명할 것이고, 그의 가족은 적어도 열아홉 살의 아들이자 오빠의 운명에 대해 정확하게 알 수 있게 될 것이다. 하지만 플로리다 소작인의 아들의 유해는 엉뚱한 사람으로 오인되어 엉뚱한 장소에, 여전히 아무도 모르는 혼란스러운 전쟁터 어딘가에 놓여 있다.

1950년 12월 27일, 수요일

구불구불한 골짜기와 최고 높이가 1,800미터 이상인 산줄기와 봉우리로 이루어진 울퉁불퉁한 산악 지대, 시속 290킬로미터에 훨씬 못 미치는 속도로 다닐 수밖에 없는 이런 지형이 그에겐 처음이다. 한국이라는 이 땅에 대해 조금이라도 더 많이, 빨리 알아야 할 필요성을 느끼고 있는 3성 장군은 B-17 폭격기에 탑승하여 모든 것을 볼 수 있는 플렉시글래스Plexiglas 재질로 된 물방울 모양의 기수에 있는 폭격수의 자리에 앉아 있다. 하늘의 요새Flying Fortress는 그의 전쟁터를 향해 북쪽으로 날아간다.

1920년대 중국 북동부에서 제15보병연대 소속의 중대장으로 있던 시절부터 1930년대 장차 미 육군을 이끌게 된 조지 C. 마셜George C. Marshall 장군의 참모로 일하던 시절, 그리고 더 나아가 2차 세계대전에서 낙하산 부대 사령관으로 선구적인 역할을 수행하던 시절에 이르기까지, 신임 제8군 사령관은 그가 군에 몸 담고 있는 동안 줄곧 철저함과 투지를 보여주었고, 오늘도 예외는 아니다. 그에게는 "군인의 군인a soldier's soldier"이라는 진부한 수식어가 붙어 있다.

그의 외모는 분명 그렇다. 로마 군단병을 연상시키는 독수리 같은 얼굴의 옆모습과 키 178센티미터, 몸무게 79킬로그램의 단단하고 건장한 몸매는 군복을 돋보이게 한다. 하지만 그가 지위 고하에 상관없이 모든 군인들로부터 존경을 받는 것은 통솔자로서의 활약 때문이다.

그는 벌지 전투에서 병사들과 함께 최전선에 섰으며 병사 개개인과 그들이 직면하고 있던 상황에 대해 잘 알고 있었던 장군이었고, 상황을 직접 확인하고 싶어 하는 장군이다. 직접 정찰하는 것을 대신할 수 있는 것은 없다고 생각하는 리지웨이는 상공을 비행 중인 B-17에 앉아 지형도와 아래를 지나가는 지형을 비교 확인한다. 자신이 새롭게 맡은 군이 후퇴하는 동안 적과 교전을 벌여야 할 수도 있기 때문이다.

리지웨이가 제8군 사령부가 있는 대구에서 322킬로미터 떨어진 서울 및 육군 전진 사령부로 날아가고 있다. 그는 처음으로 한국에서 꼬박 하루를 보내는 중이다. 서둘러야 했던 그는 토요일 늦게 페니와 아기 매티와 함께 '크리스마스 이브'를 하루 앞당겨 보낸 후 워싱턴에서 이륙한 지 사흘 만에, 일정을 가득 채운 중요한 회의들로 매우 피곤한 날들을 보낸 후 한국에 도착했다. 특히 화요일에는 도쿄에서 맥아더 장군과 만나기도 했다.

최고 사령관은 리지웨이에게 장제스의 국민당 군대가 중국 남부를 공격하도록 해서 전쟁을 확대할 것을 제안했었다고 털어놓았다. 그러나 워싱턴은 그 제안을 거부했다. 지금은 그냥 적을 격퇴하고 남한을 전쟁 전 상태로 복구하는 것이 목표라고 그는 말했다. 또한 그는 리지웨이가 가능한 한 오랫동안 서울을 사수해야 하며, 그렇지 않다면 "유지 가능한 가장 전진된 위치"에서 저항해야 하지만, 필요하다면 예전의 낙동강 방어선까지 다시 후퇴해도 된다고 말했다.

리지웨이는 떠나면서 맥아더에게 마지막으로 물었다. 만약 그가 한국에서 공격에 나선다면 최고 사령관은 반대할 생각이냐는 것이었다. 맥아더는 "매트, 제8군은 자네 것이네"라고 대답했다. "자네가 최선이라고 생각하는 대로 하게나." 극동군 사령관은 새로 온 그의 부하 리지웨이에게 그의 전임자인 고 자니 워커 장군에게 주었던 것보다 더 많은 재량권을 부여했다.

리지웨이는 맥아더의 최근 전략적 움직임에 대한 우려에도 불구하고, 노장 맥아더의 세부적인 지휘 능력과 솔직함, 전문성에 깊은 인상을 받았다. 군사학의 대가이자 전통의 수호자이며, 장교의 아들로 미국 전역의 군부대에서 자라난 두 사람은 둘다 속속들이 군인이다. 리지웨이는 행진하는 군인들과 새벽에 울리는 기상 나팔 소리인 "레벨리Reveille" 및 취침할 때 울리는 "탭스Taps"에 대한 어린 시절의 기억을 떠올리는 것을 좋아한다.

도쿄에서 대구로 날아온 리지웨이는 다른 기억들도 떠올렸다. 그가 지프와 엔진 소리가 요란한 트럭, 텐트, 쌓여 있는 보급품과 탄약, 전투복 차림의 병사 등 전쟁을 드러내는 것들을 주위에서 보게 되자, 시기가 언제였든 장소가 어디였든 이와 비슷한 상황에 있었던 기억들이 생각났다.

그는 밤새 제8군 사령부에서 오랜 친구들이 포함된 최고 참모들과 함께 전쟁의 최근 상황을 검토했다. 최근의 상황은 좋지 않았다. 느리게 움직이고 있기는 하지만 접근 중인 중공군이 마침내 38선을 넘었다.

오늘 아침, 리지웨이가 탄 B-17이 김포 비행장에 착륙했으며, 그는 현재 눈이 내리고 있는 서울의 육군 작전 사령부로 향한다. 그가 가장 먼저 알게 된 것은 전진 사령부에 인원이 부족하다는 점이다. 그가 보기에는, 너무 많은 대령 및 소령 참모들이 최전선에서 멀리 떨어진 대구에 있다. 다음 날부터 나흘 동안 바쁘게 움직이며, 그는 더욱 많은 문제점들을 알게 된다. 현장에서 그가 면밀히 질문했던 하급 장교에서부터 그에게 작전 브리핑을 하는 보다 상급 장교에 이르기까지, 전반적으로 우울하고 피로하며 자발성이 결여되어 있음을 파악하게 된 것이다. 그는 보다 구체적인 문제도 발견한다. 병사들에게 장갑과 기타 방한복이 부족하고, 음식의 질이 좋지 못하며, 심지어 집에 편지를 쓸 수 있는 문구류가 모자라서 병사들의 불만을 사고 있다. 리지웨이는 병사들의 사기를 떨어뜨리는 이런 결점들에 빠르게 대처한다. 리지웨이가 미군 지휘 체계의 취약 지점을 파악하여 장군과 대령들을 보직에서 해임하기 시작했다는 점이 아마 가장 결정적인 조치일 것이다. 한편, 그는 지휘관들에게 그들의 지휘소를 후방에서 보다 작전 지역과 가까운 곳으로 옮기라고 명령한다. 그는 지난 전쟁 때 하기 시작했던 것처럼 수류탄과 구급낭을 낙하산 하네스 어깨끈에 고정한 뒤, 개방형 지프를 타고 전방 지역으로 이동하며 모범을 보인다. 수류탄은 궁지에 몰린 상황에서 리지웨이 자신을 방어하는 수단이다. 그러나 그것은 또한 부대원들 사이에서 진정한 군인으로서의 그의 이미지를 빛나게 한다.

서울에 도착한 첫날인 오늘, 리지웨이는 이승만 대통령과도 만난다. 리지웨이와 맥아더는 미군이 남한을 포기할 것으로 보일 경우 국군이 북으로 망명할 가능성에 대해 논의했었다. 리지웨이는 자신이 제8군을 일본으로 철수시키러 온 것이 아니라고 대통령을 안심시키기로 단단히 마음을 먹고 있다.

두 사람이 악수를 나눈다. 신임 미군 사령관은 한국인 연장자에게 "대통령님, 만나 뵙게 되어 반갑습니다. 저는 한국에 머물려고 합니다."라고 말한다. 이승만이 안심하는 것이 눈에 보인다.

저녁 무렵, 충분한 보고를 받고 상황을 파악했다고 느낀 매트 리지웨이는 중공군이 며칠 내, 아마도 방어군이 경계를 늦출 것으로 판단되는 새해 첫날에 대대적인 공격을 감행할 것이라고 확신한다. 그들의 주요 목표는 서울이겠지만, 그들이 수도의 남쪽 경로들을 차단하기 위해 동쪽으로 내려와서 원주를 거쳐 측면을 공격할 가능성에 대해서도 그는 염려하고 있다.

오늘 하루가 끝나기 전에, 그는 11월 말에 참패를 당한 이후 전선에 배치되지 않고 아직 남쪽에서 재편성 중인 제2보병사단에게 북쪽으로의 기동계획을 가속화하여 원주에서 저지진지沮止陣地·blocking position를 구축하라고 명령한다.

1950년 12월 3일, 중공군이 근접해오자 평양을 탈출하기 위해 민간인들이 폭격으로 파괴된 대동강 다리 위로 위험천만하게 기어오른다. 후퇴하기 전에 십 대 소년인 헌병 신형규는 파괴된 마을에서 구출한 아홉 살 고아 소녀를 끌어안아 들어올리고는, 나중에 찾아주겠다는 약속과 함께 남쪽으로 향하는 기차에 태운다. (미 육군 제공)

제2부
1951

사람들은 저마다 신념의 보따리를 짊어진 채
아득한 천애의 어느 일각으로 표표히 사라졌는데...
내 여기 검은 흙 속에
가난한 노래를 묻고 간다.

- 조지훈, "종로에서"

1950년에서 1951년으로 해가 바뀌면서, 맥아더 장군의 판단 착오가 어느 정도 심각한지 분명해진다. 맥아더는 미군과 한국군을 38선 너머로 공격적으로 밀어붙임으로써, 베이징 지도부가 반공주의 미국의 실존적 위협에 대응하는 것 이외에는 선택의 여지가 거의 없게 만들었다. 맥아더의 실수는 한국으로 쏟아져 들어오는 거대한 중공군의 규모를 지나치게 축소한 미국 정보기관의 보고서로 인해 더욱 심각한 결과를 초래하게 되었다. 막강한 미군이 전부 퇴각하는 모습은 전 세계에 충격을 주었다.

1월 1일 방송 연설에서 김일성은 그의 공산주의 동맹국에게 "더 큰 승리를 거둘 것을 굳게 확신한다"며 축하 인사를 건넸다. 워싱턴의 긴장한 합동참모본부는 맥아더에게 중공군이 남쪽으로 깊숙이 진격하는 것을 막을 수 없게 된다면, "그런 상황에서는 일본으로 철수하라는 지시가 총사령관에게 내려지게 될 것"이라는 메시지를 전한다. 불과 몇 주 만에 전쟁의 전체 분위기가 바뀌었다. 전쟁이 신속하게 종식될 것이라는 전망은 사라졌다. 미국과 남한의 조건에 따라 통일된 한국은커녕, 미국은 당장 최근에 확보한 모든 영토는 물론, 그 이상의 것을 내놓아야 할 상황에 직면해 있다.

서울에 공포가 다시 찾아온다. 전쟁으로 폐허가 된 서울의 시민 수만 명이 남쪽으로 피난길에 오른다. 혼란 속에서 가족들은 다시 헤어진다. 미군은 또다시 적의 잠재적 은신처로 여겨지는 피난민 행렬과 마을을 공격한다.

　UN군이 37도선까지 후퇴하면서, 방어 병력이 철수한 남한의 수도는 다시 공산군의 통제하에 놓이게 된다. 두 거대 군대 간의 치열한 공방전이 수개월 동안 계속되며 전쟁의 최대 격전으로 치닫지만, 결국 양측은 그들이 흘린 피의 대가로 얻은 것은 거의 없이 늦봄에 교착 상태에 빠지게 된다. 한편 호전적이고 불복종적인 맥아더는 트루먼 대통령에 의해 해임된다.

　워싱턴과 뉴욕의 UN에서 미국의 전략가들과 전 세계의 외교관들은 현재 양측 군대가 대치 중인 곳, 대략 38도 분계선 부근에서의 휴전 가능성을 구상하고 있다. 6월 말, 미국이 협상을 제안하고 공산군은 이를 수락한다.

　양측은 더 깊이 참호를 파며 방어 진지를 강화한다. 참호전, 인적이 없는 곳으로 들어가야 하는 두려운 정찰, 고립된 고지 진지에 대한 야간 기습 공격, 북한 시골 상공에서 소련의 미그 조종사와 미국의 세이버 조종사가 생사를 걸고 벌이는 공중 결투 등 이제 전쟁은 새로운 양상으로 전개될 것이기 때문이다.

　전쟁이 장기화될 것이라는 전망이 커지면서, 휴전 협상은 격렬해지며 또한 산발적으로 더디게 진행된다. 북한은 1951년을 "견딜 수 없는 시련의 해"라고 부른다. 사실, 이는 양측 모두에게 똑같이 적용되는 표현이다.

1월

1951년 1월 1일, 월요일

리지웨이 장군이 예견한 대로, 중공군과 북한군은 새해 전야에 새로운 공세를 시작했고, 남한 사단을 겨냥하여 가장 날카로운 타격을 가했다. 일요일 늦은 오후 최전방, 즉 서울에서 북쪽으로 40킬로미터 떨어진 임진강을 따라 진행된 포대의 탄막 사격으로 공격은 시작되었다. 날이 어두워지자 돌격대는 나팔을 울리고 징을 울리며 얼어붙은 임진강을 건너 한국군 제1사단의 참호 진지를 습격했다. 그리고 자정을 지나 새벽까지, 중공군과 북한군은 눈 덮인 언덕과 논밭을 휩쓸며 71킬로미터에 이르는 보다 확장된 전선을 따라 남쪽으로 밀고 내려왔다. 중대, 대대, 연대 전체가 그들 앞에서 휘청거렸다. 날이 밝자 미군의 공습과 포격이 그들의 공세를 늦추기는 했지만 멈추지는 못했다.[1]

이제 중부 전선의 홍천은 한낮이 되었고, 국군 제3사단 병력은 주요 도로를 따라 남쪽으로 철수하고 있다. 그러나 제23보병연대의 수색 중대원인 정동규와 그의 동료들은 3사단의 이동 방향과 반대인 북쪽으로 진군하고 있는데, 그들에게 이유는 설명되지 않았지만, 아마 후방 부대를 형성하기 위해서인 것으로 보인다.

해가 지고 기온이 영하 12도까지 떨어지자 하계 군복을 입은 150여 명의 병사들은 밤을 보내기 위해 작은 마을에서 멈춘다. 보초가 배치되고 병사들은 쉼터와 잠자리를 찾아 동네 주택들로 흩어진다.

키가 작고 체구가 작으며, 열여덟 살로 북측 징집병들 중 가장 어린 정동규는 중대장 김 중위의 비공식적인 당번병이 되었다. 정동규와 김 중위, 그리고 다른 네 명의 병사들은 마을에 남은 유일한 거주자인 할머니가 혼자 사는 집에 자리를 잡는다. 할머니는 누군가 같이 있을 사람들이 온 것을 반가워하며 밥과 김치로 저녁을 차려준다. 그 뒤 그들은 잠자리에 든다.

잠이 든 그들에겐 할머니의 발작적 기침 소리만 들릴 뿐이다. 자정 무렵, 멀리서 간헐적으로 총소리가 들린다. 총소리가 점점 커진다. "무슨 일이지? 맘에 안 들어." 누군가 정에게 속삭인다. 갑자기 집밖 마을 길에서 기관단총이 발사되는 소리가 터져 나온다. 남자들이 뛰어가며 야간 암구호인 "나무 지게!"라고 외친다. "서둘러! 철수한다!"

김 중위는 혼란스러운 듯 꼼짝하지 않고 있다. 정동규가 벽 틈새로 내다보니 중대원들이 손을 들고 조선인민군 제복을 입은 남자들에게 둘러싸여 있는 것이 보인다. 북한군은 어떻게든 암호를 알아냈고 보초를 통과하여 마을로 침투한 것이었다.

정동규가 고개를 돌려 보니, 김 중위가 병사 두 명과 함께 뒷문으로 빠져나간 것을 발견했다. 그와 나머지 두 명도 뒤쪽으로 나간다. 그는 침착하게 담뱃대를 피우며 있는 할머니한테 북한군에게 알리지 말 것을 애원한다.

그들은 어둠을 뚫고 그 집 헛간으로 기어들어가 눕는다. 악취로 인해 숨은 곳이 묵히고 있는 소똥 더미라는 것을 금방 알게 되었지만 움직일 수는 없다. 할머니의 뒷방에서 새어나오는 등유 램프의 불빛 때문에 북한군 두 명이 기관단총을 쏠 자세를 취한 채 마당으로 들어오는 것이 보인다.

안에 있는 할머니를 발견한 한 명이 "여기 남조선 군인 있소?"하고 소리친다. 할머니는 아무 말 않는다. 정동규는 겁에 질린다. 그는 낡은 일본제 볼트 액션 소총을 북한군을 향해 천천히 겨눈다. 그 북한군이 할머니에게 다시 소리치며 묻는다. "전에도 말했잖아요." 그녀가 대답한다. "아무도 못 봤어요." 북한군들은 떠난다. 정동규와 그의 동료들은 도망쳐야 한다. 그렇지 않으면 결국 발견될 것이다. 그는 헛간 뒷벽을 따라 더듬니 바닥에 작은 구멍이 있는 것을 발견한다. 아마 이 집에 있는 개가 지나다니는 구멍일 것이다. 그들은 소총을 앞쪽으로 밀고 겨우 빠져 나오지만, 헬멧과 배낭은 헛간 안에 둘 수밖에 없다.

칠흑 같은 밤, 그들은 마을을 벗어나 남쪽으로 느껴지는 방향으로 눈 덮인 들판 위를 질주한다. 몇 분 후, 숨이 차고 기진맥진한 그들은 조선인민군임이 틀림없는 군인 대열이 그들 앞에 난 길을 막 가로지르려는 것을 보게 된다. 그들은 두 논 사이의 얕은 관개수로로 뛰어내린다.

적들이 지나가면서 포로들, 즉 마을에서 붙잡힌 정동규의 동료들에게 나지막이 위협하고 욕을 하며 그들을 밀어붙이는 소리가 들린다. 모든 것이 조용해지자, 정동규 일행은 수로에서 올라와 근처 언덕 기슭으로 천천히 뛰어가 남쪽 방향을 다시 찾기 위해 언덕 주위를 돈다. 그들은 걷다가 이른 아침, 얼음처럼 차가운 안개가 끼기 시작하자 발걸음을 재촉한다. 그러던 중 그들은 어떡하다가 우연히 한국군 부대를 만난다. 그곳의 군인들은 격렬하게 떨고 있는 정동규 일행의 몸에 담요를 덮어주고는 대대장에게 데려간다. 그 단호한 표정을 하고 있는 중령의 태도는 정동규를 불안하게 만든다. 그들은 탈영병으로 총살당하게 될까?

정동규의 생각과는 달리, 대대장은 그들을 벽에 걸린 지도 앞으로 데려가서 그날 밤의 사건과 장소에 대해 자세히 묻는다. 새로운 정보를 숙지한 대대장은 야전 전화기를 들고 포대에 사격 임무를 지시한다. 그리고 나서 정동규와 동료 두 명은 중대장 김 중위를 포함한 다른 수색 중대원들이 모여 있는 숙영지로 이동한다. 포로로 잡혀 있다가 남한군이 일제 포격을 가할 때 탈출한 사람들을 포함해, 오늘 중으로 중대원들이 조금씩 더 모여든다. 집결된 중대원들은 결국 동료 수십 명이 전사하거나 생포된 것을 알게 된다.

며칠 후, 정동규가 소속된 제3사단은 남쪽으로 약 65킬로미터 떨어진 원주-제천-영월 선까지 철수한다.[2] 이례적으로 극히 추운 한겨울, 후퇴와 낙담의 시간이기도 하지만, 입대를 강요받은 북한 피난민들로 구성된 정동규 소속 부대가 마침내 보다 따뜻한 군복과 장화, 장갑, 현대식 M-1 소총을 지급받게 된 시기이기도 하다.

«<

서울로 돌아온 매트 리지웨이는 수도 북쪽의 모든 병력을 "서울 교두보"로 철수하라고 명령하는데, 이는 그가 불과 5일 전 지휘권을 잡은 이후 계획한 것이다. 서울 교두보는 수도에서 서쪽, 북쪽, 동쪽으로 16~24킬로미터 지점을 반원 형태로 연결한 방어선으로, 서울에서 한강을 건너 남쪽으로 탈출하는 주요 통로인 부교를 적의 포병이 공격할 수 없도록 충분한 거리를 확보하고 있다.

동쪽으로는 원주 주변에 미 제2보병사단을 사전 배치한 신임 장군의 선견지명이 적의 진격을 늦추고 있다. 그러나 힘겹게 버티고 있는 미군도 영원히 버틸 수는 없을뿐더러, 적군이 곧 빠르게 서쪽으로 기동해서 남쪽으로 향하는 퇴각로를 차단할지도 모른다. 시간이 얼마 남지 않았다.

«<

이승만 대통령은 정부 라디오 방송을 통해 "서울 방어는 확실하다"고 주장하며 국민들에게 침착함을 유지할 것을 촉구했다.[3] 그러나 중공군의 진격 소식은 급속도로 퍼져나갔다. 신당동에 있는 대가족인 김씨의 집에서는, 열한 살의 장상이 듣고 있는 가운데 토론이 몇 주 동안 계속되고 있었다. 서울을 떠나 남쪽으로 가야 할까? 하지만 어떻게, 어디로 갈 것인가? 다시는 저 멀리 북쪽 평안북도의 고향으로 돌아갈 수는 없는 것일까? 마침내 결정이 내려졌다. 김봉현의 시댁 사람들이 대구로 내려가는 트럭 한 대를 마련, 김씨 집안 사람들도 모두 타도록 했다. 그들은 20세기 최대 규모의 즉각적 대탈출에 합류하게 된다.

몇 주 동안 수십만 명의 남북한 주민들이 중공군을 피해 서울로 쏟아져 들어왔다. 도로와 철로 및 강바닥을 따라, 누비옷을 겹겹이 두른 채 아이들을 데리고, 남은 살림살이를 실은 투박한 수레를 끌고 소를 끌기도 하며, 맨발로 얼음이 언 개울을 건너고, 후퇴하는 군대 트럭 때문에 날아오른 먼지에 목이 막히기도 하면서 그들의 행렬은 둔중하게 움직인다. 무엇으로부터 탈출하는지만 알 뿐 어디로 향하고 있는지 구체적으로 알고 있는 사람은 거의 없다. UN 관리들은 중공군의 남진 경로에 있는 5명 중 4명이 탈출에 합류한 것으로 추정하고 있다.

지난 6월의 침략자들은 같은 한국인들이었고, 많은 남한 사람들이 피난을 떠나지 않았다. 침략한 북한군의 점령과 매일 가해졌던 공습을 통해 전쟁을 경험했던 그들은 이제, 이번에는 외국 군대가 국토를 휩쓸며 그들을 향해 오고 있다는 소문을 듣고는 얼어붙은 길로 나서고 있다.

북쪽으로부터 서울로 밀려들어 오는 사람들만큼이나 많은 인파가 서울에서 빠져나와 남쪽으로 향하고 있다. 12월 말경에는 영하 12도 아래까지 떨어지는 서울의 초겨울은 전시의 생존을 더 힘들게 만들고 있다. 특히 다른 곳에서 온 노숙인들, 전쟁 중에 집이 파괴된 도시 주민들, 점점 더 많아지는 고아들과 거리의 거지들, 팔이나 다리가 절단되었거나 심한 장애를 입은 사람들은 더욱 심한 어려움을 겪고 있다.

정부나 구호 단체의 대피소에서 피난하게 된 운 좋은 사람들도 있다. 그러나 한국 정부 관리들은 의류와 담요 등 유엔과 다른 국제기구들이 보낸 필수품들이 더디게 도착하고 있다고 불평했다.[4]

하루에 80,000 명이 서울을 떠나고 있는 것으로 추정되며,[5] 이제 인원수가 늘어난 김씨 일가도 그 대열에 합류한다. 그들은 먼저 덮개가 없는 트럭 화물칸에 짐을 싣고 밧줄로 묶은 다음, 하얀 누비 코트와 모자, 솜버선으로 온몸을 꽁꽁 감싼 채 그 짐 위로 올라간다. 미어터질 듯한 트럭에는 장상과 마흔여섯 살의 어머니 김봉현, 외할아버지와 외할머니, 언니와 형부, 숙모 조명숙과 그녀의 여섯 자녀, 숙모의 시댁 식구들과 가족 친구인 새뮤얼 신 교수, 그리고 그의 아내가 타고 있다. 운전사는 이 인간 짐을 다른 밧줄로 묶고 서로 꽉 붙잡으라고 말한다. 이제 그들은 출발한다. 부교를 통해 한강을 건넌 다음 남쪽으로 향하는 길에 오를 것이다.

날리는 눈을 뚫고 지친 듯 걷고 있는 가족들 사이로, 김씨 일행들처럼 운이 좋은 사람들이 자동차나 트럭을 타고 덜컹거리며 지나간다. 비참한 피난길에 펼쳐지는 비극적인 장면들이 눈에 들어온다. 길가에는 미동도 없이 누워 있는 사람들이 있다. 아마도 잠을 자고 있는 것일 수도 있고, 아마도 생명을 잃은 것일 수도 있다. 크리스마스 밤, 기진맥진한 부모가 잠든 사이 세 명의 영아가 극도의 추위에 노출되어 사망한 채로 발견되었다. 도로와 평행인 철로 위에는 반쯤 얼어붙은 사람들이 복잡한 열차 지붕에서 굴러 떨어져 남겨진 채 죽어가고 있다.

UN 구호팀들이 도로를 따라 쌀 포대를 나눠주고, 전란戰亂으로 인해 퍼질 수 있는 발진티푸스를 비롯한 다른 질병에 대한 예방 접종을 실시하기 위해 백신 텐트를 설치하는 등 도움을 주기 위해 노력하고 있다. 하지만 피난민의 수는 압도적이다. 비포장도로에 임시로 마련된 수용소에서 많은 사람들이 추위와 폐렴에 쓰러지거나 절망에 굴복한다.[6]

김씨 일행을 태운 트럭의 운전사는 약 322킬로미터를 쉬지 않고 달려서 그들을 대구까지 데려다 주려고 마음을 단단히 먹은 상태다. 얼음처럼 차

가운 공기를 뚫고 달리고 있을 때, 신 교수는 장상이 떨고 있는 것을 보게 된다. "상이야, 이리 와서 내 무릎에 앉으렴." 장상은 조금씩 움직여 신 교수에게로 가서 그의 무릎 위에 앉는다. "응, 엄마, 전 괜찮아요" 장상이 엄마에게 말한다. "따뜻해요." 남쪽으로 쉬지 않고 이동하던 김씨 일행이 지쳐서 졸기 시작한다. 그러던 중 운전사가 갑자기 방향을 틀자 짐 더미 위에 있던 봉현이 길바닥으로 떨어진다. 봉현이 다쳤지만 그들은 오래 멈춰 있을 수 없다. 장상은 다른 사람들이 엄마를 트럭 위로 끌어올리는 모습을 지켜본다. 이제 트럭이 다시 달린다. 봉현은 부러진 갈비뼈로 인해 앞으로 수년간 고통받게 될 것이다.

오랜 시간을 달린 후에, 그들은 서로를 단단히 붙잡고 남부 지역의 관문이자 해발 221미터의 랜드마크인 추풍령 고개의 가파른 오르막과 구불구불하게 휘어진 길을 통과한다. 그리고는 전쟁 초기에 미 제1기병사단이 불태워서 잿더미가 되어버린 김천을 지나간다. 이제 마음이 놓인 김씨 일가와 조씨 일가는 마침내 낙동강을 건너 대구로 향해 마지막 48킬로미터를 달린다. 그들은 곧 다시 전쟁의 소용돌이에 휩싸일 서울을 탈출한 것이다. 하지만 봉현은 그들이 남겨두고 온 한 사람이 마지막으로 한 말을 잊을 수가 없다. 서울을 탈출할 수 있는 수단이 생겼다는 사실을 알게 된 장상의 어머니는 시내 반대편에 있는 시어머니의 집으로 서둘러 갔다. 남편을 잃고 북쪽의 장씨 집안 사유지에서 내쫓긴 후에 결국 결국 서울로 오게 되었던 장상의 친할머니는 장씨 집안의 가장이었다. 어머님도 같이 가셔야 한다고 봉현이 말했다. 싫다며 안 갈 것이라고 시어머니가 대답했다. 가족은 함께 있어야 한다고 봉현이 계속 말씀드렸다. 그러나 고향 용천의 선구적인 기독교 개종자로서 신앙심이 깊은 할머니는 수수께끼 같은 말로 며느리를 안심시키며 떠나보냈다. "나는 천국에 가고 싶단다. 그리고 천국은 다른 어떤 곳보다 여기서 훨씬 더 가까워."

1951년 1월 3일, 수요일

수백수천 명의 사람들이 아무 말 없이 걷는다. 그들의 발 아래서 나는 눈 밟히는 소리, 그리고 빨개진 그들의 뺨을 따갑게 하는 바람 소리만 들릴 뿐이다. 한 걸음 한 걸음 내딛을 때마다 두려움이 느껴진다. 짙은 녹색의 얼음 바로 아래에는 한강의 차가운 물이 여전히 바다를 향해 세차게 흐르고 있다. 얼음은 얼마나 두꺼울까? 버틸 수 있을까?

두려움에 떨며 서울을 탈출하고 있는 사람들의 끝없는 행렬 속에서, 허원무와 그의 어머니는 발을 끌며 폭이 800미터가 넘는 얼어붙은 한강을 천천히 건넌다. 미군이 임시로 설치한 다리들은 군용 차량으로 가득 차 있고, 민간인 통행도 곧 전면 금지될 예정이다. 이제 남은 것은 강 자체의 "빙판길"뿐인 것이다.

허원무와 어머니는 12월 중순부터 시작된 유례없는 피난민 탈출에 가장 늦게 합류한 사람들에 속한다. 이승만 대통령과 내각이 오늘 아침 서울을 포기하고 떠났다는 소문이 퍼졌다. 새벽 3시, 중공군은 북서쪽으로 불과 16킬로미터 떨어진 미군 후위대의 진지를 공격했다.[7]

슬픔에 잠긴 사람들이 여러 벌의 외투와 목도리, 털모자로 몸을 감싼 채 얼음 위를 천천히 걸어간다. 길게 늘어진 다수의 행렬 속에서, 여자들은 머리에 짐꾸러미를 이고 균형을 잡고 있다. 남자들은 어깨에 가방을 메거나 아이를 태운 지게를 지고 앞으로 몸을 숙이고 있다. 짐을 무겁게 실은 소와 소달구지가 가장 위험하지만, 얼음은 깨지지 않고 견뎌낸다.

꽉 채운 더플백을 등에 짊어진 열여덟 살의 허원무와 옷꾸러미를 손에 든 그의 어머니는 처음부터 이렇게 걸어서, 남쪽으로 80킬로미터 떨어진 목적지인 천안까지 어떻게 갈지도 모른 채 서울을 떠나려고 했던 것은 아니다.

수완이 매우 좋은 사업가인 허원무의 어머니는 지난 금요일 가족들과 소지품을 천안까지 운송해 줄 트럭을 가진 한 남자를 고용했었다. 천안에는 정미소 주인의 딸인 어머니가 소유하고 있는, 지금은 문이 닫힌 상태지만,

어머니가 언젠가 다시 문을 열고 싶어하는 정미소가 있다. 가족은 그 오래된 정미소의 노동자 숙소에서 최근의 전쟁 상황이 끝나기를 기다리려 했었다. 그들은 금요일 하루 종일 기다렸지만 트럭 운전사는 끝내 나타나지 않았다. 어머니가 그 남자에게 상당한 금액을 선불로 지불했었기에 절망과 분노에 휩싸인 채 가족은 빨리 다른 대안을 찾아야 했다.

춥고 흐린 다음 날 아침, 온 가족은 군용 물자를 남쪽으로 대피시키는 화물열차 지붕에 민간인들이 올라탈 수 있는 서울역으로 향했다. 허원무와 어머니는 트럭 운전사를 찾아 더 많은 짐을 천안으로 옮길 수 있기를 바라며 남아 있기로 했다. 하지만 나이가 여섯 살부터 열아홉까지 되는 세 누이들과 아홉 살의 남동생은 외할아버지와 함께 서울역에서 기차를 타고 남쪽으로 내려가기로 했다.

가족들이 헤어지지 않으려고, 또 기차 위에 자리를 잡으려고 안간힘을 쓰는 등 역의 풍경은 혼란스러웠다. 허원무의 가족은 어느 열차 한 칸 위에 빈자리가 있는 것을 발견했고, 어머니는 재빨리 두 명의 청년에게 돈을 주고 태워보내야 할 짐과 사람을 모두 올릴 수 있도록 도와달라고 부탁했다. 두 청년은 밧줄로 여행 가방들을 통풍구에 묶어 사각형으로 만들고 그 안에 그들이 웅크리고 앉을 수 있게 했다. 기적 소리가 울리고 기차가 출발하자, 허원무와 어머니는 가족들과 짐이 천안에 무사히 도착하기를 기도하며 바라볼 수밖에 없었다.

집으로 돌아온 허원무와 어머니는 집안 문단속도 더 단단히 하고 가족 소유의 농기계 가게도 더 안전하게 지키기 위해 할 수 있는 모든 조치를 취했다. 하지만 트럭 운전사의 소재는 결코 파악하지 못했다. 그리고 오늘 아침, 허원무에게는 영원히 계속될 것만 같이 느껴졌던 빙판 걷기가 끝난 후, 그들은 마침내 얼어붙은 한강의 남쪽 기슭에 도착한다. 그들 뒤에는 여전히 수많은 사람들이 아무 말 없이 도시에서 빠져나와 뚜렷한 목적지도 없이 하얀 빙판길로 밀려들고 있다. 이백만 명이 넘는 사람들이 얼어붙은 강

을 건너 안전한 곳으로 왔으며, 북한에서 온 사람들도 많이 포함되어 있다.[8]

눈이 내리는 오후, 어머니와 아들이 영등포 기차역으로 향한다. 그들은 20량짜리 군용 열차 위에 자리를 잡은 후 몇 시간 후 천안에 도착한다.

<<<

바람이 세차게 불고 있는 어스름한 오후, 리지웨이 장군이 한강 북쪽 강둑 위쪽에 서서 슬픔에 잠긴 수많은 피난민들이 얼어붙은 강을 건너가고 있는 모습을 지켜본다. 근처에서는 그의 군대가 남쪽으로 퇴각 중이다. 전차와 중화기, 트럭에 탑승하거나 도보로 이동하는 병력이 끝없는 대열을 이루며 부교 위를 지나간다. 장군의 뒤로는, 회색 구름 아래로 통제되지 않은 불길이 서울 전역에서 타오르고 있다.[9]

매트 리지웨이는 이번 후퇴가 중공군의 대규모 공격이 있었던 12월에 제8군이 겪었던 퇴각과는 다르게 이루어지게 하겠다는 결심이 확고하다. 제8군의 새 사령관으로서, 그는 이번에는 도망치지 않고 체계적으로 철수하기로 결정했다. 적을 기습하고 반격한 뒤 이 방어선에서 저 방어선으로 후퇴하면서 적과의 접촉을 유지하여, 제8군이 전면적으로 반격할 준비가 될 때까지 매일매일 적에게 많은 사상자를 발생시키기로 계획한 것이다.[10]

리지웨이는 그가 갖고 있는 자원을 아껴야만 한다. 그가 월요일에 서울 북쪽의 초기 "교두보" 방어선으로 철수를 명령한 후, 군단장 중 한 명인 프랭크 밀번Frank Milburn 소장은 그의 부대들에게 "어떠한 대가를 치르더라도" 서울을 사수하라고 지시했다. 이 사실을 알게 된 리지웨이는 그 명령을 철회하고는, 오랜 친구 밀번에게 그런 사생결단식 명령은 병사들의 사기를 떨어뜨리고 나중에 필요한 인력을 낭비할 가능성이 있다고 말했다. 리지웨이는 군사령관인 자신만이 병사들에게 그런 과감한 요구를 할 수 있다고 말했다.[11] 그가 오늘 서울을 다시 한 번 적에게 넘기고 남쪽으로 이동하라고 명령한 것은 3일간의 공세에서 중국이 보여준 압도적인 전력 때문이기도 하며, 곧 그들이 동쪽에서 아군의 측면을 우회, 심지어 얼어붙은 강을 따라 진격하여 서울로부터 빠져나가기 위한 퇴각로를 차단할 수 있을 것이라는 우려 때문이기도 했다.[12]

리지웨이는 6월에 파괴된, 차량과 보행자가 건널 수 있는 한강의 유일한 다리를 대신해 자신의 공병부대가 건설한 3개의 부교를 오후 3시 이후 군대 외에는 통행할 수 없도록 폐쇄할 것을 명령했다. 그의 명령은 가혹한 것으로, 그 이후에 피난가는 민간인들이 부교를 건너려고 하면, 교량을 지키는 미 헌병이 경고 사격을 하고 필요할 경우 사람들에게 직접 발포하라는 내용도 포함하고 있다.

귀마개가 달린 방한 모자를 쓰고 야전 상의의 단추를 다 채운 채, 제8군 사령관은 이제 강둑 위쪽에 자리를 잡고는 주 부교 위로 군이 철수하는 모습을 관찰한다. 트럭들은 꼬리에 꼬리를 물고 있으며, 다리의 처진 부분에 너무 많은 하중이 한꺼번에 실리지 않도록 기갑차량들과 대형 포들은 멀리 간격을 두고 이동한다. 공병대원들이 고무보트를 타고 쇠갈고리가 달린 긴 막대로 강의 얼음이 부교를 망가뜨리거나 뒤집지 않도록 씨름하는 모습도 보인다.

해가 저문 지는 한참 지났다. 적의 공격에 노출되어 있던 병력 대부분이 강을 건넜다는 사실에 만족한 리지웨이는 서울 작전 사령부에 있는 그의 방으로 돌아와 몇 가지 소지품을 잡낭에 넣는다. 강을 건너기 위해 지프차를 타고 출발하기 전, 리지웨이와 그의 당번병은 다 낡아 쓸모 없는 그의 파자마 바지를 가져다가 사무실 벽에 고정시키고는 그 위에 대문자로 크게 다음과 같이 갈겨쓴다. "중공군 사령관에게 제8군 사령관이 감사의 표시로 드립니다." 리지웨이는 새로운 사령부에 부임한 지 겨우 일주일 밖에 되지 않아 벌써 후퇴하고 있지만, 패배했다고 느끼고 있지는 않다.

그는 남쪽의 수도를 내놓으면서, 작별 인사로 미 공군에게 북쪽 수도인 평양에 괴멸적인 일격을 가해줄 것을 요청해 놓았다. 미국의 B-29 폭격기 63대가 평양에 소이탄燒夷彈의 비를 내린다. 금요일에 60대가 더 공격한다. 북한의 라디오는 "도시 전체가 이틀 내내 용광로처럼 불탔다"고 보도한다.[13]

1951년 1월 4일, 목요일

화재가 가장 심한 곳은 서울 도심으로, 짙은 연기가 거리에 가득하다. 번지는 불길 사이로 희미한 형체들이 들락날락한다. 약탈자들인가? 방화범들인가? 둔탁한 소리를 내며 타오르는 불길 위로 원인불명의 총성이 가끔씩 들린다. 시청 근처, 조선호텔은 앞뒤로 불타고 있는 건물들 사이에서 윤곽을 드러낸 채 멀쩡히 서 있다. 호텔 안에는 한때 조선호텔의 부지배인이었던 빌 신이 그와 동료 특파원들에게는 외부 세계와의 마지막 연결고리인 전화 교환대를 조작하고 있다. 호텔의 한국인 직원들은 모두 도망쳤다. 기자들은 서울의 함락이 임박했다는 소식을 전해야 한다.

빌 신은 지난주 직접 최전선에 있는 한국군 제1사단을 방문해서, 사단장인 백선엽 장군의 저항적인 발언을 보도했다. 그는 이승만 대통령이 남쪽으로 향한다는 말을 일축했다고 전했다. 대통령은 "상당히 안전한" 상황이라고 말했다. 일주일이 지난 지금, 그 허세는 사라졌다.

빌 신은 안타까운 심정의 글을 간략하게 써서 도쿄의 AP통신에 보냈다. 모든 것이 다 파괴되고 소멸되어버리는 전쟁의 한복판에 있는 자신이 정착한 도시에 대해, 그리고 불과 6개월 만에 세 번째로 그 도시의 주인이 바뀌려고 하기에 공포에 질린 시민들이 마지막 순간까지도 얼어붙은 한강을 건너 남쪽으로 힘겹게 이동하고 있는 있는 상황에 대해 쓴 것이었다. 그는 "황량한 거리, 버려진 집, 텅 빈 사무실 건물 등 공산주의자들의 첫 번째 점령에서 살아남은 것들 때문에 지켜보는 사람들은 이 모든 비참한 상황을

더욱 절실하게 느끼게 된다."고 썼다. [14]

그의 AP통신 동료들이 호텔의 전화 교환대를 통해 오늘 새벽에 중공군의 공세가 서울 외곽에 도달했다고 전한다. 미군, 영국군, 호주군의 소규모 후위대들만 서울에 남아 있지만 서서히 철수하고 있다. 한반도 전역을 가로지르는 UN군의 최전선이 남쪽으로 후퇴하고 있다. 이젠 기자들이 떠날 시간이다.

며칠 전, 그는 아내 샐리와 두 아들을 대구로 내려 보냈다. 그는 이제 인맥을 이용하여 김태선 서울시장의 관용차에 탑승한다. 다른 기자들은 배정받은 지프차를 타고 출발, 한강을 가로지르는 부교 위를 덜컹거리며 지나간다. 반대편 강변에서 AP통신 기자들이 필사적으로 도시를 탈출하고자 얼어붙은 강을 건너는 민간인들의 가슴 아픈 장면을 목격한다. 걷기가 힘들어 때때로 비틀거리면서도 가족들은 헤어지지 않기 위해 안간힘을 쓴다. 무거운 짐은 버려진다. 소들도 강을 건너고 있다. 일부는 수레를 끌고 가기도 하는데, 미끄러지면서 얼음에 세게 부딪혀 다리가 부러져서는 일어나지 못한 채 울부짖는 소들도 있다.

그때 어디선가 명령하는 소리가 들리더니, 미 헌병이 얼음 위로 나와 피난민들에게 총을 겨누며 돌아가라는 신호를 보낸다. 그들은 쓰러진 소들을 쏜다. 그들은 깜짝 놀란 사람들을 한 걸음 한 걸음 뒤로 밀어낸다. 도저히 믿지 못해서, 또 두려워서 울부짖는 사람들도 있다. 그러나 병사들의 위협적인 몸짓에 결국 그들은 몸을 돌려 북쪽 강변으로 돌아간다. 곧이어 박격포가 "쿵, 쿵" 소리를 내며 강 한가운데에 포탄을 퍼부어 얼음을 박살낸다. 전쟁 초기 원초적인 두려움의 대상이었던 침투자들에 대한 미군의 공포가 다시 고개를 든 것이다. [15]

미 제8군 사령부는 각 부대에 "모든 방향의 민간인 통행을 중지시키라"는 지시를 내린다. 필요한 수단에 따라 인명이 살상될 수도 있다. 기밀 메시지에는 "폭격을 포함, 그들에 대한 사격의 책임은 여러분에게 있다."고 적혀

있다.[16]

　서울을 마지막으로 떠나는 병력에 후위대가 포함되어 있는 제1기병사단에 다음과 같은 명령이 떨어진다. "지금부터 즉시, 피난민이나 기타 이동 수단, 사람이든 짐승이든, 그 어떤 것도 한강을 건너는 것이 허용되지 않는다."[17] 미군 전투기들이 얼음 위에 있는 피난민들에게 기총사격을 가하여 30여 명을 비참하게 죽이고, 살아남은 사람들은 서울로 되돌아간다.[18]

　빌 신과 다른 특파원들이 군대 이송과 피난민들로 도로들이 꽉 막혀 있기에 오랜 시간 동안 천천히 남쪽으로 이동해야 하는 현실에 직면한다. 그들은 수원과 대전을 거쳐 마침내 대구에 도착해, 그들의 기지를 다시 설치한다.

　그들 뒤로 마지막 후위대가 한강을 건너 철수하고, 공병대가 서울과 한강 이남의 남한을 잇는 나머지 부교들을 폭파한다. 중공군이 조심스럽게 도시로 들어온다. 전쟁은 새로운 장으로 접어든다.

1951년 1월 11일, 목요일

　언제나 화를 잘 내는 펑더화이는 오늘 저녁 자신의 분노를 질책에 익숙하지 않은 누군가에게 조준하고 있다.

　김일성은 야간 호송을 통해 97킬로미터를 이동하여 중부 전선 후방의 김화[1]에 위치한 펑더화이의 총사령부로 갔다. 북한의 지도자는 서울에서 UN군을 몰아낸 성공을 바탕으로 새해 공세, 즉 펑더화이의 "제3차 전역"의 신속한 재개를 강하게 밀어부치고 있다. 그러나 중공군 총사령관은 그의 군대가 몇 주간의 휴식과 재건이 필요하다는 것을 알고 있다. 그는 언성을 높이며 손아랫사람인 김일성을 꾸짖는다. "자네는 민족의 운명을 걸고 도박을 하고 있어. 그리고 자네가 그렇게 하면 이 전쟁은 결국 재앙이 될 뿐이야."[19]

1　金化. '금화'라고 읽는 경우도 있다.

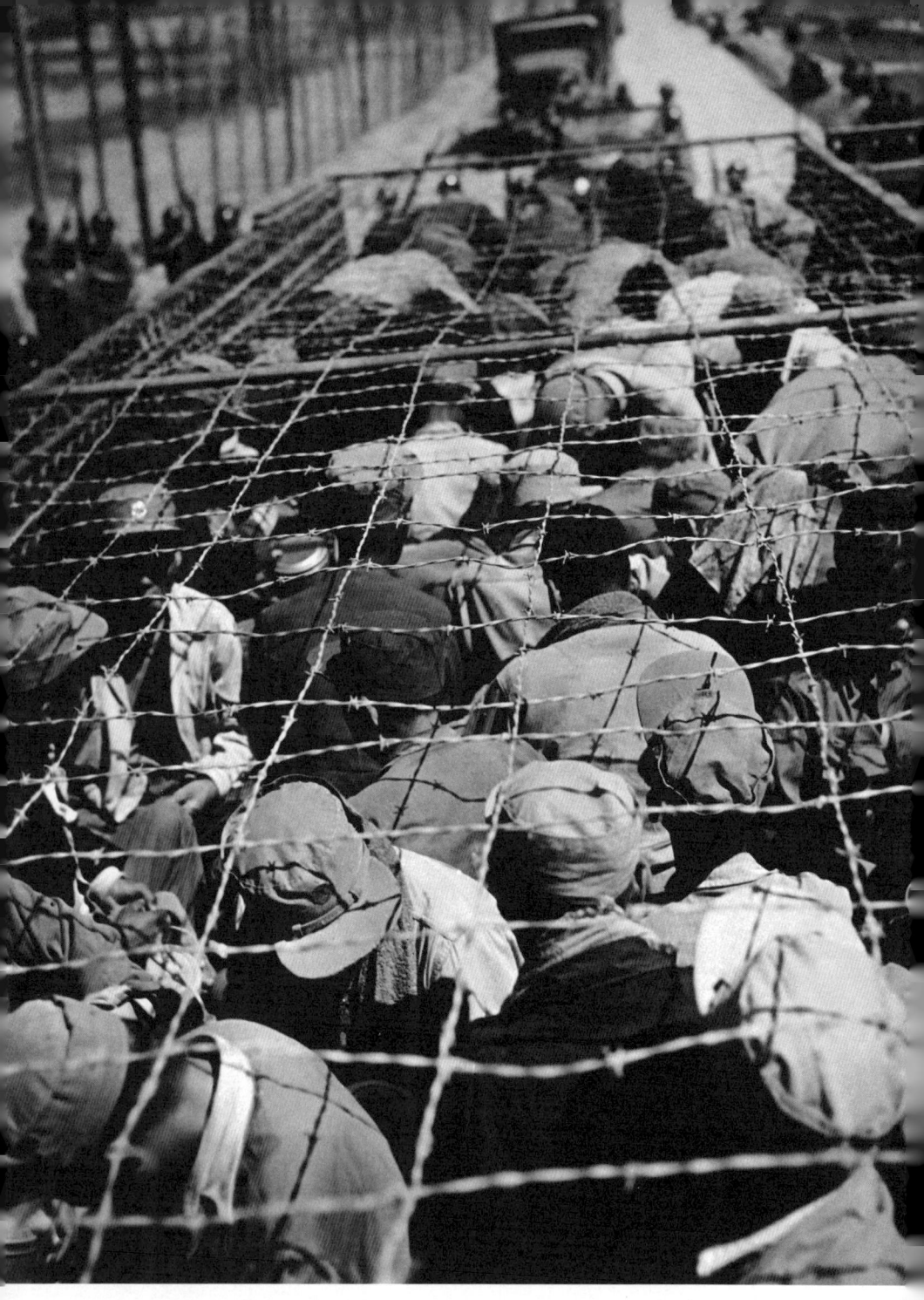

12월 31일 해질녘의 공격을 시작으로, 20만 명이 넘는 중공군과 북한군은 남쪽으로 공세를 퍼부으며 8일 만에 38선을 넘었으며, 곧이어 서울을 탈환하고 미군과 남한 병력을 129킬로미터 아래인 37도선까지 몰아냈다. 평양 라디오는 1951년을 "승리의 해"로 선포한다. 중국 정부는 이를 기념하기 위해 베이징에서 불꽃놀이를 개최했다. 중국 인민일보의 한 사설은 "미제 침략군을 바다로 몰아낼 것"을 촉구한다.[20]

하지만 사흘 전 펑더화이는 진군 중지 명령을 내렸다. 그는 사실 이번 제3차 전역을 그렇게 일찍 시작하는 것조차 꺼려 했었다. 11월과 12월의 전투로 인해 인민지원군은 커다란 타격을 입었다. 단지 미군의 폭탄과 총탄만이 원인이 아니었다. 영하 18도 이하의 기온으로 인해 계절에 맞는 복장을 제대로 갖추지 못한 수천 명의 병사들이 사망하거나 불구가 되었다. 중공군은 현재 장거리 야간 행군으로 지칠 대로 지쳐 있다. 그들의 보급선과 저장 창고는 매일 폭격을 받아, 병사들은 탄약과 식량, 심지어 신발까지 부족한 상태다. 마침내 서울에 입성한 중공군은 미군이 남기고 간 식량을 찾기 위해 이곳저곳을 다 뒤지고 다녔다.[21]

중국 측은 신속하게 승리를 거둔 것에 놀랐지만, 펑더화이는 미군이 방어가 용이한 진지를 확보하기 위해 일부러 서울을 철수한 것으로 이해하고 있다. 도보로 이동하는 그의 부대가 차량화되어 그들보다 기동력이 뛰어난 적이 후퇴하는 것을 추격해 더 많은 사상자를 낼 수는 없었다. 그는 이제 미군이 자신의 군대를 더 남쪽으로 유인한 다음 인천에서처럼 상륙군을 후방에 상륙시켜 보급품과 지원군을 차단함으로써 함정에 빠뜨리려 한다고 생각하고 있다.

펑과 함께 김화에 있던 김일성과 부수상 겸 외무상 박헌영은 다른 견해를 가지고 있다. 김일성은 펑에게 두 공산 동맹국이 차후에 있을 통일 협상에서 유리한 위치를 차지하려면 남조선 영토를 더 많이 점령해야 한다고 말한다. 최근 모스크바에서 들어온 정보에 의하면 미국이 조선에서 철수할 준비가 되어 있다고 박헌영이 말한다. 그들은 그저 밀어붙이기만 하면 된다는 것이다.

펑더화이가 인내심을 잃는다. 그는 두 사람이 꿈을 꾸고 있다고 말한다. "예전에 자네들은 미국이 절대 군대를 보내지 않을 거라고 했었지." 그가 말한다. "자네들은 미국이 군대를 보내면 어떻게 할 것인지 생각해 본 적이 없지. 지금 자네들은 미군이 한국에서 반드시 철수할 것이라고 말하고 있지만, 만약에 미군이 철수하지 않을 경우 어떻게 할 것인지는 고려하지 않고 있어."

펑더화이는 자신의 군대가 또 다른 공격을 감행할 수 있는 상태가 아니라고 반복해서 말한다. 그리고 나서 그는 김일성에게 충분히 휴식을 취한 조선인민군 4군단을 이끌고 공격에 나설 것을 요구한다. "만약 자네가 생각하는 대로 미군이 정말 한국에서 철수한다면, 나는 기꺼이 '조선 해방 만세'를 외칠 것"이라고 그가 말한다. 만약 미군이 철수하지 않는다 하더라도, 중국 인민지원군이 그때쯤이면 휴식과 재보급 시간을 가졌을 테니 다시 공격에 나설 것이라고 그가 말한다.

김일성은 자신의 군대도 충분히 회복되지 않았다는 것을 인정할 수밖에 없다. 그의 태도가 누그러진다. 대화의 주제가 두 달간의 재건 기간으로 전환된다.[22]

1951년 1월 22일, 월요일

마지막 순간에 얼어붙은 한강 위를 지나 서울에서 탈출하여 천안 외곽에 있는 어머니의 정미소로 가는 길에, 징집 대상이었던 열여덟 살의 허원무는 귀중한 종이 한 장을 보여주며 국군 검문소를 통과할 수 있었다. 그 종이는 포병사관학교에 입교하라는 명령서였고, 그의 입교 소식은 그제서야 뒤늦게 어머니에게 알려지게 되었다.

전쟁은 재능 있는 고등학교 3학년생이 정상적인 고등 교육을 받을 수 있는 길을 불가능하게 만들었다. 허원무는 지난 여름 북한군의 징집을 피해 거실 마루바닥 밑에 웅크린 채 숨어 지냈다. 그러나 그가 국군에 징집되는 것이 불가피하게 되자, 그는 장교 훈련 과정에 지원하여 합격했다. 그는 어머니에게 포병은 최전방에 있지 않으니까 이것이 더 안전할 것이라고 말했다.

1월 초, 어느 추운 목요일에 허원무는 정미소에 가족을 두고 떠났다. 기차 운행이 중단된 탓에, 그는 겨울의 시골길을 177킬로미터나 걸었다. 밤에는 버려진 집에서 지내고 어머니가 싸준 말린 음식을 먹으며, 길을 따라 대전을 거쳐 대구까지 걸어갔다. 이제 학교에 도착하여 곧 입교를 앞두고 있는 그는 무력감에 휩싸인다. 아직 젊지만 생애 처음으로 그는 "나는 어떻게 될까?"라는 의문을 품는다. 포병 소위로 임관하자마자 그는 전방관측자로서 전쟁지역인 북쪽으로 다시 보내진다. 그는 조국을 위해 죽게 될 운명일까?

1951년 1월 24일, 수요일

공세를 재개할 시간이 다가왔다. 매트 리지웨이는 3주 전 서울 철수 이후 그가 명령한 최대 규모의 "위력수색威力搜索"인 썬더볼트 작전 Operation Thunderbolt 개시 시간을 내일 새벽으로 정했다.

미군은 수도 서울을 포기한 후 제8군이 구축한, 서울에서 남쪽으로 64킬로미터 떨어진 서해안에서 리지웨이가 직접 선정해 두었던 능선을 따라 동쪽으로 이어지는 방어선에서 작전을 시작할 것이다. 리지웨이 장군은 북쪽으로 향하는 그의 첫 비행에서 B-17의 폭격수 좌석에 앉아 한국 지형을 조사하면서 그 능선을 선택해 놓았던 것이다. 장군의 구상은 수천 명의 한국인 노무자들이 땅을 파고 포상砲床, 목책木柵, 벙커로 이루어진 방비선을 건설하면서 현실화되었다.

새로운 총사령관 리지웨이는 군대의 힘과 자신감, 사기를 회복시키기 위해 애썼다. 전차와 포병 대대를 더욱 추가하고 개선된 식량과 의무 지원을 공급하는 등 1월까지 많은 노력이 더 이어졌다. 또한 그는 신중하고 나이 많은 장교들을 보다 공격적이고 젊은 장교들로 교체했다. 예상했던 중공군의 공격은 실행되지 않았다. 리지웨이는 대신 적을 찾기 위해 수색정찰대를 파견했는데, 그는 소대 규모의 임무를 확대하여 연대 전체가 전진하며 산발적인 접촉을 하는 것을 시도했다.

한편 리지웨이와 그의 군대는 한겨울에도 여전히 남하하는 한국인 피난민들을 상존하는 위험으로 간주하고 치명적인 조치를 취했다. 그들 속에 남쪽으로 침투하려는 적들이 숨어 있을 수 있다는 판단 때문이었다. 제1기병사단의 게이 소장은 미군 전선을 통과하려는 자는 모두 총살당할 것이라는 표지판을 세우라고 명령했다.[23]

집에 머물고 있는 민간인들 역시 위협을 받고 있다. 리지웨이는 참모회의에서 적의 은신처나 지원을 원천 봉쇄하기 위해 미군 전폭기들이 중공군의 이동 경로에 있는 마을들을 파괴할 것을 제안했다.[24] 이것은 1950년의 "초토화" 정책을 다시 실행하겠다는 뜻이었다. 그의 제10군단장인 알먼드 장군은 "지체 없이, 최전선의 전방에 있는 주거지와 기타 건물을 파괴할 것"을 명령했다.[25]

알먼드 장군의 명령이 있은 지 5일 후, 서울에서 남동쪽으로 160킬로미터 떨어진 고지대 계곡에 있는 산성동이라는 마을로 다수의 미 해군 및 공군 비행기들이 갑자기 하강해 왔다. 저공비행하는 비행기 소리에 주민들이 집 밖으로 나오거나 사과 과수원에서 위를 올려다보았다가 기총소사에 쓰러졌다. 최소 51명의 마을 주민이 사망하고 가옥의 절반 이상이 파괴되었다. 마을에는 적이 없었다.

다음 날 32킬로미터 떨어진 곳에서 미군 전투기 11대가 남한 피난민 수백 명이 대피해 있는 동굴을 반복적으로 공격했다. 그들은 동굴 입구에 네이팜탄을 투하하고 동굴에서 탈출하려는 사람들에게 기총소사를 가했다. 이 피난민들은 마을이 폭격당할까봐 두려움에 떨며 이 좁은 77미터 길이의 동굴로 몰려들었던 것이다. 많은 사람들이 그전에 남쪽으로 피난을 시도했지만, 도로를 봉쇄하고 있던 미군의 총구 앞에서 돌아왔었다. 영춘의 동굴에서 질식하거나 불에 타거나 총에 맞아 최소 200명이 사망했다.

"어둠 속에서 사람들이 비명을 질렀다"고 지옥에서 탈출한 소년 조병우가 나중에 회상한다. "지옥이었습니다. 미군들은 어떻게 민간인과 북한군을 구분 못했을까요? 피난민들이 그들의 전선을 통과하는 것이 허용되었더라면 그렇게 죽지는 않았을 겁니다."

1월 말 동굴에 도착한 미 보병 정찰대는 사망자들이 적군이 아닌 피난민들임을 확인했다. 이례적으로, 산성동 마을 공습은 한국 당국의 요청에 따라 육군 및 공군 감찰단이 조사했다. 그들은 사망자들 가운데 적군은 없었음을 확인하지만, 리지웨이는 그 공격이 "충분히 정당하다"고 판단하며 사건을 종결한다.[26]

용인, 성리, 진평리 등 남한 북부의 광범위한 지역에서 무고한 민간인들의 피가 1월의 눈을 물들이고 있다. 전쟁에서 벗어나고자 남쪽으로 향하는 길을 따라 걷던 피난민들이 갑자기 공중에서 총격을 받고 쓰러진다. 그들의 시신은 길가에 방치된 채 얼기 시작한다. 지난 여름 남한 피난민들이 기총사격을 받아 방치되어 햇볕에 썩게 되었던 것과 다를 바 없다. 이러한 공격들은 미군의 기록에 올라오는 경우가 거의 없다. 무슨 일이 일어나고 있었는지 증언하는 것은 생존자들의 몫이다. 하지만 미군 기록에는 분명한 흔적이 남아 있다. 난민을 보호해야 할 집단이 아닌 "문제"로 간주하는 미 제8군의 새로운 민간원조사령부Civil Assistance Command는 1월 월간 보고서에 이렇게 적어 놓았다. "UN군을 향해 이동하는 그 어떤 개인이나 집단 모두 발포 대상임."[27]

이제 목요일이 밝아온다. 서부전선의 제25보병사단과 동부전선의 제1기

---

2   충청북도 단양군 영춘면 상리 곡계굴

3   경상북도 예천군 보문면 산성동

▌ 북한군 소년병이 포로로 붙잡히고 있다. (미 육군 제공)

병사단이 리지웨이의 썬더볼트 작전을 개시한다. 맹렬한 포격과 공습을 앞세우고 보병과 전차가 중공군의 방위 거점으로 추정되는 지점을 향해 이동한다. 인근 서해 앞바다에서는 미 해군이 함포 사격 지원을 한다.

진격해가는 미군은 중공군의 가벼운 저항, 즉 후방에 남아 공격군을 괴롭히는 후위대만 만날 뿐이다. 리지웨이 장군은 작전을 확대하여 미군 2개 사단과 한국군 2개 연대를 추가로 투입한다. "수색"은 탈환과 점령을 위한 본격적인 공세로 전환된다. 전술적인 측면 뿐만 아니라 사기를 높이기 위한 조치로, 리지웨이는 모든 부대에 공격 시 총검을 장착하라고 명령한다. 전방의 병사들이 총검을 갈고 찌르는 연습을 하는 모습이 목격된다. 그는 자신의 군에서 공격성이 새롭게 나타나고 있음을 느낄 수 있다.[28] 그는 특파원에게 말한다. "우리 군의 상당수가 공세를 취하고 있습니다."[29]

1월이 막바지에 이르자, 제8군은 한강과 서울에서 남쪽으로 23킬로미터 떨어진 전선에 도달했다. 리지웨이의 부대는 북진하는 동안 죽은 중공군들 이외에 다른 것들도 보게 된다. 썬더볼트 작전 둘째 날, 제25사단과 동행한 미국 기자들은 최소 200구의 한국인 시신들이 얼어붙은 채 길가에 널브러져 있는 것을 우연히 발견한다. 그들은 민간인 복장을 한 상태였다. 기자들은 일주일 전에 미군 전투기들이 이 난민 대열에 기총소사를 가했으며, 그 이유는 중공군들이 그들 사이에 숨어 있었기 때문이라는 말을 듣는다. 그러나 기자들에겐 무기나 어떤 다른 군인의 흔적도 보이지 않는다. "노인들, 여인들, 아이들, 뻣뻣하게 얼어붙어 있었습니다. 나는 그 광경에 너무나도 압도당했습니다."라고 AP통신 기자 짐 베커Jim Becker가 이후에 회상한다. "그 얼어붙은 시신들의 얼굴에 그들이 느꼈을 경악과 공포에 떨던 표정이 그대로 남아 있는 것을 볼 수 있었습니다."[30]

무차별 공습의 또 다른 사례로, 미국의 한 교회 단체가 서울 남쪽의 안양에 설립한 고아원에 있던 108명의 어린이가 미군의 폭격으로 사망한다. 이후 안양에 도착한 뉴욕타임스New York Times 특파원은 150명의 민간인도 미국의 네이팜탄 공격으로 즉사한 것으로 추정된다고 보도한다. 그는 그 끔찍한 광경을 "현대전現代戰의 총체성을 보여주는 섬뜩한 현장"[31]이라고 부른다.

공세를 취하기 며칠 전, 매트 리지웨이는 7개월 동안 전진과 후퇴, 대량학살을 겪은 후 부하들이 이 전쟁에 대한 의문을 품고 있다는 것을 알고 있었다. 그는 자신이 들었던 질문들을 "제길, 신도 저버린 이곳에서 우리가 뭘 하고 있는 거지?"로 요약했다. 그 질문에 답하기 위해, 그는 자신이 쓴 "제8군 장병들에게 보내는 편지"를 배포하여 "우리가 싸우는 이유"를 설명했다.

리지웨이 장군은 장병들에게 "하느님이 우리들의 애정 어린 땅에서 서구 문명이 꽃을 피울 수 있도록 허락하셨으니, 그 문명의 힘이 공산주의에 맞서 싸워 이기게 될 것인지"가 진짜 문제라고 말했다.

2월

1951년 2월 6일, 화요일

중부 전선의 해발 600미터 산악지대의 겨울은 정동규 이병을 비롯한 대한민국 육군 수색대원들에게 가혹하기만 하다. 기온은 종종 영하 18도 밑으로 떨어진다. 정동규의 손가락은 동상에 걸려 M-1 소총 방아쇠를 거의 당길 수 없는 지경에 이르렀다. 탈북 난민 징집병들 중에는 발에 동상을 입은 이들도 있다. 피아 간의 진격과 후퇴가 엎치락뒤치락 반복되는 이 전선 구간에서는 북한군과 중공군이 전방에서뿐만 아니라 후방에서도 쉽게 발견될 수 있다.

정동규의 수색 중대는 보통 한국군 제23보병연대의 선두에 서서, 특정 고지나 마을을 점령하거나, 계곡을 따라 철수하라는 명령이 연대에 내려오면 적의 진지를 미리 정찰한다. 이 정찰병들은 눈 덮인 고지를 오르며 다른 연대원들보다 1.6킬로미터 이상, 때로는 한 번에 며칠씩 앞서서 정찰을 해야 하기 때문에 자급자족이 필수적이다. 이들은 나무지게에 식량을 싣고 다닌다. 정규 배급이 끊기면, 이들은 버려진 농가에서 마른 옥수수나 언 감자를 찾아 먹는다. 대부분은 최후의 생존 양식으로 건조 비스킷이 든 작은 가방을 가지고 다닌다.

　북한 억양을 가진 이들은 오래전부터 한국군에게 필요하다는 인정을 받았다. 이들은 적진 침투를 위해 북한 군복을 입기도 한다. 때때로 이들은 새로운 지역을 정찰하기 위해 흰색 농민복을 입고 위장하기도 한다. 이러한 임무를 수행하다 전사하거나 생포되거나 탈영하여 돌아오지 않는 병사들도 있다. 병력의 수는 서서히 줄어들고 있다.

　수색대 배치 초기의 어느 겨울날, 연대 병력이 북쪽으로 이동하던 중 정동규와 중대원 한 명이 중대 본대보다 앞서 나아갔다. 소총을 정면에 겨누고 좌우와 도로 앞쪽을 살피던 정동규는 어느 순간 발걸음을 멈추고 바위 뒤로 몸을 숨기며 후방에 모두 정지하라는 신호를 보냈다.

　그는 앞쪽 고지 정상에 "혹"처럼 튀어나온 모양을 봤는데, 그것이 어째선지 부자연스럽게 보였던 것이다. 두 병사는 한참 동안 그것을 응시했다. 그들은 그것이 움직이는 것을 본 것 같았다. 그러자 갑자기 다른 혹들이 나타나고 이내 더 많은 혹들, 즉 적군들이 나타나더니 고지로부터 소총 탄환이 비처럼 쏟아져 내렸다. 한 발이 정동규의 강철 헬멧에 맞았다. 두 사람은 길가 비탈길로 굴러 개울에 떨어진 후 얕은 물살을 헤치며 남쪽으로 달렸다.

　일단 아군 쪽으로 돌아오자, 정동규는 자신이 왼쪽 어깨에 가벼운 찰과상을 입은 것을 발견하게 되었고, 헬멧과 소총을 놓고 왔다는 사실을 알게 되었다. 하지만 그는 이제 베테랑으로 입증된 듯 기분이 좋았다. 그는 적의 매복으로부터 중대를 구해낸 것이다. 본대가 그 고지를 점령하기 위해 진격했을 때, 적들은 이미 달아난 뒤였다.

　이런 공포의 짧은 순간들이 있기도 하지만, 전쟁은 정찰병들에게 긴 시간 동안의 무료함을 의미하기도 한다. 그들은 담배를 걸고 블랙잭만 하며 무료한 시간을 때웠다. 12월에 남한에 강제 투입된 이후 월급은 받아본 적 없지만 하루에 담배 두 갑은 배급을 받는다. 정동규는 열정적인 카드 플레이어이자 비흡연자이지만, 곧 게임에서 딴 담배를 피우기 시작한다. 그는 이제 하루에 두 갑씩 피우는 게 습관이 되었다.

한겨울인 오늘, 서쪽의 미군이 서울로 진격하는 가운데, 주을 출신의 의대생이 열아홉 번째 생일을 맞이한다. 그의 생일을 신경 써줄 가족은 먼 곳에 있다. 그가 이북에 있는 어머니에게 사흘 안에 집으로 돌아가겠다고 말한 지 이제 66일이 되는 날이기도 하다. 그는 언제 다시 어머니를 만날 수 있을까?

1951년 2월 초

압록강 계곡의 혹독한 한겨울 날씨 속에, 미군 포로들은 벽동 수용소에 도착하자마자 죽어가기 시작했다. 시신 매장을 담당하던 사람들조차 집단 매장지 가장자리로 떨어져, 먼저 왔던 사람들과 함께 죽어가고 있다. 클래런스 애덤스를 비롯한 포로들이 죽음의 행군 중에 경비병들로부터 들었던 괜찮은 음식, 쉼터, 의무 지원에 대한 약속은 잔인한 거짓임이 드러났다.

12월의 끔찍한 160킬로미터 행군 중에 그냥 죽거나 총살을 당하거나 하지 않고 살아남은 포로들을 맞이한 것은 춥고 혼잡한 벽동의 오두막, 굶어 죽기 십상인 식단, 아픈 포로들에게 저체온증이나 폐렴에 의한 사형 선고나 다름없는 "신선한 공기"를 처방하는 단 한 명의 북한인 의사였다.

미군 포로들 가운데 가장 먼저 사망한 이들은 부상자들로서, 치료되지 않은 그들의 상처가 방치되어 감염이 되었고, 그로 인해 그들이 사망에 이르게 된 것이었다. 이제 포로들은 굶주림으로 사망하고 있으며, 어떤 경우에는 생 옥수수나 콩 또는 수수 1/4 컵인 미미한 일일 배급량조차 먹을 수가 없어서 죽기도 한다. 일부는 식사를 거부하고 삶을 포기하기도 한다. 비인간적일 정도로 비좁은—7제곱미터 남짓한 방에 25명이 수감되어 있다—오두막에서 수감자들은 때때로 죽은 사람을 마치 살아 있는 사람처럼 벽에 기대어 놓고, 그들의 배급을 받아서 나눠 먹는다.

수감자들은 또한 동상으로 인한 괴저 감염이나 각기병과 펠라그라 같은 영양 결핍으로 인한 질병들로 죽기도 하고, 오염된 물로 인해 이질이나 콜레라에 감염된 뒤 치료받지 못해 죽기도 한다. 특히 이질과 콜레라는 너무나도 흔해서 그들이 사방에 널린 사람의 배설물을 안 밟고 다니는 것이 거의 불가능할 정도다.[1] 몸에 기어 다니며 피를 빨아먹는 이 때문에 그들 모두 더욱 쇠약해지고 있다. 일부는 그저 용변을 보러 밖에 나갔다가 혹독한 날씨에 노출되어 사망하기도 한다.

두 명의 인민군 장교의 감독 하에 이 수용소를 운영하는 북한의 민간인들은 미-한 양국의 북진과 계속되는 공습으로 식량과 의무 지원에 심각한 지장이 발생한 상황이어서 미군 포로들에게 동정심을 거의 보이지 않는다.

프로 권투 선수가 되려고 했던 건방진 성격의 애덤스 상병이 아직 생존해 있다. 스물두 살의 그는 미국에서 순탄하게 살다가 불과 몇 달 만에 상상할 수 없는 지옥에 처한 십 대 신병들, 배급 식량을 토해내고 수감자들 가운데 가장 빨리 사망하고 있는 그들보다 나이가 많다.

애덤스는 빈민층 출신이 많은 흑인 병사들이 일반적으로 가혹한 궁핍 상황에 더 잘 대처한다는 사실을 알게 된다. 멤피스에서 어렸을 때 닭발이나 먹었던 애덤스 자신도 맛은 없지만 영양 섭취에 대한 감사한 마음으로 기장이나 수수를 한 알 한 알씩 천천히 씹는다. 때때로 수감자들의 절박함은 서로를 등지게 만든다. 소량의 음식 때문에 싸우고, 서로 숨겨둔 곡물을 훔치며, 죽은 사람의 옷과 장화를 벗겨서 챙기기도 한다. 북한인들은 백인과 흑인 미국인들을 악취 나는 오두막에 구분 없이 함께 집어넣었고, 두 인종 간의 긴장은 고조되고 있다.

애덤스는 한 젊은 백인 병사에게는 진정으로 유대감을 느꼈다. 애덤스가 "피치"라고만 알고 있었던 그는 길 위에서 겪었던 12월의 시련 중에 애덤스를 도우려다 경비병에게 쫓겨났었다. 다른 오두막에서 피치를 발견한 애덤스는 그가 치료받지 못한 상처로 인해 서서히 죽어가고 있다는 것을 알게 되었다. 애덤스는 피치가 죽을 때까지 매일 그를 찾아와 그를 안고 위로하며 상처에서 고름을 짜냈다.

매일 매장 임무를 수행하는 것이 수감자들의 유일한 활동이다. 그들은 나뭇가지와 밧줄로 들것을 만들고, 쇠약해진 수감자 네 명이 시체 한 구를 들고 수용소의 산 중턱에 얕게 파여 있는 집단 매장지로 올라간다. 그들은 시체를 던져 넣은 다음 눈이나 돌로 덮는다. 들것에 시체를 실어 옮기던 사람이 그 자리에서 쓰러져 죽는 경우도 있다. 매장 임무를 수행하지 않을 때에는, 애덤스는 오두막의 차가운 흙바닥에 누워 자신의 운명을 생각하기도 하고, 동상에 걸린 오른발이 다른 사람들처럼 더 나빠질지 걱정하며 깨어 있는 시간을 보낸다.

1951년 2월 15일, 목요일

서울 동쪽의 얼어붙은 논과 낮은 구릉 사이에서 미 제2사단 제23보병연대와 유엔군 사령부 소속 프랑스군이 지평리 마을의 진지에 대한 중공군의 거듭된 대규모 공격을 격퇴했다. 오늘, 전차와 공습의 지원을 받은 미군 구호부대relief force가 마침내 아군을 둘러싸고 있는 적군의 방어선을 돌파하여 포위를 해제하고 중공군을 퇴각시킨다. 남동쪽으로 32킬로미터 떨어진 원주의 전방 지휘소로부터, 매트 리지웨이가 피투성이가 되었지만 승리를 거둔 부대를 축하하기 위해 헬리콥터를 타고 날아온다. 그는 매장되지 않은 수백 구의 중공군 시체가 가볍게 내리는 눈으로 덮여 있는 것을 보게 된다. 제8군 사령관 리지웨이에게 있어서 지평리는 중공군에게 처음으로 심각한 전술적 패배를 안겨준 하나의 전환점이 되며, 그가 오랫동안 구상해 온 대규모 공세의 발판이 된다.[2]

그는 이를 "킬러 작전Operation Killer"이라 명명하고, 다음 주 수요일을 작전 개시일로 잡는다. 이 냉혹한 작전명에 워싱턴의 일부 인사들은 불편해하며 좀더 적절한 이름을 붙이기를 제안한다. 하지만 리지웨이는 자신의 선택을 고수하며, 이후에 이렇게 회고한다. "선천적으로 나는 전쟁을 사람들이 그저 피를 흘릴 필요가 거의 없는 약간 불쾌한 일일 뿐인 것으로 받아들이게 하려는 그 어떠한 노력에도 반대한다."

1951년 2월 21일, 수요일

이번 주 초만 해도 황량했던 겨울 날씨가 오늘은 비가 내리는 초봄 날씨로 바뀌었다. 눈이 녹아 흘러내린 물이 비포장 도로로 퍼져나가 곳곳을 진창으로 만들고 있다. 넘쳐 흐르는 강과 개울은 떠다니는 얼음으로 가득 차 있다. 일부 낮은 다리는 유실되었다.

제5해병연대 소속의 대형 기관총 사수 필 엘슨Phil Elson 상병이 일기를 쓰고 있다. "오늘 아침에 우리가 일어났을 때 옷은 아직 젖어 있었다."고 그가 적는다. "모두가 비통한 기분이다." 누군가는 워싱턴 장군의 부하들이 밸리 포지Valley Forge에서 더 심하게 당했었다고 말했다. 엘슨은 "그래도 우리는 워싱턴에겐 우리보다 유리한 점이 하나 있었다고 생각했다."라고 적는다. "그는 자신이 무엇을 위해 싸우고 있는지, 어디로 가고 있는지 확실히 알고 있었다."

이 전쟁의 미국 사령관 리지웨이 장군은 자신이 어디로 가는지 알고 있지만, 그의 킬러 작전은 120킬로미터에 이르는 전선 전역에서 더디게 시작되고 있다. 보급 호송 차량들은 진창에 빠져 꼼짝 못하고 있다. 예비대들은 남쪽에서 지원 위치로 올라오는 속도가 느리다. 오늘 아침, 엘슨을 비롯한 제5해병연대원들은 개전 공격 시각에 맞춰 원주의 작전 시작 지점에 도착하는데 행군 시간이 두 배나 걸렸다.

이런 문제들이 있음에도 불구하고 제5해병연대의 진격은 예정대로 10시에 시작되었고, 찰리 중대가 선두에 섰다. 중대장은 잭 존스Jack Jones 대위로, 그가 장진호의 덫에서 걸어 나올 때 그와 함께 살아남은 부하는 소수에 불과했다. 병력은 다수의 대체 인원들로 새롭게 충원되었다.

찰리 중대는 비포장 도로인 29번 국도를 따라 북진했다. 도로와 나란히 섬강이 출렁이며 흐르고 있는데, 원주에서 북쪽으로 19킬로미터 거슬러 올라가면 적진 내부에 위치하고 있는 그들의 목표인 횡성이라는 소도시로 이어진다.[3]

그들이 진격하기 시작한 지 처음 두어 시간 동안은 버려진 마을들 말고는 아무것도 눈에 띄는 것이 없었다. 중공군은 후퇴하고 있는 중인 것이다. 이제 존스는 가장 최근에 부임한 하급 장교 피트 맥클로스키 소위와 함께 야트막한 둔덕에 이르렀다. 소총 소대를 이끌기에는 경험이 너무 부족했던 맥클로스키는 19명으로 구성된 60밀리 박격포반을 맡고 있다. 중대장과 맥클로스키가 둔덕 위에 서자, 전방에 900미터 남짓 떨어진 곳에 마을이 보인다. 그리고 쉭 하는 소리가 들린다. 맥클로스키는 처음 듣는 소리지만 존스는 아니다. 스나이퍼의 탄환이 지나간 소리로, 미군의 진격을 늦추기 위해 마을에 남겨진 소총수들이 쏜 것이다. 베테랑 대위는 신임 소위와 함께 재빨리 둔덕 후사면後斜面으로 후퇴한다.

존스는 머리 위를 엄호 비행 중인 콜세어 해병 전투기들에게 지원 요청하기를 원한다.

그는 맥클로스키에게 "저 마을에 표적탄을 쏴."라고 명령한다. 스물세 살의 박격포 장교는 갑자기 어쩔 줄 몰라한다. 박격포병에게 사격 명령을 내리는 방법을 잊어버렸기 때문이다. 맥클로스키는 콴티코에서는 60밀리 박격포에 대해서 2시간 동안 간략하게만 교육을 받았을 뿐이었다. 맥클로스키는 12월 22일에 장교 속성 과정을 졸업한 후, 바로 그 버지니아의 기지에서 한국 파견 명령을 받았다. 미군이 중공군에 의해 북한에서 굴욕적으로 패주한 후 남한에서 재편되고 있던 시기였다.

닷새 전, 맥클로스키를 포함하여 콴티코를 갓 졸업한 44명의 소위들은 샌디에이고에서 일본을 경유하는 해상경로를 통해 포항에 도착했다. 맥클로스키를 비롯한 9명이 제5해병연대 예하 제1대대에 배속되었으며, 연대 1,100명의 병력은 곧바로 원주로 북상해 킬러 작전에 합류했다.

그로부터 나흘 뒤, 작전 개시일인 오늘 아침에 그들은 도보로 원주를 빠져나갈 때 몇몇 장교들 앞을 지나갔는데, 그들 중에 두터운 군용 오버코트를 입고 금몰이 달린 모자를 쓴 한 노인이 지친 해병대원들에게 경례를 했다. 맥클로스키는 그들 앞을 지나 얼마 가지 않아 맥아더 장군이 직접 배웅하고 있다는 사실을 깨달았다.

찰리 중대의 신임 소위는 자신의 문제, 즉 그가 제대로 씻지 않은 휴대용 식기 세트 때문에 앓게 된 것이라고 생각하는 이질에 정신이 팔려 있었다. 그는 빠르게 교훈을 얻고 있었던 것이다.

몇 시간이 지난 지금, 첫 번째 적과 마주한 맥클로스키가 존스 대위의 명령을 수행할 수 없어 그에게 표적탄 발사를 어떻게 명령해야 할지 잘 모르겠다고 실토하려는 순간, 중대의 박격포 베테랑 병장 에머리 나보니^{Emory Naboni}가 재빨리 사거리와 방향을 외치고, 표적탄이 발사된다. 중대의 공군 연락 장교는 연기가 보이는 곳을 공격하라고 콜세어기들에게 무전을 보낸다.

갈매기 날개가 달린 프로펠러 비행기 4대가 굉음을 내며 날아와, 각각 500파운드급 폭탄을 한 발씩 투하하고, 네이팜탄도 여러 발 투하해 마을을 화염에 휩싸이게 한다. 거기에다 50구경 기관총으로 기총사격까지 가한다. 존스 대위의 소총수들이 곧 질퍽거리는 들판을 가로질러 불타고 있는 연기가 자욱한 마을로 향한다. 그리고는 백여 채의 오두막 안팎에서 끔찍한 장면들을 목격하게 된다.

찰리 중대가 확인한 바, 결국 남녀노소 할 것 없이 마을 주민 85명이 죽거나 부상을 당했고, 많은 이들이 불에 타 죽었으며, 일부는 끔찍한 화상을 입었지만 아직 살아 있다. 충격에 침묵당하지 않은 사람들은 비명을 지르고 있다. 겁에 질린 아이들은 울부짖는다. 부상자들을 돕기 위해 위생병들이 투입된다. 이 작은 지옥으로 들어서며 맥클로스키는 충격을 받는다. 어린 시절에 전쟁 이야기를 즐겨 읽었던 그는 혼잣말을 한다. "세상에, 해병대의 화력으로 이렇게 많은 사람들을 해칠 수 있구나."

해병대가 중공군은 발견하지 못했다. 중공군은 해병대가 그들의 저격을 침묵시키기 위해 마을을 폐허로 만들기 전에 철수한 것으로 보인다.

사흘 후, 제5해병연대가 북쪽으로 계속 밀어부치고 있을 때, 그렇게 많은 어머니들과 아이들이 자신들의 집에서 학살당한 장면을 목격했었던 맥클로스키는 집에서 전보를 받는다. "축하. 2월 16일에 딸 출생, 몸무게 3.85킬로그램. 아기 엄마 상태 양호. 아기의 할머니 씀." 젊은 소위가 한국으로 들어온 날, 그의 첫 아이가 세상으로 나왔다.

킬러 작전의 병력은 지연되고 있는 보급으로 인해 더디어 질 때도 가끔 있지만 꾸준히 진격한다. 제1해병사단은 마침내 별다른 저항 없이 횡성을 점령하고, 예하 부대들은 애리조나 라인Line Arizona이라는 이름의 새로운 방어선으로 5킬로미터 전진한다. 그러나 리지웨이가 작전의 이름을 그렇게 붙인 목적, 대규모의 적군을 가두어 사살하는 핵심 목표는 달성하지 못했다. 중공군과 북한군은 전략적 철수를 실행하며 미군 사령관이 원했던 결정적인 전투를 허락하지 않았다.[4]

1951년 2월 26일, 월요일

길 아이셤은 덩치가 큰 상병이 들것에 실려 자기 앞을 지나 내려가는 것을 봤다. 아이셤이 속한 2소대가 고지의 정상에 도착했을 때, 그는 사망한 10명의 중공군을 보게 된다. 바로 그 한 명의 병사가 일으킨 살육의 현장을 목격하게 된 것이다. 전쟁에 지친 아이셤 이병은 묘한 부러움을 느낀다.

그 3소대의 상병이 기관총 두 대에 맞서 수류탄을 던지고 M-1 소총을 발사하며 단독으로 공격하여, 파편과 사격에 의해 부상을 입었음에도 불구하고 혼자서 적 진지 두 곳을 압도한 영웅적인 전투에 대한 소문이 이지 중대 안에 빠르게 퍼져나갔다.

오늘의 영웅이 후송되어 나가는 것을—결국에는 미국으로 돌아가게 될 것이다—보고 나서, 이제 길 아이셤은 믿기지 않는 유혈 현장을 살펴보고

둘러보며, 절박한 군인만이 가질 수 있는 생각을 가지게 된다. "만약 내가 그런 일을 할 수 있었다면, 그리고 그걸 끝내버리고 집으로 돌아갈 수 있었다면, 그래서 이 혼란에서 벗어날 수 있었다면, 계속 전쟁터로 돌아가야만 하는 것보다는 난 차라리 다리나 발 하나쯤 포기해버렸을 겁니다. 그냥 지옥에서 벗어나기 위해 무엇이든 포기했을 것입니다." 하지만 아직 그는 다른 병사들이 했던 것처럼 집으로 돌아가기 위해, 이 광기에서 벗어나기 위해 자신의 발이나 손에 총을 쏴서 "백만 불짜리 상처"를 만들어낼 수 없다.

제17보병연대는 흥남에서 해상으로 철수한 후 겨우 2주간의 휴식과 재정비를 마치고 나머지 7사단과 함께 1월 초 중부 전선에 도착한 이후, 거의 매일 압박을 받고 있다. 이들은 38선에서 남쪽으로 80킬로미터 지점의 최전방 진지에 도착함과 거의 동시에, 재정비를 마친 북한군의 공격을 받았다. 제7보병사단은 제2보병사단과 함께 그 공격을 막아낸 다음, 미군 사령부가 전구戰區 전역에 걸쳐 영토를 탈환하는 중이었기에, 산을 타고 고지를 하나씩 하나씩 점령하며 천천히 북쪽으로 밀고 올라가기 시작했다. 그러다 2월 11일, 중부 전선에서 중공군과 북한군의 반격으로 한국군과 미군은 밀려났다. 선봉에 섰던 한국군 사단은 수천 명의 사상자를 냈다.[5]

이제 제17보병연대는 리지웨이 장군의 킬러 작전에 합류하여 38선에서 남쪽으로 64킬로미터 지점인 말다리재 부근에 있는, 그 3소대 상병이 영웅적인 전투를 치뤘던 지역으로 다시 전진했다.

몇 주 동안 적군들을 죽이고 전우들이 죽임을 당하는 일을 목격한 아이섬에겐 그가 바로 앞에서 처음으로 사살한 적군 한 명의 죽음이 어떤 다른 죽음보다 더 괴로운 기억이다.

이지 중대가 능선을 점령했을 때 아이섬은 어느 참호 옆에서 "기념품"으로 가져갈 만한 소총을 한 자루 발견했다. 그가 다가가자 북한군 병사 한 명이 튀어나왔고, 그는 적군의 뒤통수에 M-1을 발사하며 즉각적으로 대응했다. 그는 죽은 북한군의 주머니를 뒤지다가 사진 한 장을 발견했다. 아내와 어린 두 자녀와 함께 찍은 그 북한군의 사진이었다. 열여덟 살의 길 아이섬은 눈물을 터뜨렸다. "가슴이 아팠습니다. 내가 한 가족을 통째로 죽여버렸다는 생각이 들었습니다. 그렇게 모두 죽여버렸다는 생각이 나를 힘들게 했습니다." 살인은 계속된다. 리지웨이가 포로를 원하지 않기 때문에 이 작전을 킬러라고 부른다는 것이 공식적인 사실이라는 말이 병사들 사이에 나오고 있다. 아이섬이 이후에 이렇게 회상한다. "많은 병사들이 리지웨이 장군을 의심없이 믿고 그의 말에 따라 행동했습니다."

<<<

리인모와 그의 동지들은 짚으로 만든 움막이나 노천에서 얼어붙은 맨땅 위에 마른 나뭇잎을 깔고 누워 누비이불로 몸을 최대한 감싼 채 잠을 자는데, 종종 눈에 덮인 채 잠에서 깨기도 한다. 겨울이라 나뭇잎들이 다 떨어진 상태에다 내린 눈으로 인해 온통 흰색이기에, 낮에는 그들이 게릴라를 소탕하러 다니는 한국군에게 발각되기 쉽다. 밤에는 그들의 위치를 들킬까 봐 추워도 함부로 모닥불을 피우지 않는다.

그들은 주변 지형에 대한 지식을 바탕으로 위험한 상황이 발생하면 자신들만 아는 움푹 파인 곳이나 동굴로 피신해 군대와 마주치는 일이 없도록 최대한 신경쓰고 있다. 이런 겨울철에는 적보다는 굶주림과 더 많이 싸워야 하는 그들은 식량 저장고를 습격하거나 우호적인 농부에게 보리를 구걸하기도 하고, 그들이 승리한 후에 다시 갚겠다는 모호한 약속을 하며 그냥 보리를 가져가기도 한다.

리인모와 몇몇 동지들이 눈에 띄지 않는 고지대 계곡의 현재 기지로부터 하동으로 내려가서, 리인모는 주간 회보에 실을 그 지역의 전투 소식을 수집하고 다른 동지들은 식량을 구하라는 지시가 내려왔다.

남쪽으로 향하는 오솔길을 따라 가던 그들이 흰옷을 입은 한 농부의 시신을 우연히 발견한다. 시신의 가슴은 총상으로 인한 출혈로 범벅이 되어 있으며 피는 이미 응고되어 있다. 그들 중 한 명은 며칠 전에 인근 거창의 외곽에서 마을 주민들이 학살당했다는 소식을 들은 적이 있는데, 거기서 농부가 도망치려 한 것 같다고 추측한다.

그 거창 학살에 대한 소문이 남부 전역으로 퍼지고 있다. 게릴라를 소탕하던 한국군 제11사단은 게릴라에게 식량과 의복을 제공했다는 혐의로 거창 지역에서 여성과 어린이를 포함한 농민 700명 이상을 일제 검거하여 총살했다.

남원, 순창, 함평 등 반군이 출몰하는 남부 지방의 다른 지역 곳곳에서도 한국군에 의한 비슷한 주민 학살 행위가 자행되고 있다. 피해자의 대다수는 여성, 어린이, 노인이다. 젊은 남자들은 이미 한국군에 징집되거나 반군에 합류해서 마을에 남아 있지 않기 때문이다. 유달리 잔인한 수법이 동원되기도 한다. 군인들은 마을 주민들에게 그들을 보호하기 위해서라며 모이라고 말해놓고는 주민들이 다 모이면 사살하는 경우가 종종 있기 때문이다.[6]

지금, 이름도 없이 홀로 얼어붙은 이 희생자의 운명에 리인모와 그의 동료 게릴라들은 동정심을 느낀다. 그들은 그를 묻어주고 싶지만 땅이 너무 딱딱하다. 하는 수 없이, 그들은 돌을 모아 시신을 덮고 잠시 동안 묵념하며 시신 옆에 서 있다. 그리고는 멈추었던 발걸음을 다시 옮기기 시작한다.

1951년 2월 말

전선 최전방에서 베이징까지 가는 길은 고된 일이다. 그는 야간에 폭격으로 인해 울퉁불퉁해진 북한의 도로를 달리고 얼어붙은 압록강을 건넌 다음, 만주에서 기차나 비행기를 타고 중국의 수도로 이동해야 했다. 3일간의 여정 끝에 마침내 도착한 펑더화이는 중난하이의 높은 성벽 뒤에 마오쩌둥과 마주 앉아, 중국의 최고 지도자에게 그들이 한국에서 치르고 있는 전쟁의 실상을 보고한다.

펑더화이가 지난 10월에 한국으로 중공군을 이끌고 들어간 이후 두 사람의 첫 만남이다. 또한 펑의 사령부 오두막에서 미군 네이팜탄에 맞아 불타 죽은 마오쩌둥의 장남이 전장의 무덤에 묻힌 이후 처음 만나는 자리이기도 하다. 이 곤란한 순간에, 펑은 옛 전우이자 "따거"인 마오쩌둥에게 조의를 표하고, 스물여덟 살의 안잉을 더 잘 보살피지 못해 면목이 없다고 이야기한다.

마오쩌둥은 의자에 털썩 주저앉는다. 두 사람 다 얼마간 아무 말 없이 앉아 있다. 마오는 담배에 불을 붙이려 하지만 손이 떨려서 할 수가 없다. 마침내 마오는 숙이고 있던 고개를 들어, 다른 누구도 아닌 자신이 펑의 참모로 배정했던 아들 안잉은 한국에서 죽어가는 "수천 명 중 한 명"일 뿐이라고 이야기한다. "내 아들이었다고 해서 그 죽음을 특별한 일로 생각하면 안 된다."라고 그가 펑에게 말한다.[7]

길게만 느껴지던 순간이 지나간다. 이제 두 사람은 당면한 일, 즉 미국과의 전쟁이라는 엄청난 도전에 대해 이야기한다.

펑더화이는 마오쩌둥에게 중국의 식량, 탄약, 연료, 무기, 동계복 등의 보급이 필요한 양에 훨씬 못 미친다고 말한다. 일주일 동안 계속 교전을 벌인 중공군은 지치고 굶주린 채 보급품도 없어서 철수할 수밖에 없다는 사실을 미군이 알게 되었으며, 대공부대가 너무 적고 자체 공중 엄호가 부족하여 중공군은 공습에 의한 학살에 노출되어 있다고 보고한다. 또한 그는 질병과 동상으로 인해 엄청난 수의 병사들을 잃고 있으며, 수백 명이 탈영하여 북쪽으로 흘러들어가 약탈을 일삼으며, 중국과 북한 국경 양쪽에서 혼란을 야기하고 있는 상황에 대해서, 그리고 만주에서 내려오는 대체 병력은 훈련이 불충분한 상태라는 점도 이야기한다.[8]

펑은 마오에게 이 전쟁은 내전과는 다르며 "한국전쟁은 단숨에 승리할 수 없다"고 말한다. 마오쩌둥은 마침내 그 사실을 받아들이는 듯 보인다.

"할 수 있다면 빠르게 승리하게. 그럴 수 없다면 천천히 승리하게."라고 그가 펑에게 말한다.[9] 전황을 새롭게 인식한 마오쩌둥은 중국에게 전쟁 물자를 공급해주고 있는 모스크바의 요제프 스탈린에게 전문을 보낸다. "한국전쟁이 장기전이 될 가능성이 있으며, 적어도 2년은 연장될 것에 대비해야 합니다."라고 그가 크렘린의 서기장에게 말한다. 그는 스탈린에게 펑의 군대 보급품의 30~40%가 미국의 폭격으로 운송 중에 파괴되고 있다고 알린다. 그는 더 많은 소련 공군의 지원과 공중 엄호 구역을 북한 지역 아래쪽까지 확대해줄 것을 요청한다.[10]

베이징을 떠난 펑더화이가 3월 5일, 김화에 있는 한국 본부로 돌아온다. 펑은 그가 중국으로 떠나기 전에 지시한 대로 그의 군대가 방어 태세를 취하고 있는 것을 알게 된다. 1월 말의 기습적인 UN군의 공세로 인해 그는 계획보다 일찍 "제4차 전역"을 실시할 수밖에 없었다. 이전과 같은 대규모 공세가 아닌, 일련의 소규모 공방전이 2월 중순까지 이어졌으며, 지평리에서 약 25,000명의 중공군이 미군과 프랑스군 6,000명을 압도하는 데 실패하면서 새로운 국면을 예고했다. 그것이 4차 전역의 마지막 공격이었다.[11]

그 후 펑의 부대는 미군의 "킬러" 작전에 직면하여 서서히 북쪽으로 철수했다. 이제 펑의 상대 사령관인 매트 리지웨이가 한강 건너편에 있는 지휘소에서 새롭고 더욱 야심찬 작전 개시 명령서에 서명한다. 작전명은 "리퍼 Ripper"다.[12] 한편, 모스크바에서는 스탈린이 그의 소련 미그 전투기 조종사들에게 북한 상공에 대한 공중 우산을 확장하라고 명령한다.[13]

3월

1951년 3월 14일, 수요일

리지웨이 장군의 제8군 작전 참모들에게 한국군 제1사단 수색대가 서울 국회의사당 꼭대기에 태극기를 게양했다는 소식이 들어왔다. 이어지는 총격전으로 인해 거리가 피와 연기로 가득했던 지난 9월과 달리, 이번에는 저항 없이 서울이 재탈환되었다.

월요일에 한국군과 미 제3보병사단은 정찰대들을 한강 건너편으로 보내기 시작했다. 그들은 북한군과 중공군이 버린 방어 진지를 점점 더 많이 발견했다. 도시의 동쪽과 서쪽에 보낸 정찰대들도 적을 발견하지 못한 채 전진 중이다. 항공 관측자들이 서울에서 북쪽으로 수 킬로미터 떨어진 곳에 적의 방어 진지들이 만들어지고 있는 것을 발견했다고 보고한다. 리지웨이는 도시 바로 북쪽에 방어선을 구축하라고 명령을 내릴 것이다.[1]

이제 한국 정부가 다시 수복한 서울은 예전의 모습은 거의 찾을 수 없이 거의 잿더미 상태다. 한 미국의 기자는 이번 서울 정복을 "무덤을 점령한 것"에 비유한다. 전쟁 전 150만 명의 인구가 살던 도시에 이제 겨우 20만 명만이 남아 있다.[2] 수도의 광범위한 지역이 폐허로 변해버렸고, 지난 여름 미국의 공습으로 인해 철저하게 파괴되었던 도시의 상태는 몇 주 동안 계속된 공습과 포격으로 더욱 악화되었다. UN의 한국재건단 관리들은 전쟁으로 인해 서울의 산업 설비의 85%, 사무실 공간의 75%, 주택의 50~60%가 파괴된 것으로 파악하고 있다. 추운 늦겨울 밤, 전기도 끊기고 식량도 부족한 도시 속의 절박한 사람들이 빈 건물이나 길거리 혹은 대피소에서 언 몸을 녹이기 위해 잔해에서 나온 나무 조각들을 태우며 생존해 가고 있다.[3]

한-미 양국의 최근 공세인 "리퍼" 작전은 일주일 전 동트기 직전에, 리지웨이가 지켜보는 가운데, 제25보병사단 병력이 서울에서 동쪽으로 19킬로미터 떨어진 위치에서 한강을 건너면서 시작되었다. 25사단은 날마다 약해지는 적의 저항을 받으며 북쪽으로 밀고 올라가면서, 서울을 방어하고 있던 적군의 왼쪽 측면을 위협해 그들의 철수를 유도했다.

한편, 리지웨이가 조직적으로 북진하는 동안 맥아더 장군과 리지웨이 사이에 균열이 생기기 시작한다. 극동군 사령관은 리퍼 작전 개시 불과 몇 시간 후에 한국으로 날아와 전투 부대들을 방문한 후, 기자들에게 성명서를 낭독하여 트루먼 행정부를 분노하게 만들었다. 이 연로한 장군은 장황한 글을 통해 미국 정부가 극동사령부의 "군사활동을 비정상적으로 억제"시킴으로써 한국에는 기껏해야 교착 상태가 초래될 뿐이라며 미묘하게 이의를 표명했다. 그는 중국을 상대로 전면전을 벌이며 중국 국경을 넘겠다는 자신의 생각을 간접적으로 다시 한 번 말했던 것이다.[4]

닷새 뒤인 월요일, 리지웨이도 자신의 기자회견을 열고 38선을 되찾아서 대한민국의 국경을 전쟁 전 상태로 회복하는 것이 제8군에게 "엄청난 승리"가 될 것이라고 선언했다. 그는 "우리는 중국을 정복할 계획을 세운 것이 아니다."하고 덧붙였다.[5]

군의 임무 수행능력이 향상되고 자신감이 커지고 있는 상황에서, 병사들이 사실상 쓸모없는 "무승부"를 위해 죽어가고 있다는 맥아더의 말이 군의 사기를 떨어뜨릴까 봐 리지웨이는 우려하고 있다. 군에 대한, 특히 그가 축적하고 있는 포병의 "무시무시한" 화력에 대한 그의 믿음은 커지고 있다. 이 포병 대령의 아들은 중국의 인해전술에 대한 곡사포 집중 포격의 살상력을 새롭게 강조하고 있다.

지휘관으로 부임한 지 거의 3개월이 지난 지금, 매트 리지웨이의 개인적인 사기 또한 향상되고 있다. 부임 초기 몇 주 동안 그는 직무상의 고독감을 약간 느꼈다. 2차 세계대전 중 유럽에서는 젊은 장군이었던 그의 뒤에 항상 지원병력이나 다른 사단의 도움, 혹은 전술적 조언을 구할 수 있는 상관들이 있었다. 이제 그는 혼자다. 하지만 그는 자신의 역할에 훨씬 더 자신감을 느끼고 있다.

한강 중류에 위치하고 있는 여주 근처, 한강이 내려다보이는 7미터 높이의 절벽 꼭대기에 있는 그의 새로운 전방 지휘소도 도움이 된다. 2.4미터×3.6미터 크기의 텐트 두 동이 서로 연결되어 있는 그의 지휘소에는 간이침대, 식탁, 세면대, 휘발유 히터 스토브가 있는 뒤쪽 "방"과, 탁자 위에 놓인 대형 입체 지도를 통해 전투 지역을 살피며 보좌관들과 몇 시간 동안 업무를 보는 앞쪽 "사무실"이 마련되어 있다.

지형과 전술을 익히는 데 있어 타의 추종을 불허하는 리지웨이는 병력 이동을 매우 세밀하게 계획할 때 진가를 발휘한다. 한반도 중부 지역의 도로와 능선, 계곡과 봉우리는 이제 리지웨이의 일부가 되었다. 그래도 그는 지휘소 아래 강변 저지대의 자갈이 깔린 활주로에서 L-19 경비행기를 타고 부대로 이동하는 데 더 많은 시간을 보낸다. 그리고 밤이 되어 병사들에게 나가서 적들을 죽이라는 명령을 내리고 나면, 그는 "침실"로 돌아와 페니와 매티의 사진을 들여다보고 나서 몇 시간 동안 잠을 잘 수 있다. 쉰여섯 살의 중장 리지웨이는 전쟁터에 나와 있을 때가 좀더 익숙하게 느껴지지만, 전쟁이 삶의 전부가 아니라는 생각이 종종 떠오르기도 한다.

1951년 3월 18일, 일요일

집에서 멀리 떠나와 처음으로 이국땅에 발을 내딛는 열여섯 살의 인민지원군에게 눈앞에 펼쳐진 넓은 압록강은 고무적인 광경이다. 늦은 오후 강 아래를 내려다보면, "물 위에 반사되는 아름다운 석양만 보입니다. 마치 만 개의 금 조각이 강물 위에 반짝이는 것 같습니다."

어린 중공군 병사 천싱치우가 일기를 쓰고 있다. 그는 언젠가 작가가 될지도 모른다. 하지만 그는 지금 그의 동료들과 함께 당면한 임무, 즉 미국과의 전쟁에 동참하는 것에 집중하고 있다. 그들은 중국 정부의 라디오 방송에서 연이은 승전보를 들으며 자신들의 군대가 이기고 있다고 알고 있다. 그는 이 전쟁을 "빈자貧者가 부자富者를 이기고 있으며, 약자弱者가 강자强者를 이기고 있는 것"이라고 생각한다.

중국의 라디오는 지난 수요일 서울에서의 후퇴와 같은 공산군의 좌절을 인정하는 데 뜸을 들이고 있다. 이번 주 후반이나 되어서야 베이징은 그들의 군대가 남쪽 수도를 "일시적으로" 떠났다고 보도할 것이다.[6]

16세의 소년병 천싱치우가 집으로 보낸 편지에 적은 것처럼, 전쟁에 개입하여 "악마 같은 미국놈들과 싸우기 위해" 펑더화이 장군이 이끄는 중공군이 압록강을 건너 북한으로 들어온다. 미국과의 전쟁은 "가난한 자가 부자를 이기고, 약한 자가 강한 자를 이기는 것"이라고 이 십 대 소년 위생병은 일기장에 적는다. (평양 외국문학출판사 제공)

천은 5명으로 구성된 의무조 중 한 명으로 중국 인민해방군 12군 예하 대공 포병대대에 배속되었다. 12군 소속의 10,000명 규모 보병 사단 3개와 그 부속 부대들은 중국 남동부에서 기차로 2,575킬로미터를 이동해, 서해에서 압록강을 80킬로미터를 거슬러 올라간 지점의 만주쪽 강변 지역인 창뎬허커우長甸河口의 중간대기구역에 도착했다. 이들은 한 달 전부터 압록강을 건너기 시작한 9개 군, 즉 총사령관 펑더화이의 "제2차 인민지원군second wave" 병력의 일부로, 이들의 합류로 한국 내 펑의 병력은 두 배 이상 늘어 950,000명이 되었다. 천이 소속된 부대는 미국의 공습으로 진지와 보급로에 큰 타격을 입은 펑의 인민지원군에 제일 먼저 합류한 대공 부대에 속한다.[7]

마오쩌둥이 모스크바의 요제프 스탈린에게 보낸 전보에서 "2차 지원 병력인 9개 군이 모두 도착한 후 우리는 보다 강력한 공세를 새로 전개할 것입니다."라고 털어놓는다. 이 공세는 검증되지 않은 병력, 전투 지역에 도착한 후 추가 훈련이 필요한—그럴 시간이 있기라도 하다면—병력이 투입되는 경우가 많을 것이다.[8] 일례로, 천은 경험은 부족할지라도 기백이 넘친다. 그는 중국 북부의 석탄 지대인 타이위안太原의 고향에 홀로 된 어머니에게 편지를 보내, "어머니의 아들이 악마 같은 미국놈들과 싸우기 위해 인민지원군에 입대했다는 기쁜 소식"을 전했다. 그는 어머니를 위해 그가 마지막으로 집에 갔을 때 집주인과 나눴던 이야기들, 즉 그의 새로운 역할과 중국의 최근 역사, 그리고 그녀의 가족이 전쟁에서 일본군과 중국 국민당군에 의해 어떻게 살해되었는지에 대해서도 편지에 적었다. 그녀는 "가서 양키 도적놈들과 싸워서 우리가 평화롭게 살 수 있게 해다오!"라고 말했었다. 그는 어머니도 아들이 "사랑하는 조국을 지키고 모든 어머니들을 지킬 수 있도록" 격려하고 있을 것이라 확신한다며 편지를 끝맺었다. 마오쩌둥의 군대가 중국의 광활한 지역을 해방시키고 혁명의 열기가 온 국민을 휩쓸던 1949년 5월, 학교는 제대로 다니지 못했지만 총명하고 세심한 천싱치우가 용케 인민해방군에 입대했을 때 그는 겨우 열네 살이었다. 공산군은 그보다 한 달 전에 타이위안으로 진군해 들어왔었다. 내전은 막바지에 접어든 상태였고, 작은 인민해방군 군복을 입은 소년은 전투를 목격하지 못했다. 이제 보다 경험이 많은 연장자인 조원들, 특히 천과 같은 샨시성山西省 출신인 스물여섯 살의 리원하이가 그를 지도하고 있다. 리는 항일 게릴라전과 국공내전을 모두 경험한 인민해방군의 베테랑 의무병이며, 타이위안 해방 전투에도 참전했었다. 천에게 있어, 그는 모범적인 군인이다.

허커우 임시 기지에서 금요일에 훈련을 마친 후 그들 다섯 명을 위해 조촐한 출병 파티를 준비한 것은 리였다. 땅콩과 두부, 쌀술을 사왔으며, 저녁이 깊어지고 병에 담긴 미주米酒가 줄어들면서 그들은 더욱 느긋해졌다. "우리는 형제 같은 사이"라고 리가 말했다. "우리는 서로를 돌봐줄 거야. 문제가 있으면 나나 다른 사람에게 이야기해." 리의 말에 공감한 그들은 환호하며 건배했다. 그런 다음 그는 천싱치우에 대해 말을 했다. "천은 우리 다섯 명 중 막내다. 우리 동생이라고. 돌봐주고 도와줘라." 그들은 십 대 소년 동료가 그의 말에 눈시울이 촉촉해지는 것을 보았다.

앞서 대대 장교들은 병사들을 모아 북한으로 들어갈 때 지켜야 할 규율과 행군 질서에 대한 브리핑을 진행했다. 장교들은 또한 다가오는 작전을 위해 그들의 사기를 북돋우기 위해 노력했다. 미군이 우리 조국을 위협하고 있으며, 국경 지역에 폭격을 비롯한 공습을 가함으로써 우리의 주권을 침해했다고 수석 교관이 말했다. 그는 세 차례에 걸친 전역에서 우리 동료 병사들이 "수십만 명"의 적을 섬멸시켰다고 말했다. 당면한 임무는 벅찬 것이지만, "우리는 어려움을 극복하고 임무를 성공시키기 위해 할 수 있는 모든 것을 해야 한다. 계속 하자, 동지들! 할 수 있겠나?" "예, 할 수 있습니다!" 대대원들이 일제히 외쳤다. 이제 압록강을 건널 때가 왔다. 대대는 낮 동안 강기슭을 따라 대공포를 배치하여 공습에 대비했다. 아무 일도 일어나지 않았다. 미군 전투기들은 몇 주 전에 허커우 다리를 파괴하는 등 피해를 입혔다.[9] 한편, 유난히 따뜻했던 늦겨울의 날씨로 인해 얼어붙은 압록강을 가로지르는 "얼음 다리"가 녹았다. 육군 공병부대원들은 이제 야간 도하를 위한 임시 다리를 조립했는데, 이 다리는 동이 튼 후에 미군 전폭기들이 목표물을 찾아 국경지대를 배회할 때쯤에는 해체되어야 한다.

날이 점점 어두워지면서, 돌이 많은 강기슭에 서 있던 천은 어두운 점 같은 물체들이 강을 따라 떠내려오고 있는 것을 발견한다. 그 점들은 바로 30피트짜리 보트들이다. 보트들이 곧 정렬이 되자 공병 부대가 몰려들어 판자로 선체와 선체를 연결해 길을 만든다.

보병 부대가 먼저 이동한다. 그들은 6열 종대로 진군하며 보트로 만든 부교를 통해 차가운 압록강을 건넌다. 마침내 천의 대대가 차륜형 대포를 끌고 가는 트럭을 타고 뒤따른다. 경간徑間에 해당되는 보트가 지나가는 무게에 의해 하나씩 차례로 가라앉았다 솟아오른다.

강 건너편, 정전이 된 북한 땅에 들어온 천은 트럭 화물칸에 서서 압록강 너머 중국을 향해, 마지막으로 북쪽을 바라본다. 고개를 들어 청명한 밤하늘을 응시하던 그는 일곱 개의 별로 이루어진 큰 국자 모양의 북두칠성을 보게 된다. 소년병은 고향에 대한 그리움을 느낀다. "잘 있어라, 사랑하는 조국아." 천이 혼잣말로 중얼거린다. 그를 태우고 있는 차량 행렬은 전조등을 끈 채, 길안내를 위해 밝은 흰색 천을 팔에 묶은 채 앞에서 빠른 걸음으로 이동 중인 병사들의 안내를 받으며 남쪽으로, 어두운 산속으로 들어간다.

1951년 3월 19일, 월요일

추운 늦겨울 저녁, 부산엔 수많은 깃발이 달린 배들로 가득 찬 항구로부터 상쾌한 바닷바람이 불어 온다. 어둠 속에서, 낡은 버스의 지저분한 창문 너머로 세 수녀가 전시 상황인 도시의 어렴풋한 모습을 겨우 알아본다. 곳곳에 군수물자 상자들이 쌓여 있으며, 새로 운송되어 온 지프차와 군용 트럭이 몇 줄씩 서 있고, 천막과 반원형 막사들도 죽 늘어서 있다.

전기가 잘 들어오지 않는 도시의 밤 어둠 속에서 눈에 잘 띄지 않는 것은 도시로 몰려온 수많은 난민들의 모습이다. 때때로 버스의 헤드라이트 불빛에 길을 따라 천천히 이동하고 있는 허름한 옷을 입은 가족들이 비춰지기도 한다. 도심에 가까워지자 메리놀회 수녀들은 인도와 골목을 가득 메운 난민들이 밤을 보내기 위해 자리를 잡고 있는 모습을 더욱 선명하게 볼 수 있게 된다.

의사이기도 한 마흔여덟 살의 매리 머시 수녀는 맥아더의 극동사령부로부터 부산의 메리놀 진료소 설립 재개를 허가받은 후, 두 명의 동료 수녀와 함께 일본에서 항공편으로 들어왔다. 로즈 오브 리마Rose of Lima 수녀와 그의 동료인 오거스타Augusta 수녀는 작년에 진료소를 설립하기 시작했지만, 전쟁이 발발하자 피난을 떠나야 했다. 약사였던 로즈 수녀는 1930년대에 매리 머시 수녀와 함께 한반도의 북단 지역에서 일했었다. 간호사인 오거스타 수녀는 메리놀 중국 선교에 참여했었던 베테랑이다.

부산 공항에서 마중 나온 현지 선교사 신부의 안내로 도심에 도착한 수녀들을, 오래전 신의주에서 매리 머시 수녀의 선교 활동을 도왔던 요리사 패트리샤가 인솔해 온 소수의 한국 진료소 직원들이 기쁨의 함성과 눈물을 흘리며 환영한다. 분단된 한국에서는 흔한 피난민 이야기지만, 패트리샤는 수년에 걸쳐 한반도 최북단에서 최남단으로 길을 찾아 내려왔다. 그녀는 새로 도착한 이들을 위해 특별한 저녁 식사를 준비했는데, 매리 머시 수녀는 이를 "닭고기 만찬"이라고 불렀다.

부산 진료소는 수천 평 면적의 산기슭 위에 지워진 시설물을 사용하고 있는데, 이 건물들은 2차 세계대전 후 어느 부유한 일본인이 버린 것들이다. 다수의 부속 건물과 별채가 딸린 두 채의 넓은 집이 방치된 정원을 둘러싸고 있다. 여러 수녀회의 한국인 난민 수녀들과 수십 명의 한국인 평신도들이 방에서 메리놀회 수녀들의 도착과 일자리를 기다리고 있다.

다양한 의료 기술을 지닌 다른 메리놀회 수녀 네 명도 의약품과 의료 장비를 가지고 곧 배편이나 항공편으로 도착할 예정이다.

현재 부산은 진료소가 너무나도 필요한 상황이다. 남한의 다른 지역에서 힘든 길을 떠나온 가족들과 12월에 흥남을 비롯한 북한 항구에서 해상으로 대피해 온 수만 명을 포함하여, 낮은 산이 많은 남쪽의 항구도시 부산으로 몰려든 사람들로 인해 인구는 전쟁 전인 25만 명의 세 배는 될 것이다.

피난민들은 임시 대피소, 친척이나 친구의 집은 물론, 유엔군 사령부와 남한 정부가 마련한 부산 지역의 122개 수용소를 가득 채웠다. 이들은 하루 최소 섭취 칼로리보다 수백 칼로리가 부족한 1,400칼로리에 불과한 정부 배급 쌀로 겨우 연명하고 있다. 낮의 부산은 부두에서 화물을 내리고, 소지품이나 암시장 물품을 팔거나 물물교환하는 등 잡일을 찾는 피난민들로 북적인다.[10]

위생 시설은 열악하고 질병이 만연해 있다. 기존의 의료 시설은 난민을 통해 확산되는 장티푸스, 발진티푸스, 천연두, 결핵에 대처하는 데 필요한 수준에 훨씬 못 미친다. 예방 접종 프로그램도 이제 겨우 시작된 상태다.[11]

"우리는 돌아와서 정말 행복해요"하고 매리 머시 수녀가 한국에 돌아와서 처음 집으로 보낼 편지를 쓴다. "한국에 와 있다는 사실에 흥분한 미국 사람은 우리뿐인 것 같아요… 이곳에는 해야 할 일이 정말 많아요"

1951년 3월 20일, 화요일

천싱치우를 비롯한 방공대대 대원들이 한국의 전장으로 남하하는 길에서 세 번째 밤을 보낸다. 그들이 탄 트럭들은 불빛도 없는 어둠 사이로 산길을 따라, 행군하는 보병들과 대포를 끌고 가는 말의 느린 속도와 보조를 맞추기 위해 속도를 줄여 천천히 전진한다. 어제와 마찬가지로 오늘도 동이 트기 전, 12군 전체가 도로를 빠져나와 주변 숲으로 숨어들었다. 그들은 주간에 북한 상공을 종횡으로 날아다니는 미군 전폭기의 눈을 피해 소나무 사이, 위장 천막과 그물 아래 몸을 숨겼다.

오늘 밤 군이 종대로 정렬하여 남쪽으로 이동을 막 시작하자, 일렬로 늘어선 보병들이 대대포를 견인하는 트럭을 타고 있는 천을 비롯한 의무조 다섯 명에게 인사를 건넸다. "포병 형제들!" 한 덩치 큰 근육질 병사가 그들을 향해 소리쳤다. "열심히 일하고 있군!" 의무병 한 명이 "보병 형제들, 당신들도 마찬가지네!"라고 외쳤다. "당신들 얼굴에 난 땀이 보이는군."

두 발이 평생 동안 주요 이동 수단인 이 농민 출신 병사들은 현재 일종의 누비 운동화 같은 것을 신고 있으며, 솜을 넣고 누빈 카키색 전투복을 입고 있다. 이들은 각각 개인화기, 즉 소련제 혹은 중일전쟁과 국공내전에서 압수된 소총을 한 자루씩 어깨에 메고 있으며, 수류탄 1발과 탄약 대략 80발, 그리고 배낭 한 개를 지급받은 상태다. 배낭에는 세면 도구, 에나멜 코팅된 작은 식기, 금속 재질의 수저, 물병, 일주일 분량의 전투식량과 차와 쌀이 들어있으며, 운이 좋은 경우에는 작은 생선 혹은 고기 통조림도 들어있다. 기관총 사수들과 박격포병들은 그들의 무거운 무기를 등에 짊어지고 다녀야 한다. 가장 큰 무기들은 짐을 나르는 동물들이 나르거나, 운반병들이 유연한 장대의 양쪽 끝에 무기를 매단 후 그 장대를 어깨에 메고 이동한다.[12] 울퉁불퉁한 길임에도 불구하고 트럭 화물칸에서 자고 있던 천은 폭발음에 갑자기 잠에서 깬다. 저기 남쪽으로 밤하늘에 불길이 치솟고 있는 것이 보인다. 의무조가 탄 트럭이 교차로에 도착하자, 보초병들은 그들의 트럭이 최근에 미군이 폭격을 가한 마을을 곧 통과하게 되는데, 도로에 움푹 파인 곳들과 불발탄들을 조심하라고 말해준다.

트럭이 마을에 들어선다. 시야에 들어오는 것은 모조리 파괴되어 있고, 집들은 불타고 있다. 연기가 그들의 눈을 따갑게 한다. 그때 무너진 벽과 지붕 아래 갇힌 여인들과 아이들이 살려달라고 절박하게 외치는 소리를 듣게 된다. 한국의 구조대들이 여기저기로 달려간다. 계속 이동하던 차량 행렬은 폭격으로 인해 도로의 흔적도 남아 있지 않을 만큼 땅이 움푹 파인 곳 앞에서 정지한다. 주변의 집들은 완전히 파괴된 것처럼 보인다. 지금 부상당한 채 갇혀 있는 사람들이 도와달라며 애원하는 소리는 천이 들어본 가장 비참한 것이다. 천은 본능적으로는 돕고 싶지만 그럴 수 없다는 것을 알고 있다. 멀지 않은 곳에서 비행기 소리가 들린다. 그들은 가야만 한다. 불길 속에서 수십 명의 병사들이 움푹 파인 곳 주변의 수풀을 제거하여 임시로 도로를 만들기 위해 빠르게 움직인다. 곧 그들은 다시 남쪽으로, 열여섯 살 천이 일기장에 "잊을 수 없는 기억을 남긴" 가슴 아픈 현장에서 벗어나 안전한 어둠 속으로 이동한다.

 미 공군은 북서쪽 압록강에서부터 북한의 남동쪽 항구 도시들에 이르기까지 "최고 수준"의 폭격을 가하고 있다. 미군 조종사들은 어제 하루에만 850번 출격했으며, 이는 기록적인 수치이다. 한편 미주리^{Missouri} 호를 비롯한 미 해군 전함들은 남동쪽 앞바다에 정박해 원산항에 수천 발의 포탄을 퍼부었다. 미 해군은 지난 목요일 이후 원산에서 적에게 3,000명 이상

1951년 초, 북한 동부의 항구 도시 원산에 있는 한 교회가 이곳을 군수물자 보관장소로 판단한 미 공군의 낙하산 폭탄에 의해 거대한 폭발을 일으키며 파괴된다. 북한을 통해 판문점 회담장으로 향하던 지자오주는 자신의 시선이 닿는 곳은 전부 폐허가 되어 있음을 목격하게 되고, 미국이 원자폭탄을 투하하지는 않았지만 투하한 것이나 마찬가지라고 혼잣말을 한다. (미 공군 제공)

의 사상자를 발생시켰다고 주장한다. 해군 보고서는 민간인 사망자 수에 대해서는 전혀 언급하지 않고 있다.[13] "원산은 죽은 도시입니다."라고 해군 기동부대 사령관인 앨런 E. 스미스^{Allen E. Smith} 제독이 보고한다.[14]

천이 소속되어 있는 12군은 수십 일간 이동한 후 평양에서 남동쪽으로 113킬로미터, 중부 전선에서 북쪽으로 32킬로미터 떨어진 이천⁴ 부근의 기지 구역에 도착한다. "형제" 보병과 포병 모두 기진맥진한 상태다. 식량도 부족하며, 이도 창궐해 있으며, 이질을 비롯한 각종 질병에 시달리고, 공습에 대한 계속된 두려움 속에서 사냥감처럼 숨어 살아야 하는 긴장감으로 인해 그들의 사기는 저하되어 있다.[15]

<<<

미군의 폭격으로부터 안전한 북쪽, 즉 만주 남부로 돌아온 해군군관 생도 노금석이 훈련 기지에서 기지 지휘관들이 노금석을 비롯한 졸업반 학생 조종사들을 위해 마련한 성대한 축하연을 즐기고 있다. 노금석 상위는 러시아 비행 교관들이 가지고 있던 보드카를 몇 잔 비운다. 흥남에서 온 열아홉 살 청년이 생전 처음으로 맛보는 술이다. 그는 그 느낌이 좋다는 것을 알게 된다. 북한 젊은이들의 분위기는 저녁이 깊어질수록 더욱 시끌벅적하고 활기차게 변해간다. 어쨌든 이제 이들은 미그-15 조종사 훈련을 위해 선택된 정예 인원들이며, 세상에서 가장 진보된 전투기를 조종할 북한 최초의 훈련생들이다.

1951년 3월 23일, 금요일

맑고 쌀쌀한 아침이지만, 따뜻한 초봄날이 될 듯한 날씨다. 매트 리지웨이가 타고 있는 L-19 Cub 조종사는 900미터 상공을 선회하며 안전한 착

---

4 미수복 강원특별자치도 이천군 이천읍

륙 지점을 찾고 있다. 장군은 지상에서 일어나고 일을 직접 확인하고 싶어 한다. 서울을 탈환한 지 9일 후, 제8군 사령관은 서울에서 북서쪽으로 37 킬로미터 떨어진 문산에 제187공정연대전투단the 187th Airborne Regimental Combat Team의 낙하산 공습을 명령했다. 토마호크 작전Operation Tomahawk으로 명명된 이번 공수작전은 현재 한국전의 전선 전체를 북쪽으로 밀어올리고 있는 리퍼 작전의 일환이다. 낙하산 부대원들의 임무는 미군의 기갑 병력이 서울 지역에서 1번 국도를 따라 올라가는 동안 임진강 바로 아래 돌출부를 장악하는 것이다. 이 둘 사이에 북한군 1군단 병력을 임진강을 건너 철수하기 전에 가두는 것이 목표다.

오늘 아침 9시, 2차 세계대전 당시 공수사단을 지휘했던 리지웨이는 2인승 경비행기인 L-19 Cub에 탑승한 채, 제187공정연대전투단과 레인저Ranger 중대 병력 3,447명이 C-46 및 C-119 수송기에서 뛰어내리기 시작하는 모습을 지켜보았다. 이제 리지웨이를 태운 L-19가 "착륙대"로 쓸 만한 한 직선 도로 쪽으로 내려간다. 그리고 도로 양쪽으로 낙하산 부대원들이 모이고 있다. 비행기에서 내리던 리지웨이는 M-1 소총의 총소리를 듣게 된다. 이어 북한군 병사의 시체가 덤불을 뚫고 도로변 비탈길을 굴러 그의 바로 위쪽 경사면에서 멈춘다. 노병은 주위에 총성이 울려 퍼지자 아드레날린이 솟구침은 물론 자신이 정말로 전쟁터에 있음을 다시 한 번 느낀다.

낙하산 부대 지휘관들과 상의한 후 리지웨이는 조종사와 함께 남쪽으로 다시 날아간다. 저녁 무렵, 기갑 병력이 낙하산 부대와 연결되어 임진강까지 UN군 관할의 새 영토를 확보한다. 그러나 북한군 1군단을 가두려는 토마호크 작전의 목표는 달성되지 못했다. 북한군은 대부분 낙하산 부대원들의 공격을 받기 전에 임진강을 건너 철수했다.

전선의 많은 지역에서 적들이 철수했으며, 리퍼 작전을 통해 남한 영토는 빠르게 수복하고 있다. 전장에서 성공을 거두고 있는 리지웨이는 국제적인 주목을 받고 있으며, 타임Time지 표지를 장식하기도 했다.

리지웨이의 가혹한 공세로 인해 1월 중순부터 수만 명의 적군이 사살되었다. 그러나 워싱턴의 국내 전선에 전해지는 소식들이 그 외의 수많은 죽음에 대해서는 거의 언급하지 않고 있다. 피난처를 찾다가 공습과 곡사포 포격에 희생된 마을 주민들이나 전투 지역에서 탈출하려다가 신경이 예민해진 군인들에게 사살당한 피난민들 같은 한국인 민간인들이 헤아릴 수 없을 만큼 많이 사망했다. 적의 침투에 대한 두려움 때문에 피난민에게 무차별적으로 발포하라는 명령은 작년 여름에 처음 내려졌지만, 서울에서 후퇴하던 1월 초에 리지웨이도 그런 명령을 내렸었다. 현재 전선 곳곳에 이러한

∥ 북한군 소년병이 포로로 붙잡혀 미군에게 심문을 당하고 있다. (미 육군 제공)

명령이 퍼져 있으며, 일부 장교들은 이를 실행하고 일부는 의문을 제기하고 있다.

전선을 넘으려는 피난민들에 발포하라는 제8군의 추가 지시가 내려오자 한 정보 장교가 이의를 제기한다. 필리핀계 미국인이자, 그의 용맹함으로 인해 은성훈장을 수여받은 제38보병연대의 리잘리토 아반토 Rizalito Abanto 대위는 "젊은 병사들이 노인들과 여성들 그리고 아이들에게 직접 발포하는 것을 주저하기 때문에" 이 지시를 실행하기 어렵다고 지휘관에게 보고한다. 그는 난민들에게 전선 통과하는 것이 허용될 것을 권고한다. 기록 어디에도 누군가 그의 말에 주의를 기울였다는 내용은 없다.[16]

매트 리지웨이는 적군이 후퇴하고 있는 이유가 봄에 반격을 개시하기 위해 전열을 가다듬고 재건하기 위함이라는 것을 감지하고, 전쟁이 장기화될 것을 예감한다. 38선에 도달하여 남한의 영토를 전쟁 전의 상태로 되돌리는 것이 미국의 목표이지만, 도쿄의 맥아더 장군은 궁극적으로 중국과 북한에 협상을 제안하는 것을 포함한 워싱턴의 계획에 계속 차질이 생기게 하고 있다. 맥아더 사령부가 이젠 중국을 "약소국"으로 일축하고 중국 침공에 대한 UN의 제재를 위협하며 공산주의자들이 한국에서 항복할 것을 요구하는 것이나 다름없는 성명서까지 발표했다. 격분한 트루먼 행정부 관리들은 주말에도 워싱턴에서 만나 더 큰 전쟁을 원치 않는 미국 지도부에 반복적으로 불복종하는 극동 사령관을 어떻게 처리해야 할지 논의한다. 그들은 맥아더를 직무 해제해야 하지만, 서둘러 해임하지는 않기로 동의했다.[17]

1951년 3월 30일, 금요일

중부 전선에서는, 중공군이 천연의 방어선인 소양강을 향해 북쪽으로 철수하고 있다. 피트 맥클로스키가 소속된 제5해병연대는 2월 말 킬러 작전의 목표 지점이었던 횡성에서 서울 북동쪽 97킬로미터 지점의 진지까지

40킬로미터 전진하면서 그들과 상대하여 산발적인 교전만 벌이고 있다.

능선과 안개가 자욱한 봉우리가 교차하는 지형에서, 제5해병연대는 매일 전방과 측방으로 정찰대를 보내고 있으며, 중공군 후위대의 야간 탐색도 막아내고 있다. 비와 진눈깨비, 눈은 원시적인 수준의 2인용 텐트에서 생활하고 있는 지저분하고 흠뻑 젖은 미군들의 삶을 더욱 비참하게 만들고 있다. 날씨로 인해 도로가 유실되어 재보급이 늦어지고 있으며, 식량마저 부족해지고 있다. "대원들에게 우리가 견뎌내야 한다는 것을 깨닫게 하는 것이 내 임무 중 하나다." 기관총 분대장 필 엘슨이 일기에 적는다. "쉽지 않다. '왜?'라는 그들의 질문에 대답할 수가 없다."

진격을 멈출 때마다, 찰리 중대의 베테랑 지휘관 존스 대위는 상대적으로 조용한 틈을 이용해서 맥클로스키를 비롯하여 점점 수가 많아지고 있는 "풋내기" 소위들에게 이번 전쟁과 같은 상황의 좀더 세부적인 사항들을 교육한다. 스물세 살의 캘리포니아 출신인 맥클로스키는 진급하여 박격포반 대신에 소총 소대인 찰리 1소대를 맡게 되었다. 젊은 장교들은 소총과 기관총을 방어적으로 배치하는 방법, 참호를 파는 위치와 위장하는 방법, 최적의 야간 경계 및 경비 일정을 짜는 방법 등을 배웠다.

어느 날 아침 존스는 맥클로스키를 특정하여 지형을 파악하는 방법, 참호의 각도에서 지면을 보는 방법, 적의 공격 경로를 판단하는 방법에 대한 특별 지도한다. 오늘 밤, 존스는 맥클로스키와 그의 소대가 대담한 임무를 수행할 준비가 되었다고 판단한다. 그 대담한 임무란 해병 취조관들이 적의 위치와 이동에 대한 더 많은 정보를 알아내는 데 도움이 될 중국인 포로 한두 명을 잡아오는 것이다. 자정 이후 간헐적으로 비가 내리는 가운데, 맥클로스키와 그의 부하 30여 명은 기동 속도를 높이기 위해 군장을 놔두고 "663" 고지 위의 중대 기지를 출발해, 남북으로 이어진 주요 능선을 따라 북쪽으로 8킬로미터를 걸어, 동트기 전 목적지인 안현리 마을 외곽에 도착한다. 해병대 정보에 따르면, 소양강 남쪽 바로 이 지역에 주둔한 중공군 후위대가 마을들로부터 쌀을 몰수하고 있다. 맥클로스키와 찰리 1소대는 안현리에서 나오는 중공군을 기습해 포로로 잡을 계획이다. 맥클로스키는 소대원들을 마을 서쪽 낮은 수풀 뒤에 숨겨진 산비탈의 매복 위치에 배치한다.

동이 트자마자 중공군 1개 대열이 쌀 포대를 등에 지고 안현리를 떠난다. 바로 그때, 맥클로스키는 부하들에게 M-1 소총과 브라우닝 자동소총 발포 명령을 내린다. 중공군 몇 명은 총에 맞아 쓰러지고, 또 다른 몇 명은 쌀 포대를 길에 떨어뜨리고 흩어진다. 사거리를 벗어난 중공군들은 그래도 쌀 포대를 지고 반대편 능선을 향해 허둥지둥 달려가고 그들 중 마지막 병사도 곧 고지 꼭대기에서 자취를 감춘다. 이제 맥클로스키의 소대는 마을로부터, 그리고 예기치 않게 그들의 윗쪽, 즉 방금 넘어온 능선으로부터 대응 사격을 받는다. 맥클로스키는 그의 임무가 적군 체포는커녕, 아군 전선으로부터 수 킬로미터 떨어진 곳에서 함정에 빠진 부하들을 구하는 것으로 갑자기 바뀌고 있다는 사실을 깨닫는다.

그들은 왔던 길로 후퇴할 수 없다. 유일한 탈출구는 개활지인 논을 400미터 가까이 가로질러 엄폐물인 낮은 둔덕으로 가는 것뿐이다. 하지만 맥클로스키는 더 많은 중공군이 그곳에서 기다리고 있지 않다고 확신할 수도 없다. 일주일 만에 처음으로 화창한 날, 몇 시간이 지나도록 맥클로스키와 그의 부하들은 간간이 충격을 주고받으며 자신들의 위치를 고수한다. 겨우 영상에 머물고 있던 새벽 기온에 동계복을 입고 663고지를 떠났던 그들은 이제 초봄의 따뜻한 온기에 땀을 뻘뻘 흘리고 있다.

오후 중반에, 갑자기 남쪽에서 소대 규모의 미군 정찰대가 나타나더니 중공군의 사격을 받고 쫓겨간다. 젊은 해병 장교 맥클로스키는 이제 그 길이 안전하다는 것을 알고 소대원들의 철수를 준비한다. 한 번에 한 분대씩 들판을 전력질주한다. 다행히도 중공군의 소총과 기관단총 소리만 들렸을 뿐, 노출된 그들을 다 쓸어버릴 수도 있는 기관총 소리는 들리지 않았다.

중공군의 소총 탄환들이 휙휙 소리를 내며 스쳐가는 가운데, 각 분대는 차례로 무사히 논을 건넌 다음, 마지막으로 있는 힘을 다해 둔덕을 오른다. 몇 시간 후, 해가 지기 직전에 맥클로스키는 지친 소대원들과 함께 663고지에 도착한다. 존스 대위로부터 질책도 받고 리더십에 대해 새로 몇 가지 교육도 받을 준비는 되어 있다.

<<<

전쟁포로 수용소가 있는 지역의 날씨가 따뜻해지자 클래런스 애덤스는 동상에 걸린 오른쪽 발가락의 괴저가 악화되어 녹색으로 변해가는 것을 보게 되었다. 피부는 썩어가고 있었으며 뼈가 뚫고 나와 있었다. 뭔가 조치를 취해야지, 그렇지 않으면 그는 감염으로 발 전체를 잃거나 다리를 잃을 수도 있을 것 같았다. 이제 조치를 취하기 위한 도구가 생겼다.

애덤스는 전투화 한 쪽에서 빼낸 강철 아치 지지대로 이 도구를 만들었다. 그는 이 칼이 충분히 신속하게 작업을 끝낼 수 있겠다는 생각이 들 때까지 인내심을 갖고 가장자리를 날카롭게 갈았다. 그는 우선 감염된 오른발의 가장 작은 두 발가락에서 죽은 살을 긁어내어 관절 부위가 더 분명하게 보이게 한다. 그런 다음 그는 칼날을 발가락 위에 놓고는 열까지 센다. 마지막 순간에 멈추고 다시 세기를 몇 번이고 반복한다. 그러다 마침내, "열"에 그는 고개를 돌리면서 칼날을 내리찍어 발가락들을 잘라낸다.

마취는커녕 간단한 진료조차 받을 수 없는, 매일 수십 명의 포로들이 죽어 나가고 있는 이 북한 땅에서 살아남기 위해서는 상상할 수 없을 정도로 강인한 정신력이 필요하다. 애덤스는 다른 사람들도 자신들의 발가락을 절단하여 스스로 목숨을 구할 수 있도록 돕는다.

4월

1951년 4월 5일, 목요일

엄마 품에 안겨 있는 영양실조 걸린 아이들, 열이 나는 여성들, 결핵에 걸린 남성들. 부산 메리놀회 수녀들의 산비탈 진료소 앞에는 일찍부터 아픈 사람들이 줄을 서 있다. 개원 당일인 오늘은 환자가 백여 명 정도만 왔지만, 수만 명의 전쟁 난민들 사이에 소문이 퍼지면 환자 수가 더 늘어날 것을 수녀들은 알고 있다.

의약품과 장비는 지난 토요일, 한국에서 선교 활동을 오랫동안 했었던 안드레Andre 수녀와 해외 선교는 처음인 젊은 수녀이자 매리 머시에 이어 진료소의 두 번째 의사인 애그너스 터리스Agnus Therese 수녀가 배편으로 도착했다.

회색 수녀복에 검은 외투를 입은 두 의사는 진료소에서 산 윗쪽으로 올라가면 나오는 판자촌에서 아침마다 "가정 방문"을 하고 있다. 부산의 남산에 형성된 이 빈민촌의 피난민들은 산비탈을 파내고 만든 동굴 같은 구멍이나, 판지와 거적 그리고 물에서 건져낸 목재로 만든 허름한 움막에서 살고 있다.

해충이 들끓는 이 불결한 환경에서, 두 수녀 의사는 폐렴으로 죽음의 문

턱까지 갔던 한 소녀를 살려냈으며, 피부 질환을 치료해왔고, 어린이 천연두 예방 접종 캠페인도 시작했다. 천연두는 환자의 피부에 흉터를 남기며 목숨을 앗아가는 경우도 있다. 가끔씩 그들을 따라다니는 아이들 중 절반이 천연두에 감염되어 얼굴에 발진이나 농포가 나 있는 것이 눈에 띈다.

1951년 4월 10일, 화요일

큰 희생을 치르며 두 달이 넘게 진격과 정지를 반복해온 끝에 제1기병사단은 적을 남한에서 몰아내는 데 일조했다. 사단은 38선 이북 8킬로미터 지점의 중부 전선에 도달했다. 전투에 지친 "기병대"가 일시적으로 예비대로 전환될 때다. 하지만 상부의 지시에 따라 거대한 화천댐에서의 긴급한 임무 수행을 위해 1개 연대, 즉 버디 웬젤이 소속된 제7기병연대는 보류되었다.

그러자 스무 살의 웬젤 이병은 특수한 단독 임무에 자원했다. G중대 스나이퍼로서, 망원 조준경을 장착한 M-1 소총을 들고 그는 어리석을 정도로 몸을 충분히 숨기지 못하는 중공군을 하나씩 쓰러뜨린다. 그는 한 번에 한 명씩 적군을 죽이면서 G중대의 승산을 높이고 있다고 믿는다. 하지만 그에겐 다른 동기도 있다. 그의 개인적인 승산은 점점 불리해지고 있기 때문이다. 그는 전쟁터에 너무 오래 있었으며 두 번이나 부상을 입었다. 저격 임무는 제1차 중국 인민지원군first wave의 공격에서 벗어나게, "내 엉덩이에 총 맞을" 위험에서 벗어나게 해주고 있다.

오전 5시, 차가운 아침 안개 속에서 조지 중대가 기상한다. 중대는 높이도 매우 높고 폭도 250미터 이상이나 되는 화천댐을 점령하기 위한 공격에 나서는 제2대대의 선두에 설 임무를 맡았다. 화천댐은 평시에는 남서쪽으로 97킬로미터 떨어진 서울에 전기를 공급하지만, 전쟁 중인 이 시기에는 진격하고 있는 미군에게 위험이 되고 있다. 중공군은 댐의 수문을 열기 시작했고, 미군 사령부는 그들이 북한강 하류에 있는 미군 진지를 침수시킬 계획을 하고 있는지 우려하고 있다.

제7기병연대원들은 혓바닥처럼 생긴 폭 800미터의 땅을 따라 이동한다. 오른쪽에는 화천호,⁵ 그리고 이 인공호수 북쪽 끝에는 댐이 있으며, 왼쪽에는 굽이굽이 흐르는 북한강이 있다. 지형 때문에 포격 지원을 위한 105mm 곡사포도 가져올 수 없고, 어두침침한 기상 때문에 공중 지원도 불가능하다. 조지 중대는 댐을 지키고 있는 중공군이 점거 중인 능선을 박격포와 기관총, 그리고 M-1 소총만으로 점령해야 한다.

하지만 중대는 곧 강력한 저항에 부딪힌다. 중공군의 박격포와 적절한 위치에 배치된 기관총에 막힌 그들은 정오가 지나도록 꼼짝할 수가 없다. 가망이 없는 상황, 마침내 후퇴 명령이 떨어진다.[1]

버디 웬젤은 선두 병력의 뒤쪽 고지대에 있다. 고립되어 있던 병사들이 달리며 그를 지나간다. 중공군의 기관총 사격이 이어진다. 웬젤은 길을 알려주기 위해 자리에서 일어나 소리를 지른다. 기관총 탄환이 그의 오른손을 찢으며 관통한다. 그가 쓰러진다. 방아쇠를 당기고 편지를 쓰는 손에 극심한 고통을 느낀다.

웬젤은 후송되어 곧 일본을 경유해 미국으로 되돌아가게 된다. 친구 한 명이 "네가 마지막이야."라고 말한다. 9개월 전 포항에 상륙해 노근리 피난민 학살로 전쟁을 첫 경험했던 G중대의 젊은 병사들은 이제 대부분 죽거나 불구가 되거나 정신적으로든 육체적으로든 피폐해진 상태다.

웬젤이 소속되어 있는 소대의 병장인 밥 스피로프 Bob Spiroff는 틈날 때마다 쓰는 일기에 계속되는 "좋은 병사들"의 죽음을 애통해하는 그의 심정을 기록한다. "한국보다 더 지옥같은 곳은 없으리라 확신한다!" 2차 세계대전에 참전하여 훈장까지 받았던 베테랑 군인은 절망에 빠진 채 일기를 쓴다.[2]

아침이 되자, 제7기병연대가 다시 진격을 시도한다. 이번에는 적의 측면을 공격하기 위해 보트를 타고 호수를 가로지르는 육군 레인저 1개 중대와 함께한다. 호수 기슭에 도착하자 그들은 중공군의 거센 저항을 받아 후퇴할

---

5 파로호

수밖에 없다. 상부의 지시로 작전은 일시 중단되고 제7기병연대는 후방에 있는 사단 예비대로 보내진다. 며칠이 더 지난 후, 마침내 미 해병대가 위협적인 댐에 대한 적의 통제를 끝낸다. 중공군은 북쪽으로 더 멀리 후퇴한다. 그러나 중국의 공세가 임박했음을 암시하는 현장 정보가 점점 더 많이 들어온다.[3]

《《《

스물 세 명의 이름에 불과하지만, 이 짧은 명단은 앨라배마에서 캘리포니아에 이르는 스물 세 곳의 미국인 가정에 큰 짐을 덜어준다.

앨런 위닝턴은 미국의 공산당 기관지 데일리 워커의 기사에서 23명의 미국인 전쟁포로들이 다음 주에 중국 라디오를 통해 방송될 "가족과 미국 국민에게 보내는 메시지"를 녹음할 것이라는 한 베이징 라디오의 발표를 인용했다.[4] 이 명단을 통해, 이전까지 전투 중 실종으로 분류되어 있었으나 현재 적에게 붙잡혀 있는 미군들의 신원이 처음으로 확인되었다.

지난 9월 인천상륙작전이 시작되기 하루 전에 한국을 떠난 위닝턴은 이후 베이징에 있는 그의 본거지에서 전선의 상황을 면밀히 추적해왔다. 인맥이 두터운 위닝턴은 자신이 마오쩌둥과 펑더화이가 무엇을 하려고 하는지 이해하고 있다고 느낀다. 그들의 목적은 미군과 그 연합군들을 바다로 몰아넣고 한국 공산당을 위해 한반도 전체를 점령하는 것이 아니라, 적을 멈춰 세우고는 휴전 협상을 하도록 만들어 전쟁이 확산되어 동아시아 전체를 집어삼키는 것을―미국이 원자탄을 사용될지도 모른다―막으려는 것이라고 그는 생각한다.

중국의 수도에 머무는 동안 마흔한 살의 데일리 워커 특파원이 취재 및 보도 이외에 열중한 것이 또 있다. 그는 중국 관영 통신사인 신화통신의 한 젊은 기자와 가까워졌다. 나이가 위닝턴의 절반 밖에 되지 않는 그 젊은 여인의 이름은 에스더 저오잉이다.

중국인과 영국인의 혼혈인 그녀는 실연의 아픔과 혁명기 베이징의 억압적인 분위기로 인해 우울해하고 있다. 그녀는 런던 출신의 세련된 위닝턴이 독립적인 사고방식을 지녔으며 자신의 속마음을 털어놓을 수 있는 사람이라고 생각하게 된다. 차를 마시며, 위닝턴은 인종적 부적응자이자 프롤레타리아 중국에 살고 있는 부르주아, 그리고 관념적인 사내정치社內政治에 반대하는 반항아로서 그녀가 느끼고 있는 불행에 대해 털어놓게 한다. 그는 그녀에게 "대놓고 솔직하게 조언을 해준다."[5]

1951년 4월 11일, 수요일

우박을 동반한 폭풍이 몰아치는 날씨로 인해, 매트 리지웨이와 그를 방문한 프랭크 페이스Frank Pace 육군 장관은 중부 전선에서 새로운 작전인 돈틀리스 작전Operation Dauntless을 시작하는 병력 중 하나인 제5연대전투단의 지휘소에서 악천후를 피하고 있다. 리지웨이의 VIP 방문객은 부대 시찰 중이다. 그의 방문을 취재 중인 한 기자가 손을 내밀며 제8군 사령관에게 다가간다. "장군님, 축하를 드려야 할 것 같군요" 기자가 말한다. 영문을 몰라, 리지웨이는 "뭣 때문인가요?"라고 대답한다. 장군이 아직 소식을 듣지 못했다는 사실에 놀란 기자는 무안해하며 아무 말도 하지 않고 자리를 피한다.

오후 늦게 페이스는 제8군 사령부를 통해 워싱턴으로부터 한 통의 메시지를 받는다. 그는 리지웨이에게 그 내용을 전해준다. 맥아더 장군은 트루먼 대통령에 의해 해임되었고, 리지웨이가 맥아더를 대신할 극동군 사령관으로 임명되었다는 소식이다.

더글러스 맥아더의 해임은 얼마 전부터 예측이 가능했다. 외교 정책에 대한 공개적인 발언을 자제하고 중국과의 전쟁 확대에 대한 생각을 선전하지 말라는 워싱턴의 지시를 그가 반복적으로 무시했었기 때문이다. 엿새 전, 미 하원의 소수당인 공화당 대표 조 마틴Joe Martin이 하원에서 맥아더의 서한을 읽으며, 대만의 중국 국민당 군대가 중국 본토를 침공하여 제2의 전선을 개척하자는 그의 아이디어를 다시 한 번 지지했을 때, "더 이상 참을 수 없는 상황"이 되어버린 것으로 보였다.

그러나 전후 사정은 좀 더 복잡하다. 들어오는 정보들을 분석해보면, 소련이 한국에 더욱 개입할 준비를 하고 있을지도 모른다. 아마도 공습 지원이나 소련의 아시아 지역 "자원"군 투입 등을 생각하고 있을 수 있다. 그러한 점을 고려하여 트루먼은 핵무기를 괌으로 보내도록 명령했다. 적의 공군 기지에 투하하게 될 수도 있는 원자 폭탄을 배치하도록 한 것이다. 긴장이 고조되는 상황에서, 합동참모본부와 백악관은 극동 지역에서 보다 안정적이고 예측 가능한 주도권을 쥐기를 원하고 있다.[6]

리지웨이 자신도 더글러스 맥아더에 대해 서로 강하게 상충되는 감정을 가지고 있다. 그는 훗날 맥아더를 "진정으로 위대한 전쟁 지휘관 중 한 명"이라고 회고한다. 그러나 맥아더의 오만할 정도로 자기중심적이며 고집불통인 성향, 자신을 포장하는 "무과실성의 아우라"로 인해 상급자와의 충돌은 필연적인 것이었다.

"승리를 대신할 수 있는 것은 없다"며, 맥아더는 트루먼 행정부의 분노를 촉발시킬 만한 편지를 써서 마틴 의원에게 보냈다. 리지웨이는 맥아더가 생각하고 있는 승리라는 것이 전 세계 공산주의의 군사적 패배라는 것을 알고 있다. 또한 그는 미국 국민들이 "아시아 대륙의 한없이 빠져드는 구덩이에서 벌어지는 끝없는 전쟁"이라는 불가능한 성전을 결코 받아들이지 않을 것이라는 것도 알고 있다. 그 대신에, 활력을 되찾은 제8군이 그들이 납득할 수 있게 한국전쟁을 끝낼 수 있다고 그는 확신한다.

우박 대신 태백산맥에는 때 아닌 눈이 내린다. 돈틀리스 작전이 순조롭게 시작된 것을 확인한 리지웨이와 프랭크 페이스는 한강에 인접한 여주 사령부로 돌아간다. 아침에 그들은 남쪽으로 날아가 부산에 도착한 후, 그곳에서 다시 도쿄로 가서 리지웨이가 그의 "위대한 지휘관"과 마지막 회의를 가진다.

1951년 4월 중순

킬러Killer, 리퍼Ripper, 러기드Rugged, 돈틀리스Dauntless 등의 지상 작전이 끊임없이 이어지는 가운데, 1월의 눈이 내릴 때 진창길을 걸으며 제천에서 출발하여 봄비가 내리는 인제 부근의 산악 지역에 이르기까지, 제17보병연대는 가다 서다를 반복하며 중앙 전선에서 121킬로미터 전진했다. 제17보병연대는 고지 하나를 점령하고, 빼앗기고, 다시 탈환한 후, 다음 고지를 향해 계속 북진했으며, 3개월 동안 137명이 전사했고 부상자는 그보다 훨씬 많았다.

길 아이섬을 비롯하여, 전투 경험로 다져진 제17보병연대의 병력들이 이제 한강의 주요 지류로서 북동쪽에서 남서쪽으로 흐르는 소양강을 건넌 다음, 눈에는 보이지 않는 38도선으로 향하고 있다. 바로 그 너머에는 캔자스 선Line Kansas이라는, 작전 지도를 작성한 사람 머리 속에 존재하는 또 다른 선이 있다. 한반도를 가로지르는 물결 모양의 이 선은 주변 지형으로 인해 강력하고 방어선이 될 것이라고 제8군의 전술가들은 판단하고 있다. UN군 사령부의 선두 병력이 캔자스 선을 향해 꾸준히 이동하고 있다. 북한군과 중공군은 조직적 철수를 계속하면서, 미군과 한국군의 진격을 늦추기 위해 그들의 후위대로 하여금 교전을 벌이게 하고 있다.[7]

소양강 북쪽 고지를 사수하고 있던 이지 중대 3소대가 포격을 받아 사상자가 발생하고 있다. 남쪽 강변에서 예비 병력으로 있던 2소대의 아이섬을 비롯한 네 명의 병사는 고무 뗏목을 타고 강을 건너 부상자 두 명을 구출하라는 지시를 받는다.

네 사람은 노를 저어 강 반대편 둑으로 가서 들것 두 개를 가지고 언덕을 오른다. 먼저 다리에 부상을 입은 병사를 발견한 그들은 붕대를 감아주고 그의 구명보트 탑승을 돕는다. 그리고 나서 그들은 두 번째 병사를 발견한다. 놀랍게도, 그는 머리에 심한 부상을 입은 것 같은데도 여전히 의식이 있는 상태다. 아이섬은 구급낭에서 거즈 압박붕대를 꺼내 펼친 다음 부상병에게 붕대를 머리에 대고 들것에 올라타라고 말한다. 그는 "들것은 필요 없어."라고 말한다. 그는 혼자서 내리막길을 걷기 시작한다.

그의 박살난 두개골 사이로 분명히 뇌가 보였다고 생각한 아이섬은 놀랐지만, 세 명의 동료가 첫 번째 부상병을 들어 비탈길을 조심스럽게 내려가는 것을 도울 수밖에 없다. 두 번째 부상병은 어떻게든 그들과 함께 내려와서 보트에 올라탄다. 여전히 어리둥절한 아이섬이 그를 다시 쳐다본다. 그도 아이섬을 가만히 바라본다. "이봐, 친구들." 그가 말했다. "난 집에 갈 거야."

"그래," 아이섬이 대답한다.

"넌 백만 달러짜리 부상을 입었어. 미국으로 가야지."

그들이 노를 저으며 강기슭에서 멀어질 때, 그 부상병이 꺼낸 말은 그들을 혼란스럽게 한다. "내 집은 더 이상 미국에 있지 않아."

무슨 말이지? 지옥 같은 포격 소리에 잠시 주의가 흐트러졌던 그들은 모두 의아해한다. 보트를 남쪽 강둑에 댄 후 그들은 두 부상병을 옮기려 돌아선다. 머리에 부상을 입은 병사가 움직이지 않는다. 죽은 것이다. 강에서 마지막 몇 분을 버티지 못하고 숨을 거둔 것이다.

"아니, 그 말이 맞아." 같이 보트를 탔던 동료 한 명이 나중에 아이섬에게 말한다. "그는 자기가 죽어가고 있다는 것을 알고 있었어. 자기가 천국에 갈 거라는 걸 알고 있었던 거지."

어린 길버트를 교회에 다니게 하려는 어머니의 노력에도 불구하고 아이섬은 종교가 없다. 그는 군대에서 나눠준 조그만 신약성경을 몇 번이고 반복해서 읽기는 하는데, 단지 그것이 유일한 읽을거리이기 때문이다. 그리고 어떤 답 같은 걸 들을 수 있을까 기대하며 그는 이제 밀워키에 있는 감리교 목사에게 이 이해할 수 없는 일화에 대해 편지를 쓴다. 하지만 결국 길 아이셤은 전쟁에는 상상할 수 없는 잔인함과 비인간성 말고도 결코 설명할 수 없는 신비가 존재한다는 사실을 그냥 받아들인다.

《《《

신형규는 열여섯 살이었던 지난 여름에 겁에 질린 채 피난을 위해 떠났던 가족이 있는 집으로 가기 위해 거창의 거리를 걸으며 점점 더 긴장한다. 가족들은 아직 여기 있을까? 아직 살아 있을까? 아버지는? 처형되셨을까? 어디에 묻히셨을까?
 거창으로 오는 길 양쪽으로 잿더미가 된 폐허와 잔해가 널려 있었다. 미군과 한국군이 한반도 최남단에서 북한군을 몰아내면서, 지난해 9월 단 하루, 미 공군은 25대의 B-29 폭격기를 보내 거창-진주-김천 지역의 목표물에 863발의 250kg급 폭탄을 퍼부었다.[8] 거창과 인근 마을은 이제 일 년도 되지 않은 전쟁 기간 동안 전대미문의 파괴 현장으로 변해버린 한반도 전역의 가장 남쪽에 위치한 곳이 되었다.
 헌병 상병인 신형규는 4월 초, 전방에서 북한 포로들을 부산의 전쟁포로수용소로 호송하는 운 좋은 임무를 맡게 되었다. 온 가족과, 아니면 가족 중 남아 있는 누구라도 다시 만날 수 있기를 바라며, 그는 그 기회를 이용해 지나가는 차를 얻어타고 부산에서 서쪽으로 129킬로미터 떨어진 거창까지 왔다.
 전방까지는 우편물이 들어오지 않기 때문에, 지난 8월에 굽은 길을 돌면서 어머니와 헤어진 이후 그는 가족 소식을 전혀 듣지 못했다. 아들을 떠나보낸 후, 어머니는 동생 다섯 명을 데리고 전쟁을 피해 폐광으로 피신했다.
 집에 점점 가까워지면서 그는 멀리서도 집이 손상되지 않은 것을 알 수 있다. 그는 대문을 밀고 들어가 마당을 가로지른다. 그의 어머니가 고개를 들어보니, 문간에 왜소한 형체의 검은 윤곽이 보인다. 체구에 비해 큰 초록색 전투복, 어깨에 메고 있는 소총, 그리고는 아들의 소년 같은 얼굴을 보게 된 어머니는 너무나도 기뻐하며 아들을 안고는 눈물을 터뜨린다. 그녀는 아들이 죽었는지 살았는지 죽었는지 전혀 모르고 있었다.

신형규는 아버지를 포함해 모두가 살아남았다는 사실을 알게 된다. 하지만 가족들은 전쟁이 발발했을 당시 서울에서 공부하고 있던 그의 형님에 대해서는 아무런 소식도 듣지 못했다. 형규는 오래 머물 수가 없다. 부대로 늦게 복귀해서는 안 된다. 그는 아버지가 여전히 근무하고 있는 지방관청으로 달려가 아버지를 깜짝 놀라게 한다. 아버지는 공포스러웠던 작년 여름에 수천 명의 사람들이 '좌익'으로 몰려 즉결 총살형을 당할 때 자신이 기적적으로 처형을 면했던 이야기를 아들에게 들려준다.

결국은 돈 때문에 살았다고 아버지는 말한다. 한 부유한 친구의 가족이 그 친구와 아버지를 살려 달라고 경찰에게 뇌물을 줬기 때문이었다. 그 후 경찰 경비병들은 북한군이 접근하자 사라졌다고 한다. 아버지가 그 방치된 광산에 숨어 있던 아내와 아이들을 발견했을 때, 어머니는 이미 열 번째 아이인 여자아이를 출산한 뒤였다.

신형규가 집으로 돌아오자, 그의 동생들이 산 속에 숨어 지내던 지난 여름, 미군 전투기들이 날아올 때 들렸던 무서운 소리, 민간인과 북한군인 모두 희생시켰던 공습, 논에서 썩어가던 시체 등 전쟁으로 인한 몇 주간의 충격적인 일들에 대해 이야기한다. 어머니는 아들에게 그중에서도 가장 참혹했던 사건을 들려준다. 2월에 자신들의 대한민국 국군이 거창 외곽의 마을에서 게릴라에게 먹을 것과 입을 것을 줬다는 혐의로 700명 이상의 주민들을 학살했다. 거기엔 여자들과 아이들도 포함되어 있었다. 이 학살 사건은 신씨 일가의 친척이자 그 지역을 대표하는 신정목 국회의원이 진상 조사를 요구하면서 비로소 전국적인 관심을 끌게 되었다.

잔혹한 거창 학살 소식을 듣고도 신형규는 놀라지 않는다. 열여섯 살의 소년에서 열일곱 살의 군인으로 성장하는 과정에서 그는 많은 것을 보고

4월

들어왔기 때문이다. 그는 다시 눈물을 흘리며 가족들과 포옹하고 난 뒤 북쪽으로 돌아가기 위해 집을 나선다. 끝나지 않고 있는 중부 전선의 전쟁터에 있는 그의 중대로 복귀하기 위해서다.

1951년 4월 22일, 일요일

시원하고 상쾌한 날이다. 전쟁 발발 후 처음 맞는 봄의 기운이 북쪽으로 퍼져나가고 있다. 날이 풀리고 4월을 비를 맞으며 진달래와 개나리가 피어나고, 한국의 황폐화된 산비탈 여기저기에는 붉고 누런 물체들, 10개월간의 전쟁에 의한 사망자들의 수습되지 못한 유골들 사이의 흰 눈이 햇빛을 받아 반짝인다.

최전선의 많은 지역에 연기가 자욱하다. 중공군은 그들의 이동을 공중 감시로부터 가리기 위해 산불을 일으켰다. 해질 무렵, 서울 북쪽 전선을 따라 시작된 포격의 범위는 시시각각으로 더욱 광범위해진다. 그리고 8시가 지나 보름달이 떠오르고 달빛이 자욱한 안개로 희미해지면, 서쪽의 중공군과 동쪽의 북한군 수만 명이 145킬로미터 전선 전역에 걸쳐 UN군을 향하여 파도처럼 계속 몰려온다. 공격의 주력 부대인 서쪽의 중공군은 서울 탈환을 목표로 하고 있다. 동쪽의 북한군 공격은 적의 주의를 딴 데로 돌리려는 목적이 더 크다.

4월 내내 조금씩 북진중이던 미군은 최근 며칠 동안 중공군의 전력 증강 징후를 감지했었다. 반격을 예상한 미군은 더욱 방어적인 자세를 취했었다.[9] 오늘 밤, 몇 시간 만에 태평양을 건너 소식이 전해졌다. CIA는 이 맹공이 "오랫동안 예상되어 왔던 공산군의 '춘계' 공세가 시작되었음을 나타낸다"고 백악관에 조언한다.[10]

펑더화이 장군은 한국전쟁의 운명이 이 전투에 달려 있다고 말한다. 이 전투가 오늘 밤 시작되는 것은 펑더화이가 참모들과의 논쟁에서 이겼기 때문이다.

중국 인민지원군 사령관 펑더화이는 수개월 동안 북한에 형성된 전선 뒤로 인천상륙작전과 같은 상륙작전이 전개되어 보급품과 증원군이 차단당할 것을 우려해왔다. 그는 미군의 그런 계획을 무산시키기 위해 남쪽을 향한 또 한 차례의 전면 공격을 계획했다. 그러나 현재 평양에서 남동쪽으로 113킬로미터 떨어진 공사동의 동굴에 있는 그의 사령부에서 열린 회의에서, 긴장감이 고조된 가운데 홍쉬에쯔를 비롯한 펑의 참모들은 반대하면서, 그 대신 시간을 끌면서 미군과 동맹군들을 더 북쪽으로 유인해 38선 위에서 가둔 다음 공격하는 전략을 선호했다. 그들은 새로 도착한 지원군은 너무 미숙해서 당장 공격에 나서기 어렵다고 주장했다.

자신의 생각을 지지하는 사람이 거의 없자, 고집 센 펑은 화를 내며 참모들의 의견을 계급으로 눌렀다. "이 전투 할 거야, 말 거야?" 그가 참모들에게 물었다. 펑의 고집에 익숙해져 있던 그들은 물러섰다. "총사령관 동지 뜻에 따르겠습니다." 홍이 말했다.

만주에서 출발한 중국 증원군의 "두 번째 물결"이 3월부터 도착하고 있다. 10,000명 규모의 보병 사단 27개와 포병 및 대공 부대가 합류해 중공군 규모가 두 배로 늘어났다. 북한군까지 합치면 공산군 병력은 100만 명이 훨씬 넘는다. 계획은 5월 중순에 대규모 공세를 감행하기 전에 한 달 동안 전구 내에서 실전 훈련을 하는 것이었다. 그러나 펑더화이는 상륙작전에 의한 포위에 대한 두려움으로 인해 마오쩌둥에게 조기 공격을 건의하여 승인을 받았다.

오늘 저녁, 서해에서 가까운 임진강에 접해 있는 문산의 서부 전선 진지에서부터 동해에서 불과 32킬로미터 떨어진 위치의 동부 전선 진지에 이르기까지, 약 700,000명이라는 엄청난 규모의 전방 및 예비 병력이 UN군 진지를 공격하며 한국전쟁 최대 규모 전투가 시작된다.

가장 치명적인 공격은 서울에서 북동쪽으로 64킬로미터 떨어진 곳에 주둔하고 있는 중부 전선의 한국군 6사단을 겨냥하고 있다. 지난 6월, 한국군 6사단은 북한의 침공에 맞서 용맹하게 싸우며 가장 오랫동안 그 자리를 지켰었다. 그러나 지금 중기관총도 없고 대포도 거의 없는 그들은 빽빽하게 밀려들며 공격해오는 중공군에 맞서기에는 너무 화력이 부족하다. 몇 시간 만에 6사단이 무너지고 생존자들은 비틀거리며 남하해버림으로써, 그 양쪽에 있는 미군의 측방이 침투해오는 중공군에 노출된다.[11]

하지만 펑더화이의 "제5차 전역"의 모든 면이 순조롭게 진행되고 있는 것은 아니다. 자정 무렵 일반적으로 수심이 얕은 임진강을 건너려던 중공군 수백 명이 6미터 이상으로 급격히 불어난 강물에 빠져 익사했다. 그들의 지휘관들은 임진강 하구로부터 갑자기 밀려 올라오는 거센 물살에 대해 잘 모르고 있었던 것이다. 동쪽에서는 전쟁터에 막 도착한 중국 인민지원군이 공격 일정보다 늦어서 한 시간 동안 달려간 뒤에야 제 위치에 배치된다. 그보다 더 동쪽에서는 중공군 60사단이 한국군 6사단을 패주시키는 과정에서 미군 곡사포 여러 대를 노획했지만, 농민 출신의 병사들은 곡사포를 견인하기 위해 노획한 차량을 어떻게 운전해야 할지 모른다.[12]

홍의 말이 맞았다. 한국의 전선에서 검증되지 않은 "풋내기" 사단을 활용해야 할 정도로 공세가 너무 일찍 개시되었다.[13] 그리고 펑의 말이 틀렸다. 미군은 상륙작전을 계획하지 않았다.

«««

깊은 잠에 빠진 허원무 소위가 어느 폐가의 불도 때지 않은 바닥에 누워 이불 두 장으로 몸을 돌돌 감싼 채 꿈을 꾸고 있다. 그는 잠재의식 속에 있는, 천안 근처 정미소 밖에 서서 작별인사를 하는 어머니의 모습을 본다. 폭설이 내린다. 그의 가족이 서울을 탈출하고 난 후 그가 포병 장교 훈련을 받으러 떠나던 1월에 그랬던 것처럼, 어머니는 그에게 "뒤돌아보지 마."라고 말한다. "어서 가거라. 우린 다시 만나게 될 거다. 그게 하늘의 뜻이라면 말이다."

"적의 공격이다!"라는 외침에 깜짝 놀란 그는 꿈에서 깨어나 다시 현실 세계로 돌아온다. 중대장의 외침이다. 그는 신임 소위에게 즉시 전방 관측소 OP로 가라고 명령한다. 허원무는 대구에 있는 사관학교를 졸업한 뒤 지나가는 차를 얻어타며 일주일 동안 이동한 끝에, 오늘 저녁이 다 되어갈 무렵에야 최전방에 자신이 배치받은 포병 중대에 도착했다. 그는 전입 신고를 하고 식사를 한 후 오랫동안 예상되어온 중공군의 춘계 공세에 대비해 취침했다.

하지만 허원무 신임 소위는 혼란스럽다. 그는 105밀리 곡사포의 관측장교 훈련을 받았지만, 동해안 인근의 전선을 사수하고 있는 한국군 제11사단 예하 제102독립포병중대는 4.2인치 박격포만 보유하고 있기 때문이다. 그는 거의 차이가 없다는 말을 듣는다. 그리고 허 소위는 자신의 관측소가 어디에 있는지 모르고 있다는 점도 언급한다. 이 상병을 만나보라는 말을 듣는다.

이 상병은 먼저 신임 소위가 지도, 나침반, 손전등, 쌍안경은 물론 30구경 카빈—이것 또한 그가 훈련받지 않은 무기다—을 갖출 수 있도록 도와준다. 신임 소위는 군 생활의 불합리성에 대해 빠르게 배워간다. 마침내, 보름달 아래 허원무가 무전기 및 야전전화 조작병인 이 상병과 함께 북쪽으로 3킬로미터 남짓 떨어진 관측소로 출발한다. 가파른 언덕 꼭대기에 있는 관측소에서, 4인으로 구성된 1개 조가 자리를 잡고 기다린다.

전쟁에 처음 참가한 열여덟 살의 허원무는 긴장해 있다. 북쪽에서는 섬광과 굉음을 동반한 포격이 계속되고 있다. 허원무의 관측반은 고립되어 있으며, 언제 공격받을지 모른다. 어둠 속에서 불안한 시간이 천천히 지나가지만, 적의 흔적은 보이지 않는다. 해가 떠오르자 허 소위는 부하들에게 방어 참호를 파도록 지시한다. 그는 중대의 사격지휘소와 협의하여 좌표를 미리 설정해 나중에 있을 박격포 사격 임무에 대비한다. 하지만 여전히 적은 보이지 않는다.

일요일 밤 중공군의 대규모 공격으로 전선 전역에 비상 경보가 발령됐지만, 큰 타격은 허원무의 위치에서 서쪽으로 약 96킬로미터 떨어진 곳에서 발생했고, 그곳에 있던 한국군 6사단은 붕괴되었다.

1951년 4월 23일, 월요일

맑은 밤하늘에 떠 있는 달빛에 의존한 채, 불을 끈 작은 트럭 두 대가 북한의 이면도로를 따라 후방 깊숙이 위치한 중공군 야전병원을 향해 천천히 이동한다. 두 번째 트럭의 덮개도 없는 화물칸에서 천싱치우는 중공군과 북한군이 새로 전개한 공세의 초기에 중상을 입어 들것에 실려 온 세 명의 병사를 돌보고 있다.

한 명이 갑자기 고통에 비명을 지른다. 트럭이 도로에 난 턱 때문에 심하게 덜컹거렸기 때문이다. 천이 운전석을 쾅쾅 두드린다. 겁에 질린 운전자가 고개를 돌려 외친다. "비행기?" 천은 비행기는 없다고 그를 안심시키며, 그저 좀 천천히 가면 좋겠다고 말한다.

이 젊은 의무병은 처음엔 불만이었다. 후방으로 부상병들을 호송하는 임무가 주어졌기 때문이었다. 토요일에 펑더화이 장군의 제5차 전역에 합류하기 위해 그의 방공대대가 이동할 때, 그는 중공군 곡사포 연대를 보호하기 위해 방공대대와 함께 전방으로 가고 싶었다. 그들이 소속된 12군은 서부 전선의 미군과 터키군에 대한 공격, 즉 중공군 주공의 선두에 서도록 지정되어 있었다.[14] (이제는 태국, 터키, 네덜란드, 캐나다 군이 UN군에 합류한 상태다.) 그러나 토요일 아침, 미 공군과의 격렬한 공대지空對地 전투로 인해 천의 상황이 바뀌어 버렸다.

그날 아침 9시경, 근처에 위장된 대공포가 있는 줄 몰랐던 F-80 제트전폭기 4대가 중공군 진지 옆에 있는 마을을 폭격했다. 비행기들이 마을에 두 번째 포격을 가하기 위해 되돌아왔을 때, 포수들은 그들의 무기로 대공포화의 장벽을 만들었다. 제트기 한 대가 피격되어 화염에 휩싸이며 추락했다. 다른 제트기들은 날아가 버렸다. "개같은 적군놈들아!" 포병들이 외쳤다.

예상대로 이후에 미군이 다시 왔다. 이번에는 십여 대의 제트기가 날카로운 소음을 내며 대공포를 파괴하기 위해 저고도 비행을 하면서 광범위한 지역에 폭탄을 투하하고 기총소사를 거세게 가한다. 공습에 노출된 채 포탄을 운반하던 병사들 일부가 목숨을 잃었다. 공대지 포격전은 소강 상태를 포함하여 두 시간 동안 맹렬하게 계속되었고, 방공대대는 여러 대의 미군 비행기를 추락시키거나 손상시켰다고 보고했다. 중공군은 소대장 1명이 사망하고 병사 11명이 부상당하는 피해를 입었다.

방공대대 부사령관이 의무병 천싱치우와 마라는 이름의 장교를 소환해 부상자들을 멀리 떨어진 야전병원으로 후송하는 임무를 맡겼다. 십대 소년의 실망스러운 눈빛을 본 부사령관은 천이 혼자서도 부상자를 처리할 수 있을 만큼 숙련된 실력을 보여줬기 때문에, 의무병을 한 명 더 전선에서 차출할 필요가 없다고 말했다. 그 후 천은 그 임무를 다르게 보게 되었다.

천은 도로를 벗어나 있는 주간에는 11명의 환자를 모두 돌보며 붕대를 갈아주고 항생제와 모르핀 주사를 투여하는 등 바쁘다. 이제 세 번째 야간 이동 중인 천은 들것에 실려 있는 부상병 세 명을 지켜보고 있다. 그들 중 둘은 다리가 산산조각이 나서 붕대를 두껍게 감고 부목을 대고 있다. 트럭이 덜컹거릴 때의 충격으로 고통에 울부짖던 병사는 이제 밤의 한기 때문에 떨고 있다. 천은 자신의 외투를 벗어 그를 감싸준다.

호송 트럭들이 천천히 산을 오르는데 갑자기 굉음이 들린다. 미국의 "야간 침입자night intruder" 전투기 한 쌍이 달빛에 얼핏 비친 두 트럭을 포착한 것 같다. 전투기들이 급강하하여 기총사격을 가하고 폭탄을 투하하지만, 트럭 뒤로 너무 먼 곳에 공격이 가해져서 손상을 입히지 못한다. 트럭 운전사들은 재빨리 방향을 틀어 도로에서 벗어나 주변 숲으로 트럭을 숨긴다. 미군 비행기들이 돌아와 도로를 따라 기총사격을 가하고, 탄환에 맞을 때마다 노면에서는 불꽃이 튄다. 천이 돌보고 있던 부상병 중 한 명은 다리가 부러졌음에도 불구하고 공포에 질려 반사적으로 벌떡 일어난다. 천은 그가 다시 들것에 눕도록 도와주고는 세 부상병을 진정시키려고 노력한다. 바로 그때 튕겨 나온 탄환이 천의 몸에 박힌다. 타는 듯한 고통이 느껴지지만, 총알이 관통은 되지 않았다. 피도 나지 않는다.

곧 이어 그는 믿기지 않는 듯, 마 장교가 그의 트럭을 몰고 헤드라이트를 켠 채 다시 도로로 향하는 것을 지켜본다. 잠시 후 헤드라이트가 꺼지고 트럭이 돌아온다. 그들 상공에 남아 비행 중이던 미 조종사 한 명이 미끼를 물고 트럭이 있었던 도로를 따라 폭탄을 투하한다. 속아 넘어간 조종사가 다시 폭격하기 위해 선회하자, 마 장교는 "가자!"라고 외친다. 트럭은 자욱한 연기와 불타는 나무들을 지나 안전한 곳을 향해 빠르게 달려간다.

1951년 4월 24일, 화요일

자신감이 아니라 두려움. 펑더화이의 새로운 공세에 맞닥뜨린 후, 지난 이틀간 철수하는 동안 피트 맥클로스키 소위와 그의 해병 소대는 적의 심각한 저항도 받지 않고 화천 저수지 지역으로 북진하던 때 가졌던 자신감과는 무척이나 다른 것을 느꼈다.

때로는 탈진할 정도로 행군하며, 때로는 고무 바퀴 달린 수륙양용 차량을 타며 남쪽으로 급히 철수하는 과정에서, 제5해병연대의 찰리 중대원들은 적이 뒤에서 또는 측면에서 접근하고 있거나 심지어 후퇴하고 있는 그들 앞에 매복해 있는 것을 감지한 병사들이 가지는 두려움을 느꼈다.

해병대 서쪽 측면에 있던 한국군 6사단이 붕괴된 틈을 이용해 중공군이 설치해 놓았을지도 모를 함정에 빠지지 않기 위해 제1해병사단 병력이 북한강 계곡을 따라 구간전진區間前進하고 있다. 이틀 전 한국군 6사단을 패주시킨 후 남쪽으로 16킬로미터를 밀고 내려온 중공군은 제1해병사단을 우회하여 춘천으로 연결된 보급로를 차단할 수 있는 위협이 되고 있다. 제1해병사단의 예비대인 제1연대는 중공군을 차단하기 위해 서쪽으로 급하게 이동했고, 제5연대와 제7연대는 보다 남쪽에 있는 새로운 방어선을 향해 이동했다.[15]

일요일, 제1대대의 첨병尖兵 소대로서 여전히 북진 중이던 맥클로스키와 그의 부하들은 중공군이 더 이상 그들이 북쪽으로 이동할 수 없을 만큼 비정상적으로 가까이 있다는 징후를 포착했다. 밝은 보름달 아래, 능선 위에 진지를 구축한[16] 찰리 중대는 갑자기 적의 집중포격을 받았다. 맥클로스키가 한국에 주둔한 두 달 동안 목격한 포격 중 가장 맹렬한 것이었다. 맥클로스키의 위치에서 오른쪽 1.6킬로미터 지점에 있는 해병대 진지와 왼쪽 1.6킬로미터 지점에 있는 한국군 진지에 가장 격렬한 포격이 이루어졌다. 그의 왼쪽에서, 번쩍이는 포격의 섬광이 패닉에 빠진 한국군을 밀어내며 서서히 남쪽으로 이동했다. 중공군의 대공세가 시작된 것이었다.

그리고 어제 그가 소속되어 있는 제1대대는 북한강 계곡을 따라 후퇴하라는 명령을 받았다. 남쪽으로 향하던 중 그들은 뒤쪽에서 고지들 사이로 중공군이 진격하고 있는 것을 감지할 수 있었다. 또다시 찾아온 밤에 대비하며 참호를 파고 있을 때, 기온이 거의 영하로 떨어지고 병사들이 잠을 이루기 힘들어하자 맥클로스키는 최악의 상황을 우려했다. 대대는 요리사, 제빵사, 운전병들을 예비 소대로 편성해 상황이 심각해질 경우 전투에 투입될 수 있도록 대비했다. 그러나 적은 공격을 멈추었고, 오늘 아침 제5해병연대의 제1대대는 진지에서 철수하여 다시 움직이기 시작했으나, 명령에 따라 이번에는 서쪽으로 방향을 틀어 동에서 서로 이어진 능선으로 기동했다. 다가오는 중공군을 저지하려는 제1연대 병력에 합류하기 위함이었다.

맥클로스키의 소대는 산비탈을 뜀걸음으로 올라가야 했고, 단순히 탈진으로 사망하는 병사들도 발생했다. 높이 300미터 고지의 정상에 도달했을 때, 맥클로스키는 제1연대 예하 1개 소대가 자신의 옆에 진지를 구축하고 있는 것을 발견했다. 해가 저물어가는 오후의 햇살 아래, 그들은 불안해하며 저 너머 낮은 언덕과 아래쪽 계곡으로 쏟아져 들어오는 중공군의 모습을 주시했다. 해병대원들은 정신없이 야전삽을 움직이며 참호를 판다.

몇 시간 동안 정적이 흐른 후 자정 무렵인 지금, 갑작스런 폭발음과 불빛으로 인해 전사면^{前斜面} 꼭대기의 참호 속에 있는 맥클로스키의 부하들의 시선은 일제히 그들의 고지 정상에서 북쪽으로 나와 있는 돌출부 쪽으로 향했다. 이륜 기관총 수레를 끌고 산비탈을 오르던 중공군들이 부비트랩과 조명 수류탄을 건드린 후 눈부신 빛을 받으며 얼어붙은 채 서 있다. 맥클로스키의 소대는 기관총 2대와 M-1 소총, 브라우닝 자동소총 등으로 사격을 개시한다. 곧바로 중공군의 공격 개시와 더불어 꽹과리와 나팔 소리, 그리고 함성이 터져 나온다.

"이봐, 이봐, 해병!" 중공군이 또렷한 영어로 산비탈 위로 외친다. "넌 오늘 죽었어!" 맥클로스키의 부하 중 한 명은 아드레날린만 뿜어져나오는 것이 아니라 상상력까지 고조되면서, 중공군의 돌격 나팔 소리에서 빌보드 히트곡의 선율을 듣게 된다. "저들이 '문을 열어, 리처드^{Open the Door, Richard}'를 연주하고 있어!" 베테랑 기관총 사수가 외친다.

적의 공격을 저지하는 동안, 유리한 위치에 있었던 맥클로스키의 1소대는 미 공군의 예상치 못한 대규모 지원을 받게 된다. 수송기들이 밤새 현장 상공을 오가며 낙하산 조명탄을 투하해 중공군이 맥클로스키의 사수들에게 한 번에 몇 분씩 노출되도록 한다. 중공군의 사상자가 늘어나자 공격은 수그러든다. 하지만 후사면에 발포로 인한 섬광이 보이는 지점들에서는 맥클로스키의 왼쪽에 있던 소대의 전열이 무너진 것처럼 보인다. 맥클로스키는 그 쪽에서 공격을 받을 경우를 대비해 기관총 사수 한 명을 능선을 따라 왼쪽으로 향하도록 재배치한다. 하지만 동이 트자 그는 대대 전선들이 복구된 것을 확인한다. 계곡과 산비탈 아래쪽에는 중공군의 시체가 널려 있다.

<<<

맥클로스키가 있는 해병대에서 동쪽으로 32킬로미터가량 떨어진 길 아이섬의 제17보병연대는 북한 사단의 공격을 막아내며, 천천히 캔자스 방어선을 향하여 3킬로미터 가량 후퇴하고 있다.[17]

하지만 아이섬 이병은 그들과 함께 있지 않다. 7개월 동안 전투에서 부상을 입지 않았던 열여덟 살의 보병이 적의 공격이 아닌 아군인 미군의 포탄 파편으로 인해 부상을 입었다. 미 공중 정찰기가 무슨 이유에서인지 이지 중대가 지상에 설치한 색상 패널을 보지 못한 것이다. 이 시각 신호는 지상에 있는 부대가 공격하는 항공기의 아군임을 나타내기 위해 모든 미군 부대가 설치하는 것이다. 관측병은 혼란스러워하며 포병대에 포격을 요청했고, 곧 포격은 참호 속에 있던 미군 병사들을 정통으로 강타했다. 4명이 사망하고, 아이섬을 비롯해 3명이 부상당했다. 그는 오른쪽 다리 무릎 바로 위에 파편이 박혔다. 오늘 하루가 끝날 무렵, 그는 일본으로 향하는 의무후송기에 몸을 실었다.

1951년 4월 말 어느 날 저녁

바깥의 밤 그림자들 속에 있던 홍쉬에쯔가 촛불이 밝히고 있는 동굴 안으로 들어선다. 펑더화이가 그를 발견한다. "홍형!" 그는 안도의 한숨을 내쉬며 외친다. 펑더화이는 인민지원군 부사령관이자 후방근무사령관인 홍쉬에쯔를 공사동에 있는 방공 지휘소로 긴급히 불렀다. "자네, 지금 즉시 중국으로 돌아가게." 사령관이 말했다.

"지금 돌아가라고요?" 홍이 깜짝 놀라 묻는다.[18]

중공군의 춘계 대공세가 흔들리고 있다. 펑은 베이징의 마오쩌둥과 중앙군사위원회에 암호화된 전문을 보내 증원군의 훈련 부족, 베테랑 병력의 탈진, 식량과 탄약 보급 지연, 전선에 제때 도착하지 못하는 포병과 전차 부대 등 어려움을 보고했다.[19]

중공군의 인명 피해가 막대하다. 일주일 동안 끊임없이 지속된 전투에서, UN군 측에서는 4,000명의 사상자가 발생한 반면, 중공군에는 60,000명에 달하는 사상자와 포로가 발생했다.[20] 압도적인 병력에도 불구하고—북한군과 합하면 연합군의 2배다—중공군은 전근대적인 군대로서 무력하게 현대식 군대에 덤벼들고 있다.

미군의 공습은 이미 무너져가고 있는 보급 체계에 있는 군수물자를 통째로 파괴하고 있다. 춘계 공세가 시작되기 전, 북한의 기차역 한 곳에 대한 단 한 차례 폭격으로 1,440톤의 조리된 음식과 곡물, 수십만 개의 유니폼과 신발이 파괴되었다. 경험이 부족한 중공군 수송부대는 차량들을 너무 밀집시킨 채 한국에 들어왔다가, 미군의 공습 한 번에 화물을 실은 트럭 73대를 잃었다.[21] 공세 5일 차에, 펑더화이의 30,000만 병력 규모의 부대들 중 2개인 20군과 27군은 미 제24보병사단을 제압하기 직전에 식량과 탄약이 고갈됐다. 결국 그들은 공격을 중단해야 했다.[22]

한편, 미군은 어떻게 해야 이 거대한 군대와 더 잘 싸우고 최대한의 사상자를 낼지 알게 되었다. 새로운 제8군 사령관 제임스 A. 밴 플리트[James A. Van Fleet] 중장은 군에 매일 밤 중공군이 도보로 하룻밤 사이에 진격할 수 있는 짧은 거리만큼만 철수하라고 명령했다. 이렇게 함으로써, 미군을 비롯한 연합군은 중공군을 늘 있는 위치에 묶어두고 주간에 공군과 포병의 화력으로 그들의 병력을 줄일 수 있었다.[23]

중공군은 이전에 잃었던 영토를 일부 되찾았지만, 미군을 전면포위해서 섬멸한다는 펑더화이 장군의 목표를 이룰 수 있을 만큼 깊숙이 침투하지는 못했다. UN군은 용감하게 버텨내기도 했으며, 서울 점령을 위해 펑더화이가 신속하고 압도적이기를 바랐던 공격을 지연시키기도 했다.

영연방 제29보병여단 예하 글로스터[Gloucester] 대대는 남한의 수도로 향하는 길 양쪽에 위치한 고지 정상에서 중공군의 대규모 공격에 맞서 첫 3일 밤낮 동안 진지를 사수했다. 병력 손실이 지속적으로 발생하고 있었으면서도, 영국군은 중공군에게 훨씬 더 많은 사상자를 냈다. 미군 상부가 그들의 구조를 불가능한 것으로 간주한 상황에서, 포위된 "글로스터들^{Glosters}"이 마침내 남쪽으로 돌파를 시도했지만 성공한 대원은 비교적 적었다. 773명 중에서 662명이 전사하거나 부상을 입기도 했지만, 그 대부분은 체포되어 포로수용소로 끌려갔다.[24]

평더화이는 베이징에 보낸 메시지에서 적의 우월한 무기와 기민한 전술을 인정했다. "우리는 피비린내 나는, 큰 희생이 따르는 전투를 하지 않으려다 보니 적 후방 깊숙이 침투하기 위한 틈을 뚫을 수 없었습니다."라고 그는 썼다. 이에 대해, 마오쩌둥과 군사위원회는 공세 중단을 명령하는 그의 계획을 승인했다.[25]

지금, 시끄러운 전장에서 북쪽으로 80킬로미터 떨어진 공사동의 고요한 지휘소 동굴 안에, 걱정스러운 펑 앞에 깜빡이는 불빛을 받으며 서른여덟 살의 참모 홍 형이 있다. 사람 모두 홍이 때이른 공세를 경계했었다는 뻔한 이야기는 꺼내지 않는다. 대신 그들은 베이징이 심각한 보급 문제를 더욱 상세히 인식하도록 하는 당면한 문제를 논의한다. 취약한 보급 라인을 보호하기 위한 첫 번째 단계는 확실하다. 한국에 배치된 중국의 대공포대를 대폭 확충하는 것이다. 그리고 두 번째는 미군 전투기를 제지하기 위해 더 많은 제트 전투기를 상공에 띄우는 것이다.

펑과 헤어진 후, 홍은 그의 동굴 숙소로 돌아와 몇 가지 짐을 챙긴 후 곧바로 베이징을 향해 먼 길을 떠난다.[26] 한편 펑은 4월 29일 일요일부터 춘계 공세의 "첫 단계"를 중단하라고 명령하며, 가장 중요한 작전의 이번 단계를 일주일 단축시킨다.[27]

<<<

그날까지 피트 맥클로스키와 그의 소대를 비롯한 제5해병연대의 제1대대 병력은 한 달 전에 치고 올라왔던 춘천 인근의 전선을 사수하고 있다. 일진

일퇴하는 이 전쟁에 대해 냉소적으로 변해가고 있는 2차 세계대전 베테랑이자 찰리 중대 기관총 사수인 필 엘슨은 일기에 "힘들게 싸워온 이 모든 전투와 선량한 사람들의 잃어버린 목숨… 그 모든 것이 모두 허사다."고 적는다.

4월의 마지막 날까지, 병장으로 진급한 엘슨과 나머지 찰리 중대원들은 남쪽으로 16킬로미터를 더 이동했다. 미군과 연합군은 서울과 한강 북쪽에 강력한 방어선을 구축하고 있으며, 이 방어선은 가파른 능선과 위험한 계곡을 통해 북동쪽으로 뻗어 있는데, 머지 않아 바로 이 지역을 중심으로 훨씬 더 치열한 전투가 전개되며 훨씬 더 많은 인명 손실이 발생하게 된다.[28]

<<<

북한군의 직접적인 공격을 받고 있지는 않지만 허원무가 속한 한국군 제11사단은 강력한 공산군의 공세에 부대들이 밀려날 때마다 축차방어선逐次防禦線을 따라 위치를 옮기며 남쪽으로 24킬로미터를 철수하고 있다.

허원무의 박격포 중대는 대포리라는 어항에 도착한다. 예비대로 전환된 그들은 검푸른 동해의 나무들이 늘어선 해안선 근처에서 숙영을 하고 있다. 좀더 내륙 지역에서는 살육과 죽음이 계속되고 있겠지만, 여기 있는 건 마치 휴일을 보내는 것 같다고 그는 생각한다. 아직 첫 전투를 치르지 않은 신참 소위인 허원무가 낮잠을 자고 있다가, 병사들을 즐겁게 해주기 위해 아가씨들이 도착했다는 안내 방송에 깨어난다. 어리둥절한 그는 가수들과 무희들을 상상한다. 그는 잘못 짚었다는 것을 금방 알게 된다.

장교들은 각각 인근 농가의 지정된 방에서 아가씨를 만날 수 있는 티켓을 받는다. 그는 이제서야 상황을 이해하고는 놀라면서 충격까지 받는다. 군대가 주관하는 순회 매음굴이 대포리에 온 것이다. 중대 상사가 열여덟 살의 소위에게 다가온다. "허 소위님, 우리 모두 내일 죽을지도 모릅니다. 즐기십시오. 사기가 올라갈 겁니다!"

어떻게 해야 할지 모른 채, 허 소위는 농가로 가서 배정된 방으로 들어간다. 방 안에는 손님을 기다리고 있는 열일곱 살 정도의 소녀가 한 명 있다. 그의 눈에는 그 소녀가 열여섯 살인 그의 여동생처럼 보인다. 허원무는 허둥대며 그 소녀에게 아무것도 원하지 않는다고 말한다. 그는 돈으로 교환할 수 있도록 그녀에게 티켓을 주고는 자리를 떠난다. 밖에서 그가 만난 동료가 "어땠어?"하고 친근하게 묻는다. 무슨 일이 있었는지 그가 말하자, 동료 소위는 "정말 아깝네! 내가 한 번 더 할 수 있게 나한테 표를 줬어야지!" 하며 발끈한다.

내 조국의 군대가 같은 한국 동포이며, 절망적인 피난민일 수도 있는 이런 불쌍한 농촌의 소녀들을 이런 식으로 이용하다니. 허는 생각한다. "전방에서는 죽음. 후방에서는 섹스. 그래, 이것이 전쟁이구나."

<<<

중부 지방에서 전개되고 있는 중공군의 공세로 인해, 한반도 남단의 산비탈과 외딴 계곡에서 벗어나지 못하고 있는 공산 게릴라 무리에게 심적인 여유와 새로운 기회가 동시에 생겼다. 지난 2월에 제11사단으로부터 게릴라 소탕 임무를 인계받은 한국군 제8사단이 중공군과 북한군에 맞서 전선을 사수하기 위해 북쪽으로 급히 이동했다. 이로 인해 후방 지역에서 게릴라의 위협에 대응할 수 있는 국가 경찰 병력이 약화되어 있다.[29]

한국군의 집요한 소탕 작전으로 수백 명이—전사들뿐만 아니라 불운한 민간인들까지 포함해서—사망하면서 게릴라의 수가 줄어들고 있다. 거주하기 부적당한 지역에서 생존을 위해 안간힘을 쓰며 몇 달을 보낸 후 많은 사람들이 탈영했으며, 특히 남부 지방 사람들은 그냥 고향으로 돌아가고 있다.

그러나 봄이 되자 지리산 산악지대의 반군들에게 이점이 생긴다. 무릎까지 쌓인 겨울 눈이 녹고 초목이 우거져서 기동성과 엄폐력이 좋아지기 때문이다. 그들은 예전에 북쪽에서 공산군의 공세와 공조했을 때처럼 공격의 강도를 높이고 있다.

작은 시장 마을인 시천은 높이가 1,900미터가 넘는 지리산 기슭의 계곡에 자리 잡고 있다. 반드시 사수해야 하는 교차로인 이곳은 견고하고 전략적으로 위치 선정된 특화점特火點에 배치된 경찰 병력이 지키고 있다. 경상남도 노동당 간부들이자 리인모가 속해 있는 게릴라 집단의 사령관들은 그 사격 진지에 배치된 경찰 병력을 적어도 일시적으로나마 무력화하기 위한 작전을 계획했다. 리인모가 소속된 무장 선전대는 호루라기 신호를 통해 기동하는 "호루라기 부대"가 이끄는 공격에 참여한다.

언제나 그렇듯이, 반군들은 날이 어두워지기를 기다렸다가 심야에 경輕박격포 포탄을 특화점에 쏟아부으며 공격을 개시한다. 선봉 공격대가 목표물을 향해 기어가자, 흥분한 경찰들은 기관총 사격으로 접근하는 적들을 쓸어버린다. 부상당한 게릴라들이 비명을 지른다. 기관총 발포 소리 너머로, 밤의 어둠 속에서 호루라기 소리가 들린다. 리인모는 특화점에서 거의 직사 거리의 지점에서 작은 그림자가 일어서 수류탄을 던지는 것을 보게 된다. 수류탄이 특화점 안으로 떨어지면서 섬광과 함께 강력한 폭발음이 나고, 외부로 향한 기관총 사격이 멈춘다. 그 안의 생존자들은 뒷쪽으로 도망치고 공격자들은 안으로 들어간다. 사망하거나 부상당한 게릴라들이 실려간다. 호루라기를 든 공격 대장도 사망자에 포함되어 있다.

리인모와 그의 선전대는 전투 내내 움츠리고 있던 시촌 마을 주민들을 집에서 나오라고 명령한 다음 그들을 한곳에 모이게 한다. 마을의 중심가에 여전히 총 연기 냄새가 나는 가운데, 리와 선전대원들이 그들의 통상적인 혁명 연설을 한다. "우리는 미 제국주의 침략자들과 그 꼭두각시 이승만 패거리를 분쇄하기 위해 싸우는 게릴라들이오." 그들이 말한다. "우리는 모든 인민들이 잘 사는 조선 북녘에 있는 것과 비슷한 인민들의 사회, 즉 조선민주주의인민공화국을 위해 싸우고 있소."

말을 이어가는 동안, 리인모와 그의 동지들은 거기에 모여 그들의 연설을 듣고 있는 사람들 중에 얼마나 많은 사람들이 동조할지, 누가 자신들을 돕거나 동참할지 알 수 없으며, 또 누가 자신들에게 등을 돌릴지도 알 수 없다. 바로 그런 이유 때문에 게릴라들은 식량, 옷, 기타 유용한 물품을 마을 주민들에게 구걸하거나 빼앗을 동안만 머무른 후, 눈에 띄지 않는 어느 계곡에 있는 그들의 본거지로 철수한다.

리인모는 수류탄을 던진 공격의 영웅이 북한의 원산 교원양성대학 러시아어과 학생인 최종옥이라는 이름의 젊은 여성이라는 사실을 알게 된다. 그는 지리산 게릴라들의 전 영역에—비록 축소되고 있지만—배포하는 주간회보에서 그녀를 또 한 명의 모범 전사로 미화할 생각이다.

5월

1951년 5월 초 어느 날

평양의 노동신문은 올해를 "견딜 수 없는 시련의 해"로 묘사하고 있다.[1] 서른네 살의 유성철 장군에게 올해는 그의 인생을 바꾼 해이기도 하다. 북한 땅에 뿌리를 내리고 살던 사람들에게 있어 그러한 시련은 무엇보다도 미국의 끊임없는 폭격으로 인한 것이다. 그들이 살던 도시들이 잔해밖에 남지 않은, 연기 자욱한 평지로 변해 버렸기 때문이다. 그들은 가장 최근에 희생된 사람들의 시신을 꺼내거나, 옷가지, 식량, 가족 유품 등 그들에게 남은 것을 뒤지느라 밤새 땅을 판다. 그들이 땅을 파고 있는 또다른 이유는 폐허 속에 지하 대피소를 짓기 위해서다. 한 폴란드 외교관은 이렇게 전한다. "반쯤 벗은 사람들과 발가벗은 초췌한 아이들이 야산의 동굴에 둥지를 틀고 있다."

일부 공장과 작업장은 해체되어 은밀한 곳에서 재건되었지만, 철도 차량에서 의복에 이르기까지 필수품 생산 능력은 완전히 상실되었다. 철도망과 교량, 터널에 대한 폭격으로 인해 생산 가능한 물자의 유통길도 막혀버렸다. 많은 남성 인구가 전쟁터에 나가면서 모내기와 수확에 필요한 노동력이 부족해져 쌀 생산량이 급감했다. 북한 정부는 파종과 잡초 제거를 돕기 위해 사무 직원들을 논으로 보낼 수밖에 없으며, 탄광에서 일을 시키기 위해 여인들을 징집하고 있다. 여인들은 전시 상황에서 들것으로 부상병들을 운반하는 꼭 필요한 존재들이기도 하다. 구급차나 기타 차량이 거의 없기 때문에, 부상병들은 먼 북쪽 후방에 위치하고 있는 병원까지 들것에 실려 후송될 수밖에 없는 경우가 잦다. 게다가 그들은 야간에 이동해야 하며, 주간에는 마을에서 멈추어야 한다.[2]

  이 모든 시련과 공습으로 인한 죽음을 매일 겪으면서도 북한 주민들은 여전히 삶을 이어가고 있다. 비밀리에 운영되는 곳이 많지만 학교도 다시 문을 열었다. 사람들이 필요로 하는 물건들을 팔기 위한 암시장도 생겨났다. 그리고 정부 관료들의 모임은 비교적 안전한 장소에서 개최되는데, 바로 이런 모임에서 유성철 상장에게 운명적인 만남이 발생한다. 공산군의 5차 공세가 끝나고 전선이 소강 상태에 접어들었으며, 육군 작전국장 유성철은 북한 여성들의 전시 역할에 대해 논의하는 토론회에 초대받아 참석한다.

  그곳에서 그는 6년 동안 보지 못했던 얼굴을 보게 된다.

  지금은 젊은 육군 간호장교인 그녀가 열여섯 살에 평양에서 사무직원으로 일하던 시절, 그의 선조들이 살았던 조국에 갓 도착한 스물여덟 살의 잘생긴 소련 군인인 유성철과 김용옥이라는 이름의 그녀는 서로에게 푹 빠져들게 되었다.

  1945년 말, 그는 기회가 생길 때마다 구실을 만들어 정부 영화 배급소인 그녀의 사무실을 방문했다. 두 사람은 대동강을 따라 함께 산책을 했다. 두 사람은 사랑에 빠졌고, 유성철은 열두 살 어린 그녀에게 결혼하고 싶다고 말했다. 그러나 그녀의 가족이 끼어들었다. 독실한 기독교 신자들이었던 김용옥의 가족이 공산군 병사인 유성철이 그녀에게 이성적으로 관심을 가지는 것은 용인했지만, 결혼은 절대 불가능한 일이었다. 그녀의 오빠 두 명이 그를 찾아가서 그들의 여동생 용옥이 너무 어리다고 말했으며, 동생은 결혼을 생각하기 전에 학업부터 마쳐야 한다고 했다. 성철과 용옥은 더 이상 서로 만나지 않았다. 이제 그녀가 다시 그 앞에 나타났다. 1945년에 다채로운 색상의 한복을 입고 있던 그녀의 모습이 기억 속에 선명한데, 오늘 그녀는 소련풍의 밋밋한 제복을 입고 있다. 환하게 웃던 십 대 소녀의 얼굴은 더 성숙하고 진지해졌다. 두 사람은 함께 앉아, 만남이 없었던 세월 동안 어떻게 지냈는지 이야기를 나눈다. 성철은 그녀가 겪어 온 일들에 대해 알게 된다.

평양에 있는 미국의 기독교계 학교를 졸업한 뒤, 용옥은 평양 의과대학에 입학해서 1949년에 과 수석으로 졸업했다. 새롭게 수립된 북한에서는 수석 졸업생이 조선인민군에 야전 간호장교로 입대해야 한다는 방침이 정해져 있었다. 전쟁이 발발하자 그녀는 소위로 임관하여 남침하는 군과 동행하였고, 결국 낙동강 전선까지 내려가 진주에 있는 야전병원에 배치되었다. 지난해 9월 한미 연합군이 낙동간 전선을 돌파한 후, 그녀의 부대는 해체되었고 소규모로 무리를 지어 북쪽으로 후퇴하기 위한 험난한 도보 여정을 시작했다.

김용옥은 전쟁 전에 엄격한 군사 훈련을 받았었기 때문에 그녀가 속한 무리의 정규 군인들보다 뒤처지지 않을 수 있었다. 하지만 그런 고난 속에서 그들은 거의 목숨을 잃을 뻔했다. 그들은 먼저 남서쪽에서 북동쪽으로, 그리고 북쪽으로 산악지대를 따라 이동했다. 낮에는 미군 조종사의 눈을 피해 숲 속에 숨어 지냈고 밤에 산길처럼 차가 다닐 수 없는 곳을 걸어갔다. 그들은 도중에 마을 사람들에게 식량을 구걸하거나 슬쩍 훔치기도 했지만, 생존을 위해 야생 산딸기나 칡 혹은 풀을 먹어야만 할 때가 많았다. 몇 주 동안 321킬로미터가 넘는 고통스러운 여정 끝에 그녀는 마침내 북한 영토로 넘어갔다.

지난 6년 동안 유성철은 용옥에 대한 생각을 멈추지 않았다. 지난해 그가 조선인민군 작전을 감독하곤 했었던 지역에서 멀지 않은 곳에서 그토록 힘든 일을 견뎌낸 이 젊은 간호장교에게 그는 이제 연민을 느끼지 않을 수 없다. 그녀가 이야기를 마치자, 그는 1945년 이후 다른 여자들을 만나기는 했지만 결혼은 하지 않았다고 말한다. 그는 다시 한 번 김용옥에게 아내가 되어달라고 부탁한다. 그녀는 약혼자가 있다며 그를 거절한다. 하지만 젊은 장군 유성철은 단념하지 않는다.

1951년 5월 중순

중공군이 북한군으로부터 벽동 전쟁포로 수용소 운영을 인계받았다. 살아남은 미군 포로들의 지옥 같은 삶이 서서히 나아지고는 있지만, 그들의 삶은 여전히 비참할 뿐이다. 압록강의 얼음이 깨지고 작은 배 한 척이 벽동의 소나무 우거진 산기슭 아래 강둑으로 들어와서 중국에서 가져온 쌀과 기장을 내려놓을 때 그들의 삶은 변화되기 시작했다. 새로운 수용소 감독관들은 부엌을 지었고, 포로들에겐 작년에 체포된 이후 처음으로 조리된 따뜻한 음식이 제공되었다. 그러나 개선된 식단은 여전히 빈약하며, 쇠약해진 수감자들은 기력을 회복하기 위해서는 앞으로 오랫동안 힘든 노력을 해야 한다. 클래런스 애덤스의 몸무게는 63.5킬로그램에서 45.3킬로그램 이하로 떨어졌다.

그들의 식사는 보리와 순무 위주이며, 가끔씩 쌀로 된 음식이 나오기도 하고 최근에는 간간이 약간의 돼지고기도 제공되기도 하지만, 애덤스를 비롯해 그래도 배가 고픈 수감자들은 날이 점차 풀리면서 인근 야산에서 뿌리를 캐서 부족한 식사를 보충한다. 그들은 먹을 수 있는 뿌리들을 여러 가지 알게 되었다.[3] 뿌리를 캐러 다니면서 그들은 야생 대마 군집도 발견했다. 그들은 그 잎사귀들을 따서 허름한 숙소로 가져와 말린 다음, 주워온 종이 조각에 말아 피운다. 그러면 달콤한 향기가 수용소에 퍼져 나간다. 저녁이 되면 그런 느긋한 분위기 속에서, 그들은 암울한 생활에서 잠시나마 벗어날 수 있는 기분 전환의 시간을 가진다.

할 일 없이 비어 있는 시간이 많은 애덤스 상병은 그가 포로로 붙잡힌 것에 대한 분한 마음이 점점 커져간다. 지난해 11월 군우리에서, 육군 사령관들이 중공군의 덫에서 백인 병사들이 먼저 빠져나올 수 있도록 흑인들로만 구성된 그의 포병 대대를 희생시키기로 결정했다고 믿고 있기 때문이다. 전쟁을 치를 때에는 흑인과 백인으로 분리되어 있었던 두 미국인 인종은 이제 벽동의 너무나 협소한 진흙 오두막에서 한데 섞여 살고 있으며, 때때로 두 인종 사이의 긴장감은 밖으로 표출되기도 한다. 한 번은 애덤스에게 반감을 갖고 있던 한 백인 포로가 "깜둥아, 내가 고향 땅에서 널 보게 된다면, 나에게 네가 이런 식으로는 말 못할 거야."라고 비웃었다. "그래, 하지만 넌 지금 고향 땅에 있는 게 아니잖아. 너도 나와 똑같은 악취 나는 포로일 뿐이야."라고 맞받아친 애덤스는 그를 괴롭힌 백인 포로의 머리에 주먹을 날렸다. 그 후 그 백인 포로는 전직 육군 복서를 건드리지 않았다.

더욱 치명적인 사건은 또 다른 백인 포로가 옆에 누워 있던 젊은 흑인 포로의 심하게 감염된 상처에서 나는 악취에 분노를 터뜨리며 시작되었다. 그는 행군중이던 포로 대열에 미 공군이 기총사격을 가할 때 다리에 부상을 입었다. 그 백인 병사는 "더러운 깜둥이!"라고 외치며 그의 다리를 걷어찼다. 분노한 흑인 병사들은 죽어가는 그를 가만히 내버려두라고 소리쳤다. 그러다 밤에 애덤스는 누군가 자신의 위로 올라가서 그 백인을 공격하는 바람에 잠에서 깨어났다. 아침이 되자, 그 백인 병사와 젊은 흑인 병사 모두 시체로 발견되었다. 중공군이 운영을 시작한 후, 이제 그들이 5호 수용소$^{Camp\ 5}$로 지정한 애덤스의 수용소에서 포로 사망자 수는 감소하고 있다. 그러나 대부분의 포로들이 체포된 지난 11월과 12월 이후, 이미 사망자 수는 체포된 인원의 절반이 넘는 1,500여 명에 달할 정도로 엄청나게 많다.[4] 마침내 중공군은 인근 야산 기슭에 있는 절반만 덮혀 있는 집단 매장지를 불도저로 밀어버린다. 겨울부터 이른 봄까지 포로들이 사망자들을 들고 와서 놔두고 갔던 곳이다.

1951년 5월 17일, 목요일

폭발음, 박격포탄이 휘이이잉 하고 날아가는 소리, 기관총이 두두두두 하고 발포되는 소리 등 전투의 소리가 점점 현리에 가까워지고 있다. 정동규가 소속된 3사단을 포함한 한국군 2개 사단의 병사 수천 명이 작은 마을 현리에서 앞뒤로 밀착하여 길게 늘어선 트럭에 앉아 있거나 지쳐서 바닥에 널부러진 채, 그곳에서 남하하는 유일한 퇴각로를 봉쇄하고 있는 적을 특수임무부대가 제거했다는 소식을 기다리고 있다. 자정이 가까워지자 포탄이 마을에 떨어지기 시작한다.

남쪽에서는 중공군이, 북쪽에서는 북한군이 함정에 빠진 한국군을 봉쇄하고 있다. 전선 이쪽저쪽에서 지휘관들이 외친다. 호송 차량들을 포기하고, 거기에 불을 지른 후 중동부 전선의 강원도 산악지대로 흩어지라는 명령이다. 정동규는 트럭에서 내린 다음 동쪽에 있는 숲이 우거진 가파른 비탈길로 향한다. 그는 공포심에 압도되어 어쩔 줄 몰라 하며 퇴각하고 있는 다른 병사들과 함께한다. 지금 그의 주위에서 2개의 보병사단이 통째로 붕괴되고 있다.

8일 전, 한국군 제3군단을 구성하는 제3사단 및 제9사단은 미군 사령부가 "무명 선No-Name Line"이라고 부르는 선을 따라 현리 지역으로 철수했다. 재개될 것으로 예상되는 중공군의 공격에 대한 방어를 더 잘 하기 위해서였다.

그리고 어제 오후, 중공군과 북한군 11개 사단이 UN군 전선의 가장 약한 고리로 여겨지는 32킬로미터 구간을 공격하며 펑더화이 장군의 "제6차 전역"이 시작되었다. 펑더화이는 목표를 잘 선택했다. 인민해방군 제81사단은 현리 서쪽, 한국군 제5사단과 제7사단 사이의 경계를 공격해 두 사단을 분산시켰다. 오늘 아침까지 24킬로미터 이상 진격해 온 중공군은 방향을 꺾어 서쪽에서 밀고 들어와 현리에서 남쪽으로 가는 길을 차단했다. 동시에 북한군 2개 사단이 북쪽에서 마을을 압박했다.[5]

한국군 제3군단은 봉쇄되었다. 중공군의 도로 장악을 돌파하지 못한 지휘관들은 이제 해발 600~900미터가 넘는 산악지대를 통한 무질서한 후퇴를 명령하는 굴욕적인 조치를 취했다. 이제 살아남기 위해 고향인 북한을 탈출했으나 한국군의 징집병이 되어 있는 정동규가 현리를 내려다본다. 트럭, 주택, 물품 창고 등 마을 전체가 불타고 있는 모습이 보인다. 탄약고가 천둥 같은 소리를 내며 폭발한다. 아래쪽 거대한 화염의 불빛을 받으며, 그는 다시 돌아서서 사방에 있는 수백 명의 다른 병사들과 함께 위로 올라간다. 하지만 더 높이 올라갈수록 밤은 더욱 어두워지고 주변은 더욱 불투명해진다. 암흑 속에 마치 자기 혼자밖에 없는 것처럼 느끼며, 그는 몇 시간 동안 산허리를 돌고, 능선을 넘고, 개울을 건너며 남쪽으로 방향을 잡기 위해 최선을 다한다. 사람의 목소리나 잔나무 가지가 부러지는 소리가 들릴 때면, 그는 적과 마주친 것이 아니길 바랄 수밖에 없다. 그는 새벽이 올 때까지 계속 나아간다.

동이 트는 방향을 보고, 그는 자신이 실제로 남쪽으로 향하고 있었다는 것을 알게 된다. 그리고 허둥지둥 남쪽으로 향하고 있는 다른 병사들도 보이기 시작한다. 그들은 대개 무기도 없으며, 군복에서 계급장을 뜯어낸 병사들도 있다. 아침이 길어지고 온도가 영상 10도 가까이 올라가며 밤의 한기가 누그러들자, 그들은 점차 무리를 형성하기 시작한다.

그들이 시냇가에 멈춰 서서 바짝 마른 목을 축인다. 그곳에서 정동규는 그와 같은 고향인 북한 주을 출신으로, 그가 의과대학을 다니던 청진의 사범대학에 재학 중이던 한 청년을 보게 된다. 그가 인사를 하려는 순간, 총성이 울리더니 곧 총탄이 빗발치며 사방에 흙먼지가 날린다. 그들 윗쪽으로 산허리를 건너온 적의 정찰대가 그들을 발견한 것이다.

동규는 개울에서 내리막길로 전력 질주한다. 그의 동향 친구도 바로 옆에서 달린다. 그런데 갑자기 그 친구가 땅에 얼굴을 박으며 쓰러진다. 발목에 총을 맞은 것이다. 동규는 도와주려고 몸을 돌렸지만 바로 그때 또 한 발이 날아와 쓰러져 있는 친구의 머리에 맞는다. 머리가 터지며 피와 뼈, 뇌가 쏟아져 나온다. 그는 충격을 받는다. 그는 몸이 마비될 정도로 끔찍한 광경에 헛구역질을 한다. 하지만 그는 다시 다른 사람들과 함께 바로 출발한다. 자신의 목숨을 구하기 위해 달린다. 수백 미터쯤 갔을 때, 한국군 병사 한 명이 서서 그들에게 "멈춰! 우린 여기서 버틸 수 있어!"라고 외친다. 하지만 M-1 소총을 아직도 소지하고 있는 몇 안 되는 사람 중 한 명인 정동규는 그게 미친 짓이라는 것을 알고 있다. 그는 급히 뛰며 지나간다.

절박한 병사들은 곧 다시 전열을 가다듬고 힘든 발걸음을 다시 옮기기 시작한다. 암석이 많은 지대를 오르내리며 정찰하여 적진을 피하고, 산에서 나는 식용 풀이나 빈 농가에서 쌀과 감자를 찾아다니며, 그들은 앞으로 5일 동안 매우 고된 시간을 보내야 한다. 마침내 그들은 현리에서 남쪽으로 40킬로미터 떨어진 하진부리의 새로운 한국군 방어선에 도달한다. 정동규가 소속된 3사단 병력의 1/3만이 그곳에 재집결해 있다. 북한군은 현리 일대에서 남한군 1,200명을 포로로 잡았다고 주장한다.[6]

<<<

북동쪽으로 32킬로미터 떨어진 지점에서, 허원무가 속한 한국군 제11사단이 동해의 유서 깊은 도시 강릉에 집결한 다음 해안도로를 따라 급히 후퇴하고 있다. 적의 새로운 공세에 직면하여, 그들은 이틀 동안 80킬로미터를 이동했다.

열여덟 살의 포병 소위인 허원무는 중(重)박격포대의 전방 관측장교로 실제 전장에서 2주간 끔찍한 현장 훈련을 하던 중에 포화의 세례를 받게 되었다. 허 소위의 현장 훈련은 5월 7일 동부 전선에서 11사단을 포함한 한국군 6개 사단의 반격과 함께 시작되었다. 이번 공격으로 열흘 만에 4월의 대규모 중공군-북한군 공세로 잃었던 대부분의 영토가 탈환되었다.[7] 적의 저항은 약했고, 한국군은 동해 앞바다의 미 해군 함포와 상공의 미 공군 전폭기로부터 강력한 지원을 받았다.[8] 그러나 허 소위는 처음으로 참전한 이번 전투로 지칠 대로 지쳤다.

매일 아침, 허 소위와 사병 3명으로 구성된 관측반은 장비를 챙겨 보병들과 함께 수 킬로미터를 더 전진하고 산기슭도 한 번 더 올라야 했으며, 종종 이전 전투에서 전사한 미확인 병사들의 시커멓게 탄 시체들을 지나, 또 다시 언덕 위에 땅을 파고 관측소를 구축해서 목표물을 탐지하는 포대의 눈이 되어야 했다. 그 과정에서 그는 공격적인 성향을 지닌 그들의 중대장인 이 대위의 신중함에 의문을 품기 시작했다. 중대장은 4.2인치 박격포를 보병 최전방에 표준보다 더 가깝게 배치함으로써, 적의 공격으로 점거당할 위험성이 더 높아졌기 때문이다. 적의 새로운 공세가 시작되던 날 밤, 38선 이북 40킬로미터 지점의 간성 인근 300미터 고지들 사이에 배치된 1개 보병 소대와 함께, 허원무 소위와 그의 부하들은 새롭게 파 놓은 관측소 안에서 처음으로 북한군의 일제 사격에 직면했다. 신임 소위가 겪어본 가장 격렬한 집중 포화였으며, 기관총에서 발사된 예광탄들은 모두 그를 겨냥하고 있는 듯 보였다. 그러나 보병들의 방어 사격과 그가 지휘한 박격포 포격으로 북한군 지상 공격은 약화되었다.

다음 날 밤, 인민군은 기관총과 박격포을 퍼부으며 준비사격을 실시한 후 다시 공격을 감행했다. 허원무는 다시 포대의 사격을 요청했지만, 이번에는 적 보병들이 계곡을 가로질러 그들 앞으로 꾸준히 점점 더 가까이 밀고 들어왔기에, 한 번에 45미터씩 사거리를 줄여야 했다. 사거리가 불과 640미터까지 좁혀져 적이 바짝 다가오고 있음을 알았을 때, 이 대위는 안절부절 못하며 무전기로 소리쳤다. "무슨 일이야? 사거리가 너무 짧아지고 있잖아. 더 이상 여기 있을 수 없어. 보병은 후퇴하고 있는건가?" 허 소위는 포대 사격을 유지해달라고 애원했지만, 무전기는 침묵했고 대형 박격포들은 사격을 멈췄다. 한 보병 소위가 분노하며 달려와 포격 지원이 어떻게 된 거냐고 물었다. 허 소위는 그에게 자신이 할 수 있는 게 아무것도 없었다고 말했다. 북한군은 병력을 집중시켜 다시 공격해왔다. 방어선이 무너지기 시작했다. 그에게 왔었던 보병 소위가 그들은 후사면을 통해 철수하고 있다는 신호를 보냈다. 젊은 포병 소위 허원무와 그의 부하들도 그들을 따라 철수했다. 관측반은 동트기 전, 앞이 보이지 않아 바위와 관목, 나무 잔해에 걸려 비틀거리면서 산비탈을 내려갔다. 허원무는 한국군에는 더 큰 규모의 포병대가 없다는 사실과 자신의 지휘관이 어리석을 정도로 위험하게 박격포를 배치했었다는 사실에 패배감과 좌절감을 느꼈다.

마침내 해가 뜰 때 산 아래 도로에 도착한 그들은 이 대위가 그의 지프를 세워 두고 기다리고 있는 것을 보고 깜짝 놀랐다. 허 소위는 자신들을 찾아준 중대장에게 고맙다고 했다. 이 대위는 "생존해 있을 때 찾아서 다행이다."라고 답했다. 그는 허 소위에게 서쪽의 한국군 병력은 중공군의 대규모 공격으로 무너졌으며, 그들의 11사단은 서쪽에서 들어와서 우회하는 중공군에게 남쪽 퇴각로를 차단당할 것을 피하기 위해 신속하게 남쪽으로 이동해야 했다고 말했다.

강원도 해안의 소나무 숲과 모래사장을 지나 후퇴한 한국군 제11사단의 병력은 이제 누각과 정자, 정원이 많으며 과거 왕실의 해변 휴양지였던 강릉에 도착했다. 서울 출신의 십 대 청년인 허원무는 강릉에 매료된다. 하지만 동시에 이 곳을 떠나야 한다는 사실에, 또다시 몇 번이고 고지에 올라 땅을 파서 관측소를 설치해야 한다는 생각에 우울하다. "이 바보 같은 전쟁을 왜?" 그는 스스로에게 묻는다. "형제들이 서로를 죽이고 모든 것을 파괴하고 있어. 목적이 뭐야?"

사흘 후 많은 사상자를 낸 중공군과 북한군의 공격이 주춤하자, 미군 사령부는 극동 전선에서 새로운 반격 명령을 내린다.[9]

1951년 5월 22일, 해병대원들이 홍천 인근에서 적을 향해 포격을 가하는 전차 뒤로 엄폐하고 있다. 다음 날, 피트 맥클로스키 소위를 비롯한 해병대원들은 북진하라는 명령을 받고, 이후 중공군과 북한군의 새로운 공세에 맞서는 운명의 날들이 시작된다. 정전협상이 시작되면서, 전쟁의 양상은 곧 참호 구축 및 정찰의 전쟁, 즉 "능동적 방어"의 전쟁으로 바뀐다. (미 해병대 제공)

1951년 5월 26일, 토요일

    동쪽의 제17보병연대와 서쪽의 다른 미군 병력이 화천호 남쪽에 수천 명의 중공군을 가두는 거대한 고리를 형성하고 있다. UN군 사령부가 한국 전역에서 펼치는 반격의 일환으로 전개되고 있는 이 작전은 적군을 놀라게 하고 있다. 5월 중순의 중공군 공세가 교착상태에 빠진 후 펑더화이는 그의 군대를 질서정연하게 후퇴시키기 위해 배치하던 중이었다. 다시 한 번, 많은 사상자들과 무너진 보급선으로 중국과 북한의 기세가 꺾여버렸기 때문이었다.

미국군과 한국군의 빠른 진격으로 중공군은 공황 상태에 빠져들고 있다. 한 대대에서는 탄약이 소진되어 장교들이 마지막 남은 수류탄을 사용해 자폭하며 공격자들을 죽였다. 괴멸된 중공군 사단의 생존자들은 대낮에 북한강을 건너려다 급류에 떠내려가거나 미군의 공습을 받아, 장교와 사병 600명을 잃었다.[10] 며칠 동안 식량이 없어 굶주리고 있는 병사들 중 일부는 투항하고 있다.[11]

길 아이셤 이병은 4월 말과 5월 초, 중공군의 대공세로 그가 소속되어 있던 제17보병연대를 비롯한 제7사단 병력이 40킬로미터 뒤로 밀려나던 암울한 기간 동안 전장에 없었다. 그 공격이 시작되기 전날, 그는 미군의 잘못된 포격으로 부상을 입었었다. 이제 그는 일본에서 입원 치료를 마치고, 잃어버린 영토를 탈환하는 막바지에 있는 한 연대로 복귀했다. 그는 상병으로 진급했고, 소총 분대에서 그의 2소대 내 화기 분대로 이동하여 바주카포를 지급받았다. 그러나 한국에 상륙한 지 8개월이 지난 후, 길 아이셤은 심리적으로 불안한 청년이 되어 있다. "연령상으로는 늙지 않았지만, 전쟁 경험상으로는 늙었기" 때문이다. 치페와족의 피가 절반 섞인 아버지와 함께 낚시와 사냥을 나가는 등 멋진 경험을 하며 위스콘신주에서 17년간 평범한 삶을 산 뒤에 일본에서도 몇 달간 평화로운 시간을 보냈었던 그가 한국에 와서는 너무 많은 죽음과 타락을 봐왔다.

"충격을 받은" 리지웨이 장군이 "다른 사람의 생명과 신체에 대한 적절한 존중"을 요구하기 위해 장교들이 더욱 노력하라는 명령을 내리는 등 여러 조치가 취해졌음에도 불구하고, 미군 부대 내에서 타락한 행위들이 계속되고 있다.[12] 아이셤은 자신보다 나이가 많은 이지 중대의 한 병장이 오로지 여인들을 강간하기 위해 마을로 정찰을 나가는 것에 대해 혐오감을 느끼고 있다. 그는 언젠가 그 병장이 젊은 여인들에게 자기를 데려가지 않았다는 이유로 한 마을의 연장자를 권총으로 마구 때리고는, 그가 보는 앞에서 그의 아내를 강간하는 것을 목격한 적이 있다. 그는 동료 미군들이 쓰러진 적을 고문하는 것이 기억날 때마다, 그들이 부상을 입고 죽어가는 북한군의 노출된 뇌를 찔러 근육을 씰룩거리게 만들고 혀를 내밀게 만들면서 웃는 모습, 그들이 죽어가는 또 다른 병사의 한쪽 다리는 나무에 묶고 다른 한쪽은 휘어지게 잡고 있는 묘목에 묶은 다음, 묘목을 놓음으로써 신음하며 우는 북한군의 다리가 양쪽으로 벌어지고 몸통은 거꾸로 공중으로 들어 올려지는 광경이 생각날 때마다 역겨움을 느낀다.

"우리들 중에 왜 그런 짓을 하는 사람들이 있는지 모르겠습니다. 아마도 그들의 내면이 그렇게 가학적이었을 것입니다… 어쩌면 그들은 마음에 병이 생긴 걸 수도 있습니다. 그 모든 싸움에 질려버렸을 수도 있고, 한국에 질려버렸을 수도 있고, 모든 것에 질려버렸을 수도 있습니다." 또한 북한군에게 생포되었던 미 제2보병사단 병사 50명이 자신들의 야전전화선으로 손이 묶인 채 뒤통수에 총을 맞아 죽은 것을 발견했던 날의 기억도 그를 괴롭히고 있다. "그 일로 몇몇 병사들은 정말로 화가 났습니다. 우리는 무엇이든간에 기꺼이 죽이려고 했습니다."

길 아이섬 자신도 지금까지 사람을 너무 많이 죽였다. 그는 더 이상 사람을 죽일 때 울지 않는다. 가끔 친구와 함께 나누는 따뜻한 식사, 담배를 피우며 나누는 고향 이야기, 낚싯대가 필요하다고 느끼게 만드는 송어들이 화천호를 헤엄치는 모습, 사냥하기에 충분히 자란 꿩들이 논에 있는 모습 등 사소한 것들을 즐기며, 그는 전쟁의 광기에서 벗어나려고 한다. 어느 날 아침, 그는 능선 위로 태양이 떠오르며 초록빛으로 빛나는 한국의 계곡을 비추는 것을 서서 지켜본다. "난 이런 생각을 하고 있었어요. 이야, 아름답네. 우린 여기 와서 왜 이 아름다운 것을 찢어발기고 있는 걸까?"

1951년 5월 28일, 월요일

해병대가 난관에 봉착해 있다. 중공군의 최근 공세에 대한 UN군 사령부의 반격이 9일째인 오늘, 진격하던 제7해병연대 예하 제2대대가 한반도 중부 지방의 수목이 울창한 태백산맥에 있는 소양강 발원지 인근 659고지에 진지를 구축하고 있는 북한군에 의해 저지당하고 있다.

왼쪽의 절벽 꼭대기와 오른쪽의 길쭉하게 솟은 능선 위의 벙커에서, 어제부터 북한군이 기관총을 발포하며 공격해오는 해병대에 사상자를 발생시키고 있다. 반대편 능선에 있는 미 해병 제2대대는 이들 북한군 후위 부대와 장거리 사격을 주고받을 뿐, 더 이상 진격하지 못하고 있다. 피트 맥클로스키가 소속된 제5해병연대의 찰리 중대가 교착 상태를 타개하라는 명령을 받았다. 이제는 리처드 스파이크 셰닝Richard Spike Schening 중위의 지휘를 받고 있는 "찰리"에게 지난 며칠은 암울한 날들이었다. 그는 대대 참모로 진급한 존스 대위와 마찬가지로 훈장을 수여받은 2차 세계대전 베테랑이다.

제5해병연대는 5일 전 소양강에서 중공군과 북한군의 공세에 강타당한 제2보병사단을 지원하기 위해 북상하라는 명령을 받았다. 바로 그 첫날에, 맥클로스키의 병사들이 대량 살육의 결과로 만들어진 소름끼치는 현장을 발견했다. 제2사단 병사 187명이 사망하거나 부상당한 상황이었다. "맙소사, 너무 끔찍했어!" 엘슨 병장이 일기에 적었다. "부상자들은 끔찍한 고통을 겪고 있었다… 부상자들 중에는 그들이 발견되지 않을 것이라는 절망감 때문에 무너져버린 사람들이 많았다! 그리고 죽은 사람들! 그들이 깜짝 놀랐던 것은 분명했다… 공포와 충격의 표정이 그들의 얼굴에 여전히 남아 있었다. 그들의 절반은 참호 속에 있었고… 일부는 침낭 속에 있었다… 죽음의 냄새가 사방에 가득하다. 우리는 오늘 밤 그들 사이에서 잠을 청하고 있다."

지금, 659고지의 결연한 북한군과 마주한 셰닝 중대장이 보낸 제2소대가 오른쪽 계단식 논을 가로질러 적이 사수하고 있는 능선 위로 밀고 올라가기 시작한다. 그러나 제2소대장은 적의 사격으로 움직일 수 없다는 무전을 보낸다. 셰닝은 화가 나서 제1소대의 맥클로스키에게 그곳으로 가서 동료 소위의 부하들을 인계받아 공격을 재개하라고 명령한다. 이 말을 엿들은 제2소대의 위생병 돈 딕슨^{Don Dickson}이 맥클로스키와 같이 가게 해달라고 요청한다. 딕슨은 중상을 입은 제7해병연대원들을 치료하기 위해 남아 있었다. 해가 서쪽 고지 뒤로 떨어질 무렵 두 사람은 달리기 시작한다. 늦은 오후의 더위 속에서 맥클로스키는 금방 다부진 체격의 딕슨을 앞지른다. 맥클로스키 소위가 나무 사이로 가파른 능선길을 오르며 고립되어 있는 소대의 흔적을 땅거미가 진 상태에서 찾는 동안, 딕슨 위생병은 맥클로스키의 옆으로 몇 미터 뒤처져 있다.

맥클로스키가 작은 빈터 가장자리에서 멈춘다. 그는 위험할 정도로 너무 위로 올라갔다. 아래쪽 풀이 무성한 산비탈을 올라오며 숨을 헐떡이는 딕슨은 그를 따라잡으려고 애를 쓰고 있다. 맥클로스키가 갑자기 앞쪽에서, 빈터 반대편 몇 오르막길 몇 미터 위에서 움직임을 감지한다. 그리고는 총검이, 덤불 밖으로 올라오는 소총이, 나뭇잎으로 위장한 헬멧이 보인다. 딕슨이 다가오는 소리가 나는 쪽으로 총신이 돌고 있다. 적을 근접한 거리에서 처음으로 마주한 맥클로스키는, 그가 이후에 회상하듯이, "겁에 질려 뻣뻣하게 굳은 채" 떨면서 카빈 소총을 들어 조준한 후, 방아쇠를 당긴다. 아무 일도 일어나지 않는다. 맥클로스키가 안전장치를 해제하지 않았기 때문이다. 그는 안전장치 레버를 누르고, 숨을 참으며 소총을 흔들리지 않게 한 다음, 세 발을 빠르게 쏜다. 덤불 속의 병사가 쓰러진다.

맥클로스키가 몸을 돌려 어둠이 깔리는 언덕을 뛰어내려간다. "여기서 나가자!"라고 외치며 딕슨을 지나간다. 전쟁에 나가기를 갈망하던 캘리포니아의 법대생이 처음으로 사람을 죽였다.

1951년 5월 말

　5월 말의 공격 및 반격으로 대대 구호소는 24시간 내내 바쁘다. 동료 병사들이나 민간인들에 의해 들것에 실려 오거나, 혼자서 절뚝거리며 들어오는 사상자들로 인해 천싱치우와 다른 위생병들은 거의 잠을 못잔다. 폭우와 진흙탕이 되어버린 땅은 그들의 일을 더욱 비참하게 만든다. 펑더화이 장군의 군대가 UN군의 기습 반격을 받은 후 사상자 수는 더 늘어났다. 미군의 포격과 공습에 의한 "포화의 방벽"으로, 고지 정상과 산비탈, 계곡에는 중공군과 북한군의 시체들뿐만 아니라, 스스로 움직일 수 없어 피투성이가 된 채 구조를 기다리는 부상자들로 가득하다. 그들은 다리나 팔이 날아가 버렸거나 뼈가 박살나 있으며, 혹은 실명하거나 네이팜탄에 의한 화상으로 격심한 고통에 시달리고 있다. 5월 중순의 미 공군 발표에 따르면, 휘발유를 젤 상태로 만든 이 무시무시한 무기가 그날 발표 시점까지 총 3백만 갤런이 투하되었다.[13]

　천싱치우가 소속된 12군과 다른 2개 군의 모체부대인 중국 인민지원군 제3병단이 혼란스럽게 철수하고 있다. 5월 24일 한 차례의 미 공군의 공습으로 병단의 통신 장비를 실은 차량들이 파괴되어 며칠 동안 80,000명의 병력을 조직적으로, 각 부대가 서로의 측면을 공격으로부터 보호하며 제대로 철수하도록 할 수 없었다. 15,000명의 병사가 사망 혹은 부상당하거나 포로로 잡혔다. 약 8,000명으로 추정되는 중공군 부상병들이 전장에 낙오되고 있다.[14]

　밀고 밀리는 혼전 속에서 중공군 역시 미국과 한국을 비롯한 여러 국적의 전쟁포로 수백 명을 붙잡았고, 천과 그의 의무조는 부상당한 포로들도 치료해야 했다. 어느 날 오후, 천이 인근 주택에 수용된 새로 잡혀온 포로들을 살펴보러 간다. 모두 지저분한 상태다. 얼굴엔 진흙이 붙은 채 굳어 있다. "몇몇은 바닥에 누워 있는 죽은 개처럼 보였습니다." 중공군 경비병들이 천을 위해 포로들의 국적을 표시해 주었다. 영국, 터키, 미국. 한 경비병은 창문가에 서서 건네받은 국수를 먹고 있는 "코가 큰" 미국인을 가리키며, 천에게 그 포로가 체포될 때 있었던 일을 말해 주었다. 천은 그가 들은 내용을 일기에 이렇게 적어 놓았다. "저 미군 머리에 우리가 총을 겨누니까 말이야, 저 미국놈이 울면서 무릎을 꿇고는 살려달라고 빌면서 두 손으로 자기 총을 우리한테 바쳤지."

외국인에 익숙하지 않은 열여섯 살의 위생병이 미군들에 대한 "혐오감"을 기록하고 있다. 5월 초, 드물게 평온했던 어느 날 아침, 천은 담배를 피우러 임시 동굴 대피소 밖으로 나갔다가 우연히 미군 헬멧을 발견하게 되었다. 그 이후 그는 미군들을 혐오하기 시작하게 되었다. 그 헬멧 안에는 사진 뭉치가 숨겨져 있었는데, 그 사진들을 본 그는 역겨움을 느꼈다. 먼저 그는 "금발 머리에 입에 빨간 립스틱을 바른 코가 큰 여자들"의 사진을 몇 장 보게 되었다. 그 여자들은 "방금 아이를 잡아먹은" "악령"처럼 보였다. 그리고는 강간당한 것으로 보이는 한국 여자들의 사진을 포함해 벌거벗은 여자들의 사진들도 보였다. "이 미군들은 이 역겨운 사진들을 여태 보관하고 있었다."고 그는 써놓았다. "미국 정부는 그들이 문명인이라고 말한다. 아, 물론, 그들은 문명인이지!"

"새로운" 중국의 군대에서는 끝도 없는 정치 교육 시간을 통해, 교육을 제대로 받지 못한 젊은 남자들의 사고 방식을 결정짓는다. 그리고 그들이 군대 병력을 구성하고 있다. 다른 모든 신병들과 마찬가지로, 천도 미군은 월스트리트 백만장자들의 도구에 불과하다고 배웠다. 그리고 그는 마오쩌둥의 "중국 인민해방군의 8대 주의사항"을 잘 알고 있으며, 그 마지막 두 가지 사항은 "여자를 함부로 대하지 말라"와 "포로를 학대하지 말라"는 것이다. 시간이 지나면서, 북한 사람들과 남한 사람들 양쪽 다 전쟁터에서 중공군이 다른 군대에 비해 대체로 기강이 잘 잡혀있다고 평한다.

포로 처우와 관련해, 천은 최근에 공습 경계병으로 야간 근무를 하던 중 겪은 일을 이야기한다. 불을 다 끄고 멈춰 있는 호송차량 안에서 담뱃불이 빛나고 있는 것을 발견한 그는 운전사에게 담배를 끄라고 지시했다. 운전사는 그 말을 무시했고 천은 언성을 높였다. 그러자 호송대장이 천에게 어두워서 얼굴이 잘 안보이겠지만 운전사는 중국어를 알아듣지 못하는 미군 포로라고 설명해 주었다. 천은 "참신한 일"이라며 일기에 쓴다. "죄수들을 우리를 위해 일하게 한다니. 우리가 포로들을 얼마나 잘 대하는지 보여준다."

6월

1951년 6월 2일, 토요일

찰리 중대 해병대원들이 고지 위 참호 속에서 추위에 떨며 침낭을 가벼운 담요로 바꾼 것을 후회하고 있다. 6월 초, 날씨가 따뜻해지고 있지만 태백산맥의 밤은 여전히 쌀쌀하다. 적의 총알과 포탄 파편을 피하는 것 못지않게, 밤을 따뜻하게 보내는 것 역시 한국에 와 있는 해병의 최우선 과제다. 구름 한 점 없는 아침을 맞이한 피트 맥클로스키의 제5해병연대 예하 C중대는 만만찮은 임무를 앞두고 있다. 벙커로 둘러싸인 600미터 높이의 610고지를 점령하는 것으로, 이 고지는 접근 경로에 보다 낮은 두 개의 능선의 보호를 받고 있으며, 이 두 능선 역시 북한군이 잘 방어하고 있다.

펑더화이의 5월 공세 실패로 한국전쟁은 승패를 가릴 수 없는 새로운 국면에 접어들었다. 금요일 워싱턴, 맥아더 장군의 해임과 전쟁 수행을 조사하는 미 상원 위원회에 출석한 애치슨 국무장관은 38도선 혹은 그 부근에서의 휴전으로 "한국에서의 군사적 목적은 달성될 수 있을 것"이라고 말했다. 한국의 영토를 원래의 38도선으로 회복하는 것은 UN의 승리와 다름없다며, 리지웨이 장군도 앞서 같은 말을 했다.[1]

맥클로스키와 그의 제1소대원들에게, 보이지 않는 위도선은 앞으로 점령해야 할 고지보다 구체적인 의미가 약하다. 사실 오늘, 그들은 이미 "38선의 북쪽" 16킬로미터 지점에 위치하고 있다. 흔들리고 있는 펑더화이의 공세에 맞서 강하게 밀어부친 반격이 성공했기 때문이다. 이제 계획에 따라, 제1해병사단과 미군 및 한국군 사단 14개 병력은 3월의 UN군 작전에서 처음 설정된 방어선인 캔자스 선까지 밀고 올라가야 한다. 해병대에게, 이것은 그들이 거대한 고대 화산 분화구인 "펀치볼Punchbowl"이 내려다보이는 위치로 16킬로미터 전진해야 한다는 것을 의미한다.[2]

제5해병연대는 610고지 접근의 장애물을 제거하는 데 찰리 중대를 투입하는 것으로 임무를 시작하고, "찰리"는 선두에 있는 맥클로스키의 소대로 진격을 시작할 것이다. 맥클로스키의 소대는 정상으로 향하는 진입로를 지키는 두 개의 능선 중 첫 번째 능선을 점령할 임무를 맡고 있다. 그 뒤를 이어 중대의 다른 두 소대가 맥클로스키 소대를 초월전진超越前進하여 두 번째 능선을 공격, 그러고 나서 610고지 정상을 공격할 계획이다.

오전 9시 15분, 밝은 햇살을 받으며 젊은 제1소대장 맥클로스키가 출동한다. 최근의 전투로 인해 그의 소대는 타격을 입어, 45명이던 소대원 수가 35명으로 줄어들었다. 여느 때와 마찬가지로, 해병대의 포격과 공습으로 인해 목표 능선들은 완만해진 상태다. 하지만 방어가 견고한 첫 번째 능선으로 이어지는 고원까지 45도 경사의 비탈로 이루어진 가파른 능선이 문제다.

맥클로스키가 맨 앞으로 이동한다. 그는 두 명의 분대장 및 무전병 헨리 록키 브루더Henry Rocky Bruder 일병과 함께 비탈 맨 위까지 힘들게 기어오른 다음, 90미터 거리의 평지를 가로질러 고지 아래, 아무도 없는 기관총 진지를 향해 사력을 다해 돌진한다. 그들은 고지 위에서 자신의 기관총을 향해 오고 있는 사수를 발견한다. 그들을 본 북한군 병사는 탄띠에서 수류탄을 빼낸다. 맥클로스키는 카빈을 들고 방아쇠를 당긴다. 아무 일도 일어나지 않는다. 맥클로스키는 5일 전 659고지에서 그랬던 것처럼 이번에도 안전장치를 해제하지 않았다. 수류탄이 그들을 향해 굴러간다. 해병대원들은 피하려고 몸을 던진다. 맥클로스키가 결국 직사 거리에서 그 북한군을 사살한다. 수류탄은 터지지 않고 그대로 놓여 있다. 그 젊은 북한군 병사도 긴장한 나머지 안전핀을 제거하지 않았던 것이다. 브루더와 함께 능선 꼭대기로 달려간 그는 깜짝 놀란다. 그들과 교전을 벌이기 위해 벙커에 있던 북한군 30여 명이 후사면 아래로 나와 있기 때문이다. 치명적인 순간, 북한군들은 놀라서 미군들을 노려본다. 브루더는 45구경 권총으로 사격을 시작했고 맥클로스키는 소총을 발사하며 30발짜리 탄창을 비운다. 총에 맞지 않은 북한군들은 후사면 아래로 도망친다. 맥클로스키와 합류한 소대원들도 도망치는 북한군들을 향해 발포한다.

해병소대는 버려진 참호 속에 웅크리고 앉는다. 맥클로스키는 다음 능선에 105밀리 곡사포 포격을 가할 것을 무전으로 알린다. 하지만 해병대의 포탄이 다음 능선이 아니라 맥클로스키 소대가 있는 위치로 떨어져서, 속수무책이었던 그의 부하들은 몇 명이나 부상당한다. 맥클로스키가 무전기에 대고 비명을 지르자, 마침내 포격이 끝난다. 3개월간 전장에 있으면서, 소년 시절에 군사軍史를 공부했던 맥클로스키는 아군도 적군만큼이나 위험할 수 있다는 것을 배우게 되었다.

이제 북한군의 박격포탄이 해병대가 점령한 능선 꼭대기에 집중되고 있으며, 해병대원들은 가장 튼튼해 보이는 벙커 속으로 몰려 들어간다. 귀청이 떨어질 듯한 폭발음과 함께 주변 땅이 흔들린다. 맥클로스키와 그의 소대 병장은 맨 마지막으로 벙커에 들어가 벙커 입구에 서로 마주보고 앉는다. 그때, 포탄 한 발이 유난히 큰 소리를 내며 날아온다. 그리고는 엄청난 쿵 소리. 먼지가 가라앉자 그들은 다시 앉는다. 두 사람 사이에 박힌 122밀리 박격포탄의 꼬리가 땅에서 튀어나와 있는 것이 보인다. 불발탄이다. 그 둘은 순간적인 충격에 멍하니 바라볼 뿐이다. 맥클로스키는 한 시간 동안 두 번이나 죽음을 면했다.

정오가 되자 추월전진한 제2소대가 두 번째 능선을 점령하지만, 그곳에서도 제1소대장은 인명 손실을 입는다. 능선 공격을 위해 2소대로 지원 보냈었던 맥클로스키의 무전병 브루더가 사망했다는 소식이 들려온다. 열아홉 살의 나이에 그는 총알에 경정맥이 끊어져 즉사했다.

  이제 마지막으로, 강력하게 방어되고 있는 610고지를 공격해야 하는 가장 힘든 임무가 제3소대에게 맡겨졌다. 제3소대원들은 곧 격렬한 적의 박격포 폭격과 기관총 사격으로 고립되고, 소대장은 진탕震盪 수류탄에 맞아 임무 수행이 불가하다. 4시경에, 맥클로스키는 자신의 소대를 이끌고 제3소대의 위치를 지나 고지를 강습하라는 명령을 받는다. 그러나 맥클로스키와 그의 부하들이 610고지 기슭의 나무가 우거진 협곡에 있는 제3소대에 도착하자, 소대 지휘를 인계받은 3소대 병장들은 화를 내며 맥클로스키에게 멈추라고, 대신 자신들 3소대가 고지를 강습할 때 엄호 사격을 해달라고 말한다.

  맥클로스키 소대의 기관총 엄호 사격 하에, 제3소대원들이 고함을 지르며 비탈면의 오른쪽을 타고 돌격한다. 적의 수류탄들이 비탈면 아래로 통통 튀며 굴러 내려오고 있지만, 그들은 빠르게 비탈면 맨 위에 도달한다. 그들은 치열한 백병전 속에 적의 참호를 하나씩 격파하며 고지를 방어하고 있는 적에게 점점 가까워진다. 3소대 병장들이 무전으로 오른쪽의 적들은 다 제거했지만, 탄약이 다 떨어져 지원이 필요하다고 보고한다. 맥클로스키는 그의 소대원들에게 총검을 꽂으라고 지시한다. 그들은 이제 비탈면 왼쪽을 따라 올라간다. 그러나 비처럼 쏟아지는 북한군 수류탄 때문에 610고지 정상 근처에서 멈춘다. 어느 순간에, 엎드린 맥클로스키 옆에서 사격하던 해병 기관총 사수 목에 수류탄 파편이 걸려 숨을 쉴 수 없게 된다. 제1소대 위생병 탐 버칙Tom Burchick이 달려와, 칼집에서 칼을 꺼내 그의 목에 구멍을 뚫은 다음, 나무 잔가지로 그 구멍을 비틀어 연다. 수류탄들이 폭발하고 있는 전장에서 시행된 기관절개술이 그의 목숨을 구한다.

날아오는 수류탄이 줄어들기 시작한다. 북한군에게 수류탄이 부족해진 것처럼 보인다. 어쩌면 후퇴하는 것일지도 모른다. 맥클로스키는 소대원들을 이끌고 마지막 몇 미터를 올라가 정상에 도달한 후, 벙커를 하나씩 제압하며 남아 있는 적들을 사살한다. 마지막 벙커에서 맥클로스키는 백린 수류탄을 던져 넣으며 피비린내 나는 임무를 완수한다.

찰리 중대는 캔자스 선으로 북진하는 경로 상에 있는 오늘의 목표 지점을 점령했지만 엄청난 희생이 따랐다. 맥클로스키의 소대만 해도, 소대원 16명과 들것에 실려 후송 대기 중인 부상병 4명만 살아남았을 뿐이다. 다행히도, 맥클로스키는 다른 중대의 해병대원들이 고지 위로 올라가 적의 전방 진지들을 점령하는 것을 보게 된다. 이제 맥클로스키의 소대원들은 4인 4조로 나뉘어 임시로 만든 들것 4대를 들고, 가장 최근의 "다음 고지" 정상 여기저기에 어지럽게 널려 있는 북한군의 시체들과 연기가 나고 있는 벙커들, 그리고 쪼개진 나무들과 포탄 구멍들 사이로 서서히 이동한다. 이제 곧 전쟁은 발발한 지 1년이 된다. 엘슨 병장은 일기에 이렇게 적어 놓았다. "한 명의 군인으로서 감당하기 가장 힘든 일 중 하나는 판초로 감싼 시신들이 들것에 실려 후송 대기하고 있는 비참한 광경이다." 판초 밑에 친구가 누워있는 것을 발견하게 되면, "견디기 위해서 모든 걸 다 바쳐야 한다… 보고, 보고 또 본다… 다시는 그를 볼 수 없다는 것을 알기 때문이다!"

1951년 6월 중순 어느 날

소위 허원무가 작은 초가집 밖에서 빨래를 하고 있는 한 여인에게 성큼성큼 다가간다. 빨래를 하던 여인은 고개를 들어 전투복 차림의 젊은 남자를 보고는 어리둥절해하다가 달려가서 그의 손을 잡는다. "너냐?" 그녀는 눈물을 흘리며 묻는다. "원무구나, 우리 아들이구나!" 어머니와 함께 얼어붙은 한강을 건너 서울을 탈출한 지 5개월 만에, 용케 짬이 난 허원무는 짧은 일정이지만 생각지도 못하고 있던 가족들과 다시 만났다.

5월 말 UN군의 반격에서, 동해안 전선을 지키고 있던 한국군 제1군단 예하 제11사단은 적군이 계속 북쪽으로 후퇴하면서 극적인 전과를 올렸다. 6월 4일엔 제11사단이 출발점인 강릉에서 해안을 따라 80킬로미터 이상 올라가 거진리까지 와 있었다.[3]

허 소위는 중박격포 중대의 전방 관측장교로 근무하며 지휘관인 이 대위에게 깊은 인상을 남겼고, 그는 허 소위를 45명의 병력과 4.2인치 박격포 4문을 책임지는 제2소대장으로 진급시켰다. 동부 전선에 이례적으로 조용한 날이 계속되자, 이 대위는 1월에 서울 남쪽에 있는 어머니의 정미소에 두고 온 가족을 걱정하는 허 소위의 마음을 알고 3일간의 외출 허가증을 발급해 주었다.

중대 트럭을 타고 보급품을 나르던 허 소위는 서울에 있는 친척들로부터 천안의 정미소에서 멀지 않은 온양에 가면 가족을 찾을 수 있을 거라는 말을 들었다. 이제 세 여동생과 남동생도 그와 너무나도 기뻐하는 어머니가 있는 앞마당으로 나와 있다. 허원무의 가족은 집 안으로 들어가 기념 만찬을 즐기며 몇 시간이고 이야기를 나눈다. 뿐만 아니라, 원무는 따뜻한 목욕과 긴 숙면을 취하는 등 최전방 군인에게는 호사스러운 시간을 보낸다.

한편 지난 5개월간 있었던 일들에 대해 듣고 있던 중, 그는 온양으로 이사 온 이유를 설명하는 스무 살의 누나 인무로부터 충격적인 이야기를 듣게 된다. 인무의 말에 따르면, 그가 작년 겨울에 장교 훈련을 받으러 떠난 지 얼마 지나지 않아서 미 포병 1개 포대가 천안의 정미소 시설로 들어왔다. 미군이 중공군에 대한 1월 말 작전을 계획하고 있을 때였다. 그곳에 피신해 있던 허씨와 음씨 일가 20명은 최대한 정미소 건물 안에 머물면서 그들과 거리를 유지했다. 하지만 어느 순간 통제되지 않은 미군 몇 명이 들이닥쳐 "섹시! 섹시!Sexee! Sexee!"—한국말 "색시"의 그들 발음—하고 외쳤다. 그중 한 명이 예쁜 인무의 팔을 붙잡았다. 그 즉시 어머니는 즉각 대응했다.

어머니는 무거운 돌을 집어 머리 위로 들어 올리며 한국말로 "이 망할 미국 놈아! 내 딸 가만히 놔둬. 안 그러면 내가 널 죽여버릴 거야!"라고 소리쳤다. 깜짝 놀란 군인은 언어가 뭐였든 간에 무슨 뜻인지 알아듣고는 인무를 놓아주었고, 군인들은 자리를 떠났다.

그날 저녁, 어린 딸들이 걱정된 어머니는 모두를 불러 모아 인원을 나누어서 다른 곳으로 흩어지자고 제안했다. 그리고는 어머니는 네 자녀와 함께 이곳, 온양에 있는 방 두 칸짜리 셋집으로 이사했다. 인무는 말을 마치면서, 어머니가 매일 부처님께 그의 무사 안녕을 위해 기도를 드렸다고 원무에게 말한다.

중대 트럭 운전병이 허 소위를 데리러 오기로 한 시간이 다가오자, 어머니는 우선 아들이 떠나기 전에 읍내의 사진관에 가서 사진부터 찍자고 한다. 실제 나이인 열아홉 살보다 어려 보이는 허원무는 군복과 헬멧을 착용하고, 그의 경우처럼 장거리 도로 이동 시 기본적으로 갖추어야 하는 수류탄 두 발을 하네스에 부착한 채, 지붕과 교회 첨탑이 보이는 고즈넉한 풍경을 배경으로 하여 포즈를 취한다. 마음 속 깊이, 원무는 어머니가 왜 그렇게 아들의 인물 사진을 고집했는지 알고 있다. 어머니는 첫째 아들을 다시는 볼 수 없을지도 몰라 두려워하고 있기 때문이다.

한편 인무를 추행하려고 했던 병사들 같은 부하들 때문에 제8군 사령관 밴 플리트 장군은 걱정하고 있다. 6월 24일, 그는 "민간인에 대한 범죄가 만연하고 있다"고 한탄하며 장교들에게 단속을 지시하며, 그렇지 않으면 남한 국민들의 지지를 잃을 각오를 해야 한다고 말한다.[4]

<<<

베이징으로 이어지는 항구 도시이자 중국의 대도시인 톈진天津은 노금석을 비롯한 북한의 학생 조종사들에게 뜻밖의 신세계다. 지난달 만주 훈련

기지에서 기차를 타고 도착한 젊은 훈련생들은 무질서하게 커지고 있는 이 도시를 둘러보며, 이 "공산주의" 국가 곳곳에서 볼 수 있는 분주한 상업활동과 소비재, 그리고 서구인들을 보고 매우 놀랐다. 북한에서는 전혀 본 적이 없는 모습이기 때문이다. 자본주의적 충동은 억제하기 어렵다는 것을 노금석은 깨닫는다.

북한의 학생 조종사들은 중국 톈진 북쪽의 공군 기지에 와 있다. 미 공군과의 공중전에서 MiG-15를 조종하기 위한 훈련을 계속하기 위해서다. 그들은 수개월 동안 강의실에서 이 소련제 첨단 제트 요격기에 투입된 기술력과 비행 기술뿐만 아니라, 소련 교관들과 더욱 긴밀하게 협력하기 위해 러시아어까지 교육을 받았다. 주 7일의 고된 일정이었지만, 우등생이었던 노금석은 미그-15에 비해 느리고 구식인 야크-17 제트기 단독 비행에 성공했다. 다소 긴장은 되지만 그는 시속 805킬로미터의 미그기를 조종할 날을 고대하고 있다. 러시아 조종사들과 이 요격기 덕분에 북한 상공의 공중전에서 미 공군과 대등하게 싸울 수 있게 되었다.

전쟁이 발발한 지 1년이 지난 후, 미군은 양측 다 약 500대의 항공기가 파괴되거나 손상되어 실제로 항공 피해가 동일하다고 이야기하고 있다.[5] 미그기의 포식자로서의 뛰어난 능력 덕분에 미군은 미그기의 가장 큰 먹잇감인 B-29의 주간 폭격을 거의 중단할 수밖에 없었다.[6]

한편, 미국 정보당국은 노금석 같은 북한인 미그 조종사가 80명 정도가 준비 중이라는 것을 감지하고 있다. CIA는 북한이 항공 시설을 업그레이드하려는 노력이 "가까운 장래에 공군을 활용하려는 공산주의자의 의도를 나타낸다."[7]고 보고한다.

1951년 6월 13일, 수요일

맑고 선선한 아침, 찰리 중대가 다시 이동 중이며 피트 맥클로스키 소위는 안절부절못하고 있다. 그는 어제 대대 구급소에서 포탄 파편으로 인한

다리 상처를 치료받고 탈진한 병사라면 잘 수 있는 깊은 잠을 오랫동안 자며 시간을 보냈다. 지금 그는 자신의 1소대에 다시 합류하려고 찰리 중대의 대열 사이를 통과하며 숲이 우거진 좁은 능선을 오르고 있다.

6월 2일의 610고지 점령 전투 이후, 제5해병연대는 능선과 고지를 오르고 내리며 북쪽으로 밀고 올라가면서 북한군을 몰아냈다. 해병대의 최종 목표는 펀치볼의 남쪽 언저리를 형성하는 능선들이다. 후퇴하는 북한군은 치명적인 박격포 포격과 기관총 사격으로 해병대원들에게 큰 피해를 입혔다. "찰리"의 3개 소대는 풋내기 장교들과 후임병들로 충원되고 있다. 맥클로스키가 다른 소대를 지휘하고 있는 소위 한 명 옆을 지나가는데, 그와는 일면식도 없다.

찰리 중대는 "808"이라는 이름의 또 다른 "다음 고지"를 점령하라는 명령을 받은 상태다. 산비탈을 오르던 맥클로스키는 자신의 제1소대가 유일한 장교인 자신도 없이 공격의 선두에 배치되어 있다는 사실을 갑자기 깨닫고 충격을 받는다. 겨우 상병 한 명이—이름은 에크^{Eck}다—맥클로스키 대신 그의 소대원 30명을 지휘하게 된 것이다.

맥클로스키는 속도를 내서 마침내 익숙한 얼굴들, 그의 해병대원들을 따라잡는다. 바로 그때 기관총 소리가 울려 퍼지고 모두 피할 곳을 찾아 몸을 날린다. 중대 전체의 맨 앞에 있는 맥클로스키 소대의 선두척후병이 풀이 무성한 낮은 둔덕을 넘어가자, 곧바로 고지 정상의 벙커 속에 대기하고 있던 북한군들이 기관총을 발포했던 것이다. 척후병은 이제 죽었고, 뒤에 있던 다른 병사들도 부상을 입었으며, 머리 위로 빗발치는 총탄에 나무 껍질이 벗겨지고 나뭇가지가 부러지는 가운데, 소대원들은 아무것도 하지 못하고 떨면서 땅에 바짝 엎드리고 있을 수밖에 없다.

맥클로스키는 더 나은 엄폐를 위해 땅에 움푹 파인 곳으로 기어 들어간다. 거기에 자신의 소대원들 대부분이 다닥다닥 모여있다. "이야, 소위님, 반갑습니다." 에크 상병이 말한다.

능선은 폭이 18미터에 불과하고 양쪽이 절벽으로 되어있다. 적의 사격이 잦아들자, 맥클로스키는 덤불 사이로 유심히 내다보다가, 완만한 비탈면을 180미터쯤 올라가면 통나무로 만든 벙커 네 개가 있다는 것을 알게 된다. 이처럼 탁 트인 지형에서 북한군에게 돌진하려는 것은 자살행위나 다름없을 것이다. 해병대는 기관총조차 설치할 수 없을 만큼 꼼짝도 할 수 없다. 포격이나 공습만이 도움이 될 것이다. 그런데 지원은커녕, 무전기에서 말이 들려온다. "대령님이 너희더러 정오까지 고지를 점령하라신다."

그 대령이, 하급 장교들이 무능하다고 여기는 그 대대장이 지금 불가능한 것을 요구하고 있다. 맥클로스키는 대령이 직접 나와서 상황을 보거나 다른 방향에서 고지를 공격하도록 대대의 다른 중대를 보내야 한다고 대답한다. 아무런 일도 일어나지 않는다. 그러는 동안, 그들이 아주 조금만 움직여도 적의 기관총 사격이 시작된다. 맥클로스키는 대대에서 포격 지원을 준비 중이니 오후 1시에 공격하라는 지시를 받는다. 어떠한 포격 지원도 보이지 않는다. 제1소대는 꼼짝 않고 있다.

스파이크 셰닝이 중상을 입어서 2주 전에 새로 온 중대장이 다시 무전을 한다. "맥클로스키, 지금 움직이지 않으면 군법회의에 회부될 거야. 연대에서는 2시까지 저 언덕을 우리가 점령하길 원한다." 이어서, 시한이 다시 오후 3시로 정해지지만 시한은 그냥 지나간다. 화가 난 중대장은 무전기에 대고 맥클로스키에게 점점 더 심한 욕을 퍼붓는다.

마침내 제11해병연대인 해병포병연대 소속 전방 관측장교와 그의 무전병이 능선을 타고 올라가 맥클로스키에게 연대의 곡사포 30여 문에 의한 "동시 탄착同時彈着. time on target. TOT" 사격을 준비 중이라고 알린다. 정확히 오후 4시에 포탄들이 목표에 빗발치듯 쏟아질 것이다.

TOT 포격은 세 단계로 이루어지며, "진격하는 병력과 함께" 벙커까지 올라간다. 총검을 고정한 맥클로스키는 바로 뒤에 소대원들을 이끌고 자욱한 연기와 먼지 속에 포탄의 섬광이 번쩍이는 곳으로 돌격한다. 언제 적의 총탄에 맞을지 모른다. 그러나 그들은 무사히 연기를 뚫고 나온다. 남아 있을지 모를 위험요소를 제거하기 위해 정상을 살피던 그들은 내리막길 아래로 수백 미터 떨어진 곳에서 북한군들이 숲 속으로 사라지는 것을 목격한다. 우연히도 그들은 포격 직전에 후퇴했던 것이다.

남아 있는 북한군 두 명은 항복하기 위해 손을 들고 있지만, 여전히 기관단총을 소지하고 있다. 맥클로스키가 다가가자 한 명이 몸을 돌려 도망친다. 해병대원들이 발포하여 두 명 다 사살한다.

사살당한 북한군들에게 다가가서 몸수색을 하던 맥클로스키 소위는 시체 한 구에서 가족사진을 발견한다. 사진 속에는 늙은이와 젊은이, 할아버지와 할머니, 그리고 손주 등 많은 식구가 허름한 초가집 밖에 뻣뻣하게 줄지어 서 있는 모습이 담겨 있다. 이런 격식은 그가 어렸을 때 읽었던 남북전쟁 역사책에서 보았던 은판 사진들을 떠올리게 한다. 그는 죽은 이 젊은이에 대해, 16,000킬로미터나 떨어진 미국에서 온 자신에게 무슨 권리가 있길래 여기, 어쩌면 이 병사의 집에서 고작 160킬로미터 떨어진 이곳에 와서 그를 죽일 수 있는지, 피트 맥클로스키는 의문이 든다. 우리 모두에게 이런 농민 가족들에게 이런 짓을 할 권리가 있는 걸까?

소대의 기관총 사수인 필 엘슨 병장은 이 끔찍하고 긴 오후에 한 해병이 나무 밑에 앉아 혼잣말로 중얼거리며 횡설수설하고 있는 것을 보았다고 일기에 쓴다. 엘슨은 "그는 충격으로 정신이 이상해진 상태였다"고 적어 놓았다. "그 역시 전쟁은 겪을 만큼 겪은 상태였다!"

실제로 한국전에서 가장 격렬했던 전투 기간 동안, 군의관들은 미군의 정신적 사상자psychiatric casualties 비율이 놀라울 정도로 높았다고 보고했는데, 연율로 계산하면 4명 중 1명이나 된다고 한다. 전투 베테랑들은 의사들에게 이번 전쟁의 전투가 2차 세계대전 때보다 더 힘들다고 말한다.[8]

4일이나 더 걸렸지만, 제1대대는 최종 목표인 907고지의 펀치볼로 접근 시작할 위치에 도착한다.

베이커 중대는 난공불락처럼 보이는 고지대를 점령하기 위해 노력하지만 실패한다. 다음 날 아침, "찰리"가 그 임무를 맡게 되어 제1소대를 다시 선두에 세우게 된다. 맥클로스키는 결국 운이 다한 게 아닐까 두려워한다. 정상에서 450미터가량 떨어진 곳에서, 그는 예기치 않게 다른 대대의 해병들이 좌측방에 있는 능선 위로 돌진해 적의 방어 시설을 점령하는 것을 목격한다. 이번에도 북한군은 이미 후퇴한 상태였다.

1951년 6월 30일, 토요일

정확히 아침 8시에, 매튜 B. 리지웨이 장군의 위풍당당한 목소리가 라디오를 통해 일본 전역과 그 너머로 퍼져 나간다. "한국에 있는 공산군 총사령관에게 전합니다."라는 말로 리지웨이 장군이 시작한다. "유엔군 사령부 총사령관으로서 나는 여러분에게 다음과 같은 내용을 전달하라는 지시를 받았습니다."[9]

오늘 있었던 정전 회담을 제안하는 이 발표는 몇 주 전부터 예상되어 왔지만, 지난 토요일에 북한과 중국의 가장 중요한 동맹국인 소련의 UN 대사 야코프 말리크Jakob A. Malik가 뉴욕의 정례적인 UN 라디오 프로그램에 출연하여 "소련의 인민들은" 휴전 회담이 시작되어야 한다고 생각하고 있다고 말하면서 그 더욱 가능성이 높아 보이기 시작했다.

애치슨 국무장관은 즉시 이 제의를 환영하는 성명을 발표했다. 북한 침공 1주년인 월요일에 트루먼 대통령도 테네시주에서 행한 연설에서 화해의 메시지를 전했다. 트루먼은 "우리는 언제나 그랬던 것처럼, 이제 한반도의 평화 정착에 동참할 준비가 되어 있다"고 선언했다.

금요일 아침, 리지웨이와 그의 참모들은 국방부 및 국무부 관리들과 텔렉스 전신電信 회의를 통해 워싱턴이 준비한 성명 초안을 검토했다. 대통령의 승인을 받은 최종안이 오늘 새벽 리지웨이의 본부에 도착했다. 그는 오전 7시 30분에 도착하여, 일본 관영 라디오와 미국의 소리Voice of America를

통해 성명을 발표했다.[10]

"나는 귀측이 정전을 논의하기 위한 회담을 원할 수도 있다는 통고를 받았습니다."라고 리지웨이가 말을 이어간다. 공산 측이 이것이 사실임을 인정하면, 그는 자신의 대표단을 지명하고 공산 측과 그의 대표단이 만날 날짜를 제안하겠다고 말한다. 그는 폭격으로 폐허가 된 북한의 원산항을 회담 장소로 제안한다. 부산에 본거지를 두고 있는 덴마크의 의료선 유틀란디아Jutlandia호를 원산 앞바다에 정박시키고 그 선상에서 회담을 하자는 것이다.[11]

한국과 일본 전역에서 총사령관의 말을 듣고 있던 미군들은 환호성을 지른다. "바로 이거야!" 머지않아 평화가 찾아올 것이라고, 고향으로 돌아갈 수 있다고 믿고 싶어하는 병사들은 공통적으로 저 말을 반복해서 하고 있다.[12]

리지웨이가 발표한 성명은 모든 라디오 방송에서 영어, 한국어, 중국어, 일본어로 하루 종일 반복된다. 공산 측은 다양한 라디오 주파수를 모니터링하는 것으로 알려져 있다. 그러나 그들은 아무런 응답이 없다. 리지웨이는 동요하지 않는다. 틀림없이 평양, 베이징, 모스크바의 지도자들 사이에 긴급한 논의가 진행 중일 것이다. 게다가 그는 사교상의 업무가 하나 있다.

2차 세계대전 후 맥아더에 이은 신임 "SCAP" 즉 연합국 최고사령관Supreme Commander of Allied Powers으로서, 리지웨이는 군사부터 외교, 의례까지 다양한 임무를 수행하며 점령지 도쿄에서 가장 주요한 인물이 되어 있다. 두 번째 범주에 속하는 오늘, 리지웨이와 부인 페니는 일본의 특권층, 다양한 국적의 연합군, 외교단 등 약 500명의 손님을 초대해 저택에서 성대한 가든 파티를 개최한다.[13]

예쁘고 발랄하며 젊은 리지웨이 부인은 두 살배기 매티와 함께 5월 중순 일본의 수도에 도착한 이후 줄곧 그래왔던 것처럼 오늘도 관심의 중심이다. 그녀가 어느 군대 열병식을 참관하기 위해 남편과 함께 사열대에 나와 있을 때, 언론은 인상적인 검정색 샌팅 드레스에 챙이 넓은 검정색 모자를 쓰고 처음으로 공개 석상에 선 그녀가 "관심을 독차지했다"고 보도했다. 그녀는 리지웨이가 일본을 떠나 한국에 가 있는 동안 일본 황태후 장례식에서 그를 대신해 조문하기도 했고, 미일 야구 시범 경기에서 시구도 할 예정이다.[14]

또한 그녀는 진흙과 모래로 뒤덮인 전투 지역에서 5개월 동안 24시간 내내 치열하게 지낸 전시 장군의 삶을 보다 부드럽고 인간적인 손길로 어루만져 준다. 마침내 매트 리지웨이는 하루 일과를 끝내고는 한강변의 캔버스 천으로 만들어진 지휘소보다 더 나은 곳에서 매일 두세 시간의 저녁 식사 시간을 가질 수 있게 되었다.

리지웨이의 파티에 모인 손님들이 서로 어울리며 휴전 가능성에 대해 추측하고 있을 때, 연합국총사령부General Headquarters에서는 소규모 정찰대 사이에 경미한 충돌만 있었다는 사실이 오늘 전쟁터로부터 도착한 전문을 통해 보고된다.

후임자인 밴 플리트 장군과 협의하기 위해 화요일에 한국으로 날아온 리지웨이는 휴전 가능성을 모색하는 동안 현재 UN군이 사수하고 있는 선이 유지되어야 한다는 사실에 만족하고 있다. 더 많은 영토를 차지하기 위해 진격 시도를 하는 것은 그저 정전 시 돌려줘야 할 지도 모를 땅을 위해 미군들의 목숨을 희생하는 것에 불과할지도 모른다.

이 전쟁으로 인한 인명 피해가 양측을 협상으로 이끌고 있는 것은 분명하다.

육군 통계학자들은 전쟁 12개월 동안 양측의 총 전투 사상자 수를 2,000,000명에 약간 못 미치는 것으로 추산한다. 여기에는 78,800명의 미군 사망자, 부상자, 포로 또는 실종자가 포함되며, 이 중 21,300명은 작전 중 사망한 자에 해당한다. 한국군의 총 사상자는 212,000명에 달한다. 남한 민간인 피해는 훨씬 더 끔찍해서, 사망자 170,000명을 포함해 469,000

명이다. 공산군 측은 사상자 수를 발표하지 않고 있으며, 북한군과 중공군의 사상자 수를 합쳐 1,200,000명이 넘을 것이라는 미국의 추정치는 많이 부풀려진 것으로 간주된다. 그러나 수십만 명이 사망하거나 부상당한 것은 분명하다.[15] 거의 1년 동안 미 공군의 끊임없는 폭격의 표적이 된 북한 민간인의 사망자와 부상자 수는 외부인들은 짐작만 할 수 있다. 하지만 그 수가 엄청날 것임은 분명하다.

<<<

저 인명 피해 통계에는 피트 맥클로스키가 소속된 제5해병연대 예하 C중대의 제1소대에서 발생한 사상자 58명이 포함되어 있다.

킬러 작전이 시작되던 지난 2월, 거수경례를 하는 맥아더 장군의 시선을 받으며 맥클로스키와 함께 원주에서 출발하여 녹은 눈으로 진흙탕이 된 길을 걸었던 해병대원들 중에서, 6월이 될 때까지 찰리 중대 및 스물세 살의 소위 맥클로스키와 함께하고 있는 해병은 거의 없다. 이제는 그가 떠날 차례다.

제2차 세계대전 당시의 미군이나 현재 분쟁 중인 한국군과 북한군 및 중공군과 달리, 1951년에 한국에서 싸우고 있는 미군 개개인들은 "전쟁 기간 내내" 참전하는 것이 아니라, 1년 이내의 파병 기간 동안만 임무를 수행한다. 한국전쟁에서 가장 치명적인 보직 중 하나인 보병 소대장으로 근무하는 해병대 소위의 경우, 그들은 4개월만 살아남으면 후방으로 순환 배치된다. 피트 맥클로스키는 이제 그런 이유로 목숨을 연장할 수 있게 되었다. 전선에서 남쪽으로 322킬로미터 떨어진 마산에 있는 제5해병연대의 후방 제대梯隊 지원부대로 배치된 그는 인사보좌관으로 근무하게 된다.

"아, 우리 모두 그가 떠나는 게 싫었다." 엘슨 병장이 일기장에 적는다. "그 누구도 우리와 함께 한 맥의 자리를 대신할 수 없다."

7월

1951년 7월 1일, 일요일

오늘 저녁 도쿄에서, 해외방송 모니터 요원들은 베이징 라디오 아나운서가 정규 방송 중에 갑자기 곧 중요한 성명 발표가 있다고 말하는 것을 듣게 된다. 그리고는 성명서가 처음에는 중국어와 영어로, 나중에는 한국어로 낭독된다. "우리는 군사 행동의 중단과 평화 수립에 관한 회담을 진행하기 위해 귀측의 대표를 만나는 데 동의합니다." 리지웨이 장군의 정전 협상 제의에 대한 펑더화이와 김일성의 간결한 답장이다.

그들은 미국이 제안한 북한 동부의 원산 앞바다 선상 회담 장소 대신 38선 서쪽에 있는 개성에서 만나는 것을 선호한다. 그들은 7월 중순부터 시작할 것을 제안한다.[1]

전쟁이 이렇게 교착 상태에 빠진 상태에서, 양측은 각각 자신들이 회담에서 더 유리한 위치에 있을 거라 생각하고 있다. 북한의 방송들은 리지웨이가 협상을 제안한 이유가 "UN군의 무력 침략이 실패로 끝났기 때문"이라고 주장한다.[2] 남한 정권 하에서 또는 UN 점령 당국이 북한에 있는 상태에서 한국을 통일하려는 미국의 목표는 워싱턴이 받아들일 만한 수준의 비용으로는 더 이상 달성할 수 없는 것이 분명하다.[3] 그러나 마찬가지로, 미국을 한반도에서 몰아내고 남북한을 김일성 체제 아래 통일하려는 중국의 목표도 달성할 수 없는 것이다.[4]

오늘 밤 발표문의 내용이 전선의 양측 군인들뿐만 아니라 폭격으로 폐허가 된 도시와 한국 전역의 피난민 수용소에 있는 사람들에게 퍼지면서, 그들의 시련이 빨리 끝나기를 바라는 희망이 커지고 있다.

<<<

이틀 후, 전시 수도인 부산에서 흥분한 이승만이 임시 거처의 진입로를 왔다 갔다 한다. 빌 신과 다른 한국 기자들은 그의 뒤를 따른다. 그는 회유라는 단어를 반복해서 내뱉는다. 기자들은 서둘러 수첩에 적는다. 남한의 대통령은 임박한 휴전 협상을 자신의 지도력 아래 한국을 모두 통합하려는 그의 야심찬 계획에 장애로 보고 있다.

UN 사무총장 트리그브 리Trygve Lie는 38도 분계선을 유지하는 휴전으로 지난해 남한 방어를 승인한 UN의 목표는 달성될 것이라고 말한다. 딘 애치슨 미국 국무부 장관도 같은 말을 했다.

그러나 한국 전체의 독립을 위해 평생을 바친 일흔여섯 살의 이승만은 기자들에게 이것은 북한의 침략자를 회유하는 것일 뿐이라고 말한다. "우리 국민이 죽고, 죽임을 당했으며, 집이 파괴되고, 도시가 폐허가 되었습니다. 우방국의 소년들이 목숨을 바쳤습니다."라고 이승만이 말한다. "우리는 이 모든 것을 아무런 목적 없이 한 것이 아닙니다."

이승만 정부는 때때로 혼란스러운 발언을 통해 어느 정도 유연성을 보이면서도, 북한 공산주의자들의 완전한 무장해제, 북한에 대한 외국의 지원 거부 등을 협정을 위한 "최소한의 요구사항"으로 제시했다.

1년 동안 전쟁을 치르며 각국 간의 외교적, 정치적 움직임을 지켜본 빌 신은 이러한 불가능한 요구가 분쟁 종식 협상에 임하는 미·한 연합 전선에 좋지 않은 징조라는 것을 알고 있다.[5]

<<<

중부 전선 뒤편에 위치한 위장 기지에 휴전 회담 소식이 전해지자, 천싱치우와 동료 위생병들은 고향을 떠올리며 곧 중국으로 돌아갈 생각을 하게 된다. 그들은 군의 인민위원들이 권장하는 "정치 토론"을 위해 모인다. "미국 국민들은 이 조선의 전쟁을 중단할 것을 요구하고 있다고 생각합니다. 반전 정서가 고조되고 있습니다."라고 어린 천이 다른 이들에게 말한다. 리원하이도 동의한다. "4년마다 그들은 대통령 선거가 있다. 트루먼 대통령은 유권자들의 지지가 필요하지."

1951년 7월 초

제2차 세계대전 당시 88여단의 지휘관이었던 위대한 수령 동지가 다시 한 번 유성철에게 요청했다.

김일성 주석은 조선인민군 총참모장인 남일 상장을 휴전회담 수석대표로 지명했다. 김일성은 지난 여름 사망한 강건을 유성철이 대신했던 것처럼, 이번에 다시 일시적으로 조선인민군 작전국장인 유성철을 총참모장 대행으로 임명했다. 유성철 상장과 그의 참모들은 현재 펑더화이 장군과 그의 중국 전략가들을 보조하는 역할만 수행하고 있을 뿐이다. 조선인민군은 중국이 장악하고 있는 중부 전선의 중심부에서 멀리 떨어진, 한반도를 횡단하고 있는 전선의 동쪽 끝 측방 및 서쪽 끝 측방을 통제하고 있다.

두 공산 동맹군이 전선에 569,000명의 병력을 집결시킨다. 이들과 맞서는 미군, 한국군, 연합군은 554,000명이다.[6] 7월 초의 32도를 웃도는 더위와 간간이 내리는 비 속에서, 양측은 비교적 빨리 이루어질 휴전 합의든 장기적인 대치 상황이든, 1년 간의 격렬한 공세와 반격 이후에 전개될 상황에 대비해 땅을 더 깊게 파며 방어 진지를 강화하고 있다.

양측 모두 밀리지 않고 버틸 수 있다고 확신하는 듯하다. 미국의 CIA는 다음과 같이 결론을 내린다. "공산군이 강력한 공중 지원과 더불어 중무장한 병력을 대거 투입하지 않는 한, UN군을 패배시키려는 그들의 노력은 계속 실패할 것으로 믿는다."[7]

1951년 7월 19일, 목요일

어젯밤의 폭우가 한풀 꺾였다. 부산 진료소의 수녀들은 남산 아래쪽 판자촌에 사는 가난한 사람들이 폭풍우를 어떻게 견뎌냈는지 궁금할 뿐이다. 수녀들이 오늘 하루 찾아올 수백 명의 환자들을 위해 준비를 하고 있을 때, 두 남자가 각각 어린아이를 한 명씩 안고 달려 들어온다. 한 어린 소녀도 그 뒤를 따라온다. 온몸이 진흙으로 뒤덮인 두 남자의 품에 축 늘어진 채 안겨 있는 두 아이는 생명이 다한 듯 보인다.

산사태라고 남자들이 불쑥 말한다. 산사태가 판자촌의 허름한 오두막 몇 채를 뭉개버렸다. 이들이 매몰된 오두막을 파헤치던 중 그들 중 한 명의 아내가 시체로 발견되었다. 나머지 한 명이 부상당한 자신의 두 아이를 다른 오두막의 잔해에서 끌어냈다.

매리 머시 수녀는 보다 작은 아이인 두 살배기 여자아이가 머리와 몸통에 심각한 부상을 입은 상태로 죽어가고 있다는 것을 알게 된다. 수녀는 아이가 마지막 숨을 거둘 때 재빨리 세례를 베풀어준다. 다른 한 명은 네 살배기 남자아이인데, 넋이 나간 듯 보이지만 의식이 돌아오고 있다.

아버지의 이름은 명덕이다. 명덕의 경우와 비슷한 슬픈 사연은 한국에서 일상적인 비극이 되어버렸다. 전투가 남한 북쪽에 있는 그들의 농장에 너무 가까워지자, 명덕의 아내가 중병에 걸렸음에도 불구하고 여섯 식구는 부산을 향해 남쪽으로 몇 주 동안이나 걸어야 하는 피난길에 올랐다. 어느 날 아침 명덕의 가족이 길가에서 잠에서 깨어보니, 쇠약해진 엄마가 젖이 나오지 않아 굶어서인지 갓 태어난 그들의 아기가 죽어 있었다. 그리고 일주일 후, 아기의 엄마 역시 숨을 거두었다.

명덕은 남은 세 아이와 함께 어렵사리 부산에 도착해, 남산의 앞으로 돌출된 절벽 아래 무단 거주자들의 허름한 오두막들 사이에 임시 거처를 지을 만한 공간을 찾았다. 바람을 피하기 위해서였다고 그는 혼잣말을 했다. 그는 운이 좋게도 미군의 노무자로 일할 수 있었다.

어젯밤 폭풍우가 몰아치던 날, 그는 빗물을 모으기 위해 통들을 밖에 내놓았다. 그는 밤새 여러 번 잠자리에서 일어나 통에 가득 찬 빗물을 안에 있는 큰 항아리에 담았다. 그러다 새벽이 가까워질 무렵 폭우가 쏟아지는 밖으로 나갔을 때, 그는 위에서 갑자기 폭포수 같은 물줄기가 쏟아져 내리고 있는 것을 목격했다. 그는 그 물이 절벽 돌출부 전체를 약화시킬 수 있다고 느꼈다.

그는 이웃사람들을 깨웠고, 그들은 삽을 들고 산비탈을 올라가 물의 흐름을 돌리기 위해 노력했다. 그러다가 그들이 절벽 꼭대기에 섰을 때, 땅이 무너지면서 명덕과 다른 사람들은 진흙과 물살에 내리막길 아래로 휩쓸려 내려갔다. 놀라긴 했지만 크게 다치지는 않은 그들은 다시 올라왔고, 진흙탕 아래 오두막 하나가 사라지고 명덕의 오두막은 반쯤 파묻혀 있는 것을 발견했다.

명덕은 여섯 살짜리 딸 복자가 남동생을 무너진 오두막에서 끌어내는 것을 보았다. 그는 곧 안으로 기어들어가 치명상을 입은 두 살배기 아이를 꺼내 병원으로 달려왔다. 이제 그는 부러진 딸의 시신을 안고 다시 오르막길을 올라가는 수밖에 없다. 그리고는 딸을 묻어주고 점점 줄어드는 가족을 위해 새 판잣집을 지을 때까지 신세를 질 수 있는 이웃을 찾아야 한다. 지금 그는 복자가 걱정이다. 딸아이가 기침과 열이 심해 결핵이진 않을까 아버지는 우려하고 있다. 그는 나중에 딸을 수녀님들에게 다시 데려가 치료를 받도록 해야겠다고 혼잣말을 한다.

애그너스 터리스 수녀가 어머니에게 편지를 쓴다. "밤에 부슬부슬 내리던 비가 새벽녘에 바람을 동반한 폭우로 바뀌었어요. 그럼에도 불구하고, 어젯밤에는 200명의 환자가 밖에서 줄을 선 채 잠을 잤습니다."

1951년 1월 초의 매서운 추위 속에서, 끝도 없을 것처럼 보이는 남한 사람들의 피난 행렬이 남쪽으로 향하는 도로를 가득 메우고 있다. 중공군의 진격 경로에 있던 5명 중 4명이 20세기 최대의 즉각적 이주 가운데 하나인 이 집단 탈출에 합류한 것으로 추정된다. 열한 살의 장상과 그 가족도 마찬가지였다. (UN 제공)

1951년 7월 20일, 금요일

 UN 관리들은 현재 남북한을 합쳐 5,000,000명의 피난민이 남한에 있는 것으로 추산하고 있다. 한국 정부 통계에 따르면, 미군이 진격과 후퇴를 반복하며 수개월 동안 "초토화"라는 군사 전략을 펼친 끝에 남한에서만 400,000채의 주택이 파괴되었다.[8]

 UN군 사령부나 한국 정부가 운영하는 난민 수용소에 수용된 수십만 명의 "운이 좋은" 피난민들은 대체로 식량 부족과 만연한 질병에 시달리며 비참한 생활을 하고 있다.

여름철의 열대성 폭풍우가 한국을 강타한 오늘, 뉴욕타임스 특파원은 37,000명의 난민—거의 대부분이 북한 사람들—이 수용되어 있는 서울 인근의 한 수용소에 대한 보고서를 본사로 보내면서, 피난민들이 비가 새는 천막이나 진흙 오두막에서 "미국 농부가 기르는 동물보다 더 열악한 생활을 강요당하고 있다"고 전한다.[9]

국제적십자위원회The International Committee of the Red Cross는 제네바 협약the Geneva Conventions에 따라 승인된 적십자 사찰단의 수용소 접근을 미군이 막고 있다며 미국 정부에 항의했다. 프랭크 페이스 미 육군 장관은 로버트 A. 러베트Robert A. Lovett 신임 국방장관에게 그 어떤 국제기관의 사찰에 의해서라도 수용소의 비참한 상황은 폭로될 것이라는 점을 통보할 것이다.[10]

미국은 구호 프로그램에 가장 많이 기여하고 있지만 마지못해 기부하는 경우가 많다. 지난해 12월, 미 의회는 군이 제안한 1억 달러 규모의 원조금을 절반으로 삭감했다. 한 공화당 상원의원은 "우리는 지금 공산주의자들을 먹이는 대신 총으로 쏘는데 더 신경을 써야 한다."[11]라고 말한 것으로 전해졌다.

열한 살의 피난민 장상과 그녀의 가족은 비교적 운이 좋았다. 남쪽으로 탈출해 대구에서 몇 달을 보낸 후, 그들은 제2의 고향인 서울에서 113킬로미터 더 가까운 대전으로 이사했다. 그들에겐 약간의 돈과 어머니 봉현, 딸 상, 상의 언니 란, 형부 강기석 등 네 식구를 위한 셋방 한 칸이 있다. 그들에게 다섯 번째 식구로 남자 아기가 생겼다. 장란과 강기석 사이에서 태어난 첫아이다. 하지만 아기가 고열을 동반한 중병에 걸리면서, 젊은 부부의 기쁨은 금세 고통으로 바뀌었다. 뇌수막염이다. 어린 장상이 병세가 악화되는 조카의 간호를 돕고자 안고 있는데, 갑자기 조카가 숨을 멈춘다. 상은 울부짖고 란과 기석이 달려가지만 손쓸 방법이 없다.

남한과 북한 전역에서, 병원과 진료소의 파괴와 의료진의 사망, 영양실조와 극심한 기아, 포화 상태의 수용소와 비위생적인 환경으로 인한 전염병 확산, 비바람에 노출, 의료 공급 체계의 붕괴 등 이 모든 것이 전쟁에서 맞붙은 양쪽 진영의 폭탄과 총알만큼이나 전시 사망자의 원인이 되고 있음은 확실하다.

한국 최남단에 위치하고 있는 피난민 수용소를 방문한 한 덴마크 의사는 "병원"의 "상상할 수 없는 광경"을 전한다. 병원이라기보다는 차라리 개방축사 같은 그곳에는 천연두, 장티푸스, 발진티푸스, 파상풍, 나병 및 기타 질병을 앓고 있는 6~700명의 환자들이 맨땅이나 대소변이 묻어 있는 잔디밭 위에 누워 있거나 앉아 있었다고 한다. 모겐스 윙Mogens Winge 박사는 이렇게 적어 두었다. "젖이 없어 늘어진 가슴을 문 채 죽어가는 어린아이를 안고 앉아 있는 한 엄마의 눈에서 보았던 절망감을 결코 잊지 못할 것입니다."[12]

갓 태어난 손자가 죽은 후, 상의 어머니 봉현은 북에서 피난 내려온 같은 기독교들 사이에서 그들이 지낼 곳을 찾았다. 한 장로교회가 후원하고 있으며 작은 집들이 모여 있는 대전 외곽의 정착촌이다. 그곳에서의 삶은 간소하다. 쌀 공급은 부족하며, 가난의 상징인 삶은 보리가 매일 식사로 제공된다. 하지만 그들은 교회 공동체에서 정신적인 지원을 받고 있으며, 수완이 좋은 봉현은 예전처럼 여기저기서 빨래, 바느질, 청소 등을 하며 돈을 번다.

장상은 인근에 있는 난민 소녀들을 위한 학교에 등록한다. 급하게 지어진 부실한 목조 건물로 된 학교에서 두각을 나타내는 그녀는 영재임이 분명해진다. 어느 날 수업 시간에 여느 때처럼 답을 알고 장상이 손을 들자, 선생님이 "상! 넌 다른 학생들보다 5초 빠르구나!"라고 말한다. 그녀는 생각했다. "난 5초 빨라. 그게 무슨 뜻인지 알고 있지."

학교를 다니지 못한 농부의 딸인 어머니는 상을 격려한다. 전쟁의 격변도 한국인의 유교적 교육열을 식히지 못한다. "끼니는 거를 수 있어도 수업은 빠지면 안 돼."라고 어머니가 상에게 말한다.

1951년 7월 26일, 목요일

막대한 대가를 치르면서도 교착 상태에 빠진 이 전쟁의 양측은 정전 협상을 위해 7월 10일 처음 만났다. 녹색 베이즈 천으로 덮인 긴 테이블을 따라 앉은 양측은 곧바로 기자들의 금지와 무장한 북한군의 배치에서부터 무엇을 논의할 것인지에 이르기까지 사전 세부 사항을 놓고 논쟁을 벌이기 시작했다.

이제 양측은 적어도 의제에는 합의를 한 상태다.[13]

"회담의 첫 번째 단계는 성공적으로 끝났습니다."하고 협상이 열리고 있는 북한 점령 지역인 개성에서 앨런 위닝턴이 보도한다.[14]

그러나 이미 그간 허비된 시간으로 인해 빠른 정전 가능성은 낮아졌다. 7월 초 양측이 협상하기로 합의한 후, 미국은 정전 회담 기간 동안 군사 행동을 중단하자는 중국과 북한의 제안을 거부했다.

리지웨이 장군은 특히 북한에 대한 공습을 계속하는 등 압박을 유지하기를 원했다.[15] 미국 공습으로 인한 막대한 파괴를 목격한 위닝턴은 이에 주목한다. 데일리 워커에 보낸 기사에 그는 목격한 것을 이렇게 기록하고 있다. "협상이 진행되는 동안 하루 종일 미군 전투기들이 무례하게 머리 위를 지나간다."[16]

영국인 공산주의자 위닝턴은 개성에 맨 마지막에 도착한 특파원 중 한 명으로, 프랑스 신문 스 스와르 Ce Soir의 호주 출신 좌파 기자 윌프레드 버체트 Wilfred Burchett와 함께 베이징에서 출발했었다. 두 사람이 반대쪽에서 나타나자, 회담장에 있는 미국 기자들은 "두 백인 공산주의자들" 주위에 몰려 그들이 어디서 왔는지, 어떻게 왔는지 묻는 등 호기심을 나타낸다. 위닝턴은 이를 다음과 같이 비유한다. "거의 우리 옷을 만지다시피 하며, 마치 남태평양의 섬 주민들이 쿡 선장을 만난 듯했다."

천 년 전 고려 왕조의 도읍이자 고풍스러운 성벽으로 둘러싸인 도시 개성은 서울에서 북서쪽으로 56킬로미터 떨어진 곳에 위치하고 있으며, 작년

6월 25일 전쟁 초기에 북한군이 점령하기 전까지는 38선 바로 아래의 남한 영토에 속해 있었다. 북한은 회담 장소로 오래된 찻집을 선택했다. 이곳은 예전에 식당이었으며, 기와지붕 모서리가 위로 올라가는 불탑 양식으로 되어 있다.

공산 측 대표는 북한군 총참모장 남일이다. 젊고, 줄담배를 피우는 그는 한여름의 무더위 속에서도 목까지 단추를 다 채워 군관 근무복을 입고 있으며 가죽 재질의 하이부츠를 신고 있다.

대표단에는 남일 이외에 두 명의 북한군 장교와 두 명의 중공군 장교가 포함되어 있다. 그들과는 대조적으로, 극동 해군 사령관 C. 터너 조이^{C. Turner Joy} 중장이 이끄는 미군 측은 편안하고 목이 드러나는 하계용 갈색 티셔츠를 입고 있다. UN 대표단에는 다른 미국인 3명과 한국 1군단 사령관 백선엽 소장이 포함되어 있다.[17]

7월 10일, 임진강 남쪽 미군 점령 지역에 있는 문산 인근의 주둔 기지에서 개성으로 향하는 19킬로미터 지점에서 북한 경비병들이 조이 중장의 호송대를 막아서면서 회담은 어렵게 시작되었다. 대표단은 호송대에 있던 20명의 기자들은 더 이상 갈 수 없다는 말을 들었다.

이로 인해 대표단은 며칠 동안 토론을 벌인 끝에 UN측 기자들이 회담 장소로 이동할 수 있도록 허용하고 도로와 찻집 주변 반경 800미터 구역에서 무장한 북한군을 철수시키는 데 합의했다. 반경 8킬로미터의 더 넓은 "중립 지역"에는 이제 경무장한 북한 헌병들만 남아 있다.

그리고는 회담 의제를 놓고 밀고 당기기가 시작되었다. 공산 측은 특히 적십자사의 북한 포로수용소 방문을 논의하자는 미국의 제안에 반대했다. 미국 측은 38도선을 최종 휴전선으로 삼자는 공산 측의 제안에 대해 휴전선은 협상을 통해 결정해야 한다며 난색을 표했다. 이제 양측은 휴전선 확정과 정전 감독 및 포로 처리 방안을 협상에 맡긴다는 모호한 표현의 의제를 받아들였다.[18]

회담 초기의 이러한 긴장된 분위기가 위닝턴을 실망시키고 있다. 그는 "휴전 회담에 그림자가 드리운다"라는 제목의 원고를 보낸다. 하지만 호기심 많은 서방 기자들의 질문에도 그는 낙관적이다. "중국에는 평화에 대한 진지한 열망이 있다고 난 장담할 수 있습니다."라고 그는 말한다.

위닝턴은 또한 그와 같은 영국인들이 반대쪽에서 싸우고 있는 전쟁을 취재하는 기분이 어떠냐는 질문도 받는다. 그는 "나는 종군 기자입니다."라고 대답한다. "전쟁이 데려가는 곳으로 나는 가야 합니다."[19]

1951년 7월 30일, 월요일

고등학교를 중퇴한 클래런스 애덤스가 감금 상태의 지루함을 달래기 위해, 그가 수감되어 있는 전쟁포로수용소에 새로 생긴 도서관에서 책을 한 권씩 읽어치운다. 사실 애덤스는 5호 수용소의 중공군 지휘관들과 함께 일하기 위해 자원하여 도서관 사서가 되어 있다.

포로들의 삶은 조금씩 나아지고 있지만 여전히 비참한 상황이다. 이질, 발열, 야맹증뿐만 아니라 감염과 부족한 식사로 인한 기타 질병으로 많은 수감자들이 고통받고 있다. 겨울에는 이가 창궐하고 여름에는 빈대, 쥐, 벼룩, 파리가 기승을 부린다. 압록강 계곡의 공습 경보는 이들의 신경을 곤두서게 만든다.

그러나 수백 명의 미군 전쟁포로들이 굶주림과 질병, 치료받지 못한 상처로 사망했던 지난 겨울에 그들을 악의적으로 방치했던 북한 관리자들에 비하면, 지금까지 생존해 있는 사람들은 이제 이 전쟁에서 살아남을 수 있다는 희망을 갖게 되었다.

벽동 수용소를 관리하기 시작한 직후, 중공군은 수감자들 사이에 인종적 갈등이 있다는 사실을 알게 되었으며, 애덤스를 비롯한 미국 흑인 포로들을 백인 포로들로부터 분리했다. 애덤스는 새로운 감독관들이 억압받는 이들 소수의 미국 흑인들을 격려하면 이들에게 공산주의의 미덕을 더 쉽게

"교육"할 수 있을 것이라고 믿고 있지 아닐까 생각한다.

중공군은 포로들에게 각 막사에서 지휘부와 함께 일할 대표를 뽑아야 한다고 말했다. 애덤스를 포함해 흑인들만 있는 막사에서는 한 인기 있고 나이 많은 상병이 선택됐지만, 그는 나중에 적과 협력했다는 이유로 군법 회의에 회부될까 봐 두려워서 거절했다. 그러자 스물두 살의 상병 애덤스가 자원하며, 다른 병사들에게 미국의 도움을 받을 수 없는 그들의 상황에서는 스스로 생존하기 위해 필요한 일을 해야 한다고 말했다. 중공군 관리자들을 만난 애덤스는 스포츠 장비, 주일 예배 장소, 직접 음식을 조리할 수 있는 시설과 기구, 읽을 거리 등 수용소 전체를 위해 의욕적으로 작성한 요청 목록을 내놓았다.

몇 주가 걸렸지만 상황이 바뀌기 시작했다. 그들에게 야구방망이와 야구공, 축구공, 농구 코트가 지급되었다. 그들은 작은 부엌을 직접 만들었다. 수감자들 중에 있는 위생병들에게 의약품이 배포되었다. 한 버려진 건물은 카드, 탁구, 체커, 체스 등을 즐길 수 있는 레크리에이션 센터가 되었다. 포로들은 운동도 규칙적으로 하기 시작했다.

디킨스와 트웨인부터 마르크스와 엥겔스에 이르기까지, 도서관에 비치될 수백 권의 영어 책이 배달되었고, 애덤스가 책임자로 임명되었다. 포로들은 런던과 뉴욕의 데일리 워커 구판과 북한이 포로수용소를 위해 매주 발행하는 선전지도 읽을 수 있다.[20] 미국의 부당한 인종 정책에 점점 더 골몰하게 된 애덤스는 중국과 소련에서 건설되고 있는 "새로운 사회"에 대해 읽고 깊은 인상을 받았다.

또한 중공군 관리자들은 영어를 구사하는 교수들이나 다른 중국 민간인들이 진행하는 정치 강연회를 열어 모든 수감자가 반드시 참석하도록 했다. 강연자들은 미국의 한국 개입이 월스트리트 모리배들의 소행이며, "부유한 자들의 전쟁이지만 가난한 자들의 싸움"이라는 점을 반복해서 강조한다.

애덤스는 처음엔 강연을 선동으로 치부하지만, 강연자들이 화제를 미국의 인종차별로 옮기자, 그는 자신를 비롯한 흑인들이 미국에서 겪은 굴욕을 떠올리며 그들의 말에 사실도 있음을 알게 된다. 그는 중공군이 이끌고 있는 자발적인 스터디 그룹에도 가입한다.

대부분의 미국인 포로들은 강연을 무시하고 스터디 그룹을 거부한다. 관심을 보이는 이들은 중공군에겐 "진보주의자"로, 포로들에겐 "찬성파"로 분류된다. 중공군의 교육과 찬성파 포로들을 경멸하는 이들은 "반동분자"로 불린다. 가장 반항적이고 무례한 포로들은 언덕 위의 비좁은 진흙 오두막의 독방에 며칠 동안 감금되기도 한다.[21]

한편 포로들은 또 다른 관심사를 하늘에서 새로 찾게 된다. 그들은 목을 길게 빼고는 압록강 상공에서 거의 매일 공중전을 벌이는 미군 세이버 전투기와 공산군 미그기를 지켜본다.[22]

벽동은 폭격의 주요 표적이 아니지만, 엄청난 손실을 발생시키는 미국의 공중전이 다른 곳에서는 계속되고 있다. 오늘, 남쪽으로 177킬로미터 떨어진 곳에서 400대가 넘는 미 공군기가 평양에 대규모 공습을 가한다. 이 공습은 휴전 회담이 시작되는 시점에서 세계 여론을 우려한 미군 사령부가 외부에 알리지 않았다. 북한은 수도에서 10,000명의 사상자가 발생했다고 말한다.

한 폴란드 외교관은 바르샤바에 "평양에 남은 집이 거의 없습니다."라고 보고한다. "우리는 절망의 현장을 목격했습니다… 엄마를 찾아 조그마한 손으로 건물 잔해를 밀쳐내는 아이들을 보았습니다."[23]

8월

1951년 8월 1일, 수요일

파란색과 초록색 면으로 된 옷을 입은 인파가 천안문 광장을 가득 채우고 있다. 마오쩌둥 복장을 한 수만 명의 시민들과 거대한 대열을 이루고 있는 제복을 입은 군인들이 인민해방군의 날을 기념하기 위해 광활한 베이징의 광장에 모였다.

군중 맨 뒤쪽 끝에는 키가 크고 안경을 쓴 한 학생이 확성기에서 울려 퍼지는 연설을 들으려고 안간힘을 쓰고 있다. 연설은 그가 아직도 되살리려고 노력 중인, 그의 가족이 미국으로 이주하기 전까지 유년 시절의 그가 중국에서 사용했던 언어로 진행되고 있다. 조선에서 막강한 미군을 저지한 공산당군 창건 24주년을 기념하는 행사에 참석하기 위해, 지자오주는 칭화대에서 자전거를 타고 16킬로미터를 달려왔다.

너무 멀어서 얼굴은 잘 보이지 않지만, 우뚝 솟은 탑 같은 천안문의 발코니 중앙에 네 명의 지도자가 함께 서 있다. 주석 마오쩌둥은 물론, 총리 저우언라이, 인민해방군 총사령관 주더, 그리고 정전 회담이 더디게 시작된 조선에서 막 도착한 펑더화이 장군이 나와 있다.

펑더화이는 인민해방군의 성과에 대한 자부심으로 가득한 그의 연설에서 미국 측에 협상을 중단하지 말라고 경고한다. "세계 여론은 누가 전쟁을 고집하고 평화를 원하지 않는지 더 분명하게 알게 될 것입니다."라고 명장 펑더화이가 단호한 어조로 말한다.[1]

마오쩌둥이 연설을 시작하자, 사람들은 붉은 깃발과 현수막을 흔들며 함성을 지른다. 혁명적 영웅을 처음 보고 들은 스물두 살의 화학과 학생 지자오주는 감정에 휩쓸려, 중국 국민이 하나이며 마오쩌둥이 국가의 아버지라고 느낀다.

올해 초, 아버지의 충고에도 불구하고 지자오주는 애국자로서 조선에 파병된 중국인민지원대에 지원해야 할 의무감을 느꼈지만, 그의 지원은 지금까지 무시된 것 같다. 그는 또한 공산당 입당을 갈망하고 있으며, 이제부터 마오쩌둥의 저술에 열중한다. 그는 중국어 원문과 영어 번역본을 비교하면서 어학 공부를 보완한다.

자오주는 갈등과 투쟁, 즉 "끝없는 혁명"이 마오쩌둥 사상의 핵심이라는 것을 알게 된다. 자오주와 같은 수도 베이징의 학생들은 중국의 시골에서 무슨 일이 일어나고 있는지, 그 끝없는 혁명이 어떻게 진행되고 있는지 알지 못한 채 격리되어 있다. 공산주의자들이 피비린내 나는 방식으로 토지 재분배 계획을 강제 시행하고, 중국의 외국 전쟁 개입을 재빨리 기회로 삼아 국내의 정치적 반대 세력을—실제든 잠재적이든—분쇄하는 것을 정당화하고 있는 것을 전혀 모르고 있는 것이다.

지난해 10월 마오쩌둥이 펑더화이에게 군대를 이끌고 조선으로 들어가라고 명령한 지 이틀 후, 공산당 중앙위원회는 당원들에게 "모든 반동 세력과 반동 활동"을 파괴하기 위해 "무자비한" 조치를 취하라는 지시를 내렸다. 이것은 "토지 개혁과 경제 재건의 원활한 진행을 확실히 하고, 중국 인민 혁명을 공고히 하고 더욱 발전시키기 위해"[2] 필요한 조치였다.

수개월간의 공포 속에서 지주, 사업가, "모리배", 의심스러운 지식인, 국민당 동조자 등 수백만 명의 "반동분자"가 체포되었다는 사실이 마침내 밝혀졌다. 마오쩌둥이 "모든 사람의 격렬한 증오심을 불러일으킨" "극악무도한 범죄"라고 말한 행위를 저질렀다는 이유로 최소 1,000,000명에서 최대 2,000,000명 정도가 즉결 재판 후 처형되거나 농민 폭도들에게 구타 혹은 난도질을 당해 죽었다.[3]

1951년 8월 15일, 수요일

1945년에 일제로부터 해방된 날이자 1948년에 대한민국 정부가 수립된 날인 오늘, 정오가 되자 부산 전역에 교회 종소리와 사이렌이 울려 퍼진다. 이 종소리와 사이렌은 수평선 너머 존재하는 위험에 대한 경고일 수도 있다.

두 개의 태풍이 서쪽과 동쪽에서 한반도로 접근하고 있다. 이들 태풍은 도로를 침수시키고 다리를 유실시켰으며 매우 중요한 쌀 수확을 위협해온 몇 주간의 집중 호우에 의한 피해를 극대화시킬 것이다.[4] 집중 호우는 또한 진료소 밖에 줄을 서 있는 수백 명의 병자들을 흠뻑 젖게 하여, 매리 머시 수녀의 의료 선교 활동을 더욱 어렵게 만들고 있다.

매리 머시 수녀와 마찬가지로 의사인 애그너스 터리스 수녀는 고향에 있는 어머니에게 쓴 편지에서, 현재 하루에 1,000명, 때로는 1,200명의 환자들을 돌봐야 한다고 말한다. 그리고 이 젊은 수녀는 한탄한다. "결핵 말기 환자가 너무 많아요… 이 불쌍하고 불쌍한 사람들!"

남한 전역의 수용소와 판자촌의 진흙탕과 더위, 악취와 모기 속에서 많은 정부 및 민간 구호 기관의 직원들이 약 5,000,000명으로 추산되는 난민들, 즉 북한 및 전쟁에 휘말린 남한의 북쪽 지역 주민들을 돕기 위해 분투하고 있다. 지금까지 진행된 정전 회담의 상황으로 봤을 때, 휴전과 귀향이 빠른 시일 내에 이루어지리라는 희망은 거의 없다.

민간 구호 단체인 아메리컨 릴리프 포 코리아 American Relief for Korea 의 조세프 P. 리먼 Josheph P. Lehman 대표가 2주간의 시찰을 마치고 이렇게 전한다. "엄청난 규모의 임무가 우리 앞에 놓여 있습니다."[5]

메리놀회 수녀들이 매일 많은 사람들에게 예방접종을 하고 있는데, 대부분은 어린이들에게 백일해 예방접종을 하는 것이다. 백일해는 현재 부산에서 널리 퍼지고 있으며, 특히 난민촌의 오두막집에 살고 있는 어린아이들에게 치명적이다. 수녀들이 하계용 흰색 수녀복을 입고 진료소 위에 있는 판자촌을 돌고 있다. 그들은 발 아래 깔린 진흙에 넘어지고 미끄러지며, 종종 손과 무릎으로 기어서 허술한 오두막으로 들어가, 진료소로 올 수 없을 정도로 아픈 사람들을 방문한다.

이곳 난민들은 결핵, 뇌수막염, 각기병, 말라리아로 죽어가고 있다. 한국인들이 덕을 실천하는 여성 분이라는 뜻의 "수녀修女"라고 부르는 그녀들은 항생제, 비타민 B 주사, 음식으로 이 사람들을 도우려 한다.

"사소한 질환은 없는 것 같다."라고 매리 머시가 적는다. "모두 심각한 질병을 앓고 있다."

매일 오전 5시 15분에 일어나면, 수녀들은 대청동 도로를 따라 펼쳐진 돗자리 위에서 긴 밤이 지나도록 기다린 환자들이 줄을 서 있는 것을 보게 된다. 늘어나는 수요를 감당하기 위해 진료소 직원도 늘어났다. 진료소를 시작할 때부터 함께한 메리놀회 수녀 다섯 명에 새로 두 명이 합류했다. 임상병리사이자 오래전 한국에서 의료 선교활동을 했었던 허먼 조세프Herman Joseph 수녀와 예일대에서 한국어를 공부한 젊은 약사 보조사인 앨버타 마리Alberta Marie 수녀가 바로 그들이다.

전쟁 피난민 당사자들인 한국인 남자 의사 한 명과 다른 수녀회의 한국인 수녀들도 메리놀 의료진을 지원한다. 지난 4월에 진료소가 개소했다는 소식이 알려지면서 부산 군병원 소속 미군 의사들과 간호사들 역시 자원봉사에 나서고 있다. 한 군의관은 비번 날 오전에 와서 심각한 척추결핵을 앓고 있는 어린이들에게 깁스를 해주고 있다.

부산의 메리놀 진료소는 의약품과 기타 물품을 주로 미국의 국립 가톨릭 복지 협의회National Catholic Welfare Council에 의존하고 있다. 그러나 수녀들은 가족과 친구들에게 호소하여 협의회에서 보내주는 물품을 보충한다. 긴급하게 필요한 물품이 있을 때 그런 후원자들로부터 항공 특송으로 소포를 받는 것이다. 길고 지친 하루를 보낸 매리 머시 수녀는 마퀘트 대학교 Marquette University 의과대학 학장인 동생 존 허쉬벡John Hirschboeck에게 편지를 보내 클로로마이세틴과 페니실린를 비롯한 여러 항생제를 요청한다. "아이들이 너무나도 아프고 불쌍하다!" 그녀는 선교 일지에 적는다. "우리는 진짜 굶주림을 목격하고 있다."

1951년 8월 23일, 목요일

휴전 협상이 중단되었다.

저공비행하는 항공기 소리와 뒤따른 폭발음으로 개성 현장의 고요함이 깨진 후, 오늘 새벽 공산 측은 이것을 그들 대표단에 대한 폭격이라고 주장하며, 회담을 중단한다고 발표했다. 미국은 책임을 부인하고 있다.

앨런 위닝턴은 런던의 데일리 워커에 송고한 기사에서 자신을 비롯한 공산 측 기자들이 어젯밤 10시 20분에 비행기가 접근하는 소리를 듣고는 재빨리 기자단 숙소의 불을 끄고 바닥으로 몸을 던졌다고 말한다. 그는 "폭탄들이 떨어지는 소리와 터지는 소리를 직접 들었다"며, "잠시 후 우리 대표단 방향으로 기총사격하는 소리도 들렸다"고 전한다.[6] 이 사건으로 다친 사람은 없었다. 하지만 북한 점령 지역에 위치하고 있는 개성 주변 16킬로미터 폭의 "중립 지역"을 정찰하던 중 의문의 매복 공격으로 중공군 헌병 한 명이 사망하고 다른 한 명이 부상을 당한 사건에 대해 공산 측 대표단이 격렬하게 항의한 지 불과 3일 만에 벌어진 일이다. 그들은 항의 시위하며 UN군이 침투하여 그 공격을 자행했다고 비난했다. 그러나 목격자들에 따르면, 범인들이 민간인 복장을 하고 있었으며, 미군은 그들이 휴전회담을 방해하려는 북한 또는 남한의 빨치산일 것이라는 의견을 내놓았다.[7]

1951년 지평리 전투에서 미군에게 포로로 잡히는 중공군

6주 후, 협상은 첫 번째 의제인 한반도를 가로지르는 남과 북 사이의 휴전선 위치를 정하는 문제로 교착 상태에 빠졌다. 미국은 완충지대를 38도선에 두자는 공산 측의 제안을 거부하고 있다. 하지만 미군의 모호한 브리핑으로 인해 서방 기자들은 워싱턴이 알려주기 전까지 미국이 제시한 대안에 대해 알지 못하고 있었다.

중국 측으로부터 정기적으로 브리핑을 받는 데일리 워커 특파원이 미국 기자들에게 전한 바에 의하면, 미국 협상단의 수석인 조이 제독은 38도선보다 훨씬 위쪽에 분계선을, 경우에 따라서는 현재 전선보다 북쪽의 약 11,900제곱킬로미터에 달하는 "부동산"—조이 제독의 표현이다—을 요구하고 있다. 북측 사람들에게 이것은 터무니없이 땅을 내놓은 꼴이 될 것이다.

8월

위닝턴에게 접근하는 미국 기자들은 호기심과 동료 의식, 공산주의에 대한 경멸감이 뒤섞인 감정을 가지고 있다. 어떤 이들은 파이프 담배를 피우는 이 영국인을 거만하다고 생각하고, 어떤 이들은 술 한 잔을 함께 할 수 있는 영리하고 친절한 사람으로 여긴다. 그러나 언론인의 입장에서는 모두 그를 유용하다고 생각하고 있다.

위닝턴은 개성에 기반을 두고 있기에, 남쪽으로 19킬로미터 떨어진 UN 점령지 문산에 주차되어 있는 "프레스 트레인press train"에서 지내고 있는 미국 특파원들보다 더 많은 소식을 접할 수밖에 없다. 그는 기꺼이 자신의 정보를 공유하고 있으며, 심지어는 살해당한 중공군 헌병을 위한 추도식에 미국인 기자를 몇 명 데려가기도 했다.[8]

어젯밤 사건 발생 후, 보고된 폭격을 조사하기 위해 미국 연락 장교들이 도착했을 때 위닝턴이 그 자리에 있었다. "그들은 증거를 면밀히 검토하지 않으려고 하였으며 조사를 완결짓는 것도 거부했습니다."라고 그는 기록한다.[9]

미군은 비행 기록에 그와 같은 UN 항공기의 침입이 없다고 주장하지만, 당시 개성 상공을 비행하는 미확인 비행기가 그들의 레이더에 포착됐다. 그들은 이 "공격"이 회담 결렬을 위한 구실로 공산 측에 의해 "100% 계획된 것"이 틀림없다고 주장하고 있다.[10]

그러나 후속 보고서에서, 위닝턴은 자신이 낮에 현장을 조사한 바 "미국이 유죄임을 완전히" 입증되었다며, 자신이 그곳에서 발견한 미국제 폭탄 탄피들이라고 말하는 것들을 그 증거로 언급한다. 그는 미군이야말로 "북한 영토의 막대한 구획에 대한 그들의 요구와는 별개의 문제로 휴전 협상을 망치려 했다."고 주장한다.[11]

어떤 경우든, 도쿄의 리지웨이 장군은 김일성과 펑더화이에게 메시지를 보내, 미국은 상대측이 준비되면 협상을 재개할 준비가 되어 있다고 알린다. 한편 베이징 라디오는 "휴전 협상이 순조롭게 진행되기를 희망한다."[12]는 펑더화이와 김일성의 성명을 낭독한다.

9월

1951년 9월 15일, 토요일

유난히 선선한 오늘 밤, 별이 빛나는 하늘은 수정처럼 맑아 중추절의 보름달을 바라보기에 이상적이다. 하지만 월병이 없는 달맞이 축제가 무슨 의미가 있을까? 전쟁에 참전한 병사들이 항상 그랬듯이, 이번 전쟁에 참전한 병사들 역시 음식에 대해 끊임없이 생각한다. 특히 오랜 기간 동안 식량 부족 문제를 겪고 있는 중국 병사들은 특히나 그러하다. 오늘 밤, 월병에 대한 생각이 천싱치우의 머릿속을 떠나지 않는다.

팥앙금으로 채워진 동그란 월병은 중국 전역에서 명절 모임 때마다 식탁의 중앙에 놓이는 음식으로, 가족들은 중추절의 보름달을 보며 월병의 달콤함을 음미한다. 그들은 달이 얼마나 밝은 지 이야기하기도 하고 달 표면에 그려진 달토끼의 모양을 찾아보기도 하며, 지나간 계절을 회상하고 다가올 겨울에 대해 생각하기도 한다.

천과 그의 동료들이 중국을 떠난 지 6개월이 지났고, 곧 열일곱 살이 되는 이 어린 위생병은 이런 밤이면 불현듯 고향을 그리워하게 된다. 그는 고향 타이위안의 빵집이 생각난다. 그곳은 특히 월병으로 유명한 집이다. 그는 마음속으로 어머니의 모습을 그려보고, 어린 시절에 명절을 지냈던 순간들을 떠올린다. 지금보다 행복했던 시간들이었다. 그리고 그가 조선 땅에 들어온 후 어머니의 소식을 듣지 못하고 있다는 사실을 다시 한 번 곰곰히 생각하며 슬퍼한다. 그는 유명한 당시唐詩의 마지막 부분을 떠올린다. "밝은 달을 보려고 고개를 든다. 그리고는 고향을 생각하며 고개를 숙인다."

천성적으로 낙천적인 십 대 소년 천은 적어도 고향 사람들은 월병을 맛있게 먹을 것이라고 혼잣말을 한다. 혁명 덕분에 "고향 사람들의 삶은 매일 더 나아지고 있다." 그는 심지어 현재 그의 식량 상황에서도 긍정적인 면을 찾아낸다. 지난 봄 제5차 전역에서 중공군의 주식이었던 야소핑, 즉 "꽉 눌러진 크래커"의 놀라운 점들에 대해 일기장에 장문의 글을 쓴다. "특히 참호에서 작전을 위해 대기하고 있을 때 야소핑은 최고의 식량원食糧源이다."라고 그는 적고 있다.

그는 밀가루, 노란 콩, 옥수수 가루, 향신료로 만들어진 것을 7.5x5센티미터 크기의 딱딱한 크래커로 압축하여 작지만 영양가 있는 음식을 만드는 방법을 설명한다. "그러니 난 휴대하기 편하고 속을 든든하게 해주며 맛도 좋은 야소핑을 찬양하려 한다."

토요일인 오늘, 중추절의 고요함은 그저 전선 바로 뒤에 있는 중공군의 보급로를 차단하기 위해 리지웨이가 승인한 미국의 폭격 작전인 "교살작전 Operation Strangle"이 잠시 중단되었을 뿐이라는 점이 곧 분명해진다.

일요일 밤, 폭발음에 잠에서 깨어난 그들은 산중턱 한곳이 네이팜탄으로 불타고 있는 것을 보게 된다. 천은 그 지역에 목표물이 없다는 것을 알고 있다. 미군이 마구잡이식으로 폭격과 기총소사를 가하고 있음이 분명하다.

천이 소속된 방공대대 사수들은 어둠 속에서 빠르게 움직이는 표적을 발견하지 못해 좌절하고 있다. "너희 모두 겁쟁이구만!" 한 명이 밤 하늘을 향해 소리지른다. "날 밝을 때까지 기다려. 내가 너희 개자식들 다 떨어뜨려줄 테니까!" 리지웨이 장군 자신도 중공군의 대공포 수가 늘어났으며, 특히 미군 B-29 주간 폭격기를 격추시키는 경우도 많아졌다고 언급했다.[1]

미군은 공중전에서 새로운 방식을 시도하고 있다. 그들은 야간에 운행하는 중공군 트럭의 타이어를 펑크내기 위해 4개의 끝이 뾰족하게 튀어오는 금속 스파이크를 도로에 쏟아붓고 있으며, 시간 지연 폭탄도 더 많이 투하하고 있다.[2]

어느 날 밤 트럭을 타고 가던 천은 보초병의 제지를 받는다. 그는 도로 앞쪽에서 북한 여인들이 도로에서 폭탄을 운반해 참호 속에 넣는 모습을 목격한다. 그는 위험을 무릅쓰는 그녀들의 용기에 놀란다. "얼마나 많은 한국 여성들이 철도와 고속도로를 따라 얼마나 많은 곳에서 폭탄을 치우고 있는 걸까?"하고 그는 궁금해한다. 잠시 후 차를 타고 가던 그는 엄청난 폭발음을 듣는다. 참호 속에 있던 폭탄들이 터진 것이다.

<<<

UN군 사령부는 현재 163,000명 이상의 전쟁 포로를 수용하고 있다. 작년 봄부터, 그들은 대부분의 포로들을 거제도에 있는 거대한 수용소로 이송했다. 거제도는 부산에서 남서쪽으로 구불구불한 해상 경로를 따라 80킬로미터 떨어진 고립된 위치에 있으며, 여기 수용소에는 공산군에 강제 징집되거나 자원한 북한인, 중국인, 남한인 등 늘어나고 있는 전쟁 포로들을 수용할 여유 공간이 더 많다. 이들 집단은 서로 분리되어 있지만, 각 집단 내부에서는 헌신적인 "빨갱이들"과 반공주의자들 그리고 입장을 밝히지 않으려는 사람들 사이에 악의적인 적대감이 형성되었다.[3]

한편 본토에서, 조선인민군 강제징집 피해자이자 수감자가 되리라고는 생각지도 못한 안경희가 붙잡혀 있는 부산 외곽의 여자 전쟁포로 수용소에서도 수백 명의 수감자들이 거제도의 남자 수용소와 마찬가지로 서로 대립적인 진영으로 나뉘어 있다.

미군과 남한 당국은 간호사, 다른 북측 여군, 공산당에 동조한 남한 여인 등 여성 "공산주의자"들에게 미군이 지급한 올리브색 죄수복의 등쪽에 전쟁 포로를 뜻하는 W를 부착하도록 규정하고 있다. 강제징집 당했던 대부분의 남한 여인들은 민간인 피억류자 civilian internee 로 간주되어 등에 C.I.를 부착한다.

필연적으로 양측은 서로를 겨냥해 구호를 외치고 욕설을 퍼붓는다. 때때로 서로를 향한 적대감은 폭력적으로 변하기도 한다. 젊은 여성들은 또 다

1950년 10월 대구에서, UN군이 낙동강 방어선에서 진격하던 중에 남한 지역에서 붙잡힌 사람들 가운데 북한 사람으로 확인된 젊은 여성들이 기차에 실려 전쟁포로수용소로 향한다. 피난을 떠났던 남한 사람 안경희는 북한군에 강제징집된 지 불과 며칠 만에 이들과 마찬가지로 전쟁포로 신세가 되었다. (AP통신 제공)

른 폭력, 즉 경비병들 중에 있는 강간범들을 막아내기 위해 결속하기도 한다. 그들의 방어가 항상 성공적인 것은 아니다.[4]

모든 수감자들이 반복적인 심문을 받는데, 공산군 측 사람들의 경우에는 그들의 군대에 대한 정보를 얻기 위해서이고, 민간인 피억류자들의 경우에는 그들의 배경 및 침략자들과의 협력의 본질을 밝히기 위해서다.

안경희는 처음엔 심문을 통해 자신이 곧 석방될 것이라고 믿었다. 그러나 같은 동포인 남한 사람들의 거듭된 질문과 조선인민군에 강제로 끌려갔다는 설득력 있는 설명에도 불구하고, 그녀를 비롯한 다른 민간인 억류자들 중 단 한 명도 석방되지 않고 있다.

절망에 빠지기 쉬운 상황이다. 그녀는 언제 다시 가족을 만날 수 있을까? 그녀의 가족은 모두 무사할까? 이 지옥 같은 전쟁은 언제 끝날까?

어딘가로 향하는 기차의 기적 소리가 들리고 철조망 너머로 보이는 아름다운 석양이 보일 때, 이 젊은 여인은 철학적인 생각에 잠기곤 한다. "저런 석양이 눈앞에 펼쳐져 있는데, 어떻게 사람들은 서로를 죽일 생각을 할 수 있을까?" 그녀는 궁금해한다. "전쟁의 목적이 무엇이든 간에 평화가 더 소중하지 않나?"

전쟁이라는 불확실한 상황에서 경희는 계속 바쁘게 지내는 것이 최선이라는 것을 알고 있다. 포로 생활 초기부터 1년이 지난 지금까지, 그녀는 공동의 목표를 위해 C.I.를 조직화하는 일을 도왔으며, W를 포함한 단식 투쟁을 이끌었던 적도 있다. 단식투쟁을 통해 수용소 내 동부의 W와 서부의 C.I. 모두 보다 나은 식량과 제대로 된 잠자리를 얻어낼 수 있었다.[5] 그 후 얼마 지나지 않아, 민간인 피억류자들은 공식 선거를 실시했고, 이화여대를 졸업한 교양 있는 도시 사람인 안경희가 수용소 당국에 그들을 대변할 전체 대표로 선출되었다. 스물한 살의 2518번 수감자는 때때로 조언자이자 사기 진작 담당관 morale officer 역할을 해야 하는 직책을 맡게 된 것이다.

어느 날, 경희와 같은 막사에서 지내고 있는 십 대 소녀이자 그녀가 보좌관으로 임명한 김상임이 그녀의 어깨를 두드렸다. 그녀가 뒤돌아보니 새 드레스를 입은 상임이 와 있다. 기독교 선교사들은 신자들을 위해 예배를 드리고, 북쪽 사람들에게 전도도 하고 그들이 공산주의를 지지하는 마음도 떨쳐내도록 하기 위해 종종 립스틱이나 과자 혹은 다른 선물들을 나눠주는데, 상임이 지금 입고 있는 드레스도 그 선교사들이 정기적으로 나눠주는 선물 중 하나다.[6]

상임은 새로 얻은 물건을 자랑하며 한숨을 내쉰다. "아, 쫙 빼입고 부산 거리에 나가 있으면 얼마나 좋을까." 경희는 만약 그들이 지금 이 수용소가 아니라면 인민군과 함께 피비린내 나는 최전방에 있을 거라고 상기시키며 소녀를 꾸짖는다. "말 그대로 삶과 죽음의 차이야." 그러고는 부드러운 어조로 어린 친구에게 말한다. "우리가 풀려나는 건 시간 문제라고 확신해."

적대적인 감정을 갖고 있음에도 불구하고, 경희도 가끔씩은 고향에서 멀리 떨어져 있는 W들을 동정하고 있는 자신을 발견할 때가 있다. "이 공산주의 여인들은 무슨 생각을 하고 있을까?" 그녀는 궁금해한다. "이 사람들도 잠들기 전에 집과 사랑하는 사람들을 생각할까? 그들도 향수병을 느낄까? 당연히 그렇겠지."

1951년 9월 18일, 화요일

매트와 페니 리지웨이가 처음으로 해자를 넘었다.

도쿄 황궁의 빛나는 4.5미터 두께의 돌담 안에서, 극동군 사령관 부부와 일본 천황 부부가 함께 점심 식사를 하고 있다. 초대를 한 황족 사람들과 초대를 받은 미국 사람들은 최근에 제2차 세계대전을 공식적으로 종식하는 미일 평화 조약에 서명한 것을 축하하고 있다.[7]

오늘 그들이 황궁의 프렌치 셰프가 준비한 식사를 하는 동안, 한국에서는 종군 기자들이 "단장의 능선"이라고 부르고 있는, 남북으로 뻗은 900미터 높이의 고지 동쪽의 비탈면에서 제23보병연대 병사들이 꼼짝도 못하고 있다.

닷세 전, 리지웨이 장군은 제8군에게 한국의 동해안에서 서쪽으로 40킬로미터 떨어진 펀치볼 지역의 이 깎아지른 듯한 바위산 보루에서 방어하고 있는 북한군을 몰아내기 위한 공격에 제2보병사단을 투입하도록 승인했다. 이 능선에서는 미군과 한국군의 진지와 움직임이 내려다보여서 위협이 되기 때문이다.

매일매일, 제23보병연대 예하 중대들은 깊숙이 파놓은 땅굴과 포진지 속에 있는 적을 향해 조금씩 간신히 위로 올라갔다. 미군 사상자는 수백 명으로 늘어났다. 그들 뒤로, 남한의 민간인 운반인들이 무거운 탄약과 식량을 지게에 지고 지그재그로 산비탈을 올라갔다가 미군 전사자와 부상자를 들것에 싣고 내려왔다.

리지웨이 장군이 오늘 밤을 보내기 위해 도쿄의 관저로 돌아온 후, 비바람이 부는 한국에서는 제23보병연대의 L중대가 화염방사기와 소형 무기를 동원하여 단장의 능선에서 가장 높은 931고지를 야간 공격, 북한군을 능선을 따라 밀어낸다. 그러나 적의 즉각적인 반격으로 미군은 많은 사상자를 내며 정상에서 밀려난다. 이후 미군이 931고지를 점령하고 다시 빼앗기고 하는 상황이 네 차례 더 반복된다.

제23보병연대를 비롯한 제2사단 예하부대들이 일단 목표물 하나를 공격하고 나서 또 다른 목표물을 공격하며 취약 지점을 찾는 동안, 1,650명 이상의 사상자가 발생했다. 결국 상부는 단 한 번의 작전에 주요 목표물들을 공격하기 위해 제2보병사단 예하 3개 연대를 모두 투입하고, 사단에 배속된 프랑스 대대로 하여금 지원하게 한다. 며칠간의 공격준비 공습과 포격 이후 일주일이 넘게 걸렸지만, 단장의 능선은 모두 미군의 손에 넘어간다. 헤아릴 수 없을 정도로 많은 북한군이 전사했다.[8]

지금까지 9개월 동안 북한군과 싸워온 매트 리지웨이는 한국의 무시무시한 지형과 지칠 줄 모르는 적에 대해 곰곰이 생각한다. 그는 훗날 이렇게 적는다. "현재의 진지를 안전하게 지키기 위해서는, 언제나 딱 하나의 고지만 더 점령하면 된다."

1951년 9월 26일, 수요일

오후가 되자 경이로운 공중전이 펼쳐진다. 한반도 북서부 상공의 맑고 푸른 하늘을 가로지르고 선회하며, 250여 대의 제트 전투기들이 종횡으로 날면서 급상승하다가 상대를 향해 급하강하며 기관총이나 기관포를 발사한 후, 새로운 목표물을 향해 멀어져 간다. 이번 전쟁 중 펼쳐진 최대 규모의 공중전이다.

150여 대의 미그-15기와 100대의 미국 및 호주 제트기 간의 격렬한 전투는 35분 만에 양측 모두 "사냥감"을 죽이며 끝이 난다.

만주에 기지를 두고 있으며 소련군과 일부 중공군이 조종하는 미그-15기의 수가 증가하고 있는데, 이는 중국에서 북한의 철도와 도로를 통해 이어지는 보급로를 공격하는 미군 폭격기에 대응하기 위한 노력이 강화되고 있음을 나타낸다.[9] 미그-15기가 미군 F-86 세이버 전투기의 호위를 피해 폭격기에 근접하여 분당 400발의 기관포로 격추시키거나, 폭격기가 무게를 줄이기 위해 폭탄을 버리고 남쪽으로 도망갈 수밖에 없도록 만든 날이 많다.[10]

미그 전투기의 증강이 미군 지휘관들 사이에 새로운 공포를 불러일으켰다. 적이 지상전에 전투기를 투입할지도 모른다는, 우선적으로는 최전방 공산군을 근접 항공 지원할지도 모른다는 것이다. 바로 어제, 한 정찰기 조종사가 북한 내부 깊숙한 곳에서 비행장이 건설 중인 것을 목격했는데, 이는 북한이 새로 창설된 자체 공군을 배치할 것을 계획하고 있다는 징후다.

그런 새내기 조종사 중 한 명인 열아홉 살의 노금석은 북한 국경에서 160킬로미터 떨어진 만주 안산鞍山의 공군 기지에서 마지막 미그-15기 조종 훈련을 받고 있다. 훈련은 고된 과정의 연속이었지만, 올여름 그는 첫 미그기 단독 비행에 성공하며 그 대미를 장식했다. 그가 이전에 조종했던 훈련기들과는 달리, 미그기는 좌석이 하나뿐이며, 교관을 위한 공간은 없다. 그가 제트기 조종에 대해 배운 것은 지상에서, 조선노동당 정치 간부들의 아무 쓸모 없는 이념 강의가 사이사이에 끼어 있는 수업 시간에 배운 것이 다였다.

그의 단독 비행 차례가 되자, 노금석은 조종석에 앉아 안전벨트를 매고, 스로틀을 앞으로 조심스럽게 움직여, 4톤짜리 기체가 굉음을 내며 활주로를 따라 움직이다가 이륙하는 것을 느낀 후, 랜딩기어를 접고, 상승하기 위해 조종간을 뒤로 당겼다. 기체는 로케트처럼 솟아올랐으며, 그는 가스터빈 엔진의 힘에 깜짝 놀랐다. 기체를 수평으로 유지하려고 했지만 급하강하자, 그는 비행기를 보다 잘 제어해서, 어느 순간 "아주 짧은 흰색 실처럼" 보이는 활주로에 다시 안전하게 착륙하기 위해서는 스로틀을 뒤로 당겨야 한다는 것을 깨달았다.

노금석 상위의 착륙은 완벽하지는 않았지만, 그는 계속해서 비행과 착륙을 보다 더 잘 제어할 수 있는 법을 배웠다. 피사넨코라는 이름의 성격이 좋은 우크라이나 출신 대위는 그의 새 교관으로서, 매일 모의 공중전에서 노 상위의 미그 008호기와 나란히 그의 제트기를 몰며 그에게 편대 비행과 전술을 가르쳤다.

경험이 풍부한 피사넨코는 노 상위에게 미군의 민첩한 F-86 세이버를 피하려면, 항상 최고 속도인 시속 998킬로미터에 육박하는 속도로 비행해야 한다고 말했다. 비행 대기선에서 막 돌아온 또 다른 미그-15 조종사는 노 상위에게 일대일 공중전에 대해 강의했다. 세이버는 회전 반경이 미그보다 더 좁다는 이점이 있으므로 절대로 세이버와 수평으로 비행해서는 안 되고 항상 세이버보다 더 높은 고도를 유지할 것이며, 항상 세이버의 위에서 공격한 다음 고도를 회복하라는 것이었다.

북한군 미그-15기 조종사 1기 졸업반이 준비를 마쳤고, 최고사령부는 이들을 미 공군이 침범하지 않는 중국 영토의 보호에서 멀리 벗어난 북한에 배치하기로 결정했다. 해군 군관생도 출신이자 이 전쟁의 최연소 미그기 조종사인 노금석 상위에게, 그가 일 년 전에 세운 전략, 즉 스핀 테스트에 응시하고 조종사 훈련에 들어가서 전쟁이 끝나기를 기다리려 했던 계획이 역효과를 낸 셈이 되었다. "이제는 조종석보다 참호 속에 있는 것이 더 안전하다."고 그는 후회하며 말한다.

미국의 폭격으로 폐허가 된 북한 수도의 모습을 보여주는 평양 조선중앙통신의 사진. 모스크바에서 요제프 스탈린과 만난 자리에서, 펑더화이는 중공군의 전쟁 성과를 자랑하지만, 북한의 김일성은 굳은 표정으로 소련 지도자에게 "조선 인민이 처한 심각한 상황을 고려할 때" 조기 휴전을 원한다고 말한다. (AP통신을 통해 조선중앙통신 제공)

10월

1951년 10월 25일, 목요일

"나무판자 문이 있는 마을의 주막"이라는 의미인 판문점으로 불리는 이 황량한 마을은 무너져가는 진흙 오두막 세 채와 비포장 도로, 급하게 세워진 대형 천막 몇 개가 전부다. 그러나 재개된 휴전 협상의 새로운 장소인 판문점이 회담 당사자들의 태도에 변화를 가져온 것처럼 보인다. 미국 측 협상단의 수석대표인 조이 제독은 두 달이 넘는 시간이 지나고 처음 열린 오늘 회담을 "매우 우호적"이라고 표현한다.[1]

공산 측은 휴전선을 38도선에 그어야 한다는 그들의 요구를 철회함으로써 미국 측을 놀라게 했다. 그들은 이제 일반적으로 쌍방의 군대가 서로 마주보고 있는 실제 접촉선을 따라 휴전선이 그어져야 한다는 미국의 견해를 받아들인다. 치열한 전투 끝에 점령한 단장의 능선으로 인해, 미국과 한국 동맹군이 동쪽에서 점령하고 있는 북한 영토는 상당히 넓어졌다. 전선의 서쪽 끝에는, 공산군이 휴전선 아래로 그보다 작은 면적의 남한 영토를 점령하고 있다.

양측의 소위원회가 앞으로 지도를 놓고 논의함에 따라, 미국의 주요 목표는 이전 회담 장소였으며 38도선 바로 아래에 있는 개성을 전쟁 전처럼 남한의 통제하에 두는 것임이 분명해진다. 데일리 워커의 앨런 위닝턴은 "개성은 여전히 매우 중요한 문제"라고 적는다. 실제로 미군 지휘관들은 개성에 더 가까이 다가가기 위해 주변 지역에서 공세를 개시했다. 소위원회의 회담이 진행되는 동안, 인근에서 전쟁이 벌어진다.

어느 날 위닝턴이 판문점에서 "아침부터 오후까지 거의 쉬지 않고 미군의 포탄이 요란한 소리를 내며 하늘을 가로질렀다"고 보도한다.[2] "이 단계에서 지도를 변경하려는 미군의 끊임없는 집중 폭격 소리가 이곳 분위기를 돕고 있다고 말할 수 있는 사람은 아무도 없을 것이다."

리지웨이 장군은 중국과 북한 지도자들에게 회담 재개를 제의하면서, 공산군 점령지에 위치해서 양측 사이에 사건과 긴장을 초래하는 개성의 회담장을 포기하고, 개성에서 동쪽으로 10킬로미터, 서울에서 북쪽으로 48킬로미터 떨어진 곳에 있는 작은 마을인 판문점 근처, 양측 병력 사이의 중간지대로 회담 장소를 옮길 것을 제안했다.

판문점에는 중립지대의 경계를 표시하고 있는 300미터 상공에 떠 있는 4개의 방공 기구防空氣球가[3] 항공기의 접근을 경고하고 있으며, 야간에는 두 개의 강력한 서치라이트가 이 작업을 수행하고 있다.[4] 이 지역은 양측의 헌병들이 동등하게 지키고 있다.

판문점의 서방 기자들은 상대측의 위닝턴과 윌프레드 버체트의 새로운 태도 외에도 그들의 새로운 옷차림에 주목한다. 새로운 옷차림에 주목한다. 두 사람은 녹색 "마오" 복장을 착용하고 있다. 버체트는 그들이 옷을 충분히 준비해 오지 못했다고 설명한다. "지난 7월에 이곳에 올 때 우리는 3주만 머물 계획이었습니다."[5]

재개된 회담 개막일에 양측의 기자들은 이제 오랜 친구들처럼 서로 인사를 나눈다. "UN" 기자들은 비공개 회담에서 벌어지고 있는 일들을 파악하기 위해 중국쪽에 인맥이 있는 위닝턴이 알고 있는 것을 활용하는 법을 알게 되었다. 그들은 공산 측 기자 텐트를 자주 방문하여 뉴스도 공유하고 술도—그들은 "부동액"이라고 부른다—함께 마신다.[6]

1951년 10월 말

한국은 9월에는 선선하더니, 10월에는 유난히 따뜻하고 건조했다. 한반도 중부에서는 곡사포 소리가 잠잠해지는 소강 상태가 되면 땅을 파는 소리, 사암석을 깎아내는 소리, 수만 명의 중공군들과 노무자들이 흙 바구니를 나르고, 흙을 가득 실은 임시변통으로 만든 손수레를 밀고, 암석 조각으로 가득한 우마차를 몰고 다니는 소리만 들린다.

펑더화이의 군대가 늦여름부터 "지하 만리장성"을 건설하고 있다. 전쟁 전략을 짜기 위해 베이징에서 공산당 중앙위원회의 중추 회의가 개최된 이후에 시작된 일이다. 중국의 지도자들은 미국과 비슷한 입장을 취했다. 즉 그들은 임무를 완수했다는 것이었다.

리지웨이 장군이 UN의 목표는 북한 침략군을 남한에서 몰아내는 것이라고 선언했던 것처럼, 그리고 그들이 그 목표를 달성한 상황에서, 베이징의 견해 역시 "우리는 이미 정치적 목표, 즉 적을 북한에서 몰아내야 한다는 목표를 달성했다"는 것이었다고 녜룽전聶榮臻 총참모장 대행이 나중에 설명한다. 이제 양측은 새로 재개된 휴전 회담을 통해 분쟁을 종식시킬 수 있기를 기대하고 있다.

펑더화이의 춘계 공세가 실패한 이후, 단장의 능선 전투와 같은 간헐적인 대규모 전투를 제외하고는 전선에서는 교착 상태가 지속되고 있다. 그러나 이러한 교착 상태 속에서 1차 세계대전의 참호전을 연상시키는, 조그만 땅을 차지하기 위한 국지적인 유혈 전투들은 계속 발생할 것이다.[7]

미군 지휘관들이 보다 나은 방어 진지를 점령하여 지키기 위해 국지적인 공격을 감행하면서, UN군 전선도 강화되었다. 더 이상 부대 간의 간격도 올해 초 중공군에게 기회를 제공했던 것처럼 넓지 않다.[8]

펑더화이는 중공군 및 북한군 장군들에게 "예기치 못한 상황이 발생하지 않는 한" 1951년 남은 기간 동안 대규모 공세는 계획하지 않을 것이라고 말한다. 대신, 공산군은 마오쩌둥이 "조금씩 씹어먹기"라고 부르는 전략을 채택하고 있다. 즉 매복, 적의 중대나 소대에 많은 사상자를 발생시키는 압도적이지만 협소한 범위의 공격, 적 병사를 한 명씩 죽이는 지속적인 저격 등 소모전 전술을 쓰겠다는 것이다. 그러기 위해서는 그들이 철수할 수 있는 강력하고 안전한 기지, 즉 새로 건설중인 "만리장성"이 필수적이다.[9]

미군 공병대의 기계화된 기술이 부족한 중공군이 삽과 곡괭이를 휘두르며 수작업으로 진행한다. 탄약 상자에 임시로 바퀴를 달아 흙을 운반하기도 한다. 밤이나 빛이 없는 지하 깊은 곳에서는 작업 현장을 밝히기 위해 소나무 송진을 태우거나 포탄 탄피나 빈 깡통으로 등잔불을 제작한다.

지하 벌집이 형태를 갖추기 시작한다. 지상 참호 작업은 고지 정상을 종횡으로 가로지르며 이루어져 있으며, 곳곳에 흙으로 덮인 지붕으로 가려져 있고, 1인용 공습 대피소로 사용될 수 있도록 벽이 6미터마다 움푹 패여 있다. 그리고 지표면 아래 깊숙이, 긴 땅굴들이 여러 시설을 연결하고 있다. 흙을 파내고 만든 수면실과 주방, 통신 및 지휘 센터, 간이 화장실, 심지어 병사들이 휴식을 취할 수 있는 "클럽" 동굴까지 있다. 지상에는 관측자만 남겨 놓고, 부대원 전체가 지하에서 살 수 있다.

땅굴은 보통 높이 1.5~18미터, 폭 1.2미터의 규모로 되어 있으며 갈지자 형으로 설계되어, 입구에서 가해지는 적의 사격 범위를 제한한다. 땅굴은 후사면에서 시작하여, 대개는 소총수나 기관총 사수의 사격 진지 혹은 보다 더 큰 무기가 배치된 전사면까지 이어져 있다. 이 방어 시설은 땅속 깊이 구축되어 있으며, 진출선 너머로 수 킬로미터까지 방어 공사가 되어 있는 경우도 있다. 그 방어 시설들은 대부분 사다리 모양(중공군은 "물고기 비늘"이라고 부른다)으로 배치되어 있어, 후방 진지에서 전방 진지들 간의 틈새로 사격을 할 수 있다.

미국 공병대원들은 포획된 방어 시설에 깊은 인상을 받는다. 한 전문가에 따르면, 서해안에서 동해안에 이르는 중국과 북한의 방어 시설은 "놀라울 만큼 강력한 진지의 특성을 띠고 있다." 후에, 펑더화이의 부관인 양더즈楊得志는 거의 1,287킬로미터에 달하는 땅굴을 건설하고 거의 6,437킬로미터에 달하는 참호를 파냈다고 전한다.[10]

그러나 지하 "진지" 전쟁은 중공군 병사들에게도 가혹한 것이기는 마찬가지다. 그들은 때때로 어둡고 축축한 땅속 깊은 곳에서 거의 끊임없는 공습이나 포격을 받으며 대부분의 시간을 보내고 있기 때문이다. 게다가 이미 죽었거나 죽어가고 있는 동지들뿐만 아니라 인분과 쓰레기, 쥐들과 벌레들 사이에서 일해야 하는 경우도 종종 있다.

폭격으로 인해 함몰 사고가 발생하여 병사들이 산 채로 묻히기도 한다. 원시적인 등잔불에서 나오는 연기는 그들을 병들게 한다. 그리고 어느 때와 마찬가지로, 중공군은 지상과 지하를 막론하고 보급품 부족에 시달리고 있다. 적절한 식량은 물론 심지어 식수까지 부족한 상황이다.[11] 만주에서 지원군이 추가로 유입되어 이번 달 펑더화이 군대의 병력은 1,100,000명 이상으로 늘어났다. 군수체계軍需體系는 결코 병력 증원을 따라잡을 수 없다.[12]

1951년 11월, 중부 전선에서 제25보병사단 병력을 지원하는 2문의 155밀리 곡사포. 미군의 화력은 중공군에게 막대한 사상자를 내고, 천싱치우의 구호소는 전쟁의 대학살로 인해 미쳐버린 병사들을 포함한 부상자들로 넘쳐난다. "하늘이시여, 왜 이렇게 불공평하신가요?"라고 소년 위생병 천이 일기장에 적는다. (미 육군 제공)

11월

1951년 늦가을

지리산 남쪽 진입로의 악양 마을에 있는 경찰 초소에 대한 치밀하게 계획된 게릴라 공격이 혼란 속에 무너지고 있다. 경상남도 반군 소속인 리인모의 동지들은 두 개의 대나무 울타리로 둘러싸인 특화점을 재빨리 포위하며 공격을 개시했다. 그러나 진지 안의 기관총 사수들이 그들을 저지하며 방어했다. 그러던 중 울타리에 구멍을 내기 위한 공병 지뢰 중 하나가 일찍 폭발해 주변 가옥을 불길에 휩싸이게 만들었다.

어두운 밤이 갑자기 밝아지면서 게릴라들은 더 쉽게 표적이 되어버렸다. 적의 지원군이 도착하는 소리가 들린다. 자신들이 돕고 있다고 주장하는 바로 그 사람들에게 닥친 재난, 즉 그들의 지뢰 폭발로 인해 발생한 불을 끄려고 애를 쓰는 그들을 지도자들이 철수시킨다. 할 수 있는 일을 다한 그들은 북쪽의 방어가 용이한 고지대 계곡에 있는 기지로 철수한다.

한반도의 남해안에서 32킬로미터 떨어진 악양은 섬진강을 따라 산악지대에 비해 비교적 넓은 저지대에 자리 잡고 있다. 게릴라들은 이곳에 있는 농장들을 돌면서 식량을 확보해, 지난 겨울보다 훨씬 더 생존에 어려움을 겪게 될 것 같은 이번 겨울에 대비하려고 했다. 북쪽의 전선이 교착 상태에 빠짐으로 인해, 한국군 장군들은 후방의 골칫거리인 게릴라들을 소탕하기 위해 더 많은 병력을 투입할지도 모른다. 게릴라 수는 미국 정보부의 추산에 따르면 작년의 절반 수준인 7,500여 명으로 줄어들어, 그 위협은 이미 감소되어 있다.[1]

악양 작전 실패 후 며칠 안에, 게릴라들은 경찰이 곧 자신들을 찾아 소탕하는 후속 조치를 취할 것임을 알게 된다. 그들은 외딴 봉우리들과 계곡들로 이루어진 미궁 같은 지리산 속으로 더 깊숙이, 더 높은 곳으로 재빨리 이동해야 한다. 하지만 고통에 시달리고 있는 전사 한 명은 남아 있게 된다.

최종옥은 지난 봄, 수류탄을 정확히 투척함으로써 경찰이 배치되어 있던 시천의 거점을 점령 가능하게 만들었던 18세 여성이었다. 이후의 교전으로 그녀는 부상을 입고 다리 한 쪽이 부러졌다. 다리를 절뚝거리게 된 원산 대학생은 전투에서 제외된 후 리인모와 함께 그의 주간 회보를 통해 선전 활동을 하게 되었다.

이 젊은 여인은 자신보다 나이가 많은 게릴라에게 속내를 털어놓게 되었다. 그녀는 자신이 교원 훈련을 시작했을 때 혼자되신 아버지가 얼마나 자랑스러워했었는지, 그리고 같은 학교 학생이었으며 현재는 조선인민군이 되어있는 고향에 있는 남자친구를 생각하면 그녀가 얼마나 절망감을 느끼는지 이야기했다. 그녀는 다리가 기형적이라는 이유로 그가 자신을 아내로 맞아들이지 않을까 봐 두려워했다.

인모는 남자친구가 그녀를 더 사랑할 거라고, 그렇지 않으면 그녀의 남자친구가 될 자격이 없는 사람일 거라고 그녀를 안심시켰다. 그녀의 얼굴이 밝아졌다. "동무 말이 맞습니다. 나도 그렇게 생각합니다."라고 그녀가 말했다.

현재 종옥은 게릴라 대원들을 오랫동안 괴롭혀온 회귀열에 걸려 있다. 그녀는 혼수상태에 빠졌다가 깨어나기도 하고 걷지도 못하여, 날이 밝을 때

급박하게 기지를 옮겨야 하는 상황이 되면 그들은 그녀를 남겨두어야만 한다. 동료들은 먼저 그녀를 울창한 대나무 숲에 숨기고는, 가만히 누워 있으라고, 나중에 다시 오겠다고 말한다.

자정 무렵, 경찰 병력이 지나간 뒤, 옛 기지로 다시 내려온 리인모와 동료들은 적들이 그 대나무 숲을 완전히 불태워버린 것을 발견하고는 몸서리친다. 종옥은 꼼짝 못하는 상태로 죽었다. 불에 타 죽은 것이었다. 남은 것은 재와 뼈뿐이다.

그녀의 유골을 묻으며 슬픔에 잠긴 리인모는 그녀에게 남자친구의 이름을 물어보지 못한 것을 후회한다. 하지만 그는 평화가 찾아오면 원산으로 가서 그 청년을 찾아, 종옥의 그에 대한 일편단심과 그녀가 지리산에서 용감하게 싸웠던 이야기를 들려주겠다고 다짐한다.

1951년 11월 어느 날 밤

투광기들이 아래쪽 계곡의 밤을 낮으로 바꾸어 놓았다. 이지 중대의 병사들은 마오쩌둥이 말한 "조금씩 씹어먹기"의 한입을 노리는 중공군이 파도처럼 밀려오는 것을 목격한다.

10월 중순부터 제17보병연대를 비롯한 미 제7보병사단은 병력이 고갈된 제2보병사단과 교대하였으며, 단장의 능선과 펀치볼 북쪽의 고지 정상에 진지를 구축해 놓았다. 이 진지는 예전의 캔자스 선에서 북쪽으로 19킬로미터, 38도선에서는 북쪽으로 32킬로미터 떨어진 "제임스타운Jamestown"이라고 불리는 중부 전선에 새롭게 구축된 강력한 방어선의 핵심이다. 제2사단이 단장의 능선을 점령함으로써, UN군 사령부는 확고한 전략적 위치를 확보하게 되었으며 북한과 중국은 휴전 협상에 복귀하게 되었다.[2]

길 아이셤은 6월에 두 번째 부상을 입었는데, 이전에 총에 맞았던 오른쪽 허벅지에 중공군이 쏜 총알이 박혔다. 대대의 군의관들은 그가 "전투 피로증"을 겪고 있다는 사실도 발견했다. 그는 사단의 영현등록부대로 재배치되었다. 하지만 그에게는 전사자, 특히 동료들이었던 이지 중대원들의 시신을 처리하는 일이 전투보다 더 힘든 일이었다. 그는 다시 이지 중대로 복귀를 요청했고, 현재 병장으로 제2소대의 기관총을 담당하고 있다.

오늘 밤 늦게, 아이셥과 그의 사수들은 공격에 대비하고 있다. 그는 두 대의 30구경 기관총 사이에 넓은 간격을 두고 두 기관총의 사계射界가 서로 교차하게 배치해 놓았다. 소총수들은 기관총 측면과 그 사이에 참호를 파고 들어가 있다. 아이셥 자신은 M-1 소총과 권총, 총검으로 무장한다.

꽹과리와 나팔 소리 뒤로 중공군이 오르막으로 돌진해 온다. 미 포병 및 보병의 포탄이 적에게 쏟아진다. 폭발 섬광이 공격해오는 적들이 사방에 쓰러지는 모습을 비춘다. 그래도 기관총 사수들은 적들을 더 쓰러뜨린다. 하지만 어둠 속에서 이지 중대원들은 그들의 방어를 뚫고 들어온 적군 몇 명을 목격한다.

아이셥과 다른 병사들은 참호에서 올라와 매우 중요한 무기인 기관총을 보호하기 위해 그 주위를 봉쇄한다. 바로 그때 적군 한 명이 어둠 속에서 나타난다. 그는 총검으로 아이셥의 복부를 찌른다. 뒤로 밀려난 아이셥은 허리께에서 M-1을 발사한다. 그를 공격했던 적은 바로 앞에서 발사된 치명적인 한 발을 맞고 휙 돌더니 극심한 고통을 느끼며 쓰러진다.

살아남은 중공군들은 그들의 공세가 약화되었기에 고지 아래로 후퇴한다.

대대 구호소에서 일단 치료를 받은 뒤 아이셥은 일본으로 후송된다. 그곳의 의사들은 그 상처가 심각한 손상을 일으키지는 않았다고 판단한다. 러시아제처럼 생긴 얇은 총검이 그렇게 깊게 관통하지는 않았기 때문이다. 그들은 그를 다시 한국의 전선으로 되돌려 보낸다.

제임스타운 선에서의 죽음은 적군 병사들에게만 닥친 것이 아니다.

어느 날 이지 중대가 있던 고지 아래 도로봉쇄 바리케이드를 지키고 있던 친구 한 명이 도로를 따라 남쪽으로 이동하던 민간인 무리에 대고 엄청난 파괴력을 지닌 "쿼드 20$^{Quad\ 20}$" 기관포를 발포했다는 사실을 아이셥이 알게 된다. 어린아이들, 아기를 안고 있던 여인들, 노인들이었다. 그는 하기 싫었지만 침입자들을 두려워하는 지휘관들의 명령이 있었다고 그 친구가 아이섬에게 말한다. 1950년과 1951년 초, 접근하는 피난민에 대한 발포를 허가한 치명적인 정책이 전쟁 2년 차에도 계속되고 있다.

태백산맥의 치솟은 능선과 계곡은 이제 밤이 되면 얼음이 얼 정도로 추워진다. 초겨울 눈도 내린다. 한편 판문점에서는 양측 대표단이 휴전이 발효될 시점의 전선을 기준으로 정전 완충지대를 설치할 것을 최종 승인한다.[3]

1951년 11월 15일, 목요일

평양 북쪽의 맑은 하늘에 구름이 여기저기 흩어져 떠다니는 가운데, 노금석의 미그기를 포함한 여덟 대의 전투기가 편대를 이루어 12,000미터 상공에서 남쪽으로 속도를 높인다. 이들은 이른 아침 미군 폭격기들과 호위 전투기들을 사냥하는 임무를 수행 중이다.

일주일 전, 북한 최초의 미그기 부대인 제1항공사단 예하 제2항공연대는 안전한 중국 만주에서 압록강 건너편 한반도 최북단에 위치한 의주에 새로 건설된 공군 기지로 이동했다. 그 후 전쟁 지역에서 비행하게 된 초보 조종사 노금석 상위는 첫 비행 때부터 계속 그랬던 것처럼 이번 임무도 별일 없이 진행되기를 바라고 있다. 이러한 움직임은 주로 러시아 및 중국의 조종사가 조종하는 그들의 치명적인 미그 요격기가 미국 최고의 전투기인 F-86 세이버보다 수적으로 월등히 우세해지면서, 미군 측이 "미그 골목 MiG Alley" 이라고 이름 붙인 한반도 북서부 지역 상공에서 공중 우세空中優勢를 확보해 나가고 있다는 공산 측의 자신감이 커지고 있음을 나타내는 것이었다.[4]

최근의 한 교전은 미 공군이 한때 경쟁자 없이 비행하던 하늘에서 균형의 변화가 있음을 보여주었다. 10월 23일, 150여 대의 미그기들이 평양 북쪽 남시의 새로운 북한 비행장을 폭격하러 가던 미군 B-29 폭격기 9대와 호위 전투기 55대를 덮쳤다. 몇 분 만에 미그기들은 미 전투기들을 떨쳐내고 폭격기 4대는 파괴, 다른 4대는 심하게 손상시켰다. 이후 취약한 B-29는 더 이상 주간 폭격 임무를 수행하지 않게 되었다.[5]

북한의 지도자 김일성의 새 의주 공군기지 방문은 그들의 자신감이 커지고 있다는 점을 분명히 했다. 조종사 대열 속에 차렷 자세로 서 있던 노금석 상위는 위대한 수령 동지가 미그-15기의 기관포를 살펴볼 때 불과 900미터 남짓 떨어진 거리에 있었다. "이런 무기가 달린 비행기로는 미제놈들의 할애비들도 죽일 수 있겠구만."하고 김일성이 재치는 있으나 미국인을 모욕하는 말을 했다. 그는 마오쩌둥 스타일의 군복을 입고 있는 자신처럼

1952년 말, 소련제 미그-15 제트 전투기가 한반도 상공에서 격추된다. 비행 훈련이 끝나기 전에 전쟁이 끝나기를 바랐던 젊은 미그기 조종사 노금석은 미 공군을 상대로 매일 임무를 수행하는 북한군 동료들이 하늘에서 추락하는 모습을 보며, "내 목숨을 그저 운에 맡기고 있다"고 느낀다. (미 해군 제공)

옷을 입고 푹신한 모자를 쓰고 있는 열 살짜리 소년을 향해 몸을 돌렸다. 그는 소년에게 그 비행기를 조종하고 싶냐고 물었다.

"예." 아들 김정일이 대답했다.

아버지는 아들에게 "매우 열심히 공부해야 할 거야."라고 말했다.

제2항공연대의 정치 장교들도 적을 가볍게 여기는 것 같다. 한 장교는 신임 조종사들에게 장담했다. "비겁한 미국놈들은 전우들을 죽도록 내버려 두고 도망칠 것이다." 노금석은 이 사람들이 사실대로 말하고 있기를 바란다고 혼잣말을 했다.

현재 노 상위와 그의 윙메이트^{wingmate}들은 정치 장교들이 비겁하다고 말한 미국인들이 접근하는지 주시하고 있다. 평소 때처럼, 그들은 오늘 아침 이륙해서 만주로 향했고, 그곳에서 12,000미터 고도에 도달한 후 전투 지역인 남쪽으로 방향을 틀었다.

평양에 가까워졌을 때, 갑자기 그들은 뒤쪽에 세이버기들이 퍼져 있는 것을 발견한다. 미군 전투기들은 눈부신 햇빛에 의해 자취가 감추어져 있다가 그들 후방으로 날아온 것이 틀림없다. 그리고 느닷없이 4대의 미군 전투기가 위로부터 급강하하며 기관총을 발사하고, 미그기들은 사방으로 흩어진다. 그 미 전투기들은 미그기를 1대도 명중시키지 못한 채 멀어지고, 미그기들은 상승하기 시작한다. 이제 다른 세이버기 4대가 뒤따라오지만, 미그기들의 우세한 상승력에 밀려 간격은 점점 벌어진다. 세이버기들은 포기한다. 그리고 노금석과 그의 동료 조종사들은 의주 기지를 향해 북쪽으로 방향을 튼다. 오랜 기간 훈련을 받았지만, 노금석은 미군은 겁쟁이가 아니라는 교훈 한 가지를 새로 얻었다고 혼잣말을 한다.

사흘 후, 노금석이 의주 기지의 타맥^{tarmac}으로 포장된 구역에 서 있을 때, 그 대담한 미군 중 두 명이 예고 없이 세이버기를 몰고 빠른 속도로 날아와, 공군기지 상공을 저공비행하며 지상 대원들을 겁에 질리게 하고 비행대기선에 기총소사를 가한다. 미 전투기들이 굉음을 내며 떠나가고 노금석은 다친 곳 없이 포장 바닥에서 일어선다. 그는 좋은 친구였던 동료 조종사가 조종석에 앉아 있다가 사망하고 미그기 1대가 파괴되었다는 사실을 알게 된다.

1951년 말 어느 날

전선이 안정되고 전쟁은 일종의 참호전의 양상을 띠게 된 이후, 장기적인 계획과 매 순간 주의를 기울여야 하는 대규모 병력 이동이 없어져, 유성철 조선인민군 작전부장은 매일 격변하는 전쟁 상황으로 인해 미뤄두었던 질문들에 대해 생각해보는 시간을 가지게 되었다. 예를 들어, 김일성은 언제 어떻게 한반도를 이 파멸적인 분쟁에 빠뜨리기로 결정했을까?

이제 그는 오랜 친구로부터 그 질문에 대한 답을 들었다.

1940년대 초, 소련 태생의 두 한국인인 유성철과 문일이 88여단에서 다른 한국 및 중국 빨치산들과 함께 훈련을 받던 시절부터, 문일은 유성철과 가장 절친한 친구 중 한 명이다.

러시아의 극동 국경 도시인 하바롭스크에서 아무르강을 따라 48킬로미터 정도 내려온 곳에 위치한 눈 덮힌 소나무 숲에서, 소련 적군赤軍의 지도 아래 정보 수집과 게릴라 전술을 배운 두 청년은 정찰 및 파괴 공작 임무를 수행하기 위해 국경을 넘어 일본이 점령한 만주로 보내졌다. 소련은 일본과 전쟁을 시작할 날을 준비하고 있었고, 1945년 8월 9일 마침내 그날이 왔다. 또한 소련은 김일성이 이끄는 이 젊은 조선 공산주의자들이 해방된 조선에서 지도자 역할을 할 수 있도록 준비시키고 있었다.

유성철은 겨우 서른 살의 나이에 조선인민군 창설 장교가 되었다. 그리고 88여단의 통신 소대장이었던 문일은 김일성이 평양에서 권력에 오를 때 비서로 그의 측근 중 한 명이 되었다. 2개 국어를 구사하는 문일은 김일성의 러시아어 통역관으로도 활동했다. 위대한 지도자 동지가 그를 후원하는 소련인들의 언어에 숙달하기란 불가능했기 때문이다.

유성철과 문일은 계속 연락을 주고받았다. 그리고 문일은 이제 옛 동지 유성철을 믿고 이번 전쟁이 어떻게 발발하게 되었는지에 대해 말해주었다. 그는 당시에 그런 운명적인 말들을 통역하며 현장에 있었기에 그 내막을 잘 알고 있기 때문이다.

1949년 3월, 신생 조선민주주의인민공화국의 공식 대표단이 모스크바를 처음 방문했을 때 전쟁의 싹이 트기 시작했다. 김일성 주석은 북쪽 공산주의자들에 의한 남북한의 강제 통일을 위한 군사 작전에 대해 요제프 스탈린의 승인을 구했다. 스탈린은 김일성의 생각을 거부했다. 스탈린은 원칙적으로는 지지하나, 현실적인 이유들, 미 점령군이 남한에 남아 있고 북한군이 아직 충분히 강하지 않다는 점을 주된 이유로 들었다.

게다가 스탈린은 이승만의 남한이 북침 의도를 가지고 있는 것 같다고 말했다. "조만간 남조선이 공격을 시작할 것입니다." 그가 김일성에게 말했다. "그 공격에 대한 대응으로, 절호의 반격 기회가 생길 겁니다. 그때는 동지의 행동을 모두가 이해하고 지지할 것입니다."

소련의 지도자는 몇 달 동안 신중한 태도를 유지하며, 김일성에게 이 문제를 평양 지도부에서도 논의하지 말라고 조언했다. 그러나 1950년 초, 그는 상황이 변했다고 생각한다는 신호를 김일성에게 보냈다. 미군은 소수의 군사 고문만 남겨 두고 남한에서 철수한 상태였으며, 중국 공산당은 내전에서 최종 승리를 거두었고, 소련은 자신들도 원자폭탄을 개발하여 미국에 맞설 수 있게 된 상황이었던 것이다.

김일성과 부총리 겸 외무상인 박헌영은 작년 4월 초 문일을 대동하고 다시 모스크바에 갔다. 이번에는 스탈린이 침공을 승인했다. 소련은 무기와 기타 보급품은 제공하되 직접 참전하지는 않을 것이라 했다. 김일성은 스탈린에게 "공격은 신속히 이루어질 것이며 전쟁은 사흘 안에 승리할 것"이라고 말했다. 그러나 스탈린은 그에게 먼저 중국의 마오쩌둥과 상의해야 한다는 말도 했다. 그는 5월 중순 베이징으로 가서 마오쩌둥에게 두 사람이 경제적으로나 다른 면에서 의존하고 있는 스탈린이 침공을 확고하게 지지하고 있다고 말함으로써 마오쩌둥의 지지를 얻어냈다.[6]

문일이 배경을 설명해주고 나서야 유성철은 개전 결정에서 스탈린 한 사람이 얼마나 중요한 역할을 했는지 이해하게 되었다. 그와 동시에, 워싱턴에 있는 미국의 지도부는 이 한국 전쟁을 세계 정복에 대한 스탈린주의 기본 계획의 일환으로 추진된 것으로 묘사하며 스탈린에게 너무 많은 책임을 돌리고 있었다. 사실 전쟁에 대한 발상은 한반도 내에서 나온 것이며, 경계심이 많은 스탈린은 서서히 흥미를 가지게 되었던 것이다.

유성철은 소련의 수상이자 공산당 서기장이었던 스탈린에 대해 복잡한 감정을 가질 수밖에 없다. 조선인민군 상장 유성철은 볼셰비키 혁명이 일어난 1917년에 블라디보스토크 인근의 농촌에서 태어났다. 그는 스탈린주의 선전과 새로운 소련에서의 빈민층에 대한 희망, 그리고 소련 극동 지역의 한인들에 대한 편견 속에서 자랐다.

1937년, 스탈린의 강제 이주 정책으로 유성철의 가족과 다른 한인들은 단 48시간 만에 짐을 싸서 수천 킬로미터 떨어진 소련의 중앙아시아로 이동해야 했다. 크렘린궁의 독재자는 일본과의 전쟁 가능성을 염두에 두고 있던 당시, 한인들이 친일 성향일 가능성을 의심했다.

집단 강제 이주로 인해 고향을 잃은 대부분의 한인들은 수년간 고난의 세월을 보내야 했다. 하지만 유성철은 전쟁 중인 소련군에 징집되면서 삶이 완전히 바뀌었다. 그는 정보 수집 훈련을 받고 임무 수행을 위해 극동 지역으로 돌아왔으며, 지금은 소련의 이미지로 재편되고 있는 선조들의 조국에서 역할을 맡고 있다.

전선이 교착 상태에 빠짐으로 인해, 유성철은 개인적인 삶과 미래 같은 전쟁 이외의 것들에 대해서도 곰곰이 생각할 시간이 생기게 되었다.

지난 봄에 헤어진 연인 김용옥과 우연히 재회한 후, 간호 장교가 된 그녀가 약혼한 척하며 그의 청혼을 완곡하게 거절했을 때부터 그는 그녀를 마음속에서 지울 수가 없었다. 그는 결국 위력이라는 유혹에 굴복했다. 그는 젊고 예쁜 조선인민군 소위를 자신의 작전국으로 전입시켰다. 그곳에서 그는 그녀에게 적극적으로 구애했고, 그녀는 마침내 그의 애원에 마음을 열고 올 가을에 그와 결혼했다.

1951년 11월 말

영하의 날씨 속에, 부산 앞바다에 정박해 있는 해군 수송함의 측면 아래로 걸쳐진 하역망은 물보라로 인해 결빙이 생겨 미끄럽다. 하지만 한국을 떠나려면 피트 맥클로스키는 밧줄로 된 그 그물의 가로대들을 밟고 올라가야 한다.

몇 달 동안 후방 근무를 한 해병대 소위는 마침내 전쟁 지역을 떠나라는 명령을 받았다. 그는 교육 임무차 캘리포니아주의 캠프 펜들튼 Camp Pendleton 으로 가게 된다. 맥클로스키 소위는 각자 전출 명령을 받은 제5해병연대원들을 인솔하여 오늘 아침 부산 해안가로 이동해서 소형 상륙정에 올랐다. 그들은 지금 동해의 파도 때문에 아래위로 깐닥거리고 있는 상륙정에서, 한 명씩 한 명씩 힘겹게 그들을 싣고 한국을 떠날 배의 갑판 위로 올라가고 있다.

그 해병들 중 계급이 가장 높은 맥클로스키가 맨 마지막으로 하역망에 오른다. 파도에 수송함의 선체와 함께 오르락내리락하고 있는 그는 한 걸음 한 걸음 올라갈 때마다 갑판 위에 도착할 수 있을지 의문이 든다. 마침내 그물 맨 위에 다다른 그는 몸을 획 돌려 갑판으로 굴러 떨어지며 마음속으로 말한다. "전쟁은 끝났다."

갑판에 한참을 누워 있다가 그는 주머니에 손을 넣는다. 사라졌다. 그의 은성훈장—"제5해병연대, 제1대대, C중대 예하 소대장으로서 두드러진 용맹성과 대담성을 인정받아⋯ 1951년 6월 11일"—이 바다에 빠져버린 것이다. 그는 훈장이 아니라 군법회의에 회부되었어야 했다고 혼잣말을 하며,

아이러니한 상황에 소리 없이 웃는다.

6월 11일은 그가 최전선에서 임무를 수행하던 마지막 시기에 속한다. 제1해병사단은 캔자스 선과 펀치볼의 남쪽 능선까지 마지막 몇 킬로미터를 전진하기 위해 싸우고 있었다. 일단 미군과 한국군이 38도선 북쪽으로 한반도를 가로지르는 방어선을 구축하게 되자, 리지웨이와 워싱턴의 지도부는 그들이 정전회담을 요구하기에 유리한 위치에 있을 것이라 믿었다. 5개월 전 그 늦은 봄날 아침, 찰리 중대를 비롯한 제5해병대는 610고지를 점령한 후 며칠간 예비대로 전환되어 휴식을 취한 후 전진 배치되어 있었다.

맥클로스키의 보병 소대는 소양강 계곡에서 북쪽으로 4.8킬로미터 떨어진 곳에서 정찰 임무를 수행하는 해병 전차 소대—M-46 중형 전차 4대—를 호위하는 임무를 맡았다. 그러나 숨어 있던 북한군의 지속적인 박격포 사격으로 인해 정찰은 속도가 느려지다가 결국 중단되었고, 그들은 해질 무렵까지는 대대 전선으로 복귀하기 위해 방향을 돌렸다.

맥클로스키의 소대원들은 강여울을 건널 때 탱크 위에 올라탔다. 소대장인 그는 마지막 M-46에 타고 있었는데, 귀청이 터질 듯한 폭발음과 함께 그가 타고 있던 전차는 위로 솟구친다. 그는 강으로 내팽겨쳐지고 다른 해병대원들은 부상을 입었다. 그 전차는 매설된 지뢰를 건드려 운행이 불가능할 정도로 파손되었다.

소대 위생병 두 명이 부상자들에게 붕대를 감아주고 있는데, 날은 점점 어두워졌다. 맥클로스키는 소대원들에게 강변의 논 주위에 밤을 대비해 참호를 파라고 명령했다. 첫 번째 전차 소대를 대신하기 위해 도착한 새 전차 소대가 이 전방 진지를 사수할 수 있도록 경계선을 구축하기 위해서였다. 그러나 해병대원들이 막 땅을 파기 시작하자마자, 그들에게 사격이 가해졌다. 인근 동산에 숨어 있던 북한군의 대전차포인 것 같았다.

전차 포수들은 반격할 적의 위치를 파악하지 못하고 있었고, 소대원들은 적군의 포탄이 주변에서 폭발하는 동안 땅에 바짝 엎드리고 있을 수밖에 없었다. 북한군의 포격이 멈추자, 맥클로스키는 소대원들에게 일어나서 다시 참호를 파라고 명령했다. 그러던 중 갑자기 마지막 포탄 한 발이 그들 사이에서 폭발했고, 그 파편 때문에 소대 의무병 2명을 포함해 4명이 중상을 입었다.

맥클로스키 자신도 오른쪽 다리에 파편을 맞았지만, 그는 부상자들 사이를 기어 다니며 한 명씩 모르핀을 투여하고 최선을 다해 상처를 붕대로 감아 주었다. 그런 다음 그는 한 발로 깡충깡충 뛰어 새로 도착한 선임 전차로 가서 해치를 두드렸다. 전차 소대장이 나타나자, 맥클로스키는 그에게 부상자들을 대대 구호소로 데려가라고, 그렇지 않으면 그들은 죽게 될 것이라고 말했다.

"이 자리를 벗어나면, 난 군법회의에 회부될 거야."라고 전차장이 대답했다.

맥클로스키는 같은 아군인 그 소위에게 카빈 소총을 겨누며, 자신의 말대로 하지 않으면 쏴버리겠다고 말했다. 부상병들은 후송되었다. 맥클로스키는 나중에 "심각한 부상을 입은 해병대원 4명의 생명을 구하는 데 직접적으로 기여한 공로"가 언급되며 은성훈장을 수여받았다.

그 훈장은 이제 해저에 가라앉아 있지만, 마침내 이 캘리포니아 출신 청년이 수송함을 타고 일본으로, 그리고는 고국으로 돌아가면서 전쟁이 점차 과거의 일로 희미해지더라도, 그날의 공포와 고통은 그의 기억 속에 박힌 채 남아있다.

12월

1951년 12월 2일, 일요일

한반도 최남단의 지리산에서, 수만 명의 한국군이 산림이 우거진 눈 덮인 봉우리를 둘러싸는 포위망을 구축했다. 전쟁 중 가장 큰 규모의 게릴라 소탕 작전이다. 밴 플리트 장군은 이 작전을 "쥐잡이Ratkiller"라고 부른다.

지리산 은신처를 박차고 나온 공산 게릴라 잔당들에 의한 기습 공격이 11월에 급증했으며, 특히 최전선 보급에 필수적인 부산·서울 간 철도에 대한 공격이 많았다.[1] 부산에서 발생한 의문의 폭발과 화재로 무기고와 미 대사관의 건물 한 채가 파괴되자, 미군 사령부는 더욱 우려하게 되었다.[2] 밴 플리트는 반군에게 결정적인 타격을 가할 때가 왔다고 판단했다. 북부 전선이 비교적 잠잠해지자, 작전 참모들은 한국군 2개 사단을 남쪽으로 이동시킬 수 있었다.

작전은 어제 시작되었다. 262킬로미터의 경계선 주변에서 한국의 수도 사단은 남쪽의 하동과 진주 방향에서, 제8사단은 북쪽의 함양 방향에서 올가미를 조이며, 지리산 중심부를 향해 밀고 올라가고 있다. 한국군이 간혹 게릴라 무리를 소탕할 때면, 다른 무리들은 더 높고 깊은 산악 지역으로 쫓겨가기도 한다.[3] 때로는 반군과 추격대 모두 허벅지까지 쌓인 눈으로 인해 속도가 느려질 때도 있다.

하동에서 북쪽으로 약 24킬로미터 떨어진 곳에서, 리인모와 그의 핵심 게릴라 집단인 경상남도 노동당 간부들은 산 중턱을 가로질러 이 산에서 저 산으로 옮겨 다니며, 포위망보다 한 발 앞서고 있다. 어느 순간, 그들은 이전 기지에서 연기가 나고 있는 것을 목격한다. 국군이 불을 지른 것이었다. 리인모는 1년 넘게 등사판으로 발행해 온 주간 회보의 제작 도구인 스텐실과 모아둔 종이가 모두 불타버렸다는 것을 깨닫는다. 이제 그의 유일한 무기는 소총뿐이다.

리인모를 비롯한 게릴라 잔당은 밤새 눈보라를 뚫고 지리산 산기슭의 계곡 건너편에 위치하고 있는 싸리봉으로 올라갔다. 새벽녘, 허기지고 탈진한 그들은 정상 아래에서 눈을 녹여 만드는 쌀죽을 기다리며 휴식을 취하고 있다. 그 때, 누군가 소리친다. "적이다!" 아래쪽에서 소총 발포음이 울려 퍼진다. 게릴라들은 벌떡 일어나 싸리봉에서 벗어나기 위해 능선을 타고 허둥지둥 이동한다.

일단 그들이 능선을 넘자 총격은 멈춘다. 추격해오는 국군 병력은 없는 듯하다. 상황을 파악한 지도자들은 일부 전사들이 없어졌다는 사실을 알게 된다. 국군에게 붙잡혔거나, 새벽에 폭풍우를 뚫고 산을 오르다가 길을 잃었을 것이다. 실종자들 중 한 명은 송정명으로, 리인모의 오랜 친구다. 그는 한반도 북단에 있는 리인모의 고향 출신이며, 그와 마찬가지로 공산당 당원이다.

이남 출신 게릴라들 사이에서 송정명은 조용하지만 믿을 수 있는 동지이자, 친구인 리인모의 큰 키만큼이나 작은 키가 눈이 띄는 이북 출신으로 알려져 있다. 지금 그를 구출해야 하는 상황이지만, 그들은 추격해오는 국군 때문에 계속 이동해야 한다.

며칠 후, 비교적 안전한 고지대 계곡에 새로 자리를 잡은 그들은 쥐잡이 작전이 다른 지역으로 옮겨갔다는 사실을 알게 된다. 그들은 낙오자들을 수색하기 위해 게릴라 대원 세 명을 다시 싸리봉 지역으로 보낸다. 한 명이 돌아와서 송정명을 찾았다고 말한다. 그는 어느 바위 뒤에서 신음 소리가 나서 가봤는데, 거기서 며칠 동안 국군들을 피해 숨어 있던 송정명을 발견 했다고 한다. 송정명은 동상에 심하게 걸려 불구가 된 상태다. 대원 두 명 이 튼튼한 나무지게를 가지고 가서 그를 부대로 데려온다.

그의 동료들이 그의 운동화를 벗겨보니, 발이 새까맣게 변해 있으며, 신 발과 함께 피부가 벗겨진 곳은 빨간 살점이 드러나 끔찍하다. 통증이 견디 기 힘들 정도로 심한 것이 분명한데도, 그는 이를 악물고 식은땀을 흘릴 뿐 이다.

마침내 게릴라 부대의 의무조가 도착한다. 의사는 그의 발을 절단하지 않으면 괴저와 감염으로 사망할 것이라고 말한다. 하지만 그들에겐 마취제 도 없고 마취제를 구할 방법도 없는 데다, 마을은 국군들로 가득하다.

상황을 들은 송정명은 마취제 없이 그대로 절단 수술을 진행하라고 조용 히 말해 동료들을 놀라게 한다. "아무리 아파도 참을 수 있습니다." 그가 말 한다. 의사는 알겠다고 한다.

수술대가 준비되자, 리인모를 비롯한 7명의 동지들이 그를 단단히 붙잡 는다. 의사가 톱으로 발을 절단한다. 리는 "나무 토막 자르듯이"하고 생각 한다. 가슴이 찢어지는 듯한 그의 비명이 눈 덮인 소나무들 사이로 울려 퍼 진다.

1951년 12월 어느 날 밤

을씨년스러운 밤, 폭설이 바람에 휘날리며 내리고 있다. 전쟁 발발 후 두 번째로 찾아온 한국의 겨울이 중부 전선의 깎아지른 듯한 화강암 산맥에 서도 본격적으로 느껴지기 시작했다.

이지 중대가 방어 시설을 구축해 놓은 고지의 기슭에 접하고 있는 도로

가에, 두 남자가 버려진 트럭 아래 침낭 속에 들어가 단추를 다 채운 채 누워 있다. 그들 주위로 눈더미가 쌓인다.

1년 전, 한국에서 처음으로 맞은 그 혹독한 겨울 날씨 속에서, 길 아이섬 이병과 이지 중대 동료들은 북한 깊숙이 중공군의 진출 경로 어딘가에 참호를 파고 들어가, 흥남에서 진행 중이었던 해상 철수에 합류할 차례를 기다리고 있었다. 지금 아이섬 병장과 그의 후임병인 제17보병연대에 갓 전입해 온 풋내기 이등병은 아침까지는 이 눈보라가 끝나기를 기다리고 있다. 이들은 일상적인 오후 임무차 2대대 지휘소로 갔다가 돌아오던 중 눈보라에 날이 어두워지자, 심하게 파손된 차량의 뒷바퀴 사이에서 악천후를 피하기로 했다.

18개월째 계속되고 있는 전쟁이 현재로서는 가장 조용한 시기에 있다. 대략 240킬로미터 너비의 한반도 전역에서, 지하 요새로 들어간 중국 및 북한군은 서로 연결된 벙커와 참호로 이루어진 강력한 방어선을 구축하고 미국과 한국 및 그 동맹국 병력과 맞서고 있다.

판문점 회담이 진행되는 동안 어느 누구도 대규모 공세를 시도하지 않고 있다. 공산군은 대부분의 경우 소대 또는 중대 규모의 병력만 투입하여 전초前哨를 공격한다. 미군은 중간 지대를 수색하며 매복하다가 포로를 생포하는 것에 중점을 두고 있다.

사상자 수가 이런 상황을 말해준다. 초가을에는 단장의 능선를 비롯한 여러 목표 지역을 점령하기 위한 전투들로 인해 한 달에 80,000명에 달하던 공산군 사상자 수가 현재는 한 달에 20,000명 수준으로 감소하고 있는 것으로 추정되며, UN군 사령부가 밝힌 UN군 사상자 수는 20,000명에서 3,000명 수준으로 감소하고 있다.[4]

사상자 수가 줄든 늘든, 길 아이섬은 거기에 포함되고 싶지 않다. 세 번의 부상을 입은 열아홉 살의 전투 베테랑인 그는 이제 "얼마 남지 않았다." 그는 곧 순환 배치되어 이 전쟁터에서 벗어날 것이다. 언제가 될지는 모르지만 그건 괜찮다. "너무 많이 생각하지는 마."하고 그는 자기 자신에게 말한다. "다른 걸 하다가 다치거나 죽고 싶지는 않잖아."

밤이 깊어질수록 잠든 두 미군 병사 주변에 쌓이는 눈 더미도 점점 높아진다. 그러다 갑자기 그들은 깜짝 놀라 깨어난다. 사람들이 말하는 소리가 들린다. 해독할 수 없는 낯선 언어다. 중공군 혹은 북한군 정찰대가 이지 중대 아래의 계곡 바닥을 수색 중이다.

침낭 속에 있던 두 사람은 두려워 꼼짝할 수 없다. 기어 나가서 발포해야 할까? 아이섬은 생각한다. 그러는 대신, 그와 후임병은 눈 더미에 가려진 채 미동도 없이 가만히 누워 있는다. 점점 긴장감이 고조되던 순간들이 지나고, 적 정찰대는 계속 이동한다.

날이 밝자, 두 미군 병사는 주변을 주의 깊게 살펴본 후 눈 덮인 고지로 올라가 이지 중대의 방어진지로 돌아간다. 그 일을 겪은 지 그렇게 오래 되지는 않은 길 아이섬이 어느 날 정찰을 마치고 돌아오자, 그를 비롯한 1950년 9월에 인천에 상륙했던 병사들은 순환 배치되어 한국을 떠날 거라는 말을 듣는다. 길 아이섬은 바로 그 인천항에서 배를 타고 한국을 벗어나 일본에서 수송선을 타고 재배치받기 위해 미국으로 돌아가게 된다.

6개월 전에 "전투 피로증" 진단을 받은 어린 병사 아이섬은 자신이 본 것과 한 일, 자신이 죽인 사람들, 자신이 지켜보는 가운데 죽어가던 친구들, 자신이 목숨을 잃을 뻔했던 순간들, 전쟁터에 있던 군인들의 비인도적인 행위 등 무거운 기억의 짐을 짊어지고 있다. 또한, 아이섬 병장은 한국의 비상사태로 인해 대통령이 모든 복무기간을 연장한 "트루먼의 해" 덕분에, 원치 않게 미 육군에서 12개월을 더 복무해야 한다. 이제 그는 1952년 6월이 아니라, 1953년 6월까지 복무해야 한다.

《《《

한반도 남쪽 깊숙이 내려가 있는 국군 수도 사단이 지리산 중심부에서 새롭고 공격적인 단계의 쥐잡이 작전을 시작했다. 리인모의 당 지휘부는 다시 서둘러 게릴라 기지를 옮겨야 한다. 능선마다 초록색 헬멧을 쓴 추격대들이 올라오고 있는 것 같다. 대피하기 전에, 리인모가 야전병원으로 쓰이는 천막으로 급히 간다. 부상자와 병자를 데리고 갈 시간이 없다. 이렇게 희생되어야 할 순간이 그들에게 닥칠 수 있다는 것을 부상당한 전사들은 모두 알고 있다. 할 수 있는 일이라곤 현장을 위장하는 것뿐이다.

리인모는 송정명 동무와 작별을 고해야 한다. 양쪽 발을 절단한 채, 남아 있는 다리엔 붕대를 감고 조잡하게 만들어진 침대에 누워 있는 송정명이 보인다. 그는 오랜 친구에게 수류탄 한 발을 내밀며 적이 접근하면 자신을 위해 쓰라고 말한다. "내가 그에게 줄 수 있는 유일한 '선물'이다."하고 그는 혼잣말을 한다.

송정명은 미소를 지으며 침대 밑에서 자기가 갖고 있던 수류탄을 꺼낸다. 리인모가 건넨 수류탄은 다른 사람에게 주라고 그가 말한다. 그리고는 마지막으로 고향 친구에게 부탁을 한다. "아내에게 내가 가치 있게 죽었다고 전해주게." 눈물을 닦으며 자리를 떠난 리인모는 결연히 다른 대원들과 함께 산비탈을 타고 더 위로 올라간다. 잠시 후, 아랫쪽에서 총소리와 수류탄 폭발음이 들린다. 야전병원 천막 쪽에서 화염과 연기가 피어오른다. 녹색 헬멧은 그들 생각보다 가까이 있었다. 그들은 더 높고, 더 먼 곳을 향하여 계속해서 발걸음을 옮긴다.

1951년 12월 24일, 월요일

부산의 임시 정부는 실종되었거나 전쟁 초기에 북한군에 의해 납치된 것으로 알려진 남한 민간인 117,361명의 명단을 작성했다. 정부의 이야기에 따르면, 이들 민간인들은 북한의 침략자들에 의해 그들의 군대에 강제동원된 남한의 젊은이들과 그들이 북으로 후퇴할 때 강제로 데리고 간 숙련된 노동자들과 전문가들이다. 파리에서 열리고 있는 UN 총회에서, 한국의 국무총리 장면은 연설 중에 이 납치된 시민들은 어떤 휴전 협상이 이뤄지더라도 반드시 석방되어야 하며, 그들은 "다른 UN 전쟁 포로들과 정확히 같은 범주에 속한다"고 말한다.[5]

장면은 실종자들 중 한 명인 메리놀회의 장 앙네다$^{Agneta\ Chang}$ 수녀와 특별한 관계가 있다. 그 메리놀회 수녀가 바로 그의 여동생 장정온이기 때문이다.

매리 머시 수녀의 부산 진료소에 있는 메리놀 수녀들은 북에서 피신해 온 수녀들로부터 앙네다 수녀의 이야기를 들었다. 피난을 온 그 한국인 수녀들 중 한 명인 베드로^{Peter} 수녀는 뉴욕에 있는 메리놀 모원에 자세한 이야기를 전해주었다. 마흔세 살의 앙네다 수녀는 18개월 전 전쟁이 발발했을 때 북한에 있던 마지막 메리놀회 수녀였다. 그녀는 새로 설립된 공동체인 영원한 도움의 성모 수녀회$^{Sisters\ of\ Our\ Lady\ of\ Perpetual\ Help}$에 있던 젊은 한국인 수녀 40명의 감독자, 즉 "수련장$^{novice\ mistress}$"이었다.

1950년 6월에 북한군이 남침하기 한 달 전, 공산주의자들의 2년간의 괴롭힘 끝에, 평양에 있던 그들의 수녀원이 정부에게 강탈당하게 되면서 공동체는 해산했고 겁에 질린 젊은 수녀들은 눈에 띄지 않는 길거리 복장을 해야 했다.

남침 당일, 평양에 있던 마지막 사제들이 체포되었다. 수련 수녀들은 그때 특히 앙네다 수녀를 걱정했다. 그녀가 미국과 관련이 있었으며 그녀의 오빠는 남한에서 저명한 정치인이기 때문이었다. 수녀들은 앙네다 수녀를 안가에서 안가로 옮겨다녔고, 그 와중에 만성 허리 질환이 악화된 그들의 "성스러운 어머니"는 걸을 수 없게 되었다.

1950년 10월 4일, 결국 그녀의 소재가 발각되었고, 인민군 장교와 사복 차림의 내무서원이 앙네다 수녀가 고통 속에 몸져누워 있던 어느 마을 집의 문을 마구 두들겼다. 그들은 이웃 주민들에게 앙네다를 침대에 누운 채로 소달구지에 싣게 한 후, 그녀가 간호에 대한 지식 때문에 필요하다며 그녀를 데려갔다. 그녀를 실은 소달구지가 떠나갈 때, 그녀는 영어로 이 말을 되풀이했다. "주여, 저희를 불쌍히 여기소서! 주여, 저희를 불쌍히 여기소서!"

그녀가 그 후 어떻게 되었는지 아는 사람은 없었지만, 당시 그 지역의 많은 여인들이 총살당한 후 집단 매장지에 묻혔다는 소문이 돌았었다고, 베드로 수녀는 전했다.

크리스마스 이브인 오늘, 부산에 있는 메리놀회 성직자들이 진료소 부속 예배당에서 자정 미사를 드리기 위해 모인 가운데, 많은 이들의 마음 속에는 앙네다 수녀가 자리하고 있다. 예배가 시작되자 부산의 약한 전력망은 작동을 멈추지만, 그들은 촛불을 켜고 계속 진행한다. 사제의 기도와 신자들의 화답은 누가복음 2장 1절부터 14절까지의 성탄 복음, 즉 "첫아들", 강보와 구유, 천사와 목자들로 이어진 후, 이번 크리스마스에는 기독교인이든 비기독교인이든, 한국의 많은 사람들의 입에 기도가 오르내리기를, 그리고 "땅에서는 선한 의지를 지닌 사람들에게 평화"로 이어진다.

꾸준히 진료소에 자원봉사를 하러 오는 육군 간호장교 프랜시스 레지스터Frances Register는 나중에 집으로 보낼 편지에 이렇게 적는다. "그 작고 평범한 예배당에서 진행된 미사는 아름다웠습니다."

북쪽에서는, 전선 전역에 걸쳐 얼어붙을 듯이 차가운 비가 내린다. 오늘은 몇 차례의 소규모 충돌만 보고될 뿐이지만, B-29 폭격기들은 먼 북쪽 신안주에 있는 목표물들에 대해 연신 폭격을 가한다.[6] 판문점 회담에서는, 전쟁 포로들이 가족에게 편지를 보내는 것을 허용하기로 양측이 합의한다.[7]

제3부
1952

손에 닿을 듯한 봄 하늘에
구름은 무심히도
북으로 흘러가고
어디서 울려오는 포성 몇 발
나는 그만 이 은원의 무덤 앞에
목 놓아 버린다.

- 구상, "초토의 시"

1952년에는 한국 전쟁이 두 개의 전선에서 전개되는 양상이 점점 더 두드러진다. 즉 이 고지 정상이나 저 능선을 점령하기 위한 소규모이지만 피비린내나는 전투가 벌어지고 있는 전선과, 판문점의 휴전 막사 안에서 격한 말들이 충돌하며 형성된 전선이다. 그리고 이제 그런 격렬한 논쟁은 단 하나의 문제에 중점을 두고 이루어지고 있다. 바로 전쟁 포로의 운명을 결정짓는 문제다.

  미국 측은 정전 협정 하에 북한과 중국 포로들이 그들의 고국으로 돌아가지 않는 것을 선택할 수 있도록 허용하자고 제안했지만, 공산 측은 이를 곧바로 거부했다. 한국의 포로수용소에서는 이러한 "비강제적인 송환[nonrepatriation]"의 가능성이 친공파와 반공파 간의 폭력을 부추겼고, 폭력 사태는 미국인 수용소 지휘관이 납치되는 사건이 발생하면서 최고조에 달한다. 그러한 불안정한 상황에 대한 미군의 대응으로 인해 다수의 북한과 중국 포로들이 사망하게 된다. 동시에, 국군은 한반도 남단 깊숙한 곳에서 공산 게릴라 활동을 대부분 진압한다.

전쟁은 또한 세 번째 전선, 즉 북쪽 상공에서 훨씬 더 악랄하게 전개된다. 양측은 공중전을 위해 더욱 치명적인 기종의 미그기와 세이버기를 투입한다. 지상의 대공 포대는 미 공군에 큰 피해를 입히지만, 북한 도시에 대한 대규모 폭격은 멈추지 않고 있으며, 그중에서도 가장 파괴적인 폭격이 평양에 가해진다. 적을 압박하여 판문점에서 양보하게 하려는 미국의 전략은 효과가 있는 것으로 보인다. 모스크바에서, 김일성은 요제프 스탈린에게 미군의 폭격이 인민들의 사기를 떨어뜨리고 있다며, 이렇게 말한다. "우리는 가능한 한 최대한 빨리 휴전을 체결할 의향이 있습니다."

사기가 북쪽에서만 낮은 것은 아니다. 이승만 대통령은 그가 전망했던 한국 통일이 불확실해지는 것을 지켜보면서, 남한 국민들에게 휴전 회담에 반대할 것을 호소한다. 태평양 건너편에서는, 미국민들이 한국 전쟁과 트루먼 대통령에 진력나 있다는 여론조사 결과들이 나오고, 트루먼 대통령은 재선에 도전하지 않기로 결정한다. 연말에는, 새로 선출된 유명한 장군 출신의 대통령이 전쟁을 끝내겠다고 다짐하며 한국을 방문한다.

겨울

1952년 어느 날 이른 아침

잡혔다! 소녀 장상과 어머니가 남쪽으로 가기 위해 산길을 걸어 38선 철책을 향해 가다가 북한군 경비병에게 발각된다. 세 명의 군인이 모녀를 둘러싸고는 두 사람이 뭘 하고 있는지 따져 묻는다. 어머니는 곧이곧대로 말한다. 그 군인들은 소총을 들어서… 탕, 탕…

겁에 질린 장상이 놀라서 잠에서 깨어나 어둠 속에서 주위를 둘러본다. 아무런 이상이 없다. 지금은 1952년, 그녀는 대전에 있으며 어머니 봉현은 무사하다. 1947년, 기적적으로 두 모녀가 죽음을 피할 수 있었던 그 무서웠던 봄날 이후, 이런 악몽은 장상의 잠재의식 속에서 계속적으로 떠오르며 장상을 5년 동안 괴롭혀왔다.

남한으로 내려온 이후 삶은 힘들었다. 이리저리 떠돌아다니며 제대로 먹지도 못하고 교회와 정부, 그리고 엄마가 허드렛일로 벌어들이는 얼마 되지 않는 수입에 의존하여 지내왔다. 전쟁이 발발한 지 2년이 지났지만, 그들의 미래는 불투명하다. 그러나 어머니로부터 이야기를 들었기에, 열두 살의 장상은 북한에 있는 고향에 그대로 머물러 있었다면 삶은 지금보다 더 힘들

것이라는 것을 알고 있다. 공산주의자들이 집안 소유의 땅을 몰수하고 친구들과 이웃 사람들을 체포하기 시작하자, 어머니 봉현은 도피하기로 결심했던 것이다.

1947년에는 이미, 절박한 심정에 그렇게 험난한 길을 걸어서 남쪽으로 이동한다는 것은—1948년까지 4,000,000명에 달하는 북쪽 주민들이 이렇게 남하했다—위험 부담이 큰 일이었다. 분계선을 경비하고 있는 북한군들은 월경을 시도하다 붙잡힌 사람들을 구타하고 감금하거나, 그 자리에서 총살하는 것으로 알려져 있었다.

두 모녀는 옷가지, 성경책, 찬송가집, 돈(당시에는 남과 북에서 같은 원화가 유통되었다)이 든 작은 가방 하나만 들고 평안북도에서 기차를 타고 남쪽으로 최대한 멀리 이동한 후, 마지막엔 산길을 수 킬로미터 걸어야 했다.

어머니 봉현은 우연히 만난 한 여인에게 돈을 주면서 국경까지 안내해 달라고 부탁했다. 그 여인은 만약 그들이 저지당하면 근처 개울에서 빨래를 하고 있었다고 둘러댈 것이라고 말했다. 하지만 얼마 지나지 않아 그 여인은 사라지고 북한군 세 명이 나타났다. 그들은 모녀를 붙잡아 그들의 초소로 데려갔다. 그들은 장상의 어머니에게 좀 전에 거기서 뭘 하고 있었냐고 물었다. 봉현은 거짓말을 할 수 없었다. 그녀는 남쪽으로 가고 있었다고 대답했다. 왜? 그들이 물었다. 그녀가 답했다. 우리는 기독교인이기 때문입니다.

일곱 살 때 고향인 용천에서 격변을 목격했던 어린 장상조차 그것이 위험한 말이라는 것을, 엄마는 빨래를 하고 있었다고 말했어야 한다는 것을 알고 있었지만, 봉현은 너무 솔직했다. 북한군들은 놀란 표정을 지었다. 소녀 장상이 생각해낼 수 있는 것은 기도하는 것뿐이었지만, 그 경비병들 앞에서는 할 수 없었다. 장상은 화장실에 가고 싶다고 말했고, 그들은 근처에 있는 아주 더러운 곳을 알려 주었다.

"오, 하나님, 저를 도와주세요." 장상은 계속해서 기도했다. 소녀는 그곳을 나설 때 뭔가 무서운 것을 목격했다. 덤불 속에 시체가 누워 있었던 것이다. 소녀는 서둘러 돌아왔다. 바로 그때 그 마을에 사는 한 여인이 숲에서 나오더니 그 병사들에게 점심을 가져다주었다.

엄마와 아이를 본 그 여인은 그들에게 닥칠 운명을 직감하고, 한국의 옛 속담을 인용하며 병사들이 두 사람을 해치면 밥을 먹을 때 기분이 찜찜할 것이라고 말했다. 그녀는 두 모녀를 보내주라고 세 번이나 간청했지만 병사들은 묵묵부답이었다.

마지막으로 마을 여인은 나중에 오후에 점심을 한 번 더 갖다주겠다고 경비병들을 꼬드겼다. 식량이 부족한 북한 군대에서 이 제안은 거부할 수 없는 것이었다. 북한군들은 그들을 풀어주었을 뿐만 아니라, 봉현에게 앞으로 더 가면 나오는 초소의 북한 점령 소련군 병사들을 피하는 방법과 38선 철책의 구멍을 찾는 방법 등을 알려주었다.

봉현과 상은 다시 길을 떠났고, 철조망을 통과하고는 서울로 가는 첫 번째 기착지인 인근 피난민 수용소로 걸어갔다. 그때의 경험에 일곱 살 소녀는 너무나도 겁에 질린 나머지, 몇 년 동안이나 그녀의 꿈속 다른 세상에서는 그녀와 어머니가 살아남지 못했다. 군인들이 그들을 총살했었기 때문이다. 어린 장상의 잠재의식은 성장하면서 또 다른 점도 받아들이게 되었다. 바로 기도의 힘이다.

1952년 1월 2일, 수요일

요즘 5호 수용소에 새로 들어오는 포로들의 수는 적지만, 새로운 포로들이 올 때마다 외부 세계의 소식이 전해진다. 클래런스 애덤스를 비롯한 흑인 포로들에게 가장 놀라운 소식은 미군이 더 이상 인종 분리를 하지 않는다는 것이다.

리지웨이 장군의 건의에 따라, 미 국방부는 육군의 흑인으로만 구성된 부대들을 비활성화하고 거기에 속해 있던 병사들을 이전에 백인으로만 구성되어 있던 연대와 대대로 보내도록 명령을 내렸다.

85년 동안 흑인 분리 병역의 상징이었던 제24보병연대는 해체되었고, 24연대의 3,000여 명의 병력은 다른 보병 사단으로 이동 배치되었다. 애덤스가 소속된 제503야전포병대대의 병력과 장비는 다른 155mm 곡사포 대대들로 분리 배속되었다.

그와 동시에, 외부 세계는 전쟁 포로들에 대해 점점 더 많이 알게 되고 있다. 판문점 회담에서 양측은 마침내 긴 포로 명단을 처음으로 교환했다. 여기에는 공산 측이 잡아두고 있는 3,198명의 미군들이 포함되어 있다.[1]

그보다 앞서, 테네시주에 있는 클래런스 애덤스의 어머니는 1년 넘게 작전 중 실종자 명단에 있던 아들이 포로가 되어 있다는 사실을 알게 되었다. 신문들은 "멤피스의 애덤스"가 춤을 추기도 했던 추수감사절 파티를 포함해, 전쟁 포로들의 "인도적 대우"에 관한 베이징 라디오의 보도에 대해 자세히 이야기했다.[2]

중공군의 관리 아래 포로들의 처우는 계속 개선되고 있다. 휴전과 포로 석방에 대한 전망으로 인해 중국 측은 그들의 포로들이 더 건강해 보이기를 원할지도 모른다. 포로들에게 더 많은 쌀과 콩, 돼지고기가 공급되고 있다. 수용소에서 포로들에게 돼지를 공급하면 그들이 직접 도살하여 나누어준다.

의복 역시 식량만큼 중요한데, 포로가 된 애덤스가 맞이한 두 번째 겨울이 시작될 무렵, 중공군은 포로들에게 이가 득실거리는 낡은 미군 군복을 태우게 하고, 솜을 넣어 만든 파란색 상의와 바지뿐만 아니라 겨울 모자와 장갑, 그리고 솜을 넣어 만든 신발까지 지급했다.[3] 발가락이 절단된 애덤스의 오른발은 서서히 회복되고 있다.

대부분의 미국인 포로들은 여전히 갑자기 큰 소리로 방송되는 공산주의 선전에 짜증을 내고 있다. 애덤스와 마찬가지로 평등주의와 인종 평등에

겨울

대한 중국의 메시지에 마음이 끌리고 있는 흑인 병사 러란스 설리번Larance Sullivan이 가끔씩 확성기를 통해 그의 굵고 낮은 목소리로 공산주의를 선전하기도 한다.

5호 수용소의 공산주의 감독관들은 수감자들에게 스톡홀름 평화청원서Stockholm Peace Petition에 서명할 것을 요구했다. 이 스톡홀름 어필은 2년 동안 전 세계에 핵무기 폐기를 호소해 왔으며 최근에는 확대되어 한국에 대한 외부 간섭 중단을 촉구하고도 있다.

애덤스가 워싱턴에서는 공산주의의 선전 수단으로 비난받고 있는 청원서에 서명한다.[4] 그는 조국을 배신하는 것이 아니라 평화라는 대의를 위해 힘쓰고 있는 것이라고 마음 속으로 말한다. 하지만 포로들 가운데, 백인 "반동분자들"과 심지어 일부 흑인들은 다르게 생각하고 있다.

한편 오늘 판문점에서는 최종적인 포로 교환을 논의하는 과정에서 걸림돌이 발생한다. 미국 측 협상단은 그들이 붙잡고 있는 북한군 및 중공군 포로들이 전쟁이 끝났을 때 송환을 거절하는 것, 즉 그들의 공산주의 고국으로 돌아가기를 거부하는 것을 허용해달라고 요구한다. 이에 대해 공산 측은 미국 측의 그러한 생각을 "터무니없다"고 일축한다.[5]

1952년 1월 19일, 토요일

동트기 전 어둠 속에서, 고열과 굶주림으로 쇠약해진 리인모가 동지 조용래의 도움을 받으며 깊이 쌓인 눈을 헤치고 오르막길을 힘겹게 올라간다. 지리산 게릴라들은 그들을 덮쳐오는 한국군을 피해 또다시 도주하고 있다.

1월 6일에 한국군은 작전 기획자들이 게릴라들에게 치명타가 될 것으로 기대하고 있는 쥐잡이 작전의 "제3기Phase III"를 개시했다.

수도사단 예하 1개 연대는 가장 안쪽 봉우리들의 북쪽 끝에 저지 진지沮止陣地를 구축하며 전개했다. 사단의 다른 2개 연대는 남쪽에서부터 연속적으로 밀고 들어와서는, 눈 덮인 산 속에서 수십 차례의 소규모 총격전을 벌이고 있다. 대성골 한가운데에서, 토벌대는 지리산 게릴라 핵심 부대로 추정되는 집단을 그들의 진격 대형과 저지 연대 사이에 가두었다고 보고한다.[6]

폭도 넓으며 깊이도 깊은 대성골은 1,900미터 높이의 지리산 정상에서 서쪽으로 8킬로미터 떨어진 곳에 위치하고 있으며, 높이 900미터의 봉우리들 사이를 남북으로 가로지르고 있다. 이곳은 유서 깊은 사찰들이 있는 곳으로, 과거 수세기 동안 불교 및 유교 학자들이 은둔 생활을 하던 조용하고 외딴 은신처였다.

노동당 도당의 지시에 따라, 여러 게릴라 부대가 총사령관 리현상의 지휘 아래 이곳에 집결했다. 전개되는 토벌대의 공세에 보다 잘 저항하기 위해서였다. 일부에서는 그렇게 많은 인원을 한곳에 집중시키는 것이 현명한지에 대해 의문을 제기하기도 했었다.

고열에 시달리던 리인모는 경상남도 게릴라 부대의 지휘부와 함께 대성골로 힘겹게 들어온 후 쉬고 있었다. 그리고 그에게 약을 주고 있던 그의 동지이자 그와 마찬가지로 이북 출신의 헌신적인 당원인 청년 조용래가 위대한 지도자 김일성 동지를 만난 적이 있다는 이야기는 연장자인 리인모의 기억 속에 강하게 남는다.

갑자기 폭발음과 총성이 사방에서 터져나오며 골짜기를 가득 채웠다. 여러 방향에서 연기가 피어올랐다. 그들은 자신들이 포위되었다는 것을 감지했다. 리인모와 조용래는 골짜기 여기저기서 총격전이 벌어지는 동안 바위 사이에서 몸을 피할 수 있었다. 이제 밤이 되었고, 휴대용 식량인 주먹밥으로 기운을 차린 두 사람은 다른 사람들과 함께 위험에서 벗어날 수 있는 능선을 향해 올라가고 있다. 어둡지만 주위에 쌓인 눈의 하얀 색과 대조를 이루며 한 남자가 자신들을 향해 내리막길을 기어 내려오고 있는 것을 그들은 목격한다. 그들은 이 남자가 그들보다 앞서 갔었던 부대원들 중 한 명이라는 것을 알게 된다. 그리고 그는 지금 눈밭에 핏자국을 길게 남기고 있다.

복부에 심각한 부상을 입은 그가 경고한다. "저기로 올라가지 마시오!" 그는 한국군 기관총 사격조가 능선 가장 높은 곳에 진지를 구축하고 있다고 말한다. 그의 말을 들은 리인모와 그의 일행은 숲속으로 흩어져 몸을 숨기고는 다시 날이 어두워지기를 기다린다.

해가 진 후, 그들은 유일한 탈출로인 오르막길로 다시 이동한다. 몇 시간 동안 그들은 어둠 속에서 머뭇거리며 나아간다. 그들이 올라갈수록 쌓인 눈은 점점 더 깊어진다. 그리고는 동이 틀 무렵, 한국군의 사격음이 다시 들린다. 이번에는 가까운 곳이다.

갑자기 무언가가 리인모의 무릎을 강타한다. 그는 눈밭에 쓰러진다. 그가 고개를 들어 앞을 보니, 다른 사람들도 총격에 쓰러져 있는 것이 보인다. 그와 친한 조용래가 달려와 자신의 옷을 길게 찢어 그의 상처 부위에 묶는다. 주변에서 총성이 울리자, 조용래는 다리를 절뚝거리는 그를 도와 숲속에 몸을 숨길 만한 곳으로 이동한다.

피를 많이 흘려 의식이 오락가락한 리인모는 누운 채 시간이 흐르는 것도 모르고 있다. 누군가 "꼼짝 마!"라고 외치자, 마침내 그는 깜짝 놀라 깨어난다. 한국군 한 명이 그의 가슴에 소총을 겨누고 그의 위에 서 있다. 18개월 전, 조국 통일에 이바지할 것을 확신하며 호남동에서 아내와 어머니에게 작별인사를 했던 리인모에게 전쟁은 이제 끝이다.

미8군 사령부에서는 브리핑하는 장교들이 이번 작전으로 게릴라 적군은 재기 불능의 상태에 빠졌다고 발표한다. 그들은 7주 동안 8,000명을 사살하고 7,000명을 생포했다고 주장한다.[7] 이러한 수치는 발표되자마자, 회의적인 반응을 불러일으켰다. 이전에 보고된 정보에 따르면 지리산 일대에서 활동 중인 게릴라 인원이 이보다 훨씬 적은 수천 명 수준으로 추정되고 있었기 때문이다. 만약 발표된 수치가 정확한 것이라면, 사망자 수치로 보아 쥐잡이로 불리는 전면적인 공세에서 수백 혹은 수천 명의 지역 주민들도

희생된 것으로 보인다.[8]

제8군 사령관 밴 플리트는 작전의 성공을 축하하며, 공산주의자들과 싸워야 한다고 세계를 일깨워준 한국전쟁이 "축복"이라고 선언한다.[9] 그러나 이 작전은 한 가지 측면에서 실패했다. 미군 발표에 따르면, 게릴라군 총사령관 리현상이 부상은 입었으나 탈출한 것으로 여겨지고 있다.[10]

밴 플리트는 리인모처럼 생포된 게릴라들 중 상당수가 "좋은 시민으로 만들기 위해 재교육을 받게 될 것"이라고 말하며, 그 후에 그들은 석방될 것이라고 주장한다.[11] 조용래를 비롯해, 리인모의 일행 가운데 거의 모든 게릴라 대원들이 목숨을 잃었다.

1952년 1월 24일, 목요일

부산 진료소의 메리놀 수녀들 중 가장 젊은 앨버타 마리는 며칠 동안 피로감을 느끼고 있다. 오늘 저녁, 다른 수녀들이 고된 하루를 마치고 휴식을 취하는 휴게실 문 앞에 나타난 그녀는 자신에게 문제가 생겼다고 말한다. 피부 밑의 작은 출혈로 인해 팔과 온몸에 "반점"이 생겼다는 것이다.

매리 머시와 애그너스 터리스는 서둘러 그녀를 진찰한다. 앨버타 마리는 하루 종일 코피가 났다고 말한다. 그녀의 잇몸에서도 피가 나고 있다. 두 의사 수녀는 의논하며 혈소판 감소증—혈액 내에 혈소판이 감소한 심각한 상태로, 원인은 다양하다—이라고 조용히 추측한다. 두 의사는 혈액 샘플을 채취하고, 허먼 조세프 수녀는 서둘러 실험실로 가지고 간다. 두 의사의 예비 진단이 맞는 것 같다. 앨버타 수녀는 즉시 미군 제21후송병원으로 이송된다.

지난 한 달은 진료소의 수녀들에겐 힘든 시기였으며, 그들이 돌보는 수천 명의 전쟁 난민들에겐 더욱 힘든 시기였다. 동해에서 불어오는 강풍으로 인해, 난민들의 천막과 임시로 만든 판잣집의 상당수가 무너졌다. 원시적인 난로에서 불이 나서 난민 가족들이 영도 아래로 훨씬 내려간 기온에 더욱 심하게 노출되는 경우도 있다.

애그너스 수녀는 집으로 보내는 편지에 "며칠 안에 출산을 하게 될 두 젊은 산모를 우연히 만났어요"라고 쓴다. "한 명은 현재 골판지 상자에서 살고 있고, 다른 한 명은 그녀가 살던 천막이 바람에 무너져서 그저 거리에 나와 있을 수밖에 없습니다." 진료소 수녀들은 이들에게 따뜻한 옷가지와 함께, 북한에서 전쟁을 피해 내려온 메리놀 선교회 수녀들이 직접 만든 두꺼운 이불을 건네준다.

심지어 전선에서 교착 상태가 지속되고 있기에, 부산의 난민 상황은 개선되지도 않고 안정화되지도 않고 있다. 전쟁이 길어지면 길어질수록, 더 많은 사람들이 일자리를 찾거나 도움을 받기 위해 지원을 찾아 남쪽으로 떠내려오고 있다. 현재 부산의 인구는 전쟁 전보다 서너 배가 늘어 1,000,000명이 훨씬 넘을 것으로 추정되고 있다.

주말까지 앨버타 수녀의 상태가 조금씩 호전되지만, 이후에는 다시 매일매일 상태가 악화되고 있다. 한 신부가 병자성사病者聖事를 집전한다. 1월 31일 목요일, 매리 머시 수녀는 그녀에게 마지막 순간이 가까워졌음을 알게 된다. 매리 머시 수녀가 앨버타 수녀와 함께 밤을 보내며 위안을 주는 십자가를 그녀의 손에 쥐어준다. 매리 머시 수녀와 진료소의 수녀들과 친한 육군 간호장교 프랜시스 레지스터가 무릎을 꿇고 기도하는 동안 젊은 수녀는 혼수상태에 빠진다. 11시 정각, 앨버타 마리 수녀가 숨을 거둔다. 그들은 앨버타 수녀를 진료소에서 오르막길에 있는, 1945년에 일본인 소유주가 도망치기 전에 자신을 위해 조성한 비어 있는 큰 무덤 옆에 묻는다. 성조기가 덮여 있는 앨버타 수녀의 관은 여덟 명의 젊은 미군 병사들이 무덤까지 운반한다. 어떤 면에서는, 앨버타 마리 수녀는 전쟁 희생자나 다름없다.

멀리 뉴욕의 메리놀회 모원은 한 성명을 통해, 스물여섯 살의 선교사였으며 "아름다운 수녀"였던 앨버타 마리의 죽음을 전하면서, "그녀는 가엾고 시달린 한국 사람들을 위해 그토록 행복한 마음으로 노력했으며", 천국

에서도 그들을 위해 전구傳求할 것이라고 말한다.[12]

1952년 1월 25일, 금요일

　죽음과 공포가 가득한 전쟁터에서 군인들은 잠시나마 긴장을 완화하기 위해 불길하고 섬뜩한 유머를 구사하곤 한다. 그래서인지 오늘 아침에 일일 전투 임무를 위해 이륙하기 전, 미그 대대 지휘관은 젊은 노금석 상위처럼 경험이 없는 미군 조종사를 만나면 "산 채로 잡아먹겠다"고 농담을 던졌다. 이제 박 소좌와 노 상위를 비롯한 24명의 북한 제트 요격기 편대는 적의 세이버 제트기를 경계하며 전투 지역으로 비행하고 있다. 그들의 현재 비행 고도는 8,000미터가 채 안 되며, 이것은 만주에서 북한과 미그 골목으로 진입하기에는 이례적으로 낮은 것이다.

　수개월 동안, 미국의 F-86 세이버와 주로 러시아와 중국의 조종사들이 조종하는 미그-15가 북한의 이 지역 상공에서 대치하고 있다. 9월부터 12월까지, 미국과 동맹국은 북한 상공에서 423대의 항공기를 잃었고, 그중 대부분은 지상의 대공포에 의한 것이었으며, 공산군 측은 336대를 잃었다.[13]

　세이버를 비롯한 전투기들은 북한의 철도망을 겨냥한 미국의 광범위한 폭격 전략인 교살 작전Operation Strangle을 보호하는 임무를 수행해 왔다. 지지부진하게 진행되어온 이 작전은 조만간 끝이 날 것이다. 북한이 능숙하게 수만 명의 노무자들을 내보내 재빨리 피해를 복구하고 있으니, 이 작전은 미국 항공기와 조종사들의 희생을 치를 가치가 없는 것이다.[14]

　그러나 미군 폭격기들은 노금석이 소속된 북한의 제2항공연대를 추격하는 데 성공했다. 12월 중순, 압록강 바로 건너편의 의주에 있는 기지가 미군의 폭격에 피폐해지자, 그들은 불과 6주 만에 북한 기지를 버리고 압록강이 서해로 흘러드는 안동 남서쪽, 미군 항공기들이 날아오지 않는 만주의 성역이자 러시아 및 중국 미그기 부대와 공유하고 있는 비행장으로 돌아갔다.

미그 골목에서의 결투는 새로운 국면에 접어들고 있는 것인지도 모른다. 미그기 조종사들은 물론이고 미 공군 조종사들도 소련제 전투기의 단점을 하나둘씩 알아채기 시작했다. 미그기는 세이버기보다 더 빨리 상승할 수 있지만, 미국제 제트기는 더 빨리 급강하할 수 있다. 발사 속도가 느리고 조준이 어려운 미그기의 기관포는 공중전에서 세이버기의 기관총보다 열세다. 질이 낮은 소련제 연료는 길고 뚜렷한 비행운을 남기기 때문에 미그기는 160킬로미터 밖에서도 발견될 수 있다. 그리고 미그기 조종사는 세이버기 조종사에 비해 후방 시야가 좋지 않다.

오늘 아침, 미 공군은 적보다 먼저 적을 발견한 것이 분명하다. 임무 수행을 위해 비행 중인 노금석을 포함한 24대의 미그기들은 제대로 보지도 않고 소용돌이치듯 돌고 있는 세이버기 편대의 한가운데로 들어가 버렸다.

임무 지휘관이 즉시 미그기들에게 상승하라는 명령을 내리지만 이미 너무 늦었다. 세이버기 기관총의 발포음이 헤드폰을 통해 노금석에게 들린다. 그들의 후방 위쪽에 숨어 있던 미 세이버기 2대가 기총을 발사하며 아음속의 속도로 북한군 편대 사이로 급강하하고 있다.

노금석이 미그기 3대가 불길에 휩싸여 곤두박질치고 있는 것을 목격한다. 낙하산은 하나만 펼쳐진다. 추락자 중에는 인기도 많고 농담도 잘했던 대대장 박 소좌도 있다. 노 상위와 다른 대원들은 흩어져 편대도 이루지 못한 채 서둘러 기지로 돌아간다. 이제 노 상위는 상부의 관제사들이 자신의 임무 편대가 미그 골목에 진입하기 전에 훨씬 더 고도를 높이라고 지시했어야 했다는 사실을 깨닫는다. 상관들의 미숙함으로 인해 3대의 미그기가 격추되고 2명의 조종사가 목숨을 잃었다.

이러한 공중전이 산소도 부족하고 얼음처럼 차가운 한반도 북서부 수 킬로미터 상공에서 매일 벌어지고 있다. 이제 막 스무 살이 된 노금석은 매일 아침 5시 45분에 이륙 신호를 기다리며 비행선에서 대기하다가, 얼어붙을 듯이 추운 조종석에 앉은 채 어쩌면 오늘 돌아오지 못할지도 모른다는 두려움에 떨며 성층권을 향해 올라간다. 그리고 미군이 더욱 빠르고 치명적인 F-86E와 F-86F를 도입하고 소련 조종사들은 개량형 미그-15 bis를 타고 출격하면서, 상공에서 벌어지는 양측 간의 결투는 그 어느 때보다 조종사의 실력을 시험하는 동시에 기술 발전과 생산 능력의 겨루기가 되고 있다.

1952년 2월 2일, 토요일

조용한 아침이다. 비번인 천싱치우가 자고 있는 어두운 대피호 밖에는 밝은 겨울 태양이 빛나고 있다. 누군가 십 대 소년 의무병인 천을 살며시 흔들어 깨운다. 대대 전령 산린이다. "우리 지원군들 중에 반역자가 있어!" 그가 불안한 목소리로 속삭인다. 천은 혼란스러워한다. "산린, 무슨 소리입니까?" 천이 걱정스러워하며 서둘러 옷을 입는 동안 전령이 설명한다.

오늘 아침에 2포대 대원들이 자신들이 담당하는 대공포로 가 보니, 그 4문의 대공포에 있는 조준경의 렌즈들이 깨져서 무기가 쓸 수 없게 되어 있었다. 대포들은 밤새 보초들이 지키고 있었기 때문에 렌즈를 파괴한 공작원은 자기 부대원일 수밖에 없었다.

대대장은 어젯밤 야간 근무를 섰던 18명의 경비병들을 모두 소집했다. 오후 7시부터 오전 7시까지 2시간씩 교대로 3명 1조로 근무를 서는데, 2명은 임시로 만들어진 감시탑에서 주위를 감시하고 1명은 주변을 정찰한다. 각각의 경비병이 심문을 받는 동안, 천을 비롯한 부대원들이 지휘 벙커 주위로 몰려든다.

오전 3시부터 5시까지 다섯 번째로 교대 근무한 경비병들이 대대장의 심문을 받는 순서가 되자, 천은 그들 중 한 명이 얼굴에 땀을 흘리며 떨고 있는 것을 목격한다. 그의 이름은 투다. "투 병사, 네가 조준경을 파손했나?" 대대장이 묻는다. 투는 입을 다물고 서 있다. 같은 근무조에 있던 한 병사가 큰 소리로 말한다. 그는 제2포대 지역에서 소음이 들린 것은 기억나지만, 바람에 물건들이 넘어지는 소리인 줄 알았다고 한다.
"투 병사!" 대대장이 다시 묻는다. "말해봐, 네가 조준경을 부쉈나? 네가 그랬어? 말해, 당장!" 지금 삭발한 젊은 병사들이 모여들어 추위에 떨며 두 손을 서로 세게 치면서 모두 투에게 입을 열라고 외치고 있다. 마침내 투가 무릎을 꿇고 자신이 한 짓이라는 것을 인정한다. 병사들의 외침은 더 커진다. 대대장은 대대의 공산당원들을 소집하고, 그들은 다른 병사들보다 나이가 많은 베테랑 몇 명을 심문조로 구성한다.
"모두가 분노하고 있다"고 천이 일기에 기록한다. "이런 내부의 적을 방어하는 것은 어려운 일이다." 대공포들이 미군 제트기와 십여 차례 교전을 벌였어도 아무런 손상이 없었지만, 이제 자신의 부대원들 중 한 명이 그 무기들을 무력화시켰다고 그는 적는다. "나는 그를 경멸한다."
투가 대대 활동이 비교적 뜸한 며칠에 걸쳐 구금된 채 심문을 받고 있다. 마침내 심문자들이 투 이외의 대대 병사들을 취사 벙커에 모아놓고 브리핑을 한다. 거기에 모인 대대원들은 투가 지난 9월엔 4포대의 대공포 1문을 손상시키고 12월에는 포탄을 조작하여 포병들이 상공의 적기들을 향해 사격했을 때 제대로 작동이 안되게 만드는 등, 조준경 파괴 말고도 두 차례의 파괴 행위를 저질렀다는 사실을 알게 되었다. 또한 투가 범행을 저지른 동기도 밝혀졌다. 부대가 한국으로 출발하기 전 중국의 고향에서, 삼촌이 가족에게 은화 40냥을 주며 투에게 전선에서 대대의 임무를 최선을 다해 방해하라고 말했었다는 것이다. 이제 천은 이해한다. "반혁명분자!"
대대원들은 무자비하게 말한다. "저놈을 산산조각 내야 해!" 한 사수가 외친다. 병사들은 큰 소리로 연호하기 시작한다. "반역자 투를 처단하라!" 대대의 정치위원 한 명이 그들을 진정시킨다. 그리고는 말한다. "저 반역자는 군사 재판에 회부될 것이오." 심문자들 중 네 명이 결박된 투를 트럭에 태우고 사단 본부로 향한다.
의무병 천싱치우가 예비 승무원 후보로 훈련을 받고 있는 대공포는 중공군에게 없어서는 안될 무기가 되어 있었다. 오늘 도쿄에서, 미 극동공군은 1월에 52대의 항공기를 잃었고 그 중 44대가 대공포에 의한 손실이라고 보고한다. 천이 소속된 방공대대는 그 "격추" 중 일부가 자기들에 의한 것이라고 주장한다. 이것은 전쟁 중 발생한 가장 큰 월손실이다. 19개월 동안 손실된 미국의 항공기는 이제 1,000대를 넘어선다.[15]

1952년 2월 9일, 토요일

타임지의 드와이트 마틴Dwight Martin이 시끌벅적하게 모여 있는 미국 기자들 사이로 나와, 앨런 위닝턴에게 판문점 길을 따라 산책하자고 큰 소리로 권하고, 이 소리는 미군 장교들의 귀에 들린다. 그가 보란 듯이 휴대용 술병을 꺼내자, 위닝턴이 위스키를 한 모금 마시고, 그도 똑같이 마신다.

"우리를 위하여, 그리고 군대는 엿이나 먹어!" 마틴이 외친다. 이는 다른 사람도 아닌 최고사령관 리지웨이 장군의 바람을 무시한 건배사로서, 그는 어제 도쿄에서 휴전 회담을 취재하는 서방측 기자들이 위닝턴을 비롯한 공산측 기자들을 만나 "적과 친교 활동을 하거나 불법 거래"를 해서는 안 된다는 말을 꺼냈다.

리지웨이의 수석 정보 참모는 그가 보낸 문서에서 특파원들이 "공산주의" 기자들과 "술을 마시는 등 과도한 사교 활동"을 한 것에 대해 비난했다. 드와이트 마틴의 행동은 판문점 기자단 전체를 대변하는 것으로, 미군의 이러한 시도는 특히 위닝턴에게 재갈을 물리고 판문점에서 흘러나오는 뉴스에 대한 미국의 통제력을 강화하기 위한 것이라며 거부하고 있다.

AP통신에 송고된 특파원의 보도에 따르면, 한때 미국 대표단이 추후 공지가 있을 때까지 브리핑을 중단한다고 발표했지만, 공산측 기자들은 공산측으로부터 계속해서 브리핑을 받았다. 그런 다음 그들은 서방의 기자들에게 "브리핑"을 해주었다. "그것이 며칠 동안 자유 세계의 신문들이 얻은 유일한 정전 관련 뉴스였다."라고 AP통신은 전했다. 도쿄 사령부는 특히 1월 말의 "패피 노엘 사건Pappy Noel Affair"에 대해 언짢아하고 있는 것 같다.

판문점의 AP통신 팀은 그곳에서 앨런 위닝턴과 그의 동료 윌프레드 버체트에게 카메라, 필름, 플래시 전구를 은밀하게 건네주며, 1950년 말에 장진호에서 해병대와 함께 붙잡힌 후 북한의 전쟁포로 수용소에서 힘겹게 생활하고 있는 AP통신의 사진기자 프랭크 패피 노엘Frank Pappy Noel에게 전달할 방법을 마련했다.

노엘이 찍은 사진 중 11장이 1월 24일 판문점에서 공개되고 미국 신문에 보도되면서, 전 세계가 미국인 포로들의 상황을 처음으로 엿볼 수 있게 되었다. 북한이 통제하던 수용소에서 기아와 질병, 사망이라는 최악의 상황을 겪고 난 후 중국의 통제를 받기 시작한 지 거의 1년이 지난 지금, 살아남은 포로들은 대체로 건강해 보인다. 리지웨이의 집무실에서는 공산주의 기자들과의 협력에 대한 불만을 제기했지만, 그 사진들은 큰 관심을 불러 일으켰고, 고국에 있는 포로의 가족들에게 어느 정도 위안을 주었다.[16]

위닝턴은 오늘 데일리 워커에 송고한 글에서 동료 기자들의 리지웨이에 대한 반항을 전하며, 미군이 "언론으로부터 가능한 모든 사실을 숨기려고 노력함으로써, 언론인들이 가장 단순한 정보를 얻기 위해 우리를 찾아오게 만들었다. 이제 리지웨이는 언론의 자유가 자신의 목표 달성에 문제를 일으킬 수 있다고 대중에게 말하고 있다."라고 기록했다.[17]

리지웨이의 그런 목표들 가운데에는 회담을 지연시켜 군사적 이득을 위한 시간을 벌기 위한 것도 포함되어 있다고 위닝턴은 확신하고 있다. 위닝턴은 미국이 자발적 송환과 같은 "불가능한 요구"를 하고 있다고 주장한다. 북한군 및 중공군 포로들이 휴전 협정 성립 후 자국으로 돌아가는 것을 거부할 수 있어야 한다는 그들의 입장은 모든 포로를 송환해야 한다는 제네바 협약의 규정에 어긋난다는 것이다. 공교롭게도, 회담이 조금씩 진전을 보이자 곧 리지웨이는 더 많은 영토를 공격하여 점령하려는 계획을 거부하게 된다.[18]

1952년 2월 10일, 일요일

　차가운 별빛 아래 떨면서, 어느 중간 지대의 도랑에 누워 아무 성과 없이 매복 중인 정동규는 가끔씩 전쟁, 특히 형제지간, 사촌지간에 벌어지고 있는 이 한국전쟁의 폐해에 대해 골똘히 생각한다.
　한때 십 대 시절엔 의대생이었던 그는 이제 스무 살의 전쟁 베테랑이 되어, 지난 5월 적의 공세로 제3사단이 우왕좌왕 패주한 후 23보병 수색 중대의 잔여 병력이 후방으로 보내져 재정비하며 휴식을 취하던 때를 되돌아본다.

1950년 10월, 미군과 한국군 사단이 북한으로 진격하는 가운데, 미 전함 미주리호가 북한의 북동쪽에 위치한 청진에 포격을 가하고 있다. 앞서 B-29 폭격기들이 청진을 폭격한 후, 의대생 정동규는 위생병으로 긴급 동원되었다. 그와 동기생들은 폐허 속에서 죽거나 중상을 입은 수백 명의 민간인들을 발견했다. (미 해군 제공)

그리고 그때, 1950년 말 이북에서 대피한 후 한국군에 강제동원된 지역 자원 봉사 청년단원들이었던 정동규를 비롯한 북한 피난민들은 그들이 "수습" 기간을 마쳤으며 이제 정식으로 대한민국 국군 병적에 편입될 것이라는 말을 들었다. 처음으로 사실을 알게 되자 그들은 격분했다.

그제서야 그들은 왜 여태 월급을 받지 못했었는지 알 수 있었다. 그들은 "유령 병사"로서 싸우면서 죽거나 불구가 되었으며 어딘지 아무도 기억하지 못하는 고지에서 신원 불명의 죽음을 맞이했을 뿐, 그들은 자신이 영웅적인 인물인 줄 알았으나 그런 존재임을 공식적으로 인정을 받을 수 없었다는 것도 알게 되었다. 그들은 통일에 이바지하고 싶은 마음에 남한 방어에 기꺼이 동참했었다. 그러나 대한민국은 그들을 모욕했다. 1951년 중반이었던 그 당시, 정동규는 자기 부대의 원래 인원 156명 중 4분의 1이 전사했거나 혹은 부상당했으며, 또는 작전 중 실종된 것으로 추산했다.

그러나 매복 중 고요한 순간에 정동규는 주로 고향 생각에 잠기며 의기소침해진다. 그는 주을에 있는 어머니의 모습을 그려본다. 그는 의사가 되겠다는 자신의 꿈을 실현시키려다 중단할 수밖에 없었던 것에 대해 슬퍼한다. 그는 전선과 휴전 협상이 교착 상태에 빠져 있다는 사실이 그가 다시는 주을로 돌아갈 수 없다는 것을 의미하는 건 아닌지 걱정한다. 하지만 고향에 돌아갈 가능성은 비록 점점 낮아지고 있을 지라도, 그런 남아 있는 가능성 때문에 이제 병장이 된 그는 부분대장으로서 하루하루 자신의 역할을 수행할 수 있는 것이다.

성과가 없는 매복 작전은 겨울이 지나는 동안 무의미한 일상이 되었다. 정보 장교들은 적의 배치에 관해 심문을 하기 위한 포로를 원했기 때문에, 정동규가 속한 수색 중대는 위험을 무릅쓰고 야간에 소규모 수색조를 내보내 적의 전선 근처에 조용한 진지를 구축, 야간 정찰을 나온 중공군이나 북한군을 생포하려고 했다. 하지만 포로는 단 한 명도 잡히지 않았다.

오늘 아침, 수색 중대에 보다 정교한 임무가 내려졌다. 버려진 것으로 추정되는 진지로 적을 유인하여 포로를 생포하는 것으로, 이것은 미군 지휘관들이 고안한 유인 작전인 "침묵 작전Operation Clam-up"의 일부다.

새벽 4시, 수색 중대는 3사단의 최북단 전초기지인 662고지로 이동한다. 그리고 640미터 높이의 이 거점을 점령하고 있던 병력은 새벽녘에 철수하는 모습을 공개적으로 보여준다. 미군은 북쪽으로 800미터 떨어진 고지에 있는 중공군을 속여서 벙커 및 특화점들이 있는 이 고지를 그들이 점령할 수 있다고 믿기를 바라고 있다. 그러나 정과 그의 동료들은 기다리는 동안 참담함을 느끼기 시작하고 작전은 완전히 실패하게 된다.

속임수를 유지하기 위해, 비좁은 특화점 안에 있는 정동규의 분대는 움직이지 말고 침묵을 유지하라는 명령을 받는다. 영하의 날씨지만 그들은 불을 피워서도 안 되고 불빛이 새어나가게 해서도 안 된다. 그들은 밤에 연대 수송병들이 가져온 차가운 주먹밥으로 겨우 식사를 해결한다. 낮에는 볼일을 보기 위해 바깥으로 나가는 것이 금지되어 있기 때문에, 특화점 안의 악취는 금세 끔찍해진다.

헛탕치는 날이 계속되지만 중공군들은 미끼를 물지 않는다. 그러나 마침내 662고지로 이동한 지 나흘 후인 목요일 이른 아침, 한 초병이 적의 정찰대가 접근하는 것을 보고 수신호로 보고한다. 하지만 그의 소대장이 치명적인 실수를 저지른다. 중공군이 함정에 빠져 포로로 잡히도록 경사면을 올라오게 내버려두는 대신, 경험이 부족한 소위는 긴장하여 중공군의 이동 경로에 매설된 제어폭파 지뢰 1열을 폭발시킨다. 진지에 매복해 있던 한국군은 본능적으로 반응하여, 고지 정상 전역에 걸쳐 사격을 개시한다. 중공군은 세 명의 사망자를 남기고 도주한다.

계략이 탄로난 정동규와 그의 동료들은 이제 대대적인 적의 공격에 대비한다. 적은 금요일 새벽 2시 직전에 공격을 시작한다. 중공군은 그들이 점령하고 있는 고지에서 중박격포와 포병대의 포격으로 수색 중대의 진지들을 두들기고 있으며, 그들을 훑듯이 기관총을 발포하고 있다. 그리고 3시경, 정동규는 그의 워키토키 무전기를 통해 중공군이 662고지를 오르기 위해 대규모 보병 공격을 개시했다는 말을 듣는다.

정동규가 자신이 있는 특화점의 총안銃眼을 통해 밖을 내다보지만, 포격으로 인한 연기 사이 여기저기로 뛰고 있는 그림자 같은 형체들만 보일 뿐이다. 무전기에서 들려오는 다급하고 숨 가쁜 교신 내용을 통해 그는 그들의 전초기지에서 백병전이 벌어지고 있음을 알게 된다. 그의 분대는 움직이는 모든 형체에 무턱대고 발포한다. 어째서인지 이 혼란한 근접전에서도 그의 위치는 직접적인 위협을 받지 않는다. 마침내 안부鞍部를 넘어 인접한 고지로 철수하라는 명령이 떨어진다. "각자 스스로 알아서 철수해!"라는 소리가 들린다.

달이 지고, 어둠 속에서 정동규가 분대원들과 함께 특화점에서 튀어나온다. 그들은 일출 직전에 중대의 마지막 생존자들과 함께 748고지에 도착한다. 그들은 후방으로 인도되어 연대 지휘소로 이동하고 장교들은 작전 실패를 보고한다.

낮 동안 낙오자들이 들어오고 있지만, 현장을 둘러보던 정동규는 수색 중대의 손실이 상당했음을, 전쟁의 광기 속에서 그런 큰 대가를 치르고도 얻은 게 없음을 깨닫게 된다. 금요일인 오늘, 날이 어두워지기 전에 대대 규모의 병력이 662고지를 탈환한다. 그는 고지 정상에 쌓인 눈이 선홍색 카페트로 변한 곳들이 있다는 말을 듣게 된다. 전선 전역에서, 침묵 작전의 유인 전술은 실패한다. 6일간의 새로운 시도는 포로도 거의 잡지 못한 채 하루 일찍 종료된다.[19]

1952년 2월 13일, 수요일

"의무 진료소 및 수석 군의관 리에게: 여러분에게 보고할 매우 중요한 문제가 있습니다…"

천싱치우가 동료 병사들에게 해를 끼칠 수 있는 발견에 대해 사단급 상관들에게 보고하고 있다. 그는 이 사건이 "사악한 모리배들"의 소행이라고 확신하고 있다. "최근에 후충화 병사가 트럭 전복사고로 부상을 입었습니다."라고 그는 적는다. "상하이 제약의 구급용구에 들어 있던 붕대를 감은 후, 그의 찢어진 작은 상처들이 감염된 큰 상처로 악화되었습니다."

젊은 중국인 의무병 천은 다른 병사에게도 이런 일이 발생했으며, 그의 경험에 따르면 추운 겨울에 이런 감염이 발생하는 경우는 드물다고 설명한다. "저는 즉시 다른 상하이 제약 구급용구들을 조사하면서 거즈와 그 안의 솜을 분리했더니, 검은 털 비슷한 곰팡이가 발견되었으며 악취가 났습니다."

천은 조사한 다른 키트들도 오염된 것으로 판명되었다고 보고한다. 그는 진료소 의료진에게 사단 전체의 구급용구를 점검할 것을 강력히 촉구한다. 그는 대규모 전투에서 부상자가 갑자기 급증할 경우 감염으로 인한 사망자가 다수 발생할 위험이 있다고 지적한다.

천은 상하이 제약이 붕대가 유통기한이 지나 부패하고 있었다는 것을 알고도 군에 팔았다고 확신한다. 그는 일기에서 "빌어먹을 모리배들, 엄청난 이익을 거두기 위해 부상당한 우리 지원군들에게 그토록 심한 고통을 안겨주는 돈만 밝히는 자들"을 맹렬히 비난한다. 분노한 십 대 소년은 이 "지독한 자본주의자들"을 사형에 처해야 한다고 적는다.

천은 의무 진료소에 제출한 보고서에서 마오쩌둥이 지난달 베이징에서 발표한 반부패 운동인 "오반운동五反運動. Five-Anti Campaign"에 대해 언급하고도 있다. 천이 이 사건에 해당된다고 생각하는 "반反. anti"는 네 번째 조항인 "정부 계약 사기"다.

수백만 명의 다른 중국 젊은이들처럼 공산당 당원이 되기를 열망하는 17세의 의무병 천싱치우는 다른 부패 징후도 주시하고 있다. 이달 초, "자본주의적 사고"의 징후가 있는지 "스스로를 자세히 살펴보고" 다른 사람들도 살펴보라는 말을 들은 정치 교육 시간에, 천과 몇몇 동료들은 대대 운전병

두 명에게 촛점을 맞추었다. 그 두 사람은 항상 담배를 피우고 술을 마시는 것 같았고, 종종 얼굴이 빨개질 정도로 술에 취해 있기 때문이다. 천은 일기에 "그들도 우리와 똑같은 임금을 받는다."고 썼다. "그들은 어디서 그렇게 많은 돈이 생기는 것일까?"

대대 기지에 두 운전병에 대한 소문이 퍼지자, 지휘관들은 두 사람을 감금하고 심문했다. 그들은 트럭의 스페어 타이어를 비롯한 군대 보급품을 중국으로 다시 팔아서 보급품을 운반하는 트럭 타이어와 기타 군용 물품을 팔아 그 수익금으로 담배와 술을 샀다고 자백했다.

천은 그들 중 한 명이 왜 그 돈을 담배와 술에 낭비하냐는 질문을 받았던 일에 대해 알게 되었다. "우리는 지금 전쟁터에 있습니다." 그는 대답했다. "언제 죽을지 모르지 않습니까? 즐길 수 있을 때 즐기는 게 낫지요." 두 사람은 수감되어 마오쩌둥의 지시 사항에 따른 재교육을 받기 위해 북으로 돌려보내졌다.

한편, 중국에서는 "반자본주의 운동가" 무리들이 도시의 거리를 보란 듯이 몰려다니며 집집마다 찾아가, 기업주들에게 "삼해三害"—부패, 낭비, 관료주의—와 "오독五毒"—정부를 속이는 행위를 포함하여, 뇌물수수, 국유재산 절도, 탈세, 국가경제 정보 도용—을 자백할 것을 요구하고 있다. 많은 업주들이 더 큰 피해를 막길 바라며 하는 수 없이 "자백"을 하지만, 처벌받는 사람들이 늘어나면서 그들은 자신의 진술을 후회하게 된다.[20]

1952년 2월 24일, 일요일

중국 정부 관료들이 한 명씩 돌아가며 자신의 공장, 농장, 철도가 부유한 서구의 강대국과 전쟁 중인 펑더화이의 군대에 필요한 식량, 의복, 탄약, 기타 물자를 생산, 공급하지 못했던 이유를 중앙군사위원회에 설명하는 동안, 지친 펑더화이는 앉아서 참을성 있게 듣고 있었다. 다혈질 성격으로 잘 알려져 있는 그의 인내심은 이제 거의 바닥을 드러내고 있다.

저우언라이는 한국에 있던 펑더화이를 베이징으로 소환해 정부 관료들과 특별 회담을 가졌고, 관계자들 간의 대면 대화를 통해 악화되고 있는 병참 문제에 대한 해결책을 찾을 수 있기를 기대했다. 그러나 자신이 치르고 있는 전쟁의 현실에 대해 정부가 제대로 이해하지 못하고 있다고 생각하는 펑더화이의 불만이 얼마나 큰지 중국의 총리는 헤아리지 못했다.

장황하게 이어지는 변명을 듣고 있던 직설적인 성격의 펑더화이는 진력이 나서 버럭 소리를 지른다. "이런 문제도 있고 저런 문제도 있습니다! 전선으로 가서 병사들이 어떤 음식을 먹고 어떤 의복을 입고 있는지 직접 눈으로 보셔야 합니다!"

그는 자신의 군대를 보호해 줄 공군이 없다고 불평한다. 보급 트럭은 미군 전투기의 목표물이 되기 십상이다. "점점 더 많은 병사들이 굶어 죽어가고 있습니다."라고 그가 말한다.[21]

실제로 중국 부대들은 때때로 식량이 바닥나 현지 한국인들에게 식량을 "빌리거나" 야초野草나 식물 뿌리를 캐내는 등 시골에서 먹을 걸 찾아 헤매야 했고, 때로는 굶지 않기 위해 적에게 항복하기도 했다.[22]

소년 시절에 생존을 위해 마을 길거리에서 구걸을 했던 펑더화이 장군이 분노하는 또 다른 이유가 있다. 그는 보급선 끝에 있는 병사들이 겪고 있는 어려움의 상당 부분이 보급 과정 중의 부패와 낭비에서 기인한다고 믿고 있다.[23]

펑더화이의 분노 폭발에 회의 참석자들이 너무 놀라서, 중앙군사위원회 의장인 저우언라이 총리는 회의를 정회한다. 그러나 한국으로 돌아온 펑더화이는 원하던 결과를 얻어냈다. 저우언라이는 추가 회의를 소집하고 향후 몇 달간 한국 전선에 더 많은 물자가 공급될 수 있도록 한다.[24] 적이 이를 눈치챈다. 우선, 일부 지역에서 중국 포병 부대가 미군과 남한 전선에 대한 일일 포격 횟수를 두 배 또는 세 배로 늘린다.[25]

1952년 3월 15일, 토요일

대대 기지에 투 병사가 처형되었다는 소문이 빠르게 퍼진다.

어제 몇몇 병사들은 범행을 자백한 파괴 공작원의 군법회의에 참석하기 위해 사단 본부로 갔었다. 오늘 돌아온 그들은 동료들에게 군판사들이 신속하게 판결을 내리고 형을 선고했으며, 투는 즉시 끌려나가 총살당했다고 전한다. 대공포 사수 중 한 명인 왕치중은 "그런 놈은 총살을 당해도 싸지."라고 말한다. "그놈이 우리 2포대의 '눈을 멀게' 해서 우리는 임무를 수행할 수가 없어. 그놈은 죽어 마땅해."

열일곱 살의 의무병 천싱치우는 중국을 변화시키는 공산주의 혁명에 대해 모든 동포들이 자신만큼 열렬한 것은 아니라는 사실을 알게 된다. 그는 일기장에 이렇게 적는다. "공산당과 마오 주석이 반정부 활동에 대한 엄중한 단속을 시작한 이유를 이해하게 되었다. 반역자 투를 통해 반혁명 세력 진압의 중요성을 이해하게 되었다."

그러나 천은 많은 중국인과 마찬가지로, 지주들과 사업가들을 비롯한 수백 명의 "반동분자들"을 표적으로 삼아 수십만 명을 살해한 그 단속의 실제 범위, 즉 전체 인명 피해에 대해 알 턱이 없다.

투의 삼촌도 돈을 이용해서 조카가 동료를 배신하고 사격 조준기를 파손하도록 만들었으니, 아마도 그런 반동분자들 중 한 명일 것이다. 천은 "너무나도 나쁘고, 너무나도 사악하다"고 적는다.

<<<

지자오주가 베이징 칭화대 졸업을 위해 화학 논문을 준비하고 있을 때 긴급 소환장이 날아온다. 그 지시에 따라 그는 학과 공산당 서기에게 간다.

그는 "중국인민지원군에 지원하겠다는 자네의 요청이 받아들여졌다."라는 말을 듣게 된다.

지자오주는 깜짝 놀란다. 그 지원서를 낸 지가 일 년도 더 되었기 때문이다. 이런 타이밍은 좋지 않다. 그런데 당 서기는 그에게 군부대가 아니라 외교부로 가야 할 것이라고 말한다. 자전거를 타고 그 화려한 낡은 외교부 건물로 가면서 지자오주는 한국에서 소총을 들 필요가 없게 된 것은 자신의 언어 능력 때문이라고 판단한다. 외교부에 도착한 그는 어느 사무실로 안내되어 그곳에서 낯익은 얼굴을 보게 된다. 뉴욕의 중국인 지역사회 시절 아버지의 신문사 동료인 팡티화이를 만나게 된 것이다.

지자오주에게 비밀 유지 맹세를 시킨 후, 팡은 그에게 자신들을 포함한 인원들이 판문점 회담의 새로운 중국어·영어 통역팀으로 배정될 것이라고 말한다. 보안을 위해 그는 그 누구에게도, 심지어 가족들에게도 이 사실을 알려서는 안 된다. 팡은 그에게 짐을 싸서 오리엔테이션을 위해 즉시 다시 돌아오라고 말한다. 지는 학교로 돌아와 짐을 챙긴 후, 자금성 근처에 있는 부모님 댁을 향해 자전거 페달을 밟는다. 그곳에는 아버지와 함께 살기 위해 어머니와 여동생이 마침내 뉴욕에서 돌아와 있었다.

그는 낮잠을 자고 있는 부모님을 깨워, 어리둥절한 그들에게 "잠깐 들른 것뿐이에요. 이제 곧 가야 합니다."라고 말한다. 그의 침울한 어조는 긴 이별을 암시한다. 법대 학장이자 정치 베테랑인 그의 아버지는 아들이 모든 걸 다 말할 수 없다는 것을 금방 알아차린다. "알겠다." 아버지가 말한다. "쌓아놓은 알—민감한 상황을 표현하는 중국식 표현—이구나." 차를 마시며 가볍게 대화를 나눈 후, 지자오주는 떠나기 위해 자리에서 일어선다. 아들은 아버지가 자랑스러워할 만한 임무에 대한 이야기를 아버지에게 숨겨야 한다는 사실을 안타까워한다.

1952년 늦겨울 어느 날

평양 동쪽의 들쭉날쭉한 산맥 위 12,000미터 상공에서, 관제사로부터 무전 경보가 들어온다. 세이버기들이 그 지역에 있다. 노금석 상위를 비롯한 24명의 임무 비행단 조종사들이 하늘을 살핀다. 그들에게는 동료 미그-15기들만 보인다. 갑자기 예광탄들이 지나간다. F-86 세이버기 4대가 뒤에서 공격해온다.

노금석은 기체를 오른쪽으로 급격히 꺾어 기수를 북쪽 기지로 향하게 한다. 하지만 예광탄들이 그를 따라 캐노피 위로 선홍색 빛을 번쩍이며 날아간다. 그는 고개를 돌려 뒤를 본다. 세이버기 1대가 그와 같은 고도를 유지하며 800미터 뒤에서 그를 추격하고 있다.

그는 앞으로 스로틀을 앞으로 밀고 조종간을 뒤로 당겨, 미그기의 5,000파운드포스 추력을 동원해 상승한다. 급박한 상황에 오싹함을 느끼며 공황 상태에 빠진 그는 조종간을 앞뒤로 황급히 움직이고 방향키 페달을 마구 내리밟고, 상승하는 그의 유선형 은빛 제트기는 좌우로 방향을 확확 바꾸며 적의 기총 사격을 피한다. 예광탄들이 번쩍이며 머리 윗쪽과 옆으로 날아가지만 노금석의 미그기에 명중되진 않는다. 길게만 느껴지던 몇 분이 지나고 마침내 그가 뒤를 돌아보니 세이버기가 점점 멀어져서 작아지며 사격을 멈춘 것이 보인다. 상승하는 그를 적이 따라오지 못하는 것이다.

공포에 질린 노금석은 안도감에 휩싸인다. 그야말로 아슬아슬하게 죽음을 모면한 것이다. 몇 달 동안 매일, 때로는 하루에 두 번씩 노금석과 그의 동료들은 만주 상공으로 이륙해 북한으로 남하하여, 세이버가 그들을 사냥하듯 그들도 세이버기를 사냥했다. 대부분의 날에는 100대의 미그기가 수 킬로미터 상공에서 전투를 벌이는데, 노금석이 추정하기로는, 하루 평균 한 대씩 격추되고 있다. 대개는 러시아 조종사가 격추당하는데, 그들이 가장 대담하기 때문이다. 어떤 날은 양쪽 다 더 많은 전투기들이 격추되기도 한다.

소련 조종사들은 상당수가 2차 세계대전 베테랑들로서, 제트기에 무난하게 적응하여 전투에 참가했으며, 노금석은 그런 그들의 기술과 용기를 존경하게 되었다. 그는 러시아어 실력이 꾸준히 향상되면서 안둥 합동 기지에 있는 러시아 조종사들을 위한 식당에서 그들과 함께 식사하는 것을 즐기면서, 보급받은 보드카를 들이키고 버터를 두껍게 바른 검은 빵에 캐비어를 곁들여 먹는 맛을 서서히 알게 되었다.

그러나 처음으로 파견되어 왔던 소련 미그기 조종사들이 순환 근무 때문에 본국으로 돌아가게 되면서, 조종사들에게 사상자가 지속적으로 발생하여 늦겨울 무렵에는 그들의 사기는 저하되었고, 그렇게 그들이 희생되고 있는 이유에 그들은 의문을 품게 되었다. 5명 중 1명이 사망했다. 그들이 본국으로 떠나기 전날 밤, 노금석은 그들이 병영에서 술에 취해 노래하는 것을 듣게 된다. 살아남은 것에 감사하며 부르는 노래라고 누군가 그에게 말해준다.

큰 희생이 따른 공중전으로 인해 사기가 떨어진 것은 미군 측도 마찬가지다. 2월에, 전쟁 중 14대의 적기를 격추시킨 미 공군 최고의 에이스 세이버 전투기 조종사 조지 A. 데이비스 주니어^{George A. Davis Jr.}가 중국인 조종사의 미그기에 격추되어 사망했다. 이 절망적인 소식은 텍사스에 있는 이 공군 소령의 아내가 남편이 공중전에 대해 불안감을 갖고 있었다고 말함으로써 더욱 충격적으로 전해지게 되었다.

"이대로는 안 된다."며 그는 아내에게 짤막한 편지를 보냈다. 마지막 임무를 수행하기 직전이었다. 그는 많은 병사들과 조종사들이 목숨을 잃은 것에 대해 한탄하며, 미그기가 "세이버보다 훨씬 낫다"고 말했다. 그의 아내는 남편이 "어떤 좋은 이유"로 사망했기를 바란다면서도, "이것은 이유 없는 전쟁"[26]이라고 말했다.

이유가 있든 없든 전쟁은 계속된다. 공군력을 재건하기로 결심한 북한은 노금석의 제1공군사단에 이어 미그-15로 구성된 제2공군사단을 창건했다. 그들은 3사단을 창건할 계획도 가지고 있다.[27]

사실 남한을 공격할 수 있는 공군력을 북한이 보유하게 될 것이라는 이런 전망은 판문점 휴전 회담의 걸림돌이 되고 있다. 미국은 그 어떤 휴전 협정 하에서든 한반도에서의 비행장 재건은 금지되어야 한다고 주장하지

만, 공산 측은 이를 거부한다.[28]

한편 이른 봄, 공산군 조종사들은 적기가 침범하지 않는 성역인 만주의 비행장을 예고도 없이 잃게 된다. 안둥 기지에 있는 노금석이 지상에서 지켜보고 있을 때, 기지로 돌아오는 소련인 조종사의 미그기들을 쫓으며 압록강 건너편에서 세이버기 12대가 굉음을 내며 날아온다. 미그기 5대가 격추된다. 미군은 지상의 항공기를 공격하지는 않지만, 미그기들을 "맹추격" 하며 만주 상공에 주기적으로 나타나기 시작하고, 사냥꾼임과 동시에 사냥감인 노금석을 비롯한 미그기 조종사들의 삶은 점점 더 위험해진다.

1952년 3월 17일, 월요일

부산 메리놀 진료소 밖 대청동 도로를 따라 늘어선 줄이 점점 길어진다. 어쩔 줄 몰라 하는 엄마들과 결핵에 걸린 아이들, 쇠약해진 아기들과 연약한 할머니들, 절단 수술을 받은 사람들과 불구자들. 이들은 모두 의학 지식이 있는 매리 머시 수녀와 다른 의사들의 진단과 진료를 받기 위해 때로는 다음 날까지 인내심을 갖고 자신의 소중한 차례를 기다린다. 길고 긴 하루 종일, 매시간 마다, 비극적인 장면이 전쟁터에서 거리가 먼 이곳에서 펼쳐진다. 그 중 일부는 선교회의 일지에 간략하게 기록되어 있다.

오늘 아침, 한 가여운 여인이 아주 아픈 조그마한 아기를 안고 제정신이 아닌 듯 황급히 달려와 "할머니 의사" 선생님인 매리 머시에게 아기를 살려달라고 애원한다. 그 여인은 이미 다섯 명의 아이를 잃었다. 또 다른 어린 아이는 마지막 숨을 거두려는 듯하다가, 심장 자극제 주사를 맞자 갑자기 다시 살아난다. 그 아이에게서 돌아서던 수녀 의사는 경련을 일으키고 있는 여덟 살짜리 소년을 발견한다. 그녀는 그 아이를 보살피고, 진료대 위에서 평온하게 누워있도록 놔두고는, 혹한의 늦겨울에 멀고 먼 길을 달려와 밖의 인파를 뚫고 와서 기진맥진한 아이의 엄마를 편하게 해준다.

현재 진료소에는 매리 머시와 애그너스 터리스 수녀, 스웨덴인 수녀 한 명과 한국인 수녀 네 명 등 일곱 명의 의사와 미국인 및 한국인 수녀 간호사 여덟 명이 근무하고 있다. 더 많은 미군의 의사들과 간호사들이 파트타임으로 자원하여 도움을 주고 있다. 검사를 받고는 처방을 받거나 주사를 맞고, 상처의 붕대도 깨끗한 것으로 교체받고 약도 보충받으며, 매일 2,000명 이상의 환자들이 치료를 받고 있다.

하지만 여전히 메리놀 병원을 비롯한 부산의 의료시설은 그 수요를 따라가지 못하고 있다.

전쟁으로 폐허가 된 시골에서 끊임없이 유입되는 난민들로 뒤덮인 이 도시의 인구는 1,650,000명으로 불어난 것으로 추산되고 있으며, 이는 전쟁 전 부산 인구의 몇 배에 달하는 수치다. 이번 주 미군의 전투 사망자 수는 123명으로 전쟁 발발 이후 지금까지 가장 적었지만, 부산에 있는 민간인들 사이에서 질병과 기아는 더욱 악화되고 있는 것으로 보인다. 점점 더 많은 사람들이 거리에서 죽어가고 있다.

라디오를 통해 전해지는 판문점 회담 소식을 들어보면, 전쟁이 조만간 끝날지도 모른다는 희망적인 내용은 거의 없다. 이른바 철의 삼각지대로 불리는 지역에서, 대치 상태에 있는 중부 전선을 따라 양측은 승패가 나지 않는 소대 규모의 소규모 총격전을 벌이고 있다.[29]

미국에서는 한국 전쟁을 지지하는 사람들이 점점 줄어들고 있다. 사상자가 늘어나고 있으며, 이 전쟁이 7년 전에 끝난 2차 세계대전처럼 "승리"할 수 있는 전쟁이 아니라는 인식이 확산되고 있기 때문이다. 여론 조사에 따르면, 해리 트루먼 대통령의 지지율은 그가 1950년 6월에 조국을 끌어들였던 이 분쟁의 지지율과 함께 대략 30%까지 하락했다. 계절은 겨울에서 봄으로 바뀌고, 그는 11월에 재선을 위해 출마하지 않겠다고 발표한다.[30]

그러나 이제 막 마흔아홉 살이 된 매리 머시 수녀와 그녀의 의료진은 매일 삶과 죽음의 드라마가 계속되는 동안 그들의 자리를 지킨다. 매리 머시는 토요일 일기에 다음과 같이 적었다. 진료소 정문을 지키는 아저씨가 "진료소 밖 문 아래에 죽은 아기가 있었다며 말하러 왔는데, 우리가 담요를 펼치자 작은 울음소리가 들렸고 우린 너무 기뻐서 바로 그 자리에서 그 남자 아기에게 요셉이라는 세례명을 지어주었다. 불쌍한 엄마는 아기에게 줄 젖이 나오지 않았고, 그 조그마한 아기는 거의 굶어 죽을 뻔했다."

봄

1952년 4월 어느 날

낮 시간에는 얼굴에 햇볕을 받으며 그들은 한국의 이른 봄을 느끼게 하는 따스함을 느낄 수 있다. 하지만 밤이 되면, 아직 가시지 않은 가혹한 겨울의 한기가 화천호 북쪽 산속 막사 안에 있는 신형규와 그의 전우들을 엄습한다.

그들이 속한 제3헌병대대 예하 B중대는 대한민국 국군의 재창설된 제2군단에 배속되어 중부전선에 배치되어 있다. 군단장은 백선엽으로, 그는 1950년 여름 낙동강 방어전에서 두각을 나타낸 후 급부상하고 있는 젊은 장군이다. 국군 수도사단, 3사단, 6사단으로 구성된 제2군단은 신형 155밀리 포가 장비된 포병 대대들로 전력이 보강된 역대 최강의 한국군으로 조직되었다.

현재로는 제2군단의 29킬로미터에 이르는 전선 전역에서 전투가 소강상태에 있기에, 백선엽 중장은 정보 수집을 위해 보병에게 수색 및 매복하여 정찰 나온 적을 생포해 오라는 명령을 내렸다.[1]

오늘, 한 정찰대가 북한군 포로를 몇 명 데리고 돌아와 헌병대에 인계했

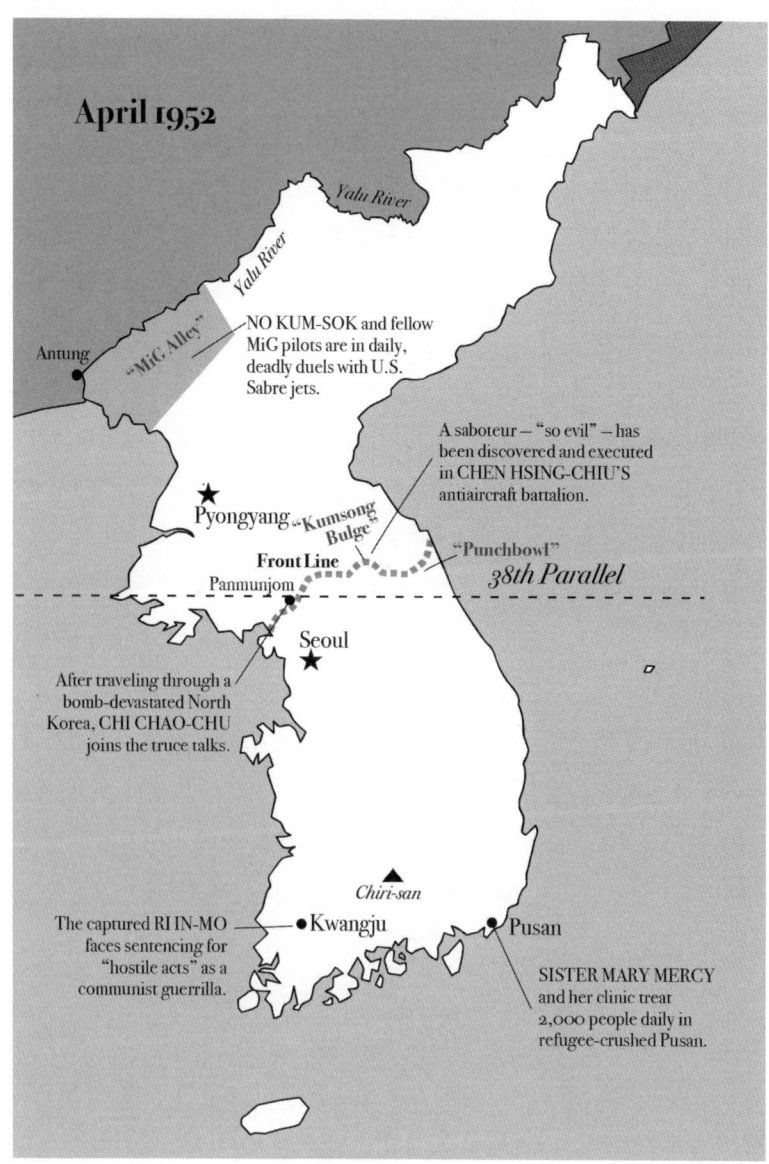

지도: 1952년 4월

고, 헌병들은 포로들을 후방에 있는 수용소로 보내기 위해 그들을 먹이며 준비시키고 있다.

한 포로의 다리 부상이 심각하다. 구더기로 뒤덮인 그 상처를 보고는 감염이 된 상태라는 것을 알게 된 열여덟 살의 상병 신형규는 그가 불쌍하게 여겨져서 도와주려고 알코올 도수가 높은 한국의 옥수수 소주로 상처를 씻어주고 붕대를 감아준다. 그는 고통스러워하는 그 북한 청년에게 곧 병원에 가서 치료를 받을 수 있을 거라고 말해준다.

신형규는 한국군이 적군 포로들을 심하게 학대하는 것을 목격해왔다. 하지만 그는 전쟁의 잔혹함 속에서도 인간애를 잃지 않기로 결심했다.

그는 1950년 12월 북한에서 후퇴하던 중 북한군 포로를 최전선에서 48킬로미터 떨어진 수용소까지 호송하는 임무를 맡았던 때를 기억하고 있다. 히치하이킹을 하며 남쪽으로 향하던 신형규는 그와 함께 트럭에 타고 있던 동료 병사로부터 담배를 달라고 졸라서 그 전쟁 포로에게 주고 불도 붙여준 다음 포승줄을 느슨하게 해서 그가 담배를 피울 수 있도록 해주었다. 길가 음식 가판대에서, 돈이 한 푼도 없었던 신 상병은 여자 상인을 구슬려서 포로에게 소시지와 국밥을 먹였고, 자신은 아무것도 먹지 않았다. 수용소에 도착하자 그 포로는 고맙다고 했고, 신형규는 몸을 돌려 거수경례를 했다. "우린 모두 군인입니다." 그는 이 장면을 목격하고는 어리둥절한 표정을 짓고 있는 수용소의 한 병장에게 말했다.

신형규는 그 포로에게 북한에 아내와 두 자녀가 있다는 사실을 알게 되었고, 자신을 비롯한 수십만 명의 군복을 입은 한국인들처럼 그 포로 역시 전쟁이 끝나기를, 집으로 돌아가기를 원했을 뿐이었다. 동시에, 신형규의 기억 속에는 무력한 포로들이 자신의 손에 의해 죽어가는 끔찍하고 보다 어두운 장면이 자리 잡고 있다.

1950년 가을, 평양 형무소에서 화재가 발생했을 때의 일이다. 북한군 포로들이 밀집 수용되어 있던 감방에는 전쟁이 발발하기 전의 시절에 누비솜

옷을 제작할 때 사용되던 재료들이 보관되어 있었는데, 어느 날 이 방이 불길에 휩싸였다. 아마 수감자들이 탈출하려고 소동을 일으키기 위해 불을 냈을 것이다.

불은 빠르게 번졌고, 감방에 갇혀 있던 수감자들은 화염에 휩싸였다. 몸에 불이 붙은 포로들이 고통스럽게 비명을 지르자, 형무소의 미군 고문관 중 한 명이 신형규에게 외쳤다. "상병, 쏴! 쏴!" 그 고문관은 그들의 고통을 끝내주고 싶었던 것이다. 충격을 받은 십 대의 어린 헌병은 얼어붙었다. "쏘라고!" 고문관은 결국 자신의 권총을 꺼내 포로들을 향해 발사했다. 그 순간, 신형규는 자신의 카빈 소총을 들고 바로 앞에서 죽어가고 있는 젊은이들을 향해 발포하기 시작했다. 그가 몇 명을 죽였는지, 그는 결코 알 수 없을 것이다.

전쟁 포로 문제는 판문점 휴전 회담의 핵심으로 남아 있다. 4월 19일, 미국 측 대표단은 북한과 중국 측에 남한 지역의 포로수용소에서 2주간 포로들을 심사한 결과, 포로들 중 절반만이 북한이나 공산주의 중국으로 돌아가기를 원한다는 사실을 알게 되었다고 알려준다.[2]

<<<

공산 측 대표단이 판문점 막사 북쪽 입구 밖에 서서, 실망스러운 휴전 회담에 다시 한 번 참석하기 위해 미국 측이 입장할 때 들어가려고 신호를 기다리고 있다. 오늘은 키가 크고 마른 체격에 안경을 쓴 새 통역관이 합류했다.

지자오주가 하버드와 미국 생황을 포기하고 그가 예견한 한국의 분쟁에서 조국을 돕기 위해 어릴 적 떠났던 중국으로 돌아온 지 19개월이 지났다. 이제 스물두 살의 학생은 바로 그 전쟁의 한가운데에 와서 전쟁을 끝내는 데 작은 힘이나마 보태려 하고 있다.

일단 판문점으로 오는 동안 그는 두려움을 느꼈다.

압록강변 안둥에서, 동계 군복에 털모자, 두꺼운 부츠를 착용하고 있던 지자오주를 비롯한 통역팀은 보급수송 트럭의 덮개가 없는 화물칸에 실려 있는 화물 위로 그들의 짐을 들고 올라갔다. 중공군들로 가득하며 소련군들이 담당하고 있는 수십 문의 대공포가 배치되어 있는 도시를 트럭이 휘청거리며 지나갈 때, 그들은 떨어지지 않도록 화물을 묶고 있는 끈을 꼭 붙들고 있었다.

해질녘에 압록강을 건넌 통역팀 호송대는 생명체가 없는 달 표면을 연상시키는 황량한 북한 땅으로 들어섰다. 지자오주의 눈에 들어오는 곳은 모두 황폐화되어 있었다. 지나는 곳마다 굴뚝만 서 있고 불타버린 벽돌 건물의 골조만 남아 있을 뿐 나머지는 전부 파괴되어 평탄화되어버린 상태였으며, 폭탄에 의해 땅은 온통 움푹 패여 있었고, 공격을 받고 있는 다른 마을에는 섬광이 번쩍이고 있었다. 그는 미국이 원자폭탄을 투하하지는 않았지만, 투하한 것이나 마찬가지라고 혼잣말로 중얼거렸다.

희미하게 전조등을 켜고 한동안 남쪽으로 달리고 있을 때 갑자기 소총 소리가 들렸다. 초병의 경고음이었다. "비행기! 비행기!" 초병이 더 큰 소리로 소리쳤다. "비행기! 비행기!"

기관총이 발포되는 소리가 들렸다. 지면에서 튕겨나온 흙들이 트럭으로 튀었으며, 곧이어 기총사격을 가한 전투기가 머리 위로 굉음을 내며 지나갔다. 공포에 질린 그들은 트럭에서 우르르 뛰어내려 길가 도랑으로 몸을 숨겼다. 차갑고 축축한 땅바닥에 바짝 엎드린 지자오주의 머릿속에는 중일전쟁 때 고향인 펀양汾陽 상공에 적 폭격기들이 날아오자, 아홉 살이던 그가 무서워 무덤 사이에서 몸을 움츠리고 있던 때가 떠올랐다.

다른 비행기들은 나타나지 않았고, 호송대는 다시 이동하기 시작하여 다음 날 아침 평양에 도착했다. 지자오주와 그의 일행은 흙바닥에, 전등갓도 없는 전구와 촛불이 전부인 벙커에서 중국 대사관이 축소 운영되고 있다는 것을 알게 되었다. 그들은 그곳에서 여기저기 떨어지는 폭탄에 의해 땅이 흔들리는 것을 느끼면서 그날 밤부터 다음 날 낮까지 있다가, 개성에 있는 공산 측 휴전 협상 기지로 향했다.

이제 정전 협정 막사 안으로 들어온 신참 통역관 지자오주는 녹색 베이즈 천으로 덮인 테이블에 앉은 공산 측 대표단 뒤편에 자리를 잡고, 즉시 사용할 수 있게끔 메모장을 준비해 둔다. 그의 첫 통역 내용은 길지 않다.

공산 측 수석대표인 북한의 남일이 준비해온 성명서를 꺼내들고는 민간인에 대한 "야만적인" 공습을 비롯한 전쟁 중 미국 측이 진행해온 군사 작전들을 비난한다. 그의 뒤를 이어 중국 대표 한 명도 북한 대표가 지적한 내용을 되풀이한다.

테이블 맞은편에 있는 미국 측 부수석대표인 윌리엄 K. 해리슨^{William K. Harrison} 중장이 공산 측 대표단을 향해 대놓고 무시하며 눈알을 굴리는 것을 지자오주는 놀라며 지켜본다. 그리고는 해리슨은 시계를 보더니 짜증이 난 듯 양손을 휙 들고는, 일어나서 성큼성큼 걸어간다. 미국 측 대표단의 다른 사람들이 그를 뒤따른다.

회담은 3분 동안 진행되었다. 굳이 영어로 메모를 할 필요도 없었던 지자오주는 판문점 회담의 극적인 언행과 반목을 처음 접하게 되었다. 또한 그는 성경을 들고 다니는 근엄한 해리슨 장군도 처음 보게 되었는데, 회담 도중 휘파람을 불거나 큰 소리를 내며 한숨을 쉬거나 테이블을 손가락으로 두드리는 그의 태도는 상대방 대표들을 짜증나게 만든다.

공교롭게도 지자오주는 회담이 어느 정도 진전을 목전에 두고 있을 때 참여하게 된 것이다. 최근 회담은 세 가지 쟁점으로 인해 교착 상태에 빠져 있다. 즉, 정전 감독위원회를 구성할 "중립국"들을 결정하는 문제, 휴전 중 한반도 내 비행장 건설 또는 복구를 동결하라는 미국의 요구, 그리고 전쟁 포로의 본국 송환 거부를 허용하자는 미국의 제안이 걸림돌이 되고 있다. 앞으로 며칠 동안 양측은 처음 두 가지 문제에 대해 서로 양보한다. 공산 측은 소련을 감독위원회에 배치해야 한다는 주장을 철회한다. 미국인들은 비행장 관련 요구를 철회한다.

포로들의 운명이 마지막 장애물로 남아 있다. 공산주의자들은 북한과 중국 포로의 절반만이 귀환을 원한다는 미국의 주장을 일축하고 "자발적 송환"이라는 개념을 전적으로 거부한다. 이 문제에 대해 양측은 합의점을 전혀 찾지 못하고 있는 것으로 보인다.[3]

한편 거제도에 있는 방대한 규모의 전쟁포로 수용소에서는 미군들이 포로들을 심사하며 송환에 대해 운명적 선택을 요구함으로써 열성적인 공산주의자들과 반공주의자들 사이의 긴장감이 계속 높아지고 있다.

1952년 4월 중순 어느 날

포로는 심문자와 대면하면서 마음 속으로 몇 년을 거슬러 올라간다. 그는 1933년, 일제 식민통치를 받던 조선의 북동쪽에서 열여섯 살의 "소년 혁명가"였던 자신의 모습이 검사의 맞은편에 앉아 있는 것을 본다. 지금 자신을 향해 소리치는 남자의 얼굴이 문득 오래 전 화를 내고 있던 그 얼굴처럼 보인다. 그 일본인 심문자의 입에서 그랬던 것처럼, 이 남한의 심문자 입에서도 빨갱이라는 단어가 쉽게 흘러나온다.

아무것도 변한 것이 없다고 포로는 마음 속으로 말한다. 리인모가 지리산에서 한국군의 대규모 쥐잡이 작전의 덫에 걸려 부상을 입고 체포된 지석 달이 지났다. 그는 최근 광주의 한 포로 수용소에서 인근 전라남도의 경찰서 유치장으로 이송되었다. 다리에 입은 상처가 아직 낫지 않은 그는 거의 매일 심문을 받으며 함께 활동한 게릴라 부대원들, 의도, 위치를 밝히라는 압박을 받고 있지만, 그는 입을 열지 않고 있다. 경비대원들의 구타도 마찬가지로 일상적인 일이 되고 있다.

한국과 미국 지휘관들은 지난 1월 쥐잡이 작전이 지리산 게릴라들에게 치명적인 타격을 입혔다고 주장했다. 그러나 지금 한국군 대변인은 2,000~3,000명의 반군이 그들의 산악 은신처에 남아 있으며 올 여름에

공격을 강화할 것으로 예상된다고 밝히고 있다.[4]

포로가 된 리인모와 그의 동지들은 심문관의 요구에 저항하면서 서로에게서 용기를 얻는다. 그들은 특히 전라남도의 감옥에서 스스로 목숨을 끊은 젊은 여성 반군 고진희의 소식을 듣고 새롭게 고무되었다.

1948년 제주도 반란에 참여했었던 고진희는 전쟁이 발발하자 비밀리에 활동 중인 노동당에 가입했다. 몇 주 전에 이 작고 왜소한 체구의 여성 게릴라는 동지들을 탈출시키기 위한 게릴라 공격을 계획하기 위해 광주 수용소를 정찰하는 위험한 임무에 자원했다. 하지만 그녀는 광주에서 체포되었고 작전은 취소되었다.

리인모와 그의 동지들은 잔존하고 있는 게릴라 병력이 자신들을 잊지 않았다는 소식에 기운이 났다. 그들은 고진희가 그녀를 체포한 자들의 가혹한 고문을 참아내고 있다는 사실을 알게 되었다. 그리고는 그녀가 밤에 머리를 자신의 치마로 감싸고는 감옥의 매우 깊은 화장실 구덩이 아래로 몸을 던져 자살했다는 소식이 들려왔다. 그녀는 그 컴컴한 구덩이로 뛰어들기 전 "조선민주주의인민공화국 만세!"를 외쳤다고 한다. 그녀만 죽은 것이 아니었다. 광주 수용소에서 국군은 사형 선고를 받은 게릴라 포로들을 정기적으로 광주 무등산의 사형장으로 데려가거나, 때로는 다른 수감자들을 위협하기 위해 모두가 보는 앞에서 수용소 담벼락 앞에 세워놓고 총살하기도 했다.

리인모는 자신이 조선인민군의 정규 대원이므로 큰 규모의 거제도 포로수용소로 보내달라고 반복적으로 항의해왔다. 그래봤자 아무도 그의 말에 신경쓰지 않는다. 그러나 경비대원들은 때때로 이 골칫거리 포로를 감방에서 끌어내어 매질을 한다.

마지막 심문이 아무 성과 없이 끝난 후에, 그는 지금 판사 앞에 와있다. 판사는 게릴라로서 저지른 "적대 행위"에 대해 그에게 7년의 징역형을 단독적으로 선고한다. 사형이 일상적인 법정에서 이 선고는 형량이 가벼운 것이다. 판사는 피고를 전쟁 특파원이자 비전투원으로 관대하게 본다고 설명한다. 하지만 이는 리인모가 전쟁 포로로서 전쟁이 끝나면 가족과 고향이 있는 북한으로 송환될 수 있게 되는 것이 아니라, 범죄자로 감옥에서 힘든 삶을 살게 될 것이라는 것을 의미한다.

1952년 5월 5일, 월요일

매일같이 부산 진료소 정문으로 인파가 밀려드는 상황에서, 생후 6주 된 여자아이는 수백 명의 아픈 아이들과 성인들 중 한 명일 뿐이다. 아기의 아빠는 매리 머시 수녀에게 궁핍하고 삭막한 서울에서 벗어나 일거리와 먹을 것, 거처를 찾아 가족이 천천히 남쪽으로 내려오던 중 길가에서 딸이 태어났다고 설명한다. 그러던 중 아기 엄마이자 그의 아내가 굶어 죽었다고 한다. 지금 다른 여섯 자녀들과 같이 온 그는 메리놀회 수녀들에게 아기를 데려가 보금자리를 마련해달라고 부탁한다.

수녀들은 아기의 아빠에게 자신들이 우유와 옷을 공급해줄 테니, 아기가 기력을 회복하고 그와 다른 아이들이 일자리를 찾을 때까지 아이를 키울 수 있을 것이라고 말한다. 그는 이제 한시름 덜게 되었다. 그는 자신이 구두 만드는 사람이라고 말한다. 그는 일하는 동안 아이를 옆에 두겠다고 한다.

전쟁의 혼란이 계속되면서 점점 더 늘어만 가는, 도움이 필요한 피난민들을 보살피는 하루가 또 다시, 새로운 한 주가 시작된다. 공식적인 조사를 위해 하루 동안의 업무를 분석한 결과, 수녀들은 2,219명의 환자를 치료했으며, 그중 401명은 부산 전역의 난민촌에 거주하는 피난민들의 가장 큰 사망 원인인 결핵을 앓고 있는 환자다. 매리 머시는 "너무나도 심각하게 아픈 사람들이어서 그들 모두에 관해 이야기하려면 책 한 권을 써야 할 정도다."라고 그들의 일일 기록장에 적는다.

2년 차에 접어든 메리놀회의 의료 선교 사업은 확장되고 있다. 2층 규모의 소아 진료소는 완공을 앞두고 있다. 수녀들은 특수 안과를 개설했으며,

여기서 진단하여 가장 심각한 환자들은 미군 병원의 외과의사에게 보내진다. 그녀들은 난민들에게 나누어줄 다량의 의류를 미군의 민간원조사령부Civil Assistance Command로부터 받고 있으며, 심지어는 군인들과 선원들로부터 직접 받기도 하는데, 연안에 정박 중인 항공모함 USS 바탄Bataan호로부터 받은 적도 있다. 그녀들의 활동이 널리 알려지면서, 뉴욕의 메리놀회 모원으로 들어오는 크고 작은 현금 기부가 늘고 있다.

하지만 수요는 거의 충족되지 못하고 있는 실정이다. 반쯤 굶주린 아기들이 너무 많이 진료소로 와서, 수녀들은 하는 수 없이 고무 젖꼭지를 붙인 코카콜라 병에 우유를 담아 먹이기도 했다.

이번 주에도 하루 동안 진료소를 찾아오는 환자들의 사례는 전형적인 양상을 띠고 있다. 결핵으로 피골이 상접한 여인은 두 발이 심하게 부어 있는데도 불구하고 먼 거리를 걸어서 진료소까지 왔으며, 112킬로미터 넘게 떨어진 마을에서 데려온 두 살짜리 소년은 앉지도 못할 만큼 극심한 영양실조에 야윈 상태이고, 열 살짜리 소녀는 각기병으로 인해 너무 심하게 부어 눈꺼풀조차 뜨지 못하고 있으며, 나병에 걸린 어린 소년과 아마도 같은 병에 감염되었을 가능성이 높은 그 아이의 엄마 등 오늘도 심각한 환자들이 줄을 잇고 있다.

매리 머시 수녀는 매일 어머니들에 대한 연민과 경외감을 크게 느낀다. "불안감… 아픈 자녀들에 대한 그들의 사랑… 자기희생을 마다하지 않는 모습에, 우리는 그들을 돕기 위해 최선을 다하고 싶은 마음이 그 어느 때보다 간절해진다."라고 그녀는 적는다.

국제적십자사The International Red Cross는 장기적인 기아와 영양실조는 질병을 불러오기 때문에 상황이 더욱 악화될 것으로 보고 있다. 국제적십자사는 기밀 보고서에서 남한에 있는 수백만 명의 실향민이 "서서히 죽어가고 있다"고 경고한다.[5]

굶주리고 있는 사람들이 남한에만 있는 것은 아니다. 북한에 대한 미국의 지속적인 폭격과 군대로의 인력 전환 및 기타 요인으로 인해 수확량이 부족해지고 운송 체계가 붕괴되었으며, 그로 인해 가용 식량이 부족하게 되었다.

소련은 이제 북한에 5만 톤의 식량을 지원하겠다고 약속한다. 기가 꺾인 김일성은 요제프 스탈린에게 감사의 편지를 보내, "조선민주주의인민공화국 정부는 조선 인민들이 긴급히 필요로 하는 것에 대한 당신의 아버지 같은 염려에 감동을 받았다"[6]고 말한다.

1952년 5월 9일, 금요일

빌 신이 그냥 우연히 누군가를 만나게 된다.

부산의 기차역 앞을 지나가던 기자 빌 신 기자는 미국인 지인과 우연히 마주친다. 그는 미군 부대에서 일하는 민간인이다. 한국인인 빌 신이 인맥이 좋다는 것을 알고 있던 그 미국인은 그에게 "거제도에서 일어난 믿기 힘든 사건"에 대해 아는 것이 있느냐고 묻는다.

예상치 못한 이야기에 당황했지만 아는 척하며, 빌 신은 그 사람으로부터 기본적인 정보, 즉 중요한 미국인 인질 한 명이 거제도의 대규모 포로수용소의 포로들에게 붙잡혀 있다는 사실을 알아낸다. 이건 엄청난 이야기지만, 미군 사령부는 입장이 난처해질까 두려워 비밀로 해온 것이 분명하다. 하지만 빌 신 기자는 보다 신뢰할 만한 정보가 필요하다.

그는 먼저 미군 공보관을 찾아가지만 공보관은 긴장하며 언급하기를 거부한다. 다음으로 그는 한국 국방부 장관 신태용의 장관실로 급히 간다. 1950년 인천상륙작전을 확인하기 위해 정일권 장군에게 그랬던 것처럼, 빌 신은 국방부 장관의 한국인으로서의 자존심을 건드리며 미국이 그들의 인질 석방을 위해 판문점에서 북한과 비밀리에 양보 협상을 벌이고 있으며, 그런 양보는 한국의 국익에 해로울 수 있음을 시사한다. 장관은 설득당한 것 같다. 그는 빌 신에게 제보자의 신분을 익명으로 유지해야 한다고 강조하며 자세한 이야기를 들려준다. 신 기자는 서둘러 한국 정부 대변인인 클래런스 리를 찾아가고, 그도 그 일이 사실임을 확인해 준다. 빌 신 특파원은 그의 소식을 전한다. "수요일에 거제도의 빨갱이 전쟁 포로들이 수용소장인 미군 장군을 붙잡아 아직까지 방책防柵 안에 가두어 놓고 있다."고 시작되는 그의 기사가 도쿄의 AP통신으로 보내진다.[7]

그러나 미군 검열관들은 AP통신이 이 기사를 보도하지 못하도록 막는다. 혼란이 뒤따른다. 빌 신의 "특종"을 알게 된 다른 언론사들은 검열관들을 위해 자체적으로 기사를 작성한다. 마침내 공공연한 비밀에 직면하게 된 미군 사령부는 전 세계에 이 사실을 발표한다. 수요일 오후, 거제도 수용소 소장 프란시스 T. 도드Francis T. Dodd 준장은 76 수용소Compound 76에 있는 6,000여 명의 북한 포로들의 대표들로부터 면담을 위해 수용소 정문에서 만나자는 요청을 받았다. 그들은 정확한 전쟁포로 명단 작성을 위한 포로 조사에 이제는 협조하겠다는 의향을 밝혔다. 수용소장 도드가 정문 밖에 도착하고 포로들의 지도자들은 수용소 내부에 머문 상태에서, 그들은 음식, 의복 및 기타 불만 사항에 대해서도 논의했다.

포로 작업반이 나가기 위해 문이 열리자, 갑자기 포로들이 밖으로 달려나와 도드를 붙잡고는 안으로 끌고 들어가서는 문을 잠갔다. 너무 순식간에 일어난 일이라, 그의 경비병들이 멀지 않은 곳에 있었지만 제때 대응할 수 없었다.

빌 신은 이 기사에서 "수용소장 납치라는 이 경악할 사건은 3개월 동안 이 수용소 섬에서 발생한 세 번째 주요 사태였다."고 언급한다. 이전에도, 미군 및 한국군과의 충돌로 89명의 한국인 포로가 사망한 바 있다. 강경한 공산주의 조직원들의 부추김을 받은 포로들은 북한군으로 강제 징용된 남한 사람들과, 판문점에서 협상된 절차에 따라 실제로 포로 교환이 이루어질 때 고국으로 송환되기를 원치 않는 북한인과 중국인을 가려내기 위한 지속적인 노력에 저항하고 있었다.

리지웨이 장군은 극동군 사령부를 떠나 파리에 있는 나토 사령부로 가기 전 작별을 위해 방한 중이다. 그는 도드를 구출하는데 필요한 "모든 조치를 취할 것을… 모든 무력을 동원할" 것을 8군에 지시한다. 8군 사령관 밴 플리트 장군은 거제도에 "끝나기를 기다리라"는 전갈을 보낸다. 한편 미군 병력과 전차들이 동원되어 거제도로 향한다. 빌 신을 비롯한 특파원들은 직접 현장을 확인하기 위해 거제도로 가는 것이 금지된다.

도드를 억류하고 있는 북한 포로들은 그들의 전쟁포로 협회를 인정하고 전화 연결과 차량 제공을 요구한다. 그들의 또 다른 요구를 들어주기 위해 거제도의 다른 수용소에 있던 공산주의 지도자 30여 명이 76수용소로 이동되어 왔으며, 도드는 "재판"에 회부되었다.[8]

그는 통역관을 통해 포로들로부터 경비병들의 가혹 행위, 포로들이 송환을 거부하도록 폭력적으로 강요하는 행위, 경비병들의 식량 및 기타 물품 절도 행위, 여성 수감자에 대한 강간 등에 대한 이야기를 듣게 된다. 처음에 도드는 자신의 감독 하에서 그런 일들이 벌어져 왔다는 사실을 믿지 않지만, 증언의 무게감에 그는 결국 납득하게 된다.[9]

체포된 지 거의 3일이 지난 토요일 아침, 도드는 포로 학대에 대한 책임을 인정하는 진술서에 서명한다. 한편 서울에서 거제도 수용소의 임시 지휘를 맡기 위해 파견된 찰스 F. 콜슨Charles F. Colson 준장과 그는 전화 연결을 통해 포로 대표들과 보다 광범위한 내용을 담은 진술서를 놓고 협상을 벌인다. 협상과 번역, 재작성으로 많은 시간이 걸리지만, 두 미군 장군은 마침내 4개 항으로 구성된 문서에 서명한다.

그들은 앞으로 포로들에 대한 "인도적 대우", "더 이상의 강제 심사 금지", "전쟁포로 협회의 인정"을 약속한다. 포로들의 네 번째 요구 사항인 자발적 송환 중단에 대해, 두 미국 장군은 이것이 판문점에서 협상될 사항임을 명시한다.[10]

도드가 토요일 밤에 풀려난다. 빌 신이 "깜짝 놀랄 만한 쿠데타"라고 묘사한, 미국 장군이 자신의 수용소에 있는 포로들에게 붙잡혀 포로가 된 국가적 굴욕이 이틀 동안 헤드라인을 장식하고 워싱턴 정계에서 비난의 대상이 된 뒤였다. 또한 이 사건은 판문점 회담에서의 긴장감을 고조시키고 있다. 공산 측은 미군의 움직임을 지적하며, 미국이 도드를 구출하기 위해 포로들의 "또 다른 학살"을 계획하고 있다고 비난했다.[11]

도드가 석방된 지 닷새 후, 신임 극동군 사령관 마크 W. 클라크Mark W. Clark 장군은 거제도 합의가 "엄청난 강압에 의해" 이루어졌기에 "법적 효력이 전혀 없다"고 거부한다.[12]

1952년 5월 15일, 목요일

미 국방부는 최근에 집계된 한국 내 미국인 사상자 수를 사망자 19,096명, 부상자 77,025명로 발표했다.[13] 수천 명의 부상자 중 한 명인 버디 웬젤가 드디어 오늘 뉴저지 주의 고향집 가까이에 있는 캠프 킬머Camp Kilmer에서 제대한다. 4년 전, 그는 집에서 도망치려고 했으며, 그의 어머니는 열일곱 살밖에 되지 않았던 아들의 입대를 허락했었다.

화천댐에서 오른손이 중공군의 총알에 의해 박살이 나는 심각한 손상을 입었기에, 웬젤은 보스턴 외곽의 머피 육군 병원에서 수개월간 재활 치료를 받아야 했다. 도쿄 병영 생활의 많은 시간을 여성 펜팔들에게 할애했던 청년 웬젤은 이제 글을 쓰는 데 어려움을 겪고 있다. 그리고 그는 육체적인 상처만 입은 것이 아니다.

캠프 킬머를 떠나 사우스 리버의 집으로 돌아온 웬젤은 어머니와 누이들과 함께 살면서, 입대하면서 헤어졌던 고향 여자 친구인 닷과 다시 만나려고 한다. 웬젤이 집으로 돌아온 지 얼마 지나지 않아, 그의 어머니는 가족들이 밤잠을 설쳐야 할만큼 아들이 무서운 꿈에 시달리고 있으며 심지어 낮에도 환각에 시달리고 있다는 사실을 알게 된다.

그는 노근리에서 죽임을 당한 피난민들로 보이는 얼굴들, 특히 자신의

M-1 조준경으로 봤던 어린 여자아이, 자신이 죽였다고 믿고 있는 그 여자아이의 얼굴이 보인다. 그는 그 소녀가 자신과 대화를 시도하고 있다고 확신하고 있다.

"난 환각에 시달리며, 어머니를 질겁하게 만들었습니다."

여자친구 역시 이해할 수 없는 분노를 반복적으로 터뜨리는 웬젤로 인해 두려워하고 있다. 그녀는 그와의 관계를 끊는다. 한편 플로리다에 사는 제임스 하지스의 누이들은 한국에서 동생의 죽음을 목격한 젊은 웬젤에게 주기적으로 편지를 보낸다. 그들은 제임스가 낙동강 방어선 돌파 과정에서 사망한 지 거의 2년이 지났지만, 군이 아직 그의 시신을 찾지 못하고 있다고, 틀림없이 신원 미상의 병사들의 유해가 혼란스럽게 뒤섞여 있기 때문일 거라고 웬젤에게 알려준다. 제임스 하지스는 17개월 동안 전투를 치르며 전사하거나 실종된 1,080명의 제7기병연대원 중 한 명이며, 제7기병연대는 순환 배치되어 일본으로 돌아갔다.[14]

<<<

안경희는 자신이 읽고 있는 내용 때문에 깜짝 놀라며 당황한다. 그녀가 부산 외곽의 여자 포로수용소에서 힘든 생활을 한 지 20개월이 지났다. 다수가 그녀처럼 조선인민군의 남조선 "지원" 부대에 강제 징용된 후 체포된 "C.I."들, 즉 민간인 포로들은 그들의 석방 날짜 일정을 결코 알 수 없는 먼 시점으로 생각하게 되었다. 휴전 협상이 교착 상태에 빠졌다는 단편적인 소식들은 그들의 절망감을 더욱 깊게 만든다.

하지만 지금 그녀의 손에는 그와는 다른 내용의 편지가 들려 있다. 그 익명의 편지를 C.I.의 유명한 리더인 경희에게 전달했던 경비병이 마침내 편지를 회수하러 온다. 그는 그 편지를 그녀에게 맡겨두지 말라는 말을 들었다. 하지만 그녀는 지금 당장 편지를 돌려줄 순 없다. 그 전에 꼭 한 번 더 읽고 싫기 때문이다.

"제발, 제발, 포기하지 마세요."라고 편지에 적혀 있다. "… 당신에게 자유가 다가오고 있습니다. 내가 과장해서 하는 말이 아닙니다."

편지를 쓴 사람은 안경희에게 내일 "또 한 차례, 마지막 포로 신문이 있을 것"이라고 말한다. 그녀를 비롯한 다른 포로들이 어떻게 조선인민군 군복을 입게 되었는지 그들이 신빙성 높게 설명했음에도 불구하고, 그들에게 아무것도 해준 것 없이 오랜 시간에 걸쳐 진행되어 온 포로 신문이 내일이면 끝이 난다는 뜻이다.

"이번에는 조금 더 기운을 내세요. 곧 알게 될 겁니다."라고 편지는 끝을 맺는다. 편지에는 수수께끼처럼 "당신의 수호자"라고 서명되어 있다. 내용 자체보다 경희를 더욱 놀라게 한 것이 하나 있다. 글쓴이가 자신을 "로사"라고 부른다는 점이다. 그녀를 그렇게 부른 사람은 단 한 명뿐이었다. 하지만 그 사람일 리가 없다.

《《《

천싱치우는 후방 지역의 인민지원군 라디오 방송국에서 일하는 한 병사와 친하게 지낸다. 그로부터 천은 리지웨이 장군이 전쟁 구역을 떠난다는 소식을 듣게 된다. 열일곱 살의 위생병이자 중국 애국자였던 천은 미군 지휘관들에 대해 즉각적으로 떠오르는 생각들이 있다.

천은 일기를 쓰면서 더글러스 맥아더가 1950년 12월 25일에 전쟁이 끝날 것이라고 예측했던 점을 언급한다. "그는 중공군을 과소평가했다."라고 천은 적는다. "그리고 그는 몇 차례 실수를 했다. 그 결과 두어 차례의 전투 끝에 그들은 중공군과 북한군에게 패했다. 그는 미국 정부의 신뢰를 완전히 잃었다. 이것 때문에 맥아더는 해리 트루먼 미국 대통령에 의해 해임되었다."

"리 치 웨이(리지웨이의 중국식 발음)"에 대해서는 천은 이렇게 기록한다. "그가 사령관을 맡은 후에도 그들은 여전히 전투에서 패했고, 그는 더 방어적인 전략을 취해야 했다… 그들의 모든 공격이 실패했다. 그는 다른 보직으로 이동했다."

천은 새로 부임한 사령관의 이름이 마크 웨인 클라크Mark Wayne Clark이라는 것을 알게 되었다. "그도 아마 좋게 끝나지는 않을 것이며, 어쩌면 리지웨이와 맥아더보다 더 좋지 않은 결말을 맞을 것이다."하고 그는 예측한다.

외부 소식은 중공군에게 간간이 전해질 뿐이며, 천의 경우 특히 고향 소식은 더욱 그렇다. 하지만 한국에 온 지 13개월이 넘도록 어머니에게 보낸 세 통의 편지에 대한 답장을 받지 못했던 천은 마침내 미망인인 어머니로부터 한 통의 편지를 받았다. 봉투를 처음 보자마자 그는 낯선 반송 주소때문에 어리둥절했다. 봉투를 열어보고 나서야 그는 어찌된 일인지 알게 되었다.

4월 12일에 보낸 편지에서, 그의 어머니는 천이 이모가 어머니에게 전달해 주길 바라며 3월 20일에 이모에게 보냈던 편지를 받았다고 했다. 그녀는 그가 한국에 들어간 후로 아무 소식을 듣지 못했기 때문에 "정말로 기뻤단다!"라고 덧붙였다. "어떤 사람들은 네가 북한에서 죽었다고 했어. 또 어떤 사람들은 네가 미국놈들에게 붙잡혔다고 그랬고. 그게 아니라면 네가 왜 편지를 안 썼겠느냐?" 큰 전투가 벌어졌다는 소식을 들으며, 어머니는 아들의 최근 편지를 받기 전까지 모든 희망을 잃어버린 상태였다. 그리고 나서 그녀는 지난 7월에 천의 삼촌이자 고인이 된 남편의 형인 포 리엔과 재혼했고, 타이위안에서 남쪽으로 160킬로미터 남짓 떨어진 산악 마을 안쩌安澤에 있는 그의 집으로 이사했다고 아들에게 알려 주었다. 그제서야 천이 보낸 편지들이 왜 분실되었는지 알게 되었다. 우체국에서 그의 편지들을 새 주소로 전송해 주지 않았기 때문이었다.

그의 어머니는 "우리는 잘 지내고 있다."고 썼다. "내 삶은 안정이 되었다. 네가 앞으로도 북조선에서 열심히 싸우고, 지도자들의 명령을 잘 듣고 배우길 바란다." 그녀는 마지막으로 당부하며 편지를 끝맺었다. "이 편지를 받는 즉시 답장을 보내라."

천은 어머니의 말에 따라 바로 답장을 보냈다. 그는 분실된 편지들에 대해서도 이야기하고, 자기는 잘 지내고 있다고 어머니를 안심시키는 말도 전하고, 이제 어머니를 돌봐줄 사람이 있다는 사실에 기분이 나아졌다고도 말했다. 그는 "결심했다"고 밝히며 편지를 마무리했다. 전쟁이 끝나면, 그는 공산당원이 되어 새로운 중국 정부에 합류하기를 희망한다. "이것이 제 야망이자 꿈입니다."

천을 비롯한 위생병들, 그리고 그 외 방공대대원들은 위장이 잘 된 새로운 진지로 이동했다. 새 진지는 하늘을 보다 넓게 볼 수 있는 고원 지대에 위치하고 있어서, 그들은 제28포병연대의 곡사포를 보호하는 임무를 더 잘 수행할 수 있게 되었다. 그들이 소속된 12군단은 이제 단장의 능선 지역 북쪽, 한반도를 횡단하는 전선의 정중앙을 사수하고 있다.

그들을 비롯한 펑더화이 장군의 규모가 확장된 방공포대는 계속해서 미 공군에 손실을 입히고 있다. 이와 더불어 북한 상공에서도 공산군의 미그 전력이 증강되고 있어, 결국 극동 공군은 취약한 B-29와 B-26의 주간 폭격을 모두 중단하고, 더 빠르지만 폭탄 탑재량이 더 적은 전폭기에게 주간 공습을 맡길 수밖에 없게 되었다.[15]

1952년 5월 21일, 수요일

날이 밝았다. 맑고 선선한 날씨. 한반도 맨 아래쪽 지방에서는 유난히 건조한 5월이 계속되고 있다. 오늘 아침, 삼엄한 경비 아래 500여 명의 포로들이 부산 북쪽의 여자 포로수용소에서 트럭에 실려 인근 구역에 있는 심문소로 이동했다. 그들이 잘 알고 있는 곳이다.

자신의 차례가 되자, 안경희는 한국어 통역관과 함께 책상에 앉아 있는 미군 장교 앞에 선다.

북한군 및 중공군 포로들이 잡혀 있는 부산의 한 포로수용소에서 포로들이 집합되어 있다. 1952년 포로들이 공산국가인 자신들의 조국으로 송환되는 것을 거부할 수 있는지를 두고 휴전 협상이 교착 상태에 빠진다. 어느 날 협상 테이블에서 양측이 30분 동안 한 마디도 없이 화를 내며 대립하는 동안, 통역관 지자오주는 의자에 얼어붙은 채로 앉아 있어야 했다. (미 국무부 제공)

"당신이 2518번 포로입니까?" 장교가 묻는다. "네." 그녀는 대답한다.

"이름이 무엇입니까?"

"안경희입니다."

"당신은 어느 편입니까?"

"저는 대한민국 편입니다."

"반공주의자라는 뜻입니까?"

"네, 그렇습니다." 그녀가 말한다.

통역관은 그녀에게 이제 "송환 담당관"을 만나러 가야 한다고 말한다. 그는 미소를 짓는다. 어제 받은 익명의 편지로 이미 혼란스러워하고 있던 경희는 더욱 어리둥절해진다. 심문자의 미소? 무슨 뜻일까?

그녀는 복도를 따라 내려가다 스텐실로 "사령관-송환 업무실"이라고 찍혀 있는 문으로 안내받는다. 그녀가 문을 열고 안으로 들어서니, 책상에 제복을 입은 한 대한민국 국군 장교가 앉아 있다. 그는 일어나 미소를 짓는다. 이상하게도 그는 낯이 익다. 수용소 당국자들 앞에서 눈을 낮추는 데 익숙해져 있었지만, 지금 그녀는 과감하게 그 남자를 한참 동안 쳐다본다. 마침내 충격을 받은 그녀는 엉겁결에 묻는다. "한묵! 당신이에요?"

그녀는 눈물을 터뜨린다. 그는 두 팔을 벌리고 앞으로 나와 그녀를 안는다. 그 끔찍했던 1950년의 여름날에 그녀가 그렇게도 가까이 지냈던 이 남자를 만나게 된 그녀는 혼란스러움과 기쁨에 눈물만 흘릴 뿐이다. 그녀는 오직 한묵만이, 어제 받은 익명의 편지에서 그랬던 것처럼, 자신을 "로사"라고 부를 것이라는 것을 알고 있었다. 1950년에, 그가 좋아하는 소설 속 등장인물이라며 그녀에게 붙여준 애칭이 바로 로사였기 때문이다. 하지만 그녀는 중바위골에서 인민군 세 명에게 끌려가는 모습을 본 것이 마지막이었기에 한묵이 죽었다고 확신하고 있었다.

두 사람은 사무실의 작은 소파에 앉았고, 그녀로부터는 질문이 쏟아져 나왔다. 무슨 일이 있었나요? 어떻게 여기 있는 거죠? 정말 정체가 뭔가요? 그들은 거의 한 시간 동안 대화를 나눈다. 한묵은 자신이 실제로 스파이였으며, 진짜처럼 보이는 북한 보안 경찰 신분증을 가지고 조선인민군 점령 지역으로 파견되었던 한국군 정보 장교라고 설명한다. 그의 임무 중 하나는 미군 항공기에 신호를 보내기 위해 야간에 로켓을 발사하는 것이었다.

그날 구금되었을 때, 그는 그 세 명의 군인에게 보안 경찰을 학대한 죄로 엄중한 처벌을 받게 될 것이라고 경고했다고 한묵이 설명한다. 그는 그들에게 자신의 서류를 보여주며 이것은 명백히 신원이 오인된 경우라고 말했다. 교육을 받지 못한 농민 출신이었던 그 군인들은 걱정이 커져 그의 손을 풀어주었다. 그는 순식간에 한 명의 소총을 빼앗았고, 무서운 기세로 몇 초 만에 세 사람 모두 총검으로 찔렀다. 중바위골에서 달아났던 그는 결국 다시 남쪽으로 건너왔다.

"우리가 지금 이렇게 마주보고 있는 것이 기적이라고 생각하지 않나요?" 그는 여전히 멍해 있는 경희에게 묻는다.

한묵은 그녀의 아버지가 부산에 있다는 걸 알아낸 후 방문하였고, 거기서 그녀의 남동생이자 자신의 후배 장교가 전사했다는 슬픈 소식을 듣게 되었다고 말한다. 예상도 못했던 남동생의 사망 소식에 안경희는 충격을 받는다.

"확실해요? 확신하냐고요?" 경희가 마침내 묻는다. 그는 그녀에게 남동생이 사망한 사실은 확인되었으며, 그는 매우 용감했고 부하들로부터 많은 존경을 받았다고 말한다. 처음에는 혼란, 그리고는 행복, 이제는 갑작스러운 슬픔으로 바뀌며, 그녀를 격렬하게 관통하고 있는 감정은 주체하기 힘들 지경이다.

떠날 시간이 되었다. 여자 포로들은 밖에서 트럭에 탑승하고 있다. 한묵은 그녀와 다른 민간인 포로들이 며칠 안에 석방될 것이며, 우선은 보다 남쪽의 마산에 있는 수용소로 이송될 것이라고 말한다. 거의 2년 전에 국군에게 붙잡혔을 때 안경희가 약속받았던 며칠 동안의 구금 기간이 드디어 눈앞에 다가왔다.

1952년 5월 28일, 수요일

오늘 파리에서는, 프랑스 공산주의자들이 이끄는 폭동 시위대가 거리로 쏟아져 나와, 나토NATO를 이끌 "살인자" 리지웨이 장군의 도착을 비난하고 있다. 한국에서는, 악천후로 인해 미 공군 대부분이 발이 묶여 있다.[16] 하지만 남부 캘리포니아의 캠프 펜들턴Camp Pendleton은 온화하고 평화로운 날을 맞고 있으며, 몇 달 전에 한국에서 온 피트 맥클로스키는 자신이 맞닥드리고 있는 유일한 적은 오후 배구 경기를 하는 상대 팀 장교들이라고 생각한다.

해병 한 명이 달려온다. "맥클로스키 소위님!" 맥클로스키는 즉시 기지 극장으로 오라는 말을 듣는다. 어리둥절한 맥클로스키는 경기에서 빠져야겠다고 양해를 구하고는, 서둘러 극장으로 내려가 뒷문으로 안내받는다. 무대에 올라간 그는 해병대가 그 먼 곳에서 벌어지고 있는 전쟁에서 거둔 그들의 업적을 격찬하는 전국 라디오 생방송을 진행하고 있으며, 자신은 전장에서 영웅적 무훈武勳을 세운 공로로 명예훈장 다음으로 높은 해군 십자훈장을 수여받게 될 특별 초대 손님이라는 사실을 알게 된다.

내레이터가 1951년 5월 29일, 659고지에서 벌어진 전투에 대해 자세히 이야기한다. 누군가는 음향 효과를 위해 종이를 구겨서 기관총 발포음을 흉내낸다. 밴드는 연주를 한다. 정복을 입고 참석해 있는 해병 정규군인 선임 장교들이 탐탁치 않은 표정으로 운동복을 입고 있는 예비역 맥클로스키를 바라본다. 저 소위에게 아무도 말해주지 않았나? 걱정할 필요 없다. 라디오 방송이니까.

안개가 자욱한 바로 그 5월 29일 아침—불과 1년 전인가? 찰리 중대의 새 지휘관 스파이크 셔닝 중위는 평소와 같이 "기상해서 장비를 갖춰!" 하며 부대원들을 깨웠다. 피를 보게 될 하루였다.

맥클로스키의 제1소대가 공격을 이끌기로 되어 있었다. 새벽 어둠 속에서 맥클로스키는 소대원들을 이끌고 전날 저녁 위생병 딕슨과 함께 길을 잃었던 능선으로 다시 올라갔다가 북한군 초병과 마주쳤고, 맥클로스키는 그 초병을 사살했다. 그리고 나서 그들은 안개에 가려진 마지막 오르막길을 넘어, 그 북한군 초병의 시체를 지나 첫 번째 북한군 참호선쪽으로 향했다. 맥클로스키는 분대장 두 명과 그 지점에 있었고, 분대원들은 그들의 뒤를 따르고 있었다.

해가 떠오르면서 안개가 걷히기 시작했고, 기관총 뒤에 앉아 은빛 그릇에 담긴 밥을 먹고 있는 적군의 희미한 모습이 맥클로스키의 시야에 들어왔다. 스탠퍼드 대학교 외야수였던 맥클로스키는 수류탄의 안전핀을 뽑은 뒤 홈 플레이트로 송구하듯 온 힘을 다해 수류탄을 던졌다. 기관총 사수는 가까스로 한 발을 쏘고는 폭발로 사망했다.

깜짝 놀란 머리들이 위쪽 참호에서 튀어나왔고 이어 적의 수류탄들이 날아왔다. 수류탄들은 언덕 아래로 굴러 내려오며 폭발해 뒤따라오던 소대원들에게 부상을 입혔다.

"착검!" 맥클로스키가 명령했다. 마지막까지 돌격을 이끌며 가장 먼저 참호 꼭대기에 오른 그는 아래에서 수류탄을 더 준비하고 있는 북한군 십여 명을 발견했다. 그는 카빈을 들고 앞뒤로 휩쓸며 30발짜리 탄창을 비웠다. 살아남은 적들은 해병대원들의 총검에 죽었다.

"놈들 불알을 잡았다!" 맥클로스키가 외치는 소리가 들렸다. "꽉 쥐어짜자!" 맥클로스키는 그의 해병대원들을 이끌고 능선 위로 더 멀리 올라갔고, 그곳에서 전투를 위해 후사면에 모여 있던 더 많은 북한군을 놀라게 했다. 그는 두 번째 30발짜리 탄창을 비웠고, 생존자들은 도망쳤다. 공격 분대는 벙커와 참호에서 다른 적들을 찾아내서 사살했으며, 제5해병연대 예하 찰리 중대는 이틀 동안 제7해병연대 병력을 막아냈던 659고지 점령을 완료했다. 기록에 따르면, 북한군 40명이 사살되고 22명이 생포되었다.

캠프 펜들턴의 극장 무대 위에서, 400여 명의 해병 장병들 앞에서 표창장이 낭독된다. "미합중국 대통령은 보기 드문 영웅적 무훈을 세운 미 해병대 예비역 폴 노턴 맥클로스키 주니어 소위에게 해군 십자 훈장을 수여하게 된 것을 기쁘게 생각한다…"

지난 5월 그날의 장면들이 기억나며 캘리포니아 출신의 스물 네 살 청년의 머릿속을 가득 채운다. 자신의 소대 위생병인 탐 버칙이 쓰러진 해병 대신 다루기 힘든 그의 브라우닝 자동소총을 들고 "소위님, 조심하세요!"라고 외치며 발포하여, 맥클로스키를 등 뒤에서 쏘려던 북한군 4명을 날려버렸던 장면, 그 다음 고지에서는 진지를 구축하고 있던 적과 수류탄전을 벌이던 소대원들과, 휘트 모어랜드Whitt Moreland 일병이 맥클로스키와 다른 사람들을 구하기 위해 폭발하는 수류탄 위로 몸을 던져 자신을 희생했던—그는 사후에 의회 명예훈장Congressional Medal of Honor를 수여받았다—장면, 찰리 중대의 다른 소대가 적의 연대 본부를 점령하여 최소한 한 명의 부상당한 적군을 냉정하게 처형했으며, 그 소대의 지휘관이자 맥클로스키의 친구가 생포된 북한군 소좌를 300미터 높이의 절벽에서 밀어버렸던 장면 등이 떠오른다.

　라디오 방송 행사는 끝이 났고, 아침이 되자 피트 맥클로스키는 교육 업무를 다시 시작한다. 그는 캠프 펜들턴에서 앞으로 소대장들이 될 다른 소위들을 훈련시키며 한국에서 마주하게 될 상황에 대비하게 한다. 그들이 그 모든 것을 다 대비하게 만들기란 불가능하다. 지난 5월 아침, 그 첫 번째 참호 속에 있던 젊은 북한군들의 얼굴 표정, 자동소총을 든 덩치 큰 미국인에 의해 곧 끊어지게 될 그들의 짧은 삶, 그들을 죽인 자가 평생 동안 기억 속에 떠올릴 그들의 얼굴을 설명하는 것 역시 불가능하다.

1952년 6월 4일, 수요일

　북쪽 고지에서는 참호전이 계속되고 휴전 협상은 교착 상태에 빠진 가운데, 이승만 대통령은 긴장감이 감도는 임시 수도 부산에 있는 남한 동포들을 상대로 전면적인 공세를 펼쳤다. 독재적인 지도자 이승만은 명분도 거의 없이 부산과 주변 남부 지방에 다시 계엄령을 발동했다. 그는 야당 국회의원 11명을 공산주의자들과 국가 전복을 음모했다는 근거 없는 혐의로 체포하였으며, 30명 이상의 야당 의원을 잠적하게 만들었다.[17]

　이런 위협 공작은 일흔일곱 살의 이승만 대통령이 올 여름 4년의 대통령 임기가 만료되기 전에 1948년에 제정된 대한민국 헌법을 바꾸겠다는 결심에서 비롯된 것이다. 제헌헌법은 국회가 대통령을 선출하도록 명시하고 있지만, 독단적인 이승만은 동료 정치인들과 사이가 너무나도 멀어져서 재선에 실패할 것을 알고 있다. 대신에 그는 직접 보통 선거로 대통령을 선출하도록 헌법을 개정할 것을 요구한다. 개헌을 위해서는 국회의원 3분의 2의 찬성이 필요하다.

빌 신은 날마다 사태의 추이를 지켜보며, 미국을 비롯한 연합국의 군대가 "자유와 민주주의"라는 이름으로 지키고 있는 한국 정부가 무너져 군부 통치하에 놓이게 될 지도 모른다는 사실을 전 세계에 알리는 기사를 보내고 있다.

유일하게 허용되는 이승만을 지지하는 집회만이 도시를 뒤흔든다. 확성기를 장착한 택시들이 부산 시내를 종횡무진 누비며 구호를 외친다. 한 시위에는 약 10,000명으로 추산되는 인원이 모여 대통령에 대한 충성을 외쳤고, 대통령은 그들을 "국민의 대리인"이라고 표현하는 성명을 발표한다.

빌 신은 잘 구축해 둔 자신의 정부 소식통을 통해 이승만이 미국 대통령으로부터 긴급한 메시지를 받았다는 사실을 알게 된다. 그는 "한국 정부 내 정보원들에 따르면, 트루먼이 자신이 현재 한국의 정치적 위기에 대해 "충격을 받았다"고 썼다며, 트루먼의 메시지가 이승만이 국회를 해산하려는 것을 막게 될지도 모른다고 전한다.

반이승만 계열 및 중도파 국회의원들이 정족수 소집과 이승만의 개헌안 심의를 거부하면서 대치 상황이 계속된다. 마침내 600명의 폭도들, 즉 지방에서 온 친이승만 계열 정치인들이 개헌안 승인을 요구하며 국회를 포위한다. 그들은 한 국회의원을 붙잡아 심하게 구타하고, 경찰이 폭력 사태를 진압한다.[18]

위기가 점점 고조되어, 한국의 최고위급 장성들이 비밀리에 미 대사관의 서열 2위인 E. 앨런 라이트너E. Allan Lightner를 찾아가 이승만을 가택 연금하고 국회가 새 대통령을 선출하는 것에 대한 미국의 승인을 요청하는 일이 발생한다. 이 계획은 미 국무부에서 논의되지만, 국방부가 전쟁 중에 남한

의 지도부가 바뀌는 것을 반대할 것으로 여겨져 거부된다.[19]

경찰이 일부 의원을 강제로 참석시킨 후, 위기를 타개할 방법이 보이지 않는 국회는 저항을 멈추고 이승만의 수정안을 채택한다.[20] 한국에서 독립운동가이자 통일 운동가라는 위상을 지닌 유일한 인물로서, 연로한 이승만은 8월 5일 선거에서 그에 비해 위상이 낮은 야당 후보들에 맞서 70%의 득표율로 승리하게 된다.

1952년 6월 6일, 금요일

한국 땅에 수만 개의 구멍을 파고 있는 두더지처럼, 500,000명의 무장 병력이 서해에서 동해까지 한반도를 가로질러 구불구불하게 이어진 241킬로미터의 최전선을 사이에 두고 서로 마주하고 있다. 전쟁은 발발한 지 2년이 다 되어간다.

울려 퍼지는 대포 소리, 기관총에서 발사되어 어둠 속을 번쩍이며 날아가는 예광탄들, 조명탄이 터지며 뿜어내는 빛과 화염, 네이팜탄으로 인해 갑작스럽게 솟아오르는 불기둥 등 무력 충돌의 불꽃과 굉음이 6월의 밤을 뒤흔든다. 하지만 이 전쟁은 사람들의 목숨이 걸린 것 외에는 별다른 이득이나 손실이 없는 분쟁이다.

1년 전, 밴 플리트 장군은 적을 추격하고 승리를 추구하는 유동적인 전쟁이 끝났으며, 방어적인 전쟁이 새로 시작되었다고 판단했다. 수만 명의 한국 예비역 병력이 구축한 UN군의 핵심 방어선인 "캔자스 선"에는 통나무와 모래주머니로 만들어진 벙커들이 참호들로 연결되어, 현재 임진강 하구에서 강 남쪽 기슭과 나란히 북동쪽으로 이어지다가 동쪽의 거대한 화천호와 태백산맥으로, 그리고 거기서 더 이어져 동해안까지 뻗어 있으며, 이렇게 연결된 벙커들은 대체적으로 38선에서 북쪽으로 수 킬로미터 위에 위치하고 있다.

전사면에 있는 벙커에는 기관총 병력이 배치되어 있다. 참호 맨 윗쪽의 호안護岸에는 소총병들을 위한 사격호가 뚫려 있다. 박격포병들은 후방면에 참호를 파고 들어가 있다. 심지어 공병들은 전차들이 보호를 받을 수 있는 능선의 위치로 올라와서 사격할 수 있도록 뒷쪽 산비탈을 깎아 도로를 내기도 한다.[21] 어떤 면에서는, 캔자스 선의 군사시설 구축과 화력은 1차 세계대전 중의 서부 전선을 능가한다.

한국군 9개 사단, 미군 5개 사단, 영국이 주도하는 영연방군 1개 사단 등 총 15개 사단이 이 전선을 사수하고 있으며, 총 병력은 약 248,000명에 달한다. 그 반대편에는 중공군 8개 사단과 북한군 3개 군단이 있으며, 적의 최전방 병력은 290,000명이다. 그 외에도 수십만 명의 예비 및 지원 병력이 양측을 뒷받침하고 있다.[22] 신형규 상병도 그 중 한 명이다.

헌병으로서, 신형규의 두 가지 주요 임무는 중국과 북한 포로들을 남쪽으로 호송하고, 미군과 한국군 호송대를 적군에 맞서도록 북쪽으로 호송하는 것이다. 그의 헌병 대대가 미 제9군단과 한국군 제2군단을 지원하고 있는 중부 전선의 산악 도로는 거칠고 좁을 뿐 아니라 적의 정찰대가 매복해 있다가 공격할 때가 가끔 있기 때문에 위험하다. 선두 지프차에 탄 신형규 상병은 헷갈리는 지도와 한국 지명에 대한 무지로 인해 미군 트럭 운전병들이 그대로 적의 거점으로 들어가지 않도록 길을 안내한다.

늦봄의 이상고온현상으로 인한 찌는 듯한 무더위 속에서, 신형규를 비롯한 헌병들은 카운터 작전Operation Counter에서 임무를 수행중인 미 제45보병사단 병력을 북쪽으로 호위하는 임무를 맡게 되었다. 이런 제한된 전술적 진격은 현재 일진일퇴를 거듭하고 있는 전쟁의 양상을 잘 보여주고 있다. 상대적으로 경험이 부족한, 대다수가 오클라호마 주 방위군Oklahoma National Guard 병력인 미군 병사들에게, 장군들이 판단하기에 적이 미군의 움직임을 너무 잘 볼 수 있다고 판단한 11개의 고지에서 중공군을 몰아내는 임무가 부여되었다.

오키들Okies은 오늘 밤 공격을 개시하여 어려움 없이 대부분의 관측소로부터 소수의 중공군들을 패주시킨다. 하지만 높이 240미터의 목표물 2개, 즉 포크찹 고지Pork Chop Hill와 불모 고지Old Baldy로 알려진 255고지와 266고지 점령은 다른 곳들보다 어렵게 진행되고 있다.

비탈길을 밀고 올라가는 제45보병사단의 소총수들이 적의 맹렬한 자동화기 사격과 비 오듯 쏟아지는 수류탄에 의해 한 명씩 쓰러진다. 다른 병사들은 엄폐를 위해 땅에 바짝 엎드린다. 재편성된 후 그들은 한 시간 동안의 교전 끝에 포크찹 고지를 점령하지만, 1.6킬로미터 떨어진 불모 고지를 사수하고 있는 적들은 아직 버티고 있다.

돌격 소대는 포병 지원을 요청하고, 수개월간의 포격으로 이미 "대머리"가 된 정상을 500발의 곡사포탄이 두들긴다. 연기가 고지 중턱을 뒤덮는다. 미군은 후사면으로 위치를 옮기고, 자정이 지난 지 얼마 되지 않아 중공군의 시체가 널려 있는 정상을 점령하여 임무를 완수한다.[23]

4주 동안 고지를 점령하고 또 거의 매일 계속되는 중공군의 반격에 맞서 고지를 방어하는 과정에서 제45보병사단은 275명이 전사했다.[24] 젊은 미군들을 태우고 전방으로 향하는 "듀스 앤 하프deuce-and-a-half, 2.5톤" 트럭들을 보았던 신형규가 지금은 구급차들이 그 똑같은 가혹한 도로를 따라 돌아오고 있는 것을 보게 된다.

열여덟 살에 베테랑이 된 이 "소년병"은 1950년 말에 필사적으로 후퇴하던 날들을 기억한다. 당시 그는 자신이 있던 검문소가 매복 공격을 당해 부상을 입고 회복 중이었으며, 미군이 곧 남한을 포기할 것이라는 소문이 병원에 퍼졌었다. 하지만 그들은 떠나지 않았고, 그들이 "빌어먹을 나라"라고 욕을 하는 바로 이 나라에서 그들이 혐오하는 것처럼 보이는 "빌어먹을 아시아놈들"을 도우며 지금도 죽어가고 있다.

"그들이 무슨 말을 하든 상관없다"고 신형규는 생각한다. 그는 감사한 마음이 들 수밖에 없다. 카운터 작전은 판문점 회담이 더디게 진행되는 동안 양측이 작은 이득을 취하기 위해 기동하는 최전선 전역에서 벌어지고 있는 "전초전war of outposts"의 전형적인 모습이다. 학생에서 피난민이 되었다가 다시 군인이 된 신형규는 휴전 회담에 관한 최신 정보에 귀를 기울이는 한편, 여가시간이 조금이라도 생기면 몰래 빠져나와 그의 작은 사물함에 있는 과학 서적들을 읽고, 공부하고, 다시 읽으면서 이 전쟁이 끝나기만 하면 학교로 돌아가는 꿈을, 그리고 자신의 미래에 대한 꿈을 꾼다.

1952년 6월 중순 어느 날

기대감으로 인해 어제 하루는 부산에서 32킬로미터 떨어진 남해안 마산만 옆 임시 수용소에 있는 여성 포로들에겐 휴일로 바뀌었다. 저녁 식사 후 둥글게 모인 포로들은 노래를 부르며, 즉석에서 작별 연설도 했다. 그들은 기뻐서, 그리고 전쟁포로 생활의 스트레스와 궁핍 속에서 우정을 다져온 이들과 헤어지는 것이 슬퍼서 조용히 울었다.

상쾌한 아침이 환히 밝아온다. 안경희를 비롯한 민간인 포로들은 몇 가지 안되는 그들의 소지품을 챙기고 마지막 작별인사를 나눈다. 대부분 너무 긴장한 나머지 아침도 제대로 먹지 못한다.

경비병의 부름을 받은 이들은 줄을 지어 정문을 향해 걸어가 바깥 세상으로 나간다. 친척들이 맞아주는 사람들도 있고, 그들 고향 가까이 데려다 줄 트럭에 올라타는 사람들도 있다.

경희는 철조망 너머로 아버지, 어머니, 여동생, 오빠가 있는 것을 발견한다. 그녀의 가족은 부산에서 차를 몰고 왔다. 경희의 "보호자"인 한묵이 가족과 함께 있다. 그녀는 수용소 정문을 통과해 가족들에게 달려가 한 명 한 명 안아주며 눈물을 흘린다. 스물두 살의 이 여인은 죽는 날까지 이 끔찍한 전쟁을 되돌아보게 된다. 이 전쟁은 자신의 삶에서 2년을 앗아갔을 뿐만 아니라, 어린 남동생의 여생을 모두 앗아갔고, 그녀가 가족과 헤어지게 만들었으며, 가족의 안녕을 위해 매일 두려움에 떨게 만들었고, 그녀를 살인자로 만들며 양심에 지울 수 없는 오점을 남겨 놓았다. 약에 취해 무기

력해진 그 남자가 떨어져 죽는 장면을 그녀는 결코 잊을 수 없을 것이다.

6월 10일, 트루먼 대통령은 안경희를 비롯한 37,000여 명의 민간인 포로들, 즉 북한군에 강제 징용된 남한 사람으로 판단되는 사람들을 석방하려는 클라크 장군의 계획을 승인했다.[25] 같은 날, 미군은 위험하다고 판단되는 북한 포로들에 대한 유혈 진압을 단행했다.

지난달 굴욕적인 도드 장군 납치 사건 이후, 사령부는 거제도의 대규모 수용소에 대한 북한 충성파의 지배를 종식시키기 위해, 북한군 포로들을 거제도와 그보다 남쪽인 제주도 남쪽, 그리고 부산 지역에 있는 보다 규모가 작고 통제가 잘 이루어지고 있는 수용소로 분산시키기로 결정했다.

도드 사건의 현장인 거제도 76 수용소의 강경파 수감자들이 이송을 거부하자, 새 수용소 사령관 헤이든 L. 보트너^{Haydon L. Boatner} 준장은 전차 지원과 함께 제187공수연대전투단^{the 187th Airborne Regimental Combat Team} 병력을 투입했다. 포로들은 수용소 안에서 만든 칼과 창, 장창을 들고 참호에서 기다리고 있었다.

낙하산을 타고 내려온 공수부대원들은 총격은 물론, 최루탄, 진탕 수류탄, 총검을 이용하며 2시간 반 동안 전투를 치렀다. 결과적으로 포로 31명과 미국인 1명이 사망했고, 북한군 139명과 미군 14명이 부상을 입었다. 미군 사령부는 사망한 포로들 중 일부는 충성파에 의해 사살된 것이라고 보고했다. 6월까지 수용소들을 정리하면서, 미군은 충성파에 의해 포로로 잡혀 있던 수많은 "반빨갱이들^{anti-Reds}"을 풀어주었다. 77수용소 한 곳에서는 살해된 포로 16명의 시신이 발견되었다.[26]

여름

1952년 7월 10일, 목요일

막사들로 이루어진 황량한 판문점에서 시작된 지 이제 1년이 된 정전 협상은 처음 회담이 열렸을 때 예상되었던 것보다 더 오래 지속되고 있다. 양측은 포로 송환 문제라는 한 가지 쟁점 때문에 교착 상태에 빠져 있다. 미국 측은 휴전 시 북한과 중국 포로들에게 고국으로 돌아가지 않아도 되는 선택권이 주어져야 한다는 자신들의 입장이 "확고하고 최종적이며 변경할 수 없는 것"이라고 말하고 있다. 공산 측은 자발적 송환이 제네바 협약을 위반하는 것이며 "강제 억류"에 해당한다고 반박하고 있다.[1]

  중국인 통역관인 지자오주가 보기에는, 이런 진행 과정은 이제 어떤 가식 같은 것으로 변질되어 버렸다. 개회 시간은 점점 짧아지고 휴회 시간은 점점 길어진다. 가장 격렬한 논쟁이 내용이 아닌 일정에 관해 벌어질 때도 가끔 있다. 상대 측에 독설을 퍼붓는 시끄럽고 목소리들이 회담 막사를 가득 채운다. 그렇다 하더라도 어느 날 하루는 양측 대표들이 협상 테이블을 사이에 두고 30분 동안 완전한 침묵 속에 서로를 무표정하게 바라보고만 있었기 때문에, 지자오주는 얼어붙은 채로 자신의 의자에 앉아 있어야 했다.

현재 미국 측 수석 협상 대표인 해리슨 장군은 화가 나면 말이 너무 빨라, 지자오주는 그 속도에 맞춰 메모를 하는 데 어려움을 겪었다. 그래서 그와 그의 통역 파트너이자 절친한 친구인 쿠오 치아팅—서로를 "쿠오 군君"과 "지 군君"이라고 부른다—은 그레그^{Gregg} 속기법 안내서를 보내달라고 베이징에 요청했다. 그들은 여가 시간에 속기법을 익혔다.

어느 날, 지루함에 지친 자오주를 비롯한 통역관들은 양측이 서로에게 쏟아내는 독설적인 말들을 좀더 자극적으로 통역하기로 결심했다. 그들은 서로 "'거짓말쟁이'와 '거짓말'은 힘을 잃었다."는 말을 주고받았다. 그들은 미국영어 사전을 뒤지다가 perfidy라는 단어를 발견하여 중국 대표단에게 알려주면서, 그 뜻이 "배신" 또는 "불신"이라고 설명했다.

긴장감이 감돌고 있던 논의 시간 중에 공산 측 대표단 중 한 명이 이 영어 단어를 사용해 보았다. 테이블 건너편에 앉은 미국 측 대표는 분노에 휩싸이며 그 단어의 철회를 요구했다. 중국 측 대표는 물러서지 않았다. 그는 "당신은 신뢰할 수 없는 사람이군요."라고 덧붙였다. 얼굴이 벌겋게 달아오른 미국 대표는 "당신들은 그저 흔해빠진 범죄자 무리일 뿐이오!"라고 맞받아친 후, 분노하며 막사 밖으로 뛰쳐나갔다.

무료함에 빠져 있는 그들이 상대 측을 자극하는 일은 남학생들의 짓궂은 장난으로 타락할 수 있다. 어느 날 저녁, 해리슨이 다음 번 논의에서 그냥 나올 것이라고 추측한 중국 측 번역가들은 한 가지 계략을 생각해 냈다. 다음 날, 해리슨 장군은 사소한 일에 불쾌감을 느끼고는 정말로 화를 내며 걸어나왔다. 그가 떠나자마자, 중국인들은 큰 소리로 웃음을 터뜨리며, 막사 밖에 있던 기자들과 다른 사람들에게 장군이 어리석은 말을 하는 바람에 체면을 구겼을 것이라는 생각이 들게 만들었다.

7월의 장맛비와 32도까지 치솟는 더위 속에서, 통역관들은 쉬는 시간에는 개성에서 8킬로미터 떨어진 병영 같은 숙소에서 또 다른 어려움에 맞서 싸운다. 모기장은 모기를 막는 데는 도움이 되지만, 엄청나게 굶주린 벼룩들이 뚫고 들어와 그들을 괴롭힌다. 지자오주는 찌는 듯한 7월의 밤에도 긴 속옷을 입고 셔츠의 단추를 끝까지 다 채운 다음, 손과 발에 스타킹을 신은 채 잠을 자는 게 습관이 되었다. 그럼에도 불구하고 그가 잠에서 깨어나보면, 얼굴과 목 전체에 벌레에 물려서 부은 자국들이 가득하다.

곧 스물세 살이 되는 지자오주는 이 모든 일을 겪으면서도, 전쟁이 곧 끝나고 대학에서 화학을 다시 공부할 수 있으며 언젠가 고국의 원자폭탄 개발에 일조할 수 있을 것이라는 희망을 잃지 않는다. 매일 회담 중립지대 너머로 포격이 이루어지는 모습은 그에게 최전방에 배치되지 않은 자신의 행운과 판문점에서 매일 계속되는 실패로 인한 죽음과 파괴를 상기시켜 준다.

한편 이번 여름 목요일, 극동 지역의 기지들 전역에서 미 공군은 평양에 대한 대규모 폭격을 준비하고 있다. 그들이 "프레셔 펌프 작전 Operation Pressure Pump"이라고 부르는 이 폭격작전을 통해, 미국 측은 그들의 공군력을 사용하여 교착 상태에 빠진 회담에서 공산 측이 양보하도록 압력을 가해보려는 것이다.[2]

1952년 7월 20일, 일요일

미군 지휘관들이 북한 수도 내에 있는 군사 목표물에 대한 타격으로 묘사한 전쟁 중 최대 규모의 공습이 개시되어, 수백 대의 미군 전투기가 거의 하루 종일 1,200회 이상 출격하여 평양에 폭탄 및 네이팜탄을 투하하고 기총소사를 가했다.[3]

지금 평양에 와 있는 앨런 위닝턴은 뭔가 다른 것을 발견한다. 그는 런던의 데일리 워커로 보낸 기사에서 "수백 명의 사람들이 새벽녘에 잔해를 뒤지며 작은 소지품이나 시체를 찾는 모습을 볼 수 있다."고 전한다. 한 병원에서 그는 80명의 사상자를 치료했다는 일일 보고서를 살펴본다. 그 80명 중에 여성 31명, 16세 미만 어린이 21명, 성인 남성 민간인 22명이지만 군인은 6명밖에 되지 않는다. 그는 "미국이 민간인에 대한 테러에 신경을 덜

썼더라면, 군사 목표물을 타격하는 데 좀더 노력할 수 있었을 것"이라고 썼다.[4]

평양 라디오는 7월 11일 공습으로 건물 1,500채가 파괴되고 7,000명이 사망, 부상 또는 실종되었다고 보도한다.[5] 위닝턴은 거의 4,000명이 잔해에 파묻혀 사망 또는 실종되었다고 언급한다.[6]

프레셔 펌프 작전은 1,400톤의 폭탄과 23,000갤런의 네이팜을 투하했다. 이 작전은 수도를 넘어 중국으로부터 연결되어 있는 군사 보급선의 일부로 간주되는 북한의 78개 도시와 마을까지 확대되었다.[7]

"평양 주변 16킬로미터 이상에 걸쳐 거의 모든 마을에 두세 발의 폭탄이 지나가는 길에 투하되었다."고 위닝턴이 보도한다.[8]

공산주의자인 영국인 특파원은 교착 상태에 빠진 휴전회담을 취재하고 있는 판문점 인근 개성에서 출발해 평양으로 왔다. 북한의 수도에 대한 맹렬한 폭격은 휴전회담에서 공산 측이 더 많은 것을 양보하게끔 만드는 것이 목표다. 극동 공군 작전 책임자인 제이콥 E. 스마트 Jacob E. Smart 준장은 도쿄 사령부가 민간인을 군의 보조자이자 프레셔 펌프 작전의 대상으로 간주하고 있음을 분명히 했다. 스마트는 참모들에게 "적군의 병참 지원에 적극적으로 참여하고 있는 민간인들의 사기에 해로운 영향을 미칠 수 있는 위치에 있는 군사 목표를 찾으라"고 지시했다.[9]

위닝턴은 특히 피부에 달라붙어 안쪽으로 타고 들어가는 "젤리 같은 휘발유에 의한 잔혹 행위"인 네이팜탄의 끔찍함에 대해 독자들에게 이야기한다. "많은 사람들이 화상과 충격으로 끔찍하게 죽고, 그보다 더 많은 사람들이 걸어 다니는 흉물로 살아 남아, 자신의 모습에 역겨움을 느끼고 있다."하고 그는 적고 있다.

그는 "10대 후반의 아름다운 소녀" 조정숙에 대해 이야기하며, 그녀의 얼굴이 너무 심하게 화상을 입어 "의사들이 처음에는 눈꺼풀의 접합선을 발견하지 못했다"고 전한다. 마침내 거울에 비친 자신의 모습을 본 그녀는 비명을 지르며 병원에서 뛰쳐나가 자살할 방법을 찾았다.

살아남은 사람들에게 네이팜탄 상처가 치유된다는 것은 "손이 새의 발톱처럼 오그라들고, 위쪽과 아래쪽의 눈꺼풀들이 위아래로 당겨져서 크고 둥근 안구가 빤히 쳐다보는 상태로, 튀어나온 안구 자체의 넓고 붉은 테두리로 인해 겁에 질린 듯이 쳐다보는 상태로 남게 되는 것"을 의미한다. 눈꺼풀이 닫히지 않기 때문에 사람들은 눈을 뜨고 자려고 애를 써야만 한다고 그는 보도한다. "화상을 입은 어린 아이들은 쉽게 짜증을 내고 잠을 자지 못하며, 달래기가 불가능하다."

위닝턴은 네이팜탄이 살상이 목적이라기 보다는, 사람의 외모를 손상시켜 "다른 사람들에게 공포감을 심어주고 사기를 꺾을 수 있는 살아 있는 시체"를 만들어내기 위해 고안되었다고 넌지시 이야기한다.[10]

괴멸적인 공습의 여파로 김일성은 모스크바의 요제프 스탈린에게 "극도로 긴급한" 전보를 보내, 대공 무기, 요격기, 훈련된 북한군 조종사를 추가로 지원해 달라고 간청했다. 그는 소련의 지도자에게 "적은 이러한 상황을 이용하여 협상에서 우리가 받아들일 수 없는 요구를 하고 있습니다."[11]라고 말한다. 위닝턴은 자신의 입장을 다음과 같이 밝힌다. "그런 미친 짓들을 통해 평화가 더 가까워질 수 있다는 미국의 허위 주장이 틀렸음을 밝혀야 할 때다. 그런 광기는 어떤 합의도 더 어렵게 만들 뿐이다."[12]

1952년 한여름 어느 날 오후

서울에서 북동쪽으로 113킬로미터 떨어진 중부 전선, 북한강 위쪽 고지에는 기온이 꾸준히 올라 32도에 이른다. 말라리아 모기와 파리, 쥐와 뱀, 장맛비로 인한 진흙탕, 전쟁 중인 군인들의 냄새 등 모든 것이 제23보병연대 예하 수색중대원들의 삶을 암담하게 만들고 있다. 현재 그들은 일반 보병 부대처럼 그루터기와 쪼개진 나무들, 포격으로 생긴 구덩이들만 남아있는 듯한 고지 정상에 참호를 파고 들어가 있다.

무엇보다도 가장 큰 문제는 식량 부족이다. 거의 매일 아침에 정동규를 비롯한 중대의 일반 사병들은 수통컵에 조리해서 먹을, 한 컵도 채 안 되는 쌀과 약간의 절인 채소를 하루 배급량으로 받는다. 그들이 먹을 수 있는 풀들을 찾아 다니거나 빈 농장에 버려진 농작물과 저장되어 있는 먹거리를 뒤져야 할 때가 너무 많다. 그들은 자신들이 왜 그렇게 배가 고픈지 알고 있다. 위에서부터 아래까지 부패한 한국군에서, 배급되어야 할 식량이 각 단계를 거쳐 내려올 때마다 빼돌려지고 있기 때문이다. 그렇게 빼돌려진 식량은 후방에 있는 마을에서 판매되고 있다.

숨 막히게 더운 오늘 오후, 6명의 병사들이 정동규의 참호에 모여 전쟁에 관한 이야기와 불만을 주고받는다. 대화는 결국 탈영이라는 좀더 위험한 주제로 옮겨간다. 탈영 관련 이야기가 처음 나왔던 것은 몇 달 전이다. 초봄의 어느 날 밤, 처음부터 정동규와 같은 탈북자 무리에 속해 있던 중대원 세 명이 식량을 구하러 간다고 말하며 전방 감청 초소를 통과했지만 돌아오지 않았다. 정 중위와 다른 중대원들은 그 세 명이 탈영을 논의하는 것을 들었던 적이 있었다.

그들의 불만은 놀랍지 않다. 전쟁이 교착 상태에 빠지고, 중대의 수색 기술이 자주 필요하지 않으며, 좁은 참호와 벙커에 갇혀 몇 주나 몇 달씩 지내다 보니, 그들에겐 배고픔과 한국군의 부당대우에 대해 불평할 여유가 생겼다. 그들의 불만이 처음 불거져 나온 것은 작년이었다. 북한 출신인 그들이 전투에 투입된 초기 몇 달 동안 한국군으로서의 완전한 지위를 부여받지 못했었다는—그로 인해 어떠한 급여도 받지 못했다—사실이 밝혀졌기 때문이었다.

그 세 명이 탈영한 지 몇 주 후, 어느 날 몇몇 병사들이 정동규의 참호에 모여 최근의 소문과 문제점에 대해 이야기하며 시간을 보냈다. 보급 트럭 운전사였으며 그들보다 나이가 많은 한 명이 내놓은 계획은 그들을 놀라게 했다. 트럭을 훔쳐서 북쪽 사람들이 게릴라전을 벌이고 있다는 저멀리 남쪽 지리산으로 가자는 것이었다. 반군들이 그들을 환영할 것이라고 그는 장담했다.

정동규는 듣고 있었지만, 거의 아무 말도 하지 않았다.

이제 그때 같이 이야기를 나누었던 무리 중 몇 명이 돌아왔고, 탈영에 대한 이야기가 다시 시작된다. 그러나 정동규가 이번에는 집중을 하지 못하며, 그들이 하는 이야기를 거의 듣지 못한다. 그는 심한 두통이 생겼다. 몸도 아프다. 곧 그는 오한을 느끼며, 이가 덜덜 떨린다. 그는 위로 올라가서 햇볕을 쬐며 앉는다. 그는 땀으로 범벅이 되어 있다. 결국 그는 순간적으로 정신을 잃고 고꾸라진다. 그는 몸을 일으켜 비틀거리며 소대장에게 가서 보고하고, 소대장은 그를 연대 의무실로 보낸다.

정동규는 한국의 재앙인 말라리아에 걸렸다. 의무병은 그의 팔에 항균성 의약품인 살바르산Salvarsan을 주사하며 오늘밤은 의무실에서 머물러야 한다고 말한다. 주사로 인한 부기와 통증 때문에 그는 잠을 잘 수가 없다. 그는 깨어 있는 상태에서 꿈을 꾸고 환영을 본다. 응급 맹장 수술을 받고 만주의 병원에 누워 있는 열세 살의 소년인 자신의 모습과 어머니가 침대 옆에 앉아 있는 모습이 보인다. 사흘 후에 주을로 돌아가겠다고 어머니에게 말한 지 수개월이 지났다. 최전방 의무실에서 밤이 새도록, 그는 자신의 손을 잡고 옆에서 졸고 있는 어머니를 느껴볼 수 있기를 간절히 바라고 있다.

아침이 되자 그의 증상은 완화되었다. 탈북자 동료들 사이에서 탈영에 대한 이야기도 잠잠해졌고, 모두들 전쟁이 끝날 것이라는 희망적인 소식이나 조짐이 있기를 기다리고 있다.

1952년 한여름

한국에서는 고지를 차지하기 위한 경쟁이 끝없이 계속되고 있다. 미국군과 중공군, 북한군과 남한군은 벙커 힐Bunker Hill, 시베리아Siberia, 핑거 리지Finger Ridge 같은 이름이 붙은 목표물을 차지하기 위해 서로 싸우고 죽고, 점

1952년 8월, 미군은 양측이 서로 차지하기 위해 치열한 전투가 벌어지고 있는 단장의 능선 부근의 땅굴과 참호 진지에 병력을 배치한다. 헌병 상병 신형규는 종종 미군들을 그런 위치로 호위한다. 미군들이 "이 빌어먹을 나라"와 "빌어먹을 아시아놈들"을 향해 혐오감을 토해내는 것을 듣게 되지만, 그럼에도 불구하고 이 한국군은 그들에게 고마움을 느낀다. (미군 제공)

령하고 다시 빼앗긴다. 그런 목표물들이 전술가에게는 지도상에서 중요해 보이지만, 다음 날 적에게 다시 넘어갈 고지에서 죽은 전우를 옮겨야 하는 현장의 병사들에게는 말도 안 되는 것처럼 보일 수 있다.

한국에서 멀리 떨어진 캘리포니아주 포트 오드^{Fort Ord}에서 기초 훈련병들의 훈련 교관으로 배치된 길 아이셤 중사는 잠재의식 속에서, 그가 잠이 오는 걸 막아 보려고 애를 쓰고 있을 정도로 충격적인 악몽 속에서 그런 고지들을 오르며 전쟁을 치르고 있다. 그는 늘 공격 대상이며, 추격하는 적을 피해 늘 도망 다닌다. 그가 깨어 있는 시간에도, 한국에서 보낸 15개월간의 기억이 문득 떠오른다. 어느 날 그는 식당에서 아이들이 음식을 두고 다투는 모습을 보게 되고, 그의 잠재의식 속에 있던 한 장면이 떠오른다. 군대 쓰레기통에 있는 음식물 찌꺼기를 두고 한국의 소년들이 싸우다가 한 소년이 큰 돌을 들고 다른 소년의 머리를 세게 내리치는 것을 그가 본 적이 있기 때문이다.

지난 1월 한국에서 돌아온 후, 그는 사람들에게 그곳의 상황에 대해 말하려 했었다. 하지만 "사람들은 나를 미친 사람처럼 쳐다봤다." 그는 한국의 전쟁에 대해 말하는 것을 그만두었다. 그리고 그는 폭음하기 시작했다.

1952년 9월 4일, 목요일

십 대 시절부터 전투병으로 복무한 거칠고 고압적인 펑더화이가 콧수염이 늘어진 뚱뚱한 노인이 옆에서 전쟁 수행 방법에 대해 강의하는 동안 조용히 앉아 있다. 중공군의 전선이 적진에 너무 가까이 있고, 중공군은 지뢰를 거의 사용하지 않고 있다며 요제프 스탈린이 꾸짖는다. 중공군 조종사들은 좀더 훈련을 잘 받을 필요가 있다고 지적하기도 한다. 그리고 평등주의인 중공군에 계급이 없다는 주장에 대해 소련 지도자는 무시하는 태도를 보인다. "그들은 이 모든 것이 공산주의에 위배된다고 생각합니다."라고 스탈린은 말한다. 그와는 반대로, "계급…휘장…포상"은 "매우 중요합니다."

스탈린이 크렘린궁에 모인 저명한 청중들 앞에서 일장 연설을 하고 있다. 청중들 중에는 극동 지역에서 온 중국 총리 저우언라이, 북한의 지도자 김일성, 한국전쟁 사령관 펑더화이, 그 외 여러 중국 장군들과 뱌체슬라프 몰로토프 Vyacheslav Molotov와 게오르기 말렌코프 Georgy Malenkov 같은 소련의 최고위급 공산주의자들이 있다.

저우언라이는 수십 명의 전문가로 구성된 대표단과 함께 2주간 모스크바에 머물며, 수립된 지 얼마 안 된 중화인민공화국에 대한 소련의 장기 경제 원조에 대한 세부 협상을 진행했다. 그는 이제 김일성 및 펑더화이와 함께 스탈린을 만나 한국전쟁, 중국·북한군에 대한 추가 무기 지원, 판문점 정전 회담에 대한 접근 방식에 대해 논의한다. 그들 가운데 특히 김일성은 깊이 우려하고 있는 듯 보인다. 스탈린이 북한 주민들과 군대의 "분위기"에 대해 묻자, 그는 분위기는 "좋습니다… 폭격이 고려되지 않는다면 말입니다."라고 말한다. 그는 말을 이어간다. "조선 인민들이 처해 있는 심각한 상황을 고려할 때, 우리는 최대한 빨리 정전 협상을 체결할 의향이 있습니다."[13]

서른일곱 살의 김일성이 남한 침공에 대한 소련의 서기장인 스탈린의 승인을 얻기 위해 모스크바로 가서, 그에게 3일 안에 전쟁이 끝날 것이라고 장담한 것은 2년 반 전이었다.[14] 북한과 중국은 그들의 최종 후원자이자 군수물자 공급자인 스탈린의 정전에 대한 묵인을 원하고 있다. 그러나 1년여 전 휴전 회담이 시작되기도 전에 크렘린궁의 수장은 마오쩌둥에게 한국에서 러시아의 적인 미국의 발이 아주 오랫동안 묶일 수 있는 "장기전drawn-out war"을 선호한다고 말했었다.[15] 그는 여전히 조속한 평화에 대한 열의를 보이지 않고 있다.

"자발적 송환" 문제와 전쟁 포로들이 공산주의 조국으로 돌아가는 것을 거부할 수 있도록 허용하려는 이런 미국 측의 계획에 대한 공산 측의 반대에 대해, 저우언라이는 인도와 같은 중립국이 포로들을 심사하도록 하는 절충안을 스탈린에게 제시했다.[16] 그러나 스탈린은 북한군 및 중공군 포로들이 송환을 거부할 것이라는 아이디어 자체를 거부했다. "우리는 이런 생각을 믿지 않는다고 선언해야만 합니다."라고 그는 말한다. 대신에 그는 다른 아이디어를 선호한다. 즉, 미국 측이 포로의 20%를 계속 데리고 있겠다면, 중국과 북한도 미국 포로의 20%를 계속 데리고 있다가, 휴전 후에 그들에 대해 협상을 벌이겠다는 것이다. 그의 말을 듣고 있던 중국 및 북한 측 사람들은 미국 협상가들이 결코 그렇게 하지 않을 것이라는 것을 알고 있다.

스탈린은 그들에게 시간을 끌라고 말하며 이 문제를 마무리한다. 그는 회담에서 "새로운 것을 제안해서는 안 된다"고 강조하고는, 펑더화이에게 전쟁 상황에 대해 묻는다. "미군은 잘 싸우고 있습니까?" 중국인민지원군 최고사령관에게 자랑도 하고 과장도 할 수 있는 기회가 생겼다. 그는 스탈린에게 자신의 군대가 공격에서 "80~90%의 성공"을 거둔 반면, 미군은 100번의 공격 중 겨우 한 번 성공했고, 공산군 조종사들과 대공포병들이 미군 항공기 5,800대를 격추시켰으며, 적보다 더 많은 전쟁 포로를 잡았다고 말한다. 그가 한 모든 말이 사실은 아니지만, 스탈린은 상대방의 말을 잘 들어주는 사람이다.[17] 스탈린은 저우언라이와의 개별 회담을 할 때마다 미군을 폄하해왔다. "벌써 2년이 지났지만, 미국은 아직도 조그만 조선을 제압하지 못하고 있습니다… 미국의 기본화기基本火器는 스타킹과 담배 그리고 기타 상품들입니다."라고 중국 총리에게 농담을 건넸다. "그들은 세계를 복속시키고 싶어합니다만, 조그만 조선조차 제압할 수 없군요. 미국인들은 싸우는 법을 모르기 때문입니다."[18]

저우언라이는 모스크바에 3주 더 머무르지만, 펑더화이와 김일성은 소련 측으로부터 정전 회담에 대한 유용한 지시를 받지 못한 채 곧바로 전쟁터로 돌아간다. 적어도 군사 원조는 계속될 것이다. 스탈린은 북한 조종사들이 탑승할 제트 전투기들과 더욱 많은 대공포들을 추가 지원하겠다고 약속한다. 그는 "필요한 물자 목록을 보내십시오."라고 말한다.[19]

가을

1952년 10월 5일, 일요일

태양이 막 지평선 위로 떠오르는 청명한 아침, 위협적이며 날카롭고 요란한 굉음이 고요함을 깨뜨린다. F-80 전폭기 4대가 산 정상을 넘어 남쪽으로 날아가 대대의 위장 진지를 향해 급강하하여 폭탄 4발을 투하하고 기총소사를 퍼붓더니, 중공군 대공포병들이 그들의 포로 가기도 전에 신속하게 공격을 끝낸다. 미군은 중공군의 방공 기지를 이전에 발견해놓고는 취약한 순간을 기다렸다가 공격한 것이 분명하다.

잠에서 깬 지 몇 분밖에 되지 않은 천싱치우는 의무 장비를 챙겨 공격받은 지역으로 내달린다. 연기가 걷히고 도와달라는 소리도 들리지 않아, 그는 다친 사람이 없다고 생각한다. 그때 다른 방향에서 비명 소리가 들린다.
"위생병! 위생병!"

그는 진료소가 있는 곳으로 달려가, 동료 위생병들이 몸을 앞으로 숙인 채 그들의 동료이자 의무조의 조장인 리윈하이를 살피고 있는 것을 목격한다. 리윈하이는 1년 반 동안 전쟁터에서 천이 자신의 멘토이자 스승으로 생각하고 있는 사람이다. 리는 파편 혹은 총탄으로 인해 가슴과 복부에 심각

한 부상을 입었다. 그의 갈비뼈들은 으스러졌으며, 그가 누워 있는 땅바닥은 그의 피로 범벅이 되어 있다. 천은 리의 얼굴이 하얗게 변하는 것을 본다. 그들이 할 수 있는 일이 아무것도 없다는 것을 천은 알고 있다. 하지만 그들 중 한 명이 소리친다. "야전 병원으로 데려가야 해!"

그들은 의식을 잃은 리를 들것에 조심스럽게 옮긴다. 충격을 받고 울고 있는 천과 다른 세 명이 들것의 모서리 네 곳을 들어 올린 다음 1.6킬로미터 이상 떨어진 병원을 향해 느릿느릿 걷기 시작한다. 다른 병사 12명도 뒤를 따른다. 중간쯤 갔을 때, 천은 기지로 돌아가야 한다는 사실을 깨닫는다. 자신의 근무 교대 시간이고, 다른 병사들도 도움이 필요할 수 있기 때문이다. 동료 병사 한 명이 그를 대신해서 든다.

월요일 아침, 의무조 조장 리원하이가 사망했다는 소식이 퍼진다. 슬픔에 잠긴 일곱 명의 동료들이 그의 무덤을 파기 위해 준비한다. 그들은 풍수 사상에 따라 중국과 큰 숲을 마주보고 있는 길지吉地를 찾은 다음, 땅을 파서 완벽한 비율의 안식처를 만든다. 어린 천에게 리의 이름, 소속 부대, 사망일 등 그의 "따거"를 위한 비문을 두 개의 나무 판자에 새길 수 있는 명예가 주어진다. 판자 하나는 무덤에 넣을 것이고, 다른 하나는 무덤 위에 표식으로 사용될 것이다.

대대장이 그의 수석 위생병인 "리원하이 동지, 산시山西성 란廩현 남자, 28세, 가난한 농민 출신"의 장례를 주재한다. 그는 리원하이가 항일 전쟁과 공산주의 혁명에서 보여준 용기에 경의를 표하며, 그가 참전한 전투를 열거한다. "그는 부상당한 동지들을 구하기 위해 적의 포화에 거듭 맞섰습니다."라고 대대장이 말한다. 그는 리를 기리며 반격할 것을 대대에 명령하며 끝을 맺는다. "복수!" 다음 날 복수의 기회가 왔다. 대공포 사수들은 지금 동이 트기도 전에 발포 준비를 갖추고 경계 태세에 들어간다. 이른 오후, B-26 폭격기와 F-80 전투기 12대가 접근한다. 방공대대의 모든 포가 일제히 사격을 시작하자 하늘은 폭발하는 포탄의 하얀 연기로 가득 차고, F-80 1대가 불길에 휩싸여 나선형을 그리며 산중턱으로 추락한다. 복수심에 불타는 리원하이의 동료들은 환호성을 지른다.

1952년 10월 8일, 수요일

지난 목요일 판문점에서 공산 측 협상 대표들은 한국 최남단의 포로수용소에서 전해진 충격적인 최근 소식에 대해 미국 측에 강력히 항의했다. 미군은 제주도의 한 수용소에서 폭동을 일으킨 56명의 중국인 포로를 사살했다. 공산 측 서한은 이를 "야만적이면서도 비겁한 학살"이라고 비난했다.[1]

그러나 10월 날씨 치고 습하고 유난히 따뜻한 오늘, 교착 상태에 빠져 있는 휴전 협상을 갑자기 중단하는 쪽은 미국이다. 양측 대표단은 열흘간의 휴회 기간을 끝내고 회담 장소로 돌아오고 있다. 휴회 기간 동안 미국 측 수석 협상 대표인 해리슨 장군은 공산 측에게 양측이 합의점을 찾지 못하고 있는 포로 문제에 대한 미국 측의 마지막 제안을 검토하고 받아들일 것을 촉구했다.

미국 측의 마지막 제안은 자신들이 오랜 기간 취해왔던 입장을 세부적으로 수정한 것이다. 그들은 그간 북한 및 중국 포로들이 휴전 상태에서 고국으로 돌아가지 않을 것을 선택할 수 있도록 허용해야 한다고 주장해왔으며, 공산 측은 모든 포로를 송환해야 한다는 제네바 협약의 규정을 들며 일관적으로 그들의 제안을 거부해왔다. 요즘 양측은 여름철 태풍으로 인해 기존의 막사가 무너진 후에 회담을 위해 지어진 목조 건물에서 만난다. 발언을 먼저 시작한 공산 측은 미국 측을 놀라게 한다. 그들은 모든 중국인 포로들이 중국으로 돌려보내야 한다고 말하지만, 북한인 포로 중 일부 "송환 거부자들nonrepatriates"에 대해서는 동의할 의향이 있음을 밝힌다.[2]

미국 측의 요구를 부분적으로만 수용하겠다는 공산 측의 말을 들은 미 육군 장군 해리슨은 준비된 성명을 발표하며, 상대 측이 미국의 입장을 받아들이거나 "여러분들 측에서 건설적인 제안이 나올 때까지" 협상을 무기한 휴회할 것을 일방적으로 요청한다. 해리슨은 공산주의자들에게 그가 그들의 신조로 간주하는, "개인은 국가의 재산"이라는 그들의 주장에 대해 훈계를 늘어놓는다. 그는 포로들에게 선택권을 주지 않음으로써 "그들의 인권을 완전히 무시하고 있다."고 공산 측을 비난한다.[3]

63분간의 회담이 끝난 후 중국 측의 브리핑을 받은[4] 앨런 위닝턴은 데일리워커 독자들에게 "회담을 완전히 망치려는 모든 시도 가운데 가장 심각한 것"이라고 전한다. 개회와 휴회를 반복하는 휴전 협상을 1년 동안 취재한 영국 공산당 특파원 위닝턴은 미국 측이 조기 휴전보다 전쟁 지속을 선호한다고 여전히 확신하고 있다.[5] 도쿄에 있는 극동 사령관 클라크 장군은 상황을 다르게 보고 있다. 클라크 장군은 기자들에게 보낸 성명에서 공산주의자들에 대해 "그들이 정전 진심으로 원하지 않는다는 결론을 내릴 수밖에 없다"고 말한다.[6]

협상이 교착 상태에 빠지면서, 남부 지방에 있는 전쟁포로 수용소들의 혼란은 악화만 될 뿐이다. 몇 주 후, 봉암도의 한 수용소에서 미군과 남한군 경비병들이 집단 탈주 시도—미군의 표현에 따르면—하려던 북한군 및 남한의 공산주의자 포로 84명을 사살한다.[7]

전선에서는 1년여 만에 가장 치열한 전투가 벌어지고 있는 가운데 매일 사망자 수가 증가하고 있다. 겨울이 시작되기 전에 더 나은 위치를 차지하기 위해, 중부 전선을 따라 중공군이 반복적으로 공격하고 있기 때문이다. 판문점에서 북동쪽으로 56킬로미터 떨어진 곳에서, 중공군은 전략적으로 배치된 395고지, 즉 백마고지에서 한국군 9사단을 몰아내기 위해 사흘째 맹렬한 공격을 가하고 있으며, 개선된 한국군은 결사항전의 전형적인 모습을 보여주고 있다.[8]

1952년 한가을

이륙할 때마다 죽음의 위험을 무릅쓰고 있는 젊은 미그기 조종사 노금석은 불안한 꿈에 시달리고 있다. 그런 꿈 가운데 뉴욕의 엠파이어 스테이트 빌딩이 보일 때가 있는데, 오래전 교과서에 나왔던 장면이다. 그 빌딩은 구름 위로 첨탑처럼 솟아 있으며, 그는 거기를 향해 날아가고 있는 것이다.

어린 시절, 침실에 금발 여인의 사진을 벽에 붙여 두었던 소년 노금석은 철도 공무원이자 야구 팬이었던 돌아가신 아버지로부터 미국에 대한 애정을 물려받았다. 그는 또한 아버지의 공산주의에 대한 혐오감도 물려받았는데, 그는 이것을 마음속 깊이 묻어두고 있다. 공중에서든 북한 공산주의

1　현재 추봉도 (경상남도 통영시 한산면)

체제에서든 자기 보호가 그의 최우선 임무다. 그래서 그는 해군군관학교에서 정치 교관들로부터 반드시 최고 성적을 받을 수 있도록 노력했고 만주의 미그기 기지에 있는 북한 공산주의 노동당에 가입하여 매우 헌신적인 모습을 보여왔다. 현재 대대 당 부위원장으로 임명된 그는 집결된 인원들 앞에서 김일성의 성명을 읽어야 할 때마다 지명을 받아 대단히 열성적으로 낭독한다. 그러나 그는 마음속으로는 당원들이 융통성도 없고 중상모략을 꾸미는 것을 경멸하고 있다. 그는 일당 통치의 무자비함, 예를 들어 형이 남한으로 도망쳤다는 이유로 한 동지가 공군에서 추방당한 사실, 그리고 더 심각한 일들로 인해 경악하고 있다. 그는 다른 공군 사단의 대좌 한 명이 남한으로의 망명을 계획했다는 혐의로 재판도 없이 처형되었다는 사실을 알게 된다. 스무 살의 노금석 상위는 진급에서 누락된 것에 대해서도 분개하고 있다.

자신의 힘든 상황에 대한 노금석의 분노는 매일 커져간다. 만주에서 러시아 조종사들이 타고 있는 더 빠르고 성능이 향상된 미그-15bis 기종이 마침내 그를 비롯한 북한 미그-15 조종사들에게도 지원되었다. 하지만 미국이 F-86 세이버를 개량함으로써 공중전에서 확실한 우위를 점하게 된다. 점점 더 많은 미그기가 격추되고, 노금석은 "내 목숨을 그저 운에 맡기고 있다."고 느낀다.

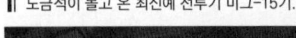
▌노금석이 몰고 온 최신예 전투기 미그-15기.

어느 날, 러시아어를 잘하는 그는 나이가 많은 한 소련군 정비사와 대화를 나누고 있다. 그가 안동 기지에서 친분을 쌓아온 그 러시아인은 전쟁 전 북한 조종사 훈련을 도왔었으며, 1950년 초에 한 북한 조종사가 자신의 일류신Ilyushin 프로펠러 전투기를 타고 남하해 탈북한 일이 있다고 노금석에게 말한다. 노금석은 이 이야기를 들어본 적이 없다. 그는 비행 탈북이 있었다는 사실도 모르고 있었다.

1952년 11월 5일, 수요일

드와이트 D. 아이젠하워Dwight D. Eisenhower 장군이 압도적인 표차로 민주당의 애들레이 스티븐슨을 누르고 미국 대통령에 당선되었다. 이 소식을 전해들은 판문점의 지자오주와 그의 동료 중국인 통역관들은 당혹스러워하며 걱정하고 있다. 교착 상태에 빠져 있는 한국의 상황을 중심으로 한 치열한 선거 운동 기간 동안, 아이젠하워가 자신의 행정부는 "회유"하지 않겠다고 맹세하고, "신의 존재를 부정하는 공산주의"를 격하게 비난하며, "공산주의 전선의 균열"에 대해 말한 것을 그들은 알고 있다. 통역관 막사에 있던 지자오주의 동료들은 오랫동안 미국에 거주하며 하버드 대학을 다니다 중퇴한 그에게 "너희 미국인들"과 그들의 호전성에 대해 설명해달라고 부탁했다.

"완전히 반동적인 미사여구"라고 그는 그들에게 말한다. 하지만 그 자신도 당황스럽다. 지도를 보면 누구나 중국이 단지 국경을 방어하기 위해 한국 분쟁에 참전하고 있다는 것을 알 수 있다. 중국은 세계를 정복하려는 것이 아니다. 그리고 그의 눈에 들어오는 유일한 "전선"은 미국과 멀리 떨어진 필리핀에서 일본에 이르기까지 동아시아를 마주보고 있는 미군 기지들뿐이다. 일부 기지는 핵무기를 보유하고 있는 것이 분명하다. "그들은 히로시마와 나가사키에 한 짓을 우리에게도 쉽게 할 수 있을 거야."라고 그는 혼잣말을 한다.

지자오주의 동료들이 그에게 기대를 하는 이유는 그가 미국에서 살았던 적이 있을 뿐만 아니라, 그들이 드러내진 않아도 그의 이복형이자 베이징의 저명한 공산주의자인 차오팅을 통한 그의 인맥에 대해 알고 있기 때문이다. 게다가 자오주는 의도치 않게 그들 사이에서 휴전 회담의 "영웅"으로 위상이 높아졌다. 그의 위상이 높아지게 된 것은 포탄 한 발이 목표 지점에서 벗어나 판문점 중립 지대에 떨어졌을 때 일어난 일이다. 아무도 다치지는 않았지만, 미국 대표단은 그것이 미국 포탄이라는 공산주의자들의 가정을 인정하지 않았다. 공동 조사 명령이 내려졌고 자오주는 수첩을 들고 조사단과 함께 갔다.

탄착한 포탄의 폭발로 인해 땅이 파인 곳 위에서 양측은 누구의 책임인지에 대해 계속 논쟁을 벌였다. 자오주는 거기에 있던 사람들 중 가장 먼저 두 번째 포탄이 땅속에 반쯤 묻혀 있는 것을 발견했다. "저기 안에 불발탄이 있습니다." 그가 우렁찬 목소리로 말했다. 다른 사람들은 모두 겁을 먹고 뒷걸음질쳤지만, 키가 크고 호리호리한 그는 더 생각할 것도 없이 바로 불발탄이 박혀 있는 곳 안으로 뛰어들었다. "지자오주!" 그의 친구들이 소리쳤다.

두꺼운 안경을 통해 주의 깊게 보던 지자오주는 포탄에 새겨진, 미국 것임이 분명한 표식을 메모했다. 안절부절못하는 미국 장교는 조사 결과를 보더니, 무심결에 "음… 사고는 일어나기 마련이죠!"하고 말하고야 말았다. 한편 이 대담한 젊은 통역관은 막사로 돌아가는 길에 엄청나게 많은 칭찬을 받았다. 한국의 겨울이 다가오면서, 여름의 벼룩과 모기는 막사에서 사라졌지만 새로운 고통이 시작되었다. 그들의 막사는 난방이 되지 않는다. 기온이 뚝 떨어지자, 통역관들은 이제 잠을 잘 때 옷을 다 입고, 누비솜 모자를 당겨 귀까지 덮어쓰고 자기 시작한다. 그럼에도 불구하고 아침에 잠에서 깨면 코끝에 동상으로 인해 하얀 반점이 생겨 있는 사람들도 있다. 한편 그들이 목욕을 하던 개울이 얼어붙어서, 몸 전체를 씻으려면 그들은 봄이 올 때까지 기다려야 한다.

　미국이 본격적인 휴전 협상을 중단한 지 한 달이 지난 지금, 하루 업무 일과는 휴전 지역 위반과 전쟁포로 처리 및 포로 명단 갱신 등을 둘러싼 논쟁에 맞춰져 있다. 그러나 11월 중순, 뉴욕의 UN에서 인도가 반드시 해결되어야 하는 포로 문제가 더 이상 진전이 없는 상황을 타개하기 위한 총회 결의안을 제출한다. 포로 송환 문제를 다루기 위해, 이 결의안은 휴전 하에 중립국들로 구성된 위원회를 설치하여 공산주의 고국으로 돌아가는 것을 거부하는 포로들을 관리하고, 그들의 선택을 검증할 것을 촉구한다. 이 제안을 통해 협상이 재개될 수 있는 근거가 마련된다.[9]

1952년 11월 16일, 일요일

　중부 전선의 고지는 늦가을이 되자 기온이 영하로 떨어지고 있다. 천싱치우가 떨어진 소나무 가지를 들고 바람에 날려온 눈을 무덤 위에서 쓸어내고 있다. 구름이 잔뜩 껴서 날씨가 흐리다는 것은 미군 항공기들이 날아오지 않고 방공대도 경계 태세를 해제하고 있다는 것을 의미한다. 리원하이의 무덤을 방문하기에 좋은 아침이다. 더 중요한 것은, 오늘이 그의 동지 리원하이가 죽은 이후 지켜온 전통적인 애도 기간의 일곱 번째이자 마지막 주가 시작되는 날四十九齋이라는 것이다.

　천은 제수祭需로 가져갈 찐빵과 만두, 야채를 준비했다. 부드러운 눈밭 위를 터벅터벅 걸으며 리원하이의 무덤이 있는 숲이 우거진 그곳에 다다랐을 때, 그는 갑자기 의도치 않은 눈물을 터뜨리게 되어 자기 자신도 놀라게 되었다. "내가 얼마나 그를 그리워했는지!"

　눈이 쓸려 나가자 그는 표식에 자기가 직접 새겼던 일곱 글자를 읽을 수 있게 된다. "리원하이 동지의 묘." 그는 조용히 흐느낀다. "그는 나를 가르쳐 주었고 돌봐주었으며, 진짜 형처럼 저에게 큰 모범을 보여주었다."라고 18세의 위생병 천이 일기장에 적었다. "이런 종류의 동지애와 형제 관계는 아버지와 아들의 관계보다 훨씬 더 강한 결속이다!"

그는 그의 아버지의 죽음을 뒤돌아본다. 그때, 그는 어머니가 뺨을 때려 조금이라도 눈물을 흘리게 만들 때까지 그는 울지도 않았었다. 전쟁이 계속되는 오랜 기간 동안 천싱치우는 어머니를 제외한다면 다른 누구보다도 리원하이에게 친밀함을 느끼게 되었다. 천은 리를 묻은 후 그들이 무덤 위에 놓아 둔 작은 나무 제단 위에 제수를 올려놓는다. 그는 생각에 잠긴 채 그곳에 서 있다. 부상당한 병사들을 함께 치료하고, 농담을 주고받으며 함께 밥을 먹고, 전쟁 이후의 삶에 대해 이야기하던 장면들이 천의 머릿속에서 펼쳐진다. 가져올 꽃이 없어서, 그는 저승에서 죽은 자를 부양하는 오랜 중국의 방식에 따라 "저승돈"이라고 불리기도 하는 종이 조각인 지전紙錢을 태운다. 20분이 지난다. 그는 세 번 절을 하고 돌아서서 기지로 돌아간다. 그는 이상하게 기분이 좋아졌다. 그는 친구에 대한 본분을 다했다.

전쟁이 발발한 후 세 번째 겨울이 다가오고 있다. 바로 남쪽에서는, 천이 소속된 12군단 예하의 1개 사단을 포함한 적군들이 며칠 간 진행될 것으로 예상되었다가 6주 동안 지속되고 있는 전투의 마지막 국면을 맞고 있다. 이 전투는 한국전쟁 중 치러진 가장 규모가 큰 전투 가운데 하나가 되었다.

클라크 장군은 UN군의 중부 전선의 더 나은 방어를 위해, 미군 7사단과 한국군 2사단에 김화 북쪽 고지 점령을 위한 제한적인 공세를 승인했었다. 하지만 중공군은 땅굴과 거점이 미로처럼 얽혀 있는 그들의 막강한 진지 속에서 저항하며 고지를 포기하지 않았다. 낮에는 한미 연합군이 공격하여 고지를 점령하지만, 밤이 되면 중공군이 반격해 탈환했으며, 종종 숨겨진 땅굴 입구에서 나타나기도 했다.[10] 오늘, 한국군은 방어하며 지난 한 달 동안 15번이나 점령과 탈환이 반복된 핀포인트 힐Pinpoint Hill로 알려진 바위투성이 고지에서 중공군의 공격을 격퇴한다.[11]

지난 2년간 꾸준히 강화된 중국 포병대는 이번 전투에서 350,000발의 포탄을 발사하며 미군의 화력과 맞먹는 위력을 과시했다. 수천 명의 사망자가 발생했다. 전투 초반 12일 동안, 미 7사단은 2,000명이 전사 혹은 부상, 또는 포로로 붙잡히는 피해를 입었다. 중공군 15군은 1개 사단에서 병력 10,000명 중 8,752명을 잃었다.[12] 전투가 끝날 무렵, 미군들이 삼각고지 전투Battle of Triangle Hill라고 부르는 이 전투로 인해 달라진 것은 거의 없다. 중공군들에게는, 이 샹칸링上甘岭 전투가 위대한 승리로 호평받고 있다. 승리든, 패배든, 무승부든, 이 전투를 통해 양측 모두 현 상태를 고수하고 휴전을 희망하는 결의가 있음을 확인하게 된다.

중국 관영 라디오는 미국의 새 대통령에게 저 정책을 고수할 것을 권고한다. 월요일 영어 방송에서, 이 관영 라디오는 대통령 당선자 아이젠하워의 군사 고문들이 1950년에 맥아더 장군이 시도했던 것처럼 압록강으로 다시 진격할 것을 그에게 촉구하고 있다고 주장한다. "아이젠하워가 맥아더의 패배로부터 교훈을 받아들일 준비가 되어 있지 않다면, 그는 더 심한 매질을 당할 것"이라고 라디오는 단호한 어조로 말한다.[13] 그러나 아이젠하워는 미국 국민들 사이에서 매우 지지도가 낮은 전쟁에서 승리와는 거리가 거리가 먼 상황을 체념하고 받아들이는 듯 보인다. 12월 초, 미국 대통령 당선자는 사흘간 한국에 머물며 지휘관들과 회의를 하고 이승만 대통령과 잠시 만났지만, 전쟁을 끝내기 위한 "만병통치약"을 가져오지는 않았다고 말하며, 군사적 승리에 대한 관심을 전혀 드러내지 않았다.[14]

1952년 늦가을 어느 날

한 무리의 여학생들이 판문점에서 미국과 공산주의자들이 협상하고 있는 것과는 전혀 다른 한국의 미래를 지지하는 시위를 벌이며 대전의 중심부를 행진하고 있다. "통일!" 학생들은 행진 선두에서 메가폰을 든 키 크고 마른 소녀의 외침에 응답하며 외친다. "우리는 분단을 절대 받아들일 수 없다!" 열세 살의 장상이 외치자, 수많은 학교 친구들이 그녀가 반복하는 구호를 따라 외친다. 2년 전 그날, 일요일 아침에 서울 거리로 뛰쳐나와 전쟁이 시작되었다는 사실을 알게 되었을 때보다, 장상은 훨씬 키도 더 크고 자신감도 더 커졌다. 사실 장상은 중학교 1학년 학급 대표에 불과하지만, 피난민 소녀들을 위한 그녀의 학교 선배들은 검은 생머리에 성적도 최고며, 강인한 목소리를 지닌 이 탈북 소녀에게 행진을 이끌어달라고 부탁했으며, 그녀에게 구호들도 가르쳐 주었다.

장상은 판문점 회담에 반대하는 이승만 대통령의 입장을 지지하는 시위를 이끈다는 명예에 만족하고 있으며 재미도 느끼고 있다. 백발의 이승만 대통령이 보여준 반민주적 행보는 미국의 동맹국들에게 부끄러운 일이지만, 그럼에도 불구하고 많은 한국인들은 이승만을 그들이 쟁취하기 위해 싸우고 있는 통일의 상징으로 존경하고 있다. 대전의 시위에서 가장 큰 목소리를 내고 있는 사람들은 장애가 있는 참전 용사들로, 그들은 수천 명씩 남한의 도시들로 모여들었다. 그들은 지나가는 사람들을 강요하여 그들이 팔고 다니는 질 나쁜 물건을 사게 만들고, 관공서에 난입해 재정 지원을 요구하며, 술을 마시고 공공장소에서 난동을 부리는 등 문제를 일으킬 때도 있다. 그들은 공식적인 원조는 거의 받지 못하고 있지만, 휴전을 반대하고 전쟁을 계속 할 것을 주장하는 이승만을 지지한다. 그들은 전쟁을 계속하지 않으면 그들이 전쟁터에서 팔과 다리를 희생한 것이 아무 소용이 없게 되는 것이라고 느끼기 때문이다.[15]

"통일이 아니면 죽음을 달라!"는 한국 대통령의 조직적인 휴전 반대 운동은 남한 전역의 학교에까지 퍼져나가, 교사들은 하루 동안 수업을 중단하고 학생들에게 거리로 나가라고 지시한다.

몇 번이고, 장상은 피난민 학교 친구들을 이끌고 다른 학교 학생들과 함께 시청에 집결하기 위해 1950년의 폐허를 지나 대전의 넓은 도로를 따라 행진한다. 이들은 먼저 대전 기차역에서 대열을 갖춘다. 한국에서 발생한 최초의 미군 참사를 겪게 되었던 비운의 스미스 특수임무대원들이 2년 전 바로 이 대전역에서 내렸었다. 이제 미국과 다른 강대국들은 적어도 살인 행위는 끝내려고 노력하고 있다. 하지만 한국인들은 배신감을 느끼고 있으며, 열세 살의 장상도 마찬가지다. "우리는 절대 휴전 협정을 받아들일 수 없다!" 그녀가 메가폰을 통해 외친다.

1952년 12월 16일, 화요일

    대전의 거리에서 매일같이 벌어지는 소동에 대해 목동의 한 월세방에 사는 한 젊은 여성은 거의 알아차리지 못하고 있다. 노근리에서 미군의 총탄에 어린 두 자녀를 잃은 지 2년 반 만에, 아이가 없던 박선용이 오늘 딸을 출산한다. 구숙이라는 이름을 갖게 될 아기는 슬픔에 잠긴 가정에 위로와 기쁨을 가져다준다. 그러나 한반도 북쪽과 남쪽의 수많은 사람들 역시 알게 된 것처럼, 젊은 부부의 삶은 결코 더 나아지지 않고 있다.

    경찰관인 남편 은용의 월급이 너무 적어서, 전쟁이 최악의 상황일 때 부산으로 피난 갔다가 심천으로 돌아온 선용의 가족은 정기적으로 쌀을 몇 포대씩 딸 내외를 위해 대전에 보내야 한다. 그리고 은용의 미래에 대한 전망은 여전히 불투명하다. 그는 곧 인근의 중앙대학교 분교에서 학위를 취득하게 될 것이지만, 대학원 진학에 대한 희망은 사라진 상태다. 선용의 부모님은 은용의 대학 학비를 부담했으며, 나중에 해외 유학 비용도 지불하겠다고 말했었다. 하지만 작년에 그녀의 아버지가 마흔아홉 살의 나이에 갑자기 교통사고로 사망하면서, 박씨 가족의 수입은 급격히 줄어들었다.

    휴전 반대 시위에도 불구하고, 대전과 다른 지역의 많은 사람들은 전쟁이 끝나기를, 그리고 전쟁 중인 국가의 공포와 긴장이 끝남과 더불어, 나라가 재건되고 경제가 되살아나기를 간절히 바라고 있다. 최전선은 대전에서 북쪽으로 멀리 떨어진 곳에 있지만, 분쟁은 집에서 그보다 가까운 곳에서도 일어날 수 있다. 불과 3주 전, 게릴라들이 대전 외곽에서 18량 규모의 미군 보급 열차를 탈선시켰다.[16] 한국군의 게릴라 소탕 작전으로 그 수가 줄어들기는 했지만, 소규모 조직은 여전히 남한 전역에서 기습 공격을 감행하고 있다. 한편 선용이 갓난아기를 돌보는 일로 분주한 목동의 집에는 슬픈 기억이 여전히 남아 있다. 한낮에 문득 두 아이의 얼굴이 그녀에게 보이곤 한다. 그러면 그녀는 은용과 함께 죽은 아이들에 대한 생각에 잠긴다. 구필은 이제 여섯 살이 됐을 것이고 구희는 네 살이 됐을 거라고, 그녀는 이야기한다. 그리고는 조용히 흐느낀다.

<<<

2년 연속으로, 뉴욕의 프란치스코 스펠먼^{Francisco Spellman} 추기경이 성탄절을 맞아 부산의 메리놀 진료소를 방문해, 미국 가톨릭 신자들의 기부금을 모은 수표를 매리 머시 수녀에게 전달한다. 이후에 크리스마스 이브 자정 미사에서 미국 추기경들의 최고참자로 여겨지는 스펠먼 추기경은 예배를 위해 모인 미군 신도들에게 "혹시라도 이 적이 승리한다면, 문명의 시계는 야만의 시대로 거꾸로 돌아간다."[17]고 말한다. 또 한 명의 미국의 저명한 성직자인 개신교 전도사 빌리 그레이엄^{Billy Graham}은 12월 초에 한국을 방문했었다. 그는 공산주의라는 "악마적 종교"를 맹렬히 비난했다. "공산주의는 희생자를 잡아먹기 위해 전 세계 곳곳에서 촉수를 뻗고 있는 사악한 문어와 같다."라고 대구 극장에 모인 미군 장병들에게 그레이엄은 단호하게 말했다.[18]

공산 측도 마찬가지로 한국에 있는 그들의 적들을 "짐승"이나 "악마" 같다고 묘사하고 있다. 북한의 김일성은 연말 연설에서 장군들에게 미국의 새로운 공세, 특히 인천 상륙작전 같은 작전이 북한 영토에서 벌어질 것에 대비하라고 지시한다. 그리고 그는 병력 훈련이 "적에 대한 증오심을 강화"하는 데 초점을 맞춰야 한다고도 지시한다.[19]

가을

제4부
1953

하늘과 땅은
한결 무거운데
저주 받은 지대에도
평화의 백마는 뛰어 오르나?
정녕 백마는 뛰어 오르나?

- 문상명, "백마고지"

1953년이 시작되었지만, 휴전회담은 전쟁포로 문제로 인해 여전히 마비 상태다. 판문점에 있는 양측 대표단은 전쟁과 살육이 계속되는 동안, 다른 사소한 문제들로 말다툼을 벌인다. 그러던 중 갑자기, 예기치 않게, 모스크바 외곽의 다차에서 요제프 스탈린이 사망함으로써, 회담의 진전을 가로막는 주요 장애물이 제거된다. 곧바로 스탈린의 뒤를 이은 크렘린궁의 지도부는 병들고 부상당한 포로들을 교환하자는 미국의 제안을 받아들이라고 중국과 북한에 지시한다.

이후 회담은 더욱 진전되어 가지만, 그 사이 양쪽 군대는 최종적으로 보다 나은 위치를 차지하기 위해 작은 영토를 놓고 힘겨운 싸움을 이어간다. 한반도를 가로지르는 전선 전역에서 벌어지는 엎치락뒤치락하는 전투의 전형적인 모습이 목격되는 포크찹 고지에서는, 양측이 수개월 동안 공방전을 치르며 서로 이기고 지고 정상을 탈환하면서, 고지 정상 아래로 시체들로 가득하다.

6월에 양측은 공산주의인 조국으로 송환되기를 거부하는 북한군 포로 처리에 대한 절충안이 마련됨으로써 최종 합의에 가까워진다. 협상이 아닌 결전을 선호하는 이승만 대통령은 분노하여 그런 포로들을 일방적으로 남한에 석방하여 회담을 방해하려 한다. 중국은 한국군 사단들을 겨냥한 2년 만에 최대 규모의 공격으로 보복한다. 양측 모두 수만 명이 죽거나 부상당하는 피해를 입고 나서야 중국의 공격이 끝이 난다.

마침내 7월 27일 판문점에서 휴전 협정이 체결되어, "양측에게 고통과 살상을 발생시킨 엄청난 고역"이 끝난다. 중국의 개입 덕분에 겨우 살아남은 김일성 정권은 "위대한 승리"를 자축한다. 그러나 누구도 이 전쟁에서 승리하지 못했다. 수백만 명이 사망하고 분단된 국가의 두 반쪽이 폐허가 되었지만, 이 전쟁은 평화가 아닌 휴전 협의하에 일시 중단된, 보류된 전쟁으로 남아 있다.

겨울

1953년 1월 27일, 화요일

일곱 번째 한국 전선 시찰을 위해 워싱턴에서 온 미 육군참모총장 조 콜린스 장군은 그가 보게 된 것들이 상당 부분 마음에 든다.[1] 그의 곁에 있는 극동군 사령관 마크 W. 클라크 장군은 그렇게 만족스럽게 느끼지 못하고 있다. 3개월 전, 클라크는 참모 3명을 워싱턴으로 파견해 콜린스에게 평양에 대한 전면 공세를 개시해 휴전회담에서 상대방을 압박하고 공산군이 즉각적인 휴전을 수용하지 않을 수 없게 만드는 계획을 브리핑했다.

클라크는 이 작전을 위해 대만의 중국 국민당군 2개 사단을 포함한 7개 사단을 새로 편성하여 유엔군을 강화할 것을 제안했다. 그는 또한 중국 내 목표물에 대한 공습을 구상하기도 했다. 전쟁을 중국으로 확대하고 반공 중국인들과 함께한다는 아이디어는 맥아더 장군이 1950~1951년에 했던 공격적인 제안을 떠올리게 했다. 맥아더 때와 마찬가지로, 클라크의 계획은 최고위층의 지지를 거의 얻지 못했다. 그리고 일주일 전 취임한 아이젠하워 대통령은 현재 합동참모본부와 함께 그들의 입장을 고수하고 사상자를 최소화하며 협상을 통해 판문점 휴전 협정을 성사시킨다는 전략에 전념

하고 있다.[2]

오늘 서부전선의 1군단 구역에 있는 임진강 전선에서 콜린스 장군이 명성이 자자한 한국군 1사단을 시찰하고 있다. 한국군 1사단은 남쪽으로 56킬로미터 떨어진 서울로 가는 길목을 지키는 임무를 맡고 있다. 1950년 7월, 새로 발발한 전쟁의 현장을 처음 방문한 미 육군참모총장 콜린스의 눈에 보인 한국군은 전투에 패배하여 사기가 저하되고 혼란에 빠져 있었다. 이제 그는 동행한 기자들에게 한국군의 개선된 모습에 깊은 인상을 받았다고 말한다.[3]

1사단 사령부 뒤편에 그런 인상적인 한국군 중 한 명이, 어리지만 강인한 헌병이 대기하고 있다. 상병 신형규가 속한 헌병대대는 서부 전선의 1사단을 지원하기 위해 새해 전날 중부 전선에서 이동 배치되었다. 이들의 임무 중 하나는 미 육군참모총장 같은 귀빈들을 호위하는 것이다. 장군들이 도착하기 전에 신형규를 비롯한 호위병들은 카키색 군복을 다려 입고, 침을 뱉어 군화에 광을 내고, 목에 하얀 머플러를 두른 채, 지저분한 때와 흙먼지 가득한 전장에서 복장에 신경을 써서 말끔하게 차려입은, 현실과 동떨어진 모습을 보여주고 있다. 신형규와 그의 동료 헌병들은 귀빈 방문의 사소한 화려함 사이사이에 실제 전쟁터로 돌아가 훨씬 더 낮은 계급의 사람들, 즉 그들보다 나이가 많은 수만 명의 한국인들이 징집되어 창설된 노무단[1]Service Coprs의 대원들을 호위한다. 이 노무자 부대원들은 참호 진지를 구축하고 있는 부대에 식량과 탄약 및 연료를 가져다주고, 그 외 다른 수많은 방법으로 전투 부대를 지원하는 최전선 노동자들이다.

신형규가 소속된 B중대의 임무는 수심이 얕아 걸어서 140미터 폭의 임진강을 건널 수 있는 지점들과, 강이 넓게 S자 모양으로 굽이치는 곳으로 양측이 서로 차지하기 위해 치열한 전투를 벌이고 있는 "이중 편자Double Horseshoe" 구역에 있는 강 건너편의 1사단 고지 후사면을 올라가는 노무단 수송

---

1   한국노무단(韓國勞務團, Korean Service Coprs)

대원들을 안내하는 임무를 맡고 있다. 이 임무는 위험하다. 보급품을 실은 나무 지게를 지고 등을 구부린 채 이동하는 수송대원들이 가끔 "아군" 지뢰에 발을 헛디디는 경우가 발생한다. 반대편 고지에 참호를 파고 들어가 있는 중공군은 정기적으로 포격을 퍼붓거나 기습대를 보내 한국군 초소를 공격하고 있으며, 특히나 밤에는 서치라이트가 계곡과 산비탈을 훑고, 중공군의 확성기를 통해 전투 함성과 나팔소리도 울려 퍼진다.

2년 전 평양 남쪽에서 중공군의 매복 공격에서 살아남기 위해 죽은 척했던, 그리고 중부 전선의 "전초전"에서 수많은 젊은 병사들의 목숨이 헛되이 희생되는 것을 목격했던 "소년병" 신형규에게, 예측할 수 없고 때로는 치열한 전투가 연일 계속되고 있는 이번 임진강 전투는 너무 오랫동안 지속되고 있는 이 전쟁 중 겪은 가장 끔찍한 상황으로 전개되고 있다. 한반도 중부 지역을 가로지르고 있는 전선 양쪽의 벙커와 참호에 웅크리고 있는 수십만 명의 병사들처럼, 신형규는 판문점 쪽을 바라보며 언제쯤 전쟁이 끝난다는 말이 나올지 귀를 기울인다.

1953년 1월 30일, 금요일

고함치는 소리와 경보음이 처음 들린 것은 8시경, 매리 머시를 비롯한 수녀들이 저녁에 책을 읽으며 휴식을 취하려고 하고 있을 때였다. 수녀들이 밖을 내다보니, 부산의 밤하늘에 주황색 불빛이 보였고, 그다음엔 불길을 피해 겁에 질린 피난민 가족들이 진료소 윗쪽 판자촌에서 얼음이 언 비탈길을 줄지어 내려오는 모습이 보였다. 불은 메리놀 진료소에서 길 아랫쪽으로 한 블록 떨어진 곳에서 시작되었다. 불은 저장 연료에 의해 규모가 커진 것으로 보이며, 시속 24킬로미터의 돌풍을 타고 빠르게 번지고 있다. 불길은 진료소에서 멀어져 인근 산비탈들로 옮겨가고 있으며, 도시의 암시장 지역의 금방이라도 무너질 듯한 집들과 상점들 사이로도 번지고 있다. 요행을 바라지 않고, 메리놀 진료소의 한국인 근로자들은 물 양동이를 운반할 줄을 만들어 진료소 지붕으로 올라가 불똥이 날아오는 것에 대비해 지붕을 적신다. 매리 머시 수녀는 즉시 직원들에게 장비와 물품을 모아 정리하고 대피 준비를 시작하라고 지시한다. 또한 이 경건한 진료소 책임자는 하느님의 도움을 구하기 위해, 예배당과 가톨릭의 한국 수호성인인 성 요셉 동상 앞으로 각각 한 명씩 수녀들을 교대로 보내 묵주 기도를 드리도록 한다.

메리놀 진료소와 정원으로 사람들이 몰려들기 시작했다. 다친 사람들이 있는데, 그중 화상을 입은 사람들은 적지만 화재를 피해 도망치던 수백 명의 사람들에 의해 짓밟혀서 생긴 자상이나 타박상, 혹은 골절상을 입어 고통스러워하는 사람들이 많다. 진료소 수녀들은 이들을 치료하기 시작한다. 불이 번지는 것을 막기 위해, 미 육군 공병대에서 투입한 불도저들의 도움을 받아 건물을 무너뜨리며, 시 소방대가 서서히 대화재의 현장으로 접근해간다. 항구에서 펌프로 끌어올린 물이 불길을 진압한다. 미 대사관을 비롯한 인근 건물들은 불길이 미치지 않았고, 자정이 지나면서 해방 후 부산 최악의 화재는 불길이 잡힌다. 도시 전체가 불바다가 되는 것은 피했지만, 2.6제곱킬로미터의 지역이 전소되었다.[4] 이렇게 감각을 마비시킬 정도로 추운 겨울에 화재는 언제든 닥칠 수 있는 위험이다. 1월 중순 이틀 동안, 부산에서 19건의 화재가 발생했다. 골판지, 마대자루 천, 폐목재로 만든 작은 오두막집에 복잡하게 모여 사는 피난민들은 덮개가 없는 석탄 난로의 온기와 등유 램프의 불빛가 절실하다. 그러니 사고는 필연적인 것이다.

원시적인 거처와 함께, 가족이 덮는 누비이불, 밥솥, 김치 항아리, 사과나 헌옷 또는 연필을 팔 수 있는 작은 가판대 등 변변찮지만 필수적인 것들이 한순간에 사라질 수 있다. 수녀들은 다친 사람들을 돌보며 아침을 맞이한다. 해가 뜬 후, 진료소 구내에 다닥다닥 모여 있던 가족들에게 다행히도 새로 보충된 보급품으로 만든 주먹밥이 아침 식사로 제공된다. 날이 밝아오자, 오르막길 위의 판자촌은 크게 손상되지 않았고, 불은 아래쪽의 매우 노후한 지역에서 가장 거세게 타올라 약 1,500채의 건물이 파괴되었음이 밝혀졌다. 약 9,000명이 집을 잃었다.[5] 미군 사령부는 트럭을 보내 임시 거처가 될 군용 창고로 이들을 데려갔다. 뿐만 아니라 날이 밝아오면서, 메리놀 진료소 정문에는 여느 때처럼 수백 명의 아픈 피난민들이 줄을 서기 시작한다. 부산에 천연두가 다시 발생하자, 수녀들은 특별히 다시 한 번 빈민촌을 돌아다니며 아이들에게 백신을 접종한다.

수녀들은 또한 치료하지 않으면 사망에 이르는 디프테리아^{diphtheria}에 걸린 아이를 1년여 만에 처음 보았다. 매리 머시는 일기장에 "이 가여운 사람들에게 더 이상 이런 일이 없기를 바란다."하고 적는다.

1953년 2월 22일, 일요일

클래런스 애덤스는 5호 수용소를 관리하고 있는 중공군들이 가장 선호하는 전쟁포로에게 부여하는 "감시인"이라는 직책을 맡게 되었다. 미 육군 상병인 흑인 애덤스는 포로들과 지휘부 사이의 연락책 역할을 할 뿐만 아니라, 수용소 내 여러 공부 모임에서 노예제도, 자본주의, 제국주의와 같은 주제에 대해 호기심이 있는 포로들에게 단독으로 강의할 정도로 충분히 교육된 것으로 평가받고 있다. 애덤스와 같은 생각을 가진 전쟁포로 친구인 러란스 설리번과 그는 북한에 설치되어 있는 수용소 사이에 배포되는 선전지 "진실과 평화를 향하여"에 정기적으로 정치 관련 글을 기고하기도 한다.[6]

이제 애덤스는 자신이 포로들 사이에서 "진보적인" 대열에 속한다는 것을 인정한다. 일요일인 오늘, 그를 비롯한 "진보적인 포로들"은 뉴욕의 UN 총회에 포로 교환에 대한 판문점에서의 공산 측 입장을 지지하는 서한을 보내며, 포로들이 고국으로의 송환을 거부할 수 있도록 허용하자는 미국 측의 제안을 거부한다. 그들은 이 문제를 해결해야만 "고향으로 돌아가고자 하는 우리의 희망과 열망이 이뤄질 수 있다."고 서한에 적는다. 그러나 애덤스는 때때로 이 점에 대해 확신이 없는 것처럼 들린다. 깊은 밤 조용히 대화를 나누던 그는 로버트 플레처$^{Robert\ Fletcher}$라는 자신보다 어린 흑인 친구에게 멤피스의 억압적이고 인종이 분리된 생활로 돌아가지 않겠다고 말한다. 그는 5호 수용소에서 중공군들이 백인과 흑인을 "똑같이 무심하게" 대하는 것을 보게 된다. 그는 열등한 존재가 아니라 동등한 존재로 느낀 적은 생전 처음이다. 한편 비참한 포로 생활은 조금씩 계속 나아지고 있다. 1950~1951년 겨울에는 난방도 되지 않는 방마다 병들고 죽어가는 포로 20여 명이 꽉 차 있던 것에 비해, 지금 그들은 방 3칸짜리 판잣집에서 4명이 한 방에서 잠을 잔다. 그들은 스포츠, 독서 및 기타 기분 전환을 위한 활동을 할 수 있으며, 다양한 여러 수용소에서 온 포로들이 축구, 농구 및 기타 스포츠에서 경쟁하고 육군 웰터급 클래런스 애덤스가 권투에 출전한 "올림픽"도 개최된 적이 있다.

일일 식단도 개선되고 있다. 순무 대신 감자가 나오고, 쌀도 더 많이 받으며, 빵도 매일 주식으로 제공된다.[7] 그러나 여전히 식량은 부족했고, 애덤스가 다른 흑인 포로들에게 식량 부족을 미 공군의 보급선 폭격 탓으로 돌리며 중국인을 옹호하면, "반동분자"들은 더욱 격분한다. 스물네 살의 애덤스는 일부 백인 포로들로부터 유별나게 증오를 받아왔다. 그들은 그에게 "깜둥이"라는 비방을 퍼붓고, 때로는 그들이 모두 미국으로 돌아갈 때 그를 "가만두지 않겠다"고 위협하기도 한다. 그는 수용소 도서관에서 잠을 자기 시작했으며, 가끔씩 흑인 친구 두 명이 보초를 서기도 한다. 이 친구들은 특별히 정치적인 성향이 있는 것이 아니라, 같은 고향 출신인 그를 돕는 것이 멤피스 사람으로서의 도리라고 느끼고 있다. 세 사람은 스스로를 "빅 엠Big M에서 온 사내들"이라고 부른다.

수용소에는 매일 소문들도 나도는데, 주로 휴전이 임박했다는 내용이다. 그러나 판문점에서는 교착 상태가 지속된다. 오늘, 도쿄에서 클라크 장군이 김일성과 펑더화이에게 병든 포로와 부상당한 포로를 교환하자는 예전의 요청을 반복하는 내용의 서한을 보내지만, 받아들여질 가능성은 거의 없다.[8]

1953년 3월 초

미국의 새 대통령은 호전적인 어조로 말했다. 드와이트 아이젠하워는 첫 연두 교서에서 대만의 중국 국민당과 본토의 공산당을 분리하고 있는 미 해군의 방패를 제거하겠다고 말했다. 세계는 이를 중국 공산군의 군사력을 한국의 전선으로부터 돌려놓기 위해 국민당이 본토를 공격하도록 유도하는 것으로 간주하고 있다.[9]

판문점에서는 공산 측 수석대표 남일이 해리슨 장군에게 단호한 어조의 메시지를 통해, "아시아인을 이용해 아시아인과 싸우겠다"는 이러한 위협과 "휴전 협상을 뒤집어엎고, 한국전쟁을 확대하며, 극동의 평화를 더욱 침해하려는 귀측의 의도된 계획"[10]을 비난한다. 그러나 휴전 회담에 참석하고 있는 지자오주의 동료 통역관들은 아이젠하워의 위협을 공허한 소리라고 웃어넘긴다. 대만의 "게으르고 부패한 반동분자 수천 명"이 중국의 힘에 맞서 무엇을 할 수 있겠어? 친구 "쿠오 군"이 자오주에게 묻는다. "막강하다는 미국도 결국 종이호랑이일 뿐, 종이호랑이가 우리를 이길 수 없을 거야. 너희 미국인들은 멍청하거나 미쳤거나 둘 다야!"

거의 3년이 지난 후에도 계속되고 있는 이 전쟁의 무의미함 때문에 지자오주는 자신이 "제2의 조국"으로 사랑했던 미국을 의심하게 되었다. 그는 가족이 뉴욕에 도착했을 때 아홉 살이던 자신의 뺨을 꼬집어주던 부두의 입국 심사원, 자신을 가르쳐주고 학비를 지원해준 친절한 미국인들, 아버지의 차이나 데일리 뉴스와 그것을 통해 일본에 대항하는 미중 동맹을 홍보하는 일 등 성장기의 기억을 소중히 간직하고 있다. 그러나 판문점에서 1년 동안 있으면서 그는 미국 측 협상가들의 호전성과 북한의 도시와 마을이 파괴되는 과정 속에서 그가 알던 것과는 다른 미국을 보게 되었다. 그가 생각하고 있는 이런 "이분법"은 결코 그의 머릿속을 떠나지 않고 있다.

주민 340명 중 300명이 사망한 한 마을을 포함해 평양 주변의 공습이 강화되고 있다. 라디오 방송은 미국의 공격이 임박했으며, 상륙작전이 이루어질 가능성이 높다고 경고한다. 김일성은 군에 해안 방어시설들을 "철옹성"으로 만들라고 지시한다.[11] 사실, 휴전 회담에서 수락을 강요하기 위해 한미 사단을 대폭 증강하고 평양을 향해 공격하려는 클라크 장군의 계획은 유보된 상태다. 그러다 3월 5일 목요일, 모든 것이 바뀐다. 모스크바 외곽의 다차에서 요제프 스탈린이 뇌출혈로 사망한 것이다.[12] 소련의 지도자이며 두 공산군의 후원자이자 군수물자 공급자였던 스탈린은 그의 적들인 미국과 그 동맹국들의 발을 묶어두기 위해 전쟁을 길게 끌려고 오랫동안 노력했다. 이제 휴전 협상의 장애물이 제거되었다. 이후 상황은 빠르게 전개된다.

3월 19일, 소련 각료회의는 마오쩌둥과 김일성에게 병들고 부상당한 전쟁 포로를 교환하자는 클라크 장군의 제안에 호의적으로 답하고, 이것이 전체 포로 문제 해결을 위한 조치임을 밝히라고 지시한다.[13] 3월 28일, 두 공산국가의 지도자들은 클라크가 제안한 교환 방식을 수락한다는 서한을 보낸다. 이 교환은 최종적인 포로 교환인 "빅 스위치Big Switch"와 대조를 이루는 "리틀 스위치Little Switch"로 알려지게 된다. 3월 30~31일, 중국과 북한은 12월에 UN에서 인도가 한 제안에 찬성한다는 신호를 보낸다. 인도의 제안은 자국으로 돌아가고 싶지 않은 포로를 처리하기 위해 중립국들로 이루어진 위원회를 구성하자는 것이었다. 공산 측은 하위급 관료들 간의 논의를 판문점에서 곧 재개할 것을 제안한다.[14]

6개월 동안 사소한 세부사항과 과장된 말을 다루었던 지자오주와 그의 동지들은 해빙된 시냇물과 오랫동안 미뤄왔던 목욕 그리고 한국의 봄을 기대하면서, 전쟁을 끝내고 집으로 돌아가는 실질적인 문제를 통역하게 되기를 기대하기도 한다. 하지만 지금은 고인이 된 소련의 독재자만이 장애물은 아니었다.

봄

1953년 4월 중순

1951년 겨울에 수많은 사람들과 피난을 떠난 지 2년여 만에, 장상이 어머니와 함께 대전에서 서울로 돌아왔다. 그들은 도시가 반쯤 죽어버린 것을 알게 된다. 온 사방이 폐허로 변해 있고, 건물들의 내부는 폭탄과 포탄, 불길에 의해 모조리 파괴된 상태다. 거리에는 떨어진 벽돌들이 널려 있고, 허름한 옷을 입은 사람들이 돌 파편을 주워내며 잔해를 통과한다. 거리의 아이들 수백 명이 도시를 배회하며, 쓰레기를 뒤지고 구걸하고, 미군들을 따라다니면서 그들에게 연필, 면도기, "누이들"을 팔고 있다.

한국의 수도에 있는 가정집의 절반이 파괴되었지만, 열세 살의 장상은 운이 좋다.[1] 돌아가신 아버지의 친척들이 멀리 남쪽에서 피난민으로 남아 있기에, 장상과 어머니는 그들이 살던 빈집에 들어가 살 수 있게 된 것이다. 신당동에 있는 김씨 집안도 혼잡함을 덜게 되었다. 그리고 장상은 좋은 학교, 즉 숙명여자중학교에 합격했다. 하지만 행운과 함께 가슴 아픈 소식도 들려온다. 2년 전 "여기서 천국이 훨씬 가깝다"며 피난을 떠나지 않았던 상이의 친할머니 차씨가 집에 없다는 것을 어머니가 발견한다.

이웃들의 말에 따르면, 1951년 1월 공산군이 서울을 탈환한 후 북한군들이 집안으로 들이닥쳐 할머니가 성경을 읽고 있는 것을 발견하고는 할머니를 데려간 것이다. 어머니는 독실한 기독교 신자인 이북 출신 피난민인 할머니에게 최악의 상황이 벌어질까 두려워한다. 어머니는 또한 할머니의 막내딸과 남편, 즉 고등교육을 받은 장상의 고모와 고모부가 1951년 초에 자진해서 북으로 떠났다는 사실도 알게 된다.

대학교수였던 두 사람이 공산주의자들에 동조하여 취한 행동으로 보이며, 그들에게 협력한 사실 때문에 보복당할까 봐 두려워했을지도 모른다. 이것은 남북한 전역에서 밝혀지고 있는, 부모와 자식, 형제와 자매가 행방불명인, 말도 없이 사라진 채 헤어져 있는 수많은 이산가족 비극 중 하나일 뿐이다. 적어도 장상은 자신이 가장 고향처럼 생각하는 도시로 돌아왔다. 휴전회담에 반대하는 가두행진을 이끌었던 소녀는 이제 그런 일들을 제쳐두고 학업에 전념한다. 숙명여중 선생님들에게 깊은 인상을 남긴 그녀는 학비 전액 장학금을 받게 되었다.

<<<

허원무도 서울로 돌아온 사람들 중 한 명으로, 이번에는 새로 창설된 한국군 부대인 제76야전포병대대의 중위 겸 작전장교로 오게 되었다. 그는 전투 지역의 일선 근무 복귀를 요청했으며, 이제 그렇게 될 것이다. 책을 좋아한 고등학교 3학년생이었던 그는 1950년, 마룻바닥 밑에 숨어 어느 누구의 군대에도 가지 않겠다고 다짐했었으나, 장교 훈련과 1951년의 격전지에서 수개월간 전투를 치른 이후 많은 것을 경험했다. 그는 100명의 정예 장교 중 한 명으로 선발되어 오클라호마 주에 있는 포트 실Fort Sill 육군포병학교에서 6개월간 고등 포병 훈련을 받았다. 그곳에서 그는 자동차와 영화, 핫도그와 값싼 맥주, 친절한 사람들 등 미국 생활에 감탄했다. 또한 그

는 시립 버스의 "유색인종" 칸에 탑승하면서 미국의 보다 어두운 면을 알게 되었다. 한국으로 돌아온 그는 대한민국 육군 포병장교학교의 교관 임무를 맡게 되었다. 하지만 지나치게 과중한 업무량과 매일 반복되는 지루한 생활에 그는 결국 완전히 지쳐버렸다. 그는 나이가 스무 살에 불과했지만, "내가 늙은이가 된 것 같다."라고 혼잣말을 했다. 결국 그는 전선으로 복귀시켜줄 것을 요청했고 승인을 받았다. 전선으로 향하기 전, 그는 서울 보급창에서 미제 155밀리 곡사포를 운용하게 될 새로운 대대를 조직하는 일을 도왔다. 이는 한국군의 취약한 포병대를 대대적으로 증강하는 작업의 일환으로, 1952년 중반 이후 한국군의 대포 수는 4배로 늘어나게 된다.[2]

홀로 된 어머니와 형제자매들도 만날 수 있는 서울에 온 그는 지금 그가 한때 북한군의 강제 징집을 피해 숨어 지냈던 예전 집으로 돌아와 있다. 어머니는 1951년 1월에 가족이 모두 피난을 떠난 후 약탈당한 농기구 가게를 탈바꿈시키며 바쁜 나날을 보내왔다. 완전히 바뀐 가게는 따뜻한 계절에는 아이스크림 가게로, 겨울에는 국수 가게로 운영될 것이다. 아버지가 세상을 떠난 지 7년이 지났지만, 허원무는 그 모든 전쟁의 혼란 속에서 마흔두 살의 어머니가 보여준 활력과 진취적인 모습에 여전히 놀라고 있다.

1953년 4월 21일, 화요일

언제나 그렇듯이, 앨런 위닝턴이 이번에도 판문점에서 동료 기자들을 노련하게 제치고 "리틀 스위치" 취재에 성공했다.

전쟁에서 북측 편에 서 있는 런던 데일리 워커 특파원은 지난주 압록강변 벽동에 있는 5호 전쟁포로 수용소로 가서, 새로 합의된 포로 교환을 위해 병들고 부상당한 수십 명의 포로들을 322킬로미터 떨어진 판문점으로 이송하는 구급차와 트럭으로 구성된 호송대에 합류했다. 이송 과정 중에 그가 송고한 기사들은 포로들의 감금 생활에 대한 낙관적인 이야기를 담고 있다.

위닝턴이 인터뷰한 한 포로의 말을 인용한 오늘 자 데일리 워커의 헤드라인 "최고의 대우"는 독자들을 안심시킨다. 위닝턴은 첫 번째 기사에 "들것에 실려 온 포로는 소수에 불과하다."라고 썼다. "대부분은 생포 당시 입은 상처나 동상으로 인한 질환을 앓고 있다." 그는 아직 공산 측에 구금된 채 이날 늦게 진행될 교환을 기다리고 있는 영국군 및 미군 포로들이 벽동에서 중공군들로부터 받은 진료를 칭찬하는 말을 인용한다. 이번 주 후반 미국 뉴스 보도는 1950년에 겪어야만 했던 죽음의 행진과 2년 전 5호 수용소에서 질병과 굶주림으로 수백 명이 사망했다는 석방된 포로들의 증언에 초점을 맞추고 있지만, 위닝턴의 보도에는 그러한 잔인함과 방치에 대한 언급은 없다.

그는 판문점에 있는 협상가들이 아직 남아 있는 포로들을 위해 평화의 장애물을 제거하기를 "송환자들"이 원한다고 전한다. 그는 "거기에 있는 병사들은 영국 국민들이 이 전쟁을 끝낼 날을 기다리고 있다."며 한 영국인의 말을 인용한다. 그는 남쪽에서 미군이 운영하는 전쟁포로 수용소에 수감되어 있다가 판문점에서 석방된 병들고 부상당한 포로들에게서 보여지는 "암울한 대조"를 묘사하며 기사를 마무리한다. "800미터 떨어진 곳에서는, 미군 구급차로부터 유령 같은 사람들이 비틀거리며 나왔다. 공포의 거제도에서 곧바로 온 것이다."라고 그가 전한다. 그들의 얼굴은 "고통받은 흔적이 역력"하고, "팔다리가 잘려나간 사람들도 엄청나게 많았다."[3]

위닝턴은 자신의 저널리즘을 옹호의 도구로 여긴다. 20년 동안 영국 공산당 당원이었던 그는 판문점 동료인 호주 출신의 좌파 특파원 윌프레드 버체트에게 자신들은 한국에서 "선전전宣傳戰"에 임하고 있는 것이라고 말한 적이 있다. 이전에 포로수용소를 방문했을 때, 그는 포로들에게 계급 투쟁에 대한 강연을 했고, 중국인들이 주도하는 "정치 연구모임"에 참석하기도 했다. 그는 버체트에게 포로들이 평화를 위해 "글을 쓰고, 사람들을 선동하고, 뉴스거리를 만들도록" 자신들이 격려해야 한다고 말했다.[4] 동시에 그는 영국 포로들의 가족들을 위해 그들 각각의 사진을 찍었고, 우편물 교환을 용이하게 만들었으며, 수용소에 레크리에이션 장비들이 설치될 수 있도록 했다.[5] 그러나 그의 활동은 본국, 특히 영국 보수주의자들 사이에서 꾸준히 분노를 불러일으켜 왔다.

위닝턴을 향한 분노는 남한이 미국의 지원을 받아 대전 외곽에서 수천 명의 정치범을 집단 처형했다고 그가 1950년에 보도했을 때로 거슬러 올라가는데, 당시 그 보도는 조작된 것이며 심지어 반역적인 것이라고 맹비난받았다. 그 학살은 미군 공식 역사에 북한군의 소행이자, "한국전쟁 전체 기간 동안 발생한 가장 큰 대량 학살 중 하나"로 기록되고 있다.[6] 위닝턴 보도의 진실성은 미군의 사진들과 문서들에 의해 입증되었지만, 그런 증거들은 국방부에 기밀로 보관되어 있다.

최근에 위닝턴에 대한 비난이 더욱 거세졌다. 미군이 적의 영토에 질병에 감염된 곤충을 투하하여 생물학전을 벌였다는 북한과 중국의 주장을 지지하는 그의 기사들 때문으로, 미군은 격렬한 반응을 보이며 그의 주장을 받아들이지 않았다.[7] 이런 식으로 앨런 위닝턴의 한국 보도는 그에게 미래에 발생하게 될 수 있는 문제의 씨앗을 심어주었다. 그리고 그 미래는 이제 이 한 명의 영국인보다 더 많은 사람들에게 영향을 미친다. 주기적으로 한국과 베이징을 왕래하는 동안, 마흔세 살의 위닝턴은 신화통신에서 일하면서 좌절감을 느낄 때마다 그에게 위로와 안정을 구하는 스물한 살의 영국계 혼혈 에스더 저오잉과 관계가 깊어졌다.

마침내 어느 날, 그녀는 불쑥 말했다. "앨런, 나랑 결혼해줘요." 그녀는 진지한 건 아니라고 혼잣말을 했다. 하지만 그가 다시 한국으로 떠나기 하루 전, 포장마차에서 점심을 먹으며 이야기를 나누던 두 사람은 언제가 될지는 모르겠지만 결혼이 필연적인 것처럼 이야기하고 있다는 것을 알게 되었다. 이제 그녀는 임신한 채 그가 돌아오기만을 기다리고 있다.[8] 위닝턴은 현재 판문점에 머물고 있으며, 그곳에서는 2주 동안 리틀 스위치의 과정이 진행되어 결국 병들고 부상당한 포로들, 6,670명의 북한군 및 중공군과 684명의 미군 및 기타 UN군이 교환되었다.

한편 이번 주 일요일인 4월 26일에는 휴전회담 본회의가 재개된다. 지난해 10월 미국이 회담을 중단한 이후 처음이다. 협상가들은 동일한 단 하나의 문제에 직면해 있다. 북한군 및 중공군 포로들이 고국으로 돌아가지 않는 것을 선택할 수 있는지에 대한 것이다.[9] 전쟁과 유혈 사태는 계속되고 있다. 협상장에서 북동쪽으로 72킬로미터 떨어진 곳에서, 중공군은 255고지, 즉 포크찹 고지 탈환을 또다시 시도하다 고지를 사수하고 있는 미군에 의해 심각한 인명 피해를 입고 퇴각했다.[10]

1953년 4월 하순 어느 날

정동규가 몇 주 동안 매일같이 중대 본부에 들러서 자신의 전근 명령이 내려왔는지 문의했던 것은 어느덧 농담삼아 하는 일이 되어 있었다. 하지만 오늘, 상황이 달라진다. 본부의 상사ᄔᄇ는 놀라며 정동규에게 3사단 본부에서 내려온 명령서에 그의 이름이 있다고 말한다. 그는 대한민국군 8사단 본부로 전근 갈 예정이다.

마침내 그는 전방에서 벗어나게 된다. 그가 오랫동안 원하던 것이다. 2년이 넘는 기간 동안, 정동규는 매일 위험에 직면하고 배고픔에 허덕이며, 가혹하고 불결한 전쟁의 선봉에서 싸웠으며, 그와 마찬가지로 한국군에 징집되어 함께 싸웠던 형제같은 탈북자 전우들의 수는 점점 줄어들었다. 그들의 수색 중대는 가장 어려운 임무를 맡는 것 같다. 그들은 한국군 사령부가 자신들을 소모품, 총알받이로 여긴다고 확신하고 있다. "이제 친구들이 한 명씩 죽어가는 모습을 더 이상 보지 않아도 되겠구나."라고 그는 혼잣말을 한다. 몇 달 전, 그는 1947년에 북한에서 남한으로 피난 온 사촌이 전선 바로 서쪽에 있는 8사단의 선임 정보장교로 있다는 사실을 알게 되었다. 그 정몽호 중령을 방문한 스물한 살의 병장은 바로 본론으로 들어갔다. 그가 전투에 참전한 시간을 생각해보면, 그는 남한에 피난 온 탈북자로서의 책무를 다하고도 남는다고 말했다. 그는 지금 무리한 부탁을 하고 있으며, 전쟁터에서 살아남지 못해 어머니를 다시 만나지 못할 수도 있다. 정몽호는 정동규를 그가 있는 8사단 본부로 보직 이동시켜줄 수 있을까?

이제 8사단 본부로 전입신고하라는 명령이 떨어졌다. 하지만 곧 정동규는 오랫동안 그의 중대장을 맡고 있는 김 중위가 경험 많은 병장을 보내주지 않으려 할까 봐 걱정된다. 그는 김 중위에게 보고하며 전출을 요청하는 절차를 생략하기로 결심한다.

해가 진 후, 그는 장비를 챙겨 서쪽 8사단으로 가는 차량에 올라탄다. 아침이 되자 그는 정보참모부에 전입신고를 한다. 하지만 정오가 되자 정동규는 즉시 그가 소속되어 있었던 중대로 가서 김 중위에게 보고하라는 연락을 받는다. 정동규는 김 중위와 늘 사이가 좋았으며, 그의 지휘 아래 그는 수많은 작전을 용감하게 수행했었다. 하지만 이제 다시 마주한 김 중위의 표정은 그를 겁에 질리게 한다. 그는 김 중위가 얼마나 잔인할 수 있는지 보아왔기 때문이다. "차렷!" 김 중위가 버럭 소리치더니, 자신보다 키가 작고 어린 정동규에게 다가가 온 힘을 다해 뺨을 때린다. 그는 뒤로 휘청거린다. 김 중위는 그에게 다시는 "그 어떤 경우에도 절대로" 자신의 중대에서 전출 나갈 생각하지 말라고 경고하고는 그를 다시 소대로 돌려보낸다. 저녁이 되자, 침울한 심정의 정동규는 다시 중대 본부로 소환된다. 이번에 그는 다시 한 번 깜짝 놀란다. 김 중위는 그저 그에게 전출을 승인한다고 말할 뿐이다. 눈물이 나오는 것을 느끼며 정동규는 카 163센티미터의 몸을 반듯하게 쭉 펴고는 능숙하게 거수경례를 하고, 김 중위도 거수경례로 답한다. 김 중위가 그의 명예로운 복무를 인정하며 심정에 변화가 생긴 것인지, 아니면 정몽호 중령이나 다른 상급 장교들의 질책을 받은 것인지, 그는 결코 알 수 없을 것이다.

막사로 돌아온 정동규는 북한의 길주에서 지역 자원봉사청년단으로 모인 후 1950년 12월부터 함께 싸웠던 탈북자 동료들에게 공개적으로 작별 인사를 할 수 있게 되었다. 의사 지망생이자 학업을 중단할 수밖에 없었던 의대생이었던 정동규는 곧 8사단 예하 의무대대에 배치되어, 춘계 및 하계 전투에서 발생한 부상자 치료를 돕게 된다. 그러나 정동규 자신이 부상자가 될 가능성은 훨씬 줄어들었으며, 29개월 전 단 사흘만 떠났다가 돌아오겠다고 어머니를 안심시켰던 주을로 언젠가 돌아가게 될 가능성은 더 커졌다. 오랜 전우들과 마지막으로 함께한 오늘 저녁, 주기적으로 전쟁의 대가에 대해 생각하면서 암울함을 느껴온 정동규가 전쟁의 대가를 다시 한 번 추정해본다. 그가 소속되었던 수색 중대를 처음 구성했던 156명의 피난민들 중 40명 정도만 남았다. 나머지는 끝이 보이지 않는 이 전쟁에서 전사하거나 장애를 입거나 실종되었다.

1953년 5월 18일, 월요일

유럽의 냉전이 주제다. 그러나 질문은 필연적으로 한국에서 실제로 벌어지고 있는 혼란스러운 전쟁으로 옮겨가고, 매튜 B. 리지웨이 장군은 워싱턴의 당파 싸움에 휘말리게 된다. 한때 국방부 차관이었던 리지웨이는 한국에서 패배의 위기에 빠져 있던 미국을 구해 국제적인 명성을 얻었고, 아이젠하워 대통령에 의해 새 육군 참모총장으로 지명되어 상원의 인준을 기다리고 있다. 그러나 그는 서방 동맹국들이 소련과 대치하고 있는 상황에서, 현재 직책인 NATO의 최고 사령관으로서 워싱턴으로 소환된 상태다.

그는 하원 외교위원회 House Foreign Affairs Committee 에서 소련의 군사력과 유럽에 대한 미국의 군사 원조에 대해 증언하고 있다. 기갑 사단과 국방부 예산에 대한 이야기가 장황하게 계속되다가 한 보수적인 의원이 이야기의 초점을 한국으로 옮긴다. 앨라배마주 민주당 의원인 로리 C. 배틀 Laurie C. Battle 의원은 리지웨이에게 미군의 승리가 한국에서 평화를 구축하는 데 필수적인지 묻는다. 이는 전쟁 확장 지지를 유도하는 질문이다.

워싱턴의 많은 강경파들은 여전히 미군에 대한 제한을 해제하고 중국 내 목표물을 공격하는 등 전쟁을 확대해야 한다는 맥아더의 견해를 지지하고 있다. 어려운 한국 휴전 협상이 시작된 지 거의 2년이 되어가고 있으며, 여론조사 결과 미국 국민들 사이에서 전쟁에 대한 지지도가 매우 낮은 것으로 나타남에 따라, 이들 보수주의자들은 한국에서 시행되고 있는 "앉아서 하는 정책"에 대해 불평하고 있다.

항상 신중함을 유지하는 리지웨이는 배틀 의원의 질문을 피한다.[11] 그러나 4성 장군인 리지웨이는 속으로는 여전히 트루먼 방식을 지지한다. 그는 이후에 "미국 국민은 아시아 대륙의 많은 지역으로 확산되고 수십만 명의 목숨을 빼앗아갈 전쟁을 용인하지 않을 것"이라고 쓴다. 그러나 워싱턴에서, 미국 군사 계획가들이 이미 전쟁 확대를 구상하고 있다는 사실을 알고 있는 사람은 거의 없다. 합동참모본부는 판문점 회담이 결렬될 경우 한국 분쟁을 급격하게 확대하는 계획을 백악관에 보낼 준비를 하고 있으며, 심지어 중국 북부에 원자폭탄을 사용하는 경우도 예상하고 있다. 이번 주 후반, 신임 미국 국무장관으로 인도를 방문 중인 존 포스터 덜레스 John Foster Dulles는 자와할랄 네루 Jawaharlal Nehru 총리에게 교착 상태가 지속될 경우 미군이 중국 내 기지를 공격할 것이라고 말한다. 이 위협적인 메시지가 베이징에 전달되는 것이 미국이 의도한 바다.

한편, 북한 외부에는 거의 알려지지 않은 채, 미 공군은 이미 분쟁을 확대하고 있다. 3월에 극동 공군의 표적 선정위원회 target committee는 북한의 "밥그릇" 지역인 평안남도와 황해남도의 서부 지방에 있는 관개용 댐들을 폭격할 가능성을 연구하기 시작했다. 무수히 많은 쌀이 휩쓸려 나가게 하는 그런 폭격들은 인도주의적 우려를 무시하는 것이며, 사실상 북한 주민의 생존을 겨냥하는 것이다. 그런 공격들이 지난 주에 시작되었다. 수요일에, 평양에서 북쪽으로 32킬로미터 떨어진 7.7제곱킬로미터 크기의 호수에 보통 강의 물을 가두고 있는 독산댐에 F-84 전폭기들이 잇달아 날아와 폭격을 가했다. 흙과 돌로 이루어진 700미터 높이의 독산댐에 1,000파운드급 폭탄들이 반복적으로 명중되었다. 다음 날 아침 항공 정찰을 통해 밤 사이 댐은 터지고 갇혀 있는 물이 쏟아져 나와 43킬로미터의 강 계곡을 휩쓸고 지나간 것이 밝혀졌다. 이로 인해, 남북으로 뻗은 주요 철도와 고속도로가 황폐화되고 건물 700채가 파괴되었으며, 새로 심은 벼 13제곱킬로미터가 쓸려 내려갔다.

금요일과 토요일에는 F-84 썬더제트기들이 북동쪽으로 16킬로미터 더 떨어진 자산댐을 폭격했다. 결국 댐이 무너져, 거대한 물줄기가 남쪽으로 쏟아져 내려가 도로들과 또 다른 철로, 그리고 어린 벼들이 자라고 있는 들판을 덮쳤다. 두 홍수 모두 폭격으로 폐허가 된 평양의 거리까지 도달했다. 북한 측은 이런 "평화로운 농업 시설에 대한 야만적인 습격"에 대해 맹비난했다. 광범위한 기근을 막기 위해서는 중국과 소련를 비롯한 공산주의 국가들의 긴급 식량 지원이 필요하다.[12]

<<<

며칠 후, 판문점 회담이 갑자기 진전되고 있다.

빌 신은 "신뢰할 수 있는 한국 정부 관리들"을 인용해, 미국 측이 북으로 돌아가기를 원하지 않는 35,000명의 북한군 포로들에 관한 그들의 요구를 철회했다고 보도한다. 미국 측은 휴전 하에 이 북한군 포로들을 즉시 남한에 석방되어야 한다고 주장했었다. 그런 주장을 더 이상 유지하지 않고, 미국 협상단은 워싱턴의 지시에 따라 22,000명의 중공군 "송환 거부자들"과 마찬가지로, 이 북한군 포로들을 우선 90일 동안 중립국들로 구성된 위원회에 넘겨 북한과 중국 대표들이 귀국을 설득하도록 해야 한다는 입장을 받아들인다. 이것은 지난 12월에 UN 총회에서 채택되고 판문점에서 공산측이 수락한 인도의 제안을 대체적으로 따르는 것이다.[13] 그 후에도 상황은 계속해서 빠르게 진행된다. 6월 8일, 양측이 전쟁포로 협정의 "위임사항"에 서명하여, 최종 휴전 문서에 서명을 위한 상황을 조성하게 된다.[14]

1953년 6월 10일, 수요일

중부 전선의 고지에 어둠이 깔리자 중공군의 포격이 더욱 거세진다. 이어서 나팔과 꽹과리 소리가 들려오며 불안감을 조성한다. 전선이 고리 모양을 형성하며 북쪽으로 돌출되어 적의 영토로 들어가 있는 40킬로미터 길이의 "금성 돌출부"의 중심부에서, 2개 부대 병력이 한국군 5사단의 진지를 공격한다. 휴전 회담이 진전됨에 따라, 양측은 휴전으로 병력 이동이 불가능해지기 전에 더 많은 영토를 점령해야 한다는 압박을 받고 있다. 금성 돌출부를 제거하기 위한 새로운 작전은 1951년 봄 이후 중공군이 벌인 가장 규모가 큰 것이다. 여느 때와 마찬가지로, 그들은 남한 사단을 공격 목표로 한다.[15]

서쪽으로 수 킬로미터 떨어진 금성 돌출부의 좌측방에는 허원무 중위가 소속된 한국군 제6사단이 중공군 제67군과 마주한 전선을 사수하고 있으며, 아직 이 지역은 비교적 평온함을 유지하고 있다. 새로 편성된 허원무의 155밀리 곡사포 대대는 불과 2주 전에 화력 지원 태세를 갖추었으며, 지속적인 훈련과 중공군 박격포들과의 간헐적인 포격전으로 바쁘게 지내고 있다. 한편 허원무는 동료 장교들의 의심스러운 활동에 대해 알게 되었다. 그들은 자신들의 활동을 후생사업이라고 부르는데, 이는 허원무의 주변에서 벌어지고 있는 대대적인 부패 행위, 특히 근무지에서 갑자기 사라지는 고위 장교들의 부패 행위들을 완곡하게 표현한 것이다. 그들은 인근 마을로 가서 배급 식량이나 훔친 미군 장비를 민간 시장에 팔거나, 군용 트럭을 민간용으로 "임대"하기도 한다. 서울의 암시장에는 놀라울 정도로 다양한 무기와 군사 장비들이 나와 있다.

그들의 부패 행위는 거의 관행처럼 되어 있다. 신임 대한민국 육군 참모총장 백선엽 중장이 이승만 대통령에게 보낸 서한에 썼던 것처럼, "장교들에게 지급되는 형편없는 급여가 뇌물수수와 부패를 조장"하고 있기 때문이다."[16]

대대 사격지휘소의 책임 장교로서, 젊은 허원무 중위는 이미 이런 문제를 해결해야 했던 적이 있다. 어느 날 그의 주임원사가 대대 전화 교환대가 도난당했다고 보고했다. 처음에는 어쩔 줄을 몰랐던 허원무는 결국 "무슨 수를 써서라도, 그 빌어먹을 거 당장 제자리에 갖다놔!"하고 명령했다. 며칠 후 그 주임원사가 교환대를 가지고 돌아왔는데, 아마도 자신의 "후생사업"을 위해 가져갔었을 것이다.

새롭게 공세를 펼친 중공군은 고지를 차례로 점령하며 5사단을 밀어낸 후, 공세의 폭을 확대하여 좌우 양쪽의 한국군 병력을 공격한다. 한국군은 평균 3킬로미터 후퇴한다. 대규모 공습만이—미국 및 한국 항공기가 하루에 2,143회나 출격했으며, 이는 기록적인 수치다—중국의 진격을 막을 수 있을 뿐이다. 교착 상태에 빠져 있는 것이 분명해 보이는 전쟁치고는, 인명 피해가 막대하다. 9일간의 공세 기간 동안 한국군에서는 사상자가 7,300여 명이, 중공군에서는 사망자 6,000여 명을 포함하여 사상자가 13,000여 명이 발생한 것으로 추산된다. 그리고 중공군은 전열을 재정비하며 또 다른 공세를 준비하고 있다.[17]

1953년 6월 11일, 목요일

완강히 저항하는 수천 명의 남한 주민들이 "통일이 아니면 죽음을!"이라는 구호를 외치며, 비를 맞으며 밤낮없이 부산 거리를 행진한다. 대규모 시위가 계속해서 서울을 비롯한 주요 도시를 뒤흔든다. 부산의 미군 사령부는 매리 머시 수녀의 진료소에 있는 메리놀회 수녀들에게 주의할 것을 촉구하고 있다. 그들이 휴전 회담으로 인한 반미 분노의 잠재적 표적이 될 수 있기 때문이다.

매리 머시는 오늘자 진료소 일지에 "불필요한 외출을 하지 말라는 권고를 받았다."고 적는다. 수녀들은 그들의 신분을 드러내는 회색 또는 흰색의 수녀복을 입고 군 우체국에 우편물을 부치러 가거나 부산의 작은 도서관에서 수업을 하는 것도 중단했다. "대학생들, 여성들, 부상당한 국군들, 특히 팔다리가 절단된 군인들, 그리고 또 다른 사람들 등 모든 연령과 계층의 사람들이 거리로 나와 있다."고 매리 머시가 기록한다.

화요일에, 여전히 한국의 임시 수도인 부산에서, 국회는 투표를 통해 휴전 협정 제안안을 규탄하기로 만장일치로 결정했다. 국회는 북한군 해체, 한반도에서 중공군 축출, 북한으로 돌아가기를 원하지 않는 북한군 전쟁포로들의 즉각적인 석방이 협정 내용에 포함될 것을 요구했다.[18]

정부는 혹시 모를 공격을 막기 위해 부산 및 기타 지역의 모든 미군 시설에 경찰 경비를 배치하고 있다.[19] 옛 일본은행 건물을 사용하고 있는 부산 주재 미국 대사관 밖에서는 전쟁으로 인해 팔이나 다리가 절단된 한국군인들이 연좌 농성을 벌이고 있다.[20] 혼잡한 부산의 다른 곳에서는 트럭에 탑승한 미군들이 돌을 던지는 군중 사이로 길을 뚫기 위해 경고 사격으로 소총을 발사한다.[21] 서울에서는 화요일에 시위대가 미8군 사령부 밖에 설치된 바리케이드로 밀려들었고, 헌병들이 그들에게 소방 호스를 쏘면서 많은 사람이 부상당했다.[22]

메리놀 수녀들이 2년여 전 이곳에 진료소를 개원한 이래 목격된 가장 격렬한 정치적 혼란 때문에, 진료소 책임자인 매리 머시 수녀는 걱정하고 있다. "어떤 사람들은 이런 시끄러운 시위들이 공산주의자들의 사주를 받은 것이라고 생각한다."고 매리 머시가 적고 있지만, 공산 측은 끝없는 적대 행위에서 벗어나 휴전을 간절히 바라고 있기 때문에 그럴 가능성은 낮다. 대부분의 한국 국민들도 전쟁이 너무 오래 지속되었다고 생각하는 것 같다. 이승만 대통령의 맹목적인 지지자들이 대학과 학교 그리고 정부가 통제하는 기타 기관에서 나온 사람들과 함께 가두행진을 하며 거리를 가득 메울 수 있지만, 여론 조사에 따르면 전쟁에 지친 남한 주민들은 조건이 어떻게 되든 간에 평화를 원하고 있다.[23]

이승만의 장군들은 그에게 공산주의자들에 맞서 홀로 계속 싸우겠다는 위협은 공허하고 희망이 없다고 말한다. 서울에서 또다시 돌을 던지는 폭력 사태가 벌어진 다음 날인 토요일에, 대통령은 행진 참가자들에게 집으로 돌아갈 것을 요청한다. 팔다리가 절단된 상이군인들은 부산의 미 대사관에서 벌였던 연좌 농성을 중단한다.[24]

한편 오랜 전쟁으로 인한 실향민들을 위한 진료소의 업무는 매일매일 계속된다. 진료소의 수녀들은 새로 유행하고 있는 전염병인 천연두 및 홍역과 씨름하고 있다. 이런 질병들은 한국과 같이 빈곤한 환경에 있는 어린이들을 사망에 이르게 할 수도 있다. 그리고 수녀들은 곧 장티푸스와 파라티푸스가 갑자기 난민들 사이에서 확산되는 상황에도 직면하게 된다. 폭우로 인해 부산의 상수도가 오염된 것이 원인이다. 전쟁으로 인한 정례적인 일들도 계속 시행된다. 수녀들은 매달 공습 훈련을 실시하는데, 매리 머시 수녀는 "등화관제 훈련 중에도 도시 대부분이 불이 켜져 있는데, 아마도 규정을 집행하지 않기 때문일 것"이라고 지적한다. 점점 더 많은 사람들이 끝이 가까워졌음을 감지한다.

1953년 6월 14일, 일요일

오늘 아침 신문은 한국에서 교전 중인 양측이 휴전을 위한 막바지 작업을 하고 있는 가운데, 중부 전선의 금성 돌출부에서는 격렬한 전투가 벌어지고 있다고 전한다.[25] 하지만 일요일인 오늘, 완벽한 봄날을 맞고 있는 팔로 알토 Palo Alto에서 스탠퍼드 대학교의 야자수와 오솔길 사이를 걸으며 피트 맥클로스키는 한국이 아닌 미래를 생각하고 있다. 오늘은 스탠퍼드 로스쿨의 졸업식이 있는 날이며, 맥클로스키는 다른 졸업생들과 마찬가지로 다음 달에 발표될 캘리포니아 변호사 시험 결과에 관심이 집중되어 있다.

그는 또한 점점 늘어가는 자신의 가족에게도 온 신경이 가 있기도 하다.

2년여 전 해병대 예비역 소위였던 아버지가 한국에 상륙한 날에 여자아기를 출산했던 캐럴라인은 지난 크리스마스에 남자 아기를 낳았다. 두 아이의 아버지인 맥클로스키의 잠재의식 속에는 그 불안한 날들과 공포의 순간들이 뿌리내리고 있다. 전쟁의 그런 정지된 장면들은 수년에 걸쳐 악몽 속에 나타날 것이며, 낮 시간에도 달력을 흘끗 보기만 해도 그에게 지울 수 없는 1951년의 날짜가 문득 떠오를 것이다. 소년 시절에 전쟁 이야기에 열광했던 맥클로스키는 훗날 "사람이 나이가 들면서, 다른 사람을 죽이고 불구로 만드는 일이 무의미해지는 것 같다"며, "전쟁이 아닌 사랑을 해야 한다는 생각이 반드시 훌륭한 해병이 되겠다는 내 젊은 시절의 꿈보다 더 나은 것 같다."고 쓴다.

스물다섯 살의 피트 맥클로스키는 법무박사[J.D.] 학위를 받고, 한국전쟁은 막바지로 치닫고 있는 오늘, 신문은 다른 곳의 분쟁을 전하며, 미국 독자들에게는 잘 알려지지 않은 인도차이나 반도의 베트남이라는 곳에서 공산주의자들이 주도하여 일으키고 있는 반란에 대해 서방 세력의 우려가 점점 더 커지고 있다고 보도한다.[26]

1953년 6월 18일, 목요일

비가 내리는 오늘 새벽 정확히 2시에, 대한민국 전역의 포로수용소에 있는 한국군 경비병들이 포로들을 깨워 그들에게 수용소에서 나가도 좋다고 말하기 시작한다. 수용소의 문이 열린다.

이승만 대통령의 명령에 따라 수천 명의 "송환 거부자들", 즉 북으로 돌아가기를 원하지 않지만 미국이 판문점에서 수용한 계획에 따라 휴전 후 수 개월 동안은 석방되지 않을 북한군 포로들을 풀어주기 위한 비밀 계획이 실행되고 있다. 이것이 공산 측에 미국이 양보한 사항을 이승만이 무효화시키는 방식이다. "반공 포로들이 석방되었습니다."하고 국영 라디오가 오늘 늦게 발표한다. "대한민국 국민 전체가 이 애국적인 젊은이들을 보호하고 도와주기를 요청합니다."

오늘 하루 동안 4개 수용소에서 약 25,000명의 포로들이 풀려나, 도시와 시골 속으로 스며들고 있다. 금요일에는 2,000명이 추가로 석방될 예정이다. 이 깜짝 놀랄 만한 사태 전환을 포착한 빌 신은 부산 9호 포로수용소에서 풀려난 일곱 명의 포로들을 재빨리 추적한다. 그는 부산의 한 산비탈로 올라가, 그에게 보내진 북쪽 사람들을 경찰로부터 숨겨주라는 지시를 받은 한 지역 상점 주인의 작은 집을 찾는다. 피곤하고 지저분한 상태로 숨어 있는 그들은 빌 신 기자에게 석방 통지를 받은 지 3분 만에 새벽 어둠 속으로 탈출할 수 있어서 놀랐다고 이야기한다.

"석방을 명령해준 이승만 대통령께 감사드린다."라고 그들 중 한 명인 조선인민군 상급병사 남씨가 말한다. 가족들이 언젠가 남한으로 피난을 왔다고 믿고 있는 그는 "우리는 이제 대한민국을 위해 싸우고 싶습니다."하고 빌 신에게 말한다. 이들은 이미 전쟁포로복을 벗고 집주인이 이웃 주민들에게서 모아온 민간인 옷으로 갈아입고 있다. 그들은 곧 남한의 공식 신분증을 발급받게 될 거라는 말을 들었다고 남씨가 말한다. "신분증을 받기만 하면, 우리는 진정한 자유인처럼 거리를 걸어다닐 수 있을 겁니다."[27]

이승만의 대담한 행동은 판문점에서 공산 측의 즉각적인 분노를 불러일으킨다. 그리고 공산 측은 회담을 중단한다.[28] 미국 역시 격노하며, 남한의 행동이 마지막 순간에 휴전 협상을 망칠까 우려한다. 워싱턴에서는, 포로가 석방된 지 몇 시간 만에 아이젠하워 대통령이 국가안전보장회의^{National Security Council}를 소집하여 각료들과 함께 이승만에게 보낼 직설적인 경고에 대해 논의한다. 아이젠하워는 상황이 악화될 경우 한국군에 의한 이승만 정권의 전복 가능성을 제기한다. 그러나 아이젠하워는 먼저 국무 차관보 월터 로버트슨^{Walter Robertson}이 이끄는 팀을 서울로 파견하여 이승만을 만나게 해서 그를 통제하려고 한다.[29]

며칠 동안 로버트슨 팀과 이승만의 만남이 있은 후, 언제나 현장에서 대기하는 빌 신이 안개가 자욱한 어느 일요일 아침에 붉은 벽돌로 지어진 서울의 정동제일감리교회에서 예배를 마치고 나오는 이승만을 목격한다. 로버트슨 팀과의 논의에 대한 질문을 받자, 기분이 가라앉은 일흔여덟 살의 대통령은 빌 신에게 "나는 의견 차이를 해소해보려고 애를 쓰고 있습니다."[30]라고 말한다. 이번 주가 끝나기 전에, 이승만과 로버트슨은 "공동의 목표를 위한 긴밀한 협력"을 선언하는 공동 성명을 발표한다. 미국 측은 이승만에게 상호방위조약의 미 상원 통과와 향후 수년간의 상당한 경제 및 군사 원조를 비공식적으로 보장했다. 이승만은 더 이상 휴전 협상을 방해하지 않겠다고 약속했다.

미국은 약속을 한 가지 더 한다. 휴전 후에 개최될 것으로 예상되는 정치 회담, 즉 한국 통일을 위한 회담이 소집된 지 90일 이내에 실질적인 진전이 없을 경우, 미국 측은 회담에서 철수하겠다는 것이다. 사실상 영구적인 평화를 이루기 위한 그간의 노력에 유효기간 도장이 찍힌 셈이다.[31]

여름

1953년 7월 3일, 금요일

두 중공군 병사가 실성했다. 천싱치우는 충격을 받았다. 그는 병사들이 두려움에 떨고 고통에 비명을 지르며 전쟁터에서 자신들이 본 것과 한 일 때문에 말문이 막힌 것을 본 적이 있다. 하지만 어린 위생병 천에게 이런 광경은 처음이다.

12군단의 보병 두 명은 대대 진영에 인접한 주택에 수용되어 있으며, 밤에 북쪽으로 이송되기를 기다리고 있다. 그들은 치료를 위해 중국으로 호송될 예정이다. 그들을 지키고 있는 경비병이 천에게 말해준 바에 따르면, 이 두 병사는 젊은 적군 병사들을 죽이는 광란의 혼돈 속에서, 동료 병사들이 폭발에 의해 피투성이 조각들로 변하는 것을 지켜보고 자신들도 죽을지도 모른다는 끊임없는 공포를 느끼며 십여 차례의 격렬한 전투를 치른 후에, 이 병사들 내부에 무언가가 뚝 끊어져 이들이 현실 감각을 잃어버리게 된 것이다.

천이 창문을 통해 안을 들여다본다. 둘 중 키가 큰 병사는 왼팔에 팔걸이 붕대를 하고 있다. 그의 군복은 담뱃재로 얼룩져 있다. 키가 작은 병사는 안색이 창백하고 이마에는 검은 멍이 들어 있다. 그가 벽으로 달려가 머리를 벽에 부딪치는 것을 본 천은 불현듯 그의 이마에 멍이 든 이유를 알게 된다. 키가 큰 병사도 따라한다. 그들은 방 안을 급히 뛰어다니며 도약하고, 통곡하고, 사격 자세를 취하거나 상상의 수류탄을 던진다. 그들은 욕설과 경고의 말들을 크게 외친다.

"여기서 날 내보내줘, 내가 저놈들 다 죽여버릴 거야!" 키가 작은 병사가 이상하고 멍한 눈빛을 한 채 소리친다. "우린 버텨야 해!" "오늘 저녁 7시까지 버텨야 해!" 키가 큰 사람이 합류한다. "동지들, 엎드려!" 무력감이 천을 압도한다. 그는 본능적으로 돕고 싶지만, 정신질환 치료 과목은 육군 의무학교에 없었다. 그는 호송병 쪽으로 다시 돌아선다. "어쩌면 저들이 밧줄에 묶여 있으면 잠을 잘 수 있을지도 모르겠네요"하고 천이 제안한다. 호송병은 그렇게 하는 것이 저들의 병을 악화시킬 뿐이고, 어차피 저들이 풀어버릴 것이라며 안 된다고 말한다.

하루가 다 갈 때까지 천은 자신이 목격한 일 때문에 마음이 괴롭다. 그는 인간을 그토록 깊은 수렁으로 몰아넣을 수 있는 전투 장면들을 상상한다. 그런 최전선의 도살장에서 매일매일 살지 않아도 되는 그에게 죄책감이 엄습한다. 일기장에 그런 느낌에 대해 적는 것이 어렵지만, 그는 적는다. "이 두 사람은 정말이지 극심한 고통에 시달리고 있다."라고 그는 기록한다. "하늘이시여, 왜 이렇게 불공평하신가요?"

1953년 7월 11일, 토요일

며칠째 끊임없이 내리는 비로 중부 전선이 흠뻑 젖고, 계곡에는 안개가 가득하다. 서울에서 북동쪽으로 80킬로미터 떨어진 포크찹 고지에는, 예전에 길 아이섬이 소속되어 있었던 제17보병연대의 이지 중대를 포함한 남은 방어 병력을 태운 병력수송장갑차armored personnel carrier들이 후사면을 내려오고 있다. 미군은 여러 차례 탈환 그리고 재탈환을 반복하며 수개월에 걸쳐 전투를 치른 끝에 이 240미터 높이의 고지를 포기한다.

양측에서 발사된 수만 발의 포탄이 포크찹 고지와 벌집처럼 얽혀 있는 벙커들로 떨어졌다. 80,000제곱미터 규모의 농장 크기에 불과한 작은 고지를 두고 전례 없는 포격전이 벌어졌던 것이다. 수백 명의 사상자가 발생하고 중공군에게 수천 명의 인명 피해를 입힌 후, 미군 장군들은 휴전이 다가오는 상황에서 이 작은 고지대를 계속 댓가를 치르며 지킬 가치가 없다고 판단하고, 제7보병사단 병력의 철수를 명령했다. 포크찹 고지는 지난 2년간 일진일퇴를 거듭한 고지전이 거의 무의미했음을 상징하게 되었다. 마오쩌둥이 말했던 "조금씩 씹어먹기" 작전을 통해 그들은 최소한의 영토를 확보하면서 대가는 결과적으로 최대한으로 치뤘을 뿐이다.[1]

34개월 동안 전쟁을 치르는 동안, 제7보병사단은 15,000명 이상의 사상자를 냈으며, 여기에는 거의 4,000명에 가까운 사망자가 포함되어 있는데, 이는 두 차례의 세계대전에서 발생한 7사단의 사망자들을 합친 것보다 더 많은 것이다.[2]

한국을 떠난 지 18개월이 지난 길 아이섬은 나름대로 자신이 겪은 전쟁에 대한 견해가 있다. "난 한동안 거기에 있었어요. 죽은 미군 병사 한 명과 죽은 중공군 또는 북한군 두어 명이 있었을 텐데요, 도대체 무슨 일이 벌어지고 있는 걸까 하는 생각이 들었습니다. 그들도 다 사람이잖아요. 그건 잘못된 일이에요. 저기 그곳에서는 너무 많은 것들이 잘못되었다는 생각이 들었습니다. 그리고 내가 거기서 한 많은 일들, 사람을 죽인 그 모든 일들, 그것도 잘못된 것이었습니다." 젊은 병사 아이섬이 한 모든 일들과 목격한 모든 것들이 그를 정서적으로 몹시 불안한 상태로 만들어버렸다.

곧 스물한 살이 되는 그는 올해 6월에 제대할 예정이었지만, 작년 한 해 동안 소속 부대에서 무단이탈^{AWOL, away without leave}한 채 대부분의 시간을 보냈다. 그는 공공장소에서 싸움을 벌였고, 명령에 불복종했으며, 시카고 외곽에 있는 포트 셰리던^{Fort Sheridan}의 영창에 두 번이나 감금되기도 했었다.

현재 그는 계속되는 무단이탈 규정 위반으로 두 번째 군법회의에 회부될 처지에 놓여 있다. 그는 중사에서 이병으로 "강등"되었고, 무단이탈로 인해 복무 시기가 1954년 6월로 연장되었다. 잠들까 두렵고, 결코 떠나지 않을 것 같은 한국에서의 악몽이 무서운 그는 종종 한밤중에 병영을 서성거리거나 군기지 거리를 배회한다. 한편 한국에서는, 젊은 병사들로 구성된 새로운 이지 중대 병력이 저마다의 기억을 간직한 채 포크찹 고지로부터 철수하고 있을 때, 판문점 휴전 회담이 재개된다.

1953년 7월 13일, 월요일

이른 아침부터 중부 전선 전역에 적의 포격이 거세다.

천싱치우와 대부분의 방공대대 대원들은 거대한 동굴 대피소 안에서 몸을 웅크리고 있다. 특히나 더위와 여름철 폭우로 인해 숨이 막힐 듯하다. 일부 병사들은 포커나 중국식 체스인 장기를 두기도 한다. 어떤 이들은 폭발음이 들리고 땅이 흔들리며 동굴 천장에서 먼지가 떨어지는데도 잠을 자려고 하는 병사들도 있다. 날은 지루하게 흘러가고, 장교와 항공기 정찰병, 무전병 몇 명만이 외부에 노출되어 있다. 그러다 오후 2시경, 적 포병들이 방공대대의 진지를 조준하는 듯하다. 포탄 6발이 동시에 떨어진다. 연기가 대대 진영 전체로 퍼진다. 보복 포격임이 틀림없다고 천은 판단한다. 어제 그의 대대가, 위생병 천이 임시 사수로 합류한 포반이 F-84 1대를 격추한 것에 대한 복수인 것이다. 미군은 잘 위장되어 있는 그들 대대의 좌표를 정확히 파악한 것 같다. 어제는 환호가 있었는데, 오늘은 보복이 있다. 사상자가 있을 거라고 예상한 천은 본능적으로 위생병 구급상자를 챙겨 부중대장에게로 향한다. "제가 나가봐도 되겠습니까?" 그가 묻는다. "조심해." 부중대장이 대답한다.

그는 서둘러 밖으로 나온 다음, 천천히 걸으며 자신이 필요한 곳이 어디인지 판단하려 한다. 갑자기 포탄 4발이 연달아 떨어진다. 돌멩이와 모래가 튀어 천의 얼굴로 날아든다. 가던 길을 멈추고 몸을 웅크린 그는 왼팔에 감각이 없음을 느낀다. 그가 쳐다보니, 가느다란 파편 조각이 손목 위 피부에 박힌 것이 보인다. 그가 손을 뻗어 파편에 손을 대자, 타는 듯한 그 금속 조각에 손가락이 화상을 입는다. "쌍!" 진정하고 몸을 숨긴 그가 할 수 있는 일은 소독약을 바르고 팔에 붕대를 감는 것뿐이다. 7~8초마다 포탄이 계속 떨어진다. 포탄이 떨어지는 시간 간격을 재면서, 천은 포탄이 떨어져 패인 땅 구멍을 경유하며 이 참호에서 저 참호로 급히 뛰어간다. 한 번은 포탄이 터지며 그의 모자가 날아간다. 마침내 임시 지휘소로 사용되는 참호에 도착한 천은 중대장도 팔에 파편이 꽂혀 있다는 사실을 알게 된다. 천은 중대장의 상처를 응급처치하고, 동료 위생병이 천의 부상을 돌봐준다.

4개의 포반이 경계 태세를 갖추고 있다. 오후 늦게 산발적인 포격이 계속되자 그들은 행동에 들어간다. 미군의 프로펠러 전투기인 P-51 머스탱 4대가 저공비행하며 날아오는 것이 목격된다. 방공포대나 방공포대가 지키고 있는 야전포 설치 장소들을 찾고 있는 듯하다. 지휘관은 방공포대에 속사速射 명령을 내리며 대공포화의 장벽을 형성하게 한다. 놀란 미군들은 되돌아간다. 어둠이 내리면서 적의 집중포격 강도가 점점 약해진다. 비가 다시 내리기 시작한다. 그리고는 9시에, 인근에 있는 제28포병연대의 곡사포들과 중부 전선 전역의 중공군 대포들이 일제히 포격을 개시한다. 천은 일기에 "발사된 대포가 1,000문은 될 것"이라고 적는다. "아주 행복한 음악같이 들렸다… 어릴 때 들었던 새해 폭죽처럼."

중대장은 그들에게 중공군의 대공세가 시작되었다고 말한다.

<<<

펑더화이 장군이 최근 방문한 베이징에서 한국으로 돌아왔다. 베이징에서 그는 당 중앙군사위원회의 업무를 관장하도록 선정되었다. 그는 전보

를 통해 마오쩌둥과 상의하는 한편, 한국에 있는 현지 지휘관들과도 상의하면서, 미국이 중국에 양보했던 사항을 무시하고 "송환 거부자들"인 북한군 포로 27,000명을 석방한 이승만을 "한번 더 혼을 내줘야겠다."고 결정했다. 펑더화이와 마오쩌둥은 그 벌로서 10,000~15,000명의 한국군 사상자를 더 발생시킬 필요가 있다고 말한다.[3] 중공군의 새로운 공세가 시작되자, 중공군 5개 군 소속 150,000 병력이 대포 수백 문의 지원을 받으며 한국군 사단들이 점령하고 있는 중부 전선 40킬로미터 길이의 금성 지구을 향해 전방위적으로 진격한다. 펑더화이의 목표는 북쪽으로 튀어나와 공산군 전선을 침범하고 있는 금성 돌출부를 납작하게 만드는 것이다.[4]

1953년 7월 14일, 화요일

안개 때문에 희미해진 태양이 동쪽 능선 위로 떠오른다. 귀가 멍할 정도로 밤새 이어지던 피아 간의 포격전이 한풀 꺾인다. 하지만 허원무 중위는 오늘 아침 급한 문제가 생겼는지 초조하다. 중공군의 공격이 한창인 가운데, 대대장이 어디에서도 보이지 않는다. 펑더화이의 새로운 공세에서 첫 대규모 공격은 어젯밤에 한국군 3개 사단, 즉 금성 돌출부의 좌견부를 방어하고 있는 수도 사단과 우견부의 3사단 및 5사단을 향해 이루어졌다. 그러나 허원무의 6사단을 포함한 중앙의 한국군에게도 대량의 중공군이 투입되었다.[5]

155밀리 곡사포 18문을 보유한 허원무 중위의 제76야전포병대대는 다른 포대들과 합세해서 적군과 밤새도록 끊임없이 포탄을 주고받았다. 양측에서 발사된 수천 발의 포탄으로 인해 계곡들은 연기와 인燐 냄새 그리고 끊임없는 굉음으로 채워졌다. 장마철 폭풍우의 번개와 천둥은 지옥 같은 광경을 더욱 끔찍하게 만들었다. 사격 지휘소 책임자인 허원무 중위는 앞이 보이지 않는 상황에서 사격 명령을 내리고 있었다. 전방 관측병들은 안개와 비, 연기로 인해 목표물을 식별할 수 없었다. 대신에, 허 중위는 미리 설정된 좌표에 따라 목표물들이 있을 것 같은 위치로 곡사포를 일제히 발사하라고 명령했다. 그는 최선을 다했지만 목표물들을 명중시킬 가능성은 없었다.

해발 770미터의 교암산에 위치한 6사단의 한 전초기지에서는, 백병전에 휘말린 한 보병 중대가 자기 진지에 포격해줄 것을 요청하는 일이 반복되었다. 그 중대 인원 200명 중 10명만이 목숨을 건져 탈출했다.[6] 금성 지구 전역에서 한국군 보병이 철수하고 있었다.

어젯밤 자정이 될 때까지 허원무는 대대장이 벙커에 없다는 사실을 모르고 있었다. 그는 대대장인 소령이 "후생사업"—장교들의 불법 암시장 활동에 대한 완곡한 표현—을 점검하러 아침에 춘천에 갔다는 이야기를 들었다. 허 중위는 화가 치밀어 올랐다. 부대대장도 자리를 비운 상태였다. 이제 아침이 되어 시간은 계속 흐르지만, 둘 다 돌아오지 않고 있으며, 6사단의 상황은 점점 더 심각해지고 있다. 한낮이 되자, 적의 공세가 더욱 거세진다. 중공군은 더욱 근접해온다. 허 중위는 대대 포병대 사령부에 연락을 하려 하지만 전화선이 끊겨 있다. 그때 그의 부하 중 한 명이 외친다. "중위님, 96대대가 철수합니다! 보십시오!" 허 중위가 벙커의 감시구를 내다보니, 인접 대대의 포들이 후방으로 견인되고 있는 것이 보인다. 누가 철수 명령을 내렸지?

포트 실에서 수개월 동안 받은 고등 훈련도 결코 허원무를 이런 상황에 대비시켜주진 못했다. 그는 무단 후퇴를 주도한 죄로 군법회의에 회부될 수 있다는 것을 알고 있다. 하지만 이제 600명의 목숨과 그들의 무기 및 장비의 보호가 그의 손에 달려 있다. 그는 선택의 여지가 없다고 판단한다.

그는 세 명의 포대장들에게 철수할 준비를 한 다음, 남쪽으로 16킬로미터 떨어진 사전에 협의된 장소로 이동하여 재편성할 것을 알린다. 하지만 충격적인 소식이 들려온다. 그들의 155밀리 곡사포를 모두 다 견인해가기에는 2.5톤 트럭이 부족하다는 것이다. 상급 장교들이 "후생사업"을 위해 춘천으로 트럭 두 대를 보냈기 때문이다. 아마도 지역 사업가들에게 임대하기 위해서일 것이다.

허원무는 화가 나서 속이 부글부글 끓어오르지만, 당면한 문제 해결에 계속 집중하기 위해 꾹 참는다. 그는 쓰리쿼터three-quarter-ton 트럭이 곡사포를 견인할 수 있는지 시험해 보라고 포대장들에게 지시한다. 만약 안되면 곡사포 두 대는 반드시 파괴하라고 말한다. 긴장된 순간이 몇 분간 이어지고, 마침내 쓰리쿼터 트럭도 곡사포 견인이 가능하다는 보고가 들어온다. 그는 대대 전체에 철수 명령을 내린다.

늦은 오후 비가 억수같이 쏟아지는 가운데, 제76야전포병대대는 21세 이하의 중위들의 통제 아래 금성천 계곡을 따라 나 있는 유일한 도로이며 남쪽으로 48킬로미터 떨어진 춘천으로 향하는 17번 국도에서 후퇴 중인 다른 병력들과 합류한다. 이 비포장 도로는 다른 수백 대의 차량들과 대포들, 전차들로 정체되어 있다. 비에 흠뻑 젖은 보병들은 비참하고 지친 모습으로 진흙탕 길 양옆으로 끝없이 줄지어 터벅터벅 걸어가고 있다. 대대의 마지막 지프차에 타고 있는 허 중위는 고장이 나서 멈춰 선 트럭들이 길옆으로 밀려나는 것을 목격한다. 곡사포를 견인하고 있는 소형 트럭을 포함한 76대대의 모든 차량은 아무 사고 없이 계속 굴러간다. 하지만 지휘관들이 자신들을 버렸다는 사실이 계속 생각나는 허 중위는 분노하고 있다.

저녁 여덟 시 무렵 땅거미가 빛을 잃어갈 때, 대대는 마침내 재편성 장소인 도로변 공터로 빠진다. 허 중위는 마음이 놓인다. 대대 전원이 다 모인 것이 확인된다. 그리고 나서 그는 뭔가를 보고 아연실색한다. 자신들의 대대장이 이미 그곳에 와서 자기의 지프차 앞에 서 있는 모습을 본 것이다. 허원무는 분노를 억누르며 차에서 내려, 대대장이 있는 쪽으로 걸어간다. 하지만 소령이 먼저 말을 꺼낸다. "여기 오는 데 뭐가 이렇게 오래 걸렸어?" 그가 묻는다. 허원무 속에서 무언가가 폭발한다. "야이 씨발놈아."하고 속으로 외친 그는 자신의 권총을 뽑으려고 손을 뻗는다.

분노에 찬 그는 대대장을 쏴버리고 싶은 충동을 느낀다. 하지만 그는 멈춘다. 그의 마음 속에서 "아들아, 그러지 마."하는 어머니의 목소리가 들린다. 바로 그때 다른 중위가 소령에게 통신이 두절되었고, 아무런 철수 명령이 오지 않았다며, "허 중위가 우리 대대를 구했습니다."라고 외친다. 이제 허 중위가 따진다. "우리가 대대장님을 가장 필요로 할 때 대대장님은 어디에 계셨습니까?" 스무 살의 허 중위가 소령에게 조용하지만 날카롭게 묻는다. "소령님! 우리가 적의 공격을 받는 동안 뭐 하고 계셨습니까?" 소령이 들리지도 않는 작은 소리로 중얼거린다. 허 중위는 화난 발걸음으로 자리를 떠난다. 중공군은 마지막 공세로 금성 돌출부를 제거하며 약 518제곱킬로미터의 영토를 점령한다. 그러나 공세는 이번에도 같은 이유로 중단된다. 즉 탄약, 식량 및 기타 필수품의 재보급이 변변찮고, 사상자도 많이 발생했기 때문이다. 며칠 후, 미군 증원군이 금성천 남쪽 기슭까지 잃어버린 영토의 절반을 되찾기 위한 반격에 가세한다. 한국군 장군들은 금성 너머로 진격하기를 원하지만, 미군은 휴전이 임박한 상황에서 유혈 사태가 더 발생하는 것을 경계하며 이를 거부한다. 열흘 동안의 전투로, 한국군은 14,373명이 사망, 부상 또는 실종되었다. 중공군 사상자는 총 33,000명으로 추산된다.[7]

1953년 7월 27일, 미국과 북한의 수석 협상가들이 한국에서의 전쟁을 끝내는 정전 협정에 서명하고 있다. 며칠 동안 힘들게 협정서를 타이핑하느라 지친 지자오주는 근처에 앉아 지켜본다. 미국 유학을 뒤로하고 조국을 돕기 위해 떠난 지 3년 후, 중국인 통역관은 "헛된 대학살"이 끝났다는 사실에 안도감을 느낍니다. 하지만 정전은 전쟁을 잠시 멈추게 할 뿐 지속적인 평화를 가져다주지는 않는다. (미 해군 제공)

1953년 7월 19일, 일요일

판문점에서 공산 측은 "휴전 협정 체결을 위한 사전 준비"를 즉시 진행하기로 합의했다.[8]

중국은 그들 중 가장 빠르고 정확한 타이피스트인 지자오주에게 지시해, 2년 9일간의 소모적이고 격렬했던 협상의 결과물인 7,800단어로 이루어진 문서의 영문 최종본을 작성하게 했다. 하버드 대학을 중퇴하고 베이징에서 화학을 공부한 23살의 대학생인 지자오주는 17개월 동안 휴전회담 대화 내용을 자신이 번역한 것도 옮기고, 메시지들도 정서淨書하고, 기타 문서들도 처리하면서 중국측 대표단의 구식 수동 타자기를 능숙하게 다룰 수 있게 되었다. 7월의 폭우와 찌는 듯한 무더위가 협상장에서 8킬로미터 떨어진 개성에 있는 숙소를 덮칠 때, 지자오주가 일에 착수한다.

그는 영문판 협정서를 다음과 같이 시작한다. "서명자들은… 쌍방에 막대한 고통과 유혈을 초래한 한국 충돌을 정지시키기 위하여…" 이 키가 큰 중국인 통역관은 타자기 위로 몸을 숙인 채 눈을 가늘게 뜨고 두꺼운 안경 너머로 보면서 자판을 두드리는 동안, 모기도 쫓고, 식사도 갖다 달라고 해서 먹고, 밤마다 졸음을 쫓는다. 초안은 오타나 지운 흔적 하나 없이 완벽해야 한다. 그가 실수를 하면 그 페이지 전체를 찢어버리고 다시 타자를 쳐야 하는데, 그가 점점 더 피곤해짐에 따라 실수가 잦아지고 있다.

지자오주가 작업을 하는 동안에 협정 문서도 계속 수정되고 있다. 양측은 송환 포로들의 이송과 송환을 거부하는 포로들의 처리를 위한 막바지 세부 사항을 조율하고 있다. 교정 표시된 페이지들이 그에게 돌려보내지고, 그는 다시 타자를 쳐야 한다. 한편 한반도 전역에 걸쳐 영토를 조금이라도 더 차지하기 위해 전투가 계속되고 있다. 양측의 장교들은 돌돌 말린 지도를 들고 바쁘게 오가며 최종 분계선을 새로 조정한다. 잠을 자든 자지 않든, 지자오주는 휴전 협정서의 영문 최종본을 완성해가는 내내 의욕이 넘친다. 집이 그를 부르며 손짓한다. 새로운 중국이 그를 부르며 손짓한다.

협상단은 당초 7월 24일 금요일을 서명일로 정했다. 하지만 불가피하게 지연되어 서명일은 7월 27일 월요일로 미뤄진다.

<<<

벽동의 5호 수용소에서, 전쟁포로 클래런스 애덤스는 공부 모임들을 주도하고 있는 중국인들 가운데 신뢰할 만한 교관을 찾는다. 그는 의논해야 할 중요한 문제가 있다. 휴전과 포로 석방 시일이 가까워지면서, 명령을 따르며 그저 생존하고 있는 포로의 신분으로 31개월 이상을 보낸 미 육군 상병 애덤스는 자신이 마침내 자유의 몸이 되었을 때 무엇을 해야 할지에 대해 깊이 고민하고 있다. 수용소 도서관에서 읽은 모든 책과 정치 강연에서 들은 모든 내용을 통해, 그는 공산주의에 대한 호기심 이상의 것을 갖게 되었다. 어쩌면 공산주의가 그들이 말하는 것만큼 좋고 공정한 체제일지도 모른다고 그는 생각한다. 중국에 가본 적이 없기 때문에 그는 확신할 수는 없지만, 인종 분리, 삶의 질 저하, 기회 부족 등 흑인으로서 멤피스로 돌아가면 속하게 될 체제에 대해서는 확실히 알고 있다. 그는 교관에게 자신의 딜레마에 대해 말한다. 교관은 그에게 휴전 협정에 따라 포로들이 자국으로 돌아가지 않는 것을 선택할 수 있다고 이야기한다. 하지만 그가 중국으로도 갈 수 있을까? 교관은 수용소 지휘부와 상의한 후 돌아와, 애덤스에게 중국도 선택지 중 한 곳이라고 말해준다. 하지만 그가 중국으로 간다 하더라도 그곳에서 뭘 하게 될까? 애덤스는 궁금하다. 무엇을 하고 싶은가? 교관이 묻는다. 고등학교를 중퇴한 스물네 살의 애덤스는 공부도 하고 싶고 일도 하고 싶다고 말한다. 교관은 그가 대학에도 갈 수 있고 일자리도 분명 구할 수 있을 것이라고 이야기한다. 애덤스는 아내도 원한다고 말한다. 교관이 웃는다. "중국에는 여자들이 많아."라고 그가 말한다. "하지만 자네의 아내가 될 여자를 찾을 수 있느냐는 자네한테 달려 있어."

1953년 7월 24일, 금요일

전쟁에서 최후의 사망자가 되고 싶은 사람은 없다. 압록강 근처 만주 안둥에 위치한 미그-15 기지에서, 노금석을 비롯한 제2항공연대 조종사들이 그들 위로 암울한 잿빛 하늘을 이리저리 가로지르며 전투를 벌이려는 세이버 전투기 6대를 발견한다.

휴전이 며칠 앞으로 다가왔다는 것은 모두가 알고 있다. 미군은 휴전 협정 체결 전에 가능한 한 많은 미그기를 파괴하기를 원한다. 북한군들은 살아남기를 원한다. 그들 중 F-86에 대응하기 위해 긴급출격하라는 명령을 받은 16명은 역겨움을 느낀다. 노금석 상위는 대대장의 윙맨으로 출격한다. 16대의 미그기가 연이어 이륙한 직후, 대장이 무전기에 대고 "내 착륙장치가 접히지 않아!"라고 외친다. 노 상위는 표준 절차에 따라 그들이 기지로 돌아가야 한다고 무전한다. "즉시 착륙하라!" 그들은 착륙하여, 정비사들이 대기하고 있는 보호 방벽으로 지상주행한다.

조종석에서 내려온 노금석에게 비행장 상공에서 굉음이 들리더니, 세이버기의 추격을 받으며 저고도로 날아오는 미그-15기가 보인다. 미군 세이버기가 발포하여, 그 기총에서 발사된 예광탄들이 미그기의 동체에 명중되어 구멍이 뚫린다. 기체가 손상되어 정상 작동이 불가능해지자, 북한군 조종사는 비상착륙을 시도하지만, 기체가 의도한 것보다 더 날아가게 되어 활주로 너머 땅바닥에 처박힌다. 그의 미그기는 폭발하여 불덩어리가 되고, 승리를 거둔 세이버기는 날아간다. 충돌 지점에서 멀리 떨어진 곳에 있는 노금석에게도 그 불길에서 뿜어져 나오는 열기가 전해진다.

운명을 달리한 소위는 노금석의 오랜 친구다. 수철하는 흥남에서 같은 학교를 다닌 친구였으며, 1949년에 그와 함께 해군군관학교에 갔었다. 1950년에는 두 사람이 함께 만주에서 비행 훈련을 받으러 떠나기도 했었다. 이제 그의 친구는 이 무의미한 전쟁에서 마지막으로 전사한 미그기 조종사가 되었지만, 노금석은 300번의 임무를 마친 뒤에도 살아 있다. 상대

측 공군이 주장하고 있는 "격추된 미그기 대수"에 대해서는 전쟁 기간 내내 의문이 제기되어 왔다. 고아음속高亞音速으로 휙 지나가는 제트기 조종사들에게 피격당한 적기가 언뜻 보이고 마는 경우가 종종 있기 때문이다. 그러나 공중전에서 파괴된 북한군 조종사의 미그기는 100대가 넘을 것으로 보이고, 소련 및 중공군 조종사의 미그기는 아마 600대를 초과할 것이다. 미군은 비슷한 수의 세이버기가 격추되었다는 공산군의 주장을 인정하지 않지만, 최소 200대의 세이버기가 손실되었으며, 대부분이 지상의 대공포에게 당한 B-29 폭격기를 포함한 다른 기종 수백 대 역시 손실되었다고는 인정한다.[9]

1953년 7월 27일, 월요일

일주일간 내린 비로 판문점은 진흙탕 길로 질척거린다. 지정된 시간인 오전 10시가 다가오는데, 태양은 구름을 뚫고 나오기 위해 애를 쓰고 있다. 중립 지대를 둘러싸고 있는 낮은 야산들 너머, 저멀리 어딘가로부터 쿵 하는 포성이 울려 퍼진다. 몇 분 후, 대표단은 한국에서 치뤄진 3년 4주 4일간의 전쟁과 2년여의 격렬한 협상 끝에, 오늘 밤 10시에 적대 행위를 중단하는 협정에 서명하기 위해 급히 지어진 "정전협정 조인식장"으로 들어간다. 창고처럼 생긴 T자형 조인식장은 북한 측 인력에 의해 일주일 만에 세워졌다. 탑의 지붕돌처럼 처마선이 윗쪽으로 휘어진 지붕 아래, 목재로 된 건물 골격이 있고, 거기에 짚으로 만든 벽 패널들이 고정되어 있다.

조인식장을 만든 북한 사람들은 파블로 피카소의 작품인 "평화의 비둘기"로 입구를 장식하려 했지만, 미국 측은 그런 "공산주의의 상징" 밑으로 입장하기를 거부했다. 통역관인 지자오주를 비롯한 중국과 북한 측 인원들이 넓은 빈방 한쪽 끝에 있는 접이식 철제 의자에, 미국 측 인원들은 반대쪽 끝에 있는 의자에 자리를 잡았다. 방 중앙에는 테이블 세 개가 놓여 있다. 이승만 대통령이 협정에 반대하기 때문에, 남한 측 인사는 한 명도 참석하지 않았다.

오전 10시 1분, 양측 수석 대표가 각자 따로 테이블에 앉는다. 회색 정복 재킷을 입고 있는 북한의 젊은 남일 상장과 보다 나이가 많은 목이 드러나는 황갈색의 하계용 군복 차림을 한 미국의 윌리엄 K. 해리슨 중장이다. 남일 앞에는 작은 붉은 별이 있는 북한 국기가, 해리슨 앞에는 푸른 유엔기가 탁상용 스탠드에 꽂혀 있다. 기온이 32도 가까이 될 정도로 날씨는 덥다. 두 사람은 각자의 앞에 놓인 아홉 부의 정전 협정문에 서명하기 시작한다. 가운데 테이블은 양측 보좌관들이 한쪽이 서명한 문서를 다른 쪽도 서명하도록 전달하는데 사용된다. 뉴스 영화를 촬영하는 카메라들이 돌아가는 소리와 사진사들이 셔터를 누르는 소리를 제외하면 정적만이 가득하다. 두 장군 모두 서로를 쳐다보지도 않는다. 10분 만에 그들의 서명이 끝났다. 파란색과 적갈색 바인더로 된 18개의 서명된 협정문 사본이 가운데 테이블에 쌓여 있다.

서명을 모두 마치며 희미하게 미소 짓던 해리슨이 이제 남일을 한참 날카롭게 바라본다. 남일은 거의 알아차리지 못한다. 그들은 자리에서 일어나 자리를 떠난다. 긴장감과 적대감은 마지막까지 계속되었다.[10]

영문 최종본을 타이핑하느라 며칠 동안 잠을 자지 못해 여전히 녹초 상태인 지자오주는 "헛된 대학살"이 끝나고 있다는 사실에 큰 안도감을 느낀다. 그가 미국 유학을 뒤로하고 고국으로 돌아와, 애국자가 되겠다고 선언한 지 3년 만이다. 이제 그의 미래는 새로운 중국에 있다. 최종 합의는 정전 외에도 한반도를 가로지르는 양측의 최종 접촉선을 따라 4킬로미터의 비무장 완충지대 설치와 정전과 비무장 완충지대를 감독할 양측 장교 5명으로 구성된 군사정전위원회 軍事停戰委員會·Military Armistice Commission, 그리고 이르면 이번 주 후반부터 시작되는 전쟁 포로 석방 등을 규정하고 있다.[11]

공산 측은 남한군 8,186명, 미군 3,313명, 영국군 및 기타 연합군 1,264명을 포함하여 12,763명의 포로를 데리고 있다고 전한다. 미국 측은 북한군 69,000명과 중공군 5,000명이 본국으로 송환될 것이라고 말한다. 그러나 중공군 14,500명과 북한군 7,800명은 송환을 거부하고 있는데, 이들은 이승만이 6월에 남한으로 27,000명을 일방적으로 석방한 후 남아있는 포로들이다.[12]

"송환 거부자들"은 90일 동안 중립국 위원회²에 넘겨지며, 이 기간 동안 본국 대표들이 이들의 마음을 바꾸도록 설득할 것이다. 여전히 송환을 거부하는 자들은 중립국 영토로 보내지며, 그곳에서 대만이나 한국 등 그들이 원하는 곳으로 송환될 수 있다.

정전 협정은 또한 "한국에서 모든 외국군의 철수, 한국 문제의 평화적 해결 등에 관한 문제들을 협상을 통해 해결하기 위해" 3개월 이내에 교전국 정부들이 정치 회담을 소집할 것을 권고하고 있다.[13] 협정문에는 언제라도 터질 수 있는 문제 두 가지가 언급되지 않았다. 북한으로 납치된 것으로 알려진 수만 명의 남한 사람들의 상황, 그리고 모든 참전국의 전쟁 범죄 피해자들을 위한 정의 실현의 문제가 그대로 남아 있다. 대표단이 판문점을 떠나자, 멀리서 포격 소리가 또다시 울려 퍼진다.[14] 한국전쟁이 끝나려면 아직 몇 시간 남았다.

<<<

전쟁이 처음 한국을 집어삼켰던 3년 전 6월의 바로 그 일요일처럼, 정전 협정이 체결된 오늘도 비로 젖은 서울 거리를 빌 신이 걷고 있다. 신 기자는 불확실한 분쟁 기간 중 수개월에 걸쳐 두 번이나 피난을 떠났다가 다시 찾았던 제2의 고향이자 절반이 폐허가 된 도시에서 평범한 사람들의 감정을 음미해보고 있다.

그는 "안도감과 두려움이 뒤섞인 감정"을 느낀다고 쓴다.

---

2 중립국송환위원회中立國送還委員會

안도감은 비록 불안정한 상황이긴 하지만 싸움이 끝났다는 사실, 살아남기 위해 몸부림치면서 극도로 지쳐버리는 실향민으로의 삶이 끝났다는 사실에 대한 것이다. 두려움은 새로운 전쟁이 가능하다는, 아마 그렇게 될 가능성이 높을지도 모른다는 생각에서 비롯된다. 빌 신은 내무부가 공산 게릴라들이 지금도 남한에 침투하고 있을 수 있다고 사람들에게 경고한다고 전한다. 그는 서울로 돌아온 피난민들을 언급하며, 그들이 적이 다시 올지도 모른다는 두려움 때문에 가정을 다시 꾸리기를 주저하고 있다고 말한다.[15]

인천상륙작전을 "특종 보도"한 서른네 살의 신 기자에게, 전쟁은 역사가 전개되는 것을 지켜볼 수 있는 수많은 순간을 제공했다. 그러나 그의 작은 가족과 함께 한강 다리를 건너던 마지막 순간, 북한군에게 붙잡히지 않고 가까스로 탈출하던 순간, 처형 언덕에서 들었던 죽음에 직면한 사람들의 절규 등 전쟁은 그에게 충격적인 기억을 남기기도 했다. 한국전쟁의 마지막 날인 오늘, 그의 마음은 북쪽으로, 38선 너머 폭격으로 폐허가 된 함흥 근처의 집에 있는 어머니, 아버지, 세 누이로 향한다. 빌 신은 이제 휴전선으로 인해 사랑하는 가족과 헤어지게 된 10,000,000명의 한국인 중 한 명이다. 그는 가족을 다시 만날 수 있을까?

《《《

장티푸스. 이질. 발진티푸스. 천연두. 결핵.

질병은 휴전에 개의치 않는다. 부산의 메리놀 진료소에는 한여름의 고온 건조한 더위 속에서도 여전히 질병에 고통받고 있는 수백 명의 사람들이 줄을 서 있다. 현실적인 측면에서, 매리 머시 수녀는 오늘 일기에 판문점에서 일어나는 일에 대해 언급하지 않지만, 한 기부자가 어린이 진료소에 천장 선풍기를 설치해 "아주 더운 건물에 눈에 띄는 변화를 가져왔다"는 기쁜 소식을 기록한다. 이 일기에는 최근 북쪽 지역을 다녀온 오거스타 수녀와 애그너스 터리스 수녀로부터 들은, "말로 표현할 수 없는 만큼 완전히 파괴"된 서울 지역에 대한 소식도 기록되어 있다. 한국은 "슬프다는 말의 최상급 표현"에 대한 권리를 주장할 수 있는 나라일 것이라고 매리 머시는 기록한다. "한국은 가장 황폐화된 현대 국가다. 전쟁이 휩쓸고 지나가면서 논은 엉망이 되어 버렸고, 공장과 병원 내부는 다 타버렸으며, 마을은 잿더미가 되어버렸고, 교회와 학교는 파괴되었다. 그리고 3,500,000명의 난민과 100,000명의 집 없는 고아가 발생했다."

남한에 있는 병원 다섯 곳 중 네 곳이 전쟁 중에 파괴되었다. 부산에는 일반인이 이용할 수 있는 병상이 40개에 불과하다.[16] 그런 이유로, 이제 매리 머시 수녀로 알려진 엘리자베스 허쉬벡 박사는 최우선적인 목표를 세운다. 바로 이 빈곤한 도시에 새 병원을 짓는 것이다. 최근 몇 주 동안 두 차례에 걸쳐, 매리 머시는 수녀들과 함께 "하느님의 자비와 한국에 대한 보살핌을 간구하는" 특별한 기도의 날을 가졌다. 그 후에 메리놀 수녀들은 진료소 구내 좀더 높은 위치에 있는 등나무 정자로 물러나, 동해에서 불어오는 바람을 느끼며 그들에게 발생한 전쟁 희생자인 앨버타 마리 수녀의 무덤을 장식하고 있는 장미 향기를 맡아본다.

<<<

압록강변의 5호 포로수용소에서, 미군 및 기타 포로들이 비에 젖은 연병장에 정렬하라는 명령을 받는다. 그들은 곧 큰일이 일어날 것을 감지한다. 흥분한 포로들 사이에서 조그맣게 속삭이던 소리가 서서히 요란하게 웅성거리는 큰 소리로 변한다. 중국인 수용소 교관은 시끄럽게 웅성거리는 포로들에게 휴전이 체결되었다는 소식을 전하기 위해 고함을 질러야 했다.

외마디 외침이 질퍽거리는 연병장 위로 크게 외치는 소리가 울려 퍼지고,

포로들은 웃고, 울고, 서로 껴안고, 등을 때리고, 기쁨에 겨워 쓰러진다. 클래런스 애덤스는 누구 못지않게 행복하다. 3년 전 미 육군에서 제대했어야 할 이 청년은 제대는커녕 적에게 포로로 잡혀 32개월 동안 암울한 생활을 해왔다. 그동안 그는 자신의 발가락들을 절단해야 했고, 체중이 3분의 1 가까이 줄었으며, 친한 사람들이 굶주림과 질병으로 죽는 것을 지켜봤다. 그러나 행복함을 느끼면서도 애덤스는 그곳에 같이 있는 포로들에게 비밀로 하고 있는 것이 있다. 바로 그가 그들과 함께 집으로 돌아가지 않을 것이라는 점이다.

<<<

대구 북쪽 끝자락에 있는 한 낡은 일본식 가옥의 지저분한 지하실에 있는 아무것도 가진 것 없는 사람들에게 정전 협정은 희망을 안겨준다.
대구 군교도소의 이 "특수 감방"은 한때 이 건물주의 과수원에서 생산된 사과를 보관하던 곳으로, 현재는 리인모가 15개월 전 공산 게릴라로서의 "적대 행위"로 즉결 재판에서 7년 형을 선고받고 복역 중인 곳이다. 서른다섯 살의 북한 당 충성파에게, 50명의 다른 수감자들과 함께 믿을 수 없을 정도로 좁은 공간에 갇혀 지내는 지하 생활은 "말할 수 없는 고통"이다. 거의 모든 정치범들은 소수의 상습 범죄자들과 더불어 하루에 두 번 작은 주먹밥을 배급받는데, 그들은 말라서 초췌한, 뼈만 남은 모습으로 변해 버렸다. 형무관들이 임명한 모범수인 잔인한 감방장의 감시 아래, 그들은 하루의 대부분을 바닥에 질서정연하게 줄을 지어 앉아 있어야 하며, 누가 먼저 말을 걸지 않으면 말하는 것이 금지되어 있다. 그들은 정기적으로 구타를 당한다. 그들은 목숨을 잃는다.
누가 죽어도 그 시신이 치워지지 않도록 하루나 이틀 동안 신고가 되지 않는 경우가 가끔 있다. 감방장이 그 죽은 사람의 배급 식량을 받아 챙길 수 있기 때문이다. 시신이 차가워지면, 이들이 시신에서 기어 나와 옆에 있는 사람들 위로 몰려 든다. 포로수용소에 수감된 남녀 포로들과 달리, 이 포로들은 판문점 송환 절차의 적용을 받지 않는다. 하지만 최근 뜻밖에도, 그들의 창백하고 병든 얼굴에 더 많은 햇살이 비추고 있다. 이들은 매일 10분씩 야외에서 운동하는 대신, 한 번에 몇 시간씩 운동장에 들어가는 것이 허락되었다. 누군가는 나중에 정전 협정에서 구상된 정치 회담이 개최되어 거기서 합의된 내용에 따라 그들이 송환될 경우, 그들의 시체같은 모습이 망신거리가 될 수 있기 때문이라고 판단했다. 나중에라도 북으로 송환되는 것, 평화로운 조선에서 순임과 딸, 그리고 어머니와 재회하는 것이 오늘 리인모에게 보여진 희망이다.

<<<

전쟁 중 가장 치명적인 전투들이 벌어지기도 했었던 중부 전선의 안개 자욱한 계곡에서, 대포들의 포성이 멈춘다. 밤 10시가 되자, 제76야전포병사단의 사격지휘소장 허원무 중위가 155밀리 곡사포의 사격을 중지시킨다.

오후 일찍 소식이 전해졌다. 소문은 확인되었다. 판문점에서 협정 문서에 서명이 이루어졌다. "그럼 오늘 밤에 전쟁이 끝나겠습니다!" 허 중위의 부하 중 한 명이 외쳤다. 그러나 그때까지는 전투가 계속되었다. 오후 8시경, 대대의 전방 관측병들은 중공군이 공격하고 있다고 보고했다. 적은 정전 협정이 체결되기 전에, 조금이라도 더 영토를 차지하고 싶어 안달하는 듯 보였다. 방어하는 한국군 제11사단을 지원하기 위해 곡사포들이 발사됐다. 중공군도 포격으로 대응했다.

이제 전투는 끝났다. 7일 연속 비와 안개가 내린 오늘 밤, 낯선 정적이 감돈다. "그래서 이게 해결책이라고?" 허원무는 자기 자신에게 묻는다. "그러면 뭐 때문에? 수백만 명이 죽었지만, 인간의 삶과 꿈이 파괴된 것 외에는 아무것도 변한 것이 없잖아." 이 최우수 학생이 대학과 로스쿨에 대해 가지고 있던 꿈, 전쟁에서 몇 년을 보내는 것이 아니라 서울에서 평범하고 평화로운 삶을 사는 것에 대한 꿈도 전쟁에 의해 파괴되어 버렸다. 과거를 뒤돌아본 허원무는 자신이 사람의 목숨을 빼앗는 일에 가담했었다는 사실에 비참함을 느낀다. 그는 미래를 생각하며 어쩔 줄 몰라 한다.

지정된 시간이 지나고, 검은 밤하늘에 흰색, 빨간색, 초록색 조명탄이 터질 때, 벙커에 있는 허원무의 사격지휘소 인원들은 환호하지 않는다.[17] 대신, 모두 침묵하며 각자 홀로 생각에 잠긴다. 다른 사람들이 살아남지 못했을 때, 그들은 살아남았다. 하지만 그들의 앞날은 어떻게 될까?

<<<

3년 만에 개성의 밤거리가 불빛으로 환하게 빛나고 있다고 앨런 위닝턴이 보도한다. 그는 1951년 7월에 정전 협상이 시작된 이래 이 고도古都에 머물고 있다. 전쟁 전 개성은 남한에 속해 있었다. 이제 개성은 북한의 영토가 된다. 협상 초기에, 런던의 데일리 워커 특파원인 그는 3주 안에 평화가 올 것으로 예상했다. 그러나 그는 오랫동안 독자들에게 다음과 같이 주장해 왔다. 미국 측이 협상을 고의로 방해했으며, "전쟁은 필요 이상으로 거의 2년 동안 지속되었다." 그 과정에서 많은 것을 잃었다. "북한처럼 그토록 완전히 파괴된 나라는 결코 없었다." 이제 그는 이렇게 전한다. "이곳의 정전은 희망도 가득하고 위험도 가득한, 불안정한 정전일 수밖에 없다."[18]

전쟁 초기에, 영국의 공산주의 저널리스트인 위닝턴이 대전의 거대한 집단 매장지를 발견했을 때, 그는 이 아시아 분쟁이 1930년대의 "스페인과 체코슬로바키아 이후"에 일어났던 일을 재현할 것 같아 두렵다는 내용의 글을 썼다. "한국 이후에는?" 그는 당시 이렇게 물었다.[19]

이에 화답이라도 하듯, 최근 미·영·불 공동성명은 "침략적 공산주의에 맞서 (인도차이나의) 독립을 지키기 위한 투쟁은 자유 세계에 필수적"이라고 선언했다.[20] 한국 전역에 전등이 켜지고 있는 이때, 아시아의 다른 한 구석에는 그림자가 드리워지고 있다. 앨런 위닝턴에게, 한국 이후에 일어날 일은 베이징으로 돌아가는 것이다. 그는 약혼녀 에스더와 갓 태어난 아들을 다시 만나게 되고, 전쟁의 참상에 한 독특한 시각을 제공했다는 이유로 서방에서 비난을 받게 된다.

<<<

정전 협정 발효 시간이 지나면서, 늦은 밤 실안개가 넓고 검은 압록강에 깔린다. 강을 가로질러 예인되고 있는 바지선에는 노금석 상위를 비롯한 조종사 5명이 타고 있다. 배에는 그들과 함께, 만주에서 북한 의주 비행장으로 보낸 미그-15기 5대가 분해되어 상자에 담긴 채 실려 있다. 판문점 합의에 의한 정전 후 남북한 영토로의 무기 반입 금지 규정을 피하기 위해서다.

조종사들은 항공기를 준비시키느라 며칠 동안 고생하여 완전히 지쳐 있지만, 한반도 상공의 치열한 공중전에서 살아남았다는 사실에 매우 기뻐하고 있다. 스물한 살의 노금석은 다른 조종사들보다 내성적이어서, 그렇게 많은 동지들이 죽은 상황에서 살아남아 있는 것에 감사하지만, 자신이 참을 수 없는 사회와 체제로 돌아갈 것을 생각하니 걱정스럽다. 그는 전쟁으로 완전히 폐허가 되어버린 곳으로 돌아가게 될 것이다. 미군은 약 33,000톤의 네이팜탄을 포함해 총 635,000톤의 폭탄을 한국에 투하했으며, 거의 대부분은 북한 지역에 투하했다. 이는 2차 세계대전 당시 태평양 전역戰域 전체에 투하된 폭탄의 총량보다 많은 것이다. 북한의 22개 주요 도시 중 18개 도시가 절반 이상 파괴되었다. 노금석의 고향인 흥남은 85%, 평양은 75%가 사라졌다.

북한 측은 주택 600,000채, 공장 8,700곳, 학교 5,000곳, 병원 1,000

곳이 파괴된 것으로 집계하고 있다. 지하 대피소에서 나온 사람들은 어선, 가축, 관개용 댐, 농기구가 파괴되어, 큰 기아가 예고되고 있음을 알게 된다. 재건할 인력은 어디에 있을까? 얼마나 많은 사람이 죽은 것인가? 1,000,000명? 2,000,000명?[21]

노금석은 그의 어머니도 사망했을 거라고 믿고 있다. 공군 소령이었던 삼촌은 그에게 어머니가 흥남 폭격으로 사망했다고 말했다. 충성스러운 공산주의자였던 삼촌은 그의 어머니가 조국을 배신하고 남쪽으로 도망쳤다는 진실이 퍼지는 것을 원치 않았기 때문이다. 그러니까 노금석에게는 고향에 아무도, 아무것도 없다. 이제 강을 건너는 도중에 바지선이 모래톱에 걸린다. 그들은 압록강 하구에서 밀물이 들어와서 강을 마저 건널 수 있도록 배를 들어 올려줄 때까지 기다려야만 할 것이다. 그들은 정전 조건을 위반하고 있지만, 상관없다. 북한은 압록강을 건너는 미그기 비밀 수송을 향후 더 진행하려고 계획하고 있다.

<<<

한국에서 모든 사격이 중단되는 "2200"시가 되자, 워싱턴에서는 월요일 이른 아침 시간이 된다. 포토맥 강을 따라, 전쟁이 시작되었던 한국의 일요일과 흡사하게 찌는 듯이 무더운 날이 시작된다. 극동 지역을 떠난 지 14개월이 지난 지금, 매튜 B. 리지웨이 장군은 한국의 상황 변화에 만족하고 있다 바로 어제, 일요일판 뉴욕 타임즈 매거진의 한 기사는 신임 육군참모총장을 "어느 모로 보나 군인"이라고 칭송하며, "전장에서의 공적, 특히 한국에서 패배한 8군을 재건하는 데 기여한 공적으로"[22] 명성을 얻었다고 소개했다.

그는 한반도 전쟁을 더욱 위험하고 규모가 큰 전쟁으로 확대하려는 미국 내 일부 정치 및 군사 특권층의 압력을 막아냈다는 점에서도 만족감을 느끼고 있다. 그는 미국이 세계 공산주의에 대해 "모호하게 정의된 '승리'를 추구해서는 안 된다"는 트루먼, 애치슨, 마셜의 의견을 지지했다. 리지웨이는 훗날 "우리가 세계를 폐허로 만들 수는 없었다"며, "국제적인 비도덕성의 길로 들어서서 돌아올 수 없는 지점을 지나칠 수도 없었다."고 기록한다.

매트 리지웨이는 잠정적이긴 하지만 한국의 평화 회복에 기여한 자신의 역할에 대해 동료들과 친구들로부터 축하를 받는다. 정전 협정이 체결된 오늘, 그는 "단테의 지옥에 나오는 풍경처럼 보였던 찢겨진 지형"과 "폭격으로 지붕 하나도 거의 남아 있지 않을 정도로 폭파된 마을들", 논에서 나는 인분 냄새, 계곡과 고지에 있는 사람 유해에서 나는 악취 등 지난 3년 동안의 상황을 회상한다. "전쟁은 세상에서 가장 끔찍한 일이다."라고 말하며, 그는 곰곰이 생각하게 된다. 그리고 모든 군인들처럼, 그에게도 역시 최악의 순간들이 기억되어 있다.

매트 리지웨이는 NATO 사령관 재임 기간 동안, 서독 점령을 감독하는 고등판무관들에게 서방 동맹국 지도자들이 고민하고 있는 주제, 즉 2차 세계대전 중 전쟁 범죄로 유죄 판결을 받은 독일 장군들의 형량을 경감할 것인지에 대해 연설했다. 독일의 유력인사들은 냉전의 상황에서 NATO에 가입하기 위해 독일군 재건 준비를 더욱 잘하려면 그런 감형이 필요하다고 말하고 있었다. 독일 장군들 가운데 15명은 유대인들과 정치범들 그리고 포로들을 살해한 범죄로 사형을 선고받았다.[23] 그들을 변호하기 위해, 독일 압력 단체들은 한국을 가리키며, 미국의 동맹국인 한국에 의한 정치범 집단 처형과 북한 도시들에 대한 미국의 융단 폭격에 대한 보고를 지적했다. 독일 장군들이 그보다 더 나쁜 것은 아니었다고 그들은 주장했다.[24]

리지웨이는 미국, 영국, 프랑스의 고등판무관들에게 자신은 사면을 선호한다고 말했다. 놀라울 정도로 솔직한 성명을 통해, 8군 사령관이었던 그는 자신도 감옥에 앉아 있는 독일 장군들이 내린 것과 같은 명령들을 한국에서 내렸다고 말했다.[25]

리지웨이는 한국에서 내린 어떤 명령들을 염두에 두고 있었는지는 구체적으로 밝히지 않았다. 서울에서 필사적으로 탈출하기 위해 한강을 건너려는 피난민을 사살하라는 1951년 1월의 명령이었을까? 거의 같은 시기에, 중공군의 진격 경로에 있는 모든 마을을 소이탄 폭격으로 파괴하고, 서울을 잃은 데 대한 보복으로 평양을 완전히 폐허로 만들라고 미 공군에게 권고한 사항이었을까? 아니면 1951년 중공군의 춘계공세와 이에 대한 반격이 이루어지고 있을 때 접근하는 민간인을 모두 사살하라는, 아반토 대위단 한 사람만 반대했던 미 8군의 명령이었을까? 그의 진술이 1951년 2월의 킬러 작전과도 관련이 있을까? "킬러" 작전에 참가했던 군인들은 훗날 "여자와 어린이를 포함해 우리 앞에 있는 모든 것을 사살하라"는 지시에 대해 이야기한다.[26]

리지웨이가 고등판무관들에게 제출한 깜짝 놀랄 만한 입장문에서 한 가지는 명시되어 있었다. 관용은 동부 전선에서 소련 공산군에 맞서 히틀러의 독일을 위해 싸운 사람들에게만 베풀어져야 한다는 것이다.[27]

1953년 7월 28일, 화요일

새벽 5시 31분, 모여드는 장마 구름들 사이로 태양이 떠오른다. 1,129일 동안 지속된 전쟁의 함성과 비명, 신형규가 생각하는 것처럼 "죽거나 죽이거나 하는 미친 세상"이 끝난 오늘, 처음으로 온전히 평화롭고 고요한 날이 시작된다. 한국군 1사단의 참호에서, 헌병 상병 신형규가 임진강 너머로 수백수천 명의 중공군 병사들이 포탄과 네이팜탄의 공포에서 벗어나 참호 밖으로 나오는 모습을 지켜본다. 그 정도 규모의 적과 상대했었다고는 상상도 못했었기에, 그는 경외감이 든다. 지금은 휴전선이 된 전선을 따라, 상상할 수 없었던 또다른 장면들이 펼쳐진다. 단장의 능선 지역에서 한 북한군이 반대쪽으로 외친다. "이봐, 미군아! 더 이상 총질은 말자! 우리 둘 다 집에 가는거야!" 철조망 너머로, 미군과 중공군이 인사를 나누며 담배와 단것을 주고받는다. 한때 공격을 알렸던 꽹과리와 나팔 소리가 이제는 중국 농민들의 춤인 양거秧歌와 함께 연주되는 것이 휴전선 남쪽의 병사들에게 들린다. 양측 병력이 폭 4킬로미터의 정전 완충 지대를 형성하기 위해 철수하고 있다. 먼저, 그들은 중간 지대에서 마지막 며칠 동안 벌어졌던 전투에서 희생된 자들의 시신을 수습한다. 수년간의 전쟁에서 발생한 실종자들 중 일부는 결코 발견되지 않고 있다. 그들은 누구의 눈에도 띄지 않고 햇볕에 빛이 바랜 해골 상태로 어느 산악 지대에 남아 있다.[28]

낮 기온이 서서히 35도 가까이 올라가자, 신형규와 동료들은 시원한 벙커로 몸을 피한다. 그들의 전쟁은 결코 끝나지 않을 것 같아 보였다. 하지만 전쟁이 끝난 지금, 그들은 정신이 멍하며, 자신들의 총처럼 조용하다. 신형규는 3년 전 8월, 굶주림 때문에 입대 지원하여 열여섯 살의 "소년병"이 된 이후 겪어온 모든 일들을 떠올린다. 그는 어머니, 동료 헌병들, 미국인들, 임진강에서의 한국군 수송병들, 전방으로 나갔다가 돌아오지 않은 병사들 등 여러 얼굴들을 머릿속으로 떠올려 본다. 그리고 오래전 그가 개성의 한 개울가에 묻어준 어린 소녀의 얼어붙은 눈동자가 보인다.

<<<

중부 전선의 마지막 대대 숙소로 사용되던 어두운 동굴에서, 천싱치우가 새벽이 훨씬 지난 시각에 뒤척이며 잠에서 깬다. 어젯밤 그는 다른 병사들보다 일찍 잠자리에 들었지만, 주위를 둘러본 그는 다들 모두 일어나서 나가고 없다는 사실을 알게 된다. 그는 위생병들 중에서도 맨 마지막으로 일어난 사람이기도 하다.

밤새 유난히 조용했었나? 적의 포격과 폭격으로 인한 굉음과 진동이라는 일상적인 괴롭힘에 방해받지 않아서, 그는 끝까지 쭉 잠을 잔 것 같다. 하지만 모든 것이 다 조용한 것은 아니다. 전방에서 28개월을 보낸 후, 매우 지친 병사 천싱치우는 최근 몇 주 동안 머릿속에서 폭격 소리가 희미하게 울려퍼지는 환청이 들리기 시작했다. 이제 그가 잠에서 깨어났으니, 환청이 다시 들리기 시작한다. 열여덟 살의 위생병은 스스로 진정제를 처방해왔지만, 소용이 없다. 그는 서둘러 옷을 입고는 구호상자를 들고, 환하게 밝은 밖으로 나와 대대 진료소를 향해 걸어간다. 기지의 비포장 도로에서 남쪽으로 향하는 대형 트럭 한 대가 보인다. 밝은 주간에 노출된 중공군 차량이라니, 충격적인 광경이다. 그는 트럭을 향해 달려가 손을 흔들어 트럭을 세운다. 그는 운전사에게 소리친다.

"동무, 조심하시오! 적의 비행기들 말이오!" 당황한 운전자는 아무것도 모르고 있는 젊은 위생병을 빤히 쳐다본다. "전쟁은 끝났어!" 그가 외친다. 천은 혼란스러워한다. "전쟁은 끝났어?" 그는 조용히 혼잣말로 반복한다. 트럭이 지나갈 때, 트럭에 "분계선"이라고 표시된 나무 판자들이 실려 있는 것이 보인다. 다른 트럭 한 대도 그런 표시판들을 싣고 앞의 트럭을 뒤따른다. 뭐지? 운전사 말이 틀림없이 사실일 거라고 천이 깨닫는다. 그는 판문점 회담이 진전을 이루었다는 것은 알고 있었지만, 일찍 잠자리에 든 탓에 밤 10시를 기해 총성이 멈추게 될 것이라는 어젯밤 전달 사항을 듣지 못했

여름

던 것이다.

천성치우가 열여섯 살에 참전한 전쟁, 즉 두려움과 지루함, 공포와 피, 사귄 친구들과 희생당한 친구들로 채워졌던 며칠, 몇 달, 몇 년의 시간은 삶 그 자체가 되었다. 그리고 이제 그 전쟁이 끝났다. "전쟁은 악이다."하고 그가 일기장에 적는다. "전쟁은 숲과 집, 마을을 파괴한다. 전쟁은 인간을 죽이고 불구로 만든다. 전쟁은 지구상의 인류 생존에 위협이 된다." 그러나 적어도 이번 전쟁은 끝났고, 그는 살아남았으며, 강력한 미 제국주의자들에게 굴욕을 안기는 데 일조한 영웅이 되어 집으로 돌아갈 수 있다. "중국 인민 전체가 자긍심을 느낀다. 이 전쟁에서 승리한 우리가 어찌 자긍심을 느끼지 않을 수 있을까? 기뻐하자! 우리는 자긍심을 느낀다. 우리는 중국인이기 때문이다."

<<<

펑더화이는 개성에 있는 정전 협상 대표단 숙소에서 하룻밤을 보냈다.

어제 저녁, 중국 혁명의 영웅적인 장군이자, 마오쩌둥의 한국전 참전이라는 모험을 강행하려고 할 때 힘을 실어준 정치국 위원이며, 적과 싸워 진격을 멈추게 하고 북한을 구한 전략가인 그는 성대한 연회에서 정전 협상 대표단 및 관리들과 함께 베이징 라디오가 "영광스러운 승리"라고 부르고 있는 성과를 축하했다. 그러나 중국의 조선인민지원군 최고사령관으로서 정전 협정 조인을 준비하면서, 이 강인한 노병은 조금 유감스럽게 생각하고 있었다. 거의 3년간의 전쟁에서 자신의 군대가 입은 막대한 인명 손실 때문이 아니라, 미군에게 더 많은 피해를 입히지 못했다는 점 때문이었다. "우리는 전투를 위한 조직화가 매우 잘 되어 있었습니다. 우리가 우리의 힘을 충분히 사용하지 않았기 때문에 적에게 더 큰 타격이 가해지지 않았습니다."

오늘 아침 9시 30분, 그는 개성의 회의실에 앉아 어젯밤 평양 관저에서

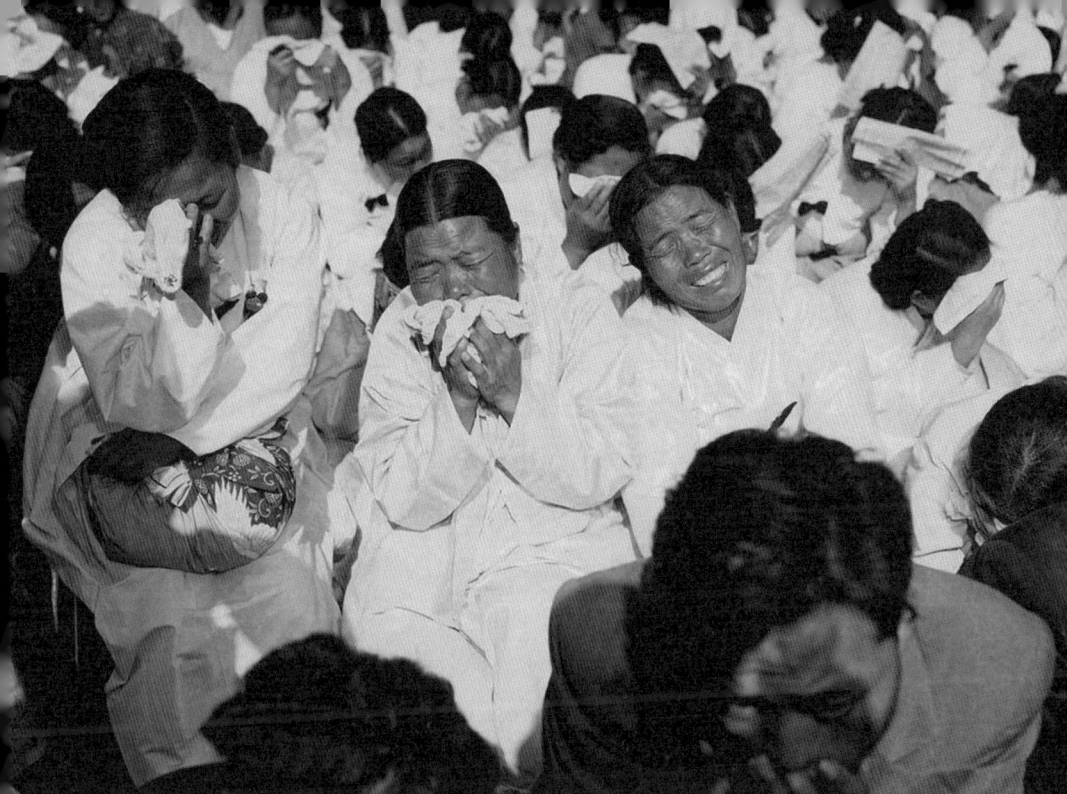

1953년 10월 17일 서울에서 열린 추모식에서 이승만 대통령의 연설을 들으며 눈물을 흘리는 어머니들. 이 추모식은 전쟁 마지막 해에 전사한 33,964명의 한국군을 추모하기 위해 열렸다.

김일성이, 그리고 어제 그보다 먼저 남한의 문산에서 마크 클라크 장군이 서명한 휴전 협정 사본에 서명을 한다. 클라크 UN군 최고사령관도 자신을 승리 없이 휴전에 동의한 최초의 미국 장군이라고 생각하며 다소 낙심했다. 그는 문산에서 "지금 이 시간에도 내가 환희에 들뜰 만한 이유는 찾을 수 없다."라고 말했다.[29]

《《《

낮은 산들이 많은 서울 북동쪽 끝자락에 있는 돈암동의 빌린 집에서, 장상과 어머니는 정전 협정 체결 소식을 들으며 안도한다. 오랜 기간 동안 남북한을 넘나드는 이들의 위험한 여행이 마침내 끝이 나고 있는지도 모른다. 3년 동안의 궁핍과 두려움은 이제 끝난 듯하다. 하지만 슬픔이 행복을 그림자처럼 따라온다. 농사를 짓다 실향민이 되었던 외할아버지가 절망에 빠져들고 있다. 오래전 바로 그 일요일에, 열 살의 장상을 잠에서 깨워 전쟁 소식을 접하게 했던 할아버지는 고향인 평안북도의 압록강변 저지대로 살아생전엔 돌아갈 수 없음을 직감하고 있다. 그들은 북쪽에 남겨진 사람들의 운명에 대해서도 걱정하고 있다. 장상의 삼촌 네 명과 고모 두 명은 토지를 소유한 부유한 가문의 자손들이기 때문이며, 이모 네 명은 더 이상 기독교인을 용납하지 않는 사회의 열렬한 기독교 신자들이기 때문이다. 한편 숙명여중의 최우수 학생인 장상에게 인생은 이제 막 시작되었고, 전쟁의 고난은 그 나름대로 그녀에게 인생을 살아갈 준비를 시켜주었다.

"넌 남자형제도 없고, 아버지도 없고, 어머니는 제대로 교육도 받지 못하셨어." 장상은 스스로에게 말한다. "넌 혼자야. 그러니까 넌 단단히 노력하는 게 좋을 거야. 그리고 넌 네가 뭘 가지고 있는지 알고 있잖아. 네가 가진 거라곤 두뇌밖에 없어."

<<<

대전에서는, 새 집을 마련한 박선용과 남편 정은용이 생후 7개월 된 구숙이 평화로운 나라의 소녀로 자랄 수 있기를 바라고 있다. 은용은 아버지로부터 빌린 돈으로 땅을 사서 방 세 칸짜리 기와집을 지었는데, 당시 한국 기준으로는 큰 규모의 집으로 바닥은 소나무 판자로 되어 있으며, 텃밭도 있다.

하지만 바로잡혀야 할 잘못이 그대로 있다는, 여전히 노근리에 대한 진실이 제대로 밝혀지지 않고 있다는 사실로 인한 참담한 심정은 한이 되어 젊은 부부의 마음을 여전히 무겁게 짓누르고 있다.

"목이 부러지고, 다리가 부러지고, 아이들의 심장에 총알이 박혔어. 죽음이 어찌 이렇게 비극적일 수 있을까?" 선용은 자기 자신에게 묻는다. "내 평생 궁금할 거야. 그들이 왜 내 아이들을 죽였을까? 미군들은 우리를 도와주러 오지 않았던가? 그들은 왜 무고한 사람들을 죽였을까?"

셀 수 없이 많은 한국의 무고한 희생자들이 집단 매장지와 참호 속에서, 산비탈과 고지 정상에서, 논에서, 낙동강 하류와 성진항에서, 원산의 잔해들과 지리산의 울창한 숲 속에서, 5호 포로수용소 위의 경사면에서, 난민수용소의 외로운 묘지에서 썩어가고 있다.

혼불은 한국의 학살 현장 위로 깜박이며 춤을 추듯 날아다닌다. 한은 오랫동안 고통받아온 한국인들의 가슴에 맺혀 있다. 3년간의 고통이 끝나가고 있다. 수십 년 이상 지속될 분열과 위협은 이제 막 시작되었다.

전쟁 후

장상은 서울 이화여자대학교를 졸업하고, 미국 예일신학대학원에서 석사, 프린스턴신학교에서 박사 학위를 받았으며, 장로교 목사안수를 받았다. 그녀는 이화여대 총장과 세계교회협의회World Council of Churches 아시아 회장을 지냈으며, 2002년에는 대한민국 국무총리 권한대행을 잠시 역임하기도 했다.

리인모는 41년 동안 남한에서 포로로 잡혀 있다가, 1993년에 석방되어 영웅 대접을 받으며 북한으로 송환되어 아내와 딸과 재회했다. 항상 아들을 다시 볼 수 있을 것이라 믿었던 그의 어머니는 그보다 몇 년 전에 세상을 떠났다.

박선용은 복잡한 대전의 가정에서 딸과 아들 넷을 키웠지만, 노근리에서 아이 둘을 잃은 기억은 여전히 그녀를 괴롭히고 있다. 남편 정은용의 학살 책임 규명 운동은 1999년에 AP통신이 제7기병연대의 책임을 확인하면서 절정에 달했다. 2001년에, 미 육군 조사에서 이러한 사실이 재확인되었지만 미국은 사과나 보상을 거부했다.

유성철은 2년간의 소련 유학을 마치고 1958년 평양으로 돌아왔다. 김일성의 오랜 원한과 시베리아 출생인 유성철과 소련과의 관계에 대한 의혹으로 인해 심문을 받고 결국에는 조선인민군에서 숙청되었다. 그와 아내 김용옥은 당시 소련에 편입되어 있던 카자흐스탄에 재정착했다.

노금석은 1953년 9월 21일에 귀중한 미 군사 정보가 되는 미그-15기를 타고 서울 김포공항으로 날아가, 남한으로 망명하고 그곳에서 어머니와 재회했다. 이후 그는 미국에서 방산업체의 항공 엔지니어로 일하고 공대 교수로 있다가 2022년에 사망했다.

노금석은 어머니를 미국으로 모셔 오기 위해 갖은 노력을 다했다. 마침내 1957년 11월에는 워싱턴에 어머니를 모셔 올 수 있었으며 어머니는 2004년에 세상을 떠날 때까지 아들 곁에서 지냈다.

매튜 B. 리지웨이는 육군 참모총장으로서 아이젠하워 대통령을 설득하여 미군이 인도차이나에서 벌어진 또 다른 아시아 지역 분쟁에 개입하는 것을 막는 데 성공했다. 1960년대에 미군이 베트남 전쟁에 참전한 후, 그는 일찍이 협상을 통한 합의와 단계적 철수를 공개적으로 지지했다.

클래런스 C. 애덤스는 송환을 거부하고 중국행을 택했다. 그는 우한대학교에서 중문학을 전공하고, 베이징에서 영어 통역사로 일했으며, 중국 여인과 결혼했다. 1966년 중국 문화대혁명의 혼란 속에서 애덤스 부부는 어린 두 자녀와 함께 미국으로 떠났고, 마침내 애덤스의 고향인 멤피스에 중식당 체인점들을 열었다.

의학박사인 매리 머시 엘리자베스 허쉬벡 수녀는 자신의 구상대로, 미군이 지원하는 160병상 규모의 메리놀 병원이 부산에서 착공되는 것을 감독했다. 그 후 그녀는 미국 미주리주 캔자스시티에 있는 최초의 인종통합 종합병원인 퀸오브더월드 병원의 관리자가 되었으며, 1958년 메리놀 수녀회의 부원장으로 선출되면서 그 자리에서 떠났다.

정동규는 1956년까지 국군에 복무한 후, 서울의 수도의과대학에서 의학 학위를 취득했다. 이후 그는 미국으로 이민을 떠나, 캘리포니아주 롱비치에서 도널드 정이라는 이름으로 저명한 심장 전문의가 되었다. 1983년, 마침내 그는 북한에 입국할 수 있게 되었지만, 1950년에 단 3일만 떠나 있기로 약속드렸던 어머니는 이미 몇 년 전에 돌아가신 뒤였다.

버디 웬젤은 제임스 하지스 가족의 플로리다 농장에서 일해 달라는 그들의 의뢰를 수락했다. 그는 하지스 가족의 농장에 있을 때인 1954년, 마침내 군에서 신원이 확인된 하지스의 유해가 한국에서 안장을 위해 고국으로 돌아왔다. 그는 하지스의 여동생인 디카와 결혼했다. 그는 여전히 노근리에서 자신이 한 일을 비롯한 전쟁 중 겪었던 여러 가지 일들로 인해 심각한 정신적 고통에 시달렸으며, 외상 후 스트레스 장애 때문에 광범위한 치료를 받았다.

빌 신은 1957년까지 서울에서 AP통신 특파원으로 근무한 후, 서울과 도쿄의 다른 언론사들에서 일했다. 그는 아내 샐리 김과 함께 이후에 미국으로 이민을 떠나, 로스앤젤레스에 그들 가족과 함께 정착했다. 그는 북한에 있는 그의 가족과는 결코 재회하지 못했다.

앨런 위닝턴은 북한 포로수용소에서의 활동으로 영국 의회에서 반역죄로 모호하게 기소된 후, 1954년에 영국 여권 갱신이 거부되었다. 망명 중에 발이 묶이게 된 그는 이후 동독으로 이주해 재혼했으며, 데일리 워커 보도를 이어가면서 스릴러 소설과 아동용 도서를 여러 권 집필하기도 했다. 그의 여권은 1968년에 복원되었다. 기밀 해제된 미군 자료를 통해, 1950년 대전 정치범 대량 학살 사건들에 대한 그의 보도가 마침내 사실인 것으로 확인되었다.

허원무는 1958년까지 대한민국 육군 포병 장교로 복무한 후, 일리노이주 몬머스 대학교에 장학금을 받고 입학했다. 이후 독일 하이델베르크 대학교에서 박사 학위를 취득하고 웨스턴 일리노이 대학에서 사회학을 가르쳤다. 전쟁의 악몽은 결코 그를 떠나지 않았다.

신형규는 1955년 대한민국 육군에서 제대한 후, 미국으로 건너가 과학에 대한 그의 관심사를 추구했다. 유타 대학교를 졸업한 그는 유타 및 코넬 대학교에서 화학 박사 및 박사후 과정을 밟았다. 그는 네바다-리노 대학교에서 학생들을 가르쳤으며, 분자 화학에 관한 많은 과학 논문을 발표했다. 그는 종종 한국의 학살 현장에서 공격받는 꿈을 꾸곤 했다. 그의 가족은 서울에 있던 형의 생사나 행방에 대해 아무 소식도 접하지 못했다.

안경희는 자신을 괴롭힌 북한군을 함께 죽이자고 설득한 남한의 비밀요원이자 그녀의 "수호자"인 한묵과 결혼했다. 두 사람은 전후의 남한에서 두 아이를 키웠다.

지자오주는 저우언라이와 마오쩌둥, 그리고 덩샤오핑鄧小平의 영어 통역관으로 일했으며, 워싱턴에 최초의 중국 외교 사무소를 설립한 정부 관리였고, 주영국 대사와 UN 사무차장을 역임하는 등 중국 외교부에서 탁월한 경력을 쌓아 나갔다.

피트 맥클로스키는 캘리포니아의 저명한 법정 변호사가 되었으며 미 하원에서 16년간 의정 활동을 했다. 1972년에는 베트남전 반대를 공약으로 내세우며 공화당 대선 후보 경선에 출마했지만 실패했다. 전쟁의 기억 때문에 심리적 불안에 시달리던 그는 한 상담사의 제안으로 자신이 659고지의 참호에서 기습 사살한 젊은 북한군 병사들에게 용서를 구하는 "편지"를 쓰기도 했다.

길 아이셤은 1954년 제대 후 밀워키에 있는 재향군인병원에서 25년 동안 근무했다. 그는 수년간 재향군인 관리국의 정신 건강 상담을 받았고, 결국 외상 후 스트레스 장애로 100% 장애 판정을 받았다. "난 계속해서 꿈을 꾸고 전쟁에서 싸웁니다."라고 그는 말한다. "난 말할 수 없는 일들을 저질렀어요."

펑더화이는 1950년대에 국방부장으로서 중국 군대의 현대화를 위해 노력했다. 마오쩌둥의 경제 정책인 "대약진" 운동의 몇 가지 사항을 비판한 후, 그는 1959년에 모든 공식 직위에서 해임되었다. 1966년에 문화대혁명이 시작되자, 그는 체포되어 가혹한 심문을 받았고, "반당 분자"로 비난받았으며, 잔인한 대우를 받았다. 그는 구금 중에 사망했다.

천싱치우는 1953년 10월 중국으로 돌아와 공산당원이 되었다. 그는 인민해방군에서 몇 년 더 복무하다가, 민간인 직책을 맡아 고향 타이위안의 한 교외 지역을 담당하는 행정관으로 일했다. 그는 여러 편의 소설을 발표하기도 했다.

에필로그

정전 협정의 권고에 따라, 분쟁당사자들은 1954년 4월에 스위스 제네바에서 정치 회담을 소집하여, 남북한의 총선거와 평화 통일을 위한 틀을 마련하기 위해 노력했다. 16차례의 회의 끝에 1954년 6월 중순, 회담은 실패로 끝났다. 공산 측은 UN을 한국전쟁의 교전 집단으로 간주하고 UN의 선거 감독 권한을 거부했다. 대신 그들은 중립국들로 구성된 위원단의 감독을 제안했지만 미국과 동맹국들이 이를 거부, 회담 교착 상태를 선언하고 퇴장했다.

그 후 60년이 넘는 세월 동안, 통일을 위한 진지한 시도가 새로 이루어진 적은 단 한번도 없다. 북한은 김일성과 그의 노동당, 그리고 계속해서 그 일가, 즉 그의 아들 김정일과 손자 김정은의 독재주의 통치를 받았다. 남한에서는 이승만의 억압적인 정권이 1960년에 무너졌다. 이후 남한은 1961년부터 민주 헌법이 도입된 1988년까지 군부 독재자들에 의해 통치되었다.

남한에서 잠시 민주화가 진행되던 시기인 1960~1061년 사이에, 남한의

---

1 중립국감시위원단中立國監視委員團

군경이 한국전쟁 중에 자국의 민간인들에게 저지른 잔학 행위에 대해, 분개한 생존자들은 진상을 규명하려 했다. 그러한 움직임은 빠르게 진압되었다. 2005~2010년 사이에는, 정부의 진실화해위원회가 진행한 조사를 통해 1950~1951년 사이에 다수의 정치범 집단 처형이 이루어졌었다는 사실이 역사적으로 확인되었지만, 국회는 위원회의 희생자 유족에 대한 보상 권고를 무시했다. 마찬가지로, 진실화해위원회는 미군에 의한, 대부분 공습에 의한, 남한의 민간인 대량 학살로 추정되는 200건 이상의 사건들 가운데 대표적인 사건들 십여 가지가 사실인 것으로 확인했지만, 정부는 미국에게 배상을 청구하라는 권고를 받아들이지 않았다.

2019년 7월 현재 미군 사망자 36,574명과 실종자 7,649명을 제외한 전쟁의 최종 사상자 수는 아직 정확하지 않다. 한국군과 북한군의 사망자 및 실종자 수는 양측 각각 200,000명에서 400,000명, 또는 그 이상으로 추산 범위가 매우 넓다. 중공군의 사망자 및 행방불명자는 400,000명에서 600,000명으로 추산된다.

남한에서 최소 1,000,000명의 민간인이, 그리고 북한에서 1,000,000명의 민간인이 사망했다는 것은 일반적으로 인정되고 있는 수치다.

怨魂의 나라 祖國아,
너를 이제까지 지켜온 것은 모두
非命뿐이었지.

여기 또다시 너의 마지막 맥박인듯
어리고 헐벗은 형제들만이 北으로
발을 구르는데

저들의 넋을 풀어줄 노래 하나
없구나.

-구상, '초토의 시'

감사의 말

70년 전에 한국에서 발발한 전쟁의 경험을 생생하게 재현하는 것은 회고록이나 기타 개인적인 문서를 통해, 또는 저자와의 직접적인 대화를 통해, 자신이 겪었던 그 시기의 삶을 드러내고자 하는 개인 스무 명의 의지가 없었다면 불가능했을 것입니다.

나와 직접적인 대화를 나누면서, 그 끔찍한 날들을 되새기는 데 시간을 할애해 준 장상 목사, 박선용, 신형규 박사, 피트 맥클로스키, 고故 버디 웬젤에게 깊은 감사를 표합니다. 생존하고 있는 배우자들을 비롯한 가족들, 특히 어머니 박선용의 이야기를 들려준 정구도 박사를 비롯해, 글로리아 허, 델라 애덤스, 에스더 저오잉 샘슨, 아디스 아이셤, 디카 웬젤, 고故 화니타 로열 등도 도움을 주었습니다.

그 외에도 많은 사람들이 수년 동안 다양한 방식으로 이 책을 집필하는 데에 기여했습니다. 사이먼 치우와 벤 황은 젊은 위생병 천싱치우의 이야기를 나를 위해 번역하는 과정에서 놀라울 정도의 인내심과 명민함을 발휘해 주었습니다. 메리놀회 보존 기록관 Maryknoll Mission Archives의 스테파니 코닝과 마퀘트 대학교 도서관의 케이티 블랭크는 매리 머시 수녀의 이야기를, AP통신 단체 보존 기록관Associated Press Corporate Archives의 밸러리 커모어는 빌 신의 이야기를, 의회 도서관Library of Congress의 소냐 리는 유성철의 이야기를 구체화할 수 있도록 도와주었습니다.

역사상의 한국 기상 정보를 제공해주신 공주대학교의 김맹기 박사, 한국전쟁에 대한 선구적인 기록 작업을 해주신 부산일보의 김기진 기자, 1차 세계대전을 다룬 대작 아름다움과 슬픔The Beauty and the Sorrow으로 영감을 준 페터 엥글룬드에게 감사드립니다.

미국 국립문서기록관리청U.S. National Archives, 뉴욕 공립도서관New York Public Library, 트루먼 대통령 기록관Truman Library, 우드로윌슨 센터Wilson Center, 핼 바커와 테드 바커의 온라인 한국전쟁 프로젝트Korean War Project에 있는 자료들은 나의 연구에 필수적인 것들이었습니다.

한국전쟁이 발발했을 때 나는 두 살이었습니다. 내가 이 주제에 진지하게 관심을 갖기 시작한 것은 48년이라는 시간이 더 흐른 뒤, 1950년의 노근리 학살 사건을 조사하고 확인하기 위해 최상훈, 마사 멘도사, 랜디 허섀프트 등 젊고 뛰어난 AP통신 기자 세 명과 함께 팀을 이루게 되었을 때입니다. 당시 관련 뉴스의 헤드라인은 많은 미국인들에게 충격을 주었습니다. 그런 미국의 잔학 행위는 미국 역사의 기록과 합치되는 것이 아니었기 때문입니다. 하지만 우리의 보도는 한국전쟁의 어두운 이면을 간신히 드러낸 것에 불과했습니다. 1999년의 노근리 사건 보도는 남한에 억눌려 있던 기억과 슬픔을 가두고 있던 수문을 열었으며, 1950~1953년 사이에 일어난 다른 수많은 대량 학살 사건에 대한 증언들이 쏟아져 나왔습니다. 이후 꾸준히 나는 AP통신 서울지국 동료들, 특히 김형진, 장재순 기자와 함께, 김동춘 박사가 이끄는 진실화해위원회 조사관들의 지원을 받으며, 그러한 사건들을 보도했습니다. 많은 사람들의 손길로 만들어진 그런 저널리즘이 이번 집필의 많은 부분을 뒷받침하고 있습니다.

이 책은 제니 손의 삽화로 더욱 돋보이게 되었습니다. 손정희 역시 지도 제작자 이상으로 이 책이 최종본의 모습을 갖출 때 한국과 관련한 많은 것들에 대해 매우 귀중한 조언과 안내를 해주었습니다.

이 은폐된 전쟁의 이야기가 심도 있게 전달할 수 있도록 인내심을 발휘해준 내 에이전트 피터 번스타인과, 잘 전달될 수 있도록 해준 편집자 클라이브 프리들에게 고마움을 표합니다. 또한 원고를 제작 단계까지 매끄럽고 전문적으로 안내해준 켈리 렌크비치와 능숙하고 섬세하게 퇴고해준 아네트 웬다에게도 감사드립니다.

마지막으로, 언제나 그렇듯이, 나를 격려해주고, "유령 편집"을 해주며, 오랜 세월 동안 전세계 많은 곳을 다니고 직업적으로 어려운 일을 해낼 수 있는 힘을 준 사랑하는 아내 파멜라에게 늘 고맙게 생각하고 있다는 말을 전합니다.

자료 출처

고스트 플레임에 수록된 각각의 이야기들은 회고록, 일기, 편지, 개인 인터뷰, 기타 주요 자료 및 다른 사람이 쓴 전기에서 발췌한 것이다. 보다 전반적인 전쟁에 대한 이야기는 기록 문서와 함께 수많은 2차 자료를 근거로 하고 있다.

■ 주요 자료

장상—In-person interviews, Seoul, September 22, 2014, and December 10, 2018; telephone interviews January 20, 2015, January 10, 28, and September 4, 2016. Also, "The President as Refugee," in Allan R. Millett, Their War for Korea (Washington, DC: Brassey's, 2002).

리인모—Memoirs: My Life and Faith (Pyongyang: Foreign Languages Publishing House, 1997); Incarnation of Faith and Will: Notes of Ri In Mo, Former War Correspondent of the Korean People's Army (Pyongyang: Foreign Languages Publishing House, 1993).

박선용—In-person interview, Yeongdong County, South Korea, September 19, 2014; interviews with son Chung Koo-do, 2018–2019; interviews with Park Sun-yong and husband Chung Eun-yong, 1998–2000, by Sang-hun Choe (Associated Press). Also, Park Kun-woong and Chung Eun-yong, Massacre au Pont de No Gun Ri, translation from Korean (Paris: Verso Graphic & Coconino Press, 2007).

유성철—"Yu Song-chol's Testimony," nineteen-part memoir published in 1990 in the Seoul newspaper Hanguk Ilbo, translated and published in Sydney A. Seiler, Kim Il-song, 1941–1948: The Creation of a Legend, the Building of a Regime (Lanham, MD: University Press of America, 1994); Yu Song-chol memoir, "The Untold Story," Koryo Ilbo newspaper, Kazakhstan, 1991 (in Korean).

매튜 B. 리지웨이—Soldier: The Memoirs of Matthew B. Ridgway, U.S.A., Ret. (New York: Harper & Brothers, 1956); Matthew B. Ridgway, The Korean War (New York: Doubleday, 1967). Also, George C. Mitchell, Matthew B. Ridgway: Soldier, Statesman, Scholar, Citizen (Mechanicsburg, PA: Stackpole Books, 2002).

노금석—A MiG-15 to Freedom: Memoir of the Wartime North Korean Defector Who First Delivered the Secret Fighter Jet to the Americans in 1953 (Jefferson, NC: McFarland, 1996).

클래런스 C. 애덤스—An American Dream: The Life of an African American Soldier and POW Who Spent Twelve Years in Communist China, ed. Della Adams and Lewis H. Carlson (Amherst: University of Massachusetts Press, 2007).

매리 머시 수녀 (Elizabeth Hirschboeck, M.D.)—Maryknoll Sisters Diaries, Pusan, Korea, 1951–1953, Maryknoll Mission Archives, Maryknoll, NY; Letters, Hirschboeck—Mary Mercy Papers, Raynor Memorial Libraries, Marquette University, Milwaukee, WI. Also, Sister Maria del Rey of Maryknoll, Her Name Is Mercy (New York: Charles Scribner's Sons, 1957.)

정동규—Donald K. Chung, M.D., The Three-Day Promise: A Korean Soldier's Memoir (Tallahssee: Father and Son, 1989).

레너드 버디 웬젤—In-person interviews, Lithia, Florida, March 28, September 12, and December 6, 2000; telephone interviews, July 7, 14, 20, 1999, and December 17, 2000. James Hodges's letters courtesy of Juanita Royal.

빌 신—The Forgotten War Remembered, Korea 1950–1953: A War Correspondent's Notebook and Today's Danger in Korea (Elizabeth, NJ: Hollym International, 1996); Associated Press articles, 1950–1953, AP Corporate Archives.

앨런 위닝턴—Breakfast with Mao: Memoirs of a Foreign Correspondent (London: Lawrence and Wishart, 1986); Daily Worker articles, 1950–1953, Milstein Microform Reading Room, New York Public Library.

허원무—"I Will Shoot Them from My Loving Heart": Memoir of a South Korean Officer in the Korean War (Jefferson, NC: McFarland, 2012).

신형규—Remembering Korea, 1950: A Boy Soldier's Story (Reno: University of Nevada Press, 2001); telephone interviews, September 9, 2014, and March 21, 2016; correspondence, December 2016.

안경희—"Story of a POW Girl," in 6 Insides from the Korean War, ed. Henry Chang (Seoul: Dae-Song Moon Hwa Sa, 1958).

지자오주—The Man on Mao's Right: From Harvard Yard to Tiananmen Square, My Life Inside China's Foreign Ministry (New York: Random House, 2008).

폴 N. 피트 맥클로스키—Helen Hooper McCloskey, ed., The Taking of Hill 610, and Other Essays on Friendship (Woodside, CA: Eaglet Books, 1992); Pete McCloskey, ed., A Year in a Marine Rifle Company, Korea, 1950–51 (Sunnyvale, CA: Patsons Press, 2013); telephone interviews, March 12, 2014, and January 10, 2015.

길 아이섬—John A. Sullivan, Wounded in Action (Catskill, NY: Press-Tige, 1996).

펑더화이—Memoirs of a Chinese Marshal: The Autobiographical Notes of Peng Dehuai (1898–1974), trans. Zheng Longpu (Beijing: Foreign Languages Press, 1984). Also, Zhang Xi, "Peng Dehuai and China's Entry into the Korea War," trans. Chen Jian, Chinese Historians 6, no. 1 (1993); Juergen Domes, Peng Te-Huai: The Man and the Image (London: C. Hurst, 1985).

천싱치우—A Thousand Days in the Korean Battlefield: A Diary of a Volunteer Soldier (Beijing: Military Science Press, 2003; in Chinese).

■ 2차 자료

한국전쟁의 공식 역사 기록들은 필수적인 자료였으며, 먼저 언급할 것은 3권으로 구성된 미 육군 시리즈로 모두 워싱턴 DC의 육군부 The Office of the Chief of Military History에서 발간되었다.

Roy E. Appleman, South to the Naktong, North to the Yalu: United States Army in the Korean War (June-November 1950) (1960); Billy C. Mossman, Ebb and Flow: November 1950-July 1951 (1990); Walter G. Hermes, Truce Tent and Fighting Front (1992).

■ 그 외 공식 역사 기록들:

Charles R. Smith, ed., U.S. Marines in the Korean War (Washington, DC: History Division, United States Marine Corps, 2007).

Robert F. Futrell, The United States Air Force in Korea, 1950-1953 (Washington, DC: Office of Air Force History, 1983).

The Sea Services in the Korean War (Annapolis, MD: Naval Institute Press, 2000).

Korea Institute of Military History, The Korean War, 3 vols. (Lincoln: University of Nebraska Press, 1997).

Research Institute of History, Academy of Sciences of the Democratic People's Republic of Korea, History of the Just Fatherland Liberation War of the Korean People (Pyongyang: Foreign Languages Publishing House, 1961).

AP통신 연구원 랜디 허섀프트가 미 국립문서기록관리청에서 발굴한 기밀 해제된 미군 문서들과 마찬가지로, 대한민국의 진실화해위원회의 보고서는 오랫동안 숨겨져 왔던 한국전쟁 에피소드들을 탐구하는 데 매우 귀중한 자료였으며, 위키미디어 사이트에서 그 내용을 확인할 수 있다. (https://commons.wikimedia.org/wiki/Category:No_Gun_Ri_Massacre)

이 책은 또한 워싱턴 DC의 우드로 윌슨 국제 학자 센터, 미주리주 인디펜던스 해리 S. 트루먼 대통령 도서관 (특히 2010년 트루먼 도서관), CIA 공동 출판물과 DVD 〈불의 세례: 한국전쟁에 대한 CIA 분석〉, 그리고 AP통신과 뉴욕 타임즈의 디지털 아카이브를 활용했다.

한국전쟁의 여러 측면을 조명하는 150여 권의 책과 저널 논문도 참고했다. 다음은 가장 중요한 자료에 속하는 것들이다.

Xiaobing Li, Allan R. Millett, and Bin Yu, trans. and eds., Mao's Generals Remember Korea (Lawrence: University Press of Kansas, 2001).

Xiaobing Li, China's Battle for Korea: The 1951 Spring Offensive (Bloomington: Indiana University Press, 2014).

Chen Jian, China's Road to the Korean War: The Making of the Sino-American Confrontation (New York: Columbia University Press, 1994).

Kim Ki-jin, The Korean War and Massacres (Seoul: Blue History, 2006, in Korean, with 260 pages of English-language declassified and other archival documents).

Kim Dong-choon, The Unending Korean War (Larkspur, CA: Tamal Vista, 2009).

Taewoo Kim, "War Against an Ambiguous Enemy," Critical Asian Studies 44, no. 2 (2012).

Taewoo Kim, "Limited War, Unlimited Targets: U.S. Air Force Bombing of North Korea During the Korean War, 1950–1953," Critical Asian Studies 44, no. 3 (2012).

Sahr Conway-Lanz, Collateral Damage: Americans, Noncombatant Immunity, and Atrocity After World War II (New York: Routledge, 2006).

Su-kyoung Hwang, Korea's Grievous War (Philadelphia: University of Pennsylvania Press, 2016).

Stanley Sandler, ed., The Korean War: An Encyclopedia (New York: Garland, 1995).

Paul M. Edwards, Korean War Almanac (New York: Facts on File, 2006).

John W. Riley Jr. and Wilbur Schramm, The Reds Take a City: The Communist Occupation of Seoul, with Eyewitness Accounts (New Brunswick, NJ: Rutgers University Press, 1951).

William H. Vatcher Jr., Panmunjom: The Story of the Korean Military Armistice Negotiations (New York: Frederick A. Praeger, 1958).

Clay Blair, The Forgotten War: America in Korea, 1950–1953 (New York: Times Books, 1987).

Sheila Miyoshi Jager, Brothers at War: The Unending Conflict in Korea (New York: W. W. Norton, 2013).

Allan R. Millett, The War for Korea, 1950–1951: They Came from the North (Lawrence: University Press of Kansas, 2010).

Conrad C. Crane, American Airpower Strategy in Korea, 1950–1953 (Lawrence: University Press of Kansas, 2000).

Russell Spurr, Enter the Dragon: China's Undeclared War Against the U.S. in Korea, 1950–51 (New York: Newmarket Press, 1988).

Max Hastings, The Korean War (New York: Simon and Schuster, 1987).

John Toland, In Mortal Combat: Korea, 1950–1953 (New York: William Morrow, 1991).

Lewis H. Carlson, Remembered Prisoners of a Forgotten War: An Oral History of Korean War POWs (New York: St. Martin's Press, 2013).

Richard M. Bassett, And the Wind Blew Cold (Kent, OH: Kent State University Press, 2002).

Virginia Pasley, 22 Stayed: The Story of 21 Americans and One Briton Who Chose China (London: W. H. Allen, 1955).

인물 사진 출처

장상 – 장상 목사 제공.
리인모 – 평양 외국문학출판사.
박선용 – 정구도 박사 제공.
유성철 – 한국일보 저작권.
매튜 B. 리지웨이 – 미 육군.
노금석 – 미 공군.
클래런스 C. 애덤스 – 델라 애덤스 제공.
메리 머시 수녀 – 메리놀 선교 기록 보관소.
정동규 – Father and Son Publishing 제공.
레너드 버디 웬젤 – 찰스 J. 핸리.
빌 신 – Hollym International Corporation의 허가를 받아 사용됨. All rights reserved. Copyright 2019.
앨런 위닝턴 – 에스더 샘슨 제공.
허원무 – 글로리아 허 여사 제공.
안경희 – 대동문화사, 서울.
지자오주 – 백악관 사진.
폴 N. 피트 맥클로스키 – 피트 맥클로스키 제공.
길 아이셤 – 아디스 아이셤 부인 제공.
펑더화이 – 베이징 외문출판사.
천싱치우 – 베이징 군사과학출판사.

미주

제1부-1950

6월

1. Korea Institute of Military History (KIMH), The Korean War (Lincoln: University of Nebraska Press, 1997), 1:158.
2. KIMH, 237; George M. McCune, Korea Today (Cambridge, MA: Harvard University Press, 1950), 169.
3. Sheila Miyoshi Jager, Brothers at War: The Unending Conflict in Korea (New York: W. W. Norton, 2013), 38–51.
4. Bruce Cumings, The Korean War: A History (New York: Random House, 2010), 121–131.
5. Bill Shinn, The Forgotten War Remembered: Korea, 1950–1953 (Elizabeth, NJ: Hollym International, 1996), 61.
6. KIMH, 1:157.
7. Roy E. Appleman, South to the Naktong, North to the Yalu: United States Army in the Korean War (June–November 1950) (Washington, DC: Office of the Chief of Military History, Department of the Army), Chapter 3.
8. KIMH, 1:187.
9. Appleman, 9.
10. Appleman, 10.
11. KIMH, 1:167.
12. Allan R. Millett, The War for Korea, 1950–1951: They Came from the North (Lawrence: University Press of Kansas, 2010), 94–95.
13. Report of the Ministry of Internal Affairs, Democratic People's Republic of Korea (DPRK), June 25, 1950, in the Digital Archive, History and Public Policy Program, Woodrow Wilson International Center for Scholars (Wilson Center).
14. Max Hastings, The Korean War (New York: Simon and Schuster, 1987), 73.
15. Department of the Army, Classified Teletype Conference DA TT 3415, June 25, 1950, Truman Library.
16. Jager, 66.
17. Raymond B. Maurstad, SOS Korea, 1950 (Edina, MN: Beaver's Pond Press, 2003), 219.
18. Jager, 69.
19. KIMH, 1:160.
20. Associated Press (AP), June 26, 1950.
21. Maurstad, 236.
22. Maurstad, 236.
23. John Toland, In Mortal Combat: Korea, 1950–1953 (New York: William Morrow, 1991), 35.
24. Dean Acheson, Present at the Creation: My Years in the State Department (New York: New American Library, 1970), 402.
25. AP, June 25, 1950.

26 Maurstad, 95.
27 Cumings, 56–57.
28 KIMH, 1:161.
29 KIMH, 1:166, 169.
30 Appleman, 29–30.
31 KIMH, 1:186.
32 William T. Bowers, William M. Hammond, and George L. MacGarrigle, Black Soldier, White Army: The 24th Infantry Regiment in Korea (Washington, DC: Center of Military History, United States Army, 1996), 37.
33 AP, June 26, 1950.
34 AP, June 26, 1950.
35 KIMH, 1:180.
36 KIMH, 1:185.
37 KIMH, 1:181–183.
38 Millett, 101.
39 John W. Riley Jr. and Wilbur Schramm, The Reds Take a City: The Communist Occupation of Seoul, with Eyewitness Accounts (New Brunswick, NJ: Rutgers University Press, 1951), 8.
40 Maurstad, 181.
41 Jager, 66–67.
42 Cumings, 14.
43 7th Cavalry Regiment War Diary, June 25–July 1, 1950.
44 Research Institute of History, Academy of Sciences of the DPRK, History of the Just Fatherland Liberation War of the Korean People (Pyongyang, North Korea: Foreign Languages Publishing House, 1961), 28–29.
45 Suzy Kim, Everyday Life in the North Korean Revolution, 1945–1950 (Ithaca, NY: Cornell University Press, 2013), 82–83.
46 Cornelius Osgood, The Koreans and Their Culture (New York: Ronald Press, 1951), 254.
47 Suzy Kim, 76–77, 37–38.
48 Department of the Army, Classified Teletype Conference DA TT 3426, June 27, 1950, Truman Library.
49 KIMH, 1:221; Millett, 102.
50 KIMH, 1:221.
51 Toland, 44.
52 O. H. P. King, Tail of the Paper Tiger (Caldwell, ID: Caxton Printers, 1962), 106–112.
53 Department of the Army, Classified Teletype Conference DA TT 3426, June 27, 1950, Truman Library.
54 Maurstad, 176, 226.
55 Maurstad, 176, 202.
56 KIMH, 1:228.
57 Riley and Schramm, 18; KIMH, 1:223; Toland, 46.
58 Robert F. Futrell, The United States Air Force in Korea 1950–1953 (Washington, DC: Office of Air Force History, 1983), 12–13, 27–29.
59 Suh Ji-moon, ed. and trans., Brother Enemy: Poems of the Korean War (Buffalo, NY: White Pine Press, 2002), 43.

60 KIMH, 1:235–237; Maurstad, 228.
61 Harrison E. Salisbury, The New Emperors: China in the Era of Mao and Deng (New York: Avon Books, 1992), 106.
62 Xiaobing Li, China's Battle for Korea: The 1951 Spring Offensive (Bloomington: Indiana University Press, 2014), 11.
63 Li, 9.
64 Chen Jian, China's Road to the Korean War: The Making of the SinoAmerican Confrontation (New York: Columbia University Press, 1994), 126–127.
65 Statement by the President on the Situation in Korea—June 27, 1950, Timeline, CIA DVD Baptism by Fire, Truman Library.
66 Chen, 127–131.
67 Appleman, 38.
68 Chen, 131–132.
69 CIA Weekly Intelligence Report, June 27, 1950, DVD Baptism by Fire, Truman Library.
70 Research Institute of History, Academy of Sciences of the DPRK, Just Fatherland Liberation War, 34.
71 Appleman, 34–35.
72 Hastings, 73–75; Riley and Schramm, 49, 130.
73 KIMH, 1:287.
74 Futrell, 29–30.
75 AP, June 30, 1950.
76 Foreign Broadcast Information Service (FBIS), CIA, Weekly Survey, June 29, 1950, DVD Baptism by Fire, Truman Library.
77 KIMH, 1:287–288.
78 Appleman, 9, 27; Millett, 96.
79 KIMH, 1:290, 292; Appleman, 103.
80 Ciphered telegram, Shtykov to Stalin, July 1, 1950, Wilson Center.
81 Appleman, 46–48; Clay Blair, The Forgotten War: America in Korea, 1950–1953 (New York: Times Books, 1987), 81–86.
82 CINCFE to COMGENARMYEIGHT, CX56978, June 30, 1950, Elsey Papers, Truman Library.
83 Blair, 84.
84 Blair, 78–79, 85.
85 CIA, "The Korean Situation," June 30, 1950, DVD Baptism by Fire, Truman Library.
86 Blair, 78.
87 Appleman, 55–58.
88 AP, July 2, 1950; King, 112–113.
89 Donald Nichols, How Many Times Can I Die? (Brooksville, FL: Brooksville Printing, 1981), 128.
90 AP, May 19, 2008.

7월

1 KIMH, The Korean War, 1:287–291.

2 Kim Dong-choon, The Unending Korean War (Larkspur, CA: Tamal Vista, 2009), 110–111.

3 Appleman, South to the Naktong, 61–65.

4 AP, July 4, 1950.

5 New York Times, July 6, 1950.

6 U.N. Security Council Resolution S/1588 of July 7, 1950; Hastings, The Korean War, 346.

7 Bruce Cumings, The Origins of the Korean War, vol. 2, The Roaring of the Cataract, 1947–1950 (Princeton, NJ: Princeton University Press, 1990), 316.

8 Cumings, Origins, 2:323.

9 Cumings, The Korean War, 116–139.

10 AP, May 19, 2008.

11 Appleman, 97.

12 Futrell, The United States Air Force in Korea, 93–103.

13 Riley and Schramm, The Reds Take a City, 124.

14 Riley and Schramm, 70.

15 Riley and Schramm, 49, 76; Kim Dong-choon, 116.

16 Riley and Schramm, 34–39; AP, June 29, 1950.

17 Riley and Schramm, 103–106.

18 Riley and Schramm, 72.

19 Kim Dong-choon, 51.

20 Riley and Schramm, 62.

21 DPRK Military Committee, Decree No. 18, "The Food Situation in Seoul," July 17, 1950, Wilson Center.

22 Riley and Schramm, 54–56.

23 Appleman, 210–211.

24 Appleman, 192.

25 Appleman, 197–198.

26 Futrell, 73.

27 Daily Worker, July 27, 1950; I Saw the Truth in Korea, pamphlet, September 1950.

28 Sahr Conway-Lanz, Collateral Damage: Americans, Noncombatant Immunity, and Atrocity After World War II (New York: Routledge, 2006), 87.

29 Futrell, 98; The Sea Services in the Korean War (Annapolis, MD: Naval Institute Press, 2000), Chapter 5.4.

30 Appleman, 198.

31 Appleman, 200.

32 Charles J. Hanley, "No Gun Ri: Official Narrative and Inconvenient Truths," Critical Asian Studies 42, no. 4 (2010): 598–599.

33 Eighth U.S. Army, Office of the Assistant Chief of Staff, G-2, Interrogation Report: "North Korean Methods of Operation," July 23, 1950; Hanley, 596.

34 Appleman, 200.

35 Conway-Lanz, 98–99.
36 Committee for the Review and Restoration of Honor for the No Gun Ri Victims, No Gun Ri Incident Victim Review Report (Seoul: Government of the Republic of Korea, 2009).
37 Charles J. Hanley, Sang-Hun Choe, and Martha Mendoza, The Bridge at No Gun Ri (New York: Henry Holt, 2001), 75.
38 Journal, 8th Cavalry Regiment, July 24, 1950.
39 G-1 Journal, 25th Infantry Division, July 26, 1950.
40 New York Times, July 26, 1950.
41 Major General Hobart R. Gay, directive to staff, 1st Cavalry Division, July 27, 1950.
42 Harold Joyce Noble, Embassy at War (Seattle: University of Washington Press, 1975), 152.
43 AP, July 26, 1950.
44 Appleman, 121–181.
45 CIA Daily Summary, July 25, 1950, DVD Baptism by Fire, Truman Library.
46 CIA Daily Summary, July 26, 1950.
47 Radio and Television Address to the American People on the Situation in Korea, July 19, 1950, DVD Baptism by Fire, Truman Library.
48 Appleman, 251.
49 Times (London), July 24, 1950.
50 FBIS, Weekly Survey, August 10, 1950, DVD Baptism by Fire, Truman Library.
51 Hanley, Choe, and Mendoza, 86.
52 Cho Sun In Min Bo, August 19, 1950.
53 AP, July 30, 1950.
54 AP, July 30, 1950.
55 Millett, The War for Korea, 1950–1951, 215.
56 Hanley, Choe, and Mendoza, 185.
57 Outgoing Classified Message JCS 87522 to CINCFE Tokyo, July 31, 1950, Truman Library.
58 Conrad C. Crane, American Airpower Strategy in Korea, 1950–1953 (Lawrence: University Press of Kansas, 2000), 168.
59 Outgoing Classified Message JCS 87570 to CINCFE Tokyo, July 31, 1950, Truman Library.
60 Millett, 169.
61 Appleman, 210–211; Research Institute of History, Academy of Sciences of the DPRK, Just Fatherland Liberation War, 54.
62 Daily Worker, August 9, 1950.
63 Jon Halliday and Bruce Cumings, Korea: The Unknown War (New York: Pantheon Books, 1988), 92; AP, May 19, 2008.
64 Su-kyoung Hwang, Korea's Grievous War (Philadelphia: University of Pennsylvania Press, 2016), 121.
65 AP, May 19, 2008; "Korean Situation," CIA, July 3, 1950, Truman Library; G-2 Interrogation, Item 2, Headquarters 1st Cavalry Division, August 17, 1950.
66 Cumings, The Korean War, 202; AP, July 11, 2010; Kim Dong-choon, "Forgotten War, Forgotten Massacres: The Korean War (1950-1953) as Licensed Mass Killings," Journal of Genocide Research 6 no. 4 (2004): 523–544.

8월

1 Hanley, Choe, and Mendoza, The Bridge at No Gun Ri, 75.
2 35th Fighter-Bomber Squadron, mission reports, July 20 and July 31, 1950.
3 Truth and Reconciliation Commission, Republic of Korea (TRCK), Comprehensive Report III, Incidents of Large-Scale Civilians Deaths, 2010, 188; Cable, US Embassy-Seoul to State Department, "ROK Press Reporting on Incidents said to be similar to Nogun-ri," October 20, 1999.
4 Appleman, South to the Naktong, 225-226.
5 Hanley, Choe, and Mendoza, 150-156.
6 Daily Worker, August 24-25, 1951.
7 AP, August 20, 1951.
8 AP, August 20, 1951.
9 Daily Worker, August 24, 1951.
10 Vatcher, Panmunjom, 64-65.
11 Daily Worker, August 27, 1951.
12 Vatcher, 64; AP, August 24, 1951.
13 Kim Dong-choon, The Unending Korean War, 104-106, 97.
14 Taewoo Kim, "War Against an Ambiguous Enemy," Critical Asian Studies 44, no. 2 (2012): 216.
15 Appleman, 271-272; Charles R. Smith, ed., U.S. Marines in the Korean War (Washington, DC: History Division, United States Marine Corps, 2007), 24-30.
16 George C. Mitchell, Matthew B. Ridgway: Soldier, Statesman, Scholar, Citizen (Mechanicsburg, PA: Stackpole Books, 2002), 67.
17 Blair, 184-185.
18 Dai-Ichi Life Insurance Co. website.
19 Blair, 185-186; James F. Schnabel, Policy and Direction: The First Year (Washington, DC: Center off Military History, United States Army, 1972), 131; Appleman, 289-291; Jager, Brothers at War, 81.
20 Millett, The War for Korea, 202-204; Blair, 187; Jager, 81.
21 AP, April 20, 2000.
22 Kim Dong-choon, The Unending Korean War, 97.
23 TRCK, newsletter, March 2010.
24 TRCK, Report on the Activities of the Past Three Years, January 2009.
25 Kim Dong-choon, The Unending Korean War, 108-109.
26 Futrell, The United States Air Force in Korea, 131.
27 Hanley, Choe, and Mendoza, 157-158; Melbourne C. Chandler, Of Garry Owen in Glory: The History of the Seventh United States Cavalry Regiment (Annandale, VA: Turnpike Press, 1960), 251-257.
28 Appleman, 347-350.
29 Journal, 1st Cavalry Division Artillery Command, August 29, 1950.
30 Hanley, Choe, and Mendoza, 200; AP, July 7, 1951.
31 Appleman, 376-392.
32 Clifford memo to Truman, June 29, 1950, Truman Library.
33 AP, July 11, 2010.

34 AP, August 4, 2008.

35 AP, July 11, 2010.

36 TRCK, newsletter, June 19, 2009; Cable, US Embassy-Seoul to State Department, "ROK Press Reporting on Incidents said to be similar to Nogun-ri," October 20, 1999.

37 AP, July 11, 2010; TRCK, Report of Civilian Sacrifice Subcommittee, March 2008; Hwang, Korea's Grievous War, 175.

38 Futrell, 138–139.

39 Incoming Message, W88697, General Headquarters, Far East Command, Adjutant General's Office, August 15, 1950.

40 Unit Journal, Headquarters, 61st Field Artillery Battalion, August 29, 1950.

9월

1 Harvard Crimson, September 1, 1950.

2 Stanley Sandler, ed., The Korean War: An Encyclopedia (New York: Garland, 1995), 215.

3 Harvard Crimson, September 1, 1950.

4 Daily Worker, September 1, 4, 1950.

5 Futrell, The United States Air Force in Korea, 148–149.

6 Esther Cheo Ying, Black Country to Red China (London: Vintage Digital, 2009), 211–214.

7 Jon Halliday, "Anti-Communism and the Korean War (1950–1953)," Socialist Register 21 (1984): 146.

8 Appleman, South to the Naktong, 412.

9 Sandler, 282–283.

10 James L. Stokesbury, A Short History of the Korean War (New York: William Morrow, 1988), 55–56.

11 Stokesbury, 58–61; KIMH, The Korean War, 1:511.

12 Blair, The Forgotten War, 242–264; Stokesbury, 61–62.

13 New York Times, September 13, 1950.

14 Hastings, The Korean War, 346.

15 Smith, U.S. Marines in the Korean War, 7.

16 Smith, 70.

17 Kim Dong-choon, The Unending Korean War, 126–127.

18 International Herald Tribune, July 21, 2008.

19 Robert J. Dvorchak, Battle for Korea: The Associated Press History of the Korean Conflict (Conshohocken, PA: Combined Books, 1993), 59.

20 Appleman, 503–509.

21 Sandler, 144.

22 Phillip Knightley, The First Casualty (New York: Harcourt, Brace, Jovanovich, 1975), 341.

23 Sandler, 284–286.

24 Chandler, Of Garry Owen, 269–271.

25 New China News Agency (Pyongyang), September 18, 1950.

26 KIMH, 1:656.

27 Appleman, 546.

28 KIMH, 1:656.

29 Research Institute of History, Academy of Sciences of the DPRK, Just Fatherland Liberation War, 67.

30 Appleman, 575.

31   Appleman, 9, 23, 287, 365.

32 Appleman, 603; David A. Mason, "Jirisan: Sacred Aspects and Assets," Transactions of the Royal Asiatic Society—Korea Branch 82 (2007): 89-107.

33 KIMH, 1:169-176.

34 Smith, 143, 163.

35 Appleman, 520-523.

36 Appleman, 527-536.

37 History of the 7th Infantry Division, 7th Infantry Division Association, https://7ida.us/documents/History_of_the_7th_Infantry_Division.pdf.

38 Summary of Information, Headquarters, 7th Div Team, October 4, 1950.

39 Walter G. Hermes, Truce Tent and Fighting Front (Washington, DC: Center of Military History, United States Army, 1992), 233.

40 Command Report, 2nd Infantry Division, September 1–October 31, 1950.

41 Appleman, 530-536.

42 Appleman, 541.

43 U.S. News and World Report, November 3, 2003.

44 Sandler, 316.

45 Telegram from Shtykov to Gromyko and Stalin, September 29, 1950, Wilson Center; Telegram from Kim and Pak Heon-yeong to Stalin, September 29, 1950, Wilson Center.

46 Futrell, 101-102.

47 Telegram from Kim and Pak Heon-yeong to Stalin, September 29, 1950, Wilson Center.

48 The Sea Services in the Korean War, Chapter 2.3.

49 Chen, China's Road, 172.

10월

1 AP, October 3, 1950; Appleman, South to the Naktong, 587-588.

2 Riley and Schramm, The Reds Take a City, 121, 149.

3 AP, October 5 and October 4, 1950.

4 Taewoo Kim, "Limited War, Unlimited Targets: U.S. Air Force Bombing of North Korea during the Korean War, 1950-1953," Critical Asian Studies 44, no. 3 (2012): 477.

5 Reginald Thompson, Cry Korea (London: MacDonald, 1951), 94.

6 Joseph C. Goulden, Korea, the Untold Story of the War (New York: McGrawHill, 1983), 230.

7 New York Times, September 30, October 8, 1950.

8 New York Times, September 30, 1950.

9 Wolfgang Bartke, Who Was Who in the People's Republic of China (Munich: K. G. Saur, 1997), 2:361; Alfred K. Ho, China's Reforms and Reformers (Westport, CT: Praeger, 2004), 33.

10 Sergei N. Goncharov, John W. Lewis, and Que Litai, Uncertain Partners: Stalin, Mao and the

Korean War (Stanford, CA: Stanford University Press, 1995), 185.

11 Futrell, The United States Air Force in Korea, 221.

12 Appleman, South to the Naktong, 615, 622–625.

13 Blair, The Forgotten War, 328–336; Jager, Brothers at War, 113–114.

14 Jager, 117–118; Blair, 346–349.

15 Chen, China's Road, 169; Clayton Laurie, "The Korean War and the Central Intelligence Agency," in DVD Baptism by Fire, Truman Library, 13.

16 Li, China's Battle, 30–36; Anthony Farrar-Hockley, "A Reminiscence of the Chinese People's Volunteers in the Korean War," China Quarterly, no. 98 (June 1984): 293.

17 Xu Yan, "The Chinese Forces and Their Casualties in the Korean War: Facts and Statistics," trans. Li Xiaobing, Chinese Historians: The Journal of Chinese Historians 6 (Fall 1993): 48.

18 Zhang Xi, "Peng Dehuai and China's Entry into the Korean War," Chinese Historians: The Journal of Chinese Historians 6 (Spring 1993): 23–24; Chen, China's Road, 196–200.

19 Chen, 206–208.

20 Li, 35–36.

21 Farrar-Hockley, 294; Salisbury, The New Emperors, 116; Li, 30, 38.

22 New York Times, October 21, 1950.

23 Zhang, 27.

24 Thompson, 143.

25 Hanley, Choe, and Mendoza, The Bridge at No Gun Ri, 172.

26 Blair, 357–358; Toland, In Mortal Combat, 248; Thompson, 181.

27 Hanley, Choe, and Mendoza, 171.

28 James Wright, "What We Learned from the Korean War," www.theatlantic.com/international/archive/2013/07/what-we-learned-from-the-korean-war/278016/.

29 Chandler, Of Garry Owen, 285–286.

30 United Press, October 29, 1950.

31 AP, October 25, 1950.

32 KIMH, The Korean War, 1:861.

33 Blair, 365–366.

34 Blair, 363–364.

35 New York Times, October 31, 1950; AP, October 30, 1950.

36 Roy E. Appleman, Disaster in Korea: The Chinese Confront MacArthur (College Station: Texas A&M University Press, 2009), 316.

37 Appleman, South to the Naktong, 62.

38 New York Times, October 31, 1950; Cumings, The Korean War, 106, 191.

39 Osgood, The Koreans and Their Culture, 44.

40 Sunghoon Han, "The Ongoing Korean War at the Sinchon Museum in North Korea," Cross-Currents: East Asia History and Culture Review, e-journal, no. 14 (March 2015); Kim Dong-choon, "Forgotten War, Forgotten Massacres," 523–544.

41 Letter, Colonel Francis Hill, Civil Assistance Section, Headquarters, U.S. Eighth Army, to U.S. Embassy, Seoul, November 16, 1950, in Kim Ki-jin, The Korean War and Massacres (Seoul: Blue History, 2006; in Korean), 397.

11월

1 Li, China's Battle, 35–43.

2 Appleman, South to the Naktong, 689.

3 Richard A. Peters and Xiaobing Li, Voices from the Korean War: Personal Stories of American, Korean, and Chinese Soldiers (Lexington: University Press of Kentucky, 2005), 89–92.

4 Appleman, 689–708.

5 Li, 46–47.

6 Memorandum for the President, CIA, November 1, 1950, DVD Baptism by Fire, Truman Library.

7 AP, October 30, 1950.

8 Office of the Chief, U.S. Military Advisory Group to the Republic of Korea, Memorandum to Commanding General, Eighth U.S. Army Korea, August 15, 1950.

9 BL/695, To the ICRC Geneva, October 23, 1950, in Kim Ki-jin, The Korean War and Massacres, 444.

10 AP, July 7, 2008.

11 New York Times, November 9, 1950; Glenn D. Kittler, The Maryknoll Fathers (Cleveland: World, 1961), 268–276.

12 Appleman, 736.

13 Blair, The Forgotten War, 417.

14 Appleman, 733.

15 AP, November 21, 1950.

16 Blair, 418; AP, November 20, 1950.

17 Appleman, 735–736.

18 Blair, 390; AP, November 21, 1950.

19 Appleman, 762.

20 Li, 30; Juergen Domes, Peng Te-Huai: The Man and the Image (London: C. Hurst, 1985), 61.

21 Chandler, Of Garry Owen, 288.

22 Billy C. Mossman, Ebb and Flow: November 1950–July 1951 (Washington, DC: Center of Military History, United States Army, 1990), 49; Thompson, Cry Korea, 236.

23 Command Report, 2nd Infantry Division, November 1950.

24 Xiaobing Li, Allan R. Millett, and Bin Yu, trans. and eds., Mao's Generals Remember Korea (Lawrence: University Press of Kansas, 2001), 85–86, 118–121; Alan Winnington, Breakfast with Mao: Memoirs of a Foreign Correspondent (London: Lawrence and Wishart, 1986), 124; Salisbury, The New Emperors, 118.

25 Zhang, "Peng Dehuai and China's Entry," 15.

26 Sahr Conway-Lanz, Collateral Damage, 109.

27 Futrell, The United States Air Force in Korea, 221, 223; Taewoo Kim, "Limited War," 480.

28 Sahr Conway-Lanz, 151.

29 Taewoo Kim, 484.

30 Li, China's Battle, 49–50.

31 Mossman, 61–83; Li, China's Battle, 34, 49.

32 Command Report, 38th Infantry Regiment, 2nd Infantry Division, November 1950.

33 Mossman, 126.

34 David Halberstam, The Coldest Winter (New York: Hyperion, 2007), 467.

12월

1 President's News Conference, November 30, 1950, Truman Library.

2 AP, November 30, 1950

3 Hanley, Choe, and Mendoza, The Bridge at No Gun Ri, 173–175.

4 Journal, 2nd Battalion, 7th Cavalry Regiment, December 2, 1950.

5 Hanley, Choe, and Mendoza, 174–175.

6 Mossman, Ebb and Flow, 131; Command Report, 7th Infantry Division, 1 December–30 December 1950.

7 Shinn, The Forgotten War Remembered, 159.

8 Smith, U.S. Marines in the Korean War, 234–241, 251, 261–265, 287–295; Pete McCloskey, ed., A Year in a Marine Rifle Company, Korea, 1950–51 (Sunnyvale, CA: Patsons Press, 2013), 43–81.

9 Mossman, 103–104, 128–130.

10 Milwaukee Sentinel, December 13, 1950.

11 KIMH, The Korean War, 2:177.

12 Colonel John F. Greco (IX Corps assistant chief of staff, G-2), "Enemy Tactics, Techniques and Doctrine," September 14, 1951, 46–47; Paik Sun-yup, From Pusan to Panmunjom (Washington, DC: Potomac Books, 1992), 187.

13 TRCK, Report on the Activities of the Past Three Years, January 2009, 92.

14 TRCK, Report on the Activities of the Past Three Years, January 2009, 107.

15 The Sea Services in the Korean War, Chapter 9.2; Mossman, 165.

16 AP, December 24, 1950.

17 Russell Spurr, Enter the Dragon: China's Undeclared War Against the U.S. in Korea, 1950–51 (New York: Newmarket Press, 1988), 224–233.

18 Spurr, 224–233, 265–267; Li, Millett, and Yu, Mao's Generals Remember Korea, 17, 52.

19 Li, Millett, and Yu, 17–18, 45; Li, China's Battle, 53–55.

20 Blair, The Forgotten War, 528–529.

21 Li, Millett, and Yu, 17–18, 45; Li, 53–55.

22 Sandler, The Korean War: An Encyclopedia, 286–288.

23 Meeting of the President with Congressional Leaders in the Cabinet Room, Wednesday, December 13, 1950, President's Secretary's Files, Truman Library.

24 Schnabel, Policy and Direction, 299–300.

25 Spencer C. Tucker, ed., Encyclopedia of the Korean War (Santa Barbara, CA: ABC-CLIO, 2000), 1:5.

26 AP, December 18, 1950.

27 AP, December 17, 1950.

28 TRCK, News Letter, Issue 4, September 19, 2008.

29 TRCK, Report on the Activities of the Past Three Years, January 2009.

30 Cumings, Origins, 2:702.

31 United Press, December 18, 1950.

32　Outgoing Telegram, Department of State, AMEMBASSY, Seoul, December 18, 1950, U.S. National Archives.

33　New York Times, October 27, 1950; Incoming Telegram, Department of State, From: Tokyo, To: Secretary of State, Unnumbered, December 19, 1950, U.S. National Archives.

34　Mossman, 165-175; The Sea Services in the Korean War, Chapter 9.4.

35　Strength Report, Adjutant General, 7th Infantry Division, December 20, 1950; Personnel Daily Summary, 7th Infantry Division, December 20, 1950.

36　G-3 Journal, 7th Infantry Division, 20 December 1950.

37　Mossman, 165-175; The Sea Services in the Korean War, Chapter 9.4.

38　Kim Hyung-chan, Distinguished Asian Americans: A Biographical Dictionary (Westport, CT: Greenwood Press, 1999), 127-129.

39　AP, December 22, 1950.

40　Korea Society, Last Ship in the Harbor, video documentary, 2010; The Sea Services in the Korean War, Chapter 9.4.

41　Mossman, 165-175; The Sea Services in the Korean War, Chapter 9.4.

42　Personnel Periodic Report, 7th Infantry Division, December 24, 1950.

43　Millett, The War for Korea, 306; Crane, American Airpower, 48; Kathryn Weathersby, "New Russian Documents on the Korean War," Cold War International History Project Bulletin (Winter 1995-1996): 48.

44　George E. Stratemeyer, The Three Wars of Lt. Gen. George E. Stratemeyer: His Korean War Diary, ed. William T. Y'Blood (Washington, DC: Air Force History and Museums Program, 1999), 252.

45　Crane, 49.

46　Crane, 49.

47　Telegram from Stalin to Kim Il-sung, November 20, 1950, Wilson Center.

48　FBIS, Far East Survey, December 21, 1950, DVD Baptism by Fire, Truman Library.

49　New York Times, December 23, 1950.

50　Washington Post, December 25, 1950.

제2부-1951

1월

1　Mossman, Ebb and Flow, 192-195.

2　KIMH, The Korean War, 2:350 (map).

3　FBIS, Far East Survey, December 21, 1950, January 5, 1951, DVD Baptism by Fire, Truman Library.

4　AP, December 11, 1950.

5　New York Times, December 28, 1950.

6　New York Times, December 26-28, 1950; Millett, The War for Korea, 386; Blair, The Forgotten War, 598.

7   Mossman, 198.
8   Hurh Won-moo, "I Will Shoot Them from My Loving Heart": Memoir of a South Korean Officer in the Korean War (Jefferson, NC: McFarland, 2012), 46.
9   AP, January 3, 1951.
10 Blair, 594.
11 Blair, 597.
12 KIMH, 2:368.
13 Blair, 603; Futrell, The United States Air Force in Korea, 378.
14 AP, January 3, 1950.
15 Rene Cutforth, Korean Reporter (London: Allan Wingate, 1952), 116-117.
16 Incoming Message, Office of the Adjutant General, Eighth U.S. Army Korea, January 3, 1951.
17 S-1 Journal, Headquarters 2nd Battalion, 8th Cavalry Regiment, January 3, 1951.
18 CIA, Information Report, "Conditions in Seoul During the Second Communist Occupation," August 24, 1951, www.cia.gov/library/readingroom/docs/CIA-RDP82-00457R008100530006-2.pdf.
19 Jager, Brothers at War, 162-163; Shen Zhihua, "Sino-North Korean Conflict and Its Resolution During the Korean War," Cold War International History Project Bulletin (Wilson Center), nos. 14-15 (2002): 15.
20 Li, China's Battle, 57-58; FBIS, Weekly Survey, January 5, 1951, DVD Baptism by Fire, Truman Library.
21 Li, Millett, and Yu, Mao's Generals Remember Korea, 19, 90.
22 Jager, 162-163; Shen, 15.
23 Journal, 2nd Battalion, 8th Cavalry Regiment, January 20, 1951; Command Report, 1st Cavalry Division, January 19, 1951.
24 Memorandum for General Ridgway, Headquarters, Eighth United States Army, January 5, 1951.
25 Kim Dong-choon, "The Long Road Toward Truth and Reconciliation," Critical Asian Studies 42, no. 4 (2010): 578.
26 AP, August 4, 2008.
27 Steven Lee, "The United States, the United Nations, and the Second Occupation of Korea, 1950-1951," Japan Focus/Asia-Pacific Journal (March 16, 2009).
28 Mossman, 240-247; Blair, 655-663.
29 New York Times, January 29, 1951.
30 AP, December 28, 1999; AP interview with Jim Becker, December 1, 1999.
31 New York Times, March 29, 1951; letter, Christian Children's Fund, March 19, 1951, at Korean War Children's Memorial website, www.koreanchildren.org; New York Times, February 9, 1951.

2월

1   Lewis H. Carlson, Remembered Prisoners of a Forgotten War: An Oral History of Korean War POWs (New York: St. Martin's Press, 2013), 153-154.
2   Mossman, Ebb and Flow, 295-300; Shinn, The Forgotten War Remembered, 173-174.
3   1st Battalion, 5th Marines, War Diary, February 1951; Smith, U.S. Marines in the Korean War, 365-366; Mossman, 308.
4   Mossman, 310.

5 Mossman, 615, 689–690.

6 Kim Dong-choon, The Unending Korean War, 159–170, 174; TRCK News Letter, December 19, 2008; Kim Dong-choon, "Forgotten War, Forgotten Massacres," 523–544.

7 Philip Short, Mao: The Man Who Made China (London: I. B. Tauris, 017), 427–428.

8 Li, Millett, and Yu, Mao's Generals Remember Korea, 99.

9 Li, Millett, and Yu, 21.

10 Li, China's Battle, 61, 69.

11 Li, 60.

12 Mossman, 313.

13 Li, 69.

3월

1 Mossman, Ebb and Flow, 328–330.

2 Sandler, The Korean War: An Encyclopedia, 315.

3 Conway-Lanz, Collateral Damage, 150–151.

4 Mossman, 319; Blair, The Forgotten War, 743–743.

5 Mossman, 320.

6 CIA, Daily Intelligence Digest, March 21, 1951, DVD Baptism by Fire, Truman Library.

7 Futrell, The United States Air Force in Korea, 338.

8 Li, China's Battle, 63–69.

9 Li, Millett, and Yu, Mao's Generals Remember Korea, 131.

10 AP, July 7, 1951.

11 Penny Lernoux, Hearts on Fire: The Story of the Maryknoll Sisters (Maryknoll, NY: Orbis Books, 2012), 230.

12 Farrar-Hockley, "A Reminiscence," 294–295.

13 AP, March 19–20, 1951.

14 Conway-Lanz, 110.

15 Li, 68; Futrell, 339.

16 Headquarters, 38th Infantry, S-2 Evaluation, May 1951 (June 29, 1951).

17 Jager, Brothers at War, 173–175; Blair, 766–770.

4월

1 Mossman, Ebb and Flow, 356–361; Command Report, Headquarters, 7th Cavalry Regiment, April 10–11, 1951.

2 Boris R. Spiroff, Korea: Frozen Hell on Earth (New York: Vantage Press, 1995), 46.

3 Matthew B. Ridgway, The Korean War (Garden City, NY: Doubleday, 1967), 117.

4 Daily Worker, April 11, 1951.

5 Ying, Black Country, 156, 201–206.

6 Jager, Brothers at War, 175–176; Cumings, The Korean War, 156–157.

7 Mossman, 353–367; Blair, The Forgotten War, 894–896.
8 Futrell, The United States Air Force in Korea, 143–144.
9 Blair, 821–822; Jager, 183–189.
10 CIA, Daily Digest, April 23, 1951, DVD Baptism by Fire, Truman Library.
11 Li, China's Battle, xviii, 73–91, 100; Li, Millett, and Yu, Mao's Generals Remember Korea, 22.
12 Li, 103, 108–109, 119.
13 Li, 73–74
14 Li, 115.
15 Smith, U.S. Marines in the Korean War, 384–393.
16 1st Battalion, 5th Marines, War Diary, April 23, 1951.
17 Mossman, 390.
18 Li, Millett, and Yu, 122.
19 Li, 146.
20 Li, 124.
21 Li, 117.
22 Li, 121.
23 Li, 134; Farrar-Hockley, "A Reminiscence," 300.
24 Mossman, 421–429.
25 Li, 133.
26 Li, Millett, and Yu, 122–129.
27 Li, 101, 118.
28 Mossman, 380.
29 KIMH, The Korean War, 2:581.

5월

1 Charles Armstrong, "The Destruction and Reconstruction of North Korea, 1950–1960," Asia-Pacific Journal 8, issue 51, no. 2 (2010).
2 Polish Foreign Ministry Archive, Report from the Embassy of the Polish Republic in Korea, June 30, 1951, and Report from the Embassy of the Polish Republic in Korea for the Period of July through August 1951, September 1, 1951, Wilson Center.
3 Richard M. Bassett, And the Wind Blew Cold (Kent, OH: Kent State University Press, 2002), 47.
4 Carlson, Remembered Prisoners, 122.
5 Mossman, Ebb and Flow, 447–462.
6 Mossman, 460n59.
7 Mossman, 439.
8 Blair, The Forgotten War, 867.
9 Mossman, 469, 482.
10 Mossman, 470–479.
11 Li, China's Battle, 203.
12 AG 250.1, "Criminal Offenses," Office of the Commanding General, Eighth United States

Army, April 7, 1951.

13 Release No. 818, May 12, 1951, in Kim Ki-jin, The Korean War and Massacres, 421.

14 Li, 197-198.

6월

1   Mossman, Ebb and Flow, 495.

2   Smith, U.S. Marines in the Korean War, 440.

3   Mossman, 484-486.

4   AG250.1, "Criminal Offenses," Office of the Commanding General, Eighth U.S. Army Korea, June 24, 1951.

5   New York Times, June 24, 1951.

6   Paul M. Edwards, Korean War Almanac (New York: Facts on File, 2006), 212.

7   CIA, Current Intelligence Bulletin, April 26, 1951, DVD Baptism by Fire, Truman Library.

8   Hanley, Choe, and Mendoza, The Bridge at No Gun Ri, 161.

9   New York Times, June 30, 1951; Shinn, Forgotten War Remembered, 185.

10 Blair, The Forgotten War, 924-925.

11 New York Times, June 30, 1951; Shinn, 185.

12 AP, June 30, 1951.

13 New York Times, July 1, 1951.

14 AP, October 21, 1951; AP, May 14, 1951; Robert C. Alberts, "Profile of a Soldier: Matthew B. Ridgway," American Heritage (February 1976).

15 Blair, 924-925.

7월

1   New York Times, July 2, 1951.

2   New York Times, July 2, 1951.

3   Allan R. Millett, Their War for Korea: American, Asian, and European Combatants and Civilians, 1945-1953 (Washington, DC: Brassey's, 2002), 109.

4   Li, China's Battle, 214.

5   AP, June 30 and July 3, 1951.

6   Mossman, Ebb and Flow, 502.

7   CIA, Special Estimate, "Possible Communist Objectives in Proposing a Cease Fire in Korea," July 6, 1951, DVD Baptism by Fire, Truman Library.

8   Conway-Lanz, Collateral Damage, 150-151.

9   New York Times, July 21, 1951.

10 Conway-Lanz, 168-170.

11 New York Times, December 13, 1950, and August 9, 1951.

12 Conway-Lanz, 169.

13 William H. Vatcher Jr., Panmunjom: The Story of the Korean Military Armistice Negotiations (New York: Frederick A. Praeger, 1958), 35-43.

14 Daily Worker, July 28, 1951.
15 Mossman, 504–505.
16 Daily Worker, July 28, 1951.
17 Hermes, Truce Tent, 17, 22–23.
18 Vatcher, 35–43.
19 Reuters, July 26, 1951.
20 Carlson, Remembered Prisoners, 142.
21 Carlson, 44.
22 Bassett, And the Wind Blew Cold, 70.
23 Futrell, The United States Air Force in Korea, 433; Polish Foreign Ministry Archive, Report from the Embassy of the Polish Republic in Korea for the Period of July through August 1951, September 1, 1951, Wilson Center.

8월

1 AP, August 1, 1951.
2 Chen, China's Road, 193–194.
3 Denis Twitchett and John K. Fairbank, The Cambridge History of China (Cambridge: Cambridge University Press, 1987), vol. 14, pt. 1, 87; Maoist Documentation Project, www.marxists.org/reference/archive/mao/selected-works/volume-5/mswv5_14.htm.
4 New York Times, August 13, 18, 20, 1951; Polish Foreign Ministry Archive, Report from the Embassy of the Polish Republic in Korea for the Period of July through August 1951, September 1, 1951, Wilson Center.
5 New York Times, August 12, 1951.
6 Daily Worker, August 24–25, 1951.
7 AP, August 20, 1951.
8 AP, August 20, 1951.
9 Daily Worker, August 24, 1951.
10 Vatcher, Panmunjom, 64–65.
11 Daily Worker, August 27, 1951.
12 Vatcher, 64; AP, August 24, 1951.

9월

1 Ridgway, Korean War, 186.
2 John C. Fredriksen, The United States Air Force: A Chronology (Santa Barbara, CA: ABC-CLIO, 2011), 189.
3 Mossman, Ebb and Flow, 502.
4 Alan Winnington and Wilfred Burchett, Plain Perfidy (London: BritainChina Friendship Association, 1954), 88.
5 Winnington and Burchett, 88.
6 Winnington and Burchett, 88.
7 Hermes, Truce Tent, 220.

8   Hermes, 83–97; Stokesbury, A Short History, 160–164; Sandler, The Korean War: An Encyclopedia, 127–128.

9   New York Times, September 27, 1951.

10 Futrell, The United States Air Force in Korea, 404–406.

10월

1   New York Times, October 26, 1951.

2   Daily Worker, October 30, 1951.

3   Vatcher, Panmunjom, 75.

4   AP, October 25, 1951.

5   AP, October 25, 1951.

6   Hugh Deane, The Korean War: 1945–1953 (San Francisco: China Books & Periodicals, 1999), 27–28.

7   Li, China's Battle, 216–219.

8   Scott R. McMichael, "A Historical Perspective on Light Infantry," Research Survey No. 6, 1987, Combat Studies Institute, U.S. Army Command, Fort Leavenworth, KS, 78.

9   Li, 216–217.

10 Li, Millett, and Yu, Mao's Generals Remember Korea, 152–155; Hermes, Truce Tent, 180–181; McMichael, 71.

11 Jager, Brothers at War, 241.

12 Li, 222.

11월

1   Hermes, Truce Tent, 76.

2   Brian Catchpole, The Korean War, 1950–53 (New York: Carroll & Graf, 2001), 146; History of the 7th Infantry Division, https://7ida.us/documents/History_of_the_7th_Infantry_Division.pdf.

3   Vatcher, Panmunjom, 239.

4   Futrell, The United States Air Force in Korea, 401–405.

5   Stanley Sandler, The Korean War: No Victors, No Vanquished (London: UCL Press, 1999), 182; Futrell, 410.

6   Kathryn Weathersby, "'Should We Fear This?': Stalin and the Danger of War with America," Working Paper No. 39, Wilson Center, July 2002; James I. Matray, "Revisiting Korea: Exposing Myths of the Forgotten War," Prologue (National Archives and Records Administration) 34, no. 2 (2002).

12월

1   Hermes, Truce Tent, 182–183.

2   AP, November 26 and 30, 1951.

3   Hermes, 182–183.

4   Hermes, 181, 199.

5   AP, December 24, 1951; New York Times, December 24, 1951.

6　Edwards, Almanac, 265.

7　New York Times, December 24, 1951.

제3부-1952

겨울

1　New York Times, December 18, 1951.

2　AP, December 11, 1951.

3　Carlson, Remembered Prisoners, 126; Bassett, And the Wind Blew Cold, 48-49.

4　William Stueck, The Korean War: An International History (Princeton, NJ: Princeton University Press, 1995), 59.

5　Hermes, Truce Tent, 144.

6　Hermes, 183; AP, January 19 and 25, 1952.

7　AP, January 25, 1952.

8　Hermes, 183n31.

9　United Press, January 20, 1952.

10　AP, January 25, 1952.

11　United Press, January 20, 1952.

12　"Sister Alberta Marie Hanley," Biographies, Maryknoll Mission Archives.

13　New York Times, January 20, 1952.

14　Stokesbury, A Short History, 181.

15　AP, February 2, 1952.

16　Associated Press, Breaking News: How the Associated Press Has Covered War, Peace and Everything Else (New York: Princeton Architectural Press, 2007), 323-325; Dvorchak, Battle for Korea, 127.

17　Daily Worker, February 9, 1952.

18　Hermes, Truce Tent, 187.

19　Hermes, 184.

20　Jonathan D. Spence, The Search for Modern China (New York: W. W. Norton, 1991), 536-540.

21　Barbara Barnouin and Changgeng Yu, Zhou Enlai: A Political Life (Hong Kong: Chinese University Press, 2006), 148-149.

22　Li, China's Battle, 175, 203.

23　Zhang Shu-guang, Mao's Military Romanticism: China and the Korean War, 1950-1953 (Lawrence: University Press of Kansas, 1995), 213.

24　Barnouin and Yu, 148-149.

25　Hermes, 285.

26　AP, February 14, 1952.

27 Gordon L. Rottman, Korean War Order of Battle: United States, United Nations, and Communist Ground, Naval, and Air Forces, 1950–1953 (Westport, CT: Praeger, 2002), 170.

28 Hermes, 163.

29 New York Times, March 18, 1952.

30 Blair, The Forgotten War, 968; New York Times, March 30, 1952.

봄

1 Paik, From Pusan to Panmunjom, 194–200.

2 Hastings, The Korean War, 349.

3 Vatcher, Panmunjom, 111–113.

4 AP, April 12, 1952.

5 Conway-Lanz, Collateral Damage, 170.

6 Russian Archives, Telegram from Mao Zedong to Stalin, conveying 22 January 1952 telegram from Peng Dehuai to Mao and 4 February 1952 reply from Mao to Peng Dehuai, February 8, 1952, Wilson Center; Telegram from Babkin to Shtemenko, conveying letter from Kim Il Sung to Stalin, April 16, 1952, Wilson Center.

7 AP, May 9, 1952.

8 Hermes, Truce Tent, 243–249; AP, May 9, 1952.

9 Peters and Li, Voices from the Korean War, 252–258.

10 Hermes, 250–253.

11 AP, May 11 and 9, 1952.

12 AP, May 15, 1952.

13 United Press, May 15, 1952.

14 Hanley, Choe, and Mendoza, The Bridge at No Gun Ri, 180.

15 Zhang Xiaoming, Red Wings over the Yalu: China, the Soviet Union and the Air War in Korea (College Station: Texas A&M University Press, 2003), 132.

16 New York Times, May 29, 1952.

17 AP, May 25 and June 4, 1952.

18 AP, June 6, 8, 9, 12, 14, and 28, 1952.

19 E. Allan Lightner Jr., Oral History Interview, October 26, 1973, Truman Library; John J. Muccio, Oral History Interview, February 10, 1971, Truman Library.

20 AP, July 4, 1952.

21 Hermes, 73–75.

22 Hermes, 283–284.

23 Hermes, 285–287.

24 Website "koreanwaronline," "Korean War Weapons and History," www.koreanwaronline.com/history/TruceTent/Frames/295.htm.

25 Hermes, 141.

26 Hermes, 257–260, 269.

여름

1 Li, Millett, and Yu, Mao's Generals Remember Korea, 223; Vatcher, Panmunjom, 151.
2 Futrell, The United States Air Force in Korea, 515–517.
3 Futrell, 517.
4 Daily Worker, July 21, 1952.
5 Futrell, 517.
6 Daily Worker, July 21, 1952.
7 Futrell, 515, 517.
8 Daily Worker, July 21, 1952.
9 Futrell, 516.
10 Daily Worker, July 26, 1952.
11 Russian Archives, Ciphered Telegram, Kim Il Sung to Stalin via Razuvaev, July 16, 1952, Wilson Center.
12 Daily Worker, July 21, 1952.
13 Russian Archives, Record of a Conversation Between Stalin, Kim Il Sung, Pak Hon-yong, Zhou Enlai, and Peng Dehuai, September 4, 1952, Wilson Center.,
14 Weathersby, "'Should We Fear This?'"
15 Jager, Brothers at War, 193.
16 Vojtech Mastny, The Cold War and Soviet Insecurity: The Stalin Years (Oxford: Oxford University Press, 2010), 147–148.
17 Russian Archives, Record of a Conversation, September 4, 1952.
18 Robert Gellately, Stalin's Curse: Battling for Communism in War and Cold War (New York: Alfred A. Knopf, 2013), 341.
19 Russian Archives, Record of a Conversation, September 4, 1952.

가을

1 New York Times, October 3, 1952.
2 Vatcher, Panmunjom, 164–167.
3 New York Times, October 8, 1952.
4 AP, October 8, 1952.
5 Daily Worker, October 9, 1952.
6 New York Times, October 8, 1952.
7 New York Times, December 16, 1952.
8 Hermes, Truce Tent, 303–306; AP, October 8, 1952.
9 Vatcher, 174–175; Li, Millett, and Yu, Mao's Generals Remember Korea, 265.
10 Hermes, Truce Tent, 310–318; Li, China's Battle, 219–221.
11 New York Times, November 17, 1952.
12 Li, 219–221; Hermes, 317.
13 FBIS, Far East Survey, November 20, 1952, DVD Baptism by Fire, Truman Library.

14 Hermes, 367.

15 Sandler, The Korean War: An Encyclopedia, 296.

16 New York Times, November 23, 1952.

17 AP, December 30 and 25, 1952.

18 AP, December 19, 1952.

19 Research Institute of History, Academy of Sciences of the DPRK, Just Fatherland Liberation War, 182–183.

제4부-1953

겨울

1 New York Times, January 28, 1953.

2 Hermes, Truce Tent, 366–367.

3 New York Times, January 28, 1953.

4 New York Times, January 31, 1953.

5 AP, February 2, 1953.

6 Virginia Pasley, 22 Stayed: The Story of 21 Americans and One Briton Who Chose China (London: W. H. Allen, 1955), 54.

7 Bassett, And the Wind Blew Cold, 67–69.

8 Hermes, 411.

9 New York Times, February 3, 1953.

10 Vatcher, Panmunjom, 179.

11 Polish Foreign Ministry Archive, Note from Polish Embassy, Pyongyang, February 11, 1953, Wilson Center; FBIS, Far East Survey, February 12, 1953, DVD Baptism by Fire, Truman Library.

12 Nikita Sergeevich Khrushchev, Khrushchev Remembers (Boston: Little, Brown, 1970), 340–345.

13 Russian Archives, Resolution, USSR Council of Ministers, with draft letters, March 19, 1953, Wilson Center.

14 Vatcher, 180–182; Li, Millett, and Yu, Mao's Generals Remember Korea, 265.

봄

1 AP, December 1, 1952; Conway-Lanz, Collateral Damage, 150–151.

2 KIMH, The Korean War, 3:404–405.

3 Daily Worker, April 17, 18, 20, and 21, 1953; AP, April 18, 1953.

4 Tom Buchanan, East Wind: China and the British Left, 1925–1976 (Oxford: Oxford University Press, 2012), 132–133.

5 S. P. Mackenzie, British Prisoners of the Korean War (Oxford: Oxford University Press, 2012),

52–53.

6 Appleman, South to the Naktong, 587.
7 Daily Worker, February 23, 1953.
8 Ying, Black Country, 156, 201–206.
9 Vatcher, Panmunjom, 265–266.
10 Edwards, Almanac, 392.
11 AP, May 18, 1953.
12 Crane, American Airpower, 158–163; Futrell, The United States Air Force in Korea, 666–669; Hermes, Truce Tent, 461; Armstrong, "Destruction and Reconstruction of North Korea."
13 AP, May 27, 1953.
14 Hermes, 431.
15 Hermes, 465–468; KIMH, 3:616–629.
16 Paik, From Pusan to Panmunjom, 212.
17 Hermes, 465–468; KIMH, 3:616–629.
18 New York Times, June 10, 1953.
19 New York Times, June 9, 1953.
20 New York Times, June 12, 1953.
21 AP, June 14, 1953.
22 New York Times, June 9, 1953.
23 New York Times, June 12, 1953.
24 New York Times, June 14, 1953.
25 New York Times, June 14, 1953.
26 New York Times, June 14, 1953.
27 AP, June 19, 1953.
28 Hermes, 451–453.
29 Memorandum, "Discussion at the 150th Meeting of the National Security Council," Thursday, June 18, 1953, Truman Library.
30 AP, July 5, 1953.
31 Vatcher, 197–198; Hermes, 457.

여름

1 Hermes, Truce Tent, 473–474; Hastings, The Korean War, 370–371; AP, July 12, 1953.
2 Bruce Gardner and Barbara Stahura, 7th Infantry Division Association, Seventh Infantry Division: World War I, World War II, Korea and Panamanian Invasion, 1917–1992, Serving America for 75 Years (Paducah, KY: Turner, 1997), 77.
3 Li, Millett, and Yu, Mao's Generals Remember Korea, 229–230.
4 Hermes, 474–475; KIMH, The Korean War, 3:641–660.
5 Hermes, 474–475; KIMH, 3:641–660.
6 KIMH, 3:661.
7 Hermes, 475; KIMH, 3:679–680.

8 AP, July 20, 1953.

9 Li, China's Battle, 227–230; Crane, American Airpower, 167; Futrell, The United States Air Force in Korea, 691–692; Leonid Krylov and Yuriy Tepsurkaev, Soviet MiG-15 Aces of the Korean War (New York: Osprey, 2008), 86.

10 AP, July 27, 1953.

11 AP, July 27, 1953.

12 New York Times, July 28, 1953.

13 Vatcher, Panmunjom, 303.

14 AP, July 27, 1953.

15 AP, July 27, 1953.

16 New York Times, March 22, 1953.

17 New York Times, July 28, 1953.

18 Daily Worker, July 27, 29, 1953.

19 Daily Worker, I Saw the Truth in Korea (pamphlet), September 1950.

20 New York Times, July 15, 1953.

21 Crane, 168; Armstrong, "Destruction and Reconstruction of North Korea."

22 New York Times Magazine, July 26, 1953.

23 David Clay Large, Germans to the Front: West German Rearmament in the Adenauer Era (Chapel Hill: University of North Carolina Press, 1996), 114–117.

24 New York Times, February 24, 1952.

25 Large, 117.

26 CBS News, "More Korean War Massacres?," October 8, 1999, www.cbsnews.com/news/more-korean-war-massacres/; Marilyn B. Young, "Remembering to Forget," in Truth Claims: Representation and Human Rights, ed. Mark Philip Bradley and Patrice Petro (New Brunswick, NJ: Rutgers University Press, 2002), 17.

27 Large, 117.

28 AP, July 29, 1953; Winnington and Burchett, Plain Perfidy, 68–69.

29 Sandler, The Korean War: An Encyclopedia, 85.

고스트 플레임

1판 1쇄	2025년 6월 25일
ISBN	979-11-92667-93-5 (03910)
저자	찰스 J. 핸리
번역	이창윤
편집	김효진
교정	이수정
제작	재영 P&B
디자인	우주상자
펴낸곳	마르코폴로
등록	제2021-000005호
주소	세종시 다솜1로9
이메일	laissez@gmail.com
페이스북	www.facebook.com/marco.polo.livre

책 값은 뒤표지에 있습니다. 잘못된 책은 교환하여 드립니다.

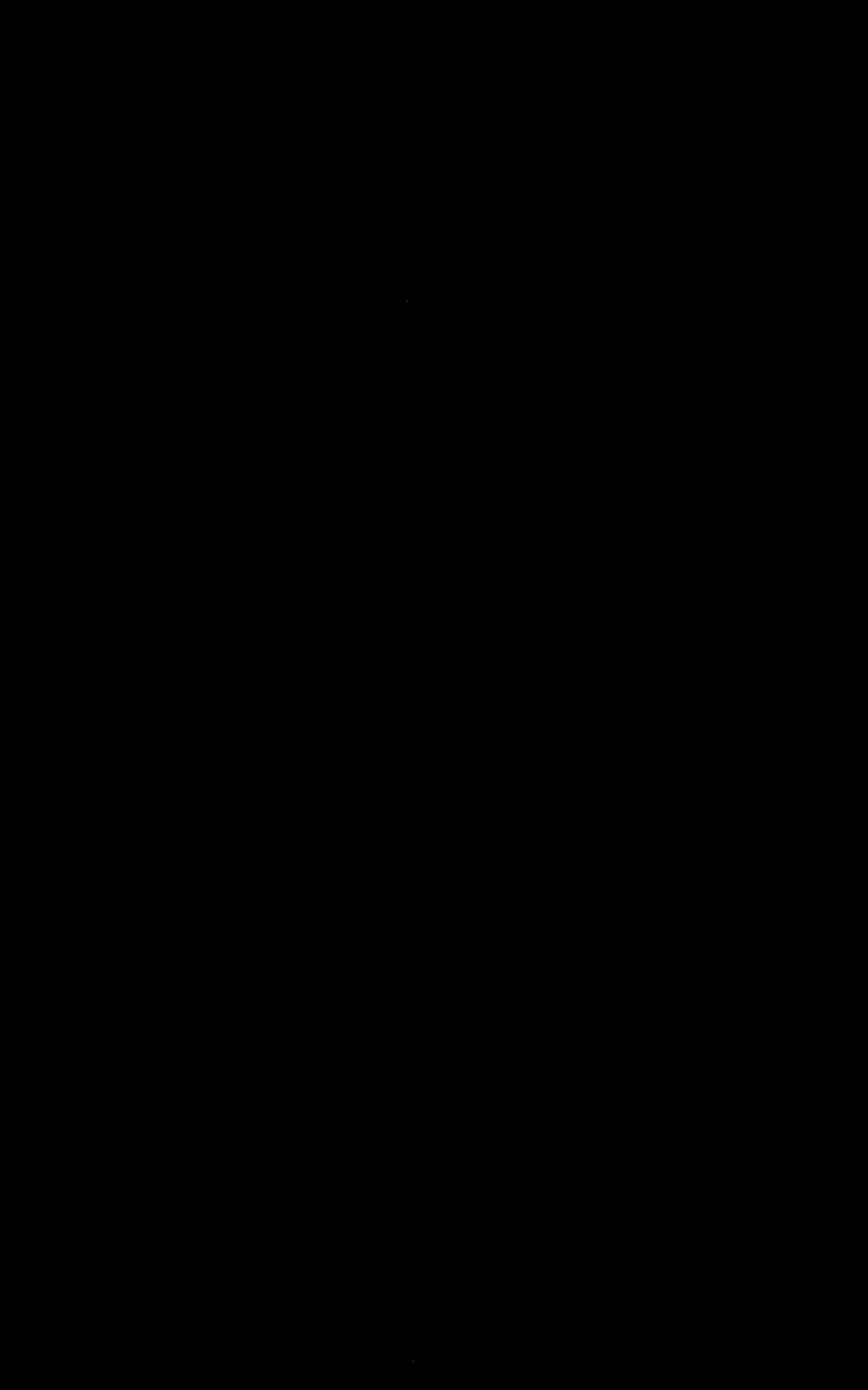